Clara Maddalena Frysztacka
Zeit-Schriften der Moderne

SpatioTemporality/ RaumZeitlichkeit

—

Practices – Concepts – Media/
Praktiken – Konzepte – Medien

Edited by/Herausgegeben von
Sebastian Dorsch, Barbel Frischmann, Holt Meyer,
Susanne Rau, Sabine Schmolinsky,
Katharina Waldner

Editorial Board
Jean-Marc Besse (Centre national de la recherche scientifique de Paris), Petr Bilek (Univerzita Karlova v Praze), Fraya Frehse (Universidade de São Paulo), Harry Maier (Vancouver School of Theology), Elisabeth Millán (DePaul University, Chicago), Simona Slanicka (Universität Bern), Jutta Vinzent (University of Birmingham), Guillermo Zermeño (Colegio de México)

Volume/Band 7

Clara Maddalena Frysztacka

Zeit-Schriften der Moderne

Zeitkonstruktion und temporale Selbstverortung in der polnischen Presse (1880-1914)

DE GRUYTER
OLDENBOURG

Gedruckt mit Unterstützung der Gerda Henkel Stiftung und mit Mitteln des Bachtin-Lefebvre-Preises der Erfurter RaumZeit-Forschung in Verbindung mit der Wissenschaftsförderung Erfurt gGmbH.

Von der Philosophischen Fakultät der Universität Siegen als Dissertation angenommen im November 2017.

ISBN: 978-3-11-077709-3
e-ISBN (PDF): 978-3-11-061511-1
e-ISBN (EPUP): 978-3-11-061244-8
ISSN 2365-3221

Library of Congress Control Number: 2019951137

Bibliografische Information der Deutschen Nationalbibliothek
Die Deutsche Nationalbibliothek verzeichnet diese Publikation in der Deutschen Nationalbibliografie; detaillierte bibliografische Daten sind im Internet über http://dnb.dnb.de abrufbar.

© 2021 Walter de Gruyter GmbH, Berlin/Boston
Dieser Band ist text- und seitenidentisch mit der 2019 erschienenen gebundenen Ausgabe.
Einbandabbildung: Titelseite aus Tygodnik Ilustrowany (2. Juni 1900) Heft 22: Bulle des Jahres 1400 mit päpstlichen Einverständnis zur Reformierung der Krakauer Universität veröffentlicht zum 500. Jubiläum; http://bcul.lib.uni.lodz.pl.
Druck und Bindung: CPI books GmbH, Leck

www.degruyter.com

Dla Jacka, mojego taty

Inhalt

I	**Einleitende Bemerkungen** —— 1	
I.1	Semiperipherialität, Moderne, historische Zeit: Ein Forschungsprogramm —— 1	
I.1.1	Zu den historiographischen Auffassungen der Selbstverortungsmuster der polnischsprachigen Gesellschaften im 19. Jahrhundert —— 2	
I.1.2	Zur begrifflichen Konzeptualisierung der Selbstverortung —— 11	
I.1.3	Zur historischen Zeit: Fragestellung und Aufbau des Buches —— 16	
I.2	Die Rolle der Presse —— 25	
I.2.1	Zeitschriften als Zeit-Schriften? —— 26	
I.2.2	*Zeitschriften für viele* und die Semiperipherialität: Zur Massenpresse, Öffentlichkeit und Einbettung eines neuen Begriffes in der Mediengeschichte —— 33	
I.2.3	Exkurs: Die (nicht) analysierten Titel. Gründe und Folgen einer Auswahl und die heterogenen Presselandschaften der Teilungsgebiete —— 40	
I.2.4	Die Konstruktion des nationalen Selbst im Medium der Zeitschriften —— 50	
II	*Time and the Nation* —— 60	
II.1	Theoretische Ansätze zur Untersuchung der polnischen historischen Zeit —— 60	
II.2	Die polnische historische Zeit als epochale Differenzierung —— 67	
II.2.1	Grundformen und -funktionen der Periodisierung —— 71	
II.2.2	Über die multiplen epochalen Handlungsträger des polnischen historischen Subjektes —— 81	
II.3	Zeit-Rhythmen, Zeit-Richtungen und temporale Positionen —— 103	
II.3.1	Mythos, Vorgeschichte und Verspätung: Die Zeit der Slawen —— 105	
II.3.2	Über den Beginn und die Beschleunigung der polnischen historischen Zeit: Die Zeit der Piasten —— 116	
II.3.3	Temporale Gleichzeitigkeit, Neuartigkeit und Eigen-Artigkeit: Die Zeit der Jagiellonen —— 133	
II.3.4	Dekadenz und Zukunftsperspektiven: Die Zeit der Wahlmonarchie —— 150	

II.4 Semiperiphere Ungleichzeitigkeit und mediale Verfasstheit der polnischen historischen Zeit: Einige abschließende Thesen —— 169

III **Time and the Other** —— 176
III.1 Die historische Zeit und die (Post-)Kolonialität Polens am Ende des 19. Jahrhunderts —— 176
III.2 Imperiale Verhältnisse hinterfragen —— 185
III.2.1 Die Sicht der Historiographie auf die Bedeutung des deutschen Anderen —— 185
III.2.2 Die Germanen und das Heilige Römische Reich in Artikeln der 1880er und 1890er Jahre —— 192
III.2.3 Kreuzritter und Preußen in der Presse nach der Jahrhundertwende —— 209
III.3 Imperiale Verhältnisse Schaffen —— 227
III.3.1 Zur Tradition und Aktivierung des litauischen Alteritätskonstruktes: Historiographische Perspektiven —— 227
III.3.2 Mittelalterliche Litauer und polnische Zivilisierungsmissionen vor 1905 —— 231
III.3.3 Die litausche Alterität zwischen Vergangenheit und Gegenwart nach 1905 —— 246
III.4 Semiperipherialität des *Dazwischen* und weitere Funktionen der Medien —— 267

IV **Modern Times** —— 274
IV.1 Die Moderne als Zeitregime und die veränderte Wahrnehmung der Gegenwart —— 274
IV.2 Die Jahrhundertwende als Werkstatt der Gegenwarts-Zeit —— 283
IV.2.1 Differenzierungsformen der Gegenwarts-Zeit —— 287
IV.2.2 Selbstverortung in der Gegenwarts-Zeit —— 309
IV.3 Die Gegenwarts-Zeit der Revolution 1905 —— 322
IV.3.1 Hinterherrennen oder Anführen? Veränderungen im Umgang mit der Gegenwarts-Zeit im Laufe des Jahres 1905 —— 326
IV.3.2 November 1905: Die Verwirklichung der Geschichte im Kollektivsingular —— 339
IV.4 Unvollkommene Gleichzeitigkeit und mediale Abhängigkeit der Gegenwarts-Zeit —— 348

V **Temporal Turn, historische Zeit und Semiperipherialität: Einige abschließende Bemerkungen —— 356**

Die Presseerzeugnisse im Detail —— 366
    Zeitschriften aus dem Königreich Polen —— 366
    Galizische Zeitschriften —— 374
    Zeitschriften aus dem preußischen Teilungsgebiet —— 380

Abkürzungsverzeichnis —— 385
    Zeitschriften (Primärquellen) —— 385
    Fachzeitschften (Literatur) —— 385

Quellenverzeichnis —— 387

Literaturverzeichnis —— 403

Dank —— 425

Register der Zeitschriften —— 427

Sachregister —— 429

I Einleitende Bemerkungen

I.1 Semiperipherialität, Moderne, historische Zeit: Ein Forschungsprogramm

Dieses Buch befasst sich mit der polnischsprachigen kommerziellen Wochenpresse im Zeitraum 1880–1914 und untersucht darin die Konstruktion historischer Zeit als Träger einer semiperipheren Selbstverortung in der europäisch-kolonialen Moderne. Es stützt sich somit auf eine Reihe stark aufgeladener Begriffe – Moderne, Semiperipherie und historische Zeit – sowie erklärungsbedürftiger Annahmen: erstens dass die europäisch-koloniale Moderne für die polnischsprachigen Gesellschaften[1] am Ende des „langen"[2] 19. Jahrhunderts als zentraler Referenzrahmen fungierte; zweitens dass diese Gesellschaften sich eine semiperiphere Position in der Moderne zuschrieben; drittens dass die (Selbst-)Verortung in der Moderne mittels der historischen Zeit erfolgte sowie viertens dass die populären Printmedien Auskunft über dieses Phänomen geben.

Beide, diese Begriffe und Annahmen, betten die vorliegende Studie ein in ein hybrides und einzigartiges Forschungsfeld an der Schnittstelle zwischen der Philosophie der (historischen) Zeit und der Geschichte der (Populär-)Kultur, der Medien und der Historiographie sowie zwischen kritischen Modernetheorien und postkolonialen Perspektiven auf Osteuropa. Gerade die theoretischen Überlegungen zur historischen Zeit, zu den Verortungskategorien der Moderne und zur (post-)kolonialen Positionalität des geteilten Polens anhand einer Quellengattung wie der kommerziellen Presse, die normalerweise in der *intellectual history* wenig Beachtung erfährt, sind eine Besonderheit und bilden hier den wissenschaftlichen Mehrwert. Im Verlauf der nächsten Seiten möchte ich die Leser*innen von

---

[1] Ich benutze das Adjektiv *polnischsprachig*, um auf den sprachlichen Gebrauch in der Bevölkerung, aber auch in der Presse und nicht auf eine vermeintliche national-ethnische Zugehörigkeit anzuknüpfen. Auch der Plural *Gesellschaften* hat eine ähnliche Funktion, indem er die Vorstellung einer einheitlichen polnisch-nationalen Gesellschaft im 19. Jahrhundert hinterfragt und stattdessen auf die unterschiedlichen sozialen Strukturen der drei Teilungsgebiete hinweist. Mit dem Adjektiv *polnisch* ist stattdessen in der Arbeit explizit der nationale Referenzrahmen gemeint. Eine Ausnahme stellt nur der Titel des Buches dar, der aus Gründen der Lesbarkeit das Adjektiv *polnisch* statt *polnischsprachig* enthält.

[2] Der Ausdruck „langes" 19. Jahrhundert bezieht sich auf die Periodisierung von Eric Hobsbawm, der damit die Periode zwischen dem Ausbruch der Französischen Revolution 1789 und dem Ausbruch des Ersten Weltkrieges als zusammenhängende Epoche der europäischen Geschichte betrachtet. Vgl. Hobsbawm, Eric John: Das imperiale Zeitalter. 1875–1914. Frankfurt am Main 1989. Wenn im Buch vom 19. Jahrhundert die Rede sein wird, ist immer das „lange" 19. Jahrhundert gemeint.

einem solchen Forschungsansatz überzeugen. Diese Einleitung ist aber zugleich ein Plädoyer dafür, die kollektiven, narrativ (re-)produzierten historischen Zeitvorstellungen als zentrales kulturelles Instrument zur Speicherung, Tradierung und Gestaltung der asymmetrischen Weltordnung der europäisch-kolonialen Moderne[3] zu erforschen.

Die Periode von 1880 bis 1914 und die polnische Perspektive bieten in dieser Hinsicht einen besonders interessanten und faszinierenden Untersuchungsgegenstand. Denn wenn einerseits gerade am Ende des 19. Jahrhunderts die europäisch-moderne Weltordnung mit ihrer hierarchischen Aufteilung in (europäischkoloniales) Zentrum und (extraeuropäisch-kolonisierte) Peripherien eine globale Ausdehnung und Dominanz erlangte, lassen sich andererseits die sogenannten polnischen Teilungsgebiete in jener Zeit nicht eindeutig durch eine Zentrum-Peripherie-Dichotomie erfassen. Im Gegenteil werden Vielfältigkeit, Verflochtenheit und Ambivalenz der *temporalen* Konstrukte, durch die die Gesellschaften sich als modern entwarfen und in der Moderne ihre Position definierten, anhand des polnischen Fallbeispiels besonders sichtbar.

I.1.1 Zu den historiographischen Auffassungen der Selbstverortungsmuster der polnischsprachigen Gesellschaften im 19. Jahrhundert

Zu Beginn des Analysezeitraums, im Jahre 1880, lag die Einverleibung des polnischen Staates in die drei Nachbarstaaten Preußen, Habsburgerreich und Zarenreich bereits 100 Jahre zurück. Seine ehemaligen Territorien bildeten daher seit der letzten Teilung bis zum Ersten Weltkrieg politisch-abhängige und räumlichperiphere Provinzen von drei Imperien (wobei Galizien im Zeitraum 1860–1873 im Rahmen des Ausgleichs Österreich-Ungarns eine breite kulturelle und teilweise auch politische Autonomie zuerkannt wurde). Insbesondere am Ende des 19. Jahrhunderts wurden die drei polnischen Teilungsgebiete allerdings zugleich auch zum Schauplatz moderner Nationsbildungsprozesse, der Verbreitung eurozentrisch-imperialistischer Weltanschauungen und eines tiefgreifenden sozioökonomischen Wandels, was die Erfahrung der polnischsprachigen Gesellschaf-

---

3 Auf das hier vertretene Verständnis von *Moderne* geht diese Arbeit auf den nächsten Seiten sowie in den Einleitungen der einzelnen Kapitel detailliert ein. Es ist aber wichtig, bereits an dieser Stelle zu erwähnen, dass hier mit *Moderne* ein philosophisches Konzept zum Ausdruck gebracht wird, in dem sich eine universalistische Hierarchie der Weltordnung, ein bestimmtes Zeitbewusstsein und eine bestimmte Periodisierung verschränken. *Moderne* ist somit kein Synonym für die Begriffe *Modernisierung* oder *Modernität*, die in der Fußnote 7. eingeführt werden.

ten jener Zeit in vielen Aspekten vergleichbar mit der Erfahrung der (west-)europäischen imperialen Zentren macht.

Viele geschichtswissenschaftliche Studien haben sich mit solchen als *modern* definierten Prozessen während der letzten drei Jahrzehnte vor dem Ersten Weltkrieg – insbesondere mit der Entwicklung des *modernen* nationalen Gedankens sowie des *modernen* nationalen Selbstverständnis – im transpolnischen[4] Kontext befasst und somit mehr oder weniger explizit die Frage der polnischen Position in der Moderne angesprochen.[5] Die meisten dieser Studien verweisen diesbezüglich auf das Nebeneinanderbestehen und die Interaktion von widersprüchlichen

---

4 Diese Arbeit verwendet das Adjektiv *transpolnisch*, um die gemeinsame Dimension der Teilungsgebiete in nicht-nationalen Kategorien zu thematisieren. Im Präfix *trans-* steckt der transnationale, der imperiale Grenzen überschreitende Charakter von Kontakten und Verbindungen zwischen den Teilungsgebieten. Ein Verständnis von *Transpolonität* als „heuristische Alternative zur Konzentration auf den Nationalstaat bzw. zur staatsnationalen Sicht auf die Geschichte" der Teilungsgebiete im 19. Jahrhundert schlägt Stefan Dyroff vor: Dyroff, Stefan: Transpolonität? Gesellschaftliche Eliten in den polnischen Gebieten um 1900 jenseits der Nationalgeschichte(n). In: Transpolonität? Gesellschaftliche Eliten in den polnischen Gebieten um 1900 jenseits der Nationalgeschichte(n). Sonderheft: Zeitschrift für Ostmitteleuropa-Forschung. 63 (2015) Heft 3. Hrsg. von Stefan Dyroff. 2015. S. 319–329, hier S. 326.

5 Es ist nicht möglich einen vollständigen Überblick über die Forschungsliteratur über die Geschichte Polens im 19. Jahrhundert aus der Perspektive der oben erwähnten transpolnischen Phänomene der Moderne zu geben. Hier wird nur eine kurze Orientierungsliste der neuesten Studien präsentiert: Micińska, Magdalena: Między królem duchem a mieszczaninem. Obraz bohatera narodowego w piśmiennictwie polskim przełomu XIX i XX w. (1890–1914). Wrocław 1995; Jedlicki, Jerzy: A suburb of Europe. Nineteenth-century Polish approaches to Western civilization. Budapest 1999; Porter, Brian: When nationalism began to hate. Imagining modern politics in nineteenth century Poland. Oxford 2000; Stauter-Halsted, Keely: The nation in the village. The genesis of peasant national identity in Austrian Poland, 1848–1914. Ithaca 2001; Żarnowska, Anna (Hrsg.): Workers, women, and social change in Poland, 1870–1939. Aldershot 2004; Janowski, Maciej: Polish liberal thought before 1918. Budapest 2002; Kraft, Claudia u. Katrin Steffen (Hrsg.): Europas Platz in Polen. Polnische Europa-Konzeptionen vom Mittelalter bis zum EU-Beitritt. Osnabrück 2007; Chwalba, Andrzej: Historia Polski, 1795–1918. Kraków 2008; Micińska, Magdalena: Inteligencja na rozdrożach. Warszawa 2008J; Kizwalter, Tomasz: Über die Modernität der Nation. Der Fall Polen. Osnabrück 2013; Rolf, Malte: Imperiale Herrschaft im Weichselland. Das Königreich Polen im Russischen Imperium (1864–1915). München 2014; Porter, Brian: Poland in the modern world. Beyond martyrdom. Chichester 2014; Stauter-Halsted, Keely: The devil's chain. Prostitution and social control in partitioned Poland. Ithaca 2015; Wierzchosławski, Szczepan (Hrsg.): Modernizacja – polskość – trwanie. Społeczne, kulturowe i polityczne aspekty aktywności Polaków na przełomie XIX i XX wieku. Toruń 2015; Kleinmann, Yvonne u. Achim Rabus (Hrsg.): Aleksander Brückner revisited. Debatten um Polen und Polentum in Geschichte und Gegenwart. Göttingen 2015; Kleinmann, Yvonne [u.a] (Hrsg.): Imaginations and configurations of Polish society. From the Middle Ages through the twentieth century. Göttingen 2017.

Tendenzen: die Selbstidentifizierung der Polen[6] als Nation sowohl mit dem Osten als auch mit dem Westen; die Selbstverständlichkeit der eigenen Zugehörigkeit zu Europa bei Betonung der eigenen nationalen Partikularität; die Zerrissenheit zwischen dem Streben nach westeuropäischer Modernität[7] und einem Selbstbild als rückständiges, kolonialisiertes, aber zugleich auch überlegenes Volk.[8] Diese

---

6 Anders als für Bezeichnungen wie *Autor, Publizist, Leser* oder *Historiker*, die in dieser Arbeit konsequent gegendert werden, um eine Sensibilität für die nicht ausschließlich männliche Komposition dieser sozialen bzw. beruflichen Gruppen zu schaffen, habe ich mich gegen das Gendering von ethnisch-kulturell-nationalen Gruppen wie Polen, Slawen, Deutschen oder Litauern entschieden. Das liegt daran, dass sie als Volksnamen benutzt werden und die Präsenz unterschiedlicher Geschlechter in diesen Völkern selbstverständlich ist.
7 Der Terminus *Modernität* wird in dieser Arbeit in Abgrenzung von *Moderne* und in Verbindung zur *Modernisierung* verwendet. Ich distanziere mich von der primär ästhetischen Prägung des Terminus sowie von der Auffassung Hans Ulrich Gumbrechts, der *Modernität* entweder als Derivat des Adjektivs *modern* verwendet oder als „Bewusstsein" des 20. Jahrhunderts definiert. Vgl. Gumbrecht, Hans Ulrich: Modern. Modernität, Moderne. In: Geschichtliche Grundbegriffe. Historisches Lexikon zur politisch-sozialen Sprache in Deutschland. Mi–Pre. Hrsg. von Otto Brunner [u. a.]. Stuttgart 1978. S. 93–131, hier S. 120–130. Hier trägt *Modernität* hingegen dem Bedürfnis Rechnung, den von den historischen Akteur*innen imaginierten Endpunkt der damals explizit angestrebten Modernisierung Polens zum Ausdruck zu bringen. *Modernisierung* wird dementsprechend mit einer Bedeutung belegt, die aus den Quellen hervorgeht und den klassischen Modernisierungstheorien nahesteht, sie ist somit Ausdruck eines „Bündel[s] soziokultureller Prozesse wie soziale Differenzierung und Individualisierung, Kapitalismus, Industrialisierung und Urbanisierung; Staatsformierung, Nationenbildung und Demokratisierung; Rationalisierung, Säkularisierung und Wertgeneralisierung", vgl. Spohn, Willfried: Globale, multiple und (post-) koloniale Modernen. Eine interzivilisatorische und historisch-soziologische Perspektive. In: Globale, multiple und postkoloniale Modernen. Hrsg. von Manuela Boatcă u. Willfried Spohn. München 2010. S. 1–27, hier S. 4. Ich nehme den normativ-eurozentrischen Charakter einer solchen Definition von Modernisierung damit bewusst in Kauf: Die historischen Akteur*innen dachten nämlich Modernisierung meistens als einheitlichen Prozess nach westeuropäischem Vorbild, auch wenn gerade in der zweiten Hälfte des 19. Jahrhunderts Debatten über die (negative) Spezifizität des polnischen Wegs zur Modernität sowie in sozialistisch revolutionären Kreisen nach dem „subjektiven Faktor" bzw. nach dem spezifisch polnischen „Privileg der Rückständigkeit" zu beobachten sind. Vgl. Walicki, Andrzej: Poland between East and West. The controversies over self-definition and modernization in partitioned Poland: the August Zaleski lectures, 18–22 April 1994. Cambridge 1994, S. 28–35.
8 Vgl. bspw. Hahn, Hans: Przymus modernizacyjny i ucisk integracyjny. Rola państwa w kształtowaniu mentalności politycznej Polaków w drugiej połowie XIX wieku. In: Ideologie, poglądy, mity w dziejach Polski i Europy XIX i XX wieku. Studia historyczne. Hrsg. von Jerzy Topolski [u. a.]. Poznań 1991. S. 289–296; Walicki, Poland; Jedlicki, Suburb; Maciejewski, Janusz (Hrsg.): Przeminay formuły polskości. Warszawa 1999; Porter, Nationalism; Landgrebe, Alix: „Wenn es Polen nicht gäbe, dann müsste es erfunden werden". Die Entwicklung des polnischen Nationalbewusstseins im europäischen Kontext von 1830 bis in die 1880er Jahre. Wiesbaden 2003; Chamot, Marek: Entuzjazm i zwątpienie. Obraz własny Polaków w wybranej publicystyce pra-

Tendenzen lassen sich auf die zentralen Denkströmungen zurückführen, die das polnische intellektuelle Leben des 19. Jahrhunderts bis zum Ersten Weltkrieg charakterisierten und prägten.

Die Hervorhebung der östlich-slawischen Prägung und der Besonderheit der polnischen Nation gegenüber (West-)Europa gilt in der Forschungsliteratur als Erbe der polnischen Romantik. Die Anfang des Jahrhunderts einsetzende romantische Denkströmung stand unter dem Zeichen von Bemühungen intellektueller Einzelakteur*innen adliger Abstammung, das Trauma der Teilungen zu überwinden und die Existenzberechtigung des polnischen Staates durch den Ausbau eines polnischen nationalen Selbstverständnisses zu affirmieren.[9] Die Basis dieses literarisch-politischen Programmes waren die Aufwertung der slawischen demokratischen Ursprünge der polnischen Nation, die Aneignung des Freiheitsideals der polnisch-litauischen Adelsrepublik und die Verbreitung messianischer Auffassungen der Geschichte Polens. Daraus entstand jenes Gefühl der positiven Einzigartigkeit der eigenen polnisch-nationalen historischen Existenz auf europäischer Ebene sowie der spezifisch-slawischen bzw. osteuropäischen moralischen Überlegenheit gegenüber dem historischen Entwicklungspfad des Westens, das das Bewusstsein der Eliten aller drei Teilungsgebiete bis zum gescheiterten Januaraufstand 1863 maßgeblich gestaltet hat und sich bis dem Ende des 19. Jahrhundert in unterschiedlichen Kontexten wiederfinden lässt.[10]

Der Zeit nach 1863 wird hingegen eine Hinwendung zum westeuropäischen Modernitätsmodell zugeordnet. Nach der Niederschlagung des Januaraufstandes setzte sich im Königreich Polen[11] die positivistische Denkströmung durch, die

---

sowej trzech zaborów w latach 1864–1914. Toruń 2003; Janion, Maria: Polska między Wschodem a Zachodem. In: Teksty Drugie (TD) (2003) Heft 6. S. 131–149; Janion, Maria: Niesamowita słowiańszczyzna. Fantazmaty literatury. Kraków 2006; Janowski, Maciej: Polen im 19. Jahrhundert: Europa an der Weichsel? In: Kraft [u. a.] (Hrsg.), Europas. S. 131–155; Kizwalter, Modernität.
9 Vgl. Landgrebe, Polen, S. 51–59.
10 Vgl. Walicki, Poland, S. 15–23; Landgrebe, Polen, S. 60–85; Kizwalter, Modernität, S. 201–322. Zur romantischen Historiographie siehe: Grabski, Andrzej Feliks: Orientacje polskiej myśli historycznej. Warszawa 1972, S. 104–214; Wierzbicki, Andrzej: Spory o polską duszę. Z zagadnień charakterologii narodowej w historiografii polskiej XIX i XX w. Warszawa 2010, S. 69–134.
11 Die drei Teilungsgebiete veränderten im Laufe des 19. Jahrhunderts im Rahmen ihrer Zugehörigkeit zu einem der drei Imperien mehrmals ihre politischen Bezeichnungen und ihren politischen Status. Im Einklang mit der Fachliteratur (die politische Verfasstheit der Teilungsgebiete ist zudem nicht das Thema dieser Untersuchung) verwende ich die Termini *russländisches Teilungsgebiet* und *Königreich Polen* synonym, um die ehemalige zentralpolnische Region (im Wesentlichen Ost-Großpolen und Masowien mit Warschau, Tschenstochau, Lublin, Płock und Kalisz als wichtigste Städte) zu bezeichnen, die aus dem napoleonischen Satellitenstaat, dem Herzogtum Warschau, entstand und mit dem Wiener Kongress unter russländische Herrschaft kam. Die administrative Bezeichnung *Weichselland*, die die zarische Obrigkeit nach der Unterdrückung des

ihren Namen der Faszination einer jungen Generation von Warschauer Publizist*innen und Schriftsteller*innen für den Szientismus, die sozialen Fortschrittsgesetze und für einen eher soziokulturellen denn ökonomischen Liberalismus verdankt.[12] Im Kontext der zunehmenden Russifizierungspolitik und dem Verlust jeglicher politischer Autonomie predigte die sogenannte Warschauer *Junge Presse* (*młoda prasa*), die romantische Idee des polnischen positiven Exzeptionalismus zugunsten eines Imperativs der ökonomischen, sozialen und intellektuellen Modernisierung der Nation aufzugeben. Dieser Imperativ rührte von der dramatischen Rückständigkeitsdiagnose her, die die Positivist*innen über die Lage der polnischen, vor allem ländlichen, aber auch urbanen Gesellschaft im europäischen Vergleich stellten, und sprach die sich in jener Zeit stark vergrößernde *Intelligenz* (*inteligencja*)[13] als führende Kraft der Modernisierung an.[14] Das

---

Aufstandes für das Königreich Polen entwickelte, wird in dieser Arbeit nur in spezifischen Kontexten gebraucht, in denen eben die mit dieser Bezeichnung bezweckte Negation des polnischen Charakters der betreffenden Region thematisiert wird. „*Weggenommene Gebiete*" (*ziemie zabrane*) steht als Begriff hingegen für diejenigen Ostprovinzen der ehemaligen Adelsrepublik (Litauen, Wolhynien, Podlesien und Podolien), die bereits mit der dritten Teilung vom Zarenreich eingegliedert wurden und die vor allem nach 1863 ein anderes politisches Schicksal als das Königreich Polen erfuhren. Mit *Galizien* oder dem *habsburgischen Teilungsgebiet* bezeichne ich die ehemaligen südwestlichen Regionen Polens (Galizien und Teschener Land), die an das Habsburgerreich angeschlossen wurden und deren größter Teil im Jahre 1867 politische Autonomie unter der Staatsbezeichnung Königreich Galizien und Lodomerien erlangte. Schließlich werden hier die ehemaligen westpolnischen Regionen, die sich Preußen infolge der Teilung einverleibte, abwechselnd als *preußisches Teilungsgebiet*, *Großherzogtum Posen* oder (seltener) *Provinz Posen* bezeichnet.

12 Zum positivistischen Gedanken vgl. z. B. Grabski, Orientacje, S. 215–247; Hahn, Przymus; Jedlicki, Suburb, S. 205–211; Porter, Nationalism, S. 41–52; Janowski, Thought; Wierzbicki, Spory, S. 187–193.

13 Die *Intelligenz* lässt sich als soziale Klasse verstehen, die über die Bildung und durch ihren Lebensunterhalt dank unterschiedlichen Formen intellektueller Arbeit definiert werden kann. Mehr als die Vorstellung soziales Abstiegs bringt diese Klassenbezechnung die Idee einer (führenden) Aufgabe gegenüber einer imaginierten nationalen Gemeinschaft zum Ausdruck und wird als Resultat der spezifischen Situation von Rückständigkeit in der kapitalistischen Entwicklung und der politischen Abhängigkeit Polens (und Osteuropas) im 19. Jahrhundert gedeutet. Vgl. Kieniewicz, Stefan: The Polish intelligentsia in the nineteenth century. In: Studies in East European social history. Hrsg. von Keith Hitchins. Leiden 1977. S. 121–134; Janowski, Maciej u. Jerzy Jedlicki: Narodziny inteligencji 1750–1831. Warszawa 2008, S. 7–24; Górny, Maciej: Die Geschichte der polnischen Intelligenz bis zum Jahre 1918. In: Historie. Jahrbuch des Zentrums für Historische Forschung Berlin der Polnischen Akademie der Wissenschaften (H-JZHF) 2 (2008/2009). S. 45–56; Bauer, Ela: The ideological roots of the Polish Jewish intelligentsia. In: Jews and their neighbours in Eastern Europe since 1750. Hrsg. von Israel Bartal [u. a.]. Oxford 2012. S. 95–109. Nach 1863 wurde die Intelligenz durch die Verarmung des Adels, die Emanzipation der Frauen und die

Bewusstsein für die eigene ökonomisch-kulturelle Nachzüglerposition in Europa, der feste Glaube an den Fortschritt als alleiniges Heilmittel gegen jene Entwicklung und die Überzeugung von der eigenen Klassenverantwortung im positivistischen Modernisierungsprogramm – bekannt unter dem Begriff der *organischen Arbeit (praca organiczna)* – bildeten daher für die Warschauer Bildungsschichten der zweiten Jahrhunderthälfte zentrale Erfassungskategorien des eigenen Daseins auf national-polnischer, imperialer und europäisch-globaler Ebene.

Die Orientierung an Westeuropa kennzeichnete in der zweiten Jahrhunderthälfte auch das soziokulturelle Leben in den beiden anderen Teilungsgebieten. Im Großherzogtum Posen prägte der Aufruf zur organischen Arbeit und zur Modernisierung nach westeuropäischen Vorbild die zuehmende Auseinandersetzung der polnischsprachigen urbanen und ländlichen Gesellschaft mit der preußischen Herrschaft und deren immer eindeutigerem anti-polnischem Charakter während der Herausbildung des Deutschen Reichs.[15] Im habsburgischen Teilungsgebiet

---

Assimilation des Judentums eine immer größere und selbstbewusstere soziale Schicht mit einem ausgeprägten Selbstbild sowie homogenen Klasseninteressen, aber sehr begrenzten Berufsaussichten (abgesehen von Galizien, wo polnischsprachigen Bürgern eine Beamtenkarriere offenstand). Die Vorstellungen über ihre Klassenmission waren sehr unterschiedlich und betrafen die Bildung, die ökonomische Führung der Gesellschaft oder die Rolle als Vermittler der Volkskultur. Vgl. Micińska, Inteligencja; Kizwalter, Modernität, S. 342–345. Über die Intelligenz in den einzelnen Teilungsgebieten siehe auch: Szwarc, Andrzej: Inteligencja warszawska i prowicjonalna w świetle własnych opinii z lat popowstaniowych. (Próba sondażu). In: Inteligencja polska XIX i XX wieku. Hrsg. von Ryszard Czepulis-Rastenis. Warszawa 1983. S. 187–214; Molik, Witold: Inteligencja polska w Poznańskiem w XIX i początkach XX wieku. Poznań 2009; Kraft, Claudia: Das galizische Bürgertum in der autonomen Ära (1866–1914). Ein Literaturüberblick. In: Polen und die böhmischen Länder im 19. und 20. Jahrhundert. Politik und Gesellschaft im Vergleich: Vorträge der Tagung des Collegium Carolinum in Bad Wiessee vom 15. bis 17. November 1991. Hrsg. von Peter Heumos. München 1997. S. 81–110.

14 Vgl. Hahn, Przymus, S. 294; Jedlicki, Suburb, S. 212–241; Micińska, Inteligencja, S. 111–113.

15 Vgl. Böhning, Peter: Agrarische Organisationen und nationale Mobilisierung in Westpreußen. In: Modernisierung und nationale Gesellschaft im ausgehenden 18. und im 19. Jahrhundert. Referate einer deutsch-polnischen Historikerkonferenz. Hrsg. von Werner Conze. Berlin 1979. S. 161–176; Michalski, Ryszard: Praktyczne koncepcje pracy organicznej w dzielnicy pruskiej na przełomie XIX i XX w. świadectwem polskiej myśli politycznej. In: Społeczeństwo w dobie modernizacji. Polacy i Niemcy w XIX i XX wieku. Studia ofiarowane Profesorowi Kazimierzowi Wajdzie w siemdemdziesiątą rocznicę urodzin. Hrsg. von Kazimierz Wajda [u. a.]. Toruń 2000. S. 293–300; Schattkowsky, Ralph: Identitätswandel und nationale Mobilisierung in Westpreußen und Galizien. Ein Vergleich. In: Identitätenwandel und nationale Mobilisierung in Regionen ethnischer Diversität. Ein regionaler Vergleich zwischen Westpreußen und Galizien am Ende des 19. und Anfang des 20. Jahrhunderts. Hrsg. von Ralph Schattkowsky u. Michael G. Müller. Marburg 2004. S. 29–62; Janowski, Thought, S.160–163; Holste, Karsten: Reform from above and politics form

hingegen entsprang eine solche Orientierung dem sehr negativen Urteil, das die in Galizien dominierende Krakauer Historikerschule über die polnische Geschichte fällte. Die vier wichtigsten Vertreter dieser historiographischen Schule sahen die Schuld für die Teilungen des Landes in der Abweichung Polens vom westeuropäisch-modernen Entwicklungsweg – und zwar von der Entwicklung hin zum zentralisierten Staat – begründet und übten dementsprechend scharfe Kritik an der romantischen Glorifizierung des Slawentums und der republikanisch-anarchischen Tradition.[16] Sie hoben den westlichen – also lateinischen und katholischen – Charakter des Polentums sowie die Notwendigkeit hervor, der polnischen Gesellschaft westeuropäischen Staatssinn einzuprägen. Diese konservative Denkrichtung hatte durch die Autonomie Galiziens ab den 1860er Jahre als einzige polnische Strömung der Zeit eine institutionelle Anbindung (beispielsweise an die Krakauer Universität) und erlangte daher eine Deutungshoheit für das nationale Denken aller drei Teilungsgebiete.

Hatten also *Modernisierungs*diskurse bereits in den 1860er und 1870er Jahren Hochkonjunktur in allen drei Teilungsgebieten, herrscht unter Historiker*innen relativer Konsens darüber, die markante Sichtbarwerdung einer Reihe von *Modernisierungs*prozesse auf transpolnischer Ebene auf das Ende des 19. Jahrhunderts zu datieren.[17] Zwischen 1880 und 1910 stieg die Gesamtbevölkerung der drei Teilungsgebiete von 17 auf 26 Millionen.[18] Im gleichen Zeitraum stieg die Einwohnerzahl Warschaus um 131 % (von 383.000 im Jahre 1882 auf 885.000 vor

---

below: paesants in the prussian partition of Poland. In: Kleinmann [u. a.] (Hrsg.), Imaginations. S. 217–237.

16 Vgl. Landgrebe, Polen, S. 65–111. Über die Historiographie der Krakauer Schule siehe: Grabski, Orientacje, S. 301–340; Wierzbicki, Spory, S. 135–183.

17 Vgl. bspw. Kalabiński, Stanisław: Die Modernisierung der Gesellschaft im Königreich Polen im 19. Jahrhundert. In: Conze (Hrsg.), Modernisierung. S. 71–92; Łukasiewicz, Juliusz: Ekonomiczne uwarunkowania losów Polaków w XIX w. In: Losy Polaków w XIX–XX w. Studia ofiarowane Stefanowi Kieniewiczowi w osiemdziesiątą rocznicę Jego urodzin. Hrsg. von Barbara Grochulska. Warszawa 1987. S. 55–72; Jedlicki, Suburb; Porter, Nationalism; Buszko, Józef: Od niewoli do niepodległości (1864–1918). In: Wielka historia Polski. Hrsg. von Stanisław Grodziski [u. a.]. Kraków 2003. S. 351–725, hier S. 353–406; Żarnowska (Hrsg.), Workers; Janowski, Polen, S. 142–149; Chwalba, Historia; Micińska, Inteligencja; Wierzchosławski, Szczepan: Zabory ziem polskich – geneza polskiej nowoczesności. In: Wierzchosławski (Hrsg.), Modernizacja. S. 13–26.

18 Vgl. Chwalba, Historia, S. 24. Andrzej Chwalba meint hier die Bevölkerung des Königreichs Polen, Galiziens, des preußischen Teilungsgebiets und Oberschlesiens. Brian Porter spricht hingegen von einem Zuwachs von „Polish speakers" von 10 auf 17 Millionen im Zeitraum 1870–1900. Vgl. Porter, Nationalism, S. 76.

Kriegsausbruch)[19], Lembergs um 58 % (von 130.000 im Jahre 1890 auf 206.000 im Jahre 1910)[20], Krakaus um 50 % (von 75.000 auf 150.000 im gleichen Zeitraum)[21] und Posens um 146 % (von 66.000 im Jahre 1880 auf 163.000 im Jahre 1913).[22] Diese Zahlen gehen einher mit der Verbesserung der ökonomischen, hygienischen und medizinischen Zustände sowie mit einer starken Zuwanderung der ländlichen Bevölkerung in die Städte. Ebenso auf das Ende des 19. Jahrhunderts lässt sich die wenn auch sehr ungleiche Industrialisierung der Teilungsgebiete zurückführen (mit dem raschen Aufstieg in erster Linie von Warschau und Lodz, das als „polnisches Manchester" bezeichnet wurde, zu großen industriellen Zentren), sowie die damit verbundene Entstehung neuer großer urbaner Schichten (der sogenannte Intelligenz-Mob und das Proletariat) und die gewaltige Veränderung des Erscheinungsbildes der größten polnischsprachigen Städte (bedingt durch das vergrößerte Ansiedlungsgebietes und die Einführung von Kanalisation, Elektrizität und Bahnverbindungen).[23]

---

19 Vgl. Nietyksza, Maria: Ludność Warszawy na przełomie XIX i XX wieku. Warszawa 1971, S. 28. Vgl. auch Lewandowski, Stefan: Poligrafia Warszawska. 1870–1914. Warszawa 1982, S. 22. Diese sowie die folgenden Zahlen wurden von der Autorin der Arbeit abgerundet.
20 Vgl. Myśliński, Jerzy: Prasa polska w Galicji w dobie autonomicznej. (1867–1918). In: Prasa polska w latach 1864–1918. Hrsg. von Jerzy Łojek. Warszawa 1976. S. 114–176, hier S. 134.
21 Vgl. Myśliński, Prasa w Galicji.
22 Vgl. Spaleniak, Wojciech: Kształtowanie się warunków rozwoju prasy polskiej w Wielkopolsce w drugiej połowie XIX i na początku XX wieku (do roku 1918). In: Z dziejów prasy wielkopolskiej XIX–XX wieku. Praca zbiorowa. Hrsg. von Marceli Kosman. Poznań 1995. S. 21–32, hier S. 22; Kozłowski, Jerzy: Wielkopolska pod zaborem pruskim w latach 1815–1918. Poznań 2006, S. 45; Bitner-Nowak, Anna: Wohnungspolitik und Wohnverhältnisse in Posen in den Jahren 1900–1939. In: Wohnen in der Großstadt 1900–1939. Wohnsituation und Modernisierung im europäischen Vergleich. Hrsg. von Alena Janatková u. Hanna Kozińska-Witt. Stuttgart 2006. S. 151–178, hier S. 151–152.
23 Für einen Überblick über die oben erwähnten Phänomene siehe bspw.: Łukasiewicz, Uwarunkowania; Chwalba, Historia; Buszko, Niewoli, S. 353–406. Über das Phänomen der neuen urbanen Schichten in Polen siehe insbesondere: Jedlicki, Suburb, S. 173–204; Żarnowska (Hrsg.), Workers; Micińska, Inteligencja, S. 22–61; Molik, Inteligencja. Für eine Analyse der Modernisierung von den polnischen Städten am Ende des Jahrhunderts siehe bspw.: Nietyksza, Ludność; Bitner-Nowak, Wohnungspolitik; Wendland, Anna Weronika: „Europa" zivilisiert den „Osten": Stadthygienische Interventionen, Wohnen und Konsum in Wilna und Lemberg 1900–1903. In: Janatková [u. a.] (Hrsg.), Wohnen. S. 271–296; Wood, Nathaniel D.: Not just the national: Modernity and the myth of Europe in the capital cities of Central and Southeastern Europe. In: Capital cities in the aftermath of empires. Planning in central and southeastern Europe. Hrsg. von Emily Gunzburger Makaš u. Tanja Damljanovic Conley. London 2009. S. 258–269; Wood, Nathaniel D.: The ‚Polish Mecca' and the ‚little Vienna on the Vistula' or ‚big-city Cracow'? Imagining Cracow before the Great War. In: Urban History 40 (2013) Heft 2. S. 226–246; Rolf, Herrschaft, S. 183–282.

Ab den 1890er Jahren und in Zusammenhang mit dem sozioökonomischen Wandel lässt sich laut Forschung eine letzte prägende polnische Denkströmung des 19. Jahrhunderts beobachten, die zweierlei Artikulation annahm: jene einer gesamteuropäischen „modernistischen" Wende *versus* die positivistische – naturalistische, empiristische, rationalistische, historisch-deterministische – Philosophie in den drei Teilungsgebieten sowie jene einer spezifisch polnischen „neoromantischen" Wende *versus* die Akzeptanz des politischen Status quo positivistischer (Warschauer) und konservativer (Krakauer) Prägung.[24] Der Kreis der zur Intelligenz Gehörenden wurde vor allem im russländischen Teilungsgebiet immer größer, beruflich wurde deren Situation zunehmend aussichtsloser. Sie registrierten immer bewusster das Elend um sich herum, das die rasant voranschreitende Modernisierung im Kontext politisch-ökonomischer Abhängigkeit, der Armut und des Fehlens eines starken polnisch-nationalen Bürgertums in allen drei Teilungsgebieten verursachte.[25] Vor diesem gesellschaftlichen Hintergrund fand eine neue Intelligenz-Generation, die sogenannten *Rebellischen* (*niepokorni*), neue Bezugspunkte kultureller und politischer Gesinnung: in ihrer Tätigkeit (teils im Untergrund) vor allem gegen die zarische, aber auch die preußische Herrschaft, in sozialistischen oder integral-nationalistischen Weltanschauungen, in der Wiederaufwertung des romantischen historiographischen Optimismus und in der Neuauslegung der romantischen Idee eines spezifisch-polnischen, slawisch-osteuropäischen nationalen Geistes in historisch-psychischen, biologistischen oder sogar rassischen Kategorien.[26] In den gleichen Jahren leitete ebenso die literarisch-künstlerische Bewegung des *Jungen Polens* (*Młoda Polska*), die in Gali-

---

[24] Vgl. Walicki, Poland, S. 43–46. Sowohl Jerzy Topolski als auch Jolanta Kolbuszewska diskutieren in ihren Studien, inwieweit man es in dieser Zeit mit einer „anti-positivistischen" Wende zu tun hat und zeigen, wie der Terminus „modernistisch" diese Wende genauer beschreibt. Topolski, Jerzy: Problemy przełomu antypozytywistycznego w naukach historycznych. In: Zagadnienie przełomu antypozytywistycznego w humanistyce. Hrsg. von Jerzy Kmit. Warszawa 1978. S. 9–21; Kolbuszewska, Jolanta: Mutacja modernistyczna w historiografii polskiej (przełom XIX i XX wieku). Łódź 2005; Kolbuszewska, Jolanta: Przełom antypozytywistyczny czy mutacja modernistyczna? Rozważania o przemianach w historiografii schyłku XIX i początku XX wieku. In: Res Historica 19 (2005). S. 41–54. Auch Andrzej Walicki wählt die Bezeichnung „modernistisch". Er, wie auch Brian Porter, machen allerdings vor allem auf die Rebellion gegen den politischen Nicht-Aktionismus aufmerksam, die hier mit dem Begriff „neoromantisch" zum Ausdruck gebracht wird. Vgl. Porter, Nationalism, S. 75–81. Als „neoromantisch" wird darüber hinaus in der Forschung die Historiographie dieser Zeit definiert. Vgl. Maternicki, Jerzy: Historiografia polska XX wieku. Część I – Lata 1900–1918. Wrocław 1982; Wierzbicki, Spory.
[25] Vgl. Jedlicki, Suburb; Kolbuszewska, Mutacja.
[26] Vgl. Maternicki, Historiografia, S. 7–18; Jedlicki, Suburb, S. 252–276; Porter, Nationalism, S. 75–81; Wierzbicki, Spory, S. 194–225.

zien ihr Epizentrum hatte, eine Rückkehr zur Romantik ein. Die neoromantische Phase soll indes nicht in Termini einer Zäsur beschrieben werden.[27] Die Kritik an der adlig-republikanischen Tradition, die Idee der Unvermeidlichkeit des Fortschrittes und vor allem die Modernitätsbestrebungen nach dem westeuropäischen Muster bewahrten bis zum Ausbruch des Ersten Weltkrieges ihre Anziehungskraft und wurden im Rahmen neoromantischer, sozialistischer und nationalistischer Denkströmungen aktiv weiterentwickelt und verbreitet.

I.1.2 Zur begrifflichen Konzeptualisierung der Selbstverortung

Bereits diese knappe Zusammenfassung der wichtigsten ideen- und sozialgeschichtlichen Erkenntnisse über Polen im 19. Jahrhundert weist auf drei zentrale Bezugspunkte, über die die polnischsprachigen Gesellschaften jener Zeit ihr Selbstverständnis und ihre Vorstellungen über die eigene Position in der Welt definierten: die eigene nationale Spezifizität, (West-)Europa sowie eine mit der westeuropäischen Fortschrittserfahrung koinzidierende Modernität. Der Auseinandersetzung mit diesen Bezugspunkten lag einerseits eine fundamentale Ambivalenz zugrunde, die von der peripheren Stellung der Teilungsgebiete in imperial-kolonialen Kategorien bedingt war: Die Nation wurde durch die Geschichte positiv codiert, jedoch rückte die Tatsache, dass der polnische Staat nicht (mehr) existierte, immer wieder die polnisch-nationalen Schwächen und Mängel diskursiv in den Vordergrund. Analog repräsentierte (West-)Europa zugleich den unhinterfragten Zugehörigkeitsraum des polnisch-nationalen historischen Daseins, einen Sehnsuchtsort, von dem Polen durch die Teilungen getrennt war, und die Quelle des Imperialismus, unter dem die Teilungsgebiete litten. Die eigene Teilnahme an der (west-)europäischen Modernität war schließlich am Jahrhundertende zugleich eine erlebte Realität und ein unter den imperialen Abhängigkeitsverhältnissen nie vollkommen erreichbares Ziel.

Andererseits lässt sich aber auch die Peripherialität der Teilungsgebiete als ebenso ambivalent im Kern begreifen. Wie der Historiker Christoph Mick pointiert formuliert, wurde das Königreich Polen zwar vom russländisch[28]-imperialen Zentrum politisch und kulturell unterdrückt, bildete aber eines der am stärksten industrialisierten Gebiete des Zarenreichs, das Güter ins Herrschaftszentrum exportierte (statt aus dem Zentrum Güter zu importieren, wie in den klassischen

---

27 Vgl. Topolski, Problemy; Walicki, Poland, S. 46–55; Kolbuszewska, Przełom.
28 Ich verwende die Begriffe *russländisch* sowie *zarisch* als Attribute des Staates im Unterschied zur ethnischen Zuschreibung *russisch*.

kolonialen Peripherien).[29] Galizien, eine der ärmsten und ökonomisch unterentwickeltesten Regionen des Habsburgerreichs, ähnelte hingegen eher einer Peripherie im wirtschaftlichen Sinne, genoss aber in der zweiten Hälfte des Jahrhunderts eine politische und kulturelle Autonomie, die sie in ein nationales Zentrum des polnischen politisch-kulturellen Lebens verwandelte. Schließlich lassen sich zwar in der Beziehung zwischen dem Deutschen Kaiserreich und dem Großherzogtum Posen gewisse koloniale Akzente sowohl auf der Ebene der Diskurse als auch der konkreten politischen Maßnahmen beobachten, die polnischsprachige Gesellschaft des preußischen Teilungsgebiets genoss jedoch eine unvergleichbar bessere Stellung als die Einwohner*innen der außereuropäischen Kolonien und wies besonders erfolgreiche Formen der sozioökonomischen und kulturellen Selbstorganisation auf.

Nun bietet die bisher geleistete Forschung zu Osteuropa generell sowie speziell zu Polen einige sehr ergiebige Begriffe, um mit diesem ambivalenten (Selbst-)Verortungsmuster theoretisch und analytisch umzugehen. Termini wie *Semi-* oder *Halbperipherie*,[30] *epigonales Europa*,[31] *inbetween periphery*,[32] *innen-europäische* bzw. *weiße (Semi-)Kolonie*,[33] *nesting orient*,[34] *(Post-)Abhängigkeit ([post-]za-*

---

[29] Zur Analyse der peripheren Stellung der Teilungsgebiete in diesem und in den nächsten zwei Sätzen vgl. Mick, Christoph: Colonialism in the Polish Eastern borderlands 1919–1939. In: The shadow of colonialism on Europe's modern past. Hrsg. von Róisín Healy u. Enrico Dal Lago. Basingstoke 2014. S. 126–141, hier S. 127–128.
[30] Vgl. bspw. Nolte, Hans-Heinrich: Weltsystem und Area-Studies: Das Beispiel Russland. In: Zeitschrift für Weltgeschichte (ZWG) 1 (2000) Heft 1. S. 75–98; Nolte, Hans-Heinrich: Osteuropäische und Globalgeschichte bis zum 19. Jahrhundert. http://hsozkult.geschichte.hu-berlin.de/forum/id=728&type=artikel (19.8.2017); Adamczyk, Dariusz: Polens halbperiphere Stellung im internationalen System: Eine Long-Run-Perspektive. In: ZWG 1 (2000) Heft 3. S. 79–90; Boatcă, Manuela: Semiperipheries in the world-system: Reflecting Eastern European and Latin American experiences. In: Journal of World-Systems Research 12 (2006) Heft 2. S. 321–346.
[31] Vgl. Boatcă, Manuela: Multiple Europas und die interne Politik der Differenz. In: Boatcă [u.a.] (Hrsg.), Modernen. S. 341–358.
[32] Vgl. Tötösy de Zepetnek, Steven: Configurations of postcoloniality and national identity: Inbetween peripherality and narratives of change. In: The Comparatist: Journal of the Southern Comparative Literature 23 (1999) Heft May. S. 89–110.
[33] Vgl. bspw. Feichtinger, Johannes: Habsburg (post)-colonial. Anmerkungen zur Inneren Kolonisierung in Zentraleuropa. In: Habsburg postcolonial. Machtstrukturen und kollektives Gedächtnis. Hrsg. von Johannes Feichtinger. Innsbruck 2003. S. 13–32; Nelson, Robert L.: Introduction: Colonialism in Europe? The case against Sal Water. In: Germans, Poland, and colonial expansion to the east. 1850 through the present. Hrsg. von Robert L. Nelson. Basingstoke 2009. S. 1–10; Healy, Róisín u. Enrico Dal Lago: Investigating Colonialism within Europe. In: Healy [u.a.] (Hrsg.), Shadow. S. 3–22.
[34] Vgl. Bakić-Hayden, Milica: Nesting Orientalisms: The Case of Former Yugoslavia. In: Slavic Review (SR) 54 (1995) Heft 4. S. 917–931.

leżność)³⁵ sowie *Osteuropa*³⁶ selbst oder *Balkan*³⁷ stammen aus unterschiedlichen wissenschaftlichen Traditionen – hauptsächlich aus der Weltsystemanalyse von Immanuel Wallerstein, aus den literaturwissenschaftlichen *postcolonial studies* und aus der postkolonialen Soziologie sowie Kulturgeschichte – und beschreiben Formen des osteuropäischen Selbstverständnisses sowie der westeuropäischen Wahrnehmung Osteuropas ab der Mitte des 18. Jahrhunderts bis heute. Diese Begriffe haben vier theoretische Prämissen gemeinsam, die für diese Studie eine zentrale Bedeutung haben. Erstens sind sie als Positionen in jener sich global vernetzenden und kapitalistisch entwickelnden Welt zu denken, die die *global history* für das 19. Jahrhundert diagnostiziert und mit der Moderne gleichgesetzt hat.³⁸ Zweitens entwerfen alle diese Begriffe die moderne Welt in Termini von ökonomischen, kulturellen und epistemischen Machtasymmetrien, die sich in den dichotomischen Kategorien von Zentrum/Peripherie bzw. Metropole/Kolonie artikulieren, die ihrerseits von Europa definiert sowie dominiert werden. In dieser Hinsicht sprechen sie daher nicht eine Hierarchisierung der modernen Welt im Allgemeinen an, sondern enthüllen die hegemoniale Welteinordnung der europäisch-kolonialen Moderne³⁹ und das ihr inhärente System der Herstellung von

---

35 Vgl. bspw. Nycz, Ryszard (Hrsg.): Kultura po przejściach, osoby z przeszłością. Polski dyskurs postzależnościowy – konteksty i perspektywy badawcze. Kraków 2011; Gosk, Hanna (Hrsg.): (P)o zaborach, (p)o wojnie, (p)o PRL. Polski dyskurs postzależnościowy dawniej i dziś. Kraków 2013.
36 Vgl. bspw. Lemberg, Hans: Zur Entstehung des Osteuropabegriffes im 19. Jahrhundert. Vom „Norden" zum „Osten" Europas. In: Jahrbücher für Geschichte Osteuropas 33 (1985). S. 48–91; Wolff, Larry: Inventing Eastern Europe. The map of civilization on the mind of the Enlightenment. Stanford 1994.
37 Vgl. Todorova, Maria: Imagining the Balkans. Oxford 1997. Deutsche Übersezung: Todorova, Maria: Die Erfindung des Balkans. Europas bequemes Vorurteil. Darmstadt 1999.
38 Vgl. Bayly, Christopher Alan: The birth of the modern world, 1780–1914. Global connections and comparisons. Oxford 2003; Osterhammel, Jürgen: Die Verwandlung der Welt. Eine Geschichte des 19. Jahrhunderts. Bonn 2010.
39 Da diese Arbeit sich vor allem auf ein Verständnis von Moderne als Zeitregime bezieht, will sie sich hier nicht in die Debatte über die eine/die globale/multiple/postkoloniale(n) Moderne(n) einlassen. Einen guten Einblick in die Debatte geben: Cooper, Frederick: Colonialism in question. Theory, knowledge, history. Berkeley 2005, S. 113–149; Spohn, Modernen. Trotzdem ignoriert diese Arbeit die grundlegende Kritik, die die *postcolonial studies* sowie die Theorien über die multiplen sowie „ungleichen" Modernen an einem einzelnen und eurozentrischen Moderneverständnis üben, nicht. Vgl. Chatterjee, Partha: Our modernity. Rotterdam 1997; Mignolo, Walter D.: Local histories/global designs. Coloniality, subaltern knowledges, and border thinking. Princeton 2000; Chakrabarty, Dipesh: Provincializing Europe. Postcolonial thought and historical difference. Princeton 2000; Eisenstadt, Shmuel Noah: Vielfältige Moderne. In: ZWG 1 (2000) Heft 2. S. 9–33; Randeira, Shalini: Entangled histories of uneven modernities: Civil society, caste solidarities und legal pluralism in post-colonial India. In: Unraveling ties. From social cohesion to new practices of connectedness. Hrsg. von Yehuda Elkana [u. a.]. Frankfurt am Main 2002. S. 284–

Differenzen.⁴⁰ Semi- oder ‚Dazwischen'-Peripherialität entziehen sich drittens den binären Charakter dieser Differenzen, indem sie auf eine dritte Option hindeuten, die weder mit (West-)Europa noch mit den (extraeuropäischen) Kolonien deckungsgleich ist. Viertens bringen all diese Begriffe letztlich eine räumliche (Selbst-)Verortung zum Ausdruck. Denn nicht nur Osteuropa, sondern auch Semiperipherie sowie innereuropäische Kolonien werden in erster Linie als Räume einer imaginierten kolonialen Weltgeographie betrachtet. Das entspricht der reichen Forschungstradition, wie bei Edward Said selbst, Larry Wolff und Maria Todorova, die kognitive Landkarten (*mental maps*) und Raumkonstrukte als bevorzugte Gegenstände betrachten, um die Speicher- und (Re-)Produktionsmechanismen der kulturellen Machtasymmetrien der Moderne zu untersuchen.⁴¹ Selbst der Terminus (Selbst-)Verortung harmonisiert mit dieser Forschungstradition, indem er mit seiner semantischen Wurzel *Ort* in erster Linie eine Positionierung oder Einordnung im Raum unterstellt.

Unter all diesen Begriffsvorschlägen habe ich mich für Semiperipherie entschieden. Semiperipherialität hat in ihrer bekannteren Weltsystemanalyse-Prägung nach Immanuel Wallerstein eine primär wirtschaftsgeschichtliche Analysekraft.⁴² Sie wird aber beispielsweise von der Soziologin Manuela Boatcă explizit dafür verwendet, um eine spezifische ökonomische Rolle im modernen kapitalistischen System mit jener spezifischen epistemischen Position, auf die Todorova mit ihrem kulturhistorischen Blick auf dem Balkan aufmerksam macht, zu ver-

---

311; Boatcă, Manuela: Global inequalities beyond occidentalism. Farnham 2015. Diese Studien wenden sich programmatisch gegen den akademischen Diskurs der klassischen Modernisierungstheorien von der einen Moderne im Singular (die sie meistens mit dem Terminus „westliche" oder „europäische" Moderne bezeichnen) und heben hingegen deren Ambivalenzen, deren koloniale Genese sowie die Existenz mehrerer, nicht-europäischer/kolonialer Modernen hervor. In Anlehnung an diese Forschungsperspektiven spricht diese Arbeit von *europäisch-kolonialer Moderne*. Damit meine ich einerseits den hegemonialen und universalistischen Modernediskurs, der dem Gedankengut der europäischen Aufklärung, dem Historismus und den klassischen Modernisierungstheorien entspringt. Andererseits will ich die koloniale Quintessenz dieser Moderne zum Ausdruck bringen.

40 Für eine umfassende theoretische Überlegung über die Produktion von dichotomischen Differenzen als Quintessenz der europäisch-kolonialen Moderne siehe: Boatcă, Manuela: Die zu Ende gedachte Moderne. Alternative Theoriekonzepten in den lateinamerikanischen und osteuropäischen Peripherien. In: ZWG 10 (2009) Heft 1. S. 81–112, insbesondere S. 106–112.

41 Vgl. Schenk, Frithjof Benjamin: Mental Maps. Die Konstruktion von geographischen Räumen in Europa seit der Aufklärung. In: Geschichte und Gesellschaft (GG) 28 (2002) Heft 3. S. 493–514.

42 Zur Weltsystemanalyse siehe: Wallerstein, Immanuel: Wegbeschreibung der Analyse von Weltsystemen, oder: wie vermeidet man, eine Theorie zu werden? In: ZWG 1 (2000) Heft 3. S. 9–33; Chase-Dunn, Christopher: World-systems theorizing. In: Handbook of sociological theory. Hrsg. von Jonathan H. Turner. New York 2001. S. 589–612.

binden.⁴³ Die bulgarische Historikerin erkennt in seiner „konkrete[n] historische[n] Existenz" als Raum, in seiner Mythisierung nur als „reflektierte[s] Licht
des Orients" sowie vor allem in seiner Kontamination mit sowie Zugehörigkeit zu
Europa und mit seinem „Übergangscharakter" bzw. seiner „Zwischenhaftigkeit"
die Besonderheiten des Balkans gegenüber dem Orient von Said.⁴⁴ Der Begriff
Semiperipherialität bestreitet daher die Vorstellung eines einheitlichen modernen
Europas, das sich einem universellen vormodernen „Rest" bzw. dem Orient entgegensetzt,⁴⁵ und weist stattdessen auf die Pluralität bzw. „Mehrdeutigkeit"⁴⁶ des
Europakonstruktes. Wird diese Mehrdeutigkeit von Todorova einfach mit der
(west-)europäischen Konzeption des Balkans „als etwas unvollkommenes Eigenes" identifiziert,⁴⁷ geht Boatcă einen argumentativen Schritt weiter, indem sie
ausdrücklich die Existenz von multipler Europas (Ost-, Süd,- und Westeuropa)
theorisiert. Diese drei Europas stehen demnach zueinander in einem asymmetrischen Verhältnis, tragen aber alle zusammen zur „Ausgestaltung der hegemonialen Definition der Moderne" und zur „Sicherstellung ihrer Verbreitung" bei.⁴⁸

Inspiriert von diesen Gedanken bildet Semiperipherialität für die vorliegende
Arbeit eine sprachliche Konvention, um die vorher beschriebenen Ambivalenzen
der polnischen Selbstverortung im 19. Jahrhundert mit einer epistemischen Perspektive zwischen imperialen Metropolen und extraeuropäischen Kolonien,
zwischen Kerneuropa und dem Osten, zwischen Kolonisieren und Kolonisiert-
Sein, zwischen Modern-Werden und Noch-nicht-modern-Sein oder Nie-modern-
sein-Können in einem Begriff zu kombinieren. Semipeirpheirialität stellt daher als
Begriff hier keine vorgegebene, feste Position dar. Vielmehr lässt sie sich als einen
relationalen und somit sich permanent verändernden Standpunkt denken, der
sowohl durch Fremd- als auch durch Selbstzuschreibungen mitkonstruiert wird
und und von dem aus die polnischen Gesellschaften auf sich selbst blickten. Es ist
ein zentrales Anliegen der vorliegenden Studie, die Aussagekraft dieses Begriffes
als Deutungsfolie für die Untersuchung der Quellen zu prüfen. Während der
Wortstamm *Peripherialität* dabei den globalen Maßstab und den kolonialen

---

43 Vgl. Boatcă, Semiperipheries, S. 325–329.
44 Vgl. Todorova, Erfindung, S. 28–40, für die Zitate S. 29, 34 und 37. Für einen Überblick über die
Theorie des Orientalismus von Edward Said siehe: Said, Edward W.: Krise des Orientalismus. In:
Kultur & Geschichte. Neue Einblicke in eine alte Beziehung. Hrsg. von Christoph Conrad u.
Martina Kessel. Stuttgart 1998. S. 72–96.
45 Vgl. bspw. Slemon, Stephen: Unsettling the Empire: Resistance theory for the Second World.
In: The post-colonial studies reader. Hrsg. von Bill Ashcroft [u. a.]. London 1995. S. 104–110.
46 Vgl. Todorova, Erfindung, S. 36–37.
47 Todorova, Erfindung, S. 37.
48 Vgl. Boatcă, Europas, S. 343.

Charakter dieser Position markiert, will ich durch das Präfix *Semi-* einerseits jene Relativierung dieses Charakters vornehmen, die auch Todorova sowie viele weitere postkoloniale Forscher*innen in Bezug auf Osteuropa generell sowie auf Polen insbesondere anwenden.⁴⁹ Aus dieser Perspektive hebt *Semi-* die polnische kulturelle Selbstreferenzialität sowie die wenn auch nur eingeschränkte Möglichkeit der polnischsprachigen Gesellschaften hervor, sich als europäisch und modern zu definieren und eigene koloniale Phantasien und Zivilisierungsmissionen Richtung Osten oder in den globalen Süden zu entwickeln. Andererseits indiziert *Semi-* in dieser Arbeit diejenige diskursive Eigenmacht der Kolonisierten, die Homi Bhabha und die gesamte zweite Generation postkolonialer Theoretiker*innen als Bedrohungs- bzw. Subversionspotenzial gegen die Kohärenz und Allmächtigkeit des Orientalismus-Wissenssystems Saids theorisiert haben und die Historiker*innen wie Gregor Thum oder Philipp Ther bezüglich dem inner-europäischen, weißen Kolonialdiskurs über Polen konkret feststellen konnten.⁵⁰

I.1.3 Zur historischen Zeit: Fragestellung und Aufbau des Buches

Vor allem distanziere ich mich jedoch vom räumlichen Charakter der Semiperipherie und analysiere stattdessen in dieser Studie die Selbstverortung der polnischsprachigen Gesellschaften in der Zeit. Dieses Forschungsinteresse ist insoweit eng mit der oben angerissenen Problematik der europäisch-kolonialen Moderne verbunden, als sie mit einer Definition der Moderne als Zeit sowie mit

---

49 Vgl. bspw. Tötösy de Zepetnek, Configurations; Fiut, Aleksander: Polonizacja? Kolonizacja? In: TD (2003) Heft 6. S. 150–156; Bakuła, Bogusław: Kolonialne i postkolonialne aspekty polskiego dyskursu kresoznawczego (zarys problematyki). In: TD (2006) Heft 6. S. 11–33; Borkowska, Grażyna: Perspektywa postkolonialna na gruncie polskim – pytania sceptyka. In: Nycz (Hrsg.), Kultura. S. 167–180; Rhode, Maria: Zivilisierungsmissionen und Wissenschaft. Polen kolonial? In: GG 39 (2013) Heft 1. S. 5–34.
50 Für die Ambivalenz, Instabilität und nicht Kohärenz des kolonialen Diskurses, wie Bhabha ihn konzipiert, siehe: Bhabha, Homi K.: The location of culture. London 1994, S. 63–92; Ruthner, Clemens: Homi Bhabha & the 40 thieves. Zur kulturwissenschaftlichen Konzeptualisierung nationaler Stereotypen. In: Dritte Räume. Homi K. Bhabhas Kulturtheorie – Kritik, Anwendung, Reflexion. Hrsg. von Anna Babka. Wien 2011. S. 43–64. Für Studien, die die Macht der „polnischen Kolonisierten" auf den deutschen Kolonisatoren hervorheben, siehe bspw.: Ther, Philipp: Deutsche Geschichte als imperiale Geschichte. Polen, slawophone Minderheiten und das Kaiserreich als kontinentales Empire. In: Das Kaiserreich transnational. Deutschland in der Welt 1871–1914. Hrsg. von Sebastian Conrad u. Jürgen Osterhammel. Göttingen 2004. S. 129–148; Thum, Gregor: Imperialists in panic. The evocation of empire at Germany's eastern frontier around 1900. In: Helpless imperialists. Imperial failure, fear and radicalization. Hrsg. von Maurus Reinkowski u. Gregor Thum. Göttingen 2013. S. 137–162.

der Betrachtung der Zeit als Grundlage der Deutungshoheit der Moderne einhergeht. Somit bezieht sich diese Studie auf jene breite Gruppe von Moderne-Theoretiker*innen – von den Philosophen Zygmunt Bauman und Peter Osborne bis zu den Soziologen Göran Therborn, Niklas Luhmann und Hartmut Rosa sowie vor allem den Historiker*innen bzw. Kulturwissenschaftler*innen Reinhart Koselleck, Aleida Assmann und Prathama Banerjee –, die ein zeitliches Verständnis von Moderne bzw. eine Auffassung der Zeit *der* Moderne und der Zeit *als* Moderne verfechten.

Die Frage, was Zeit eigentlich sei, wird von allen Wissenschaftler*innen als hochkomplex und schwer fassbar beschrieben. Das Zitat von Augustinus: „Was ist also Zeit? Wenn mich niemand danach fragt, weiß ich es; will ich einem Fragenden es erklären, weiß ich es nicht",[51] dient, wie der Historiker Joachim Landwehr pointiert herausstellt, nicht zufällig sehr häufig als Einstieg in die philosophischen Abhandlungen darüber.[52] Aleida Assmann schlägt eine in den Kultur- und Geisteswissenschaften breit geteilte Umgangsform damit vor, indem sie die Zeit als kulturelles Konstrukt untersucht: „Zwischen der abstrakten Makroebene einer allgemeinen chronologischen Zeit und der konkreten Mikroebene einer in Handlungen rhythmisierten Zeit steht ein drittes: die kulturell konstruierte Zeit."[53] Diese kulturell konstruierte Zeit präge maßgebend sowohl die menschliche Grunderfahrung *von* der Zeit als auch die damit zusammenhängende philosophische Frage *nach* der Zeit.[54]

Die meisten zeitgenössischen Zeit-Theoretiker*innen setzen eine Zäsur in der Wahrnehmungs- und Konstruktionsweise der Zeit im ausgehenden 18./beginnenden 19. Jahrhundert und präsentieren sie als Zäsur zur Moderne bzw. zu einem

---

51 Augustinus, Aurelius u. Joseph Bernhart: Bekenntnisse. Lateinisch und deutsch. Frankfurt am Main 2006, S. 628.
52 Vgl. Landwehr, Achim: Geburt der Gegenwart. Eine Geschichte der Zeit im 17. Jahrhundert. Frankfurt am Main 2014, S. 30. Die sehr bekannte Monographie von Johannes Fabian über die Zeit in der Anthropologie beginnt beispielsweise genau mit diesem Zitat. Vgl. Fabian, Johannes: Time and the other. How anthropology makes its object. New York 2002, S. xxxix.
53 Assmann, Aleida: Zeit und Tradition. Kulturelle Strategien der Dauer. Köln 1999, S. 1. Einen Überblick über die Idee Assmanns über die Zeit als kulturelles Konstrukt bietet: Mahrenholz, Nicole: Zeit und Konstruktion bei Aleida Assmann. In: Zeit und Geschichte. Beiträge des 28. Internationalen Wittgenstein-Symposiums. Hrsg. von Friedrich Stadler u. Michael Stöltzner. Kirchberg am Wechsel 2005. Vgl. auch Geppert, Alexander C. T. u. Till Kössler: Zeit-Geschichte als Aufgabe. In: Obsession der Gegenwart. Zeit im 20. Jahrhundert. Sonderheft: Geschichte und Gesellschaft (2015) Heft 25. Hrsg. von Alexander C. T. Geppert u. Till Kössler. Göttingen 2015. S. 7–37, hier S. 7–13.
54 Vgl. Assmann, Zeit und Tradition, S. 7–9.

modernen Regime von Zeitlichkeit.⁵⁵ Zygmunt Bauman fasst diesen Gedanken zusammen, indem er behauptet, dass die Moderne „vor allen Dingen auch die Geschichte der Zeit" sowie „das Zeitalter, in dem Zeit eine Geschichte hat" sei.⁵⁶ Der Soziologe und Philosoph der (Post-)Moderne erklärt diese These mit einer mit der Moderne gleichsetzbaren Veränderung in der Beziehung zwischen Zeit und Raum:

> In dem Moment, in dem die in einer gegebenen Zeit überwundene Distanz von den technologischen Voraussetzungen neuer Transportmittel bestimmt wird, können zumindest im Prinzip alle natürlichen Geschwindigkeitsbeschränkungen überschritten werden. Der Himmel bildet nun die Grenze, und die Moderne läßt sich entziffern als der nicht mehr zu bremsende, sich fortlaufend beschleunigende Versuch, dorthin zu gelangen.⁵⁷

Ohne die große Relevanz der Emanzipation der Zeit vom Raum in der Moderne zu negieren,⁵⁸ gründet hingegen der Historiker und Geschichtstheoretiker Reinhart Koselleck seine Definition von Moderne auf die „Verzeitlichung der Geschichte"⁵⁹, die er als Prozess auf die von ihm bezeichnete „Sattelzeit"⁶⁰ (ca. 1750–1850) datiert. Wenngleich Koselleck viele kulturelle Phänomene in diesem Prozess bündelt,⁶¹ bildet für ihn den Kern der Verzeitlichung die sich in Europa aufgrund des (technischen) Fortschrittes vollzogene „Denaturalisierung der alten Zeiterfahrung":⁶²

---

55 Vgl. bspw. Koselleck, Reinhart: Vergangene Zukunft. Zur Semantik geschichtlicher Zeiten. Frankfurt am Main 1979; Osborne, Peter: Politics of time. Modernity and avant-garde. London 1995; Banerjee, Prathama: Politics of time. „Primitives" and history-writing in a colonial society. Oxford 2006; Assmann, Aleida: Ist die Zeit aus den Fugen? Aufstieg und Fall des Zeitregimes der Moderne. München 2013.
56 Bauman, Zygmunt: Liquid modernity. Cambridge 2000, S. 110. Zitiert nach: Bauman, Zygmunt: Flüchtige Moderne. Frankfurt am Main 2003, S. 132.
57 Bauman, Moderne, S. 16.
58 Vgl. Koselleck, Reinhart u. Hans-Georg Gadamer: Zeitschichten. Studien zur Historik. Frankfurt am Main 2000, S. 89–96.
59 Koselleck, Zukunft, S. 19.
60 Zur Genese des Begriffes siehe: Koselleck, Reinhart u. Christof Dipper: Begriffsgeschichte, Sozialgeschichte, begriffene Geschichte. Reinhart Koselleck im Gespräch mit Christof Dipper. In: Neue politische Literatur 43 (1998). S. 187–205, hier S. 193–197.
61 Für die Liste an Phänomenen, die Koselleck unter dem Begriff der Verzeitlichung versteht oder damit in einen Zusammenhang setzt, siehe: Koselleck, Reinhart: Neuzeit. Zur Semantik moderner Bewegungsbegriffe. In: Studien zum Beginn der modernen Welt. Hrsg. von Reinhart Koselleck. Stuttgart 1977. S. 264–299, hier S. 279–292; Koselleck, Zukunft, S. 47–66.
62 Vgl. Koselleck [u.a.], Zeitschichten, S. 303.

1.1 Semiperipherialität, Moderne, historische Zeit: Ein Forschungsprogramm — 19

> Seit der zweiten Hälfte des achtzehnten Jahrhunderts häufen sich zahlreiche Indizien, die auf den Begriff einer neuen Zeit [...] hinweisen. Die Zeit bleibt nicht nur die Form, in der sich alle Geschichten abspielen, sie gewinnt selber eine geschichtliche Qualität. [...] Die Zeit wird dynamisiert zu einer Kraft der Geschichte selber.[63]

Die „neue" Zeit, die das Zitat erwähnt und das Hauptprodukt der Verzeitlichung darstellt, ist die historische bzw. die „spezifisch geschichtliche"[64] Zeit.

Um das Konzept der historischen Zeit greifbar zu machen, verweist Koselleck auf ihre moderne Genese dank der Geschichtsphilosophie der Aufklärung in Abwendung von der Naturzeit der Uhr oder der Umlaufzeit der Planeten und stattdessen in Hinwendung zur menschlichen Geschichte.[65] Die historische Zeit lässt sich demnach als Zeit denken, die sich von den Fesseln der sich wiederholenden natürlichen Zyklen, der Konstanz menschlicher Lebenserfahrung sowie der eschatologischen Horizonte christlicher Endzeit befreit und für das Handeln der Menschheit in der Geschichte sowie für eine neue, sich mit der Vergangenheits-Zeit nicht deckenden Zukunfts-Zeit freigesetzt wird.[66] Das Verständnis einer Geschichte, die seit der Aufklärung die historische Zeit als alleinige Kraft bestimmt, ist auch *neu* bzw. genuin modern und gründet auf der Idee eines „Kollektivsingular[s]" der Geschichte bzw. einer Geschichte als eines einheitlichen universellen „Systems", das im Fortschritt seine Kraft und Richtung hat.[67]

Nun lässt sich die Zeit, die Koselleck theorisiert, nicht nur als Frucht eines neuen Zeitbewusstseins, sondern auch der Erfahrung der Kolonisation denken. Auf die historische Zeit als grundlegendes hierarchisches Strukturierungsprinzip der sich kolonial vernetzenden und globalisierenden Welt der Moderne machen sowohl Koselleck selber mit dem Ausdruck der „Gleichzeitigkeit des Ungleichzeitigen"[68] als auch Johannes Fabian mit seiner Konzeptualisierung eines „denial of coevalness"[69] in der Anthropologie aufmerksam.[70] Banerjee setzt in ihrer beeindruckenden Monographie über die „Politik der Zeit" im kolonialen Indien die Deutungshoheit dieses temporalen Prinzips in direkten Zusammenhang mit dem Begriff von Moderne selbst. Sie kommt somit zur folgenden Definition von Moderne:

---

63 Koselleck, Neuzeit, S. 279.
64 Koselleck, Zukunft, S. 58.
65 Koselleck, Zukunft, S. 58 und 133.
66 Vgl. Koselleck, Zukunft, S. 17–37 und 38–66. Vgl. auch Osborne, Politics, S. 52–55.
67 Koselleck, Zukunft, S. 50–52.
68 Vgl. Koselleck [u.a.], Zeitschichten, S. 292–293.
69 Fabian, Time, S. 25–35.
70 Vgl. auch Helgesson, Stefan: Radicalizing temporal difference: anthropology, postcolonial theory, and literary time. In: History and theory (HT) 53 (2014) Heft 4. S. 545–562.

Modernity is centrally defined by the dominance of the historical, by which the historical tries to become not just one but the only way of acting for the future. [...] Modernity is always colonial modernity [...] because to be modern one must admit a temporality that becomes possible only with colonialism. [...] The term modernity itself indicates a purely temporal position, that what comes later is [...] generally an improvement on what came earlier and that there is something not just about human history but about time itself which makes it so. In modernity the thing called time, thus, remains neither a philosophical irresoluble nor that which is variously, contingently perpetuated in life practices. Time itself becomes the universal parameter of judgement – that is of judging if a society, a people or an act is modern or 'primitive', advanced or backward, historical or timeless, distant from or contemporary to the subject author of knowledge.[71]

Die europäisch-koloniale Moderne lässt sich daher als eine Ordnung verstehen, die auf der (Re-)Produktion von historischer Zeit basiert: Denn historische Zeit bildet den wichtigste Schlüssel für die Zugehörigkeit zur europäisch-kolonialen Moderne sowie jene universalistische Größe, mit der diese Zugehörigkeit verhandelt und gemessen wird.

Derartige Theorien und Überlegungen über die Moderne liegen der hier angestrebten Analyse der Konstruktion der historischen Zeit als zentrales Vehikel zugrunde, mit dem die Presseautor*innen für die polnischsprachigen Gesellschaften Selbstverortungsangebote in der europäisch-kolonialen Moderne formulierten. Zwei Forschungsfragen leiten diese Studie: Die erste, analytisch-beschreibender Natur, fragt nach der Art und Weise, wie die historische Zeit in der polnischsprachigen Presse konstruiert wurde, sowie nach den Formen, die die historische Zeit in der Presse annahm. Die zweite, die eher in Richtung Deutung zielt, fragt nach den Funktionen der untersuchten Zeitkonstrukte in Bezug auf die Selbstverortung. In diesem Zusammenhang kommt auch die Frage der Semiperipherialität und ihrem mehr oder weniger normativ-determinierenden Charakter im Spiel: Inwieweit lässt sich aus der Analyse der historischen Zeit eine Position der Semiperipherialität Polens in der Moderne herauslesen? Oder, inwieweit stellt stattdessen die historische Zeit gerade dasjenige kulturelle Konstrukt dar, das auf die Relativierung, Neuverhandlung oder Verwerfung sowie sogar Irrelevanz der Semiperipherialität als Selbstverortungsmuster der polnischen Gesellschaften am Ende des 19. Jahrhunderts hinweist?

Da die hier untersuchte *Verortung* die Einbettung in eine *temporal* artikulierte Weltordnung bedeutet, sollte sie am besten mit dem von Landwehr inspirierten Neologismus der *Verzeitung*[72] gefasst werden. Aus dieser Perspektive lässt sich

---

71 Banerjee, Politics, S. 1–4.
72 Landwehr verwendet eigentlich meistens das Verb *verzeiten* anstelle des Substantivs *Verzeitung* und gibt diesem Terminus eine leicht abweichende Bedeutung.

diese Studie als Pendant zu den Studien über die *mental maps* verstehen: Während Letztere von einer primär räumlichen Strukturierung der modernen Weltordnung ausgehen, hebt das vorliegende Buch ihre zeitliche Verfasstheit hervor. Untersuchungsgegenstand sind hier daher kognitive, in den Periodika (re-)produzierte Zeitrepräsentationen, die kollektive Vorstellungen über asymmetrische Relationen zwischen Kulturen sowie über die Position des geteilten Polens vermitteln. Die Linearität, wie die Moderne den Fortschritt und somit die Geschichte im Kollektivsingular entwirft, veranlasst einerseits, solche Zeitrepräsentationen als imaginierte Zeitlinien zu konzipieren. Andererseits weist die Quellenanalyse in den einzelnen Kapiteln eher auf eine Vielfalt von gleichzeitig wirkenden Zeitkonstrukten hin, die sich überlappen und auf diverse Weise Vergangenheit, Gegenwart und Zukunft miteinander verbinden. Ein solches temporales Geflecht, das von Koselleck mit der geologischen Metapher der „Zeitschichten" als Grundform der historischen Zeit theoretisiert wird,[73] lässt sich am besten mit einem weiteren von Landwehr vorgeschlagenen Neologismus, der „Zeitschaft"[74], zum Ausdruck bringen. Landwehr prägt diesen Terminus bewusst im Gegensatz zur Zeitlinie und in Anlehnung an Landschaft, womit die Zeitschaft den Charakter von relationalen, konstruierten und machtgeladenen Gebilden erhält. Kognitive Zeitschaften können dementsprechend als nicht unbedingt lineare, sondern eher multidimensionale, dynamische und von temporalen Verschränkungen gekennzeichnete kollektive Vorstellungsformen der historischen Zeit gedacht und erforscht werden.

Jenseits der Debatte, wie der temporale Gegenpart der *mental maps* zu nennen sei, zeigt der letzte Absatz die terminologische Anstrengung, die eine Beschäftigung mit der Zeit voraussetzt. Diese Anstrengung ist der sinnlichen Nicht-Wahrnehmbarkeit der (historischen) Zeit geschuldet. Das Sprechen oder Schreiben darüber ist auf Metaphern angewiesen, die sich des Raum- (und Bewegungs-)Vokabulars bedienen und damit der Zeit eine räumliche Anschauungsform geben.[75] Diese Metaphorik kann die Lektüre teilweise erschweren. Denn neben

---

[73] Vgl. Koselleck [u.a.], Zeitschichten, S. 19–26.
[74] Für dieses Zitat und für die gesamte Darlegung des Konzeptes der *Zeitschaft* vgl. Landwehr, Achim: Die anwesende Abwesenheit der Vergangenheit. Essay zur Geschichtstheorie. Frankfurt am Main 2016, S. 308–316. Es ist wichtig, auch hier anzumerken, dass ich *Zeitschaft* in diesem Zusammenhang in nur partieller Anlehnung an Landwehr verwende und damit vor allem eine mehrdimensionale Zeitkarte meine.
[75] „Wir verwenden immer Begriffe, die ursprünglich räumlich gedacht waren, aber doch eine temporale Bedeutung haben. So sprechen wir etwa von Brechungen, Friktionen, vom Aufbrechen bestimmter dauerhafter Elemente, [...] oder Rückwirkungen der Ereignisse in deren dauerhaften Voraussetzungen. [...] Alle historischen Kategorien, bis hin zum Fortschritt, der ersten spezifisch

Verzeitung und *Zeitschaft* werden sich die Leser*innen an eine ganze Reihe von Begriffen – *Geschwindigkeit, Rhythmus, Richtung, Horizont, Fluchtpunkt, Abschnitt, Länge, Tiefe* und andere – gewöhnen müssen, die aus ihrem ursprünglichen räumlichen Kontext herausgenommen wurden, um historische Zeitkonstrukte abzubilden.

Eine solche Metaphorik lässt sich allerdings nicht nur deswegen nicht vermeiden, weil spätestens mit dem *spatial turn* die kritischen Geistes- und Sozialwissenschaften eine Dekonstruktion/Denaturalisierung des Raumes eindeutig priorisiert und, vom Raum ausgehend, die zeitliche Kategorie theoretisch mitgedacht haben, während die meisten geschichtswissenschaftlichen Studien die Zeit weiterhin als unreflektierte natürliche Grundbedingung der eigenen Forschung betrachten und so eine homogene, lineare, direktionale und absolute Zeit (re-)produzieren.[76] Die terminologische Abhängigkeit der Zeit vom Raum erinnert auch an die spezifische Beziehung, die zwischen den beiden Kategorien in der Moderne existiert und schlägt somit eine Brücke zu den *mental maps*. Wenn die historische Zeit laut Banerjee den Ermessensparameter aller modernen Weltkulturen darstellt, dann kann jede räumliche Distanz als temporale Distanz wahrgenommen und in eine solche übersetzt werden.[77] Es handelt sich dabei nicht mehr um das vormoderne Verhältnis von Zeit und Raum, das durch die für lange Zeit nicht übertreffbare Geschwindigkeit eines Pferdes als schnellstes Mittel für die Durchquerung des Raumes stabil gehalten wurde.[78] Mit der von Bauman angesprochenen modernen Abweichung der Zeit vom Raum entstand stattdessen ein neues zeiträumliches Paradigma, und zwar derart, dass die Reise von Europa zu den anderen Kontinenten eine Reise in die eigene europäische Vergangenheit

---

modernen Kategorie geschichtlicher Zeit, sind ursprünglich räumliche Ausdrücke." Koselleck [u.a.], Zeitschichten, S. 304–305.

76 Als Beispiel des Zusammendenkens von Raum und Zeit aus der Perspektive der Raumforschung vgl. Schlögel, Karl: Im Raume lesen wir die Zeit. Über Zivilisationsgeschichte und Geopolitik. München 2003; Harvey, David: Zwischen Raum und Zeit. Reflexionen zur geographischen Imaginantion. In: Raumproduktionen. Beiträge der Radical Geography. Hrsg. von Bernd Belina. Münster 2007. S. 36–60; Massey, Doreen: Politik und Raum/Zeit. In: Belina (Hrsg.), Raumproduktionen. S. 111–132. Für den Umgang der Geschichtswissenschaft mit der Zeit vgl. Lorenz, Chris u. Berber Bevernage: Breaking up time. Negotiating the borders between present, past and future. An introduction. In: Breaking up time. Negotiating the borders between present, past and future. Hrsg. von Chris Lorenz [u.a.]. Göttingen 2013. S. 7–38, insbesondere S. 17. Berber Bevernage und Chris Lorenz sowie auch Alexander Geppert und Till Kössler verzeichnen jedoch eine neue Tendenz, sich in der Geschichtswissenschaft verstärkt mit Zeit zu beschäftigen und setzen diese Tendenz mit der „vorangegangenen Hinwendung zum Raum" in Verbindung. Geppert [u.a.], Zeit-Geschichte, S. 10–11.

77 Vgl. bspw. Helgesson, Radicalizing.

78 Vgl. Koselleck [u.a.], Zeitschichten, S. 92.

bildete. Das ist den Forscher*innen, die *mental maps* untersuchen, längst bewusst, wenn sie etwa auf Vorstellungen von Rückständigkeit, Primitivität oder Zeitlosigkeit als Bestandteile von Raumkonstrukten des Balkans, Osteuropas oder des Orients aufmerksam machen. Ich gehe umgekehrt vor und analysiere die (Re-)Produktion bestimmter temporaler Zeitkonstrukte, mit denen die Zugehörigkeit zu bestimmten (Modernitäts-)Zeiträumen bzw. Zeitschaften – Europa, der Westen – und die Abgrenzung von anderen – die Teilungsmächte, der Orient, die östlichen Grenzregionen des ehemaligen Polens – hergestellt wurde.

Demzufolge ist dieses Buch nach den von mir identifizierten drei zentralen Konfigurationen von historischer Zeit gegliedert, die in der Presse zu finden sind und eine Verzeitung der polnischsprachigen Gesellschaften in drei verschiedenen, aber miteinander verflochtenen Zeitlinien/Zeitschaften mit sich brachten. Im ersten Teil des Buches, mit dem Titel *Time and the Nation*,[79] untersuche ich die Konstruktion einer temporalen Tiefe der polnischen Geschichte und einer spezifisch polnischen historischen Evolution in der Zeit. Die historische Zeit wird hier als eigen-nationale Vergangenheits-Zeit sowie als primärer Träger der Selbstverzeitung als Nation in einer Zeitschaft, dem *historischen Europa der Nationen*, betrachtet, die sich als die (west-)europäische Altertümlichkeit sowie (west-)europäische staatlich-kulturell-nationale Geschichtsentwicklung entlang der Jahrhunderte imaginieren lässt. Der zweite Teil, *Time and the Other*, legt hingegen den Fokus auf die temporale Herstellung von asymmetrischen Beziehungen und Differenzen zwischen Polen und bestimmten zentralen *Anderen* – Deutschen, Litauern – der polnischen Geschichte. Die historische Zeit wird dementsprechend in diesem Fall als Kategorie der (kolonialen) Strukturierung einer Zeitschaft, *Ost-Mittel-Europa*, analysiert, die sich als Teil der größeren Zeitschaft der *kolonialen Welt* begreifen lässt. Schließlich befasst sich der dritte Teil, *Modern Times*, mit der (Re-)Produktion von Gegenwarts-Zeit als spezifische Konfiguration von historischer Zeit, die die Erfahrungen sozio-technisch-ökonomischen Fortschritts sowie sozio-politisch-nationaler Revolution der Teilungsgebiete um die Jahrhundertwende widerspiegelt und auf einer universell-globalen Ebene ansiedelt. Die Zeitschaft, die hier als Referenz der Selbstverzeitung gilt, ist daher jene universalistisch-globale Dimension der Welt und der Menschheitsevolution, die von der kapitalistisch-industriellen Entwicklung und von der Idee der Revolution eröffnet wurde.

---

79 Die Entscheidung, den drei Hauptkapiteln englische Titel zu geben, ist der Tatsache geschuldet, dass die Titel des zweiten und dritten Teils eine Anspielung auf das bereits erwähnte Werk von Fabian *Time and the Other* sowie auf Charlie Chaplins Film *Modern Times* (1936) sind.

Derartige drei Konfigurationen der historischen Zeit sowie Zeitschaften legen drei theoretische Blickwinkel frei, mit denen das temporale Regime der europäisch-kolonialen Moderne betrachtet werden kann, und verweisen auf drei mögliche Positionen von Semiperipherialität in dieser Moderne. Der Teil *Time and the Nation* bezieht sich auf das in Banerjees Zitat ausgedrückte Verständnis von Moderne als dem am stärksten vorgerückten Punkt der historischen Evolution, die von Europa hegemonial bestimmt ist, sowie auf die von Alaida Assmann theorisierte zentrale Bedeutung der „Erfindung des Historischen" für das moderne Zeitregime.[80] Die polnischsprachigen Gesellschaften lassen sich dementsprechend als Semiperipherie dieses Regimes denken, indem sie eine Verzögerung gegenüber dem Prozess nationaler Staatsbildung, der kennzeichnend für das moderne Europa jener Zeit war, aufweisen. *Time and the Other* setzt den Akzent auf den kolonialen Diskurs als Kern der Moderne bzw. auf dem Imperialismus als Grundform der Konzeptualisierung des kulturell Anderen in der Moderne auch außerhalb realer, politisch-ökonomischer imperial-kolonialer Beziehungen. Die Semiperipherialität ergibt sich in diesem Zusammenhang aus der nicht eindeutigen Rolle der Polen: einerseits Objekt eines imperialistischen Diskurses des Westens (z. B. des Deutschen Kaiserreichs), andererseits Subjekt von imperialistischen Phantasien gegenüber dem eigenen Osten (vor allem Litauen und Ukraine) und auch noch Teil eines pan-europäischen kolonialen Diskurses gegenüber dem Orient. *Modern Times* präsentiert schließlich die Moderne in Termini von temporaler Erfahrung der Beschleunigung und von der damit einhergehenden neuen Wahrnehmung der eigenen Zeit. Semiperipherialität bedeutet aus dieser letzten Perspektive (selbst-)zugeschriebene Rückständigkeit gegenüber dem technischen, sozialen und ökonomischen Fortschritt. Wie bereits angemerkt, ist jedoch Semiperipherialität in dieser Studie keine unanfechtbare Diagnose über die soziale, ökonomische, kulturelle oder politische Position der Teilungsgebiete in der europäisch-kolonialen Moderne am Ende des 19. Jahrhunderts. Vielmehr stellt sie eine Forschungsperspektive dar, aus der sich die asymmetrische Positionierung in der temporal strukturierten Weltordnung der Moderne analysieren lässt, und die als Hypothese für die Deutung der Quellen in der gesamten Studie immer wieder in Frage gestellt wird.

---

[80] Vgl. Banerjee, Politics, S. 3–14; Assmann, Zeit aus den Fugen, S. 179–191.

I.2 Die Rolle der Presse

Nicht wenige (Osteuropa-)Historiker*innen, die sich mit der Presse beschäftigen, beklagen die oberflächliche und unkritische Verwendung dieser Quellenart in der geschichtswissenschaftlichen Forschung:

> Die Presse [ist] als historische Quelle von den Zeithistorikern in ihrer Bedeutung selten besonders gewürdigt worden. [...] [Sie wird] zumeist nur beiläufig erwähnt und in ihrem spezifischen Quellenwert bzw. ihren Interpretationserfordernissen und -möglichkeiten nur selten ausführlich vorgestellt. [...] Pressematerialien [werden] selbstverständlich [...] mehr oder weniger intensiv als Quelle genutzt. Gleichwohl hält sich die Zahl der Untersuchungen, die sich explizit mit Presse als historische Quelle auseinandersetzen bzw. Zeitungen für bestimmte zeitgeschichtliche Fragestellungen nach ihrem spezifischen Quellencharakter und ihrer jeweiligen Aussagekraft exemplarisch befragen, in überschaubaren Grenzen.[81]

Anders als jener Großteil der historiographischen Werke, in denen die Presse „nur beiläufig" betrachtet wird, kann sich dieses Werk nicht leisten, den „spezifischen Quellenwert" der Presse zu ignorieren oder ihn auf die häufig zitierte Sichtweise Wilhelm Mommsens zu reduzieren, wonach nichts Historiker*innen „so leicht in die Atmosphäre einer Zeit [hineinversetze] als ihre Zeitungen".[82] Im Gegenteil stehen in dieser Studie Zeitschriften im Mittelpunkt, was automatisch Fragen nach ihrer Besonderheit aufwirft. Der Bindestrich im Titelwort *Zeit-Schriften* soll die Relevanz der komplexen Verstrickungen zwischen dieser Textsorte und dem Untersuchungsgegenstand sowie den Untersuchungsergebnissen der vorliegenden Studie zum Ausdruck bringen. Ohne hier einen medientheoretischen Schwerpunkt verfolgen zu wollen, halte ich es daher für wichtig, auf diese Verstrickungen näher einzugehen und somit zu einer Sensibilisierung der Geschichtswissenschaft für einen reflektierteren Umgang mit der Presse beizutragen. Drei Verstrickungsebenen erscheinen mir im Kontext dieser Arbeit besonders prägend und daher vertiefungswürdig.

---

[81] Mühle, Eduard: Einführung. In: Vom Instrument der Partei zur „Vierten Gewalt". Die ostmitteleuropäische Presse als zeithistorische Quelle. Hrsg. von Eduard Mühle. Marburg 1997. S. 1–10, hier S. 3. Einen ähnlichen Vorwurf bringt auch Katrin Steffen zum Ausdruck: Steffen, Katrin: Jüdische Polonität. Ethnizität und Nation im Spiegel der polnischsprachigen jüdischen Presse 1918–1939. Göttingen 2004, S. 32.
[82] Mommsen, Wilhelm: Die Zeitung als historische Quelle. In: Archiv für Politik und Geschichte 6 (1926). S. 244–251, hier S. 251.

I.2.1 Zeitschriften als Zeit-Schriften?

Die erste Ebene ist die Ebene des erforschten Phänomens, und zwar der historischen Zeitkonstrukte und der Muster der temporalen Selbstverortung. In Bezug darauf spielen die *Zeitschriften für viele* – ein von mir selbst geprägter Begriff für die Bezeichnung der hier analysierten ersten Formen polnischsprachiger kommerzieller Wochenpresse in den drei Teilungsgebieten – eine dreifach zentrale Rolle. Sie sind erstens die Quellen, anhand deren ich die temporalen Entwürfe der polnischsprachigen Gesellschaften zum Ende des 19. Jahrhunderts zurückverfolge. In dieser Hinsicht stellen die *Zeitschriften für viele* eine Textgattung dar, die in signifikanter Weise Auskunft über vergangene Vorstellungen von historischer Zeit geben kann, sowie eine Projektionsfläche, auf der Zeitkonstruktionen besonders sichtbar werden und rekonstruierbar sind.

Die zweite Funktion ist jene der Zeit-Vermittler hin zu einer breiten Leserschaft. Aus dieser zweiten Perspektive lassen sich die Zeitschriften als Zwischenstufe in einer komplexen und wechselseitigen Interaktion zwischen Autor*innen und Publika verstehen – einer Interaktion, in der die Wochenpresse als Multiplikator von Zeitvorstellungen dient. Erst durch die Wochenpresse zirkulierten diese Zeitvorstellungen in breiteren Bevölkerungsschichten und wurden in der „Interpretationsgemeinschaft" als Teil der „öffentlichen Meinung" aufgenommen.[83]

Drittens betrachte ich die Zeitschriften als Produzenten historischer Zeit und somit als Agenten, die die Zeit mit herstellten, bzw. als Medien im eigentlichen Sinn des Wortes. In der Tat definiert das Medium ein derartiges Verhältnis zur „als Zweck verstandenen Sache", dass „die Erscheinung" (in diesem Fall die historische Zeit) „untrennbar an die Erscheinungsebene" (in diesem Fall die Zeitschriften) „gebunden ist".[84] Als Medien-Agenten bestehen die Zeitschriften aus einer Vielfalt von menschlichen Akteuren – aus Redakteur*innen, Autor*innen, Verleger*innen, der Leserschaft, Zensurbeamten – sowie aus nicht-menschlichen Elementen – Erscheinungsrhythmus, Materialität, Technologie, Zensur, Auflagenzahl, Verbreitungsraum. Dadurch sind sie nicht bloß als Spiegel von in der Gesellschaft prä-existierenden temporalen Entwürfen zu denken, sondern sie produzieren eigene realitätsprägende Zeitkonstrukte, die aus der spezifischen Zusammensetzung dieser Akteure und Elemente entspringen und nur im Medium

---

[83] Vgl. Steffen, Polonität, S. 37; Merten, Klaus, Siegfried J. Schmidt u. Siegfried Weischenberg (Hrsg.): Die Wirklichkeit der Medien. Eine Einführung in die Kommunikationswissenschaft. Opladen 1994, S. 152.
[84] Lückemeier, Kai: Information als Verblendung. Die Geschichte der Presse und der öffentlichen Meinung im 19. Jahrhundert. Stuttgart 2001, S. 361.

der Zeitschrift ihre besondere Form annehmen können.[85] Deswegen, obwohl die Autor*innen und ihre jeweiligen kulturellen Hintergründe in den folgenden Kapiteln genannt werden, sind es stets die Druckerzeugnisse, die im Mittelpunkt der Analyse als Träger einer eigenen Medienlogik und redaktionellen Ausrichtung stehen, die wiederum Einfluss auf die Inhalte haben.[86] Aus demselben Grund findet die Zensur in dieser Studie keine gesonderte Berücksichtigung, da nur die Zeitkonstrukte, die durch das Medium Zeitschrift zirkulierten (und nicht jene, die unter anderen Bedingungen hätten zirkulieren können), hier Gegenstand der Untersuchung sind.

Die drei Rollen, die der Wochenpresse in dieser Studie zugeschrieben werden, machen aus den *Zeitschriften für viele* keinen neutralen Behälter, der vergangene Zeitvorstellungen bis in die Gegenwart bewahrt und für eine geschichtswissenschaftliche Analyse bereitstellt. Sie laden im Gegenteil dazu ein, über die konkreten medialen Eigenschaften dieser Quellengattung in ihrer Prägungskraft sowohl auf den hier verfolgten Ansatz der Zeitforschung als auch auf die einzelnen, untersuchten Zeitkonstrukte zu reflektieren.

Die Bezeichnung *Zeitschriften für viele* beschreibt ca. 15 zum Teil sehr heterogene polnischsprachige Druckerzeugnisse aus den vier wichtigsten Pressezentren des polnischsprachigen Raums im 19. Jahrhundert: Warschau, Krakau, Lemberg und Posen. Diese Druckerzeugnisse unterscheiden sich nicht nur durch die Zahl der gedruckten Exemplare voneinander, die in Abhängigkeit von den jeweiligen Verbreitungsräumen und den jeweils herrschenden politischen und sozioökonomischen Bedingungen zwischen einigen wenigen Tausend und Zehntausend schwankte. Sie weisen auch eine breite Spanne von Preisen, Formaten, Layouts, Drucktechniken sowie Zielpublika auf.

Was also haben die analysierten Titel gemeinsam, und wie lässt sich ihre gemeinsame Betrachtung als einheitliche Quellenart, als besonderes Medium

---

85 Die Auffassung, dass Medien die Realität nicht „abbilden", sondern „konstruieren", ist weit verbreitet in der Medientheorie. Vgl. z. B.: Merten [u. a.] (Hrsg.), Wirklichkeit, insbesondere S. 151–153; Schildt, Axel: Das Jahrhundert der Massenmedien. Ansichten zu einer künftigen Geschichte der Öffentlichkeit. In: GG 27 (2001) Heft 2. S. 177–206, hier S. 182. Katrin Steffen, die in ihrer Studie über die polnisch-jüdische Presse in der Zwischenkriegszeit den konstruktivistischen Charakter der Presse reflektiert, merkt an, dass die historische Forschung die Presse hingegen meist als reine „Abbildung" der historischen Realität betrachte: Steffen, Polonität, S. 33.
86 Die redaktionelle Ausrichtung soll hier nicht nur als bewusste Entscheidung der Redakteur*innen über Inhalte, Preise oder Formate verstanden werden. Laut Margaret Beetham bedingt der Charakter des Periodikums als regelmäßig erscheinendes Medium die Kontinuität von Formaten, Meinungsarten oder Preisen. Beetham, Margaret: Towards a theory of the periodical as a publishing genre. In: Investigating Victorian journalism. Hrsg. von Laurel Brake [u. a.]. Basingstoke 1990. S. 19–32, hier S. 28.

sowie als spezifischer (Re-)Produzent temporaler Entwürfe rechtfertigen? Auch hier beinhaltet die Antwort drei Aspekte: Zum einen erscheinen die 15 Titel im wöchentlichen (in einzelnen Fällen zweiwöchentlichen) Rhythmus, was eine bestimmte thematische Schwerpunktsetzung der Periodika sowie eine Wechselwirkung zwischen der Zeit *im* Medium und der Zeit *des* Mediums generiert. Zum anderen sind in der vorliegenden Studie zwei zentrale Auswahl- und Definitionskriterien der *Zeitschriften für viele* ihre kommerzielle Orientierung sowie vor allem ihr Anspruch, für *viele* zu schreiben. Daher hatten die in den Zeitschiften (re-)produzierten Zeitkonstrukte keinen intellektuell-elitären Charakter, sondern waren in den drei polnischsprachigen Gesellschaften stark verbreitet. Schließlich stellt die kommerzielle Wochenpresse *für viele* eine für das Ende des 19. Jahrhunderts neue Medienerscheinung dar. Die Tatsache, dass ihre Innovation bzw. Modernität Teil ihrer Definition als Medientypus ist, eröffnet die Frage nach dem Verhältnis zwischen den *Zeitschriften für viele*, der Moderne und dem Untersuchungszeitraum 1880–1914.

Diese hier skizzierten Auswirkungen der drei Grundeigenschaften der *Zeitschriften für viele* auf die Zeit verdienen eine detailliertere Betrachtung. In Bezug auf die erste Grundeigenschaft, die gemeinsame (wöchentliche) Periodizität, ist festzuhalten, dass die ausgewählten 15 Periodika als Formen der Wochenpresse eine eigene spezifische Interaktion zwischen den hier erforschten binnennarrativen historischen Zeitkonstrukten und den medienabhängigen temporalen Strukturen bewirken. Unter medienabhängigen temporalen Strukturen verstehe ich die verschiedenen temporalen Elemente, aus denen sich die spezifische Zeitlichkeit des Mediums Zeitschrift zusammensetzt, vor allem den spezifischen regelmäßigen Erscheinungsrhythmus, aber auch den vorgegebenen Bezug auf ein konkretes Datum, mit dem bestimmte Gedenktage und ein bestimmtes, tagesaktuelles Geschehen zusammenhängen, sowie die durch die Artikelveröffentlichung in Gang gesetzte (Re-)Produktion des Taktes der zeitgenössischen Ereignisse.[87] Jede Mediengattung hat zweifelsohne ihre eigenen temporalen Strukturen, die untersucht werden können.[88] Im Falle der wöchentlich erscheinenden *Zeit-*

---

[87] Weitere charakteristische Elemente der Zeitlichkeit der Wochenpresse sind bspw. das Spannungsverhältnis zwischen der Möglichkeit, diachron wie synchron zu lesen, sowie die Konstruktion einer offenen „Zukunft", die sich aus dem wöchentlich-seriellen Erscheinen ergibt. Vgl. Beetham, Theory, S. 26–28

[88] Zur theoretischen Reflexion über den Zusammenhang von Zeit und Medien in der Mediengeschichte siehe bspw.: Sandbothe, Mike u. Walther C. Zimmerli (Hrsg.): Zeit – Medien – Wahrnehmung. Darmstadt 1994; Kirchmann, Kay: Verdichtung, Weltverlust und Zeitdruck. Grundzüge einer Theorie der Interdependenzen von Medien, Zeit und Geschwindigkeit im neuzeitlichen Zivilisationsprozeß. Wiesbaden 1998.

schriften (oder der täglich erscheinenden Tages*zeit*ungen), die sich über die Kategorie Zeit überhaupt erst als Medium definieren, sind diese Strukturen und ihr Einfluss auf die zeitschriftbedingte Konstruktion der historischen Zeit besonders sichtbar. Anders als bei anderen Textarten ermöglicht daher die Beschäftigung mit der Presse eine stärkere Fokussierung auf die mediale Verfasstheit von Zeitvorstellungen: So etwa rückt sie die Synergien zwischen Momenten in der Kalenderzeit und Selbstverortungsmustern in der historischen Zeit sowie zwischen dem Rhythmus der erfahrenen Ereignisse und jenem der binnennarrativen temporalen Entwürfe in den Mittelpunkt der Analyse. In der vorliegenden Untersuchung fungieren Jahrestage, die Jahrhundertwende, die Revolutionen 1905 sowie die plötzlichen Verschärfungen zeitgenössischer nationaler Konflikte als Auslöser einer spezifischen Art von Zeitkonstruktion, die erst im Medium der Zeitschrift freigesetzt wird.

Was aber die *Zeitschriften für viele* als Zeit-(Re-)Produzenten von der Tagespresse unterscheidet, ist die Art der Rezeption tagesaktuellen Geschehens sowie die inhaltliche Bandbreite. Anders als Tageszeitungen bestand die Aufgabe der hier ausgewählten wöchentlichen Druckerzeugnisse nicht primär in der zeitnahen Berichterstattung über tagesaktuelle Nachrichten, sondern vielmehr in der Meinungsbildung über relevante lokale, regionale, transpolnische, imperiale oder internationale Themen sowie in der Vermittlung von Allgemeinwissen zu Geschichte, Literatur und Kunst, aber auch zu Geographie, Medizin, Hygiene und Wirtschaft. Aus diesem Grund ist in den Zeitschriften im Vergleich zur Tagespresse eine größere Vielfalt und Komplexität von historischen Zeitkonstrukten und zeitlichen Verortungsmustern anzutreffen – die von gesamthistorischen Überblicken und monographischen Abhandlungen über konkrete historische Ereignisse und Persönlichkeiten im Zusammenhang mit Jahrestagen bis hin zu Kommentaren über den politischen und kulturellen Wandel reicht –, was die hier getroffene Entscheidung für diese konkrete Mediengattung erklärt.

Die zweite zentrale Eigenschaft der *Zeitschriften für viele* wurde oben als das Bestreben präsentiert, Gewinn zu erzielen sowie möglichst *viele* Personen zu erreichen. Der Terminus *viele* will in diesen Kontext eine breite, anonyme, diverse und expandierende Leserschaft zum Ausdruck bringen, die keine in sich geschlossene Gruppenidentität aufgrund einer besonders elitären Herkunft oder Bildung, eines fachspezifischen Interesses, der Mitgliedschaft in einem Verein oder einer Partei sowie der Zugehörigkeit zu einer konkreten lokalen Gemeinschaft pflegt. Diese Leserschaft ist allerdings nicht als potentiell universell zu denken, sondern wird mittels des Mediums *Zeitschrift* durch eine gemeinsame Sprache – in diesem Fall Polnisch –, durch den kaufkraft- oder ortsabhängigen Zugang zur Presse sowie durch die Aufnahme bestimmter Themen und Deutungsmuster begrenzt. Die doppelte Ausrichtung im Hinblick auf Profit und Publikumserweiterung lässt sich an den Auflagezahlen sowie an der Auswahl von Inhalten und Textformaten erkennen. Alle 15 Periodika verkauften sich auf den jeweiligen Pressemärkten vergleichsweise sehr gut, gehörten zu einer Preiskategorie, die mal höher, mal niedriger sein konnte, aber trotzdem nicht nur Eliten vorbehalten war, und veröffentlichten relativ kurze Artikel (von einer halben Seite bis hin zu maximal drei bzw. vier Seiten). Darüber hinaus druckten sie meistens Werbeanzeigen ab und beinhalteten Illustrationen (Zeichnungen, Gemälde, später Fotografien) und/oder weitere Unterhaltungsangebote bzw. Kauf- und Abonnementanreize wie Fortsetzungsromane, Leserbriefe, Wettbewerbe, Buchrezensionen, Theater-, Opern- und Veranstaltungsprogramme, Modellschnitte und Kreuzworträtsel. Schließlich waren an der (Re-)Produktion der historischen Zeit in den hier ausgewählten Zeitschriften viele häufig anonyme Autor*innen beteiligt, die u. a. Berufshistoriker*innen und -publizist*innen, Priester, ärmere Mitglieder der Intelligenz und politisch-nationale Aktivist*innen waren.

In der Analyse der *Zeitschriften für viele* sind daher temporale Entwürfe zu finden, die zumindest potentiell weit zirkulierten, von *vielen* geteilt wurden und sich deswegen als *kollektive* Zeitvorstellungen verstehen lassen, in denen sich dieses *Kollektiv* – wie oben erläutert – durch die Sprache und die Möglichkeit, mit der Zeitschrift in Kontakt zu kommen (sei es durch den Kauf, in einem Café oder mit Hilfe eines Lesezirkels), definierte. Das ist die Besonderheit der Wochenpresse gegenüber jenen Quellengattungen, die normalerweise für die Untersuchung der historischen Zeit in Betracht gezogen werden, wie etwa historiographisch-philosophische Abhandlungen oder Aufsätze aus intellektuellen (Fach-)Zeitschriften. Während Letztere zur Fokussierung auf das Gedankengut eines*einer einzelnen Denker*in sowie auf spezifisch polnische oder gesamteuropäisch-intellektuelle Strömungen einladen, regen die *Zeitschriften für viele* eine Verschiebung der Aufmerksamkeit von der *Ideen*geschichte hin zur *Kultur*geschichte der historischen Zeit am Ende des 19. Jahrhunderts an.

Die dritte Eigenschaft der *Zeitschriften für viele* ist ihr Charakter als neues und *modernes* Phänomen in dem hier untersuchten Zeitraum. Die analysierten 15 Periodika wurden in der zweiten Hälfte des 19. Jahrhunderts gegründet (die meisten von ihnen nach 1880). Ihre Genese lässt sich mit jenen Prozessen von Bevölkerungszuwachs, Urbanisierung und Industrialisierung in Zusammenhang setzen, die, wie oben angeführt, die Forschung für gewöhnlich unter dem normativ-teleologisch aufgeladenen Begriff der *Modernisierung* auffasst und im Falle Polens auf das Ende des 19. Jahrhunderts datiert. Wenn man zu diesen Prozessen auch die gleichzeitige gesellschaftliche Mobilisierungswelle von breiten urbanen und ländlichen Bevölkerungsschichten auf transpolnischer Ebene zählt (etwa durch die Gründung der ersten Massenparteien – Nationaldemokratie, Sozialisten und Bauernparteien – und die Entstehung unterschiedlicher sozialer Bewegungen – Feminismus, Pfadfinder, Genossenschaften, Wohltätigkeitsorganisationen)[89] sowie den bedeutsamen Rückgang des Analphabetismus in Galizien und im Königreich Polen (das preußische Teilungsgebiet konnte bereits Mitte des 19. Jahrhunderts eine hohe Alphabetisierungsrate nachweisen),[90] lässt sich die enorme Erweiterung der potentiellen polnischsprachigen Leserschaft erklären, die den Nährboden für die Entstehung der *Zeitschriften für viele* bildete. In der Tat bestand diese erweiterte Leserschaft aus Gruppen – darunter insbesondere Frauen, die wachsende Intelligenz, der sich emanzipierende Bauernstand sowie das im Entstehen begriffene und expandierende Proletariat –,[91] deren Lesebedürfnisse von traditionellen, elitären Druckerzeugnissen nicht befriedigt werden konnten und die durch die neuen Mediengattungen der großen Illustrierten, der Boulevardpresse, der kommerziellen Frauenperiodika oder der Volkszeitschriften[92] überhaupt erst als mediale (Teil-)Öffentlichkeiten erfasst wurden. Die Bezeichnung *Zeitschriften für viele* fungiert daher als Sammelbegriff für jene heterogenen Presseformate, deren Erscheinen gegen Ende des 19. Jahrhunderts die Entstehung eines breiten polnischsprachigen Pressepublikums in den drei Teilungsgebieten bedingte und artikulierte.

Der Zusammenhang zwischen *Modernisierungs*prozessen und der Entstehung des Phänomens der *Zeitschriften für viele* schlägt sich in dem hier vorgeschlagenen Forschungsvorhaben in zweierlei Hinsicht nieder. Zum einen in der Auswahl des Jahres 1880 als Anfangspunkt der Analyse: Obwohl das Jahr als bloße Kon-

---

89 Vgl. Micińska, Inteligencja, S. 121–126; Wajda, Kazimierz [u.a] (Hrsg.): Społeczeństwo w dobie modernizacji. Polacy i Niemcy w XIX i XX wieku. Studia ofiarowane Profesorowi Kazimierzowi Wajdzie w siemdemdziesiątą rocznicę urodzin. Toruń 2000.
90 Für die Alphabetisierungsraten vgl. Myśliński, Prasa w Galicji, S. 114–116; Spaleniak, Kształtowanie, S. 21–23; Porter, Nationalism, S. 77; Kolasa, Władysław Marek: Historiografia prasy polskiej do 1918 roku. Naukometryczna analiza dyscypliny 1945–2009. Kraków 2013, S. 225
91 Zur Entstehung neuer polnischsprachiger alphabetisierter Klassen am Ende des 19. Jahrhunderts siehe bspw. Żarnowska (Hrsg.), Workers.
92 Der Ausdruck *Volkszeitschriften* leitet sich aus der polnischen Mediengeschichte her, die für die ländliche Bevölkerung eine spezifische Mediengattung, die *pisma/czasopisma dla ludu* ('Schriften/Zeitschriften für das Volk'), entwickelt hat. Vgl. hierzu Gzella, Grażyna: Główne trendy w rozwoju prasy dla ludu w XIX wieku. In: Książka i prasa w systemie komunikacji społecznej. Przeszłość, dzień dzisiejszy, perspektywy. Hrsg. von Maria Juda. Lublin 2002. S. 119–128; Jarowiecki, Jerzy: Studia nad prasą polską XIX i XX wieku. Kraków 2006, S. 94–114. Harald Binder übersetzt diesen Begriff als 'Volkspresse' ins Deutsche. Vgl. Binder, Harald: Das polnische Pressewesen. In: Die Habsburgermonarchie 1848–1918. Politische Öffentlichkeit und Zivilgesellschaft. Hrsg. von Helmut Rumpler u. Peter Urbanitsch. Wien 2006. S. 2037–2090, hier S. 2045–2046. Für eine Analyse der Rezeption dieser Mediengattung siehe: Kostecki, Janusz u. Zofia Byczkowska: Czytelnictwo czasopism ludowych w Królestwie Polskim w drugiej połowie XIX wieku. In: Przegląd Humanistyczny 22 (1978) Heft 10. S. 107–127.

vention zu verstehen ist, symbolisiert es eine mögliche Datierung der Einführung neuer polnischsprachiger Printmedien auf dem Markt, die als Produkte wie auch als Gradmesser eines tiefgreifenden sozioökonomischen Wandels auf transpolnischer Ebene in der zweiten Hälfte des 19. Jahrhunderts gelten können.[93] Zum anderen suggeriert diese temporale Übereinstimmung eine Besonderheit der *Zeitschriften für viele* als (Re-)Produzenten historischer Zeit und temporaler Selbstverortungsmuster. Es ist nicht zu übersehen, dass den neuentstandenen Mediengattungen *für viele* in der Medientheorie eine zentrale Funktion bei der Herstellung von Neuem und Aktuellem zugeschrieben wird.[94] Zahlreiche Studien über das Ende des 19. Jahrhunderts verweisen auf die kommerzielle Presse als Schlüsselakteur für die Konstruktion von Modernitätsnarrativen und -bildern insbesondere in Verbindung mit dem urbanen Raum.[95] Diesen Studien zufolge brachte die kommerzielle Presse die moderne Stadt in der kollektiven Vorstellungswelt gewissermaßen hervor, ersetzte alte kommunale Institutionen in der Produktion nützlichen Wissens zur Orientierung in der sich rapide verändernden urbanen Realität und ermöglichte die Selbstidentifizierung mit selbiger. Solche Argumente fördern eine Auffassung der *Zeitschriften für viele* als zentrale Gestalter der modernen Zeiterfahrung. Sie verweisen darauf, dass die *Zeitschriften für viele* nicht nur Zeitkonstrukte im Allgemeinen (re-)produzieren, sondern sich auch spezifisch als Erzeuger und Verdichter einer kollektiven Wahrnehmung der Moderne für die breiten neuen Leserschichten und somit als Medium begreifen lassen, das die Möglichkeit einer temporalen Selbstverortung dieser Leserschichten in der Moderne überhaupt erst freisetzt.

---

[93] In Bezug auf den Wandel in der Presse (wachsendes Publikum, Einführung neuer Drucktechniken, Zunahme der gedruckten Titel und Exemplare usw.) spricht der Historiker Harald Binder ausdrücklich von 1880 als dem Schwellenjahr für die galizische Presse, während Władysław Kolasa, der den ausführlichsten Überblick über die polnischsprachige Pressehistoriographie nach 1945 verfasst hat, die Jahre 1864 und 1890 als mögliche Wendepunkte des polnischsprachigen Pressewesens identifiziert. Vgl. Binder, Pressewesen, S. 2058; Kolasa, Historiografia, S. 233.
[94] Merten [u.a.] (Hrsg.), Wirklichkeit, S. 151.
[95] Siehe bspw. Mayne, A. J. C.: The imagined slum. Newspaper representation in three cities, 1870–1914. Leicester 1993; Schwartz, Vanessa R.: Spectacular realities. Early mass culture in fin-de-siècle Paris. Berkeley 1998; Fritzsche, Peter: Reading Berlin 1900. Cambridge 1998; Sylvester, Rohsanna: Making an appearance: Urban ‚types' and the creation of respectability in Odessa's popular presse. In: SR 59 (2000) Heft 4. S. 802–825; Wood, Nathaniel D.: Becoming metropolitan. Urban selfhood and the making of modern Cracow. DeKalb 2010; Ury, Scott: Barricades and banners. The Revolution of 1905 and the transformation of Warsaw Jewry. Stanford, Calif. 2012, S. 164–165.

I.2.2 *Zeitschriften für viele* und die Semiperipherialität: Zur Massenpresse, Öffentlichkeit und Einbettung eines neuen Begriffes in der Mediengeschichte

Die Prägungskraft der Zeitschriften auf die Konstruktion der Zeit und die Art der Zeit-Geschichte, die sich mit Hilfe der Zeitschriften schreiben lässt, ist nicht die einzige Verstrickungsebene zwischen dem hier vorgeschlagenen Forschungskonzept und dem Quellenkorpus: Eine zweite beachtungswürdige Ebene besteht im Zusammenhang zwischen den *Zeitschriften für viele* und der Semiperipherialität. Steht die hier vorgeschlagene Deutung der Teilungsgebiete am Ende des 19. Jahrhunderts als semipheripher nicht im Widerspruch mit einem Verständnis der polnischsprachigen populären Presse als Modernitätsträger? Beinhaltet der Begriff *Zeitschriften für viele* ein Moment der Überwindung der Semiperipherialität? Oder nimmt er die Peripherialität *a priori* an, indem er die Vorstellung einer *Modernisierungs*verspätung der polnischsprachigen Gesellschaften vermittelt? Diese Fragen sind durchaus von Relevanz, da sie sich mit der Problematik auseinandersetzen, inwieweit der hier verfolgte Forschungsansatz sich auf dieselben Modernitäts- bzw. Rückständigkeitsparadigmata stützt, die er zu dekonstruieren verspricht. Ihre Beantwortung erfordert eine nähere Betrachtung der Analogien zwischen der Orientierung an den *vielen* sowie dem modernen, kommerziellen Charakter der hier *ad hoc* gemünzten Medienbezeichnung einerseits und den medialen Phänomenen andererseits, die in der (west-)europäischen Mediengeschichte meistens unter den Termini von Massenmedien und der Entstehung von Massenöffentlichkeit erforscht werden.

Dem Medienhistoriker Alex Schildt zufolge „[sind] Massenmedien massenhaft verbreitete Medien für die Verbreitung von Wissen und Unterhaltung an ein anonymes, heterogenes und disperses Publikum".[96] Als notwendige „materielle, soziale und geistig-kulturelle Voraussetzungen" für deren Entstehung legt Schildt eine Reihe von *Modernisierungs*prozessen fest – „massenhafte Alphabetisierung", (Hoch-)"Urbanisierung", Veränderung von „wirtschaftlichen und politisch-rechtlichen Rahmenbedingungen", „rasante Beschleunigung der Nachrichtenwege" sowie „technische Innovationen" usw. –, die in den industrialisierten Ländern Westeuropas im Laufe des 19. Jahrhunderts erfüllt worden seien und gegen Ende des Jahrhunderts zur Vollendung der „ersten Stufe des massenme-

---

[96] Schildt, Jahrhundert, S. 189. Zur Definition von Massenmedien am Ende des 19. Jahrhunderts siehe bspw. auch: Requate, Jörg: Öffentlichkeit und Medien als Gegenstände historischer Analyse. In: GG 25 (1999) Heft 1. S. 5–32, hier S. 16–17; Lückemeier, Information, S. 339.

dialen Ensembles" geführt haben sollen.[97] Die Massenmedien trügen somit „zur Konstitution und Modernisierung der Moderne" bei, indem sie „als Ausdruck, integraler Bestandteil und konstitutiver Faktor moderner Gesellschaftsentwicklung seit dem ausgehenden 19. Jahrhundert überhaupt gelten und [...] gleichzeitig selbst Schrittmacher in diesem Prozess [seien]".[98]

Wie diese Definition zeigt, ist der Begriff der Massenmedien Träger einer von der (west-)europäischen Geschichtserfahrung geprägten, normativen Vorstellung medialer Entwicklung, die mit der Modernisierung gleichgesetzt wird. Aus dem Katalog der Prozesse, die Schildt als Voraussetzungen für das Erscheinen von Massenmedien anführt, wird deutlich, dass die von mir gemünzte Mediengattung der *Zeitschriften für viele* sich in diese mediengeschichtliche Tradition einfügt. Auch die hier analysierten Druckerzeugnisse wurden durch ihre Ausrichtung entlang einer breiten und diversifizierten Leserschaft definiert sowie mit der Urbanisierung und Alphabetisierung der Bevölkerung der Teilungsgebiete und mit den Fortschritten in der Drucktechnik und der Nachrichtenzirkulation in Zusammenhang gesetzt. Der Begriff der *Zeitschriften für viele* ist daher von einem Modernisierungsnarrativ nach westlichem Vorbild durchdrungen, und seine Verwendung in Bezug auf bestimmte polnischsprachige Presseformate evoziert die Vorstellung eines Ankommens der Teilungsgebiete am Ende des 19. Jahrhunderts in der (west-)europäischen Moderne.

Mit der Wortwahl *viele* anstelle von *Masse* deute ich allerdings ebenso auf eine Distanzierung von dieser Tradition hin. Indem *viele* eine kleinere Bevölkerungsgröße als *Masse* zum Ausdruck bringt, ist diese Wortwahl zum einen der Tatsache geschuldet, dass, obwohl die Titel der polnischsprachigen Presselandschaft sowie die gedruckten Exemplare pro Titel am Ende des Jahrhunderts erheblich stiegen, die 15 Periodika eine durchschnittliche Auflagenhöhe von einigen Tausend bis maximal Zehntausend aufwiesen (mit einigen Ausnahmen, wie etwa die 20.000 verkauften Exemplare des Warschauers *Tygodnik Ilustrowany* oder die 60.000 des Posener *Przewodnik Katolicki*). Diese Zahlen sind nicht nur viel niedriger als jene der deutsch- oder englischsprachigen kommerziellen Wochenpresse.[99] Bei einer polnischsprachigen Bevölkerung von geschätzt ca. 17 Mil-

---

97 Schildt, Jahrhundert, S. 189–194.
98 Schildt, Jahrhundert, S. 188.
99 *Die Gartenlaube*, beliebteste deutschsprachige Familienzeitschrift, konnte sich zum Beispiel bereits in den 1860er Jahren einer Zahl von 300.000 und 1875 von 382.000 Abonnements rühmen, während die populären britischen Illustrierten *London Journal* und *The Illustrated London News* jeweils bei 450.000 (1855) und 300.000 – 500.000 (gesamtes letztes Jahrhundertdrittel) verkauften Exemplaren lagen. Vgl. Bollinger, Ernst: Pressegeschichte II. 1840–1930: Die goldenen Jahre der Massenpresse. Freiburg 2002, S. 31; Wilke, Jürgen: Grundzüge der Medien- und Kommunikati-

lionen im Jahr 1900[100] allein im russischen Teilungsgebiet lässt sich auch daran zweifeln, inwieweit den analysierten polnischsprachigen Periodika die Überschreitung der „Schwelle der massenhaften Nutzung",[101] wie sie für Westeuropa theorisiert wird, überhaupt zugeschrieben werden darf. Angesichts der numerischen Begrenztheit der polnischsprachigen Leserschaft im Vergleich zum westeuropäischen Massenpublikum kann daher der Begriff *Zeitschriften für viele* auch als Bestätigung des peripheren Charakters der Teilungsgebiete in der (west-)europäischen Moderne gelten und sogar für eine Auffassung der Modernisierung als festem Kanon von Prozessen stehen, die sich zeitversetzt aus dem westeuropäischen Zentrum in die (osteuropäischen) Peripherien radial propagierten.[102]

Zum anderen – und hier liegt das Hauptargument für die Begriffswahl – markiert der Terminus *Zeitschriften für viele* eine kritische Bezugnahme auf den Begriff der Massenmedien bzw. stellt ein Begriffsangebot dar, mit dem der Medien- und Öffentlichkeitswandel zum Ende des 19. Jahrhunderts auf transpolnischer Ebene sowohl in seiner Spezifizität als auch in seinen Verflechtungen mit den gesamteuropäischen (globalen) Phänomenen der Zeit erfasst werden kann.

Der Entwurf einer neuen Begrifflichkeit war in dieser Studie insofern nötig, als keines der bereits existierenden Begriffsangebote aus der medienhistorischen Literatur dieses Phänomen adressiert. Die westeuropäische Historiographie über die Massenmedien ignoriert größtenteils die historische Entwicklung polnischsprachiger Druckerzeugnisse. Demgegenüber fehlen in der polnischen Mediengeschichte umfassende Zeitschriftentypologisierungen (mit der großen Ausnahme der Volkszeitschriften), die, anstatt Unterschiede und das Modernisierungsgefälle zwischen den Teilungsgebieten hervorzuheben, eine allgemeinanalytische Gültigkeit für den polnischsprachigen Raum in der hier analysierten Periode anstreben. Die Standardwerke der polnischen Pressegeschich-

---

onsgeschichte. Köln 2008, S. 276 und 299; Law, Graham: Indexes to fiction in the Illustrated London News (1842–1901) and The Graphic (1869–1901). Victorian Fiction Research Guide 29. Queensland 2001, S. iv. Zur vergleichenden Analyse deutscher und britischer populärer Zeitschriftentypen im 19. Jahrhundert siehe: Scheidt, Tobias: Erfinderhelden im Kulturtransfer. Transnationale Konstruktionen in populären britischen Zeitschriften des 19. Jahrhunderts. In: Helden über Grenzen. Transfer und Aneignungsprozesse von Heldenbildern. Hrsg. von Heike Bormuth [u.a.]. St. Ingbert 2016. S. 95–116; Scheidt, Tobias: ‚Spots in which the past is most at home'. Populäre Zeitschriften als Medien des Geschichtstourismus in der Mitte des 19. Jahrhunderts. In: Reisen in die Vergangenheit. Geschichtstourismus im 19. und 20. Jahrhundert. Hrsg. von Angela Schwarz u. Daniela Mysliwietz-Fleiß. Köln 2019. S. 99–136.
100 Vgl. Porter, Nationalism, S. 76.
101 Schildt, Jahrhundert, S. 191.
102 Zum West-Eurozentrismus der klassischen Modernisierungstheorien siehe bspw. Spohn, Modernen, S. 4–5.

te[103] aus den 1970er und 1980er Jahren übernahmen meist westeuropäische Kategorien für die Klassifizierung des polnischsprachigen Pressewesens. In diesen Werken wird die Entwicklung der Presse in den jeweiligen Teilungsgebieten anhand des Erscheinens „illustrierter Zeitschriften"[104] oder der „kommerziellen Presse"[105] beschrieben und somit eine bestimmte Vorstellung von moderner Presse (re-)produziert, die beispielweise die Volkszeitschriften ausschließt.[106] Eine solche Vorstellung suggeriert eine binnenpolnische Pressehierarchie, die auf dem Modernitätsprimat der urbanen Warschauer Wochenperiodika (aufgrund ihrer Ähnlichkeit zu westeuropäischen Formaten und ihrer frühzeitiger Etablierung auf dem Pressenmarkt bereits in den 1860er Jahren) beruht – gegenüber der Verspätung insbesondere der Krakauer Presse (Krakauer illustrierte Zeitschriftenformaten erschien erst zum Beginn des 20. Jahrhunderts).

In der neuesten Forschung ist hingegen ein Mangel an komparatistischen und verflechtungsgeschichtlichen Studien über Zeitschriften in den drei Teilungsge-

---

103 In diesen Jahren spezialisierten sich einige Historiker*innen wie Jerzy Łojek, Jerzy Myśliński oder Zenon Kmiecik auf das Thema der Presse in den verschiedenen Teilungsgebieten. Sie veröffentlichten Monographien und Sammelbände, die bis heute als Grundlage für die weitere Forschung in diesem Bereich dienen. Hier eine Auswahl der zentralen Titel: Skrzypek, Józef (Hrsg.): Historia prasy polskiej a kształtowanie się kultury narodowej. Warszawa 1968; Myśliński, Jerzy: Studia nad polską prasą społeczno-polityczną w zachodniej Galicji 1905–1914. Warszawa 1970; Łojek, Jerzy (Hrsg.): Prasa polska w latach 1864–1918. Warszawa 1976; Lewandowski, Poligrafia; Kmiecik, Zenon: Prasa polska w rewolucji 1905–1907. Warszawa 1980; Łojek, Jerzy, Jerzy Myśliński u. Wiesław Władyka (Hrsg.): Dzieje prasy polskiej. Warszawa 1988; Kmiecik, Zenon: Prasa Warszawska w latach 1886–1904. Wrocław 1989; Zasztowt, Leszek: Popularyzacja nauki w Królestwie Polskim 1864–1905. Wrocław 1989. Grundlegende Studien aus dieser Zeit lassen sich auch in der wichtigsten Fachzeitschrift über die polnische Pressegeschichte *Rocznik historii czasopiśmiennictwa polskiego* finden, die nach 1998 in *Rocznik historii prasy polskiej* umbenannt wurde. Für eine Analyse der gesamten polnischsprachigen Historiographie nach 1945 über die polnischsprachige Presse bis 1918 siehe: Kolasa, Historiografia.
104 Vgl. Wolny-Zmorzyński, Kazimierz: O fotografii w prasie polskiej na przełomie XIX i XX wieku. In: Komunikowanie i komunikacja na ziemiach polskich w latach 1795–1918. Hrsg. von Krzysztof Stępnik u. Maciej Rajewski. Lublin 2008. S. 111–117, hier S. 115; Kamisińska, Dorota: Grafika polskich tygodników ilustrowanych drugiej połowy XIX wieku na przykładzie lwowskiego „Ogniska Domowego" (1883–1888) i „Strzechy" (1868–1873) oraz krakowskiego „Świata" (1888–1892 i 1893–1895) i „Włościanina" (1869–1879). In: Rocznik Historii Prasy Polskiej (RHPP) 39 (2015) Heft 3. S. 39–73, hier S. 41–42. Für einen Überblick über diese Mediengattung in Deutschland siehe: Igl, Natalia u. Julia Menzel: Illustrierte Zeitschriften um 1900. Multimodalität und Metaisierung. Bielefeld 2016.
105 Vgl. bspw. Kmiecik, Prasa w rewolucji, S. 176–209.
106 Nicht nur die Volks-, sondern auch die Frauenzeitschriften wurden in diesen älteren Studien immer in einer separaten Kategorie neben der kommerziellen kulturellen Wochenpresse behandelt, vgl. Kmiecik, Prasa w rewolucji; Łojek (Hrsg.), Prasa.

bieten festzuhalten. Während ein großer Teil der älteren Forschung ein eher enzyklopädisches Wissen über die einzelnen Druckerzeugnisse auf transpolnischer Ebene bereithält, neigen Studien aus den 1990er, 2000er und 2010er Jahren dazu, nur die Presse eines einzelnen Teilungsgebiets bzw. Pressezentrums in den Blick zu nehmen[107] oder sich der Entfaltung eines einzelnen Presseformats[108] – z. B. kultureller Zeitschriften, Frauenzeitschriften, satirischer Presse – in einem der Teilungsgebiete/Pressezentren zu widmen. Untersuchungen von Publizist*innen- oder Verleger*innennetzwerken jenseits der imperialen Grenzen sowie Analysen möglicher transpolnischer Rezeptionsebenen der Presseerzeugnisse bleiben bislang jedoch ein Forschungsdesiderat.

In diesem Kontext macht es der Begriff *Zeitschriften für viele* möglich, die Vielfältigkeit der Genres und Publika der polnischsprachigen, populären Wochenpresse mit Hilfe der im Abschnitt I.2.1. dargelegten drei Eigenschaften in der gleichen Mediengattung zu bündeln. Sein kritisches Potential gegenüber dem Begriff der *Massenpresse* liegt in der Ablehnung eines Öffentlichkeitskonzeptes Habermas'scher Prägung als einheitlicher (aufgeklärter, bürgerlicher, männlicher) Akteur, der im Medium der Massenpresse eine massenhafte, „horizontal" sowie „vertikal" „geschichtete" Dimension annimmt und von der kapitalistischen Logik umgestaltet wird.[109] Mit den *Zeitschriften für viele* wird hier stattdessen ein

---

[107] Vgl. bspw. Glensk, Joachim (Hrsg.): 200 lat prasy polskiej na Śląsku. Materiały z sesji naukowej zorganizowanej w Opolu 12 i 13 grudnia 1989 r. Opole 1992; Kosman, Marceli (Hrsg.): Z dziejów prasy wielkopolskiej XIX-XX wieku. Praca zbiorowa. Poznań 1997; Jarowiecki, Jerzy: Typologia i statystyka prasy lwowskiej w latach 1864–1939. In: Juda (Hrsg.), Książka. S. 129–151; Jakubek, Mariusz: Prasa krakowska 1795–1918. Kraków 2004; Binder, Pressewesen; Kosętka, Halina (Hrsg.): Kraków – Lwów. Książki, czasopisma, biblioteki. Kraków 2006; Melnyk, Lidia: Badania nad galicyjską prasą. Stan i perspektywy metodologiczne. In: Galicja 1772–1918. Problemy metodologiczne, stan i potrzeby badań: praca zbiorowa. Hrsg. von Agnieszka Kawalec [u. a.]. Rzeszów 2011. S. 92–100.

[108] Beispiele für Studien, die sich mit einem spezifischen Zeitschriftengenre in einem einzelnen Teilungsgebiet befassen, sind: Franke, Jerzy: Polska prasa kobieca w latach 1820–1918. W kręgu ofiary i poświęcenia. Warszawa 1999; Jarowiecki, Jerzy: Prasa społeczno-kulturalna, literacka i satyryczna w latach 1867–1918 we Lwowie. In: RHPP 5 (2002) Heft 1. S. 25–57; Cybulska, Lucyna: Polskie czasopisma literackie w życiu kulturalnym Polaków Wielkiego Księstwa Poznańskiego w XIX wieku. In: W kręgu prasy. (przeszłość, teraźniejszość, przyszłość): zbiór artykułów. Hrsg. von Grażyna Gzella u. Jacek Gzella. Toruń 2001. S. 7–32; Wrona, Grażyna: Polskie czasopisma popularnonaukowe w XIX wieku. Ewolucja formy i treści. In: RHPP 10 (2007) Heft 2. S. 5–31; Tobera, Marek: „Wesołe gazetki". Prasa satyryczno-humorystyczna w Królestwie Polskim w latach 1905–1914. Warszawa 1988.

[109] Vgl. Habermas, Jürgen: Strukturwandel der Öffentlichkeit. Untersuchungen zu einer Kategorie der bürgerlichen Gesellschaft. Frankfurt am Main 1990 [1. Aufl., nach der zuerst 1962 im Luchterhand-Verlag erschienenen Ausgabe, ergänzt um ein Vorwort]. Zur Auffassung des Öf-

Verständnis der medialen Öffentlichkeit im Plural als Geflecht medialer (Teil-) Öffentlichkeitssphären vertreten, in der keine einzige massenmediale *Mehrheits*öffentlichkeit in einem hierarchischen Verhältnis zu sozial-, religiös-, politisch- oder geschlechtergeprägten *Minderheits-* bzw. *Gegen*öffentlichkeiten steht.[110] Ein solches (Teil-)Öffentlichkeitsverständnis macht sich das traditionelle Unbehagen zu eigen, das der Begriff der (Massen-)Öffentlichkeit im Singular bei Osteuropahistoriker*innen hervorruft, die sich mit dem ausgehenden 19. und dem beginnenden 20. Jahrhundert beschäftigen.[111] Dieses Unbehagen entspringt dem Bewusstsein, dass der Terminus der (Massen-)Öffentlichkeit zur Beschreibung der vielfältigen Modernitätserfahrungen Ost(-mittel-)Europas jener Zeit unpassend ist und seine Anwendung meistens zur Hervorhebung des defizitären, weniger modernen Charakters dieser Region im Vergleich zu Westeuropa dient. Um zur ursprünglichen Frage zurückzukehren, fungiert der hier vorgeschlagene neue Begriff daher nicht nur als Zeichen der neuen Teilhabe der Teilungsgebiete an der (west-)europäischen Moderne *und/oder* als Bestätigung ihrer osteuropäischen Peripherialität. Er bricht vor allem die binäre Logik dieser Auswahl auf, indem er auf spezifisch-transpolnische Entstehungsformen neuer, miteinander verbunde-

---

fentlichkeitskonzeptes von Habermas im Sinne von Homogenität, Bürgerlichkeit und Männlichkeit siehe bspw. Jost, Hans Ulrich: Zum Konzept der Öffentlichkeit in der Geschichte des 19. Jahrhunderts. In: Schweizerische Zeitschrift für Geschichte (SZG) 46 (1996) Heft 1. S. 43–59, hier S. 45–48. Zur normativen Aufladung des Öffentlichkeitsbegriffes durch die Aufklärung und zu ihrer „horizontalen" und „vertikalen" Strukturierung infolge des „Ausdifferenzierungsprozesses" der „Moderne" siehe: Imhof, Kurt: „Öffentlichkeit" als historische Kategorie und als Kategorie der Historie. In: SZG 46 (1996) Heft 1. S. 3–25, hier S. 5–12. Zu Massenmedien als „Resultat der formellen Subsumption der Öffentlichkeit unter das Kapitel" siehe: Lückemeier, Information, S. 357–359. An dieser Stelle sei darauf hingewiesen, dass die Idee einer einheitlichen Öffentlichkeit bspw. auch im systemtheoretischen Ansatz zu finden ist, womit Jürgen Gerhards und Friedhelm Neidhardt „die Konfundierung empirischer und normativer Elemente" bei Habermas durch eine Fokussierung auf „Funktionen" und „Strukturen" der Öffentlichkeit überwinden: Gerhards, Jürgen u. Friedhelm Neinhardt: Strukturen und Funktionen moderner Öffentlichkeit. Fragestellungen und Ansätze. In: Öffentlichkeit, Kultur, Massenkommunikation. Beiträge zur Medien- und Kommunikationssoziologie. Hrsg. von Stefan Müller-Doohm. Oldenbourg 1991. S. 31–89, Zitat S. 33.

110 Requate, Öffentlichkeit, S. 6–16. Siehe auch: Dietzsch, Ina: Öffentlichkeit unter den Bedingungen urbaner Superdiversität: Überlegungen zum Umgang mit einer Kategorie in den Kulturwissenschaften. In: Transnationalität und Öffentlichkeit. Interdisziplinäre Perspektiven. Hrsg. von Asta Vonderau u. Caroline Schmitt. Bielefeld 2014. S. 27–54, hier S. 29.

111 Siehe bspw. Wendland, Anna Weronika u. Andreas R. Hofmann: Stadt und Öffentlichkeit: Auf der Suche nach einem neuen Konzept in der Geschichte Ostmitteleuropas. Eine Einführung. In: Stadt und Öffentlichkeit in Ostmitteleuropa. 1900–1939: Beiträge zur Entstehung moderner Urbanität zwischen Berlin, Charkiv, Tallinn und Triest. Hrsg. von Andreas R. Hofmann. Stuttgart 2002. S. 9–23; Steffen, Polonität, S. 32–39.

ner und offener, potentiell die Gesamtheit der polnischsprachigen Gesellschaften erfassender Kommunikationssphären verweist, die durch die neuen Medien strukturiert wurden.[112]

Mediale Strukturierungsinstanzen dieser neuen, *modernen*, zusammengesetzten Kommunikationssphäre sind eben nicht nur die preiswerten Illustrierten oder Familienzeitschriften nach westeuropäischem Modell. Auch die ersten populären Frauenperiodika, die kommerzielle Kirchenpresse sowie vor allem die Volkspresse, die sich durch ihre explizite Ausrichtung an ein ländlich-bäuerliches und teilweise städtisch-proletarisches Publikum auszeichnete und ursprünglich ausschließlich die moralisierende und loyale Stimme der katholischen Kirche sowie der Gutsherren war, sollen in solchen Kategorien gedeutet werden. Tatsächlich erschienen infolge der soziopolitischen Mobilisierung des Bauernstands ab den 1880er Jahren vor allem in Galizien und im Königreich Polen eine Reihe von Druckerzeugnissen *für das Volk*, die eine analoge thematische Vielfalt sowie ein vergleichbares Unterhaltungsangebot, eine Auflagenzahl und sogar eine Profitlogik wie die städtische Wochenpresse aufwiesen. In Anlehnung an Osteuropahistoriker*innen wie Michael Müller, Dietlind Hüchtker und Karsten Holste, die – entgegen einer normativen Betrachtung der Bildung des Bürgertums als einzigen „Königsweg der Entwicklung moderner Gesellschaften" in der westeuropäisch-deutschen Sozialgeschichte – auf die ebenso modernisierende Funktion alternativer Elitenkonstellationen in Osteuropa aufmerksam machen, lässt sich das Phänomen der Volkspresse als Manifestation einer alternativen, transpolnischen medialen Moderne bzw. als Indikator für die Vielfältigkeit der möglichen medialen Modernen verstehen.[113] In dieser Hinsicht ist die Ausdrucksweise *für viele* eine Anspielung auf bzw. eine Abgrenzung von der Formulierung *für alle*, die viele deutschsprachige Familienzeitschriften des 19. Jahrhunderts im Titel führ-

---

112 Zur Öffentlichkeit als System, in dem das Publikum „unabgeschlossen", da es „nicht an externe Zugangsbedingungen sozialer Teilnahme geknüpft" ist, siehe: Gerhards [u. a.], Strukturen, S. 45. Zur Auffassung der Öffentlichkeit als „etwas [...], an dem alle teilhaben können" und somit „die Vorstellung des Kollektivsubjekts 'Gesellschaft'" ermöglicht, siehe: Imhof, Öffentlichkeit, S. 3–4.
113 Vgl. Holste, Karsten, Dietlind Hüchtker u. Michael G. Müller: Aufsteigen und Obenbleiben in europäischen Gesellschaften des 19. Jahrhunderts. Akteure – Arenen – Aushandlungsprozesse. In: Aufsteigen und Obenbleiben in europäischen Gesellschaften des 19. Jahrhunderts. Akteure, Arenen, Aushandlungsprozesse. Hrsg. von Karsten Holste [u. a.]. Berlin 2009. S. 9–19, hier S. 9–14. Ähnlich argumentiert auch Maciej Janowski, indem er die nationalistische Mobilisierung der Bauern oder die organische Arbeit als polnischen Weg in die Moderne präsentiert und sich dabei ausdrücklich auf den Begriff der *multiple modernities* von Shmuel N. Eisenstadt bezieht, wobei er zugleich den peripheren Ersatzcharakter dieser soziokulturellen Phänomene hervorhebt. Vgl. Janowski, Polen, S. 142–145.

ten:[114] Stand letztere Formulierung für die imaginierte Universalität und Homogenität der bürgerlichen Leserschaft, so registriert erstere die Pluralität der *modernen* polnischsprachigen Publika und die Heterogenität der polnischsprachigen Zeitschriften.

I.2.3 Exkurs: Die (nicht) analysierten Titel. Gründe und Folgen einer Auswahl und die heterogenen Presselandschaften der Teilungsgebiete

In der konkreten Auswahl der 15 Pressetitel,[115] die hier untersucht werden, spiegeln sich die Überlegungen aus den letzten beiden Abschnitten (I.2.1. und I.2.2.) wider: Die drei Haupteigenschaften – die wöchentliche Periodizität, die kommerzielle Ausrichtung an einem breiten Publikum sowie die Neuigkeit bzw. Modernität –, die im Abschnitt I.2.1. dargelegt wurden, dienen als Kriterien zur Identifizierung der *Zeitschriften für viele* aus dem potentiell sehr großen Korpus an polnischsprachigen Printmedien der Zeit. Auf diese Weise wurden einige in der Historiographie sonst häufig thematisierte Druckerzeugnisse ausgeschlossen, was wiederum die Form und die Ergebnisse der vorliegenden Arbeit beeinflusst.

Von dieser Ausschlussdynamik sind einerseits die traditionellen Presseorgane der Krakauer und Warschauer intellektuellen Schichten betroffen, die sich durch ein anspruchsvolles kulturelles Niveau, aber sehr niedrige Auflagenzahlen und eine Abwesenheit von Wissens- und Unterhaltungsangeboten *für viele* auszeichneten. Zu dieser Zeitschriftengruppe gehören u. a. in Krakau die konservative *Czas*, die sozialdemokratische *Krytyka* und modernistische Zeitschriften wie *Ży-*

---

114 Beispiele für solche Zeitschriften sind *Das Buch für Alle. Illustrierte Blätter zur Unterhaltung und Belehrung. Für die Familie und Jedermann* (1866–1935[?]) oder *Die Illustrierte Welt. Blätter aus Natur und Leben, Wissenschaft und Kunst zur Unterhaltung und Belehrung für die Familie, für Alle und Jeden* (1853–1902). Der Medienhistoriker Dieter Barth entwickelte in Bezug auf solche Titel, die an die gesamte Familie adressiert waren, den Ausdruck *Zeitschriften für alle*. Siehe: Barth, Dieter: Zeitschrift für alle: das Familienblatt im 19. Jahrhundert. Ein sozialhistorischer Beitrag zur Massenpresse in Deutschland. Münster 1974. Die Formulierung *für alle* wurde im Projekt „Geschichte für alle in Zeitschriften des 19. Jahrhunderts" übernommen, in dessen Rahmen die vorliegende Arbeit entstand. Sie gilt daher als erste Inspirationsquelle für die Auswahl der Zeitschriften sowie für den Begriff der Wochenpresse *für viele*. Von *histories for the many* spricht auch Doris Lechner in ihrer Monographie, um den Beitrag zu beschreiben, den die illustrierten Familienmagazine zur (Re-)Produktion der viktorianischen Geschichtskultur leisteten: Lechner, Doris: Histories for the many. The Victorian family magazine and popular representations of the past. The Leisure Hour, 1852–1870. Bielefeld 2017.

115 Für eine Kurzbeschreibung der einzelnen Druckerzeugnisse inklusive Grunddaten wie Gründungsjahr, Auflagenzahl, Redakteur*innen und Verleger*innen sowie der diesbezüglich relevanten Literatur siehe den Anhang dieses Buchs.

cie, in Warschau hingegen die populärwissenschaftlichen *Ateneum* und *Biblioteka Warszawska* sowie die positivistischen *Przegląd Tygodniowy*, *Prawda* oder *Niwa*. Da die hier genannten Titel als mediale Mittelpunkte des damaligen polnischen intellektuellen Lebens gelten und daher besonders geeignete Grundlagen für die ideengeschichtliche Forschung sind, trägt ihre Abwesenheit in der vorliegenden Analyse aktiv zur angestrebten Schwerpunktverschiebung von einer Ideen- zu einer Kulturgeschichte der Zeit bei.

Andererseits werden auf der Grundlage der oben genannten Kriterien die offiziellen Organe politischer Parteien, vor allem sozialistischer und nationalistischer Couleur – wie der Warschauer *Robotnik* oder der Lemberger/Krakauer *Przegląd Wszechpolski* –, in der Auswahl nicht berücksichtigt. Abgesehen von der Zweitrangigkeit der Profiterzielung und Unterhaltung sowie ihrem teilweise illegalen Status, lässt sich die Entscheidung für ihren Ausschluss auch damit erklären, dass diese Zeitschriften nicht im Namen der heterogenen und potentiell grenzenlosen *vielen* sprachen, sondern sich an ein durch eine spezifische, politisch-soziale Affiliation und Weltanschauung definiertes Publikum richteten.[116] Ihre Zeitkonstrukte sind, soweit vorhanden, primär als Ausdruck einer konkreten politischen Ideologie zu deuten, und ihre Analyse würde somit eher die Grundlage für eine Geschichte des politischen Denkens als der temporalen Selbstverortung der Gesellschaften *der vielen* in der Moderne liefern.

Eine letzte Zeitschriftengruppe, deren Ausschluss aus dem Quellenkorpus alles andere als folgenlos für die vorliegende Untersuchung ist, ist die polnischsprachig-jüdische Presse bzw. jene Presseerzeugnisse, die auf Polnisch für ein explizit jüdisches Publikum geschrieben wurden. Das mediale Phänomen jüdischer Presse in der Sprache des Erscheinungslandes (anstatt in Hebräisch oder Jiddisch) ist in erster Linie als Teil des Akkulturations- und Modernisierungsprogramms der jüdischen Aufklärung, der Haskala, auf gesamteuropäischer Ebene zu verstehen.[117] Nicht zufällig lässt sich die Entstehung eines jüdischen Pressenwesens auf Polnisch nur im russischen und habsburgischen Teilungsgebiet beobachten: Während im Großherzogtum Posen die gebildeten und aufgeklärten jüdischen Schichten eindeutig eine Orientierung an der deutschen Kultur

---

116 In dieser Hinsicht knüpft die Definition der *Zeitschriften für viele* an eine Auffassung der Massenmedien als „ideelle Generalvertreter aller Mitglieder des Gemeinwesens, [...] der Geist des empirisch Allgemeinen der Gesellschaft". Vgl. Lückemeier, Information, S. 363. Eine solche Auffassung präsentiert die *Zeitschriften für viele* nicht als politisch neutral, sondern hebt ihren scheinbar unparteiischen, inkludierenden Charakter hervor.
117 Vgl. Nalewajko-Kulikov, Joanna: Prasa żydowska na ziemiach polskich. Historia, stan badań, perspektywy badawcze. In: Studia z dziejów trójjęzycznej prasy żydowskiej na ziemiach polskich (XIX–XX w.). Hrsg. von Joanna Nalewajko-Kulikov [u. a.]. Warszawa 2012. S. 7–30, hier S. 11.

bevorzugten, gewann die polnische Option zuerst unter den assimilationistischen jüdischen Eliten im Königreich Polen und dann auch unter denjenigen in autonomen Galizien an Attraktivität.[118] Ergebnis war die Gründung einer Reihe von polnischsprachigen, (zwei-)wöchentlichen Zeitschriften, darunter die Warschauer *Izraelita*, die Krakauer *Sprawiedliwość* oder die Lemberger *Jedność*, die eine jüdische Identität als „Polen mosaischen Glaubens" propagierten.[119] Es handelte sich aber um elitäre Unterfangen ohne Illustrationen (allerdings mit Werbung), die in der Auflage unter 700 gedruckten Exemplare blieben. Ihr elitärer Charakter zeigte sich ab den 1880er Jahren, als die assimilationistische Strömung nach den Pogromen 1881–1882 im Zarenreich sowie mit der Zunahme des Antisemitismus auf transpolnischer (und transeuropäischer) Ebene zugunsten der zionistischen Bewegung in den jüngeren, gebildeten Generationen an Bedeutung verlor.[120] Niedrige Verkaufszahlen kennzeichneten allerdings nicht nur die dem Geist des Warschauer Positivismus nahestehende Zeitschrift *Izraelita* sowie die an die galizische, sozial-konservative Tradition anknüpfenden *Sprawiedliwość* oder *Jedność*, sondern auch die (wenigen) polnischsprachigen zionistischen Zeitschiften wie die Lemberger *Przyszłość*, die sich an das polonisierte Judentum Galiziens richteten.[121] Die Tatsache, dass die Titel der polnischsprachig-jüdischen Presse daher nicht zu den *Zeitschriften für viele* zählen können, führt zu einem unvermeidbaren Ausschluss alternativer, das jüdische Element inkludierender Auffassungen des (polnisch-nationalen) Selbst, das hier als Subjekt der temporalen *Selbst*verortungen betrachtet und präsentiert wird. Die zentrale Rolle der Zeitschriften für die Konstruktion eines solchen Selbst wird im Abschnitt I.2.4. aus-

---

118 Vgl. bspw. Holzer, Jerzy: Polen und Europa. Land, Geschichte, Identität. Bonn 2007, S. 117. Zum Selbstverständnis der Juden als Deutsche in der Posener Region siehe auch: Drummond, Elizabeth A.: On the borders of the nation. Jews and the German-Polish national conflict in Poznania, 1886–1914. In: Nationalities Papers 29 (2001) Heft 3. S. 459–475, hier S. 459.
119 Steffen, Katrin: Umstrittene jüdische Polonität. Sprache und Körper als Unterscheidungsmythen in der polnischen Kultur. In: Kleinmann [u. a.] (Hrsg.), Aleksander. S. 143–167, hier S. 144–149. Zu den Charakteristiken dieser Druckerzeugnisse siehe: Cała, Alina: Kompleks żydowski Polaków. Asymilacja Żydów w Królestwie Polskim a zmiany narodowej świadomości w drugiej połowie XIX wieku. In: Maciejewski (Hrsg.), Przeminay. S. 271–280; Jagodzińska, Agnieszka: „Izraelita" (1866–1915). In: Nalewajko-Kulikov [u. a.] (Hrsg.), Studia. S. 45–60; Binder, Pressewesen, S. 2086–2088.
120 Vgl. Kleinmann, Yvonne: Jüdische Eliten, polnische Traditionen, westliche Modelle und russische Herrschaft. Kulminationen in den Jahren 1804, 1844, 1869, 1881. In: Holste [u. a.] (Hrsg.), Aufsteigen. S. 193–222, hier S. 215–220.
121 Vgl. Nalewajko-Kulikov, Prasa, S. 12. Zur zionistischen Presse in Galizien siehe: Maksymiak, Małgorzata A.: Syionizm prasowy. Pierwsze periodyki syjonistyczne i ich rola w rozwoju ruchu narodowo-żydowskiego (1884–1897). In: Prasa Żydów polskich. Od przeszłości do teraźniejszości. Hrsg. von Sławomir J. Żurek u. Agnieszka Karczewska. Lublin 2016. S. 27–40.

führlich behandelt. Hier soll lediglich die zwangsläufige und zugleich bewusste Parteilichkeit des Blickes dieser Studie, die keine Fiktion der Realität (re-)produzieren möchte, sondern in diesem Fall aus den o.g. Gründen die jüdisch-polnischsprachige Presse aus dem Quellenkorpus ausgeklammert hat, als ein prägender Faktor des hier untersuchten Selbstkonstruktes offengelegt werden.[122]

Lenkt man nun die Aufmerksamkeit von den ausgelassenen Zeitschriftengruppen auf die tatsächlich analysierten 15 Druckerzeugnisse, so bestimmt die im Abschnitt I.2.2. erörterte Heterogenität der polnischsprachigen Publika und Presseformate *für viele* auf transpolnischer Ebene die konkrete Zusammensetzung des ausgewählten Zeitschriftenkorpus. Angesichts dieser Heterogenität gehe ich nicht von *einem* Modell *moderner* polnischsprachiger Wochenpresse aus, sondern mache durch die Auswahl stattdessen die Vielfalt der Zeitschriften sichtbar, die in einem wechselwirkenden Verhältnis mit dem sozioökonomischen Wandel zum Ende des 19. Jahrhunderts standen. Aus diesen Überlegungen rührt schließlich die Entscheidung für 15 konkrete Titel, deren Verschiedenheit und Zusammensetzung die unterschiedlichen und teilweise changierenden politischen, sozialen, kulturellen und ökonomischen Bedingungen der drei Teilungsgebiete jener Zeit abbilden und die sich daher am besten im Zusammenhang mit den Charakteristika der drei verschiedenen polnischsprachigen Pressenlandschaften erläutern lassen.

Die polnischsprachige Presselandschaft des Königreichs Polen
Bei einem Blick auf den Pressemarkt im russischen Teilungsgebiet konstatiert man in erster Linie die starke Entfaltung der Presse im transpolnischen Vergleich – sowohl hinsichtlich der Auflagenzahlen als auch der Formate, Drucktechniken und Layouts –, sowie das absolute Warschauer Monopol in der Presseproduktion.[123] Diese Beobachtungen lassen sich dadurch erklären, dass

---

[122] Dazu, wie gerade die Offenlegung der Parteilichkeit der eigenen Forschungsperspektive Objektivität versprechen kann, siehe: Haraway, Donna: Situated knowledges. The science question in feminism and the privilege of partial perspective. In: Feminist Studies 14 (1988) Heft 3. S. 575–599, hier insbesondere S. 581–585.
[123] Die Presse, die in den Provinzstädten gedruckt wurde, spielte in der polnischen Pressegeschichte so gut wie keine Rolle und wird als Randphänomen betrachtet. Selbst die Presse in Lodz, das als zweites Industriezentrum des Königreichs Polen im 19. Jahrhundert ca. 400.000 Einwohner zählte und sich ab den späten 1890er Jahren gleich zweier Tageszeitungen rühmen konnte, wird lediglich als Phänomen mit ausschließlich lokaler Reichweite betrachtet. In den Ostprovinzen des russländischen Teilungsgebiets, den sogenannten „weggenommenen Gebieten", war die Veröffentlichung von polnischsprachigen Zeitschriften verboten. Die einzige Nicht-Warschauer Zeitschrift, die in der Historiographie häufig Erwähnung findet, ist *Kraj*, die von konservativen Kreisen der polnischsprachigen Gemeinschaft in Sankt Petersburg veröffentlicht

Warschau das unumstrittene Zentrum sowohl des polnischsprachigen intellektuellen Lebens im Zarenreich als auch des polnischsprachigen industriellen, finanziellen und menschlichen Kapitals auf transpolnischer Ebene darstellte. Die hier analysierten Zeitschriften trugen wesentlich dazu bei, das Selbstverständnis der ehemaligen Hauptstadt des polnischen Staates zum Jahrhundertende als „einzige polnische Metropole" zu konstruieren, und stellen ihre Modernität gegenüber Städten wie Krakau, Lemberg oder Posen heraus.[124] Es soll daher nicht verwundern, dass sich das Phänomen der *Zeitschriften für viele* in Warschau viel früher als in den anderen Teilungsgebieten erfolgreich wie nachhaltig durchsetzte.

Tatsächlich erschienen kommerzielle Zeitschriften für ein breites Publikum, die sowohl in ihrem äußeren Erscheinungsbild als auch in ihrer thematischen Ausrichtung den preiswerten britischen, französischen und deutschen Illustrierten wie Familienzeitschriften zum Teil stark ähnelten, bereits in den 1860er und 1870er Jahren auf dem Warschauer Markt und konnten sich von Anfang an schnell etablieren.[125] Auf diese Jahre lässt sich die Gründung der großen Warschauer Illustrierten wie *Tygodnik Ilustrowany*, *Biesiada Literacka*, *Kłosy* oder *Wędrowiec*, der ersten kommerziellen Frauenzeitschriften, *Bluszcz* und *Tygodnik Mód i Powieści*, sowie der ersten innovativeren und breit rezipierten Volkszeitschriften, *Zorza* und ab den 1880er Jahren vor allem der *Gazeta Świąteczna*, datieren. Diese erste Gründungswelle der *Zeitschiften für viele* lässt sich auf die Verbreitung positivistischen Gedankenguts nach dem gescheiterten Aufstand von 1863 sowie vor allem auf die tiefgreifenden sozioökonomischen Veränderungen zurückführen, die die Warschauer Bevölkerung zum Ende des 19. Jahrhunderts um 130 % wachsen ließen und Warschau zum Schauplatz einer tiefgreifenden Industrialisierung, Binnenmigration, der Entstehung einer proletarischen Klasse, der enormen Ausdehnung und Differenzierung der polnischsprachigen Intelligenz sowie einer Reduzierung des Analphabetismus unter den Stadtbewohnern auf 30 % kurz vor dem Ersten Weltkrieg machten. In diesem Zusammenhang erlebte Warschau einen regelrechten Boom des Pressenwesens: Gab es 1864 nur 20 Periodika, so stieg die Zahl in den 1880er Jahren bereits auf 80 und vor der Revolution 1905

---

wurde. Vgl. bspw. Kmiecik, Zenon: Prasa polska w Królewstwie Polskim i Imperium Rosyjskim w latach 1865–1904. In: Łojek (Hrsg.), Prasa. S. 11–57, hier S. 38, 44.

124 Vgl. bspw. Pawłowski, A.: Rozwój miast polskich. Rozwój Warszawy. In: Świat (ŚW) (7.9.1912) Heft 36. S. 11.

125 Zur allgemeinen Entwicklung der Warschauer Presse in diesen Jahren siehe Kmiecik, Prasa Warszawska, S. 8–12; Zasztowt, Popularyzacja, S. 159–202. Für die technische Entwicklung des Warschauer Pressewesens vgl. Lewandowski, Poligrafia.

auf 140.[126] In den 1890er Jahren wurden darüber hinaus die ersten Rotationsmaschinen in das Warschauer Pressewesen eingeführt, was zu einer Vergrößerung und Professionalisierung der Redaktionen (unter Beschäftigung von spezialisiertem Personal), zur exponentiellen Zunahme der notwendigen Investitionen sowie vor allem der Druckmöglichkeiten und zu einem daraus resultierenden wachsenden Interesse führte, die Abonnentenzahlen zu erhöhen.[127]

Die Lebendigkeit und der hohe Entwicklungsgrad der Warschauer Presselandschaft kontrastiert mit der besonderen Härte der zarischen Zensur im Vergleich mit den preußischen oder Habsburger Zensurgesetzen. An dieser Stelle sei nur darauf verwiesen, dass eine präventive und ab 1886 auch repressive Zensur in Kraft war – ein Bestandteil der Russifizierungspolitik nach 1863 –, die zumindest bis 1905 nicht nur die Inhalte der Warschauer Presse kontrollierte, sondern auch die Lizenzen für neue Druckerzeugnisse gravierend einschränkte.[128] Gleichzeitig lässt sich gerade die Russifizierungspolitik als Katalysator der großen Entfaltung der Warschauer Zeitschriftenlandschaft verstehen: In einem Land, in dem das polnischsprachige Bildungswesen und die meisten Institutionen des autonomen politisch-kulturellen Lebens getilgt worden waren, kam der Presse eine zentrale Rolle als nahezu alleiniges Sprachrohr der polnischsprachigen Öffentlichkeit zu.

Aus der ersten Gründungswelle der 1860er bis 1880er Jahre wurden hier vier Titel ausgewählt, die exemplarisch für die unterschiedlichen Formate der *Zeitschriften für viele* stehen: *Tygodnik Ilustrowany* (‚Illustriertes Wochenblatt', 1859 – 1939),[129] als erste, bekannteste und auflagenstärkste polnischsprachige Illustrierte,[130] *Biesiada Literacka* (‚Literarisches Festmahl', 1876 – 1917) als preisgünstigste Illustrierte,[131] *Bluszcz* (‚Efeu', 1865 – 1918) als erste kommerzielle Frauenzeitschrift,[132] und *Gazeta Świąteczna* (‚Festzeitung', 1881 – 1939) als Beispiel für ein neues, nicht mehr religiös-paternalistisches, sondern profitorientiertes Pres-

---

126 Zu den Daten in diesem und im vorherigen Satz vgl.: Porter, Nationalism, S. 77.
127 Vgl. Kmiecik, Prasa w rewolucji, S. 11; Kmiecik, Prasa Warszawska, S. 8 – 9 und 12 – 17.
128 Für einen Überblick über die Zensurpolitik und ihre Folgen auf die Warschauer Öffentlichkeit siehe: Rolf, Herrschaft, S. 125 – 154; Kmiecik, Prasa Warszawska, S. 8 – 24. Historische Themen waren stark von der Zensur betroffen. Bspw. existierte bis 1895 ein Veröffentlichungsverbot für Artikel über die Geschichte nach den Teilungen.
129 Der Tradition der polnischen Pressehistoriographie folgend wird der *Tygodnik Ilustrowany* auch in dieser Arbeit nach der modernen polnischen Rechtschreibung mit einem *L* geschrieben, wenngleich die Zeitschrift ihren Titel immer mit zwei *L* veröffentlichte.
130 Zum Primat des *Tygodnik* in der polnischsprachigen Presselandschaft und seinen Charakteristiken siehe bspw.: Kmiecik, Prasa Warszawska, S. 94 – 110.
131 Zu *Biesiada* siehe: Kmiecik, Prasa Warszawska, S. 124 – 134.
132 Zu *Bluszcz* siehe: Franke, Prasa, S. 92 – 162.

seformat *für das Volk*.[133] Das fünfte, hier untersuchte Warschauer Druckerzeugnis, *Świat* (,Welt', 1906–1939), wurde hingegen erst 1906 gegründet und ist der erfolgreichste Vertreter der zweiten Blütezeit der Warschauer Presse nach der Revolution von 1905. Die politische Mobilisierung und Öffnung in den Jahren von 1905 bis 1907 ermöglichten eine zweite große Gründungswelle von teilweise nur sehr kurzlebigen Periodika.[134] Sie bewirkten aber auch den Untergang bestimmter Titel aus den vorhergehenden Jahrzehnten zugunsten der Entstehung neuer, *modernerer* Druckerzeugnisse (mit der *Świat* als dem besten Beispiel), die technische Innovationen wie vor allem die massenhafte Nutzung der Fotografie einführten.[135]

Die polnischsprachige Presselandschaft in Galizien

Das hier ausgewählte Quellenkorpus galizischer Periodika ist viel heterogener als das der Warschauer Presse und besteht aus katholisch wie nationalistisch geprägten Volkszeitschriften, kurzlebigen kulturellen Illustrierten, Druckerzeugnissen der liberal-demokratischen Intelligenz sowie aus ersten Beispielen einer wöchentlich erscheinenden, bebilderten Boulevardpresse. Dieser Umstand rührt u. a. daher, dass Galizien, anders als das Weichselland, über zwei gleichrangige Pressezentren – Krakau und Lemberg – verfügte, in denen sich verschiedene Medientypen entwickelten. Während den Krakauer Pressemarkt elitäre Zeitschriften dominierten, lässt sich für Lemberg eine größere Präsenz populärer, nationalistischer, liberal-demokratischer sowie von der Bauernpartei herausgegebener Presseerzeugnisse verzeichnen.[136] Darüber hinaus war die Entwicklung der galizischen Presse durch die erlangte partielle politische Autonomie und die damit zusammenhängenden periodischen Wahlen[137] primär von einer im Bereich der Warschauer Presse unbekannten Politisierung angetrieben, die zu einer Fragmentierung des Pressewesens in politische Strömungen führte.

---

133 Zu *Gazeta Świąteczna* siehe: Zasztowt, Popularyzacja, S. 193–201.
134 1904 erschienen bspw. in Warschau 111 Zeitschriften, 1907 war die Zahl mehr als doppelt so hoch (238), ging dann aber bereits 1908 auf 194 zurück. Vgl. Kmiecik, Prasa w rewolucji, S. 24.
135 Zur Entwicklung der kommerziellen Presse im Allgemeinen und der *Świat* insbesondere während der Revolution siehe: Kmiecik, Prasa w rewolucji, S. 176–209. Zur Verwendung der Fotografie in der polnischsprachigen Presse dieser Zeit siehe: Wolny-Zmorzyński, Fotografii.
136 Vgl. Myśliński, Studia, S. 33–40.
137 Durch Wahlen wurden zunächst die Mitglieder des 1861 geschaffenen galizischen Landtags und dann ab 1873 auch die galizischen Versandten zum Wiener Reichstag bestimmt. Obwohl das Wahlrecht die Interessen der Großgrundbesitzer eindeutig begünstigte, waren auch die städtischen und bäuerlichen Schichten wahlberechtigt. Vgl. Chwalba, Historia, S. 491–499.

Die Heterogenität des galizischen Zeitschriftenkorpus spiegelt aber vor allem die Tatsache wider, dass sich in Galizien im Vergleich zum Königreich Polen erst viel später ein breites, ausreichend alphabetisiertes und kaufkräftiges Publikum formte. Galizien stellte nicht nur im Habsburgerreich (nach Bosnien), sondern auch im transpolnischen Vergleich die vielleicht ärmste und kapitalistisch schwächste Region dar. Wie der Pressehistoriker Jerzy Myśliński bemerkt, habe sich deswegen kein galizisches Pendant zu den soziokulturellen Warschauer Illustrierten herausbilden können.[138] In Galizien war die Presse eher die Avantgarde einer breiten urbanen (Teil-)Öffentlichkeit – neue Presseunternehmungen hielten sich aufgrund der Instabilität und niedrigen Kaufkapazitäten der Leserschaft meistens nicht lange auf dem Markt.[139] Folglich lässt sich eine Kluft zwischen der gut etablierten intellektuellen Presse und solchen Blättern beobachten, die größere Bevölkerungsgruppen erreichen wollten, häufig aber nur Eintagsfliegen blieben. Auch die Professionalisierung des journalistischen Berufs, die Erweiterung der Redaktionen, die systematische Einführung von Illustrationen sowie die Innovation der Drucktechniken fanden in Galizien erst im folgenden Jahrhundert statt.[140]

Trotzdem markiert die Periode ab den 1880er Jahren einen eindeutigen qualitativen wie quantitativen Wandel in der galizischen Presselandschaft: Der rapide Anstieg der Alphabetisierung, die Erweiterung der Wählerschaft sowie die nationalistische und soziale Mobilisierung auf dem Lande ermöglichten auch hier eine Hochkonjunktur für Zeitschriftenneugründungen, die, wenngleich sie von kurzer Dauer waren und eine bescheidene Auflagenhöhe vorwiesen, ein immer reicheres und differenzierteres Presseangebot garantierten.[141] Die Lockerung der Zensurgesetze und die Abschaffung von Kaution und Steuerstempel 1894 bzw. 1900, die zusammen mit den repressiven Beschlagnahmungen die zentralen Zensurinstrumente des galizischen Pressegesetzes dargestellt hatten, beschleunigten den Prozess.[142] Die für die vorliegende Studien ausgewählten sieben Pe-

---

138 Für diesen und den folgenden Satz vgl. Myśliński, Prasa w Galicji, S. 174. Für einen Überblick über die Historiographie des galizischen Pressewesens siehe: Melnyk, Badania.
139 Um das Ausmaß der Kurzlebigkeit dieser Presseerzeugnisse zu begreifen, reicht es anzumerken, dass ca. 40 % der polnischsprachigen Periodika aus Galizien nur ein einziges Jahr lang, weitere 35 % etwa fünf Jahre und nur 15 % mehr als elf Jahre lang erschienen. Vgl. Kolasa, Historiografia, S. 237.
140 Vgl. Myśliński, Prasa w Galicji, S. 153–165.
141 Vgl. Binder, Pressewesen, S. 2058–2066
142 Zum galizischen Zensurwesen vgl. Myśliński, Studia, S. 21–31; Jarowiecki, Prasa, S. 27–30; Jakubek, Mariusz: Prasa Krakowa 1795–1918. Statystyka i typologia. In: Kosętka (Hrsg.), Kraków (2006). S. 316–329, hier S. 319–321.

riodika aus Galizien stammen aus der Phase nach 1880 (mit Ausnahme des *Wieniec – Pszczółka*, der kurz davor, 1875 gegründet wurde) und repräsentieren die verschiedenen mehr oder weniger erfolgreichen Versuche, Zeitschriftenformate *für viele* zu schaffen, die mit dem soziopolitischen Wandel der Zeit interagierten. Die Lemberger Zeitschrift *Ognisko Domowe* ("Heimischer Herd", 1883 – 1888) und die Krakauer *Świat* ("Welt", 1888 – 1895) stehen trotz ihrer inhaltlichen Unterschiede beide für Entwürfe galizischer, soziokultureller Illustrierter vor der Jahrhundertwende (wobei keine der beiden bis ins neue Jahrhundert überdauerte). Der Lemberger *Tydzień* ("Woche", literarische Beilage des *Kurier Lwowski*, 1893 – 1906) wiederum steht für ein populäres Presseerzeugnis der liberalen Lemberger Intelligenz.[143] Die Krakauer *Ilustracja Polska* ("Polnische Illustration", 1901 – 1904) und ihr Nachfolger *Nowości Ilustrowane* ("Illustrierte Neuigkeiten", 1904 – 1925) sowie die Lemberger Zeitschrift *Nasz Kraj* ("Unser Land", 1906 – 1912) – illustrierte Boulevardzeitschriften mit Schwerpunkt auf Sensation und tagesaktuellen Nachrichten – lassen sich als Faktoren im Entstehungsprozess einer urbanen (Teil-)Öffentlichkeit *der vielen* nach der Jahrhundertwende einstufen.[144] Schließlich wurden mit dem Lemberger Titel *Wieniec – Pszczółka* ("Kranz" – "Biene", 1875 – nach 1918) und der Krakauer *Rola* ("Acker", 1907 – 1914) zwei Exemplare der neuen, an der (nationalistischen) Politisierung des polnischsprachigen Bauerstandes interessierten galizischen Volkspresse um die Jahrhundertwende ausgewählt.

Die polnischsprachige Presselandschaft im Großherzogtum Posen

Der polnischsprachige Zeitschriftenmarkt des preußischen Teilungsgebietes unterscheidet sich von jenen im Königreich Polen und Galizien in zumindest drei Aspekten. Erstens prägte im Großherzogtum Posen die Idee der Nation und der nationalen Einheit den Grundton eines Großteils der polnischsprachigen Druckerzeugnisse.[145] Hier wie in Warschau funktionierte die Presse als wesentlicher Ersatz für sonst fehlende polnischsprachige Institutionen wie Schule oder Universität. Die liberalere Zensurpolitik des Deutschen Kaiserreichs sowie die stärker

---

143 Zu *Tydzień* siehe: Bujak, Jan: Tydzień. 1893 – 1906. In: Zeszyty Prasoznawcze (ZP) 30 (1989) Heft 2. S. 63 – 69; Toczek, Alfred: Problematyka historyczna w literacko-naukowym dodatku „Kuriera Lwowskiego" – „Tydzień". (1893 – 1906). In: RHPP 5 (2002) Heft 2. S. 77 – 102.
144 Vgl. Binder, Pressewesen, S. 2058 – 2066. Zur Krakauer Boulevardpresse vgl. auch: Wood, Becoming, S. 51 – 76.
145 Vgl. Chamot, Marek: Autostereotyp Polaka na łamach polskiej prasy Prus Zachodnich i Poznańskiego na przełomie XIX i XX wieku. In: Wajda [u. a.] (Hrsg.), Społeczeństwo. S. 233 – 242, hier S. 236.

national gefärbten Konflikte mit dem deutschsprachigen Bevölkerungsanteil führten im Falle des preußischen Teilungsgebiets allerdings zu einer anderen, zentraleren Gewichtung des polnisch-nationalen Themas, die es im russischen Teilungsgebiet in dieser Form nicht gab. Zweitens ist ein Mangel an Periodika für ein hochgebildetes Publikum zu verzeichnen. In Posen war die polnischsprachige Intelligenz als soziale Schicht verhältnismäßig klein und stellte kein hinreichendes Publikum für die Entfaltung soziokultureller Medien dar.[146] Diese Marktlücke wurde vorrangig von der deutschsprachigen Presse gefüllt. Drittens rühmte sich das preußische Teilungsgebiet der höchsten Alphabetisierungsrate im transpolnischen Vergleich: Schon in den 1860er Jahren, als in Galizien mehr als 80 % der Bevölkerung nicht lesen konnten, lag der Analphabetismus in der Provinz Posen bei nur 25 % und machte nicht nur die städtische, sondern auch die ländliche Bevölkerung ziemlich früh zu potentiellen Leser*innen, wobei die Armut vor allem in den bäuerlichen Schichten den Kauf preisintensiver Presse erschwerte.[147] Die transregionale Relevanz und die beachtliche Auflagenstärke einiger Druckerzeugnisse aus der Provinz wie die *Gazeta Grudziądzka* (Graudenz)[148] oder des *Dziennik Kujawski* (Inowrazlaw) lässt sich auf diesen Umstand zurückführen und als Alleinstellungsmerkmal der polnischsprachigen Presselandschaft im preußischen Teilungsgebiet identifizieren. Ein weiteres Alleinstellungsmerkmal – die Bedeutung der katholischen Kirche für die Entfaltung der Presse in dieser Region sowie der große Erfolg kirchlicher Zeitschriften – kann mit der breitgestreuten Alphabetisierung unter den bäuerlichen und kleinstädtischen Schichten erklärt werden.

Ein Wendepunkt in der preußischen polnischsprachigen Zeitschriftenlandschaft waren vor allem die 1890er Jahre.[149] Auch zu früherer Zeit – vor 1848 und dann wieder in den 1870er Jahren – hatte die Entwicklung der Presse in Posen bedeutende Schübe nach vorne erlebt. Die meisten jener Wochenblätter *für viele*,

---

[146] Vgl. Molik, Inteligencja, S. 95–101; Spaleniak, Kształtowanie, S. 21–26. Bereits 1897 kritisierte die Publizistin Izabela Moszczeńska-Rzepecka im Lemberger *Tydzień* das niedrige kulturelle Niveau der Posener Presse. Vgl. Moszczeńska, Izabela: Prasa Poznańska. (Dokończenie). In: Tydzień. Dodatek Kurjera Lwowskiego (T) (10.10.1897) Heft 41. S. 325–326. Ein Nachdruck des Textes findet sich in: Moszczeńska-Rzepecka, Iza: Prasa poznańska. In: ZP 30 (1989) Heft 2. S. 70–76.
[147] Vgl. Spaleniak, Kształtowanie, S. 26–32.
[148] Alle polnischen Städtenamen, die eine deutsche Entsprechung haben, werden auf Deutsch wiedergegeben. Das betrifft in erster Linie Krakau, Lemberg, Posen, Warschau und Lodz. Aus Gründen der Einheitlichkeit wird dasselbe Prinzip hier auch für Grudziądz/Graudenz und Inowrocław/Inowrazlaw angewandt.
[149] Vgl. Jakóbczyk, Witold: Kultura po roku 1870. In: Dzieje Wielkopolski. Lata 1793–1918. Hrsg. von Witold Jakóbczyk. Poznań 1973. S. 580–606, hier S. 598.

die kontinuierlich bis zum Kriegsausbruch erschienen, wurden aber um 1895 gegründet. Dies ging auf die Ausdehnung des städtischen Mittelstands sowie die enorme nationale Mobilisierung angesichts der Verschärfung der antipolnischen Politik des Kaiserreichs zurück.[150] Parallel dazu vollzog sich eine Vergrößerung und Professionalisierung der Redaktionen, wenngleich sich die meisten Druckerzeugnisse an eine wenig gebildete Leserschaft richteten und die Redaktionen Journalist*innen einstellten, die sich in erster Linie als nationale Agitatoren des Volkes verstanden und sich von den repressiven Maßnahmen der preußischen Behörden, vor allem von den Verhaftungen, nicht abschrecken ließen.[151] Drei der vier hier ausgewählten Zeitschriften aus dem Großherzogtum Posen gehören zu dieser Periode und spiegeln die Spezifika des Poseners Zeitschriftenmarkts wider: *Praca* (‚Arbeit', 1896–1924) als meistverkaufte Posener Illustrierte, das beliebteste kirchliche Posener Druckerzeugnis *Przewodnik Katolicki* (‚Katholischer Ratgeber', 1895–heute) – mit großem finanziellem Erfolg und den meisten gedruckten Exemplaren im transpolnischen Vergleich–, sowie *Piast* (‚Piast', 1895–1917) aus Inowrazlaw als Beispiel für eine Zeitschrift *für viele* aus der Provinz.[152] Das vierte Druckerzeugnis, *Gwiazda* (‚Stern', 1875–1923), das aufgrund lückenhafter Sammlungen in polnischen Archiven und Bibliotheken nur in Teilen gesichtet werden konnte, stellt die einzige Posener wöchentliche Illustrierte aus der Pressekonjunktur der 1870er Jahre dar, die die Schwelle der 1880er Jahre überdauerte.

I.2.4 Die Konstruktion des nationalen Selbst im Medium der Zeitschriften

Wie bereits erwähnt, lässt sich die dritte und letzte Interaktionsebene zwischen den *Zeitschriften für viele* und den Ergebnissen dieser Forschung am besten als Frage nach dem (bzw. den) historischen Subjekt(en) der hier analysierten Zeit-

---

[150] Vgl. Jakóbczyk, Witold: Prasa w Wielkopolsce (1859–1918). In: Łojek (Hrsg.), Prasa. S. 177–201, hier S. 189 f.; Chamot, Autostereotyp, S. 236 f.
[151] Vgl. Molik, Inteligencja, S. 251–253 und 297–298. Die preußische Zensur galt als milder als die zarische, da sie „nur" repressiv (und zwar *ex post*), vor allem mittels hoher Geldstrafen und Verhaftungen operierte. Daher finden sich in der Posener Presse viele kritische Beiträge über die deutsche Politik. Für einen Überblick über die geltenden Zensurgesetze vgl. Gzella, Grażyna: Pruskie prawo prasowe w drugiej połowie XIX wieku. In: Gzella [u.a.] (Hrsg.), Prasy (2001). S. 33–43, hier S. 38–42. Zur Vertiefung des Themas Posener Journalist*innen in Bezug auf ihre soziale Herkunft, Bildung und den Professionalisierungsprozess siehe: Molik, Witold: Dziennikarze polscy pod panowaniem pruskim 1890–1914. (Próba charakterystyki). In: Czepulis-Rastenis (Hrsg.), Inteligencja. S. 111–186.
[152] Zu *Piast* siehe: Pronobis, Dorota: „Piast" – dodatek „Dziennika Kujawskiego" – źródłem wiedzy i kultury na Kujawach. In: Linguistica Bidgostiana 1 (2004). S. 146–158.

konstrukte formulieren. Bei der Rede von temporaler *Selbst*verortung bzw. -verzeitung geht es darum, zu erörtern, wer dieses *Selbst* für die damaligen Presseautor*innen und für diese Studie überhaupt sein konnte bzw. ist. In den meisten Fällen lautet die Antwort darauf: die polnische Nation. Im Teil *Modern Times* werden zwar globale wie regionale Formen der Selbstverzeitung identifiziert und thematisiert, gleichwohl ist die Dominanz der nationalen Kategorie in den beiden anderen Teilen dieser Arbeit nicht zu leugnen.

Die Auswahl der *Zeitschriften für viele* als alleinige Quelle trägt wesentlich zu einer solchen Dominanz bei. Viele wichtige Nationstheoretiker*innen wie Elie Kedourie, Ernest Gellner und Partha Chatterjee heben die zentrale Rolle der sprachlich-kulturellen Homogenisierung für die Konstruktion der Nation hervor.[153] Es ist aber Benedict Anderson, der bei der Erläuterung der Entstehung moderner Nationen dem „Print-Kapitalismus" die größte Aufmerksamkeit schenkt. So habe erstens die Kombination von Buchdruck, Kapitalismus und Sprachenvielfalt laut Anderson ab dem 17./18. Jahrhundert ein besonderes Bewusstsein bei den Zeitgenoss*innen hervorgerufen: Sie wurden der „Hunderttausende[n], ja Millionen Menschen in ihrem eigenen Sprachbereich gewahr – sowie gleichzeitig der Tatsache, dass *ausschließlich jene* Hunderttausende oder Millionen dazu gehörten".[154] Zweitens habe sich zur selben Zeit eine neue temporale Auffassung entwickelt, in der die Gleichzeitigkeit als querliegend zu einem linearen Strahl leerer Zeit zu denken sei. Dabei sei die Verbreitung des Pressewesens ein entscheidender Faktor gewesen: So suggeriere nicht nur die für das Medium Zeitung (und Zeitschrift) kennzeichnende Präsenz von inhaltlich sehr unterschiedlichen Nachrichten nebeneinander die Idee einer „imaginierten Verbindung" zwischen selbigen, die im Wesentlichen in einer chronologisch-kalendarischen Simultanität besteht.[155] Vor allem aber bringe „[d]as Veralten der Zeitung am Tag nach ihrem Erscheinen […] eine außergewöhnliche Massenzeremonie hervor: der praktisch gleichzeitige Konsum der Zeitung als Fiktion".[156] Die Überzeugung, dass zum gleichen Zeitpunkt viele weitere unbekannte Menschen das gleiche Periodikum lesen und sich durch die gleiche Drucksprache bereits als zusammenhängende – inkludierende wie exkludierende – Gruppe wahrnehmen, sowie die sichtbare Präsenz der Periodikumsexemplare in der eige-

---

153 Vgl. Kedourie, Elie: Nationalism. New York 1960; Gellner, Ernest: Nationalismus und Moderne. Hamburg 1995; Chatterjee, Partha: The nation and its fragments. Colonial and postcolonial histories. Princeton 1993.
154 Anderson, Benedict R.: Die Erfindung der Nation. Zur Karriere eines erfolgreichen Konzepts. Frankfurt am Main 1988, S. 51, kursiv im Original.
155 Anderson, Erfindung, S. 39–40.
156 Anderson, Erfindung, S. 41.

nen, alltäglichen Umgebung bilden gemeinsam die imaginierte Gemeinschaft der modernen Nation.

Dieses grundlegende Argument von Anderson lässt sich gut auf die hier analysierten *Zeitschriften für viele* anwenden: Die Verbreitung dieser Druckerzeugnisse in breiten gesellschaftlichen Kreisen und ihre „rituelle" (regelmäßige und gleichzeitige) Rezeption durch ein heterogenes und anonymes Publikum schafft die Vorstellung eines lesenden Kollektivs, das – vereint durch die polnische Sprache – als polnisch-nationales Subjekt gedacht werden kann. Gerade eine so herausragende Forscherin der polnischen nationalen Idee wie Maria Janion bezieht sich ausdrücklich auf Anderson, wenn sie die polnische Nation als „zerstreute" Rezeption nationaler Bilder im Medium der Presse definiert.[157]

Viele Elemente sprechen für die Existenz eines pressebedingten, transpolnischen diskursiven Raums, der ein polnisch-nationales Selbstverständnis (re-)produzierte und zum Ausdruck brachte. Dazu zählen neben dem entscheidenden Faktor der gemeinsamen Sprache die (legale wie illegale) Zirkulation der polnischsprachigen Presse über die imperialen Grenzen hinaus, die vielen nachweisbaren Transfers zwischen den einzelnen Zeitschriften – wie etwa die gegenseitigen Bezüge aufeinander, der Abdruck der gleichen Artikel oder Formate und die Veröffentlichung von Texten derselben Autor*innen – sowie vor allem die eindeutig nationale Prägung der meisten polnischsprachigen Presseerzeugnisse. Insbesondere Letzteres wird in der polnischen Historiographie betont: Viele Pressehistoriker*innen interpretieren die Entstehung der *Zeitschriften für viele* in den jeweilgen Teilungsgebieten als konstituierenden Faktor und wichtige Manifestation national-kultureller Lebendigkeit und Mobilisierung. Sie sehen im Ersatz fehlender nationalstaatlicher Institutionen und in der Propagierung national codierter Inhalte die wesentliche Triebkraft der Presseentwicklung auf transpolnischer Ebene sowie eine sich selbst zugeschriebene Aufgabe der einzelnen polnischsprachigen Druckerzeugnisse.[158]

Der spezifische Umstand nationaler Abhängigkeit und imperialer Dreiteilung der polnischen Gesellschaft führt daher auf zweierlei Weise zu einer Konstruktion der Nation durch die *Zeitschriften für viele:* Denn ihr periodischer Umlauf ermöglichte nicht nur die Imagination der nationalen Wir-Gruppe im Sinne Andersons. Die in ihnen erschienenen Artikel lassen sich auch als wichtigste Vermittlungsinstanz nationaler Identifizierungsangebote an breite Bevölkerungsschichten begreifen. Ein solches Verständnis will weder die Be-

---

157 Vgl. Janion, Słowiańszczyzna, S. 263.
158 Vgl. bspw. Cieślak, Tadeusz: Historia prasy polskiej a kształtowanie się kultury narodowej. In: Skrzypek (Hrsg.), Historia. S. 19–29; Cybulska, Czasopisma, S. 7.

deutung der *Zeitschriften für viele* für die Kolportage von lokal-regionalen, gesamtimperialen oder urbanen, an Europa und der Modernität orientierten Identitätsentwürfen negieren, noch will es die transnationalen Kommunikationsräume, die sich aus der Analyse der Verflechtungen und Transfers der populären Presse eruieren lassen, ausblenden.[159] Es verweist aber auf die Nation als zentrale Kategorie der Vergemeinschaftung, die die Zeitschriften durch ihre Zirkulation konstruieren und in ihren Inhalten vermitteln. Das trifft in besonderer Weise auf die historischen Artikel zu, die im Mittelpunkt der hier geführten Untersuchung stehen: Gerade die Geschichte wird in den ausgewählten Druckerzeugnissen meist aus nationaler Perspektive erzählt und ist als schwerwiegender Grund für das Primat des Nationalen in dieser Studie zu nennen.

Hat man einmal anerkannt, dass die Nation in den folgenden Teilen des Buches der Hauptreferenzrahmen der temporalen Selbstverortung ist und dies auf die Auswahl des Quellentypus der *Zeitschriften für viele* zurückgeht, so ist noch ein Blick auf die spezifische nationale Gemeinschaft zu werfen, die im Medium der polnischsprachigen populären Periodika repräsentiert wird. Denn die konkrete Form der imaginierten polnisch-nationalen Gemeinschaft bildet nur im Teil *Time and the Other* und auch nur partiell den Gegenstand der vorliegenden Analyse; sie kann aber als eine Art „Gespenst" betrachtet werden, das sozusagen im gesamten Werk „umgeht", in ihm herumspukt und es mitprägt, ohne, wie Karl Marx es in seinem berühmten Zitat meinte, hier ausdrücklich offenbart zu werden.

Diesbezüglich soll in erster Linie darauf verwiesen werden, dass die Adressierung einer breiten, potentiell sowie ideell einen großen (wenn nicht den größten) Teil der Gesellschaft umfassenden Leserschaft die *Zeitschriften für viele* als Mediengattung strukturell zum Träger von *Mehrheits*identitätsangeboten und somit zu einer idealen Quelle für die Untersuchung des nationalen Diskurses der dominanten sozialen Gruppen macht. Deswegen bleibt in den populären Periodika allerdings eine Reihe von nationalen *Gegen*narrativen von Gruppen am Rande der *vielen* unbeachtet bzw. unsichtbar.

---

159 Zur Auffassung der kommerziellen Presse als Vermittler einer lokal-urbanen und modern-europäischen, über das Nationale hinausgehenden Identität am Beispiel Krakaus siehe: Wood, Becoming. Eine theoretische Erfassung und empirische Untersuchung der mehrdimensionalen Verflechtungen kommerzieller Zeitschriften auf europäischer Ebene und der damit zusammenhängenden (Re-)Produktion von transnationalen – regional-imperialen, europäisch-globalen – sowie klassen- oder milieuspezifischen Formen der Vergemeinschaftung durch die Zeitschriften war hingegen Ziel der Forschungsgruppe „Geschichte für alle", aus der die vorliegende Studie hervorgegangen ist: Frysztacka, Clara [u.a]: Kolumbus transnational. Verflochtene Geschichtskulturen und europäische Medienlandschaften im Kontext des 400. Jubiläums der Entdeckung Amerikas 1892. In: Journal of Modern European History 15 (2017) Heft 3. S. 418–447.

Wer zu einer solchen, durch die Presse *für viele* imaginierten polnisch-nationalen *Mehrheits*gemeinschaft am Ende des 19. Jahrhunderts gehörte, kann aus den Zielpublika und Inhalten der jeweiligen Druckerzeugnisse rekonstruiert werden. Wenn diese Publika als Ausgangspunkt genommen werden, dann bildet die polnische Sprache das offensichtlichste und grundlegende Bestimmungskriterium. Alle, die des schriftlichen Polnisch mächtig waren und es als privilegiertes Vehikel zur Orientierung in der tagesaktuellen Realität nutzten, wurden auf ideeller Ebene in die Gemeinschaft integriert. Das betraf neben der polnischsprachigen urbanen Intelligenz in immer größerem Maße auch das Proletariat in Warschau oder Lodz sowie den bäuerlichen Stand in Regionen wie Westgalizien, im Posener Umland oder im Königreich Polen. Gleichzeitig schloss die Sprache viele Einwohner*innen der ehemaligen Adelsrepublik aus der imaginierten Gemeinschaft (und von der tatsächlichen Rezeption der Zeitschriften) aus, wie etwa die deutschsprachige Bevölkerung des Großherzogtums Posen – die auch aus germanisierten Juden bestand –, die meist jiddischsprachige ländliche jüdische Bevölkerung aller drei Teilungsgebiete oder die in den „weggenommenen Gebieten"[160] ansässigen ländlichen Massen, die nach dem Aufstand 1863 eine starke Russifizierungspolitik erlebten (so war u. a. das Schriftpolnische bzw. seine Verwendung in Druckerzeugnissen verboten). Zu dieser letzten Gruppe lassen sich auch die meisten der sogenannten *Litwaki* zählen, jener Juden, die an der Jahrhundertwende aus den östlichen Provinzen des Ansiedlungsrayons in die industriellen Zentren des Königreichs Polen zuwanderten. Die Vertreter dieser Gruppe sind insofern interessant, als sie gerade aufgrund der ihnen vorgeworfenen Übernahme der russischen Sprache (und der wirtschaftlichen Konkurrenz) im dominanten polnischen Nationsdiskurs nicht nur als Fremde, sondern auch als Instrumente der zarischen Russifizierungspolitik und somit als Feinde präsentiert wurden.[161]

---

[160] Zur Definition der „weggenommenen Gebiete" und zum Verbot der polnischen Sprache siehe Fußnote 11. und 123. in dieser Einführung.

[161] Zur Figur der *Litwaki* siehe bspw.: Micińska, Magdalena: Zdrada, córka nocy. Pojęcie zdrady narodowej w świadomości Polaków w latach 1861–1914. Warszawa 1998, S. 49. Maciejewski, Janusz: Rasa czy principium. O dziejach przemian formuły polskości w XIX i XX wieku. In: Maciejewski (Hrsg.), Przeminay. S. 19–32, hier S. 31–32. Weeks, Theodore R.: From assimilation to antisemitism. The „Jewish question" in Poland, 1850–1914. DeKalb 2006, S. 89. Die Russifizierung stellte in den Regionen mit russischer Mehrheit (so wie in Galizien oder im Königreich Polen die Polonisierung bzw. im Großherzogtum Posen die Germanisierung) in der Tat die bevorzugte Assimilationsoption der jüdischen, aufgeklärten Eliten dar und wurde teilweise aktiv von der zarischen Regierung unterstützt. Vgl. Holzer, Polen, S. 117; Kleinmann, Eliten, S. 203–206. Im Zarenreich wurde die Assimilation schließlich auch durch Zwang durchgesetzt, wie die Gesetze der 1840er und 1850er Jahre zum Verbot der traditionellen jüdischen Kleidung zeigen. Wie diese

Die Betrachtung der Zielpublika der *Zeitschriften für viele* verweist weiterhin auf die gebildeten, vor allem aber urbanen polnischsprachigen Schichten (den Adel sowie insbesondere die Intelligenz) als Kern der polnischen Nation sowie auf die zunehmende Integration der Bauern (und der Frauen) in selbige. Obwohl zu diesen urbanen, gebildeten Schichten im Königreich Polen und Galizien auch die jüdischen Assimilierten gezählt werden können, gibt die Existenz spezifisch assimilationistischer Druckerzeugnisse mit niedriger Auflagenstärke wieder Auskunft über die Marginalisierung dieser Gruppe sowohl in der polnischen Nation als auch innerhalb der jüdischen Gemeinschaft.

Schließlich ermöglicht es auch die programmatische und thematische Ausrichtung der Periodika, einige Schlussfolgerungen zu den polnischen Nationsvorstellungen zu ziehen: Beispielsweise zeigt die meist stark katholische Prägung der *Zeitschriften für viele* aus dem preußischen Teilungsgebiet sowie der galizischen Volkszeitschriften, dass der Katholizismus in bestimmten sozioregionalen Kontexten einen wesentlicheren Bestandteil des nationalen Selbstverständnisses darstellte als in anderen.[162] Aus der Allgegenwärtigkeit historischer Inhalte in den meisten der hier analysierten Titel – vielleicht mit Ausnahme der Krakauer Boulevardpresse – lässt sich hingegen die zentrale Bedeutung der Geschichte für dieses Selbstverständnis ableiten.

Diese Befunde decken sich mit jener der Historiographie: Historiker*innen sind sich einig, dass gegen Ende des 19. Jahrhunderts die Tendenz der Ethnisierung der imaginierten polnischen Nationsgemeinschaft auf Kosten der traditionellen, eher politischen Nationsauffassung an Deutungshoheit gewann.[163] Diese (neue) ethnische Gemeinschaft gründete in der Inklusion des Volkes – im Sinne einer nationalen Mobilisierung der bäuerlichen und der aus der Landflucht ent-

---

Politik zur Verschärfung des Gefühls jüdischer Andersartigkeit im Königreich Polens führte, lässt sich in der Studie von Agnieszka Jagodzińska nachvollziehen: Jagodzińska, Agnieszka: Overcoming the signs of the ‚other'. Visual aspects of the acculturation of Jews in the Kingdom of Poland in the nineteenth century. In: Bartal [u. a.] (Hrsg.), Jews. S. 71–94, hier S. 77–78.

162 Der „Mythos des katholischen Polen" (*Polak katolik*) spielte weder in der aufklärerischen und aufständischen Tradition, noch bei den Positivist*innen oder in der Nationaldemokratie eine zentrale Rolle. Vgl. Kizwalter, Modernität, 380–383. Er überlebte aber die Teilungszeit und wurde zum Ende des 19. Jahrhunderts in kontingenten soziopolitischen Konstellationen relevant, wie vor allem im preußischen Teilungsgebiet im Zuge des Kulturkampfs sowie in Galizien in der Auseinandersetzung mit der ukrainischen Nationalbewegung. Vgl. Zieliński, Zygmunt: Mit „Polakkatolik". In: Polskie mity polityczne XIX i XX wieku. Hrsg. von Wojciech Wrzesiński u. Zofia Smyk. Wrocław 1994. S. 107–117; Chamot, Entuzjazm, S. 220–223.

163 Für einen Überblick über die Entwicklungen der polnischen Nationsidee siehe: Goćkowski, Janusz u. Andrzej Walicki (Hrsg.): Idee i koncepcje narodu w polskiej myśli politycznej czasów porozbiorowych. Warszawa 1977 Wierzbicki, Spory; Kizwalter, Modernität.

standenen proletarischen Schicht – sowie in der (parallelen und konträren) Ausgrenzung jener benachbarten Bevölkerungsgruppen, die zunehmend als ethnisch fremd wahrgenommen wurden. Dazu zählten zum einen die, mit der Zeit ebenso national mobilisierte *gentes* des adelsrepublikanischen Mottos *gente Lituanus/Ruthenus natione Polonus*, die im Laufe dieses Mobilisierungsprozesses als Litauer und Ukrainer (sowie in geringem Maße auch als Weißrussen) neu definiert wurden. Zum anderen, doch vielleicht in erster Linie galt diese Ausgrenzung der alten jüdischen „Volksklasse",[164] die sich an der Jahrhundertwende jenseits des religiösen Selbstverständnisses und der zunehmend geschwächten Bestrebungen zur Akkulturation in neue – zionistische, national-moderate und sozialistische – Strömungen aufteilte.[165]

Die Einbeziehung des Volkes in Form einer Idealisierung der bäuerlichen Folklore und der Bauernfigur als Träger des ursprünglichen slawischen Elements lässt sich auf die polnische Romantik zurückführen und mit dem häufig theorisierten Übergang von der Adels- zur Kulturnation Herderscher Prägung in Zusammenhang setzten.[166] Den größten Teil des Jahrhunderts beschränkte sich das nationale Selbstverständnis allerdings immer noch auf den Adel und auf die sich formierende Intelligenz. Lässt sich dieses nationale Selbstverständnis im Falle des Adels als Erbe des politischen Mitspracherechts in der Adelsrepublik verstehen, so entwickelte die Intelligenz bereits am Jahrhundertanfang ein ausgeprägt nationales Bewusstsein durch die Beteiligung der städtischen (vor allem Warschauer) Bevölkerung an den Reformansätzen vor und während des Kościuszko-Aufstandes nach der letzten Teilung sowie später durch das positivistische Programm der Modernisierung der Nation und die zentrale Rolle, die die Intelligenz darin einnahm.[167]

Wenngleich in dieser adligen und städtischen Prägung der polnischen Nation die große Masse der jüdischen, uniert-ruthenischen oder litauisch-, aber auch polnischsprachigen ländlichen Bevölkerung aus der Nation ausgeschlossen blieb, so ermöglichte das Weiterbestehen einer Idee des Polentums als politisches

---

164 Zur Auffassung der Juden als „Vermittler", „middleman minority" und „Volksklasse" in der Adelsrepublik siehe: Struve, Kai: Bauern und Nation in Galizien. Über Zugehörigkeit und soziale Emanzipation im 19. Jahrhundert. Göttingen 2005, S. 384–386; Cała, Kompleks, S. 271.
165 Zu den verschiedenen Strömungen der jüdischen Gesellschaft an der Jahrhundertwende siehe bspw.: Maciejewski, Rasa, S. 30 – 31; Haumann, Heiko: Jüdische Nation – Polnische Nation? Zur gesellschaftlichen Orientierung von Juden in Polen während des 19. Jahrhunderts. In: Kontexte der Schrift. Hrsg. von Gabriella Gelardini [u. a.]. Stuttgart 2005. S. 442–457, hier S. 452–457.
166 Vgl. Struve, Bauern, S. 31–44; Kizwalter, Modernität, S. 53–64 und 201–230.
167 Vgl. Maciejewski, Rasa, S. 23. Zur Rolle der Intelligenz im positivistischen Gedankengut über die Nation siehe Abschnitt I.1.1. dieses Buches.

Prinzips nicht nur eine polnisch-nationale (Selbst-)Identifizierung des unierten oder litauischen Adels nach dem Vorbild des alten polnisch-litauischen Staates, in dem Polen als Oberbegriff für Polen, Litauen und die Ukraine stand.¹⁶⁸ Durch seine teilungsbedingte Bedeutungsverschiebung von politischer Partizipation zur Teilnahme am polnischen Freiheitskampf eröffnete dieses Prinzip auch neue Integrationswege für die Juden und förderte die assimilationistische Option.¹⁶⁹

In den letzten Jahrzehnten des 19. Jahrhunderts gestalteten sich diese Wege angesichts der Formierung der polnischen nationalistischen Front, der parallelen Entstehung der ukrainischen und litauischen nationalen Bewegungen sowie der wachsenden Skepsis gegenüber dem Assimilationsprogramm, die sich nach und nach in einen offenen Antisemitismus entwickelte, jedoch definitiv enger. Das soll nicht bedeuten, dass sie vollends verschwanden. Gleichwohl deutet die Forschung eine Reihe von Ereignissen und Phänomenen ab den 1880er Jahren als Indikatoren einer zunehmenden Bedeutung insbesondere der Juden als identitätsstiftende Negativfolie der neuen ethnischen, polnisch-nationalen Gemeinschaft. Dazu gehören erstens die bereits erwähnten Pogrome der Jahre 1880–1881 im Königreich Polen mit der zeitnahen Erscheinung der ersten polnischsprachigen antisemitischen Zeitschrift, *Rola* (1883), weiterhin die judenfeindliche Einstellung in den galizischen Dörfern am Jahrhundertende, die von zentralen Figuren der galizischen polnisch-nationalen Bauernbewegung wie Stanisław Stojałowski (Redakteur von *Wieniec – Pszczółka*) geschürt wurde und in Aufrufen zum ökonomischen Boykott sowie in den Pogromen von 1898 kulminierte, und schließlich die Relevanz, die der jüdischen Frage im Rahmen der Duma-Wahlen 1906–1907 in der Rhetorik der Nationaldemokratie und somit in der ersten legalen Form politischer Partizipation der polnischsprachigen Gesellschaft im

---

168 Maciejewski, Rasa, S. 24–26.
169 Insbesondere die Figur von Berek Jozelewicz, General jüdischer Abstammung unter Tadeusz Kościuszko, sowie die Schriften von Adam Mickiewicz und dem soeben erwähnten Kościuszko gelten als Indikatoren für die Existenz einer politischen Nationsidee im 19. Jahrhundert, in der die Juden mit eingeschlossen waren. Diese Idee erlebte in der Phase der „deutsch-jüdischen Verbrüderung" im Zuge der Aufstände 1831 und vor allem 1863 ihre Hochkonjunktur. Vgl. Janion, Maria: Die Polen und ihre Vampire. Studien zur Kritik kultureller Phantasmen. Herausgegeben und mit einer Einführung von Magdalena Marszałek. Berlin 2014, insbesondere S. 211–258 und 317–348; Steffen, Katrin: Juden. Bilder eines imaginierten Kollektivs. In: Deutsch-Polnische Erinnerungsorte. Band 1: Geteilt/Gemeinsam. Hrsg. von Hans Henning Hahn [u. a.]. Paderborn 2015. S. 741–777; Ury, Barricades, S. 34–35. In der ersten Phase nach 1863 blieben Integrationsmöglichkeiten für die Juden in der positivistischen Nationsauffassung bestehen – auch aufgrund des Interesses der Positivist*innen an der wirtschaftlichen Modernisierung und somit an der nationalen Aneignung der jüdischen ökonomischen Kraft. Dies wandelte sich allerdings relativ schnell in Richtung eines wirtschaftlichen Nationalismus. Vgl. Haumann, Nation, S. 449–450.

russischen Teilungsgebiet zukam.[170] Magdalena Micińska stellt in diesem Zusammenhang fest, dass in der polnischen nationalen Rhetorik hauptsächlich die Juden (gelegentlich auch die deutschen Kolonisten und die Ukrainer, nie aber die Litauer oder die Weißrussen) als Verräter der polnischen Nation dargestellt wurden.[171] Die doppelte Rolle von Jan Ludwik Popławski – ideologischer Gründungsvater der Nationaldemokratie – als eine der ersten kritischen Stimmen gegen die jüdische Assimilation sowie vor allem als erster Vertreter einer realen Gleichberechtigung der Bauern mit dem Adel und der natürlichen Zugehörigkeit der Bauern zur Nation – zeigt paradigmatisch, wie die Ethnisierung der Nation mit der Ausgrenzung der Juden (aber auch der Ukrainer und in geringerem Maße der Litauer) und die nationale Mobilisierung der polnischsprachigen Bauern als parallele und zusammenhängende Prozesse zu verstehen sind.[172]

Ihren Niederschlag finden diese Prozesse in der Verbreitung der Zeitschriften bzw. in der Möglichkeit der Orientierung an *vielen* der hier analysierten Titel sowie in ihren thematischen Schwerpunkten. Somit prägen sie auch das Verständnis des polnisch-nationalen Selbst, dessen Träger diese Studie gezwungenermaßen ist: Zum einen wurden bestimmte Volksperiodika (auch eine Frauenzeitschrift) als *Zeitschriften für viele* in das Quellenkorpus aufgenommen, während die polnischsprachige jüdische Presse sich nicht in dieser Mediengattung erfassen lässt, weshalb ihre Zeitkonstrukte außerhalb des Analysefokus bleiben. Zum anderen fällt die beinahe vollständige Abwesenheit der Juden in den vielen historischen Artikeln auf (aber auch in denen über die Jahrhundertwende und die revolutionären Ereignisse von 1905), die in den *Zeitschriften für viele* abgedruckt wurden.

---

170 Vgl. Cała, Kompleks, S. 279–280; Porter, Nationalism, S. 176–182; Weeks, Assimilation, S. 87–169; Guesnet, François (Hrsg.): Der Fremde als Nachbar. Polnische Positionen zur jüdischen Präsenz: Texte seit 1800. Frankfurt am Main 2009, S. 18–20, 191–196. Zur Zäsur der Duma-Wahlen 1906–1907 siehe: Ury, Barricades, S. 225–248. Zu wachsenden anti-jüdischen Ressentiments unter den galizischen Bauern am Jahrhundertende infolge beginnender kapitalistischer Wirtschaftsverhältnisse auf dem Land siehe: Struve, Bauern, S. 388–433; Soboń, Marcin: Polacy wobec Żydów w Galicji doby autonomicznej w latach 1868–1914. Kraków 2011, S. 238–269. Struve schreibt Stojałowski nationalistische und antisemitische Ansichten im rassischen Sinne zu, macht allerdings zugleich darauf aufmerksam, dass in den Pogromen 1898 keine moderne nationale, sondern eine eher noch traditionell religiös codierte Feindseligkeit zum Ausdruck kam: S. 392 und 430. Es ist schließlich auch wichtig anzumerken, dass „obwohl der Antisemitismus im Denken der Nationalisten eine große Rolle spielte, [...] er kein Schlüsselfaktor für die Entstehung des polnischen Nationalismus [war]", sondern eine Konsequenz der Kernüberzeugung der kulturellen und biologischen Natürlichkeit der polnischen nationalen Gemeinschaft. Kizwalter, Modernität, S. 379.
171 Vgl. Micińska, Zdrada, S. 53–55.
172 Vgl. Kizwalter, Modernität, S. 332–345 und 375–378. Zur Parallelität der beiden Prozesse siehe auch: Struve, Bauern, S. 384–432.

Anders als die Litauer und die Ukrainer (Letztere zwar nicht so sehr als Volk, aber doch als national-imperial begehrter Raum, also als Ukraine), die zum Ende des Jahrhunderts in den historischen Presseartikeln sehr präsent waren, stellten die Juden „weiße Flecken" dar, was sich als Ausdruck der ambivalenten Verweigerung der Anerkennung sowohl einer autonomen jüdischen nationalen Kultur als auch der jüdischen Assimilation in der polnisch-ethnischen Nationsidee verstehen lässt.[173]

---

[173] Micińska, Inteligencja, S. 50. Zur Abwesenheit der jüdischen Thematik in der Warschauer Presse und insbesondere im *Tygodnik Ilustrowany* siehe: Ury, Barricades, S. 219–225.

II *Time and the Nation*

II.1 Theoretische Ansätze zur Untersuchung der polnischen historischen Zeit

Die Menschheit, die den tierischen Zustand hinter sich ließ, legte einen langen Weg zurück, bis sie den Grad heutiger Zivilisation erreichte. Wildheit, Barbarei und Zivilisation – das sind die drei großen Stadien der Menschheitsentwicklung. [...] Diese Stadien sind aber allzu breit sowie zu allgemein und eignen sich daher nicht dazu, die Gesamtheit der menschlichen Geschichte zu erfassen. Deswegen hob Littré, der sich auf die Ethnologie und Geschichtswissenschaft stützt, sieben Stufen hervor. Auf der untersten befinden sich die wilden und in total primitiven Verhältnissen lebenden Einheimischen Neuhollands (Australien). Gleich danach kommen die Rothäute Amerikas. Die Negergesellschaften im Inneren Afrikas, die schon eine höhere Form der sozialen Organisation widerspiegeln, stehen auf der dritten Stufe. [...] Die höchste [...] Stufe nehmen die Nationen des christlichen Europas ein. [...] Sind diese Stufen tatsächlich Stufen, die die ganze Menschheit beschreiben, oder stellen sie nur Entwicklungsformen dar, die jede menschliche Rasse separat in ihrer Evolution erreicht hatte? Welche Hypothese wir auch annehmen würden – die singuläre oder plurale Abstammung des menschlichen Geschlechts –, so ist doch sicher, dass es in der Entwicklung der unterschiedlichen Rassen so viele Ähnlichkeiten gibt, dass es scheint, als existiere ein für alle gemeinsamer Evolutionsplan. Die verschiedenen Erdaufschüttungen, die Archäologen in Europa ausgegraben haben, sind Werke von Völkern aus grauer Vorzeit; gleichzeitig aber schaffen noch heute wilde Stämme ähnliche Aufschüttungen.[1]

---

1 Im Original: „Wyszedłszy ze stanu zwierzęcego, ludzkość przebywała długą drogę, zanim doszła do dzisiejszego stanu cywilizacji. Dzikość, barbarzyństwo i cywilizacja – to trzy wielkie okresy rozwoju ludzkości. [...] Okresy te jednak są zanadto wielkie i zanadto ogólne i z tego powodu nie wystarczają do dokładniejszego ujęcia całości dziejów ludzkich. Littré, opierając się na etnologij i historij zaznaczał siedem głównych szczebli. Na najniższym mieści dzikich i nędznych tubylców Nowej Holandij (Australji). Na wyższym stopniu stoją Czerwonoskórcy amerykańscy. Społeczeństwa murzyńskie we wnętrzu Afryki, przedstawiające już wyższe formy ustrojowe, zajmują trzeci szczebel. [...] Najwyższy [...] szczebel zajmują narody chrześcijańskie Europy. [...] Czy jednak te szczeble są istotnie szczeblami całej ludzkości, czy też przedstawiają tylko formy rozwojowe, do których każda rasa ludzka z osobna w swym rozwoju doszła? Jakąkolwiek przyjęlibyśmy hipotezę: jedno lub wielopochodności rodzaju ludzkiego, to jednak jest rzeczą pewną, że w rozwoju rozmaitych ras istnieje tyle podobieństwa, iż wydaje się jakoby istniał jeden wspólny dla wszystkich plan rozwojowy. Nasypy ziemne rozmaitego rodzaju, rozkopywany przez archeologów w Europie, są dziełem ludów zamierzchłej przeszłości, a tymczasem jeszcze dzisiaj dzikie plemiona sypią podobne." Limanowski, Bolesław: Dynamika społeczna. In: T (16.9.1900) Heft 37. S. 289–291, hier S. 289–290. *Nota bene:* Die Originalzitate werden der Vereinfachung halber ohne die in der alten Schreibweise des Polnischen präsenten Akzente wiedergegeben und weisen nur *eine* Form von Hervorhebung (Kursivschrift) auf, unabhängig davon, welche Art der Hervorhebung (Fettdruck, Anführungsstriche usw.) in der Originalquelle Verwendung finden. Da alle (in *Kursivschrift* gesetzten) Hervorhebungen in den übersetzten Zitaten den Hervorhebungen in der Originalquelle entsprechen, wird auf den Zusatz „Hervorhebung(-en) im Original" verzichtet.

Mit einer solchen Staffelung des „langen Wegs" der Menschheit in die Zivilisation beginnt Bolesław Limanowski, renommierter polnischer Historiker, Soziologe und Sozialismustheoretiker,² seinen mehrteiligen Artikel *Die soziale Dynamik*, den die Lemberger Zeitschrift *Tydzień* im Jahr 1900 veröffentlichte. Limanowski präsentiert die zeitgenössischen Kulturen auf allen fünf Kontinenten als aufeinanderfolgende „Stadien" oder „Stufen" eines allgemeingültigen linearen „Evolutionsplans", der in der Geschichte zu einer immer höheren Vervollkommnung menschlicher Lebensformen führe. Die „Nationen des christlichen Europas" befänden sich auf der letzten Stufe: Nur sie hätten die gesamte Evolutionsline bis zum „Grad heutiger Zivilisation" durchlaufen und bildeten somit den Fluchtpunkt, auf welchen sich die jeweiligen historischen Entwicklungen der verschiedenen Weltvölker ausrichteten. Spiegelbildlich hätten die zeitgenössischen wilden Stämme noch den gesamten Evolutionsweg vor sich und verkörperten somit die in der Gegenwart lebende Urvergangenheit Europas.

Die Sichtweise auf die Geschichte, die Limanowski in diesem Artikel vertritt, ist nicht nur paradigmatisch für jenen in der Einleitung dargestellten Prozess der „Verzeitlichung der Geschichte", den Koselleck für das 19. Jahrhundert theorisiert. Sie weist auch auf die erste von mir identifizierte Konfiguration der historischen Zeit hin, die Thema dieses Teils des Buches ist. Am besten erläutert diese erste Konfiguration die Definition der Moderne der bereits zitierten Historikerin Prathama Banerjee. Banerjee spricht von der europäisch-kolonialen Moderne u. a. in Termini einer „temporal competence", die sich für die historischen Subjekte im universalistischen Imperativ nach „the possession [...] of a monumental heap of time" im Sinne von „accumulation" und „evolution" artikuliere.³ Temporale Tiefe und historische Entwicklung lassen sich daher als zusammenhängende Grundformen der Zeitkonstruktion identifizieren, an die alle Stämme, Völker oder Nationen in der Moderne gebunden sind, um nach Limanowski einen Platz in der Menschheitsgeschichte zu haben. Die hegemoniale Bezugsgröße für die Bewertung dieser Kompetenz bei den einzelnen Subjekten ist jener (west-)europäische

---

2 Für einen Überblick über das Denken und die Werke Limanowskis siehe bspw.: Maternicki, Historiografia, S. 8–10; Trzeciakowski, Lech: Idea państwa w historiografii polskiej XIX w. na przykładzie Joachima Lelewela, Michała Borzyńskiego i Bolesława Limanowskiego. In: Państwo w polskiej myśli politycznej. Hrsg. von Wojciech Wrzesiński. Wrocław 1988. S. 21–28; Porter, Nationalism, S. 104–112.

3 „Modernity appears as a temporal competence, an advantage that the posterior possesses over the prior, exclusively because of the former's advanced position in time. This temporal competence is articulated in the possession by a subject of a monumental heap of time (as in accumulation and evolution), and at the same time as the possession by a subject of the advantage of hindsight (as in history and ethnology)." Banerjee, Politics, S. 4.

Geschichtsverlauf, der für Limanowski die „höchste Stufe" der Zivilisationsskala darstellt und den Dispesh Chakrabarty aufgrund seines idealtypisierten und realitätsfernen Charakters als „hyperreal Europe"[4] bezeichnet. Ihm zufolge würden nämlich die Nationen (West-)Europas die größte Akkumulation an Zeit sowie die am weitesten fortgeschrittene, temporale Evolution und somit die vorderste Position in der Moderne für sich alleine beanspruchen.[5]

Vor dem Hintergrund dieser Überlegungen fragt dieser Teil der Studie nach der Art und Weise, wie die *Zeitschriften für viele* die eigene temporale Tiefe und Geschichtsentwicklung der polnischsprachigen Gesellschaften durch Selbstidentifizierungsangebote mit einem gemeinsamen polnisch-nationalen Subjekt (re-)produzierten. Zum einen stehen hier (im Kapitel II.2.) Periodisierungs- und Epochenentwürfe als unmittelbarste Konstrukte zur Strukturierung der polnischen historischen Zeit nach einer eigen-artigen zeitkalendarischen Länge und Entwicklungsetappen im Fokus. Zum anderen konzentriert sich die Analyse (im Kapitel II.3.) auf die Konstruktion von eigen-polnischer temporaler Tiefe und historischer Entwicklung durch evolutionäre Rhythmen und Richtungen.

Da beide Konstruktionsweisen der polnischen historischen Zeit zugleich zentrale Ressourcen für die Selbstverzeitung gegenüber Europa (und somit in der Menschheitsgeschichte) darstellen, soll die historische Zeit in dieser ersten Konfiguration als grundlegend janusköpfig begriffen werden. In der Tat gilt die historische Zeit hier einerseits als spezifischer Erfahrungsraum der Nation bzw. als „ein [...] Komplex identitätsformierender Sinnbildungen über die Zeit angesichts kontingenter Erfahrungen von Zeit".[6] Das bedeutet, dass sich temporale Tiefe und Geschichtsentwicklung als spezifische und identitätsstiftende temporale Gestalt eines partikularen historischen Subjektes, in diesem Falle Polens, denken lassen. Andererseits treten sie aber auch als Träger einer universalistischen Dimension bzw. einer permanenten Einordnung historischer Subjekte in die von Europa zeitlich dominierte Weltgeschichte auf. Wie Vanessa Ogle treffend bemerkt: „Historical times also helped create relations of difference by plotting the histories

---

4 Vgl. Chakrabarty, Dipesh: Postcoloniality and the artifice of history. Who speaks for „Indian" pasts? In: Representations 37 (1992) Heft Winter. S. 1–26, hier S. 1.
5 Vgl. Banerjee, Politics, S. 5–6.
6 Bei der Betrachtung der deutschen Historiographie um die Jahrhundertwende vom 18. zum 19. Jahrhundert spricht Jochen Johannsen beispielsweise von der Konstruktion einer deutschnationalen historischen Zeitlichkeit bzw. eines deutsch-nationalen temporalen Charakters, der während der Kriegsepoche der Französischen Revolution und der Napoleonischen Kriege in Abgrenzung zu einer fremden französischen Zeit imaginiert worden sei. Vgl. Johannsen, Jochen: Die Zeit der Nation. Nationale Sinnbildungen über die Zeit in Deutschland (1780–1820). In: Zeit deuten. Perspektiven, Epochen, Paradigmen. Hrsg. von Jörn Rüsen. Bielefeld 2003. S. 221–253, Zitat auf der Seite 221.

of nations and people onto a grid of universal, evolutionary time, thus situating national histories in a world of time."[7]

Diese Janusköpfigkeit spiegelt die Debatte wider, die sich in der Geschichtsphilosophie sowie in der Forschung zu den modernen europäischen Zeitkonzepten (aber auch in der Physik) seit knapp drei Jahrhunderten zwischen der einzelnen, *leeren* und absoluten Zeit und den multiplen, *gefüllten* (oder *verkörperten*) und relativen Zeiten abspielt.[8] Aufgrund ihrer Gebundenheit „an soziale und politische Handlungseinheiten"[9] sei die historische Zeit laut Reinhart Koselleck im Plural zu denken als diejenige Vielfältigkeit von verkörperten Zeiten, die auf Johann Gottfried Herders Gedankengut zurückgreift und in der Relativitätstheorie von Albert Einstein ein naturwissenschaftliches Fundament fand.[10] Von Herder stammt das berühmte Zitat, dass „eigentlich [...] jedes veränderliche Ding das Maß *seiner* Zeit in sich"[11] berge, was die Pluralität der Zeiten und deren Verkörperungen im einzigartigen Wandel einzelner historischer Subjekte, in erster Linie Nationen, beschreibt. Koselleck veranschaulicht seine These über die multiplen Zeiten mit Hilfe der „geologischen" Metapher der „Zeitschichten" bzw. „Zeitebenen verschiedener Dauer und verschiedener Herkunft, die dennoch gleichzeitig vorhanden und wirksam sind" und die von allen möglichen natürlichen oder historischen Prozessen – von der Erdrotation bis zur Einmaligkeit von Geschichtsereignissen – ausgelöst werden können.[12] Auch in den neuesten Studien sprechen sich immer mehr Stimmen unter dem Einfluss der postkolonialen Kritik am hegemonialen Zeitprojekt der europäischen Moderne mit Begriffen wie

---

[7] Ogle, Vanessa: The global transformation of time 1870–1950. Cambridge 2015, S. 7.
[8] Vgl. bspw. West-Pavlov, Russell: Temporalities. New York 2013; Hölscher, Lucian: Von leeren und gefüllten Zeiten. Zum Wandel historischer Zeitkonzepte seit dem 18. Jahrhundert. In: Geppert [u.a.] (Hrsg.), Obsession. S. 37–70; Jansen, Harry: In search of new times: temporality in the enlightenment and counter-enlightenment. In: HT 55 (2016) Heft 1. S. 66–90.
[9] Vgl. Koselleck, Zukunft, S. 9–12.
[10] Vgl. Koselleck [u.a.], Zeitschichten, S. 20. Für eine zusammenfassende Deutung Kosellecks Studien zur Theorie über die Pluralität der Zeiten vgl. Jordheim, Helge: Against periodization: Koselleck's theory of multiple temporalities. In: HT 51 (2012) Heft 2. S. 151–171. Für einen Überblick über die verkörperte Zeitauffassung von Herder siehe bspw.: Jansen, Search, S. 82–86. Für die Prägungskraft der Relativitätstheorie auf die Zeitkonzepte in 20. Jahrhundert siehe hingegen bspw.: West-Pavlov, Temporalities, S. 38–42.
[11] Irmscher, Hans Dietrich (Hrsg.): Johann Gottfried Herder. Schriften zu Literatur und Philosophie 1792–1800. Frankfurt am Main 1998, S. 360, kursiv im Original.
[12] Koselleck [u.a.], Zeitschichten, S. 9.

Pluritemporalität, Polychronie, Allochronie, oder Heterochronie für die Heterogenität der (historischen) Zeiten aus.[13]

Im modernen historischen Denken haben jedoch auch Auffassungen von der Zeit im Singular eine große Prägungskraft. Koselleck führt in seinen Studien zwei Phänomene auf die Aufklärung zurück, die als Indikatoren für die Verbreitung einer solchen Auffassung gedeutet werden können. Erstens habe sich im Laufe des 18. Jahrhunderts der bereits in der Einleitung eingeführte Terminus *Geschichte im Kollektivsingular* verbreitet.[14] Hinter diesem Terminus verberge sich unausweichlich die bereits im Artikel von Limanowski beobachtbare Idee einer einheitlichen historischen Dynamik, die alle partikulären Geschichten durch die einzelne Macht des Fortschritts aneinander knüpfe und ihren Verlauf in einer absoluten für alle gleich geltenden Zeit denken lasse. Zweitens und damit eng zusammenhängend etablierte sich laut Koselleck während der Aufklärung die ebenso schon erwähnte *Gleichzeitigkeit des Ungleichzeitigen* als Grundform der Zeiterfahrung. „Gleichzeitigkeit des Ungleichzeitigen" – ein Ausdruck, der ursprünglich von Ernst Bloch geprägt wurde –[15] indiziert für Koselleck diejenigen im Horizont des Fortschrittes generierten „unterschiedliche[n] Einstufungen geschichtlicher Abfolgen bei gleicher natürlicher Chronologie":[16] „Mit der Erschließung des Globus traten räumlich die unterschiedlichsten, nebeneinanderlebenden Kulturstufen in den Blick, die durch den Vergleich diachron zugeordnet wurden."[17] Diese diachrone Zuordnung, die auch im Zitat von Limanowski als temporales Verhältnis zwischen den europäischen Nationen und den „wilden Stämmen" erkennbar ist, förderte ein Verständnis der historischen Zeit im Singular, die als universaler Maßstab der Kulturen fungiert.

Den entscheidenden Impuls für die Etablierung der Singularität der historischen Zeit sieht die Forschung einerseits in der weltweiten Vereinheitlichung der Zeitmessung ab dem 18. Jahrhundert dank Instrumenten wie dem gregorianischen Kalender, der Uhr, dem Bahnfahrplan oder den Meridianen.[18] Daraus wäre jene

---

13 Vgl. bspw. Geppert [u.a.], Zeit-Geschichte, S. 22; Jordheim, Periodization; Helgesson, Radicalizing; Rothauge, Caroline: Es ist (an der) Zeit. Zum „temporal turn" in der Geschichtswissenschaft. In: Historische Zeitschrift (HZ) 305 (2017) Heft 3, S. 735–736.
14 Vgl. Koselleck, Zukunft, S. 50–57.
15 Für eine Analyse des Konzeptes der *Gleichzeitigkeit des Ungleichzeitigen* bei Bloch siehe: Kavanaugh, Leslie Jaye: The time of history/the history of time. In: Chrono-topologies. Hybrid spatialities and multiple temporalities. Hrsg. von Leslie Jaye Kavanaugh. Amsterdam 2010. S. 91–124, hier S. 96–99.
16 Koselleck, Zukunft, S. 132.
17 Koselleck, Neuzeit, S. 281–282; Vgl. auch Koselleck [u.a.], Zeitschichten, S. 292–293.
18 Vgl. bspw. Trüper, Henning, Dipesh Chakrabarty u. Sanjay Subrahmanyam: Introduction. Teleology and history – nineteenth-century fortunes of an enlightenment project. In: Historical

Vorstellung einer leeren und absoluten, bzw. raum- und wandelunabhängigen Zeit entstanden, die an die physikalischen Theorien von Isaac Newton am Anfang des 18. Jahrhunderts anknüpft. Andererseits heben Historiker*innen wie Lucian Hölscher hervor, wie die Geschichtsphilosophie der Aufklärung gerade diese leere Zeit als „Medium eines potentiell universalen Sinnzusammenhang[s]"[19] verstand. Das aufklärerische Projekt der Weltgeschichte basiere demzufolge auf einer an sich inhaltlosen mathematischen Universalzeit, in der den Einheiten, den Jahrhunderten, das historische Geschehen auf der ganzen Erde zugeordnet werden könnte. Der historiographische Paradigmenwechsel des Historismus bewirkte keinerlei Verzicht auf die universelle Dimension der Zeit. Laut Harry Jansen löste das neue Bewusstsein des Historismus für das Kausalitätsverhältnis zwischen gegenwärtigen und vergangenen Zuständen zwar ein zunehmendes Unbehagen an der Idee einer leeren, wandelunabhängigen Zeit aus, das sich in eine Auffassung des Ereignisgeschehens nicht mehr „in", sondern „mittels" oder „wegen" der Zeit übersetzte.[20] Die hegelianische Denkfigur des Weltgeists zeigt allerdings zugleich, wie auch im Kontext des Historismus die Vorstellung einer einzelnen Zeit der Weltgeschichte wirksam war, die im (europäischen) Fortschritt ihre Verkörperung hatte.[21]

Wie lässt sich diese Debatte für die Erforschung der Konfiguration der historischen Zeit, die hier im Mittelpunkt des Interesses steht, fruchtbar machen? Einen ersten Hinweis gibt Lucian Hölscher mit seinem Verständnis moderner Geschichtsschreibung als notwendige Kombination bzw. „Zusammenspiel" zwischen leerer Zeit und verkörperten Zeiten. Während die „inhaltliche sich verkörpernde Zeit" die Entfaltung der unterschiedlichen (nationalen oder universellen) historischen Subjekte als „Sinneinheiten" ermögliche, gebe „die leere, mathematische Zeit" die „Dimension" für die Begegnung und Interaktion zwischen diesen Subjekten und so für die ab der Aufklärung betriebene Weltgeschichte vor.[22] In diesem Zusammenhang ist vor allem Helge Jordheim als besonders inspirierend hervorzuheben: Er identifiziert die Dialektik zwischen der unausweichlichen Nicht-Synchronie der historischen Erfahrungen einzelner Subjekte und dem Bestreben nach der Synchronisierung dieser Erfahrungen als „Meisterweg", um die historische Zeit zu untersuchen:

---

teleologies in the modern world. Hrsg. von Henning Trüper [u. a.]. London 2015. S. 3–23, hier S. 6; West-Pavlov, Temporalities, S. 13–28; Geppert [u. a.], Zeit-Geschichte, S. 19–26; Ogle, Transformation, insbesondere S. 75–98.

19 Vgl. Hölscher, Zeiten, S. 44.
20 Vgl. Jansen, Search, S. 79.
21 Vgl. Jansen, Search, S. 88–90.
22 Vgl. Hölscher, Zeiten, S. 40–42.

The most fundamental temporal feature of history is *Ungleichzeitigkeit*, nonsynchronicity, [...] The second part of the equation, *Gleichzeitigkeit*, or synchronicity, is never a given, but always a product of work, of a complex set of linguistic, conceptual, and technological practices of synchronization, [...] which have become especially dominant in that period of Western history that we often call modernity. If these claims hold true, historical times should be investigated in terms of a dialectic between nonsynchronicities [...] and the work to adjust, adapt and control, in other words, to synchronize them.[23]

In Anlehnung an Jordheim können zwei analytische Perspektiven formuliert werden, die sich durch die Kapitel II.2. und II.3. ziehen: Da „die grundlegende temporale Eigenschaft der Geschichte" in der Ungleichzeitigkeit besteht, bilden asynchrone Konstruktionsweisen der polnischen historischen Zeit einerseits den Normalfall, der bei dieser ersten Konfiguration zu untersuchen ist. Andererseits kommt der Synchronisierungsarbeit ein besonderes Augenmerk zu, was diejenigen diskursiven Instrumente und Strategien betrifft, die die Presseautor*innen verfolgten, um diese strukturell asynchrone, polnisch-nationale Zeit mit der gleichzeitigkeitsfordernden (west-)europäischen Zeit des historischen Fortschrittes zu synchronisieren.

Gerade solche Instrumente und Strategien, von denen die Datierung der polnischen Geschichtsentwicklung anhand der leeren Universalzeit des gregorianischen Kalenders nur das offensichtlichste Beispiel darstellt, dienen auch der Beantwortung der Frage nach den Selbstverortungsmustern der polnischsprachigen Gesellschaften und schließlich nach ihrer selbstzugeschriebenen Semiperipherialität. Maria Todorova spricht von Unvollkommenheit, Aufholen sowie Rückständigkeit als Hauptkategorien, mit deren Hilfe die Osteuropäer als semiperiphere Subjekte die eigene historische Evolution beschreiben und sie in Zusammenhang mit der Geschichtserfahrung Westeuropas setzen.[24] Diese Kategorien erinnern eindeutig an die „Tendenz", die Chakrabarty in der Historiographie der extraeuropäischen Kolonien erkennt, die eigene Geschichte „unter dem Gesichtspunkt eines Mangels zu deuten, einer Abwesenheit oder einer Unvollständigkeit, die sich in ‚Unzulänglichkeit' übersetzt."[25] Derartige Entsynchronisierungen der eigenen Geschichte gegenüber den westeuropäischen, kolonialimperialen Mächten sind daher als spezifische Formen einer (semi-)peripheren

---

[23] Jordheim, Helge: Introduction: Multiple times and the work of synchronization. In: HT 53 (2014) Heft 4. S. 498–518, hier S. 505–506, kursiv im Original.
[24] Vgl. Todorova, Maria: Die Kategorie Zeit in der Geschichtsschreibung über das östliche Europa. Jahresvorlesung des GWZO. Leipzig 2007, S. 43.
[25] Chakrabarty, Dipesh: Europa provinzialisieren. Postkolonialität und die Kritik der Geschichte. In: Jenseits des Eurozentrismus. Postkoloniale Perspektiven in den Geschichts- und Kulturwissenschaften. Hrsg. von Sebastian Conrad. Frankfurt am Main 2002. S. 283–312, hier S. 286.

Synchronisierungsarbeit zu deuten, und in diesem Sinne finden sie hier besondere Beachtung. Ebenso werden aber auch die Optionen in den Blick genommen, die eine Hinterfragung und Neuverhandlung der Semiperipherialität der polnischen Gesellschaften in der Gegenwart[26] mittels einer Ausstattung Polens mit einer bestimmten temporalen Tiefe und historischen Evolution in der Vergangenheit ermöglichten.

II.2 Die polnische historische Zeit als epochale Differenzierung

Anfang der 1880er Jahre berichtete die *Biesiada Literacka*, die preiswerteste Warschauer Illustrierte, von einem wenige Tage zuvor im Warschauer Rathaus gehaltenen Vortrag mit dem Thema *Das 16. Jahrhundert*. In der Einleitung zur Rezension des Vortrags reflektiert der*die anonyme Autor*in über die unterschiedliche Natur der temporalen Einheiten, nach denen sich die Weltgeschichte einerseits und die spezifisch nationalen Geschichten andererseits gliedern ließen. Jede „Epoche der gesamten Menschheitsgeschichte" sei demzufolge ein „fertiges Bild [...] des ewigen Kampfes des Positiven mit dem Negativen, der jedes Mal mit dem Triumph der besten Prinzipien endet".[27] Die chronologische Aneinanderreihung weltgeschichtlicher Epochen spiegele die „permanente und ruhelose Bewegung zur Befreiung von den mittelalterlichen Fesseln und zur Drängung der Menschheit auf höhere Bahnen".[28] Im historischen Verlauf einzelner Völker las-

---

[26] Wenn in dieser Studie von „Gegenwart", „gegenwärtig" oder „Gegenwarts-Zeit" die Rede ist, so ist die Perspektive der Quellenzeit gemeint bzw. die Jahrhundertwende vom 19. zum 20. Jahrhundert. Geht es hingegen um die Gegenwart, in der die Studie entstanden ist, so wird das entsprechend deutlich gemacht.

[27] Im Original: „Każdy bez wyjątku okres dziejowy ogólnych ludzkości przedstawia dla historyka ponętne pole do badań i obserwacyj, każdy przedstawia skończony obraz zapasów dobrego ze złem, [...] ową odwieczną walkę dodatniego z ujemnym, kończącą się ostatecznym tryumfem zasad lepszych nad tem, co było wzgardy i potępienia godnem." Al. K.: Kartka z XVI wieku. (Z powodu odczytu p. Bernarda Kalickiego). In: Biesiada Literacka (BL) (31.3.1882) Heft 326. S. 198. *Nota bene:* Die Warschauer Periodika waren durch die zarische Zensur bis zum Jahr 1905 dazu gezwungen, auch die im Zarenreich gängige Datierung nach dem julianischen Kalender auf ihrer Titelseite abzudrucken. Die Redaktionen der Warschauer *Zeitschriften für viele* richteten sich jedoch bei der Auswahl des Anfangs- und Endpunkts der Jahrgänge sowie anlässlich der Jubiläen nach dem gregorianischen Kalender. Der Vereinfachung halber wird hier ebenfalls nur das Datum nach dem gregorianischen Kalender angegeben.

[28] Im Original: „ruch nieustanny i gorączkowy do wydobycia się z pęt średniowieczności, do popchnięcia życia ludzkiego na szersze tory" Al. K.: Kartka z XVI wieku. In: BL (31.3.1882).

sen sich hingegen „gipfelnde Epochen", bzw. Blütezeiten, finden, die mehr als andere vom Aufschwung und von „Herrlichkeit" geprägt gewesen seien. Solch eine Blütezeit sei für Polen das 16. Jahrhundert gewesen. Blütezeiten gehe aber unvermeidlich ein Aufstieg voraus und es folge ihnen ein Verfall.

Dem Epochenverständnis der *Biesiada* liegt einerseits eine Auffassung der Geschichte als Fortschritt zugrunde, was sich damals in der positivistischen Kreise großer Beliebtheit erfreute.[29] Da sich in jeder gesamtmenschlichen Epoche eine weitere erfolgreiche Bekämpfung des Negativen durch das Positive abspiele, übernimmt die Epochenzuteilung im Artikel die zentrale Rolle, den kontinuierlichen Perfektionierungsprozess der menschlichen Lebensformen entlang der Zeit in sukzessive Etappen zu takten. Andererseits betrachtet aber der*die Autor*in Epochen auch als Anzeichen einer grundlegenden Diskrepanz zwischen der Weltgeschichte und den Evolutionsetappen einzelner historischer Subjekte generell und Polens insbesondere. Wenngleich in beiden Fällen die Epochen Prozesse markieren, ergibt sich aus einer epochalen Strukturierung der polnischen historischen Erfahrung keine Evolutionslinie mit einheitlicher Richtung, sondern eine polnisch-spezifische Alternanz zwischen Phasen des Vorwärtskommens und des Rückschritts.

Auf die Kongruenz der Gliederungseinheiten jeder historischen Zeit weist demgegenüber der erste Artikel einer über Jahre erscheinenden historischen Serie über die Geschichte der klassischen Antike, der Slawen und der ersten piastischen Könige hin, die die *Gazeta Świąteczna*, die populärste Warschauer Zeitschrift für ein ländlich-kleinstädtisches Publikum, in dieser Form 1899 veröffentlichte. Darin behauptet der Herausgeber, Konrad Prószyński, dass alle Geschichten – diejenige der „gesamten Welt" sowie „jeglichen Volkes" – sich in Zeitspannen von 100 Jahren, das „Jahrhundert [*wiek*]" (*wiek* kann auch ‚Epoche' bedeuten), unterteilen ließen.[30] 100 Jahre entsprächen ihm zufolge der Idealdauer des menschlichen Lebens. Es sei darüber hinaus „keine kleine, aber auch keine zu große Zahl", doch gleichzeitig „eine runde Zahl, die man sich mühelos vorstellen und an die man sich leicht erinnern kann".[31] Prószyński bindet somit die historische Periodisierung nicht an historische Evolutionsschritte, sondern an geschichtsunabhängige anthropologisch-mathematische Konstanten, wie die der menschlichen Lebensdauer und der Zahlencharakteristika. Dadurch präsentiert

---

29 Vgl. bspw. Grabski, Orientacje, S. 215–247; Wierzbicki, Spory, S. 189.
30 Prószyński, Konrad: O wieku i wiekach, o Rzymianach, Gallach i Słowianach. In: Gazeta Świąteczna (GŚ) (13.8.1899) Heft 33. S. 1–2, hier S. 1.
31 Im Original: „Sto lat – to liczba niemała, ale i niezbyt duża; to przytem liczba okrągła, łatwa do wyobrażenia w myśli i do zachowania w pamięci." Prószyński: O wieku i wiekach, o Rzymianach, Gallach i Słowianach. In: GŚ (13.8.1899).

er Epochen als leere, „neutrale" Scheiben kalendarischer Zeit, in denen sich die historischen Entwicklungen aller Weltkulturen vollziehen.

Diese Beispiele sprechen drei zentralen Punkte an. Erstens wirft die Tatsache, dass die polnische Presse den historischen Ablauf der Menschheit und der Nationen offensichtlich anhand der Kategorie der Epoche zeitlich strukturierte, die Frage auf, welche Epochenzuteilung in den Quellen sich als Grundstruktur der polnischen historischen Zeit erkennen lässt. Die Forschung definiert Epochen als temporale Zusammenhänge im historischen Sinn, die „die geschichtliche Zeit zu Figuren der gedeuteten Geschichte ordnen".[32] Epochenbildung stellt ein Grundmoment der Zeitkonstruktion dar, da Periodisierungen die Zeit *differenzieren* und ihr eine *diachrone* Form geben.[33] Manfred Riedel, Karlheinz Stirle und Friedrich Jaeger ordnen die Erfahrung der historischen Zeit „unter der Anschauungsform der epochalen Differenzierung" im 19. Jahrhundert.[34] Sowohl die moderne Auffassung der Renaissance als auch die Deutungshoheit der Triade Altertum – Mittelalter – Neuzeit lassen sich als Produkte der europäischen Historiographie jener Zeit verstehen.[35] Jaeger zufolge ist „die seit dem 19. Jahrhundert akzentuierte Epochenstruktur der Geschichte Teil einer Historisierung der Weltdeutung, in der die Kultur jede Form von Statik verliert und stattdessen als Entwicklung, als kontinuierliche Herausbildung immer neuer individueller Formen wahrgenommen wird".[36]

Das führt zum nächsten Punkt, dass nämlich die zwei Artikel zwei unterschiedliche Epochenverständnisse vertreten – eines, das primär historischen Wandel vermittelt und Epoche als synchronen Zeitraum einer zusammenhängenden Etappe dieses Wandels versteht, sowie eines, das auf den natürlichen Lebenszyklus aufbaut und Epoche mit einer immer gleichen und mathematisch berechenbaren Spanne an kalendarischer Zeit gleichsetzt. Während „der Umlauf

---

32 Stirle, Karlheinz: Renaissance. Die Entstehung eines Epochenbegriffes aus dem Geist des 19. Jahrhunderts. In: Epochenschwelle und Epochenbewußtsein. Hrsg. von Reinhart Herzog u. Reinhart Koselleck. München 1987. S. 453–492, hier S. 453.
33 Vgl. Osterhammel, Verwandlung, S. 84–94.
34 Zitat von Stirle, Renaissance, S. 454. Vgl. auch Riedel, Manfred: Epoche, Epochenbewußtsein. In: Historisches Wörterbuch der Philosophie. D–F. Hrsg. von Joachim Ritter [u.a.]. Basel 1972. S. 595–597; Jaeger, Friedrich: Epochen als Sinnkonzepte historischer Entwicklung und die Kategorie der Neuzeit. In: Rüsen (Hrsg.), Zeit. S. 313–354, hier S. 313–315. Zum Epochenverständnis von Kant siehe: Riedel, Manfred: Historischer, metaphysischer und transzendentaler Zeitbegriff. In: Koselleck (Hrsg.), Studien. S. 300–316.
35 Vgl. Koselleck, Neuzeit, S. 269–271; Koselleck [u.a.], Zeitschichten, S. 306–307; Stirle, Renaissance.
36 Jaeger, Epochen, S. 315.

der Gestirne und die natürliche Erbfolge der Herrscher und Dynastien"[37] bis zur Aufklärung als temporales Ordnungsprinzip historischer Phänomene galt, brachte die Erfahrung des Fortschritts eine Differenzierung der Zeit nach Evolutionsstadien mit sich, in denen ein bestimmter „Zustand der Dinge oder Ereignisse"[38] herrscht und aus deren Sukzession sich eine einheitliche Richtung nach vorne erkennen lässt.[39] Der Artikel der *Biesiada* zeugt eindeutig von der Verbreitung eines solchen fortschrittsgeprägten Epochenbewusstseins in den polnischen Teilungsgebieten. Die epochale Auffassung der *Gazeta* erinnert hingegen an das von Hölscher formulierte Epochen- und Jahrhundertverständnis der Aufklärung als „Zeitgarten", und zwar als leerer Zeitraum, mit dem alle historischen Ereignisse auf dem Globus genau datiert und miteinander in eine temporale Verbindung gesetzt werden konnten.[40] Die Veröffentlichung des zweiten Artikels, knapp zwanzig Jahre nach dem ersten, lädt dazu ein, die Periodisierungsvorschläge der polnischen populären Presse nicht als sukzessive Rezeption, sondern als Überlappungsmoment von verschiedenen Zeitvorstellungen und Differenzierungskriterien, die aus unterschiedlichen historiographischen Traditionen stammen, zu untersuchen.

Drittens scheint bei der Beschäftigung mit Epochenbezeichnungen die Bestimmung von (a-)symmetrischen temporalen Verhältnissen zwischen der polnischen und der universellen historischen Entwicklung geboten. Während der zweite Artikel eine Basis für die Vergleichbarkeit der beiden Entwicklungen durch seine Epochenbildung nach natürlich-mathematischen Prinzipien der kalendarischen Zeit schafft, weisen Epochen im ersten Artikel auf die Tendenzabweichungen zwischen der immer nach vorne gerichteten Weltgeschichte und dem spezifisch polnischen Geschichtsverlauf hin. In der zweifachen Rolle als Gestalter der Spezifizität bzw. der Eigen-Artigkeit der polnischen historischen Evolution zum einen sowie zum anderen als Instrument, mit dessen Hilfe diese Evolution permanent mit dem Fortschrittspfad der europäischen Geschichte verglichen und (ent-)synchronisiert wird, tritt jener doppelgesichtige Charakter der Periodisie-

---

37 Vgl. Koselleck, Zukunft, S. 58.
38 Vgl. Riedel, Epoche, S. 598.
39 Für Niklas Luhmann konstituiert die Epoche durch die Dominanz ihrer Struktur eine Einheit über einen bestimmten Zeitraum. Fortschritt definiert er als Kombination zumindest zweier Strukturänderungen bzw. zweier Epochen, die den gleichen Richtungssinn aufweisen. Vgl. Luhmann, Niklas: Paradigmawechsel in der Systemtheorie. Ein Paradigma für Fortschritt? In: Herzog [u. a.] (Hrsg.), Epochenschwelle. S. 305–322, hier S. 305. Walter Haug argumentiert gegen Luhmann, dass dieser Richtungssinn im Fortschritt nicht beliebig ist, sondern immer vorwärts, zu einer Wertzunahme tendiert. Vgl. Haug, Walter: System, Epoche, Fortschritt – Fragen an Niklas Luhmann. In: Herzog [u. a.] (Hrsg.), Epochenschwelle. S. 543–546, hier S. 545.
40 Vgl. Hölscher, Zeiten, S. 42–53.

rungen der *Zeitschriften für viele* hervor, der bereits für die hier untersuchte Konfiguration der historischen Zeit im Allgemeinen konstatiert wurde.⁴¹

Für die Analyse der zweiten Rolle gewinnt die Verwendung von europäisch-weltgeschichtlichen Epochenbegriffen, vor allem des Begriffs der *Neuzeit*, an besonderer Relevanz. Als semantischer Träger der qualitativen Zeit-Zäsur, die mit dem Fortschritt einherging, nahm der Terminus „Neuzeit" laut Koselleck im Laufe des 19. Jahrhunderts eine „temporale Monopolstellung für die Epochenbezeichnungen"⁴² ein und bringt mehr als alle anderen epochalen Denkfiguren die hegemoniale Position Europas in der modernen Welt zum Ausdruck.⁴³ Daher geben gelungene wie fehlgeschlagene Aneignungen dieses Terminus durch die Zeitschriften wertvolle Hinweise auf die erfolgreiche oder auch misslungene Synchronisierung der polnischen Geschichte mit Europa.

II.2.1 Grundformen und -funktionen der Periodisierung

Periodisierungsvorschläge der gesamten polnischen Geschichte sind in den *Zeitschriften für viele* selten zu finden. Das hat insbesondere zwei Gründe: Erstens dominierte in der polnischen Historiographie dieser Zeit generell ein analytischer Ansatz, der zu einem fast kompletten Fehlen von Synthesen eines gesamtpolnischen historischen Verlaufs mit umfassenden Periodisierungsangeboten beitrug, die dann die Presse hätte rezipieren können.⁴⁴ Zweitens vernachlässigten die Druckerzeugnisse, die sich an einem urbanen, gebildeten Publikum orientierten, weitgehend historische Gesamtdarstellungen zugunsten von Vertiefungen einzelner Geschichtsthemen und -aspekte. Fast ausschließlich die Periodika für die galizische Landbevölkerung oder für die breite Masse der halb ländlichen, halb kleinstädtischen Leserschaft des preußischen Teilungsgebiets geben unter den hier ausgewählten Titeln Auskunft über die verbreiteten Muster der Epochenzuteilung der polnischen Geschichte. Sie übernahmen gerne die Rolle als Vermittler von Grundlagen der polnischen Geschichte, und Periodisierungsangeboten waren

---

41 Jaeger benennt diese doppelte Funktion der Epochenkonstrukte als „Unterscheidung zwischen Eigenem und Fremden": „Ein weiteres Element von Epochenkonzepten ist darin zu sehen, dass ihnen Vorstellungen *kultureller Differenz und Spezifik bzw. Vorstellungen von Interkulturalität und des Zusammenhanges zwischen Kulturen* zugrunde liegen." Jaeger, Epochen, S. 323, kursiv im Original.
42 Koselleck, Neuzeit, S. 268.
43 Vgl. Koselleck, Neuzeit, S. 283; Jaeger, Epochen, S. 323–329; Jaeger, Friedrich: Neuzeit. In: Enzyklopädie der Neuzeit. Hrsg. von Friedrich Jaeger. Stuttgart 2009. S. 158–181.
44 Vgl. bspw. Maternicki, Historiografia, S. 77–78; Kolbuszewska, Mutacja, S. 77–78.

hierfür ein wichtiges Instrumentarium, um die diachrone Dimension der polnischen historischen Entwicklung zu veranschaulichen.

Ein für den Zeitraum 1880 – 1914 frühestes Beispiel eines solchen Angebots liefert die Posener *Gwiazda*. 1883 veröffentlichte diese für das Umland geschriebene Zeitschrift eine dreiteilige Serie mit einer detaillierten historischen Analyse der slawischen Stämme, die einen kurzen historischen Abriss der daraus hervorgegangenen osteuropäischen Nationen, insbesondere Polens, umfasste. Der*die anonyme Autor*in lässt die polnische Geschichte mit dem ersten historiographisch nachweisbaren polnischen Herrscher, Mieszko (922?–992, in der damaligen Presse auch unter der längeren Namensversion Mieczysław) beginnen und skizziert dann drei Hauptepochen dieser Geschichte:

> Seit Mieczysław I., [...] der den christlichen Glauben (966) annahm, [...] stieg Polen sehr schnell zur Großmacht auf. Sein Nachfolger Boleslaus der Tapfere [Bolesław I Chrobry, 965/967–1025, C.F.] befestigte die Staatsgrenze schon mit Eisensäulen [...]. Das Herrschergeschlecht der Piasten beglückte Polen für fünf Jahrhunderte. Unter den Jagiellonen (von 1386 bis 1572) war es am mächtigsten. [...] Die Zeit unter den Sigismunden, der letzten aus dem Jagiełło-Geschlecht, gilt als goldenes Zeitalter für die polnische Literatur. Mit der Königswahl beginnt der Niedergang Polens, [...] bis es schließlich genau zu der Zeit, als es sich endlich aus der Ohnmacht und Unordnung erhebt, komplett von der politischen Bühne verschwindet.[45]

Eine epochale Zeitdifferenzierung erfolgt in dieser Passage in erster Linie anhand des an die Naturzeit gebundenen Prinzips der Lebensdauer der zwei polnischen Königsdynastien – der Piasten und der Jagiellonen – sowie des darauffolgenden, spezifisch polnischen politischen Systems der Wahlmonarchie. Diese drei (*piastische*, *jagiellonische* und *wahlmonarchische*) Epochen, die daraus entstehen, lassen sich als Scheiben leerer Zeit denken, die dem polnischen historischen Subjekt lediglich eine gewisse temporale Tiefe, aber keinen spezifischen Entwicklungverlauf verleihen. Zugleich aber sorgt die Verbindung jeder Epoche mit einem jeweils unterschiedlichen Niveau von Erfolg der Staatsmacht dafür, dass die polnische historische Zeit durch diese epochale Differenzierung mit einer spezifischen Alternanz von historischen Evolutionstendenzen imprägniert wird.

---

45 Im Original: „Od Mieczysława I., pochowanego w Poznaniu, który przyjął wiarę chrześcijańską (966) [...], szybkim krokiem dążyła Polska do potęgi. Jego następca Bolesław Chrobry (waleczny) już bił słupy żelazne na znak granic państwa [...]. Dom panujący Piastów uszczęśliwiał Polskę przez pięć wieków. Pod Jagiellonami (od 1386 do 1572) była najpotężniejszą. [...] Za Zygmuntów, ostatnich z familii Jagiełły, był wiek złoty literatury polskiej. Z elekcją królów zaczyna się upadek Polski, [...] aż nareszcie w ten czas właśnie, kiedy się z niemocy i nieładu dźwiga, zupełnie z widowni politycznej znika." ANONYM: Słowianie. In: Gwiazda (G) (22.7.1883) Heft 29. S. 225 – 226, hier S. 226.

Während im Artikel nämlich die piastische Epoche mit dem raschen Aufstieg Polens unter dem zweiten piastischen Herrscher Boleslaus I. dem Tapferen assoziiert wird, bringt die jagiellonische Epoche den Höhepunkt der polnischen politischen und territorialen Entfaltung zum Ausdruck. Innerhalb dieser Epoche hebt der*die anonyme Autor*in zusätzlich die Schlussphase „der Sigismunde"[46] als Zeit des besonderen kulturellen Aufschwungs hervor. Zum Schluss wird der gesamte Zeitraum des Wahlkönigtums zu einer Epoche des Niederganges homogenisiert, die trotz des kurzen Versuches, sich gegen diese Entwicklung aufzubäumen, mit der Auflösung des polnischen Staates endet.

Anhand dieser Epochenzuteilung lässt sich Polen als knapp 800 Jahre lange Spanne kalendarischer Zeit (von 966 bis 1794) imaginieren, die von einem zeithistorisch-biographischen Zyklus des Wachsens, der Reife und des Niedergangs gefüllt ist. Die Eigen-Artigkeit dieses Zyklus ergibt sich aus der spezifischen Zuordnung der einzelnen Entwicklungstendenzen zu bestimmten Abschnitten kalendarischer Zeit: 966 bis 1385 für das Wachsen, 1386 bis 1572 für die Blüte und 1573 bis 1794 für den Niedergang. Der Artikel schließt hingegen die kalendarischen Zeitspannen vor der piastischen Epoche und nach den Teilungen aus der polnischen historischen Zeit aus und bildet sie implizit einmal als Vorgeschichte Polens und ein anderes Mal als nicht-polnische bzw. polnisch-unspezifische (weil staatenlose) Gegenwarts-Zeit ab.

Obwohl im Artikel weder der europäische Geschichtsverlauf noch die Triade Altertum-Mittelalter-Neuzeit explizit erwähnt werden, enthält diese Periodisierung zumindest drei implizite Anknüpfungspunkte an die europäische historische Zeit. Erstens steht die Entscheidung für das Jahr von Mieszkos christlicher Taufe als Schwellenmoment, mit dem die erste polnische Epoche beginnt, für eine Synchronisierung der polnischen historischen Entwicklung mit der zentralen Zivilisationsstufe der europäischen Geschichte – der Einführung des Christentums. Die Tatsache allerdings, dass diese Synchronisierung auf das Jahr 966 der kalendarischen Zeit datiert ist und dass dem keine vorchristliche Formation des polnischen Staates vorausging, die der südeuropäischen Antike ähnelte, stellt wiederum Ungleichzeitigkeit mit Europa her: Dadurch weist nämlich das polnische historische Subjekt gegenüber den westeuropäischen Nationen einen mehrere Jahrhunderte umfassenden Rückstand im Bereich des christlichen Glaubens

---

[46] Darunter wird die letzte Phase der jagiellonischen Dynastie bzw. die Amtszeit von Sigismund I. dem Alten (Zygmunt I Stary, 1467–1548, König 1506–1548) und Sigismund II. August (Zygmunt II August, 1520–1572, König 1548–1572) verstanden. Zur Epoche der Sigismunde kann in bestimmten Fällen auch die Regierungszeit von Sigismund III. Wasa (Zygmunt III Waza, 1566–1632, König 1587–1632) zählen, die zwar in den meisten Quellen schon eindeutig zur Niedergangsphase gezählt wird, allerdings auch als letzte Zeit von Frieden und von Kunstförderung gilt.

und eine viel kürzere temporale Tiefe auf. Zweitens impliziert die Definition der jagiellonischen Epoche als Zeitspanne, in der Polen „am mächtigsten" war, eine Vergleichsebene mit den anderen historischen Subjekten des damaligen Europas und die Idee einer evolutionären Überlegenheit ihnen gegenüber. In den weiteren, im Zitat gekürzten Sätzen dekliniert nämlich der*die Autor*in diese Macht der Jagiellonen durch und bezieht sich auf das territoriale Ausmaß („die Ausdehnung des Landes betrug damals 30.000 Quadratmeilen"), die Anzahl von Vasallenstaaten („Kurland, Preußen, die Walachei..."), die Höhe der Getreideexporte („jedes Jahr wurden 365.000 Lasten von Getreide ins Ausland exportiert") und das Prestige in der internationalen politischen Arena („Unter Kasimir [IV., C.F.] dem Jagiellonen [Kazimierz IV Andrzej Jagiellończyk, 1427–1492, C.F.] schickten Venedig, Kasan, der persische König und die türkischen Sultane ihre besten Gesandten nach Polen.").[47] Die jagiellonische Epoche lässt sich dadurch als Konstrukt denken, das nicht nur die Gleichzeitigkeit zwischen der polnischen und der universellen Fortschritts-Zeit, sondern auch eine besonders vorgerückte temporale Position Polens gegenüber Europa enthielt. Schließlich suggeriert die Datierung des Zeitalters der Sigismunde als Ära der literarischen Blüte eine Synchronie mit der europäischen Renaissance.

Wenige Jahre später bot auch die galizische Volkszeitschrift *Pszczółka* ihrem meist bäuerlichen Publikum eine ähnliche Epochenzuteilung der gesamten historischen Abläufe Polens. Die *Pszczółka* beschäftigte sich mit der Geschichte Polens in ihrer längsten, zwei Zeitschriftenjahrgänge umfassenden historischen Artikelreihe *Abriss der Geschichte Polens*, die bis zum 16. Jahrhundert reichte. Im einleitenden Teil der Reihe wird die zeitliche Tiefe des polnischen historischen Subjektes mit Verweis auf einen der vier Hauptvertreter der Krakauer Historikerschule, Józef Szujski, als Zusammensetzung von fünf – anstatt drei – „Zeitaltern [*doby*]" präsentiert: das „vorchristliche", das „piastische", das „jagiellonische", das „Wahl-" und das „Teilungszeitalter".[48] Damit lässt der*die anonyme Autor*in des Artikels – höchstwahrscheinlich der Herausgeber und Chefredakteur Stanisław Stojałowski – die polnische historische Zeit einerseits kalendarisch schon weit vor dem Übertritt Mieszkos zum Christentum beginnen. Andererseits erklärt

---

47 Im Original: „Pod Jagiellonami [...] ogromna Litwa z księstwami czerniebowskiem, słewierskiem, smoleńskiem i zależnymi księstwy Pskowem i Nowogrodem, była połączona z królestwem; Inflanty były jego prowincyą, hołdowały: Kurlandya, Samogicya, Prussy, Multany i Wołoszczyzna; [...] Obszerność kraju wynosiła 30,000 mil kwadratowych; a z niego co rok 365,000 łasztów zboża wywożono za Granicę. Za Kazimierza Jagiellończyka, Wenetowie, Ilusun-Kasan, król perski, i sułtani tureccy Machomet i Bajazet, świetne do Polski wysłali poselstwa." ANONYM: Słowianie. In: G (22.7.1883), S. 226.
48 Vgl. ANONYM: Historya Polski w zarysie. In: Pszczółka (Ps) (15.4.1888) Heft 7. S. 115–118.

er, seine Erzählung könne aufgrund des Fehlens schriftlicher Quellen und historiographisch glaubwürdiger Informationen für die Zeit vor Mieszko erst bei der zweiten Phase einsetzen. Das verweigert dem „vorchristlichen Zeitalter" jegliche Synchronisierungsebene mit der klassischen Antike.

Nach Mieszko – also in der eigentlichen historischen Zeit – bildet auch hier wie bei der *Gwiazda* das politisch-dynastische System Polens das Hauptprinzip für die epochale Zeitdifferenzierung und Epochenbezeichnungen. Im Laufe der Reihe wird dieses an die Naturzeit gebundene Periodisierungsprinzip allerdings ebenso von einer Entwicklungskomponente begleitet: Im Artikel über Kasimir III. den Großen (Kazimierz III Wielki, 1310 – 1370), letzter piastischer König, sowie im Beitrag über den ersten Jagiellonen Władysław Jagiełło[49] trägt die Serie die Überschrift „Blühendes Polen". Die Bestimmung eines Zeitfensters der Blüte, das die letzte Phase der Piasten und die erste der Jagiellonen zusammenfasst, widerspricht im Grunde der davor vorgeschlagenen dynastischen Zäsur und stellt ihr ein Periodisierungsangebot gegenüber, das explizit auf der Vorstellung unterschiedlicher evolutionärer Tendenzen basiert. Diesen Eindruck bestätigen zwei Artikel, die unter dem Titel *Aus der polnischen Geschichte – Das 15. Jahrhundert* in den folgenden Ausgaben von *Pszczółka* in derselben Reihe erschienen. Hier wird die Simultanität der polnischen Wende zur jagiellonischen Epoche und der universalhistorischen Wende zur Neuzeit explizit hervorgehoben und die erste als polnische Version der zweiten inszeniert.[50]

Im Vergleich mit der vorherigen Periodisierung verleiht die Epocheneinteilung von Stojałowski zwar der polnischen historischen Zeit eine viel längere temporale Tiefe, die mit den Slawen anfängt und bis zur Gegenwart der Veröffentlichung reicht. Die Tatsache, dass der Anfangspunkt der slawischen Epoche vom Autor überhaupt nicht datiert wird und keine schriftlichen Quellen darüber vorhanden seien, verwandelt die erste Epoche aber auch in diesem Fall eher in eine vor-/ur-historische, mythische Zeit. Wenngleich Stojałowski darüber hinaus seine Epochen primär nach den Dynastien benennt, lässt die von ihm vorgenommene Festlegung eines „blühenden Polens" ab 1333 (Anfang der Regierungszeit Kasimirs) die polnische historische Zeit als ähnlich kalendarisch gegliederten biographischen Zyklus Polens wie bei der *Gwiazda* denken. Der einzige große Unterschied besteht hier in der Verwendung der Denkfigur von der Neuzeit.

---

49 Jagiełło (auf Litauisch Jogaila, 1362–1434) war Großfürst von Litauen und dann ab 1384 König von Polen sowie Stammvater der jagiellonischen Dynastie, die seinen Namen trägt. In Ermangelung einer deutschen Benennung des Königs wird hier statt der litauischen Namenform die polnische verwendet, da diese so auch in den hier ausgewählten Quellen vorkommt.
50 Vgl. ANONYM: Z historyi Polskiej. Wiek XV (piętnasty). In: Ps (26.5.1889) Heft 10. S. 148–150, hier S. 115–116.

Die Einfügung einer Neuzeitwende in der polnischen historischen Zeit lässt sich einerseits als Faktor einer Synchronisierung zwischen Polen und Europa denken, die mit der jagiellonischen Epoche ansetzt und ungeachtet des Niedergangs des polnischen Staates bis zur Gegenwart der Zeitschrift fortdauert. Nicht zufällig betrachtet Stojałowski in seiner Periodisierung auch den Zeitabschnitt nach den Teilungen als Bestandteil polnischer historischer Zeit (und nicht als nicht-polnische Zeitspanne, wie die *Gwiazda*). Andererseits hebt die fehlende Synchronisierung einzelner polnischer Zeitalter mit den beiden anderen Partnerepochen, Antike und Mittelalter, die geringere temporale Tiefe, die die polnische Geschichte im Vergleich zu Westeuropa aufweist, hervor und vermittelt eher den Eindruck einer Ungleichzeitigkeit zwischen der polnischen und europäischen historischen Entwicklung.

Eine dritte, explizit didaktisch-popularisierende historische Serie, die von der Posener kleinstädtischen *Praca* am Ende des hier analysierten Zeitraums, im Jahre 1910, veröffentlicht wurde, zeigt noch eindeutiger, welche Rolle die europäische Vergleichsebene für die Epochenzuteilung der polnischen historischen Zeit spielen konnte. In dieser Serie formuliert Stanisław Łabendziński, Bromberger Chemiker und Amateurhistoriker, unter dem Titel *Volksvorlesungen* alle paar Wochen Fragen und Antworten über den wichtigsten Sieg, die schönste Tat oder die höchste moralische Tugend in der polnischen Geschichte. In der ersten Vorlesung, die nach den besten polnischen Königen fragt, legt er zuerst die temporale Tiefe Polens auf rund 1000 Jahre (ohne die slawische Zeit, aber einschließlich der Gegenwarts-Zeit der Teilungen) fest – und gliedert dann diese Spanne kalendarischer Zeit bis zur Auflösung des polnischen Königreichs in drei Epochen: die der Piasten, der Jagiellonen und der Wahlmonarchie.

Inwieweit diese dynastischen Epochenkonstrukte zugleich auch einen auf- und dann absteigenden Evolutionspfad der Staatsmacht takteten, zeigen die Gefälle, die im Laufe des Artikels zwischen dem Anfangs- und dem Endpunkt jeder Epoche aufgemacht werden. Während es dem ersten piastischen Herrscher beispielsweise zu verdanken sei, Polen eine unabhängige historische Existenz überhaupt erst ermöglicht zu haben, stelle das Verdienst des letzten Piasten, Kasimir des Großen, dar, Polen in einem „perfekten Zustand" an die Jagiellonen übergeben zu haben.[51] Nun lassen sich die knapp 400 Jahre zwischen diesen beiden Extremen als steil wachsende Linie denken, die von Null ausgehend sich bis hin zu einem sehr hohen Zivilisationsniveau spannt. In der Erwähnung der vielen Siege des piastischen Polens über die Nachbarn steckt darüber hinaus eine

---

51 Vgl. Łabendziński, Stanisław: Wykłady popularne. Którzy królowie polscy byli najdzielniejsi? In: Praca (Pr) (30.1.1910) Heft 5. S. 139–140.

parallele temporale Annährung an Westeuropa. Die Definition der jagiellonischen Epoche als Phase, in der Polen „an der Spitze der europäischen Länder" stand, und der Amtszeit des faktisch ersten Wahlkönigs Stephan Báthory (Stefan Batory, 1533–1586)[52] als den letzten Moment, in dem „Europa Polens Ruhm bewunderte",[53] konstruiert hingegen die 200 Jahre zwischen 1400 und 1500 als Verwirklichung dieser Annährung und als Vorreiterposition Polens in der europäischen historischen Zeit. Schließlich konstruiert die Aussage über „Polen, bis vor kurzem führendes Land in Europa, [...] das zur Beute der Nachbarn, die sein Territorium unter sich teilten, wurde", die Epoche der Wahlmonarchie als dramatischen Rückgang, der Polen in weniger als 300 Jahren von der Spitze zur Peripherie Europas degradierte.[54] Das Verhältnis des polnischen historischen Subjektes zu Europa entpuppt sich somit selber als temporales Differenzierungsprinzip.

Trotz ihrer verschiedenen Erscheinungsjahre und Verbreitungsräume operieren alle drei bisher analysierten Artikel mit einer ähnlichen, dreiteiligen (bis fünfteiligen, je nachdem ob die slawische und die Terilungszeit dazu gezählt werden) epochalen Struktur, die sich daher als dominante Form der Differenzierung der polnischen historischen Zeit am Ende des 19. Jahrhunderts nachweisen lässt: piastsiche, jagiellonische und wahlmonarchische Epoche. Bei einer solchen Zeitdifferenzierung sind unterschiedliche Auffassungen von Zeit am Wirken: Einerseits bezieht sich die Folge der Herrscher auf die Naturzeit von Leben und Tod, wobei diese Naturzeit nicht in Saisons, sondern in kalendarische Jahreszahlen gegliedert wird. Andererseits produziert die spezifische Sukzession von unterschiedlichen Evolutionsetappen der Staatsmacht eine verkörperte Zeit, die den polnischen Entwicklungsgang durch die Zeit in seiner Einzigartigkeit erfasst.

Da sich auf der Grundlage der Epochenzusammensetzung ein abgeschlossener Lebenszyklus denken lässt, ist jedes einzelne Epochenkonstrukt im Verhältnis zur geraden Zeitlinie des (europäischen) Fortschritts Träger eines anderen, jedoch komplementären Verzeitungsmusters: Während die piastische Epoche im Vergleich zu den west-europäischen christlichen Nationen zugleich die Verspä-

---

52 Báthory war formell dritter, aber faktisch erster König der republikanischen Epoche. Seine Regierung (1576–1586) folgte auf die zwei sehr kurzen Amtszeiten von Heinrich von Valois (Henry III Walezy, 1551–1589, Amtzeit 1573–1574) und Anna Jagiellonica (Anna Jagiellonka, 1523–1596, Amtzeit 1575–1576) die Báthory heiratete und von der er die Legitimität als Thronnachfolger der Jagiellonen bekam.
53 Im Original: „Szczęśliwe rządy następców Władysława postawiły Polskę na czoło państw europejskich i przez dwa wieki (1400–1600) na tym je utrzymały poziomie. Za krótkiego panowania Stefana Batorego na długi czas po raz ostatni Europa przez Polskę olśnioną została swoją sławą." Łabendziński: Wykłady popularne. In: Pr (30.1.1910), S. 140.
54 Im Original: „Polska, pierwszy kraj do niedawna w Europie, [...] stała się łupem dzielących się nią państw sąsiednich." Łabendziński: Wykłady popularne. In: Pr (30.1.1910), S. 140.

tung des polnischen Eintritts in die historische Welt und den Prozess der schrittweisen Verkürzung dieses anfänglichen Rückstandes zum Ausdruck bringt, stellt die jagiellonische Epoche einen temporalen Begriff zur Verfügung, der den Erfolg des jungen polnischen historischen Subjektes, seine vollständige Synchronisierung mit der derzeitigen europäischen Entwicklung und den Übergang Polens in die Neuzeit umfasst. Schließlich enthält die Epoche der Wahlmonarchie die Idee einer Regression, die die vergangene Staatlichkeit mit der aktuellen Lage politischer Abhängigkeit verbindet und diese Lage als Ergebnis der gegenwärtigen Ungleichzeitigkeit mit Europa infolge des Zurück-geblieben-Seins seit dem 17. Jahrhunderts konstruiert.

Auf die mögliche Umdeutung dieser Epochenstruktur im Laufe des hier analysierten Zeitraums weist schließlich einer der wenigen im Quellenkorpus vorhandenen Artikel hin, der sich unter Verwendung eines historiographisch anspruchsvolleren Ansatzes mit einer allumfassenden Darstellung des polnischen historischen Verlaufs beschäftigte. Es handelt sich um einen Beitrag des Lemberger *Tydzień*, gerichtet an ein eher gebildetes bürgerlich-demokratisches Publikum. Dort rezensiert Kazimierz Józef Gorzycki, selbst Historiker mit sozialistischen Ansichten, im Jahre 1899 die vor kurzem veröffentlichte *Geschichte der polnischen Nation* des renommierten Vertreters der Warschauer Historikerschule Władysław Smoleński.[55] Diesem schreibt Gorzycki das große Verdienst zu, in einem Zeitalter von monothematischen Fallstudien endlich eine neue „Gesamtdarstellung" der polnischen Geschichte herausgebracht zu haben, die die bis dahin als Standardwerk geltende Geschichte Polens[56] von Michał Bobrzyński – Hauptvertreter der zweiten Generation der Krakauer Historikerschule – ergänze und zugleich neue Perspektiven eröffne.[57] Ähnlich wie Bobrzyński spanne auch

---

55 Im Artikel wird Smoleński mit seinem Pseudonym Grabieński genannt.
56 Hier verweist der Autor auf Bobrzyńskis Werk *Dzieje polskie w zarysie* („Abriss der Geschichte Polens'), veröffentlicht 1879. Darin verwendet Bobrzyński einen positivistischen historiographischen Ansatz, um seine pessimistische Sicht auf die Entwicklung des polnischen Staates in der Geschichte vorzustellen. Vgl. Grabski, Orientacje, S. 325–330; Trzeciakowski, Idea.
57 „Seit dem Erscheinen der Geschichte Polens von Prof. Borzyński – kam es wieder zu einer Weiterentwicklung in der polnischen Historiographie auf dem Feld der Monographien [...] und fehlte eine Gesamtdarstellung der polnischen Geschichte, die [...] versucht hätte, die Lücke, welche die Kritiker im Werk von Bobrzyński sahen, zu schließen. In Teilen macht das die neue Geschichte Polens, die von Grabieński geschrieben ist. Der Autor [...] erklärt es zu seinem Ziel: [...] ‚die Jugend und die gebildete Öffentlichkeit vorzubereiten, [...] sich zwischen den Begründungen der unterschiedlichsten Urteile über die Vergangenheit der polnischen Nation zurechtzufinden.'. Im Original: „Od czasu ukazywania się historij polskiej prof. Bobrzyńskiego – przeszedł znów polski rozwój historograficzny na pole monografii [...] i nie było żadnego całokształtu historii polskiej, któraby [...] próbowała zapełnić luki, jakich krytyka dopatrzyła się u prof. Bobrzyń-

Smoleński die „historische Evolutionslinie [Polens, C.F.] entlang der Entwicklung der soziorechtlichen Formen, in die der polnische Staat gefasst war". Während Bobrzyński sich aber dabei nach „dem Postulat über die Stärke des Staats" richte – also die Evolution der innen- und außenpolitischen Macht des polnischen Staates als zentrales Kriterium für die Nachzeichnung dieser Linie verwende –, „versucht Grabieński [Pseudonym für Smoleński, C.F.], immer ein nicht tendenziöser Beobachter zu sein".[58] Damit meint Gorzycki, dass Smoleński den Grad der außen- und innenpolitischen Stärke Polens beiseitelässt und stattdessen in der positivistischen Tradition die Evolution der rechtlichen Verfasstheit des polnischen Staates in den Mittelpunkt stellt.[59]

Nach der Beschreibung von Ähnlichkeiten und Unterschieden in der historiographischen Methode der beiden Historiker kommt Gorzycki dann auf die Frage der Periodisierung zu sprechen. Smoleński verwende ihm zufolge diejenige Epochenaufteilung, die sich „aus der polnischen historiographischen Tradition" – und insbesondere aus dem Werk von Bobrzyński – herauskristallisiert habe und die die polnische Geschichte in die Epochen „der ersten Piasten, des zerstückelten Polens [*Polska w podziałach*] des blühenden Polens, des zugrunde gehenden Polens und des Polens nach den Teilungen" gliedere. Bei dieser Aufteilung ersetzen Evolutionsetappen gleich nach der ersten Epoche das dynastische Differenzierungsprinzip der Zeit. Trotzdem bleiben auch jene Epochenbezeichnungen, die keine bloße Dynastien abbilden, sondern historischen Wandel zum Ausdruck bringen, wie das „blühende Polen" oder das „zugrunde gehende Polen", kalendarisch deckungsgleich mit der dynastischen Erbfolge: So fällt das „blühende Polen" mit dem Polen der Jagiellonen und das „zugrunde gehende Polen" mit dem der Wahlmonarchie zusammen. Auch die Epoche des „zerstückelten Polens", die sich auf die Aufteilung des piastischen Königreichs nach dem Tod von Boleslaus III. Schiefmund (Bolesław III Krzywousty, 1885–1138) auf seine vier Söhne bezieht, entspricht sowohl einer dynastischen Phase als auch einem evolutio-

---

skiego. W części czyni temu zadość nowa historja polska, napisana przez p. Grabieńskiego. Autor cel swój wyraża [...] w następujący sposób: ,[...] przygotować młodzież i publiczność wykształconą do [...] orientowania się w powodzi najróżnorodniejszych sądów o przeszłości narodu polskiego'." Gorzycki, Kazimierz Józef: Dzieje narodu polskiego. In: T (29.1.1899) Heft 5. S. 33–34, hier S. 33.
58 Im Original das gesamte Zitat: „[P]rof. Bobrzyński [...] dopatruje nici ewolucyjnej historycznej w rozwoju społeczno-prawnych form, w jakie ujęte było państwo Polskie. [...] [Metoda zastosowana przez p. Grabieńskiego, C.F.] [j]est prawno-historyczna, w zasadzie taką samą, jak w historji prof. Bobrzyńskiego, z tą jednak różnicą w zastosowaniu, że prof. Bobrzyński metodę swą dostosowuje do faktycznego postulatu silnego rządu państwowego, podczas – gdy p. Grabieński stara się być zawsze obserwatorem nietendencyjnym." Gorzycki: Dzieje narodu polskiego. In: T (29.1. 1899), S. 33.
59 Zur Historiographie von Smoleński siehe: Wierzbicki, Spory, S. 189–193.

nären (Rück-)Schritt der zentralen Staatsmacht. Aufgrund des territorialen Auflösungsprozesses, den der Begriff des „zerstückelten Polens" impliziert, und seines Charakters als düstere Zeit vor der Blütezeit scheint dieses Epochenkonstrukt einerseits die spätere Teilungsphase zu antizipieren und andererseits eine bestimmte Synchronie zwischen der polnischen historischen Entwicklung des 12.–13. Jahrhunderts und dem europäischen Mittelalter herzustellen.

Jenseits der Epoche des „zerstückelten Polens" konstruiert jedoch die hier vorgeschlagene Periodisierung jene abgeschlossene auf- und dann absteigende Zeitlinie, die in den vorherigen Beispielen analysiert wurde. Gorzycki erklärt allerdings, dass Smoleński für dieselben Epochen auch alternative Bezeichnungen vorgeschlagen habe, die seinen „nicht-tendenziösen"[60] Blick auf die „soziorechtliche" Evolution Polens zum Ausdruck bringen: „Bildung der Monarchie, Zerfall der monarchischen Macht, Aufbau der Adelsrepublik, Regierung des Adelsstandes, Reformversuche, Zerfall der Adelsrepublik und Kampf um die eigene nationale Existenz und Unabhängigkeit."[61] Dieser Komplex an Epochencharakterisierungen präsentiert zumindest drei neue Elemente. Erstens gliedert er die polnische historische Zeit anhand zweier sukzessiver Zyklen (anstatt eines Zyklus) des Wachstums und des Niedergangs: In der Epoche der ersten Piasten ist mit der „Bildung der Monarchie" erstmals eine aufsteigende Tendenz der polnischen Evolution zu erkennen, die in der Epoche des „zerstückelten Polens" mit dem „Zerfall der monarchischen Macht" ihren Abstieg findet. In der jagiellonischen Epoche zeigt der evolutionäre Kurs mit dem „Aufbau der Adelsrepublik" erneut nach oben und kommt am Ende des wahlmonarchischen Zeitalters mit dem „Zerfall der Adelsrepublik" von seiner Richtung wieder ab. Die Bezeichnung „Regierung des Adelsstandes" verwandelt zweitens die übrige Zeit des wahlmonarchischen Zeitalters in eine Epoche, die, anstatt eine Tendenzumkehrung darzustellen, die jagiellonische Entwicklung weiterführt und in diesem Sinne ebenso Aufschwung impliziert. Schließlich wird die Teilungsepoche eher zur Vorbereitungsphase einer dritten Wachstumsetappe als zum ultimativen Endpunkt der vorherigen Etappe.

Damit misst die Epochenstruktur von Smoleński dem historischen Subjekt Polen eine wellenartige historische Zeitform bei, der im großen Ganzen gesehen

---

60 Gorzycki verwendet das Adjektiv „nicht-tendenziös", um die soziorechtliche Perspektive bei Smoleński mit derjenigen von Bobrzyński zu vergleichen. Als Anhänger der Warschauer Schule sah Smoleński vor allem im sozialen Fortschritt und in der Zunahme an Wissen die Quintessenz auch der polnischen historischen Entwicklung und teilte daher nicht die Meinung der Krakauer Schule über den polnischen negativen Sonderweg und ihren Pessimismus bezüglich der letzten Phase des polnischen Staates. Vgl. Wierzbicki, Spory, S. 189–193.
61 Gorzycki: Dzieje narodu polskiego. In: T (29.1.1899), S. 33.

eine Fortschrittslinie bis in die Gegenwart bildet. Aus historiographischer Perspektive zeugt die Rezension des *Tydzień* von der neoromantischen sowie modernistischen Wende, die die Forschung um die Jahrhundertwende verortet und die durch die Rückkehr zu einer optimistischen Deutung der polnischen Geschichte sowie durch die Entfaltung von Teildisziplinen, wie der ökonomischen, juristischen oder militärischen Geschichte, gekennzeichnet ist.[62] Smoleński gilt dabei tatsächlich auch aufgrund seines Alters als Vermittlerfigur zwischen einer alten, maßgeblich vom deutschen Historismus der Krakauer Schule oder vom Positivismus der Warschauer Schule geprägten Generation von Historiker*innen und einer neuen, die hingegen den Positivismus mit der Wiederaufwertung der romantischen Historiographie und mit einer zunehmenden Spezialisierung in bestimmten Teilgebieten kombinierten.[63] Bezüglich des Untersuchungsgegenstandes dieses Kapitels zeigt allerdings diese Rezension vor allem, wie aus dem mit dieser Wende zusammenhängenden Schwerpunktwechsel von „dem Postulat über die Stärke der Staatsmacht" zu einem weniger „tendenziösen" Blick auf die rechtlichen Formen des polnischen Staates Differenzierungsprinzipien der Zeit entstehen, die bei Beibehaltung ähnlicher Epochenzäsuren die polnische historische Zeit mit völlig anderen Alternanzen und Grundtendenzen imprägnieren.

II.2.2 Über die multiplen epochalen Handlungsträger des polnischen historischen Subjektes

Neben der Funktion, die historische Zeit zu differenzieren, die Eigen-Artigkeit der historischen Entwicklungen zu stiften und asymmetrische temporale Verhältnisse zwischen Kulturen herzustellen, machen laut Friedrich Jaeger Epochenkonstrukte auch Aussagen darüber, wer das „epochale Handlungssubjekt" bzw. „Handlungsträger" sei.[64] Hegemonialer Handlungsträger aller bisher analysierten Epochenkonstrukte war nicht Polen im Allgemeinen, sondern konkret der polnische Staat. Dieser Befund steht im Einklang mit jenen der Geschichte der Historiographie: Die Idee des Staates als metaphysisch gedachte und moralisch agierende Grundeinheit der historischen Evolution, wie sie vom deutschen Historismus vertreten wurde, war der Historiographie zufolge vor allem in galizischen und Posener Historiker*innenkreisen weit verbreitet.[65] Es lässt sich daher relativ einfach erklären, weshalb diejenigen Artikel, die eine Synthese der gesamten pol-

---

62 Vgl. Maternicki, Historiografia, S. 7; Kolbuszewska, Przełom.
63 Vgl. Wierzbicki, Spory, S. 189–193.
64 Vgl. Jaeger, Epochen, S. 329.
65 Vgl. Kolbuszewska, Mutacja, S. 17.

nischen Geschichte anvisierten, vor allem eine politische Geschichte mit dem Staat (als Institution und als Reihenfolge von Herrschern) als Hauptakteur erzählten und nach dem Prinzip der staatlichen Evolution die historische Zeit in Epochen gliederten.

Bereits im letzten Beispiel des *Tydzień* steht allerdings der polnische Staat eigentlich nicht für ein einheitliches Subjekt, sondern für zumindest zwei unterschiedliche epochale Handlungsträger – einmal die staatliche politische Innen- sowie Außenmacht und einmal die institutionell-rechtliche Verfasstheit des Staates –, die verschiedene Epochenkonstrukte freisetzen. Wenn man die im Abschnitt II.2.1. analysierten Quellen mit Gesamtbildern der polnischen Geschichte beiseitelässt und die vielen Artikel, die nur einzelne Themen, Ereignisse oder Figuren dieser Geschichte im Fokus haben, nach deren Epochengebrauch analysiert, bekommt man noch deutlicher den Eindruck einer Vielfalt von historisch-handelnden Subjekten, die von den Presseautor*innen mit Polen identifiziert und zum Prinzip der epochalen Differenzierung der polnischen historischen Zeit konstruiert werden. In dieser zweiten Quellengruppe stellt nämlich einerseits die dynastisch-staatliche Epochenzuteilung einen festen Referenzpunkt für die Einordnung der historischen Ereignisse und Phänomene dar. Andererseits zeichnen sich aber auch einige alternative Periodisierungen ab, die insbesondere auf die Literatur, auf die Redekunst, auf die Krakauer Universität, auf die Klassendynamik der polnischen Gesellschaft, auf die Ökonomie und auf die Freiheit hindeuten – als die im Pressediskurs Endes des 19. Jahrhunderts bedeutendsten Artikulationen des polnischen historischen Subjektes für die Konstruktion spezifisch polnischer Epochen jenseits des polnischen Staates.

Die Redekunst und die Krakauer Universität werden von den *Zeitschriften für viele* vor allem anlässlich zweier konkreter Medienereignisse zu polnisch codierten epochalen Handlungsträgern gemacht – die Jahrestage der Universitätsgründung und des Todes von Piotr Skarga –, sie stehen aber auch im Einklang mit dem positivistischen Geschichtsverständnis als Wissensakkumulation und Zivilisierungsprozess.[66] Die (Re-)Produktion epochaler Handlungsträger – wie etwa sozialer Dynamiken oder ökonomischer Entwicklungen – in der kommerziellen Presse spiegelt hingegen zum einen das neue historiographische Interesse für die sozioökonomische Geschichte um die Jahrhundertwende wider, sowie zum anderen die spezifische, sozial geprägte Perspektive der Volksperiodika auf die Geschichte.[67] Die Wirkungsmächtigkeit von Freiheit als Prinzip der pressebe-

---

66 Vgl. Grabski, Orientacje, S. 17–19; Wierzbicki, Spory, S. 189.
67 Zum Interesse der Historiographie der Zeit für die sozioökonomischen Phänomene siehe: Kolbuszewska, Mutacja, S. 38–49 und 76–80.

dingten Epochenbildung lässt sich schließlich durch die spezifisch polnische Prägungskraft der Geschichtserfahrung der Unabhängigkeitskämpfe im 19. Jahrhundert erklären – zusammen mit der europaweiten Prägungskraft des „ideellen Handlungsträgers"[68] Freiheit, den die Aufklärung zutage förderte und den die Erfahrung der Französischen Revolution sowie die Philosophie der Geschichte von Hegel in den Vordergrund rückte.[69]

Epochenbildung nach der kulturellen Entwicklung
Auf die unterschiedlichen Epochenkonstrukte, die mit diesen alternativen epochalen Handlungsträgern im Zusammenhang stehen, lassen sich besondere Funktionen hinsichtlich der Gestaltung der polnischen historischen Zeit und des Entwurfes von Verzeitungsmustern Polens gegenüber Europa zurückführen, die sich aus Überlappungen und Interaktionen mit der dynastisch-politischen Periodisierung ergeben.[70] Erste Beobachtungen in diese Richtung wurden schon anhand des Artikels der *Gwiazda* aus dem Jahr 1883 gemacht: Innerhalb der dort vorgeschlagenen staatlich-dynastischen Periodisierung legt der*die anonyme Autor*in nahe, das 16. Jahrhundert im Rahmen der jagiellonischen Epoche („unter den Sigismunden") als goldenes Zeitalter der polnischen Literatur zu begreifen. Damit leitet er*sie von der Entwicklung der polnischsprachigen literarischen Kultur ein epochales Differenzierungsprinzip der polnischen historischen Zeit ab. Dieses Differenzierungsprinzip konturiert den Zeitabschnitt zwischen 1506 und 1572 als eigenständige Epoche, die mit der Lebensdauer bestimmter polnischer Herrscher (der Sigismunde) koinzidiert und eine Fortschrittstendenz nachzeichnet. Indem dieses epochale Konstrukt die polnische Blütezeit nur auf die zweite Hälfte der jagiellonischen Epoche (das 16. Jahrhundert) beschränkt, weist es auf eine Ungleichzeitigkeit zwischen politischer und kultureller Entwicklung hin, die die Fortschrittlichkeit der ersten Hälfte der

---

68 Hölscher, Zeiten, S. 53.
69 Freiheit war die zentrale Parole des Aufstandes von Kościuszko nach der dritten Teilung Polens und wurde dann von der polnischen Romantik als Kern der polnischen historischen Mission präsentiert. Vgl. Janion, Polen, S. 221–222.
70 Das Bild von der historischen Zeit als Vielfältigkeit sich überlappender und miteinander interagierender Epochenstrukturen in diesem Buch ist von Koselleck inspiriert. Laut Koselleck gehört zum modernen Zeitverständnis das Bewusstsein, dass jeder Untersuchungsgegenstand eigene Zeiteinheiten freisetzt, die sich mit anderen überschneiden. Vgl. Koselleck [u. a.], Zeitschichten, S. 293–294. Die historische Zeit lässt sich daher als Geflecht von Epochenkonstrukten denken, die die gleichen Abschnitte kalendarischer Zeit mit verschiedenen evolutionären Tendenzen prägen.

jagiellonischen Epoche (dem 15. Jahrhundert) infrage stellt, während es die der zweiten Hälfte bekräftigt.

Das polnische *16. Jahrhundert* bzw. die *Zeit der Sigismunde* lässt sich in der Presse des gesamten hier analysierten Zeitraums als wirkmächtige epochale Einheit erkennen.[71] So bediente sich beispielsweise die Warschauer *Świat* ausdrücklich der Bezeichnung „Sigismundische Zeiten", um die goldene Ära der polnischen Musik zu markieren.[72] Auch der bereits zitierte Łabendziński zieht in einer Folge seiner von der *Praca* gedruckten Artikelreihe *Volksvorlesungen* unter dem Titel *Welche Polen verdienen europaweiten Ruhm?* den Ausdruck „16. Jahrhundert" heran, um ein zeitliches Primat der polnischen Dichtkunst auf europäischer Ebene zu behaupten.[73] Ihm zufolge hätten polnische Dichter wie Jan Kochanowski (1530–1584) und Maciej Sarbiewski (1595–1640)[74] in jener Zeit herrliche Werke erschaffen, die sich auf die Literatur der Antike beriefen und die sogar klassische Modelle überträfen, während sich Deutschland noch mit religiösen Versen beschäftigt habe. So durchdekliniert, zeigt sich das Epochenkonstrukt des 16. Jahrhunderts als das zentrale temporale Instrument, mit dem die Presse die polnische Gleichzeitigkeit zum europäischen Humanismus bzw. zur europäischen Renaissance produzierte und sogar eine Antizipation der neoklassischen Kultur der Aufklärung durch Polen unterstellte.

Im gleichen Artikel verweist Łabendziński darüber hinaus auf die Romantik als zweite Epoche, die sich von der polnischen literarischen Entwicklung ableiten ließe und eine Blütezeit bedeute. Die positive Entwicklungsrichtung und die Synchronie mit einem gesamteuropäischen literarischen Phänomen, durch das dieses zweite literarische Epochenkonstrukt das frühe 19. Jahrhundert kennzeichnet, steht im offenen Gegensatz zum Evolutionsstadium, das vom Epochenkonstrukt *Teilungsphase* ebenso für das 19. Jahrhundert hervorgerufen wird. Die Veränderung der epochalen Handlungsträger lässt sich daher als mögliche Strategie der betreffenden Presseautor*innen denken, um im gleichen kalenda-

---

[71] Vgl. bspw. Boberska, Felicja z Wasilewskich: Zygmunt August i czas jego w Polsce. (Ciąg dalszy). In: Ognisko Domowe (OD) (1.2.1884) Heft 3. S. 36–38; ANONYM: Epoka króla Polskiego Zygmunta I. (1506–1548). In: G (10.10.1886) Heft 41. S. 328; Raczyński, Bol.: Czasy Zygmuntowskie w muzyce Polskiej. In: ŚW (9.5.1908) Heft 19. S. 2–3; Łabendziński, Stanisław: Wykłady popularne. Którzy Polacy zażywają europejskiej sławy? In: Pr (6.11.1910) Heft 45. S. 1418–1419.
[72] Vgl. Raczyński: Czasy Zygmuntowskie w muzyce Polskiej. In: ŚW (9.5.1908).
[73] Vgl. Łabendziński: Wykłady popularne. In: Pr (6.11.1910), S. 1419.
[74] Es ist frappierend, wie Łabendziński Sarbiewski in die Reihe der Autor*innen des 16. Jahrhunderts aufnahm und zugleich seine wahren Lebensdaten (1595–1640) verschwieg. Das bestätigt die Wirkungsmächtigkeit des 16. Jahrhunderts als gesetztes Epochenkonstrukt zur Evozierung polnischer kultureller Blüte.

rischen Zeitabschnitt unterschiedliche Positionen Polens gegenüber Europa einzubetten und somit das Rückständigkeitsparadigma der Teilungen zu relativieren.

Um bei den eher kulturgeschichtlichen Perspektiven zu bleiben, lässt sich neben der Literatur auch die Rhetorik in ihrer Bedeutung als Kunstform als weitere verbreitete Artikulation des historischen Subjektes Polens im Bericht der Epochenbildung erkennen. Ihre häufige Präsenz in den *Zeitschriften für viele* hing mit der breiten medialen Rezeption der oben erwähnten historischen Persönlichkeit Piotr Skargas (1536–1612) zusammen. Skarga hatte als Prediger um die Jahrhundertwende zwischen vom 16. zum 17. Jahrhundert entscheidenden Anteil sowohl am Aufbau des polnischen Staates als auch der modernen polnischen Sprache. Sein vehementes Plädoyer, das er vor dem Sejm[75] über die Gefahr des Zerfalls der staatlichen Macht hielt, machte ihn im historischen Diskurs des 19. Jahrhunderts zum großen Literaten, Repräsentanten eines patriotischen Geistes und zum weitsichtigsten Propheten des späteren politischen Geschehens.[76] Seine Biographie und seine Werke fanden während der gesamten hier betrachteten Periode in der Presse aller drei Teilungsgebiete umfassend Berücksichtigung, doch steigerte sich dies noch einmal zu seinem 300. Todestag im Jahre 1912.[77]

Die Jubiläumsartikel konzentrierten sich meistens nur auf seine Lebenszeit und zogen die Epoche der Sigismunde heran, um sein textliches Schaffen in den Kontext der generellen kulturellen Blüte Polens einzubetten. Während der Revolution von 1905–1906 veröffentlichte hingegen die neugegründete Warschauer Zeitschrift *Świat* einen längeren Beitrag, in dem der Warschauer Dramatiker Stanisław Kozłowski nicht nur das 16. Jahrhundert, sondern die gesamte temporale Tiefe der polnischen Geschichte entlang der spezifischen Entfaltungsetappen der politischen Rhetorik differenziert.[78] Kozłowski definiert in diesem Artikel die Geschichte des „lebendigen", „freien", „polnischen Wortes" als „Ab-

---

75 *Sejm* ist der bis heute verwendete polnische Begriff für das nationale Parlament. Als Institution existierte der Sejm bereits im jagiellonischen Polen, wobei die Abgesandten erst ab dem 16. Jahrhundert damit begannen, sich regelmäßig zu versammeln. Der Sejm war das Hauptsymbol der Einschränkung der absolutistischen Macht der Könige zugunsten des Adels, der den Sejm konstituierte. Ab einem gewissen Zeitpunkt erhielt der Sejm u. a. die Macht, den König zu wählen.
76 Vgl. Zahorski, J.: Ksiądz Piotr Skarga Pawęski. (1536–1612). In: BL (21.4.1899) Heft 16. S. 312.
77 Vgl. bspw. Anonym: Na jubileusz Trzechsetletni Unii Brzeskiej. O Rusi i Rusinach. Zaprowadzenie chrześcijaństwa na Rusi. In: Przewodnik Katolicki (PK) (18.10.1896) Heft 42. S. 331–333; Zahorski: Ksiądz Piotr Skarga Pawęski. In: BL (21.4.1899); Grabowski, Ignacy: Skarga skargi. In: Tygodnik Ilustrowany (TI) (28.9.1912) Heft 39. S. 806; Pawelski, Jan: Rok Skargi. In: BL (28.9.1912) Heft 39. S. 250–253; Anonym: Kim był Piotr Skarga i dla czego czcimy jego pamięć? In: PK (22.9.1912) Heft 38. S. 298–299.
78 Vgl. Kozłowski, Stanisław: Mistrze żywego słowa w Polsce. In: ŚW (28.4.1906) Heft 17. S. 1–4.

bildung der nationalen und patriotischen Gedankenentwicklung".[79] Er verknüpft die Geschichte der Redekunst mit der staatlich-dynastischen Epochenzuteilung, verleiht aber den einzelnen Epochen andere Akzente und schafft damit eine alternative literarisch-politische Periodisierung der polnischen historischen Zeit. Aufgrund des von ihm postulierten demokratischen politischen Lebens in den slawischen Gemeinden (*gminy*) nimmt in diesem Zusammenhang die vorstaatlich-vorchristliche Epoche einen dezidert historischen Charakter an und markiert jenen Anfang einer politischen Organisation Polens, die in den anderen Artikeln über die piastische Epoche zum Ausdruck gebracht wurde. Die piastische Epoche wird hingegen zur Phase des Rückschritts erklärt, weil die Stärkung der Königsmacht ihm zufolge eine dramatische Verengung der Räume für die politische Partizipation bedeutet habe. Schließlich lasse sich der jagiellonischen Epoche eine Wiedergeburt der Debattenkultur zuordnen, wobei vor allem „die gesegneten Zeiten der Sigismunde" mit den Reden von Skarga den vollkommensten Moment dieser Wiedergeburt repräsentierten. Darüber hinaus verkörpere Skarga laut Kozłowski den Katalysator einer seit den Sigismunden ununterbrochenen Entwicklung moderner politischer Redekunst in polnischer Sprache, die erst die russländische Herrschaft nach 1831 unterdrückte und die mit der zeitgenössischen Revolution des Jahres 1905 erneut belebt werden konnte.

Ähnlich wie bei Łabendziński weist diese Periodisierung auf Mechanismen der Epochenkonstruktion hin, die durch die Ungleichzeitigkeit mit den politischen Entwicklungsetappen neue Fortschrittstendenzen und -segmente in die polnische historische Zeit einführten. Dazu gehört hier erstens die Konstruktion der slawischen Epoche als demokratische Ursprungszeit der polnischen Geschichte. Damit bekommt Polen als historisches Subjekt eine längere temporale Tiefe, mehr demokratische Erfahrungs-Zeit und eine Art eigener Antike zugeschrieben, welche dem verzögerten Übertritt zum Christentum entgegensteht. Zweitens lässt sich hier eine außergewöhnlich negative Deutung des piastischen Zeitabschnitts beobachten, was allerdings Anlass zur Synchronisierung mit dem ebenso undemokratischen Mittelalter bietet und vor allem eine für die spätere Phase relevante Ungleichzeitigkeit zwischen staatlichen Machtausbau und Ausbau demokratischen Lebens schafft. Drittens sah Kozłowski in dem Aussterben des jagiellonischen Geschlechtes sowie in den Teilungen keine bedeutenden Zäsuren und profiliert stattdessen mit dem Bezug auf die Sigismunden eine bis in die Gegenwart reichende und nur im kalendarischen Abschnitt 1831–1905 kurz unterbrochene Entfaltungsepoche polnischer politisch-demokratischer Kultur.

---

[79] Kozłowski: Mistrze żywego słowa w Polsce. In: ŚW (28.4.1906), S. 1.

Diese argumentative Operation bringt zum Ausdruck, welche Implikationen der in der Forschung postulierte neuromantische Perspektivenwechsel auf die polnische Geschichte für die Konstruktion der historischen Zeit hatte. Infolge der Revolution von 1905 habe die Hoffnung auf einen Umschwung im politischen Status quo den bisher dominierenden historiographischen Blickwinkel der Krakauer Schule auf die staatliche Dekadenz und Auflösung definitiv ins Wanken gebracht und eine zunehmende Rehabilitierung des wahlmonarchischen Zeitabschnitts in Gang gesetzt.[80] Aus dieser Perspektive lässt sich die alternative Epochengliederung des Artikels als Antwort auf das mit der Revolution neuentstandene Bedürfnis denken, Zeiteinheiten zur Behauptung von Entwicklungskontinuitäten zwischen den Zeiten vor und nach den Teilungen sowie zur Neuintegration der Gegenwarts-Zeit zu schaffen. Alle diese drei formulierten Aspekte zielten in der Tat darauf ab, den in Warschau neugewonnenen politischen Öffentlichkeitsraum nicht als verspätete Übernahme der europäischen politischen Entwicklung verstanden zu wissen, sondern als moderne Fortsetzung des eigenen historischen Evolutionspfads.

Eine alternative Periodisierung, die sich ebenso als kulturgeschichtlich bezeichnen lässt und aufgrund ihrer Verbreitung eine gewisse Relevanz zu haben schien, lieferten die vielen Artikel über die Gründung der Krakauer Universität. Die *Alma Mater Jagiellonica*, wie die Universität darin häufig genannt wurde, feierte im Jahr 1900 das 500. Jubiläum ihrer zweiten Gründung: Unter der Herrschaft Władysławs Jagiełłos, im Jahr 1400, konnte die bereits 1364 auf Wunsch von Kasimir dem Großen gegründete Bildungseinrichtung wiederbelebt werden und bekam die päpstliche Erlaubnis für die Eröffnung einer eigenen theologischen Fakultät. Die Zeitschriften aller drei Teilungsgebiete widmeten den verschiedenen Phasen der Universitätsgeschichte bis zur Gegenwart speziell zu diesem Anlass zahlreiche Beiträge und sahen in der Alma Mater die tragende Institution eines polnischen (Selbst-)Zivilisierungsprozesses, der mit der Christianisierung Polens seinen Anfang nahm.[81]

Wie bereits erwähnt, interessierte sich insbesondere die positivistisch geprägte Warschauer Historikerschule für Bildungs- und Wissensgeschichte als historischen Kernprozess, der eine konstante positive Entwicklung der polnischen

---

[80] Vgl. bspw. Maternicki, Historiografia, S. 8–13; Kolbuszewska, Mutacja, S. 137–150.
[81] Sowohl der *Tygodnik Ilustrowany* als auch die *Praca* veröffentlichten anlässlich des Jubiläums einzelne Artikel desselben Autors über die unterschiedlichen Phasen der Universität. Vgl. Czermak, Wiktor: Uniwersytet Jagielloński w wiekach średnich. In: TI (2.6.1900) Heft 22. S. 419–430; Czermak, Wiktor: Uniwersytet Jagielloński w nowszych czasach. In: TI (9.6.1900) Heft 23. S. 454–455; K. P.: Akademia Kazimierzowska. In: Pr (24.6.1900) Heft 26. S. 665–666; K. P.: Wszechnica Jagiellońska. In: Pr (24.6.1900) Heft 26. S. 666–668.

Nation jenseits des politischen Niederganges erkennbar machte.[82] Anlässlich des Jubiläums widerspiegelte sich dieses historiographische Interesse in der Art und Weise der Darstellung der Universitätsgeschichte durch die *Zeitschriften für viele:* Die Jubiläumsartikel präsentierten die Gründung und Entwicklung der Alma Mater als wichtigstes Anzeichen polnischer Wissensübernahme und Wissensproduktion auf regionaler und europäischer Ebene.[83] Die Epochenzuteilung, die sich aus diesen Artikeln herauslesen lässt, erfolgt auf den ersten Blick durch die gleiche Alternation von Aufstieg und Dekadenz, die auch schon der politischen Periodisierung zugrunde liegt: Einem goldenen Zeitalter nach der Gründung folgt eine lange Zeit der Dekadenz, die mit dem wahlmonarchischen Polen koinzidiert. Im Umfeld der Datierung dieser beiden Epochen lassen sich allerdings interessante Unterschiede beobachten. Alle Pressebeiträge beschreiben die ersten 100 Jahre, also das gesamte 15. Jahrhundert, als Hochzeit bzw. als Phase, in der die Universität ein europaweit anerkanntes Kulturzentrum und ein Anziehungspol für Studenten vieler Länder war.[84] Dagegen setzt die Niedergangphase ebenso einstimmig spätestens in der zweiten Hälfte des 16. Jahrhunderts ein und dauert bis zur ersten Hälfte des 19. Jahrhunderts, als die Universität unter habsburgischer Herrschaft teilweise wiederbelebt wurde.[85]

Zentrales Differenzierungskriterium dieser Periodisierung ist in den meisten Artikel die erfolgreiche oder nicht erfolgreiche Übernahme der europäischen humanistischen Tendenzen. Während die Zeit zwischen 1400 und 1500 für eine intensive Rezeption des Humanismus steht, gilt die Zeit danach als Rückkehr zur Scholastik, was eine zunehmende Entsynchronisierung zwischen polnischer und europäischer Universitätskultur verursachte. Frappierend erscheinen die Bezeichnungen, die der *Tygodnik Ilustrowany* für diese beiden Epochen findet: Die Warschauer Zeitschrift betitelte den Artikel über die Hochkonjunktur der Universität mit „in mittelalterlichen Zeiten", während sie den Artikel über die Niedergangphase mit „in neueren Zeiten" überschrieb. Die Fokussierung auf die Krakauer Universität als Handlungsträger einer polnischen Zivilisationsge-

---

[82] Vgl. Wierzbicki, Spory, S. 189.
[83] Vgl. bspw. J. Z.: Największy rozkwit. In: BL (1.6.1900) Heft 22. S. 427–428; Kublicka-Piottuchówna, Iza: Szkolnictwo i instytucye oświatowe w Polsce niepodległej. In: Pr (16.6.1912) Heft 24. S. 759–762
[84] Vgl. J.E.: Alma Mater Jagiellonica. 1400–1900. In: BL (1.6.1900) Heft 22. S. 422–423; Czermak: Uniwersytet Jagielloński w wiekach średnich. In: TI (2.6.1900)
[85] Vgl. J.E.: Alma Mater Jagiellonica. In: BL (1.6.1900); Czermak: Uniwersytet Jagielloński w nowszych czasach. In: TI (9.6.1900); Wisłocki, Władysław: Z dziejów prastarej wszechnicy. (Z wydawnictwa „Liber diligentiarum" krakowskiego fakultetu filozoficznego z lat 1487–1563). In: T (3.6.1900) Heft 22. S. 169–171

schichte generiert daher eine alternative Periodisierung, die in ihrem ersten Abschnitt Aufschwung konstruiert, dabei allerdings den beiden Blütezeiten der Sigismunde sowie der Jagiellonen widerspricht. Nicht nur verlegt diese Periodisierung nämlich das goldene Zeitalter der Kultur in die erste Hälfte der jagiellonischen Epoche, sondern sie entkoppelt, wie das Beispiel des *Tygodnik* zeigt, auch die Wende zur Neuzeit von der jagiellonischen Epochenschwelle und deutet die Neuzeit selber als Niedergang um.

Mit dieser Operation wird das *15. Jahrhundert* zu einer alternativen, sozusagen hybriden temporalen Gliederungseinheit, die einerseits die polnische historische Zeit durch eine hundertjährige Vorwärtstendenz und Synchronie mit dem europäischen Humanismus prägt, andererseits aber als Mittelalter abgestempelt wird. Die kalendarische – und im Falle des *Tygodnik* auch namentliche – Übereinstimmung der langen Dekadenzepoche der Universität mit der Neuzeit verleiht hingegen der polnischen historischen Zeit zwischen dem 16. und dem 19. Jahrhundert einen besonders akzentuierten Rückständigkeitscharakter, der dem starken Kontrast geschuldet ist, den der Neuzeitbegriff mit seinem innewohnenden und ausgeprägten Fortschrittprozess bedingt. Schließlich bildet die Wiedergeburt, mit der die Artikel die jüngste Entwicklung der Universität seit der galizischen Autonomie bezeichnen, eine eindeutige Ungleichzeitigkeit mit der negativen Konnotation der Teilungsepoche. Dadurch dass beispielsweise die Zeitschrift *Piast* die ersten Anzeichen dieser Wiedergeburt sogar bis zurück auf die Reformen der polnischen Aufklärung führt, entpuppt sich die Universitätsentwicklung als ein weiteres Differenzierungsprinzip der Zeit, das wie im Fall der alternativen Periodisierung von Smoleński Kontinuitäten zwischen den Reformen von Poniatowski und der Gegenwart zieht und die Teilungsepoche als Anfang einer neuen Blüte umdeutet.[86]

Soziökomische Periodisierungen
Nicht nur kulturelle, sondern auch soziökonomische Entwicklungen wurden in der Presse herangezogen, um Periodisierungen der polnischen historischen Zeit zu formulieren. Sozialgeschichte sowie Wirtschaftsgeschichte gehörten ebenso schon zur Tradition der polnischen positivistischen Historiographie wie die Bildungsgeschichte und verbreiteten sich um die Jahrhundertwende infolge der Rezeption der Historiographie von Karl Lamprecht sowie des modernistischen Trends, Geschichtswissenschaft durch Hilfsdisziplinen wie die Ökonomie, die

---

86 Vgl. Stk.: Odrodzenie Uniwersytetu Jagiellońskiego w Krakowie w ostatnich stu latach. In: Piast (Pi) (5.8.1900) Heft 32. S. 1–2.

Anthropologie und die Soziologie zu betreiben.[87] Eine erste Version soziöokonomischer Periodisierung vermitteln Artikel, in denen die historischen Abläufe der Urbanisierung, des Gewerbes, der Gilden, des Handels und der bürgerlichen Schicht auf polnischen Boden alle zusammen in einem komplexen Gesellschaftswerk abgehandelt werden. Damit beschäftigten sich zu unterschiedlichen Zeitpunkten der hier analysierten Periode und aus unterschiedlichen Blickwinkeln Pressebeiträge des Warschauer *Tygodnik Ilustrowany*[88], der galizischen *Tydzień*[89] und *Nasz Kraj*[90] sowie des westpreußischen *Piast*.[91] Die Behandlung dieser Themenkomplexe in verschiedenen territorialen Kontexten und aufgrund sehr heterogener Anlässe (für den *Tydzień* beispielsweise war der Anlass die Rezension zweier historiographischer Werke, für den *Piast* die Historisierung der Arbeiterklasse oder für den *Tygodnik* einmal die Darstellung der Stadtgeschichte Warschaus und dann der Vorgeschichte der Industrialisierung) verweist eindeutig auf die große Bedeutung, die die Möglichkeit zur Rückbesinnung auf eine zeitlich weitreichende eigenpolnische bürgerlich-kapitalistische Tradition für die Selbstverzeitung im modernen Europa bot.[92] Auf den ersten Blick bestätigt diese Rückbesinnung die bereits politisch legitimierten Hauptepochen:

---

[87] Über die ökonomische Schwerpunktsetzung des polnischen Positivismus siehe: Grabski, Orientacje, S. 291–293; Kraft, Claudia: Gendering the Polish historiography of the late eighteenth and nineteenth centuries. In: Gendering historiography. Beyond national canons. Hrsg. von Angelika Epple u. Angelika Schaser. Frankfurt am Main 2009. S. 78–101, hier S. 92–94. Über die modernistische Wende und die Rezeption von Lamprecht vgl. Maternicki, Historiografia, S.7; Kolbuszewska, Mutacja, 61–136; Wierzbicki, Spory, S. 205–206.
[88] Vgl. F. R – n.: Cechy rzemieślnicze w Warszawie. Dzieje powstawania cechów. In: TI (28.3.1892) Heft 126. S. 342–343; Włodek, Ludwik: Z dziejów przemysłu polskiego. In: TI (14.8.1909) Heft 33. S. 665.
[89] Vgl. Rembowski, Aleksander: Korzon. Wewnętrzne dzieje Polski za Stanisława Augusta. Tom II. (Wydanie drugie). In: T (25.7.1897) Heft 30. S. 233–235; Studnicki, Wł[adysław]: Pieniądz i przewrót cen w XVI i XVII w. w Polsce. In: T (20.4.1902) Heft 16. S. 246–248.
[90] Vgl. Kowalewski, K.: Rozwój rzemiosł w Polsce. In: Nasz Kraj (NK) (3.2.1906) Heft 6. S. 41–42.
[91] Vgl. Anonym: Cechy w dawnej Polsce. In: Pi (29.5.1910) Heft 22. S. 2–4.
[92] Diesbezüglich lässt sich hier ein kurzer Exkurs über einen Artikel der *Biesiada Literacka* aus dem Jahr 1884 anführen: Wielisław: Bankierzy, przemysłowcy, rzemieślnicy dawnej daty. In: BL (10.10.1884) Heft 41. S. 229–230. In dem Text geht es an keiner Stelle um Periodisierungen oder Zeitkonstruktion, sondern generell um den Beweis der kapitalistischen Tradition des polnischen Adels. Der Autor widerspricht nämlich vehement denjenigen „Pseudo-Historikern", die so eine Tradition negieren, und behauptet, dass die polnische Aristokratie im Handel und Bankwesen sehr aktiv war, sich dabei aber sich ethisch vorbildhaft verhalten habe und nicht als Spekulant in Erscheinung getreten sei. Abgesehen von antisemitischen Untertönen (Juden werden allerdings nicht erwähnt), ist es aufschlussreich, welche Relevanz der Autor einer solchen Tradition beimisst.

> Die Herrschaftszeit von Kasimir dem Großen stellt einen Wendepunkt in der Geschichte der ökonomischen Entwicklung Polens dar. Dank der Erweiterung der Stadtrechte wurde die Landwirtschaft ausgebaut, stieg die handwerkliche Produktion an. [...] Die drei Jahrhunderte von 1332 bis 1632 sind die besten Zeiten des polnischen Handwerks.[93]

Dieser Artikel aus dem *Tygodnik Ilustrowany* des Jahrgangs 1909 zur polnischen Industrialisierungsgeschichte behandelt den Zeitabschnitt seit der Krönung Kasimirs des Großen bis zum Tode Sigismunds III. Wasa als Epoche der polnischen wirtschaftlichen Blüte.[94] Jene Pressebeiträge, die sich für die Entstehung der Gilden und Zünfte interessieren, datieren zwar die Erscheinung der ersten Formen handwerklicher Organisation – und damit auch implizit die Anfänge der ökonomisch-kapitalistischen Entwicklung Polens – etwas früher bzw. bereits auf das 13. Jahrhundert, gehen allerdings bei der Bestimmung ihrer maximalen Entfaltung von der gleichen Epochenvorstellung aus.[95] Diese Gliederungseinheit entspricht im Großen und Ganzen der politisch-dynastischen jagiellonischen Epoche, die dadurch in sich nicht nur die maximale Machtausdehnung des polnischen Staates, sondern auch der polnischen Wirtschaft vereint. Analog koinzidiert auch die darauffolgende Epoche ökonomischer Rezession in allen Pressebeiträgen mit dem politischen Verfallsprozess unter der Wahlmonarchie. Die Krise des Staates und die vielen Kriege des 17. Jahrhunderts wurden in der Tat als Ursache eines wirtschaftlichen Niedergangs empfunden, von dem Polen sich bis in die erste Hälfte des 18. Jahrhunderts nicht mehr erholt hätte.[96] Damit lässt sich eine starke Übereinstimmung zwischen politischer und ökonomischer Periodisierung beobachten.

Für die Zeit vor und nach dem polnischen Staat arbeiten hingegen dieselben Autor*innen gerne mit Gliederungseinheiten, die nicht deckungsgleich mit den staatlich-dynastischen Epochen sind. Zum Beispiel lässt K. Kowalewski, Autor einer in *Nasz Kraj* veröffentlichten, langen Artikelreihe mit dem Titel *Die Entwicklung des Handwerks in Polen*, seine Geschichte deutlich vor den Piasten bzw.

---

93 Im Original: „Rządy Kazimierza Wielkiego stanowią moment zwrotny w dziejach rozwoju ekonomicznego Polski. Podnosi się rolnictwo, podnosi się przemysł, dzięki rozszerzeniu praw miast. [...] Trzy stulecia, od 1332 do 1632 r., to najświetniejsze czasy przemysłu polskiego." Włodek: Z dziejów przemysłu polskiego. In: TI (14.8.1909).
94 Diesbezüglich vgl. auch Kozłowski, Stanisław: Król pospólstwa. In: ŚW (30.6.1906) Heft 26. S. 1–3.
95 Vgl. F. R – n.: Cechy rzemieślnicze w Warszawie. In: TI (28.3.1892); Kowalewski: Rozwój rzemiosł w Polsce. In: NK (3.2.1906); Anonym: Cechy w dawnej Polsce. In: Pi (29.5.1910).
96 Vgl. Rembowski: Korzon. Wewnętrzne dzieje Polski za Stanisława Augusta. In: T (25.7.1897); Studnicki: Pieniądz i przewrót cen w XVI i XVII w. w Polsce. In: T (20.4.1902); Włodek: Z dziejów przemysłu polskiego. In: TI (14.8.1909).

im Paläolithikum beginnen.[97] Er betrachtet die Herstellung von ersten Werkzeugen als Vorläufer der handwerklichen Produktion und differenziert auf Grundlage der angewandten Herstellungsverfahren die vorchristliche Zeit Polens in „Steinzeit", „Bronzezeit" und „Eisenzeit". Das erschöpft die Deutungskraft des eigenpolnischen Epochenkonstrukts slawischer Zeit in dreierlei Hinsicht: Erstens, weil die temporale Tiefe, die solche archäologischen Epochen der polnischen historischen Zeit hinzufügen, sich weit über die kalendarischen Grenzen der slawischen Zeit hinaus erstreckt. Zweitens nimmt der universal-allmenschliche Charakter dieser Epochen die slawische Zeitspanne aus ihrer mythisch-eigentümlichen Dimension heraus und synchronisiert sie mit der generellen Menschheitsgeschichte. Drittens konterkarieren Steinzeit Bronzezeit und Eisenzeit die Bedeutung von Schrift und Christentum als Anfangsmoment der historischen Zeit und wirken somit dem Paradigma der Verspätung entgegen, das die slawische Epoche in dieser Hinsicht mit sich brachte.[98]

Am anderen Ende der Zeitachse bekommt auch die Teilungsphase einen neuen Charakter. Wie in der Einleitung des Buches bereits angerissen, erlebte der wirtschaftliche Aufschwung in den polnischen Gebieten in der zweiten Hälfte des 19. Jahrhunderts eine bisher dahin unbekannte Beschleunigung. In vielen der gerade analysierten Artikel ist genau diese Beschleunigung der explizite Auslöser der Beschäftigung mit ökonomischen Themen und fungiert daher als Fluchtpunkt jeglicher Epochengliederung des polnischen wirtschaftsgeschichtlichen Wandels. „Das seit jeher agrarisch geprägte Land wurde heute agrarisch-industriell",[99] heißt es beispielsweise im Vorwort des bereits zitierten Artikels im *Tygodnik Ilustrowany* über die Geschichte des polnischen Gewerbes. Der *Piast* begründet seine thematische Auswahl mit der Notwendigkeit, der zeitgenössischen Arbeiterklasse eine Geschichte zu geben. Solche Aussagen demonstrieren, dass die zeitgenössische wirtschaftliche Standortperspektive, aus der die wirtschaftlichen Epochen abgeleitet wurden, sich grundlegend von der Einschätzung der politischen Lage unterschied. Während die politische Abhängigkeitssituation des 19. Jahrhunderts

---

97 Vgl. Kowalewski: Rozwój rzemiosł w Polsce. In: NK (3.2.1906), Zitat auf S. 41.
98 Sebastian Conrad klassifiziert die Entdeckung der historischen Tiefzeit im 19. Jahrhundert – vor allem im geologischen Sinne des Alters der Erde – als einen der vier zentralen Aspekte der temporalen Revolution der Moderne. Er argumentiert, dass die Tiefzeit das auf der christlich-schriftlichen Kultur fundierte temporale Primat der europäischen, imperialen Zentren herausfordere und zu einer globalen Synchronisierung der Zeit in der Moderne beigetragen habe. Conrad, Sebastian: Weltzeit, Fortschritt, Tiefzeit: Die Synchronisierung der Welt im 19. Jahrhundert. In: Merkur. Deutsche Zeitschrift für europäisches Denken 69 (2015) Heft 793 Juni. S. 53–60, hier S. 57–59.
99 Im Original: „Kraj zdawna rolniczy stał się dziś rolniczo-przemysłoym." Włodek: Z dziejów przemysłu polskiego. In: TI (14.8.1909).

einen Rückschritt im Vergleich mit den vergangenen Epochen bedeutete, galt die gleichzeitig einsetzende Industrialisierung unhinterfragt als Fortschritt.

Dieser Unterschied wird zwangsläufig auch in der Periodisierung abgebildet, da sie bei der Wirtschaftsgeschichte von einem Primat der Gegenwarts-Zeit gegenüber der Vergangenheits-Zeit ausgeht. Damit enthält die Teilungsepoche in den wirtschaftlichen Periodisierungsentwürfen einerseits das Potential, die polnische historische Zeit mit den europäischen Entwicklungen zu synchronisieren. Andererseits bringt sie allerdings auch eine Abhängigkeit zum Ausdruck, die bei der politisch-geschichtlichen Verwendung des Terminus Teilungsphase unvermeidlich impliziert ist. Laut dem Autor des Artikels des *Tygodnik* – dem Publizisten Ludwik Włodek – lässt sich beispielsweise der Industrialisierungsprozess im 19. Jahrhundert nicht wirklich als polnisch bezeichnen, da er von der Politik der Teilungsmächte diktiert worden sei. Aus dieser Perspektive markiert die Teilungsepoche auch im wirtschaftshistorischen Kontext den Verzug der polnischen historischen Entwicklung gegenüber Europa. Interessanterweise tragen auch die Artikel über die Gilden ähnliche Argumente gegen die Urheberschaft der wirtschaftlichen Blüte zwischen dem 14. und dem 17. Jahrhundert vor: Die Gilden haben sich eigentlich im Zuge der mittelalterlichen deutschen Siedlungspolitik und der Einführung des Magdeburger Stadtrechts ausgebreitet, und ihre Entfaltung wurde meistens von nicht-polnischen Akteursgruppen vorangetrieben.[100] Beide positiven Epochenstrukturen der wirtschaftlichen Periodisierung erfüllen somit eine eher hybride Funktion, da sie zugleich die Idee eines polnischen Wirtschaftswachstums und des nicht-polnischen Ursprungs dieses Wachstum tragen.

Eine ebenso starke Orientierung auf die Zeit nach den Teilungen kennzeichnet auch die zweite sozioökonomische Epochengliederung, auf die die Quellen hinweisen. Diese taktet die Entwicklung der sozialen Verhältnisse in Polen in Bezug auf die Bauernfrage. Wenig überraschend lässt sich insbesondere in bestimmten Volkszeitschriften wie der Warschauer *Gazeta Świąteczna* oder der Lemberger *Pszczółka* so eine Epochengliederung wiederfinden, die das polnische historische Subjekt als temporale Evolution des Bauernstandes entwarf. Unvermeidbarer zeitlicher und argumentativer Fluchtpunkt der in den Artikeln thematisierten Bauerngeschichte ist die dreifach neue Lage der zeitgenössischen bäuerlichen Bevölkerung im Vergleich zum alten Polen: einmal ihre anerkannte Zugehörigkeit zur polnischen nationalen Gemeinschaft (ebenso im neuen ethni-

---

[100] Vgl. F. R – n.: Cechy rzemieślnicze w Warszawie. In: TI (28.3.1892); Kowalewski: Rozwój rzemiosł w Polsce. In: NK (3.2.1906); Włodek: Z dziejów przemysłu polskiego. In: TI (14.8.1909); ANONYM: Cechy w dawnej Polsce. In: Pi (29.5.1910).

schen Verständnis), außerdem ihre Emanzipation von der Leibeigenschaft in einer Gemeinschaft freier politisch-mobilisierbarer Akteure und schließlich ihr Status als potentielle Leserschaft einer politisch und kommerziell motivierten Massenpresse, was auf den beiden ersteren Veränderungen aufbaute.

> Viele Leute sind bis heute davon überzeugt, dass in den polnischen Zeiten nur der Adel in der Armee diente. [...] So wird den Bauern jegliche Teilnahme an dem wunderschönsten aller Dienste aberkannt. [...] Heutzutage geht es nicht mehr darum, etwas für die Bauern zu erreichen, da die Verhältnisse sich verbessert haben und die Bauern alles erreicht haben, was sie als gleiche Bürger des Staates haben und einfordern dürfen, aber es lohnt sich trotzdem, aus der Geschichte die Verdienste des bäuerlichen Standes in Erfahrung zu bringen [...]; man sollte darüber hinaus ihren [der Bauern, C.F.] Beitrag zu denjenigen Siegen und Triumphen der polnischen Waffen anerkennen, bei denen ihnen ein Beitrag zugestanden wurde. Das ist auch aus dem Grund notwendig, dass es Schriftsteller und Historiker gibt, die diese Verdienste der Bauern völlig unerwähnt lassen.[101]

So begründet beispielsweise der*die anonyme Autor*in die thematische Relevanz seiner*ihrer langen Artikelreihe, die 1885 und 1886 in der *Pszczółka* erschien und in der er*sie die historischen Fälle des bäuerlichen Militärdienstes im Laufe der polnischen Geschichte detailliert behandelt. Diese Passage verdeutlicht einerseits, wie die neue, zeitgenössische Situation der bäuerlichen Bevölkerung im 19. Jahrhundert zur Grundbedingung wurde, um überhaupt eine Bauerngeschichte zu schreiben. Die Gegenwarts-Zeit ist daher zweifelsohne der Höhepunkt einer solchen Geschichte. Andererseits zeigt die Passage auch, dass die Etablierung der Bauern als gleichberechtigte Handlungsträger des polnischen historischen Verlaufs keinen abgeschlossenen Prozess darstellt. Vor diesem Hintergrund begrenzten weder die *Gazeta Świąteczna* noch die *Pszczółka* die Bauerngeschichte auf einzelne Beiträge, sondern integrierten sie in ihre über Jahre reichende Serie über die staatlich-dynastische Geschichte Polens und versuchten damit, dem bäuerlichen Stand einen eigenen Platz und eine eigene Prägungskraft im Gesamtbild der polnischen Geschichte zu geben.

---

101 Im Original: „Wielu dotychczas mniema, że za polskich czasów wyłącznie szlachta służbę wojenną pełniła [...] W ten sposób włościanie odsądzeni bywają od wszelkiego udziału w tej najpiękniejszej zasłudze. [...] Obecnie nie chodzi już o to, aby dla włościan coś pozyskać, gdyż stosunki się zmieniły na lepsze, i włościanie doszli do wszystkiego co mieć i pożądać mogą, jako równi obywatele państwa, ale warto przecież z historyi poznać zasługi stanu włościańskiego [...]; warto dalej przyznać im należną cząstkę w tych zwycięstwach i tryumfach polskiego oręża, do których pozwolono im się przyczynić. Potrzebne to i z tego względu, że znajdą się pisarze i historycy, którzy wcale nie wpominają o tych zasługach włościan." Anonym: O służbie wojennej włościan za dawnej Polski. In: Ps (8.10.1885) Heft 1 (17). S. 7–8, hier S. 7.

Bei der Periodisierung der Beziehungen zwischen den unterschiedlichen Schichten der polnischen Gesellschaft beriefen sich beide Zeitschriften auf die Vorstellung einer ersten vorchristlich-piastischen Phase, als Prozesse der sozialen Differenzierung allmählich starteten, gleichzeitig aber eine gewisse soziale Gleichheit herrschte. Innerhalb dieses Zeitabschnittes setzte die *Pszczółka* den Akzent vor allem auf die Möglichkeit für die Bauern, noch im piastischen Zeitalter als Soldaten zu dienen, und somit auf die ursprünglich vorhandene Permeabilität und Mobilität der sozialen Klassen:

> In diesen ritterlichen, kriegerischen Zeiten, begann sich infolge der ständigen Kriege die spätere gesellschaftliche Zusammensetzung herauszukristallisieren. [...] Es gibt jedoch keine Spur von wirklicher Leibeigenschaft. Selbstverständlich nehmen die Bauern an den großen nationalen Kriegen unter Boleslaus dem Tapferen und Boleslaus dem Kühnen, schließlich unter Boleslaus Schiefmund teil. [...] Und denjenigen, die als Fußsoldaten dienten, nämlich den Bauern, waren keine Schranken gesetzt, wenn es um Verdienste für die Nation ging, sei es auf dem Schlachtfeld oder auch in anderen Staatsdiensten.[102]

Die *Gazeta Świąteczna* spricht dagegen in Bezug auf die Verteidigung des Landes schon viel früher von einer definitiven Aufgabentrennung zwischen den Bauern und der „szlachta",[103] präsentiert aber ein Bild von beiden Gruppen, wonach sie in

---

102 Im Original: „W tych to rycerskich, wojowniczych czasach, zaczęło się właśnie w skutek ciągłych wojen wyrabiać późniejsze urządzenie społeczności. [...] Niema jednakże śladu o właściwem poddaństwem. Owszem we wielkich wojnach narodowych za Chrobrego i Bolesława Śmiałego, wreszcie za Krzywoustego, włościanie biorą udział w walce narodowej. [...] I ci, co służyli pieszo, włościanie, mieli otwartą drogę do zasługi tak na polu bitwy, jak i w innej służbie krajowi." ANONYM: Historya Polska w zarysie. Polska, w chwili śmierci Krzywoustego. In: Ps (23.9.1888) Heft 14. S. 229–232, hier S. 230.
103 Der Terminus *szlachta* bezeichnet diejenige gesellschaftliche Gruppe, die sich durch ihre Nicht-Unterwerfung unter die Leibeigenschaft auszeichnete. *Szlachta* lässt sich am ehesten als ‚Adel' übersetzen, wobei der Terminus keine ökonomische, sondern eine rein ständisch-soziale Bedeutung hatte. In den späteren Jahrhunderten der Adelsrepublik wurde zwischen der *szlachta* (Kleinadel) und den Magnaten (Hochadel), die außer dem Status als freie Menschen auch Grundbesitz, Vermögen und politischen Einfluss beanspruchen konnten, differenziert. In den hier untersuchten Quellen über die sozialen Verhältnisse lässt die *Gazeta Świąteczna* die *szlachta* von einer Gruppe des polnisch-slawischen Stammes abstammen, der sich noch in vor-piastischen Zeiten auf die Kunst des Krieges spezialisiert hatte. Vgl. Pisarz Gazety Świątecznej [Pseudonym für Konrad Prószyński]: Najstarsze dzieje Polan. O kmieciach i lechach – oraz o najdawniejszych książętach. In: GŚ (04.1882 [2. Sonntag]) Heft 14. S. 3. In diesem Sinne vertrat die Zeitschrift die These vom nicht-dynastischen, slawisch-demokratischen Ursprung der *szlachta*, Diese These wurde auch in anderen Quellen debattiert. Vgl. bspw. Balzer, O. Dr.: Przegląd piśmienniczy. Stefczyk Franciszek. Upadek Bolesława Śmiałego. In: TI (3.10.1885) Heft 144. S. 212–213; oder: Łumiński, Ernest: Za tytuł – infamia. In: ŚW (27.4.1912) Heft 17. S. 1–2.

der Gesellschaft noch paritätisch aufeinander angewiesen waren und in ihren sich gegenseitig ergänzenden Funktionen harmonisch miteinander lebten:

> [Die polnische Nation, C.F.] setzte sich vor allem aus freien Bauern zusammen. [...] Vor sehr langer Zeit, noch bevor der christliche Glaube nach Polen kam, teilte sich die Nation in zwei Stände. Um den König entstand eine Armee von Rittern, die zu Pferde und bedeckt mit einem teuren Harnisch kämpften. Das war die szlachta. Auch sie lebte, wie die Bauern, vom Land. Aber sie hatte keine Zeit dafür, sich immerzu um das Haus und um den Ackerboden zu kümmern [...] So bestellten die Bauern ab diesem Zeitpunkt den Boden für sich und für die szlachta. Sie ernährten die ganze Nation mit ihrer Arbeit, und die szlachta verteidigte sie [die Nation, C.F.] mit ihrem Blut. Und so war es jahrhundertelang.[104]

Beide Volkszeitschriften schufen daher, wenn auch auf unterschiedliche Art und Weise, ein Epochenkonstrukt, dessen Anfangspunkt sich in der unbestimmten temporalen Tiefe der slawischen mythischen Zeitdimension befindet und dessen Ende mit dem Ende der Piasten zusammenfällt. Dieses Konstrukt diente dazu, die ursprüngliche Zugehörigkeit der Bauern zur Nation sowie einen ursprünglichen Gleichheitszustand zwischen den sozialen Schichten temporal zu verankern.

Die jagiellonische Epoche markiert hingegen in diesem Kontext einen Rückschritt gegenüber dieser positiven Ausgangslage. Die zwei hier zitierten Volkszeitschriften, aber auch weitere Periodika, assoziieren den Dynastiewechsel mit einer dramatischen Verschlechterung der Lage der bäuerlichen Bevölkerung aufgrund der wachsenden Macht der *szlachta* und der Einführung von Knechtschaftsverhältnissen auf dem Land.[105] Während die zuvor analysierte Periodisierung der bürgerlich-kapitalistischen Verhältnisse die Vorstellung eines goldenen Zeitalters Polens im 15. und 16. Jahrhundert im Wesentlichen unterstreicht, rückt die Periodisierung der bäuerlichen Verhältnisse diese Epoche in ein völlig anderes Licht:

> Mit dem Tod von Kasimir dem Großen und durch das Kaschauer Privileg fand die bäuerliche Freiheit ihr Ende. [...] Władysław Jagiełło und seine Nachfolger machten aus einem zuvor freien Bauern einen Sklaven, dessen Hab und Leben vom guten oder schlechten Willen des

---

104 Im Original: „[Naród Polski, C.F.] był naród składający się głównie z kmieci. [...] Bardzo dawno, zanim jeszcze wiara chrześcijańska do Polski doszła, naród się podzielił na dwa główne stany. Utworzyło się przy królu wojsko złożone z rycerzy walczących konno i w kosztownej stalowej zbroji, którą byli okryci. Była to szlachta. I ona i jak kmiecie żyła z ziemi. Ale nie miała czasu ciągle domu i ziemi pilnować [...] Kmiecie więc odtąd i dla siebie i dla szlachty ziemię uprawiali. Oni naród cały pracą swą żywili, a szlachta go krwią swoją broniła. I to trwało wieki." Prószyński, Konrad: Znajmy prawdę. In: GŚ (19.11.1905) Heft 46/47. S. 1–3, hier S. 1.
105 Vgl. bspw. auch Trąmpczyński, Wł: Biblioteka Rodzinna. „Wojsko Polskie". In: BL (30.1.1903) Heft 5. S. 92–93; X. L. N. S.: 250-ta rocznica ślubów narodowych Jana Kazimierza. In: Pi (8.4.1906) Heft 14. S. 1–2; Sobieski, Wacław: Nasza baśń dziejowa. In: TI (15.7.1905) Heft 28. S. 523–524.

Ritters abhing. [...] Der Humanismus förderte die Gier der gesellschaftlichen Kasten. [...] In der Welt der Antike war nur eine Handvoll von Bürgern frei. [...] Das Töten eines Nicht-Adligen, ähnlich wie eines Juden, blieb bis zum Jahr 1768 nicht strafbar.[106]

So umschreibt der ebenso ländlich-kleinstädtisch geprägte *Piast* die Zäsur, wie sie für die Geschichte der bäuerlichen Bevölkerung in der polnischen Gesellschaft nach den Piasten Realität geworden sei. In der Passage erfährt das jagiellonische Epochenkonstrukt einen dramatischen Richtungswandel: von der Blüte zum Verfall. Sogar die vom *Piast* hergestellte Gleichzeitigkeit zwischen der jagiellonischen Epoche und dem Humanismus wird als Grund für diesen Verfall herangezogen und in ein Anzeichen von Rückständigkeit umgedeutet. Der*die anonyme Autor*in macht nämlich die Übernahme des Humanismus mit seiner Rückbesinnung auf die vorchristliche Antike dafür verantwortlich, das Verständnis sozialer Gleichheit bzw. Gerechtigkeit um Jahrhunderte zurückgedreht und die Sklaverei wieder gerechtfertigt zu haben. In diesem Ansatz besitzt das jagiellonische Epochenkonstrukt darüber hinaus auch keine Autonomie mehr von der Wahlmonarchie, und die beiden Epochen verschmelzen zu einer vier Jahrzehnte langen Dekadenzphase. Erst der Vierjährige Sejm und die daraus entstandene Maiverfassung[107] bringen die Dekadenz zum Stehen.[108] Das Ende des 18. Jahrhunderts wird daher auch in diesem Fall zum Moment der Wiederbelebung und zum zentralen Motor der polnischen historischen Entwicklung. Ab diesem Punkt setzt eine Fortschrittsphase ein, die bis in die Gegenwart der Autor*innen reiche. Zusammenfassend bewirkt die Integration der Bauern als Akteure der polnischen Geschichte eine radikale Umgestaltung der epochalen Tendenzen, die für die staatlich-dynastische Epochenzuteilung charakteristisch sind.

---

106 Im Original: „Ze śmiercią Kazimierza Wielkiego i przez pakt Koszycki r. 1374, kończył się wolność kmieci. [...] Władysław Jagiełło i jego następcy zamienili wolnego wprzódy kmiecia w niewolnika, którego mienie i życie zależało od woli lub swawoli rycerza. [...] Chciwości kastowej sprzyjało zapanowanie humanizmu [...]. W świecie starożytnym tylko garstka obywateli miała wolność. [...] Zabicie nieszlachcica, podobnie jak i żyda, uchodziło bezkarnie aż do roku 1768." X. L. N. S.: 250-ta rocznica ślubów narodowych Jana Kazimierza. In: Pi (8.4.1906), S. 1–2.
107 Als Maiverfassung ist die erste, im Jahre 1791 verabschiedete polnische Verfassung bekannt. Verabschiedet wurde sie im Rahmen des Vierjährigen Sejms, der sich von 1788 bis 1792 immer wieder mit dem Ziel versammelte, den immer machtloser werdenden polnischen Staat zu reformieren und vor den Teilungen zu retten.
108 Vgl. ANONYM: O służbie wojennej włościan za dawnej Polski. In: Ps (8.10.1885); Prószyński: Znajmy prawdę. In: GŚ (19.11.1905).

Freiheit als epochaler Handlungsträger

Die letzte besonders sichtbare Periodisierung, die sich in den *Zeitschriften für viele* findet, verleiht auch der polnischen historischen Zeit eine teils inkongruente epochale Struktur. Deren Handlungsträger Freiheit wird in keinem Artikel spezifisch behandelt, wirkt allerdings als Differenzierungsprinzip der polnischen historischen Zeit in viele Artikel hinein. Freiheit wird zweifellos von vielen Autor*innen als treibende, eigen-artige und sinnstiftende Kraft der gesamten polnischen historischen Entwicklung angesehen und somit als zentrale Artikulation des historischen Subjektes Polen. Auch semantisch nahestehende Konzepte wie Verbrüderung, Frieden oder Demokratie bekommen in unterschiedlichen Fällen eine solche Rolle zugeschrieben,[109] wobei die historische *agency* der Freiheit die anderen mitunter einschließt und in einer dezidiert vielfältigeren und ambivalenteren Art und Weise durchdekliniert wird.

In der Tat bildet Freiheit in der polnischsprachigen Presse dieser Zeit ein breites Deutungsfeld für unterschiedliche historische Phänomene mit unterschiedlichen Bewertungsinhalten. Freiheit und Freiheitsliebe werden üblicherweise als prominentestes positives (Ur-)Merkmal der slawischen Natur betrachtet.[110] „Die Slawen verzichteten doch nicht auf etwas ihnen Angeborenes, das heißt die Liebe zur Freiheit, die sie mehr als das eigene Leben schätzen",[111] erklärt beispielsweise der*die anonyme Autor*in aus der bereits zitierten *Gwiazda*-Reihe über die Slawen. Damit stellt die Freiheit eine Qualität dar, die sich am Anfang der Zeitachse polnischer historischer Entwicklung schon in einem vollkommenen Stadium befand und an der alle späteren Epochen gemessen werden sollten: Sie ist in vielen Quellen die leitende Figur für die ewige slawisch-germanische bzw. polnisch-deutsche Auseinandersetzung und sichert damit die moralische Überlegenheit der polnischen Seite.[112] So wird in mehreren Jubiläumsartikeln 1910 die Schlacht bei Tannenberg als der Kampf für die Wiederherstellung der Freiheit

---

[109] Vgl. bspw. Łabendziński, Stanisław: Wykłady popularne. Jakiemi czyniami Polska najwięcej pochlubić się może? In: Pr (13.3.1910) Heft 11. S. 332–333.

[110] Vgl. bspw. Pisarz Gazety Świątecznej [Pseudonym für Konrad Prószyński]: O dawnych Słowianach i o ciężkiej ich nauce. In: GŚ (03.1882 [2. Sonntag]) Heft 10. S. 2–3; Pisarz Gazety Świątecznej [Pseudonym für Konrad Prószyński]: Dawni Słowianie i Rzym. In: GŚ (4.4.1897) Heft 14. S. 3–4; Ochorowicz, Julian: Słowianie i Germanie. Paralela historyczno-psychologiczna. In: TI (6.1.1900) Heft 1. S. 2–3; Anonym: Początek Słowian. In: Pr (22.10.1905) Heft 43. S. 1422–1424.

[111] In Original: „Wszakże z tego, co im jest wrodzone, to jest z zamiłowania wolności, którą nad życie cenili, nigdy się nie wyzuli Słowianie."Anonym: Słowianie. (Dokończenie). In: G (29.7.1883) Heft 30. S. 233–234, hier S. 234.

[112] Vgl. Anonym: Słowianie. In: G (29.7.1883); Anonym: Początek Słowian. In: Pr (22.10.1905); Lutosławski, Wincenty: Prusacy i Persowie. In: ŚW (20.6.1908) Heft 25. S. 2–3

schlechthin definiert.[113] Auf Freiheit – im Sinne eines freien Willens, Abwesenheit von Zwang – rekurrieren viele Presseautor*innen, um die historischen Begegnungen zwischen den Polen und den (kolonialen) Anderen in der polnischen Geschichte zu charakterisieren: Freiheit ist beispielsweise der Deutungsrahmen für die gesamte polnische Unionspolitik mit den litauischen und ukrainischen Nachbarn und gilt daher in den Geschichtsartikeln über diese Politik sowie über die polnische Teilnahme an den vielen Unabhängigkeitskämpfen des 19. Jahrhunderts als ein polnisch-spezifisches, kostbares Exportgut.[114] In den Geschichtserzählungen über das 16. Jahrhundert steht (religiöse) Freiheit darüber hinaus für das positive Unterscheidungsmerkmal des jagiellonischen Polens von Europa, das damals von Religionskriegen erschüttert wurde.[115] Freiheit verkörpert schließlich das, was die Teilungsmächte Polen nahmen, und ihre Wiedererlangung wird als Fluchtpunkt der polnischen historischen Existenz im 19. Jahrhundert imaginiert.

Wacław Lutomski, Publizist der Warschauer Świat, definiert in einem Artikel über die Union zwischen Polen und Litauen die vorrangige Rolle, die die Freiheit in der polnischen Geschichte hatte, wie folgt:

> Die Nationalität ist keine zoologische oder mechanische, sondern eine soziohistorische Frage. Die Historizität durchdringt die ganze Existenz der Nation, der heutige Tag resultiert aus dem gestrigen [...]. Die Beibehaltung einer lebendigen Balance zwischen der Geschichtskraft und Evolutionskraft, zwischen der Idee der Entwicklungsrichtung und der Idee zu etwas Neuem, verleiht dem Evolutionsprozess seinen Inhalt und macht das Leben der modernen Gesellschaften aus: Das Ganze lässt das Urteil zu, dass Polen seine Berufung in der Idee zu individuellen, religiösen und nationalen Freiheiten sah, in den freiwilligen Vereinigungen zwischen freien Völkern, in der Union und Föderation. [...] Die jagiellonische Idee überstrahlte schon seit dem Mittelalter alles [...]. Der Jagiellonismus, der Höhepunkt unserer Geschichte, versprach den damaligen Völkern ein Leben nach einer bis dahin unbekannten und erhabenen Idee: *Gleich mit den Gleichen, frei mit den Freien.* Dieses Motto war und blieb durch und durch polnisch während aller Episoden unserer Tragödien. [...] In seinem Namen gingen wir nach Tannenberg [...] wir bekannten uns ehrlich zu ihm im 16. Jahrhundert, [...] als die Inquisition in Europa Häretikern auf Scheiterhaufen verbrannte. [...] Das alte Gesetz der polnischen Freiheit erhält durch heutige Ideen wieder Bedeutung, es führte Kościuszko und Puławski nach Amerika und befiehlt uns, unter der Flagge der

---

113 Vgl. bspw. Anonym: Na święto grunwaldzkie. In: Nowości Ilustrowane (NI) (16.7.1910) Heft 29. S. 1–3; Anonym: 1410–1910. In: NK (16.7.1910) Heft 107. S. 2.
114 Vgl. bspw. Lutomski, Wacław: Unie. In: ŚW (13.6.1908) Heft 24. S. 2–3; Lutosławski: Prusacy i Persowie. In: ŚW (20.6.1908); Przewóska, Maria Czesława: Unia Horodelska. In: Bluszcz (B) (25.10.1913) Heft 43. S. 471–472
115 Vgl. bspw. Boberska, Felicja z Wasilewskich: Zygmunt August i czas jego w Polsce. (Ciąg dalszy). In: OD (15.1.1884) Heft 2. S. 22–23; Łaszczyński, Witold: Wojna religijna w Polsce. In: Pr (20.5.1906) Heft 20. S. 777–780.

französischen Revolution zu kämpfen. Die deutschen Historiker nannten den [polnischen, C.F.] Aufstand des Jahres 1830 als *den letzten Kampf um die Freiheit der Völker* [...]. Im Jahre 1848 sind wir auf allen Barrikaden zu finden..."[116]

Diesem Auszug zufolge stellt die Idee der Freiheit eine positive „Geschichts- und Evolutionskraft" dar, die entlang der Jahrhunderte die positive Eigen-Artigkeit des polnischen historischen Evolutionspfades ausmachte und in der Gegenwart die Einordnung dieser Bahn in dem von der Französischen Revolution ausgelösten europäisch-globalen Freiheitsstreben ermöglicht. Die Periodisierung, die aus dieser Evolutionskraft entsteht, differenziert die polnische historische Zeit in solche Epochen aus – wie die hier nicht erwähnte slawische Zeit oder die jagiellonische Phase –, in denen die Freiheit triumphierte, und solche – wie implizit die Zeit vor der Schlacht bei Tannenberg oder das 19. Jahrhundert –, in denen die Freiheit in Gefahr war und erkämpft werden musste. Als zentrale Epochenschwellen gewinnen hingegen die Schlacht bei Tannenberg an sich sowie die Französische Revolution an Bedeutung. Mit dem Sieg über den Deutschen Orden endet die Phase des Kampfes für die Re-Etablierung der ursprünglichen slawischen Freiheit und beginnt ein Prozess der Vervollkommnung des polnischen Freiheitsideals, der das Polen des 15. Jahrhunderts temporal vor dem zeitgenössischen Mittelalter verortet und durch die Französische Revolution eine Neuaufwertung erfährt. In diesem Zusammenhang bietet neben der jagiellonischen Epoche vor allem das 19. Jahrhundert ein starkes Synchronisierungspotential, da der Freiheitskampf, der die polnische Entwicklung dieser Epoche vorantreibt, als universalistische Fortschrittskraft umgedeutet wurde.

---

116 Im Original: „Narodowość bowiem nie jest faktem ani zoologicznym, ani mechanicznym, lecz historyczno-społecznym. Historyczność przenika całe istnienie narodu, dzień dzisiejszy wynika z wczorajszego [...]. Utrzymywanie żywej równowagi między siłą dziejową a siłą rozwojową, między ideą tendencyi a ideą nowości, wypełnia treść procesu ewolucyjnego, stanowiące życie społeczności nowoczesnej: jak wszystko sądzić pozwala, Polska widziała swoje powołanie w idei swobód indywidualnych, religijnych i narodowych, w dobrowolnych związkach ludów wolnych, w Uniach i federacjach. [...] Idea jagiellońska świeci wspaniale już na tle wieków średnich [...]. Jagiellonizm, kulminacyjna myśl naszej historyi, zwiastował ludom owszesnym życie pod nieznanem i wzniosłem hasłem: *Równi z równymi, wolni z wolnymi*. Hasło to było i pozostało nawskroś polskiem wśród wszelkich zdarzeń naszej tragedyi. [...] W ich imię poszliśmy pod Grunwald [...] wyznawaliśmy je szczerze w wieku XVI/ym, [...] kiedy Inkwizycya zapalała w Europie stosy z heretykami. [...] Stara zasada wolności polskiej, wsparta przez idee nowoczesne, wysyłała Kościuszkę i Puławskiego do Ameryki, każe nam walczyć pod sztandardem rewolucyi Francuskiej. Powstanie r. 1830-go historycy niemieccy nazwali *ostatnią walką o wolności ludów* [...]. Rok 1848 znajduje nas na wszystkich barykadach." Lutomski: Unie. In: ŚW (13.6.1908), S. 2–3.

Freiheit wurde aber nicht nur positiv codiert. Der Terminus *(polnische) Freiheit* stand vor allem in den Pressebeiträgen über das 17. und das 18. Jahrhundert auch für die Klassenprivilegien der *szlachta* bzw. für einen schändlichen, adligen Klassenegoismus, der Polens Ruin bedeutet habe.[117] In diesen Texten ist Freiheit gleichbedeutend mit dem *liberum veto* bzw. dem Einspruchsrecht jedes Adligen im Sejm, mit der Schwäche der Zentralmacht und mit der adligen Unfähigkeit, die eigenen kleinteiligen Interessen dem Interesse des Gemeinwohls unterzuordnen. Viele Artikel verorten den Ausgangspunkt dieser politischen und charakterlichen Degeneration bereits im jagiellonischen Polen.[118] Durch die Brille des polnischen Niedergangs erfährt daher Freiheit einen Bedeutungswandel vom ur-polnischen Ideal zur spätpolnischen Krankheit. Die zeitliche Versetzung der beiden Bedeutungen von Freiheit – das Ideal und die Krankheit – generieren eine temporale Alternanz zwischen positiver und negativer Freiheitsumsetzung, was ein zweites freiheitsfundiertes Periodisierungskriterium auslöst. Nach diesem Kriterium gehören das Zeitalter der Jagiellonen und das der Wahlmonarchie zur gleichen Epoche, die von einer Tendenz der Freiheitsdegeneration bestimmt ist. Die slawische und die piastische Epoche bilden das Gegengewicht zu jenem Epochenkonstrukt bzw. eine gemeinsame Phase, in der Freiheit noch eine positive Konnotation besaß.

Schließlich erweist sich Freiheit auch in sozioökonomischen Periodisierungen als zentrales Differenzierungsprinzip, da in sozioökomische Epochenkonstrukte unausweichlich Vorstellungen über das Freiheitsniveau in die einzelnen kalendarischen Zeitabschnitte hineinwirken. Beispielsweise gehörte die städtische Freiheit der Presse zufolge zu den Hauptverdiensten der Reformarbeit von Kasimir dem Großen und wurde als leitende Kraft der Epoche der wirtschaftlichen Blüte unter den Jagiellonen bezeichnet. Wirtschaftliche Freiheit für den bäuerlichen und adligen Stand wird hingegen als das Element angesehen, an dem es in dieser Epoche der Blüte fehlte, um die langfristige Entwicklung einer eigenen, nicht deutsch-jüdisch dominierten städtischen Schicht zu ermöglichen. Das Handels- und Gewerbeverbot für den Adel – 1505 im Rahmen der Gesetzgebungspolitik von Alexander dem Jagiellonen (Aleksander Jagiellończyk, 1461–

---

117 Vgl. bspw. ANONYM: Konstytucja 3. Maja 1791 r. In: Wieniec (W) (6.5.1880) Heft 10. S. 77; ANONYM: Konstytucja 3. Maja. In: Ps (12.5.1889) Heft 9. S. 132–135; Sobieski, Wacław: W rocznicę (1605–1905). In: TI (3.6.1905) Heft 22. S. 402–405; Łumiński: Za tytuł – infamia. In: ŚW (27.4.1912).

118 Vgl. ANONYM: Epoka króla Polskiego Zygmunta I. (1506–1548). In: G (17.10.1886) Heft 42. S. 332–334; ANONYM: Z historyi Polskiej. Wiek XV (piętnasty). In: Ps (25.8.1889) Heft 16. S. 241–243; Zahorski: Ksiądz Piotr Skarga Pawęski. In: BL (21.4.1899); Wisłocki: Z dziejów prastarej wszechnicy. In: T (3.6.1900).

1506) erlassen – sei dabei der entscheidende Bremsfaktor gewesen.[119] Soziale Freiheit gelte schließlich als das Unterscheidungsmerkmal für die beiden anderen Epochen vor und nach der langen Leibeigenschaftsperiode bzw. die slawisch-piastische und die aktuelle. Alle diese Perspektiven tragen dazu bei, das 15.–18. Jahrhundert als hybride Epoche zu denken, die von einer sehr spezifischen Freiheitskonstellation charakterisiert ist, in der nur eine schmale Gesellschaftsschicht, der polnische Adel, politische Freiheit und die nicht-polnische städtische Bevölkerung ökonomische Freiheit genoss, während sich die Mehrheit der Bevölkerung (die polnischen Bauern) in Knechtschaftsverhältnissen befand und die Bedingungen für das Entstehen eines polnischen Bürgertums fehlten. Die folgende Epoche, d. h. die Zeit seit der Maiverfassung bis zur Gegenwart lasse sich hingegen durch eine sozioökonomische Freiheitszunahme charakterisieren, die allerdings mit dem Verlust der politischen Freiheit kontrastiere und dank Phänomenen wie der Bauernbefreiung und der Industrialisierung Ebenen der Synchronisierung mit der europäischen sozioökonomischen Entwicklung herstellte.

Das Beispiel der Freiheit offenbart paradigmatisch die große Vielfalt epochaler Vorstellungen, aus denen sich die polnische historische Zeit in den Quellen zusammensetzte. Es bestätigt nicht nur die hier vertretene Annahme von einer Pluralität epochaler Handlungsträger jenseits des Staates. Freiheit macht vor allem auf die Folgen aufmerksam, die solche nicht miteinander koinzidierenden Handlungsträger für die polnische historische Zeit haben konnten. Die Vielstimmigkeit der Freiheit als Deutungsfeld kreierte nämlich Zeiteinheiten, die insofern einen ambivalenten Charakter und ein asynchrones Verhältnis zueinander hatten, als dass sie je nach Freiheitsverständnis im gleichen kalendarischen Zeitabschnitt diverse Tendenzen, Evolutionsetappen und Synchronisierungsmöglichkeiten zugleich einbetteten. Nun lässt sich das auch für alle anderen hier analysierten alternativen Periodisierungen sagen: Sie bezogen sich alle auf das staatlich-dynastische Differenzierungsprinzip, forderten aber dessen Epocheneinteilung durch teilweise kontrastierende epochale Zäsuren, Entwicklungsrichtungen und (Ent-)Synchronisierungsdynamiken heraus. Dadurch kann Ambivalenz bzw. innere Ungleichzeitigkeit als grundlegendes Konstruktionsmuster der polnischen historischen Zeit bestimmt werden. Die politisch-dynastische Periodisierung lässt sich dann als besonderheits- und identitätsstiftender epochaler Grundrahmen denken, in dem unterschiedliche Entwicklungsschichten mit ihren verschiedenen temporalen Verhältnissen zu Europa in Verflechtung miteinander standen.

---

119 Vgl. bspw. Włodek: Z dziejów przemysłu polskiego. In: TI (14. 8. 1909).

II.3 Zeit-Rhythmen, Zeit-Richtungen und temporale Positionen

Periodisierungen sind nicht die einzige Form, in der sich die historische Zeit manifestiert. In seinem Essay über formale Zeitstrukturen spricht Koselleck von drei Grundmodi, mit denen die historische Zeit in der Moderne erfahren werden kann: „die Irreversibilität von Ereignissen", „die Wiederholbarkeit von Ereignissen" und „die Gleichzeitigkeit des Ungleichzeitigen".[120] Aus deren Kombination ergeben sich „der Fortschritt, die Dekadenz, Beschleunigung oder Verzögerung, das Noch-nicht und das Nicht-mehr, das Früher- oder Später-als, das Zufrüh oder Zuspät, die Situation und die Dauer" als diejenigen Formen bzw. nach Koselleck die „differenzierenden Bestimmungen", mit denen die „konkrete[n] geschichtliche[n] Bewegungen sichtbar" werden.[121] Derartige Bestimmungen sind konstitutive Elemente der vielen Narrative, die in der Presse über konkrete Ereignisse oder Persönlichkeiten der polnischen Geschichte zirkulierten.

Anders als Periodisierungen differenzieren die „differenzierenden Bestimmungen" die polnische historische Zeit nicht diachron nach Epochen, sondern nach unterschiedlichen evolutionären Rhythmen, Richtungen sowie temporalen Qualitäten und Positionen. *Rhythmus* wird von Alexander Geppert und Till Kössler als einer der drei fundamentalen Forschungsschwerpunkte jeglicher Zeit-Geschichte identifiziert.[122] Während die beiden Forscher allerdings damit vor allem die Untersuchung von sich überlappenden Zyklen (z. B. die Legislaturperioden oder den Produktionstakt in den Fabriken) meinen, sondiert diese Arbeit mit Hilfe des Begriffs *Rhythmus* die unterschiedlichen evolutionären Geschwindigkeiten (schnell, langsam, still, akzeleriert, gedrosselt, kontinuierlich), die in den *Zeitschriften für viele* den unterschiedlichen Artikulationen des historischen Subjekts Polen zu verschiedenen kalendarischen Zeitpunkten bzw. -spannen verliehen wurden.

Auf die Relevanz der Erforschung von *evolutionären Richtungen* machen vor allem Studien aufmerksam, die sich mit der Teleologie als temporale Denkfigur der

---

[120] Koselleck, Zukunft, S. 132. In seinem späteren Werk *Zeitschichten* ersetzt Koselleck die Gleichzeitigkeit des Ungleichzeitigen mit einer Art der Wiederkehr, die er als „transzendent" bezeichnet und die „über die Erfahrung von Individuen und Generationen hinausweis[t]". Vgl. Koselleck [u. a.], Zeitschichten, S. 25. Eine interessante Reflexion über die Veränderung zwischen den beiden Werken bietet Jordheim: vgl. Jordheim, Periodization, S. 160–163.
[121] Koselleck, Zukunft, S. 133.
[122] „Anders als [...] Beschleunigung bietet Rhythmus für eine Verzeitlichung der Zeit des 20. Jahrhunderts den Vorteil, Konjunkturen und Entwicklungen ergebnisoffener zu fassen. [...] [Die Polychronie des 20. Jahrhunderts, C.F.] zeigt sich gerade in der Koexistenz einer Vielzahl einander überlagernder Rhythmen." Vgl. Geppert [u. a.], Zeit-Geschichte, S. 33–34.

europäisch-kolonialen Moderne beschäftigen. Diese Studien zeigen die Direktionalität als Bestandteil moderner Vorstellungen über die historische Zeit.[123] Neben den evolutionären Perspektiven *vorwärts* (Fortschritt, in die Zukunft gerichtet) oder *rückwärts* (Dekadenz, Zukunftslosigkeit) lassen sich hier durch den Fokus auf die Richtung auch die für das polnische historische Subjekt relevanten evolutionären Horizonte des Aufholens, des Überholens oder des Abweichens vom europäischen Entwicklungspfad fassen.

Schließlich repräsentieren das Früher- oder Später-als, das Zufrüh oder Zuspät sowie auch das Im- Voraus, das Verspätet, das Zeitgemäß oder das Außerhalb-der-Zeit-Sein *temporale Qualitäten*, mit denen die Presse dem polnischen historischen Evolutionsstadium je nach historischer Konstellation oder Thema eine *temporale Position* gegenüber Europa zuwies.

Nun gaben bereits die im Kapitel II.2. betrachteten Periodisierungsangebote Auskunft über die polnische historische Zeit im Sinne einer chronologischen Alternanz von Tendenzen, die sich aus rhythmischen, direktionalen und (ent-)synchronisierenden Komponenten zusammensetzten. Der Fokus auf Zuschreibungen des Rhythmus, der Richtung und der temporalen Position ermöglicht es allerdings, diese Alternanz nicht mehr als durchgehende, lineare und chronologische Reihenfolge, sondern eher als Geflecht von möglicherweise diskontinuierlichen und sich überlappenden evolutionären Bewegungen zu begreifen, die sich auch nicht zwangsläufig auf die epochalen Grenzen beschränken. Er bietet darüber hinaus eine Perspektive, um die unterschiedlichen Gleichzeitigkeits- sowie Ungleichzeitigkeitsebenen, die die Periodika mit jeder Bewegung assoziierten, zu analysieren. Dadurch lassen sich auch bestimmte *Grundkoordinaten* der polnischen historischen Zeit erkennen bzw. Ereignisse oder Phänomene, die im Rahmen der Presse für die Entstehung einer neuen Bewegung verantwortlich gemacht wurden und die nicht unbedingt mit den Epochenzäsuren übereinstimmten. Schließlich lenkt ein solcher Fokus die Aufmerksamkeit darauf, wie die Presse bestimmten Bewegungen, die ihre Genese in Ereignissen oder Phänomenen vor den Teilungen hatten, eine Wirkungskraft in der Gegenwart und eine Rolle als Polens Wegbereiter für die Zukunft zuschrieb. Wenngleich die dritte Teilung für

---

123 In der Einleitung zu ihrem Sammelband über die moderne Teleologie definieren Henning Trüper, Dipesh Chakrabarty und Sanjay Subrahmanyam Teleologie als eine von Gerichtetheit/Direktionalität und einem konkreten Ziel charakterisierte Zeitlichkeit, die in der Aufklärung ihren Ursprung hat und seitdem die Historiographie entscheidend prägt. Sie merken darüber hinaus an, dass das Telos der Teleologie, das eng an die zukunftsorientierte Fortschrittsvorstellung als stufenweise Realisierung der Vernunft in der Geschichte gebunden ist, nicht zwingend in der Zukunft liegen muss, sondern – in Form von Nostalgie – auch in der Vergangenheit liegen kann. Vgl. Trüper [u. a.], Introduction, S. 6–13.

die meisten Autor*innen als Zäsur fungierte, aufgrund deren der Großteil der evolutionären Richtungen und Rhythmen der polnischen historischen Zeit aus den vorherigen Epochen irreversibel vergangen bzw. abgeschlossen war, lässt sich eine Konstruktion bestimmter Richtungen und Rhythmen erkennen, deren Horizonte jenseits der Staatsauflösung in die Gegenwart der Teilungsgebiete hineinreichten und auf eine Zukunft in politischer Unabhängigkeit abzielten.

II.3.1 Mythos, Vorgeschichte und Verspätung: Die Zeit der Slawen

Es gibt gute Gründe, bei der Erforschung der Konstruktion der polnischen historischen Zeit im Sinne von Rhythmen, Richtungen und temporalen Positionen mit Beschreibungen der Slawen anzufangen. In Kapitel II.2. ist bereits auf die ambivalente Lage der slawischen Zeit in der epochalen Differenzierung aufmerksam gemacht worden. Zwar wurden die Schicksale der slawischen Stämme mit Bezeichnungen wie „vorchristliche Epoche" als ältester Zeitabschnitt in die polnische historische Zeit eingegliedert. Durch Bemerkungen, die das Fehlen schriftlicher Quellen oder einer polnisch codierten staatlichen Struktur in diesem Zeitabschnitt artikulierten, wurden sie aber zugleich immer wieder auch aus dem *Polnisch* sowie aus dem *Historisch* der polnischen historischen Zeit ausgeklammert. Die Natur einer solchen Ambivalenz lässt sich erst mit dem in diesem Kapitel verfolgten analytischen Blick vollständig begreifen.

Die Autor*innen der *Zeitschriften für viele* beschreiben die slawische Existenz an erster Stelle als einen (noch) nicht polnischen Urzustand, in dem sich bestimmte Urmerkmale des polnischen Elements – sei es im Sinne von Legenden, eines Volkscharakters oder eines Ansiedlungsraums – noch vor Beginn eines jeglichen evolutionären Prozesses, so bei einer kompletten Abwesenheit von temporalem Rhythmus, manifestierten. Diese Perspektive verbannt die Slawen in eine ahistorische Dimension des Mythos, in die ethnologische Dimension der Naturvölker und in die metahistorische Dimension der Ontologie historischer Subjekte. Gerade die slawische Zeit dient allerdings zugleich als temporaler Rahmen für den Keim der zukünftigen polnischen Geschichtsentwicklung bzw. für die evolutionären Vorstufen vor dem offiziellen Anfang der polnischen Geschichte mit Mieszkos Übertritt zum Christentum[124] – sei es in Form von Völker-

---

[124] In der heutigen Historiographie besteht kein Zweifel darüber, dass die polnische Geschichtsschreibung des 19. Jahrhunderts Mieszkos Übertritt zum Christentum als Anfang der polnischen Geschichte betrachtete, während die vorchristliche Vergangenheit aufgrund des Fehlens von Quellen eher vernachlässigt wurde. Vgl. Słupecki, Leszek P.: Wizje mitycznych początków Polski. Początki pogańskie czy chrześcijańskie? In: Historia, mentalność, tożsamość.

wanderung, Abspaltung der slawischen Stämme in einzelne Nationen oder der Entstehung einer ersten sozioökonomischen Organisation. Dadurch werden die Slawen zu einer Art Prähistorie, die bereits einem evolutionären Wandel – d. h. auch einem gewissen temporalen Rhythmus – unterworfen ist. Diesem Rhythmus fehlt indes die nötige evolutionäre Geschwindigkeit, um Teil der Geschichte zu sein.

Artikel mit Bezug zur slawischen Epoche zirkulierten für die gesamte hier analysierte Periode in den drei Teilungsgebieten, wobei sie viel häufiger in den preußischen und Warschauer Periodika als in der galizischen Presse zu finden waren. Alle zeigen unterschiedliche Varianten der eben skizzierten temporalen Ambivalenz. So setzte die bereits zitierte Artikelreihe der *Pszczółka* über die gesamte polnische Geschichte zwar bei den Slawen ein, lieferte allerdings keine konkreten Daten zu deren historischer Existenz. Die rein mündlich überlieferte Tradition der Slawen mache laut Stojałowski jegliche Datierung jenseits einer groben zeitlichen Zuordnung zum Altertum („noch vor Christus") unmöglich. Gleichzeitig würde allerdings in dieser Phase „sowohl das nationale Leben als auch das Bedürfnis, sich in einem Staat unter einem Herrscher zu vereinen, beginnen zu erwachen".[125] Die *Pszczółka* sprach daher der slawischen Zeit historischen Charakter ab, sah aber in ihr einen schöpferischen Impuls, der die polnische historische Entwicklung in Gang setzte. Aus rhythmischer Perspektive heraus war die slawische Zeit durch die Ab- und Anwesenheit von Bewegung zugleich gekennzeichnet.

Eine ähnliche Vorstellung lässt sich in der wöchentlichen Rubrik *Polnische Geschichte in Bildern* der Zeitschrift *Rola* finden: Dieses ebenso für das galizische ländliche Publikum konzipierte, aber viel jüngere Blatt veröffentlichte nämlich 1910 eine bebilderte Serie mit knappen Episoden zur Geschichte Polens.[126] Folge eins dieser Rubrik war der slawischen Zeit gewidmet, und zwar der legendären Gründung der ersten polnischen Siedlung durch den slawischen Anführer Lech. Der*die anonyme Autor*in bettet die Gründung ausdrücklich in eine „märchenhafte" Zeit ein, die allerdings am Anfang der Serie als Ausgangspunkt für die spätere historische Erzählung dient. Hier bildet die slawische Zeit eine mythische Dimension, aus der sich jedoch die polnische historische Zeit generiert.

Miejsce i rola historii oraz historyków w życiu narodu polskiego i ukraińskiego w XIX i XX wieku. Praca zbiorowa. Hrsg. von Joanna Pisulińska [u. a.], Rzeszów 2008.
125 Im Original: „Wśród tych plemion słowiańskich [...] zaczęło się budzić życie narodowe, i poczucie potrzeby zjednoczenia się w jedno państwo i pod rząd jednego monarchy." ANONYM: Historya Polski w zarysie. In: Ps (15.4.1888), S. 116.
126 ANONYM: Historya Polska w obrazach. 1. In: Rola (R) (27.2.1910) Heft 9.

Andere Artikel – wie der bereits weiter oben zitierte dreiteilige Beitrag[127] der *Gwiazda* aus dem Jahre 1883 sowie vor allem die lange, im Jahr 1900 im *Tygodnik Ilustrowany* erschienene Artikelreihe[128] des renommierten Publizisten, Philosophen und Psychologen Julian Ochorowicz über die Slawen und die Germanen konstruieren die slawische Zeit nicht so sehr durch die Hervorhebung des legendären, nicht schriftlich überlieferten Aspekts der slawischen Lebensform, sondern essentialisieren diese Lebensform mit bestimmten primitiven Charaktermerkmalen. Mit Attributen der Friedfertigkeit, der Offenheit, der Gastfreundschaft, der fehlenden politischen Organisation oder des zerstreuten und sehr primitiven Wohnens in kaum zugänglichen Wald- und Sumpfgebieten schreiben diese Artikel den Slawen einen Status räumlich-charakterlicher Bedingtheit zu, der jeglichen Wandel oder jegliche Anknüpfung an die universelle historische Welt ausschließt.[129] Aus dieser Perspektive sind die Slawen Träger einer statischen ethnologischen Eigen-Artigkeit, die in temporalen Termini als Zeitlosigkeit verstanden werden kann.

Die *Gwiazda* relativiert diese Zeitlosigkeit dadurch, dass sie in den drei Artikelteilen detailliert über die Aufteilung der Slawen in unterschiedliche Stämme berichtet, was eine gewisse temporale Differenzierung zum Ausdruck bringt. Darüber hinaus verzichten beide Artikelreihen nicht auf eine zumindest grobe Datierung der slawischen Geschichte: Die *Gwiazda* verweist dabei auf das 4. Jahrhundert n. Chr. als Erscheinungsdatum der Slawen in Europa und führt ihr Erscheinen auf die Migration der Hunnen zurück, die ihre Umsiedlung verursacht hätten. Somit setzt der*die anonyme Autor*in der Posener Zeitschrift die Frühphase der slawischen Zeit in Zusammenhang mit dem weltgeschichtlichen Phänomen der Völkerwanderung, das die slawische Zeit implizit in eine erste asiatische und eine zweite europäische Phase gliedert.

Ochorowicz bestreitet hingegen im *Tygonik Ilustrowany* die These der Ankunft der Slawen infolge der Völkerwanderung und schlägt eine viel ältere Datierung der slawischen Präsenz auf europäischem Boden vor, die sich ihm zufolge aus den aktuellen Forschungen ergeben hat:

---

127 Vgl. (erste Folge der Serie) ANONYM: Słowianie. In: G (15.7.1883) Heft 28. S. 217–218.
128 Vgl. (erste Folge der Serie) Ochorowicz: Słowianie i Germanie. In: TI (6.1.1900).
129 Obwohl Ochorowicz seine Theorien über den klimatischen Determinismus sowie über die Charakterunterschiede von Slawen und Germanen sicherlich von Herder herleitete, zitiert er als Referenz in dem Artikel vor allem Werke polnischer Historiker (von Karol Szajnocha, Józef Szujski, Michał Bobrzyński, Tadeusz Korzon, usw.) oder Quellentexte aus der Antike, insbesondere Tacitus. Für einen Überblick über Herders Ideen über die Slawen siehe: Sundhaussen, Holm: Der Einfluss der Herderschen Ideen auf die Nationsbildung bei den Völkern der Habsburger Monarchie. München 1973, S. 50–52.

> [Die Slawen, C.F.] verhielten sich so ruhig und friedlich, dass für lange Zeit unter den Historikern die Überzeugung vertreten wurde, dass sie erst am Ende des 4. Jahrhunderts n. Chr. nach Europa gekommen seien. Jetzt belegen jedoch Studien von [Paweł Józef] Szafarzyk, gestützt auf neueste archäologische Untersuchungen, die Anwesenheit der Slawen [in Europa, C.F.] schon im 5. Jahrhundert v. Chr.[130]

Wenngleich die Argumentation für die Anwendung archäologischer Methoden zur Erforschung der Slawen einerseits als unwiderlegbarer Nachweis ihrer Historizität fungiert, verliert andererseits die slawische Zeit in diesem Text nicht komplett ihren statischen oder mythischen Charakter. Ganz im Gegenteil, gerade die neuere archäologische Fundierung der slawischen Geschichte habe, so der angesehene Warschauer Autor, darauf aufmerksam gemacht, dass die Slawen tausend Jahre in einer völlig adynamischen, idyllisch-märchenhaften („ruhig und friedlich") sowie separaten Welt gelebt hätten.

Ein derartiges Wechselspiel zwischen historischer Zeit und nicht-historischer Existenz wird auch in einem Beitrag der Posener *Praca* aus dem Jahr 1905 mit dem Titel *Vom Ursprung der Slawen* skizziert. Zum Einstieg begründet der*die anonyme Autor*in seine*ihre thematische Auswahl:

> Sicherlich hast du dich öfter gefragt, lieber Leser und liebe Leserin, wie der Anfang unseres Volkes aussah, wie lange es schon diese Gebiete bewohnt und welchen Lauf der Geschichte es durchlebte, bevor es den Entwicklungsstand erreichte, von dem die Geschichte berichtet.[131]

Diese Einleitung definiert die slawische Zeit als einen Prozess der Entwicklungsakkumulation, die am Ende polnische Geschichte im Sinne polnischer schriftlicher und christlicher Kultur produzierte. Es lässt sich daher von einem slawischen evolutionären Rhythmus sprechen, der als Vorstufe bzw. Impulsgeber des späteren polnischen evolutionären Rhythmus zu denken ist. Die folgenden Hinweise auf die slawische Migration aus Indien sowie auf den intensiven slawischen Bernsteinhandel mit den Griechen und Römern bestätigen diesen Ein-

---

130 Im Original: „Zachowali się tak cicho i spokojnie, że przez czas długi wśród historyków utrzymywało się mniemanie, iż dopiero w końcu IV wieku po Chrystusie przywędrowali do Europy. Tymczasem badania Szafarzyka, poparte przez nowsze prace archeologów, zdają się dowodzić obecność Słowian w Europie już w V w. przed Chrystusem." Ochorowicz: Słowianie i Germanie. In: TI (6.1.1900), S. 2.

131 Im Original: „Nieraz zapewne zadawałeś sobie, kochany czytelniku i czytelniczko, pytanie, jaki jest początek naszego narodu, jak dawno jest mieszkańcem tych stron i jakie koleje przechodził, nim doszedł do tego rozwoju, co nam już historya o nim podaje." Anonym: Początek Słowian. In: Pr (22.10.1905), S. 1422.

druck und liefern bestimmte Ansatzpunkte für die Einbettung der Slawen in die Weltgeschichte der Antike. Paradoxerweise leistet allerdings gerade die Beschreibung, die der*die Autor*in von den Gegebenheiten der ersten Erwähnung der Slawen in den klassischen Quellen gibt, zugleich auch einen Beitrag zur Enthistorisierung der slawischen Lebensform und ihrer Zuordnung zu einer primitiven, mythischen Dimension:

> Die älteste eindeutige Erwähnung [der Slawen, C.F.] in der Geschichte finden wir im 6. Jahrhundert n. Chr. [...] – Es begab sich – schreibt eine byzantinische Chronik [von Prokopios von Caesarea (500–562) und Jordanes (?–nach 552), C.F.] –, dass die Griechen drei Ausländer gefangen nahmen, die anstatt Waffen eine Laute hatten. – Wer seid ihr? – fragte der griechische Kaiser Maurikius [(539–602), C.F.] . – Slawen sind wir – antworteten diese – [...] Wir kennen keinen Krieg, wir wissen nicht, mit Waffen umzugehen, [...]. Wir lieben Gesänge, spielen Laute und führen ein friedliches und fröhliches Leben.[132]

Diese Episode der Begegnung mit der historischen Lebenswelt der Byzantiner, die fast wortgleich in einem zwei Jahre später erschienenen Artikel des *Piast* wiedergegeben wurde, konstruiert die nicht-historische Dimension der slawischen Zeit:[133] Mit der Antwort auf die Fragen des byzantinischen Kaisers lassen sich die Slawen als Vertreter eines idyllischen, von Gewalt unberührten Urzustandes, der noch nicht der Dynamik des Historischen einverleibt wurde, denken. Die Tatsache, dass dieser Dialog dem Text zufolge einer byzantinischen Chronik entstammt, dient darüber hinaus jedoch einerseits als Beweis für die frühe slawische historische Existenz und für deren mögliche Verzeitung in der kalendarischen Zeit der Geschichte. Andererseits schafft sie aber auch eine doppelte Ungleichzeitigkeitsebene mit der historischen Zeit-Welt der Byzantiner: Erstens verkörpern dadurch die Slawen in gewisser Weise kolonisierte Primitive, die keine Möglichkeit der Selbstdarstellung hatten und von denen nur aus dem Blickwinkel der damaligen zivilisierten Völker erzählt werden konnte. Zweitens kontrastiert die natürliche, „friedliche und fröhliche" Lebensweise der Slawen mit der kalendarisch zeitgleichen Zivilisiertheit des Byzantinischen Reiches.

---

[132] Im Original: „Najdawniejszą wyraźną wzmiankę w dziejach spotykamy w VI-ym wieku po Chrystusie. [...] – Zdarzyło się – pisze grecka Kronika – że Grecy zabrali w niewolę trzech cudzoziemców, którzy zamiast broni mieli gęśle. – Kto wy jesteście? – zapytał ich cesarz grecki Maurycyusz. – Słowianie jesteśmy, – odpowiedzieli – [...] Nie znamy bowiem wojny, nie umiemy używać broni [...]. My lubimy śpiew, gramy na gęślach i prowadzimy życie swobodne i szczęśliwe!" ANONYM: Początek Słowian. In: Pr (22.10.1905), S. 1423.
[133] Vgl. ANONYM: Krótki zarys wykładu o Bolesławie Chrobym 992–1025. In: Pi (21.4.1907) Heft 16. S. 1–3.

Wie viele Facetten die temporale Ambivalenz der slawischen Zeit in der Presse haben konnte, lässt sich allerdings am besten mit Hilfe der detaillierten Analyse einer der wahrscheinlich längsten – sowohl hinsichtlich Veröffentlichungszeitraum als auch Seitenzahl – Quellen über die Slawen im hier ausgewählten Quellenkorpus ermessen. Die mehrteilige und mit dem von Herausgeber und Chefredakteur Konrad Prószyński verwendeten Pseudonym *Pisarz Gazety Świątecznej* („Autor der *Gazeta Świąteczna*") unterzeichnete Serie der Warschauer *Gazeta Świąteczna* startete mit einem Artikel mit dem vielsagenden Titel *Woher wir kommen. (Unsere älteste Geschichte)*[134] und erfasste die gesamte slawische Vor-Geschichte bis zum zweiten piastischen König, Boleslaus dem Tapferen. Die Serie erschien in drei unterschiedlichen Jahrgängen: erstmals in den Jahrgängen 1882–1883, dann im Jahrgang 1897 und schließlich wieder im Jahrgang 1912. Im Laufe der fast dreißig Jahre blieb der Text der Serie gleich. Dafür veränderte sich aber ihre Einbettungsart in die thematische Struktur der Zeitschrift. Während im Jahrgang 1882 die Serie einen eigenständigen thematischen Schwerpunkt darstellte, erschien sie im Jahrgang 1897 als Folge einer anderen, seit 1888 existenten Reihe, die in ihrem knapp zehnjährigen Erscheinungszeitraum nacheinander die Geschichte der Ägypter, Altgriechen und Türken sowie des Römischen Reiches behandelte.[135]

Allein schon diese zwei unterschiedlichen thematischen Kontextualisierungen zeigen, dass sich die slawische Geschichte in der Vorstellung der Redaktion zeitlich unterschiedlich einordnen ließ, einmal als Präludium zur polnischen historischen Zeit und einmal in die weltgeschichtliche Zeit nach der Antike. Eine ebenso mehrdeutige temporale Einordnung lässt sich auch im Text selbst finden. Prószyński rahmt die Herkunft der Slawen vorerst mit dem christlichen Narrativ von der Menschheitsentstehung und führt die Herkunft der Slawen zusammen mit allen anderen europäischen Völkern auf Noahs Sohn Jafet zurück, der von Asien nach Europa kam.[136] Gleich im Anschluss an diese biblische Rahmung behauptet er, dass das Datum der Ankunft der Slawen aus Asien in Europa zwar unbekannt sei, aber viele Indizien dafür sprächen, dieses Ereignis in „sehr alten" bzw. „vergessenen" Zeiten, aber sicherlich noch vor Christus zu suchen. Somit scheinen die Slawen zeitgleich zu drei zeitlichen Dimensionen zu gehören: zur

---

134 Pisarz Gazety Świątecznej [Pseudonym für Konrad Prószyński]: Zkąd myśmy się wzieli. (Najdawniejsze nasze dzieje). In: GŚ (02.1882 [3. Sonntag]) Heft 7. S. 2–3.
135 Pisarz Gazety Świątecznej [Pseudonym für Konrad Prószyński]: Zkąd myśmy się wzięli. In: GŚ (5.9.1897) Heft 36. S. 3–4.
136 Vgl. Pisarz Gazety Świątecznej [Pseudonym für Konrad Prószyński]: Zkąd myśmy się wzieli. In: GŚ (02.1882 [3. Sonntag]), S. 3. Dieser Jahrgang der Artikelserie stellt ab jetzt, wenn nicht anders explizit erwähnt, den Referenzpunkt für die folgenden Zitationen dar.

christlich-universellen Dimension der göttlichen Erschaffung der Welt, zur unbestimmbaren und in Vergessenheit geratenen temporalen Dimension des Mythos und zur allgemeingültigen, eindeutig in vor und nach Christus messbaren Zeitdimension der Historiographie.

Nach dieser multiplen Einordnung lässt sich Prószyński in den nächsten Artikeln vorerst über das Siedlungsgebiet, die Lebensbedingungen und den Charakter der alten Slawen aus – die er immer als „unsere Ahnen" oder „unsere Vorfahren" bezeichnet:

> Einst, vor sehr langer Zeit, vor zweitausend Jahren, war unser ganzes Land [...] von Urwald überwuchert, und in diesem Wald lebten unsere Vorfahren. Sie mussten hart arbeiten, um zu überleben, weil sie bei jeder ihrer Aktivitäten gegen die wilde Natur ankämpfen mussten. [...] Aber bei so einer Arbeit waren sie stark und gesund. Sie wussten sich gegenseitig zu schätzen [...] Das ganze Dorf war normalerweise bewohnt von einer einzelnen Familie. [...] Die Menschlichkeit und die Güte unserer Ahnen konnte man am besten an ihrer Gastfreundschaft erkennen.[137]

Obwohl die Slawen nicht als Autochthone ihrer Siedlungsgebiete, sondern als nach Osteuropa gekommene Einwanderer gelten, stellen solche Beschreibungen die slawische Vergangenheit als eine rhythmuslose Zeit dar, in der keine Entwicklung stattfindet, in der die Menschen auf das reine Überleben reduziert werden, sich mit der Natur konfrontiert sehen und ihre eigenen, angeborenen Eigenschaften, Gewohnheiten und Tendenzen ausleben. Gleichzeitig bleibt diese mythische oder besser ethnologische Zeit in der Erzählung nicht komplett losgelöst vom weltgeschichtlichen Kontext. So fügt Prószyński im Rahmen der Beschreibung der slawischen Gastfreundschaft doch einige historische Referenzpunkte ein:

> Auch Kaufleute waren unter den Gästen [der Slawen, C.F.]. Sie kamen mitunter aus sehr weit entfernten Ländern, zum Beispiel aus Griechenland und Rom. [...] Griechenland und Rom –

---

[137] Im Original: „Niegdyś, bardzo dawno, bo przed dwoma może tysiącami lat, wszystka ziemia nasza, [...] była puszczą leśną zarosła, i wśród lasu gnieździli się nasi przodkowie. Musieli oni ciężko pracować, aby się utrzymać przy życiu, bo na każdym kroku przychodziło im borykać się z dziką przyrodą. [...] Ale przy takiej pracy byli silni i zdrowi. Umieli też cenić jedni drugich. [...] Cała osada wieś była zwykle zamieszkana przez jedną rodzinę. [...] Ludzkość i dobroć przodków naszych najlepiej można było widzieć w ich gościnności." Pisarz Gazety Świątecznej [Pseudonym für Konrad Prószyński]: O najdawniejszem życiu naszych przodków. In: GŚ (12.9.1897) Heft 37. S. 2–3, hier S. 2. Das Zitat entstammt dem Jahrgang 1897, denn der im Inhaltsverzeichnis gleichlautende Artikel aus dem Jahre 1882 befand sich in einem nicht archivierten Heft der Zeitschrift und konnte daher nicht gesichtet werden. Man kann aber davon ausgehen, dass der Artikel von 1882 identisch mit dem hier zitierten ist.

das waren damals die zivilisiertesten Länder. [...] Dort konnten die Leute schon lesen und schreiben. Aber sie wussten praktisch nichts über unsere Vorfahren und unser Land, da sie sich nicht auf einen so langen, unbequemen und gefährlichen Weg aufmachten. [...] In dieser Zeit passierten in der Welt wichtige Ereignisse, von denen bei uns niemand etwas hörte. Die Römer eroberten alle Länder Südeuropas. [...] Das Christentum verbreitete sich allmählich. Aber unsere Vorfahren wussten noch sehr lange nichts von Jesus Christus und seiner Lehre.[138]

In dieser Passage durchbricht der Hinweis auf die Kulturkontakte mit den griechischen und römischen Händlern die Isolation der slawischen Zeit, die nun simultan zu den Zivilisationen der Antike zu geschehen scheint. Analog zu dem Beispiel der Begegnung mit dem Byzantinischen Reich ändert das Narrativ einer solchen Begegnung allerdings auch die Perspektive auf den Naturstatus der Slawen, den nun Prószyński durch die Aufzählung aller Errungenschaften, die sich die Slawen *noch nicht* angeeignet hätten, aus der Perspektive der temporalen Verspätung und räumlichen Peripherialität präsentiert. Im Artikel führt die Begegnung der Slawen mit den Römern daher zu keiner evolutionären Bewegung, sondern vielmehr zur ersten Feststellung der eigenen Rückständigkeit gegenüber den anderen europäischen Kulturen. Für die Weltgeschichte bleiben die Slawen somit weiterhin marginal bzw. irrelevant, was bedeutet, dass die Weltgeschichte an anderen Schauplätzen stattfindet und von der slawischen vor-historischen Existenz nicht beeinflusst wird.

Erst der viel spätere und direktere Kontakt mit einem weiteren fremden Volk, mit den Germanen ca. im 8. Jahrhundert n. Chr., bringt in den Artikel der *Gazeta* eine dynamisierende Wirkung hinein. Zur Verteidigung vor den Angriffen der Germanen hätten sich die Westslawen, so der Redakteur, verpflichtet gesehen, es ihren Angreifern gleichzutun und sich in größeren und komplexeren gesellschaftlichen Gebilden unter der Führung eines einzigen Herrschers, nämlich Lechs, zusammenzuschließen.[139] Diese These lässt sich auch in anderen, bereits

---

138 Im Original: „Gośćmi też byli i kupcy. Przybywali oni niekiedy z bardzo dalekich krajów, na przykład z Grecji i Rzymu. [...] Grecja i Rzym – były to w owych czasach najbardziej oświecone kraje. [...] Umieli już tam ludzie czytać i pisać. Ale o naszych przodkach i naszym kraju nic jeszcze prawie nie wiedzieli, bo się nie puszczali w tak daleką, niewygodną i niebezpieczną drogę. [...] Działy się tymczasem ważne rzeczy na świecie, o których w naszych stronach nikt nie słyszał. Rzymianie zajmowali wszystkie kraje na południu Europy [...] Chrześćjaństwo też rozszerzyło się powoli. Ale nasi przodkowie dosyć długo jeszcze o Panu Jezusie i o Jego nauce nie wiedzieli." Pisarz Gazety Świątecznej [Pseudonym für Konrad Prószyński]: O najdawniejszem życiu naszych przodków. In: GŚ (12.9.1897), S. 3.
139 Vgl. Pisarz Gazety Świątecznej [Pseudonym für Konrad Prószyński]: Najstarsze dzieje Polan. In: GŚ (04.1882 [2. Sonntag]).

erwähnten Pressebeiträgen finden.¹⁴⁰ Sie schafft den zweiten publizistischen Topos der Begegnung der Slawen mit anderen historischen Völker, in dem die Simultanität der slawischen Zeit mit der historischen Welt dieser Völker erneut die Rückständigkeit der slawischen Lebensform sichtbar macht. Aber anders als bei der Begegnung mit den Byzantinern oder mit den Römern wird auf das Aufeinandertreffen mit den Germanen die Entstehung einer evolutionären Nachholungsrichtung zurückgeführt, die den Übergang vom die Slawen kennzeichnenden bewegungslosen Status in den polnischen Entwicklungsrhythmus auslöst. Dieses Aufeinandertreffen lässt sich damit als erste von Quellen (re-)produzierte zeitliche Grundkoordinate der polnischen historischen Zeit begreifen, die den absoluten rythmischen Stillstand der frühslawischen Existenz von dem wenngleich noch sehr niedrigen Wandlungskoeffizienten der spätslawischen Vorgeschichte ab dem 8. Jahrhundert trennt. Nicht zufällig symbolisiert die Veröffentlichung der Serie im Jahre 1897 nach der Reihe über die Ägypter, Griechen und Römer zum einen das zeitliche Nacheinander der Zivilisationen der Antike und der Slawen sowie zum anderen die kalendarische Gleichzeitigkeit der Slawen mit der mittelalterlichen Welt der Germanen.

Während die *Gazeta*-Serie allerdings mit allen bisherigen Artikeln darin übereinstimmte, das Verhältnis zwischen den Slawen und der historischen Welt in Kategorien einer Verzögerung zu beschreiben, erweist sich die Konstruktion der slawischen Zeit in anderen Artikeln auch bezüglich dieser temporalen Position des Verspätet-Seins als alles andere als eindeutig. Feststellungen von einer hoffnungslosen slawischen Rückständigkeit gegenüber Europa gehören zwar zum Repertoire der Zeitschriften, wie beispielsweise in einem Artikel im *Tygodnik Ilustrowany* aus dem Jahr 1897, in dem lapidar behauptet wird, dass „[wir uns] [n]ur durch eine Analogie mit den heutigen Stämmen in Afrika oder Australien [...] unsere Ahnen im 8.–9. Jahrhundert vorstellen [können]".¹⁴¹ Andererseits lässt sich an manchen Stellen auch eine Umkehrung dieser Rückständigkeit in Fortschrittlichkeit beobachten. So erklärt ein Artikel im *Wieniec* – dem zweiwöchentlichen Pendant der *Pszczółka* – über die ersten Formen von Landwirtschaft bei den Slawen, dass die damalige Landwirtschaft „bei uns früher als in vielen anderen Gebieten einsetzte, in denen die Bevölkerung ein nomadisches Leben führte [...] und nicht an die Bewirtschaftung des Bodens dachte".¹⁴² Auch die

---

140 Vgl. bspw. ANONYM: Historya Polski w zarysie. In: Ps (15.4.1888).
141 Im Original: „Tylko przez analogię z dzisiejszemi plemionami Afryki lub Australii możemy sobie wyobrażać przodków naszych z VIII–IX wieku." Ks. F. K.: Wpływ chrześcijaństwa na nasze dzieje. In: TI (24.4.1897) Heft 17. S. 322–323, hier S. 322.
142 Im Original: „Rolnictwo dawne bardzo się różniło od teraźniejszego. Wcześniej ono jednak rozpoczęło się u nas, niż w niejednym kraju, gdzie przez długie wieki ludność pędziła życie ko-

Gazeta Świąteczna erwähnt in ihrer Serie die Nutzung von Agrartechniken durch die Slawen, während die Warschauer *Świat* 1910 ein historisches Werk zur Geschichte der polnischen Bauern rezensierte, in dem der Autor Antoni Marylski-Łuszczewski sogar dem Bild von einer ökonomischen Subsistenzwirtschaft der Slawen gänzlich widerspricht.

Laut Łuszczewski sei die polnische Landschaft zu slawischen Zeiten alles andere als wild und von dichten Wäldern bedeckt, sondern vielmehr stark von einer intensiven und weit entwickelten Landwirtschaft geprägt gewesen.[143] Erst die tatarischen Angriffe im 13. Jahrhundert mit ihrer Verwüstung seien für einen Rückschritt der Landwirtschaft verantwortlich gewesen und hätten erneut zu einer zunehmenden Bewaldung und Verwilderung Polens geführt. Die gegenteilige Vorstellung, dass nämlich die Slawen keine Landwirtschaft kannten und in einer noch unberührten Natur lebten, repräsentiere hingegen einen Teil des negativen Narrativs der Teilungsmächte mit dem Ziel, Polen eine eigene Geschichte der bäuerlichen Emanzipation jenseits westlicher Einflüsse abzusprechen. Der Autor fasst am Schluss seine These in einem prägnanten Zitat zusammen: „Die Kultur in Polen ist viel älter, als man vermutet."[144]

In diesen letzten Beispielen wird die verspätete Verzeitung der Slawen gegenüber den Zivilisationen der Antike und den Germanen durch den Vergleich mit anderen, nomadischen Völkern hinterfragt, indem die nomadische Lebensweise dem sesshaften slawischen Zustand als chronologisch sowie evolutionär vorausgehend präsentiert wird. Im Topos der Migration der Slawen von Asien nach Europa ordnen die Zeitschriften diese Lebensweise der asiatischen Phase der Slawen zu und erklären sie mit der Ankunft der Slawen in Europa als überwunden. Die slawische Ansiedlung auf europäischem Boden wird dadurch mit der neolithischen Revolution vom Nomadischen zum Sesshaften sowie dem Übergang von Jagen und Sammeln zu Ackerbau und Viehzucht synchronisiert. Aus einer solchen Perspektive lässt sich auch die in Kapitel II.2. angemerkte positive Umdeutung der slawischen Epoche besser verstehen, wie sie in Artikeln zur Bauerngeschichte zum Ausdruck kommt. Insbesondere in den Volkszeitschriften konnten die Slawen als Bevölkerung dargestellt werden, die den Boden bestellte und dem nationalen Subjekt Polen somit einen ursprünglich bäuerlichen Charakter verlieh.

---

czownicze, [...] a o uprawie ziemi nie myślała."ANONYM: Z historyi gospodarstwa rolnego. (Dokończenie). In: W (17.3.1889) Heft 6. S. 81–84, hier S. 84.
143 Vgl. Pawłowski, Alb.: Włościanie w dawnej Polsce. In: ŚW (26.3.1910) Heft 13. S. 6–7.
144 Im Original: „Kultura w Polsce jest znacznie dawniejszą, aniżeli się to przypuszcza." Pawłowski: Włościanie w dawnej Polsce. In: ŚW (26.3.1910), S. 6.

Zusammenfassend lässt sich die Konstruktion der slawischen Zeit an der Schnittstelle zwischen Zeitlosigkeit und Bewegung, Nicht-Historischem und Vor-Historischem, Rückständigkeit, positiver Eigen-Artigkeit und sogar Fortschrittlichkeit definieren. Interessante Denkanstöße für eine Konzeptualisierung der Auswirkungen des Obengenannten auf die Konstruktion der späteren polnischen historischen Zeit bieten einerseits die Studien von Prathama Banerjee zur Rolle der indigenen Völker in der indischen Geschichtsschreibung des 19. Jahrhunderts sowie andererseits von Maria Janion zu jener der Slawen in der polnischen Literatur der gleichen Epoche. Laut Banerjee könne die Produktion einer eigenen historischen Zeit in kolonialen Kontexten nur durch die Auseinandersetzung mit den – im Falle der auf indischem Boden angesiedelten Santalas oder Paharians im 19. Jahrhundert noch lebenden – „primitives within" der eigenen Gesellschaft erfolgen: Diese als primitiv eingestuften Stämme ermöglichten die Spaltung der indischen Nation in ein historisches und ein anthropologisches Subjekt, die beide gleichzeitig präsent waren, wobei das zweite, anthropologische Subjekt der Nation als Grundlage für die zivilisatorische Verspätung der gesamten Nation diente, aber zugleich die Historizität des ersten Subjektes schuf.[145] Janion argumentiert indes psychoanalytisch: Sie versteht die Geringschätzung der westeuropäischen Kultur für die Slawen zum Beispiel bei Hegel als zentralen Minderwertigkeitskomplex des polnisch-nationalen Selbstverständnisses im 19. Jahrhundert und deutet die ambivalente Darstellungsweise der Slawen in der polnischen Literatur – das von ihr so bezeichnete „unheimliche Slawentum" – als „Trauma", „unterdrücktes Unbewusstes" sowie als „Zerrissenheit" zwischen der unvermeidlichen Verbindung mit dem eigenen Ursprung und der negativen Codierung dieses Ursprungs.[146] Aus einer Kombination beider Ansätze lassen sich die temporale Funktionen der slawischen Zeit in den *Zeitschriften für viele* vierfach artikulieren: Erstens diente die Statik der slawischen Welt als Kontrastfolie für die historische Evolution Polens, die von der Presse erst durch die Differenzierung von selbiger Statik überhaupt als solche präsentiert werden konnte. Zweitens prägten die Slawen als noch „im Naturzustand lebende" Vorfahren der Polen die spätere polnische Evolution von Anfang an durch eine bestimmte Eigentümlichkeit, die den natürlichen und – um mit Herder zu sprechen – „spontanen"[147] slawischen Charakterzügen entstammte. Drittens galt die zivilisatorische Verspätung Polens in verschiedenen Epochen als Vermächtnis der slawischen Zeit.

---

145 Vgl. Banerjee, Politics, S. 7–10 und 49–70.
146 Janion, Słowiańszczyzna, S. 5–47; Zitate aus der deutschen Übersetzung: Janion, Polen, S. 73, 76.
147 Zum Primat der Spontaneität als wichtigster Charakter einer Nation in Herders Denken siehe: Kedourie, Nationalism, S. 57.

Schließlich konnten bestimmte Druckerzeugnisse *für das Volk* das bäuerliche Element durch die Slawen an den Anfang der polnischen Nation verzeiten und als Fortschrittsträger präsentieren.

II.3.2 Über den Beginn und die Beschleunigung der polnischen historischen Zeit: Die Zeit der Piasten

Die komplexe Prägungskraft der slawischen Zeit auf die polnische historische Zeit lässt sich in den Artikeln zur piastischen Epoche weiterverfolgen. Die Analyse der Periodisierungen konnte bereits zeigen, wie die Presse diese Epoche als ersten Abschnitt der polnischen Geschichte betrachtete. In den untersuchten Artikeln wurden Anfangs- und Endpunkt der piastischen Epoche mit konkret datierbaren, historischen Ereignissen definiert und die Zeit zwischen diesen beiden kalendarischen Punkten in einer rapiden Vorwärtsentwicklung des polnischen Staates gebündelt. Nun sind in diesem Abschnitt die zwei Fragen zu klären, wie in den *Zeitschriften für viele* den Übergang von der vor-historischen, mythisch-ethnologischen Zeitdimension der Slawen zum evolutionären Rhythmus der polnischen historischen Zeit unter den Piasten plausibel gemacht und durch welche temporale Konstruktionen die Geschwindigkeit dieses Rhythmus bis zur jagiellonischen Epoche erzeugt wurde.

Die Taufe Polens bzw. über den Beginn der polnischen historischen Zeit

Eine Antwort auf die erste Frage findet sich in den Beschreibungen der Taten von Mieszko I. Die Taufe des ersten historisch nachweisbaren Herrschers der Piasten stellt als ältestes, mit einer konkreten Jahreszahl versehenes Ereignis der polnischen Geschichte die temporale Grundkoordinate dar, mit der der Auftakt der polnischen historischen Zeit in der Presse markiert wurde.[148] Dies verlangt al-

---

[148] Die Betrachtung der Taufe als Beginn der polnischen Geschichte ist sicherlich kein Alleinstellungsmerkmal der Presse, sondern wurde von vielen renommierten Intellektuellen der Zeit vertreten. Insbesondere der Nationaldichter Józef Ignacy Kraszewski bezeichnete Janion zufolge die Taufe als Moment der Entstehung der „Idee der Nation". Vgl. Janion, Słowiańszczyzna, S. 92–95, Zitat S. 94. Interessanterweise gibt es jedoch eine gewisse Unstimmigkeit, was die Jahreszahl der Taufe anbelangt. Die hier analysierten Zeitschriften legen dafür gern das Jahr 965 zu Grunde, während die heutige sowie die damalige Historiographie die Ehe Mieszkos mit der bereits christlichen tschechischen Prinzessin Dobrawa auf dieses Jahr legt und die Taufe erst auf 966 datiert. Vgl. etwa Tymowski, Michał, Jan Kieniewicz u. Jerzy Holzer: Historia Polski. Paris 1986, S. 34; Pleszczyński, Andrzej: Die Taufe Polens – das Jahr 966. In: Religiöse Erinnerungsorte in Ostmitteleuropa. Konstitution und Konkurrenz im nationen- und epochenübergreifenden Zu-

lerdings nach einer Präzisierung. Im hier ausgewählten Quellenkorpus stößt die Geschichte Polens unter den Piasten auf ein sehr asymmetrisches mediales Interesse. Den einzelnen Vertretern der piastischen Dynastie widmeten vor allem die Zeitschriften *für das Volk*, also *Pszczółka, Gazeta Świąteczna, Rola, Przewodnik Katolicki, Piast* und teilweise *Praca* ganze Beiträge. Das hatte mindestens drei Gründe. Erstens trafen die Schicksale der piastischen Könige und deren kriegerische Auseinandersetzungen mit längst verschwundenen „heidnischen" Stämmen offensichtlich mehr die Geschmäcker einer weniger gebildeten Leserschaft als die eines bildungsbürgerlichen Publikums. Das katholische Selbstverständnis der ländlichen oder kleinstädtischen Zeitschriften hatte zweitens zur Folge, dass sie sich viel mit den ersten Piasten befassten, weil sie dadurch auch die lange Tradition des polnischen Katholizismus vermitteln konnten.[149] In der Presse des preußischen Teilungsgebietes erfreute sich die piastische Geschichte schließlich einer großen Beliebtheit vor allem aufgrund ihres geographischen Fokus auf die westpreußischen Regionen. Die anspruchsvolleren Warschauer oder galizischen Periodika – wie *Tygodnik Ilustrowany, Świat* oder *Tydzień* – beschäftigten sich hingegen mit der piastischen Epoche meistens nur indirekt im Rahmen der Kontextualisierung breiterer sozialer, ökonomischer und kultureller Prozesse. Einzige Ausnahme bildet der letzte Piast, Kasimir III. der Große, der anlässlich des 600. Jahrestages seiner Geburt im Jahre 1910 von den meisten hier betrachteten Periodika besonders gewürdigt wurde.

Bei der Analyse der Wendenarrative von der slawischen zur polnischen Zeit ist eine ungleichmäßige Verteilung des Interesses für die Piasten in den verschiedenen Arten der *Zeitschriften für viele* zu berücksichtigen. Dass die meisten dem Übertritt Mieszkos zum Christentum gewidmeten Artikel aus den oben zitierten Volksblättern stammten, kann seinen Grund in der eindeutig religiösen Prägung dieser Blätter haben. Diese Beiträge verleihen dem Ereignis der Taufe eine eigenständige Zäsurkraft zwischen dem vor-historischen, slawischen Davor und dem historischen polnischen Danach sowie auch einen sehr starken Synchronisierungseffekt, da sie die Taufe als universelles Zivilisierungsinstrument betrachten, mit dem abgesehen von den partikulären Vor-Zuständen oder Vor-Entwicklungen der einzelnen Nationen eine prompte Gleichzeitigkeit mit Europa

---

griff. Hrsg. von Joachim Bahlcke [u.a.]. Berlin 2013. S. 795–803. Manche Artikel verweisen ausdrücklich auf die Unklarheit bei der Jahresangabe sowie bei der Festlegung des konkreten Ortes der Taufe (Gnesen oder Posen). Vgl. bspw. Ks. F. K.: Wpływ chrześcijaństwa na nasze dzieje. In: TI (24.4.1897); S. 322.

149 Unter den hier ausgewählten Quellen tut das systematisch vor allem der kirchlich redigierte *Przewodnik Katolicki*. Vgl. bspw. ANONYM: Piast. In: PK (26.12.1897) Heft 52. S. 414–417.

erreicht werde.[150] Hinter dieser Auffassung verbirgt sich ein doppeltes historisches und religiöses Verständnis des Christentums, zum einen als Moment des Zum-Licht-Kommens für die „heidnischen" Völker in Richtung Erlösung und zum anderen als Leitkraft der europäischen Geschichtsevolution, zumindest im Mittelalter. Die Übernahme des christlichen Glaubens ist in einer solchen Perspektive ausreichend, um den slawischen Naturstatus zu überwinden und aus Polen ein synchrones historisches Subjekt zu machen.

Das lässt sich beispielhaft an der hier bereits mehrmals zitierten Serie der *Pszczółka* über die polnische Geschichte zeigen:

> [Mieszko, C.F.] ließ sich im Jahre 965 in Posen taufen. Damit schloss er Polen den christlichen Staaten Europas an. [...] Als christlicher Fürst wurde Mieczysław gewissermaßen zum Freund des deutschen Kaisers [Otto I. (912–973), C.F.] – und konnte unter dem Schutz der Religion die Unabhängigkeit des polnischen Staates weiter festigen. [...] Als befreundeter Herrscher nahm er an den wichtigsten kaiserlichen Angelegenheiten teil und sicherte Polen eine ehrenvolle Position unter den christlichen Monarchen.[151]

Diese Passage zeigt eindeutig die Art der Synchronisierung, wie sie von der Volkspresse durch die Erzählung über die „Bekehrung" Mieszkos hergestellt wurde. Stojałowski schreibt Mieszko infolge der Taufe einen für die Slawen bis dahin undenkbaren Einfluss auf die inneren Angelegenheiten des Deutschen Kaiserreichs zu. Da der römisch-deutsche Kaiser im 10. Jahrhundert sowohl den bedrohlichsten Nachbarn Polens als auch die christlich-universalistische Machtinstanz des Mittelalters verkörperte, lässt sich dieser Einfluss einerseits als Grundbedingung für die Entstehung eines unabhängigen polnischen Evolutionsrhythmus und andererseits als neue temporale Position der beinahe vollständigen Gleichzeitigkeit Polens mit Europa verstehen.

Eine ähnliche Synchronisierung findet sich auch in der *Gazeta Świąteczna* in der bereits analysierten Artikelserie über die Slawen bis zu den Zeiten von Boleslaus dem Tapferen. Prószyński argumentiert dort, dass Mieszko nach vielen

---

150 Vgl. Pisarz Gazety Świątecznej [Pseudonym für Konrad Prószyński]: O Mieczysławie czyli Mieszku. In: GŚ (06.1882 [3. Sonntag]) Heft 24. S. 2–3; ANONYM: Historya Polski w zarysie. In: Ps (15.4.1888); Ł. I.: Cywilizacya w Polsce. In: BL (13.2.1903) Heft 7. S. 132; ANONYM: Krótki zarys wykładu o Bolesławie Chrobym 992–1025. In: Pi (21.4.1907).
151 Im Original: „[Mieszko, C.F.] w r. 965 dał się ochrzcić w Poznaniu. W ten sposób przyłączył Mieczysław Polskę do rzędu chrześcijańskich państw Europy. [...] Jako książę chrześcijański stał się Mieczysław pod pewnym względem przyjacielem cesarzów niemieckich – i mógł pod opieką religii ugruntować niezależne państwo polskie. [...] Jako książę zaprzyjaźniony brał udział w ważniejszych sprawach cesarstwa i pozyskał dla Polski zaszczytne miejsce między chrześcijańskiemi monarchami." ANONYM: Historya Polski w zarysie. In: Ps (15.4.1888), S. 117–118.

Angriffen und Versuchen der Zwangschristianisierung durch die Deutschen dazu überging, die Polen zu schützen, indem er sie zum Christentum überführte. Der Respekt, der ihm der römisch-deutsche Kaiser aufgrund dieser Tat entgegenbrachte, wird in dem Artikel interpretiert als eine universelle Anerkennung Polens als historisches Subjekt sowie als vollständiges Aufholen der von den Slawen akkumulierten zivilisatorischen Verspätung.[152]

Eine ausschließlich religiöse Codierung des Anfangs der polnischen historischen Zeit liefert die galizische *Rola*. Die bereits erwähnte Rubrik *Polnische Geschichte in Bildern* aus dem Jahr 1910 widmete ihren fünften Beitrag Mieszkos Übertritt zum christlichen Glauben.[153] Der*die anonyme Autor*in macht dafür die Erscheinung eines Engels verantwortlich, der Mieszko die Fähigkeit verliehen habe, Wunder zu vollbringen und so das Volk für das Christentum zu gewinnen.[154] Damit positioniert er*sie erstens die Erzählung über Mieszko und über den Beginn der polnischen Geschichte in einer religiösen Zeitdimension, in der ein nicht menschlich steuerbares Moment der Offenbarung eines Messias das polnische zeitliche Danach qualitativ vom slawischen zeitlichen Davor trennt. Zweitens wird die Synchronisierung der polnischen historischen Zeit auf eine nicht-historische, göttliche Intervention zurückgeführt, die die temporale Distanz zwischen Polen und Europa aufhebt.

Die wenigen Artikel aus den bürgerlich-städtischen Warschauer Zeitschriften, die über die Taufe berichteten, hinterfragten nicht ihren synchronisierenden Effekt, relativierten aber die Reichweite dieser Synchronisierung und betteten sie dafür in einen gesamteuropäischen historischen Kontext sowie in das eigene Verständnis der Geschichte als Fortschritt ein. So veröffentlichte die *Biesiada Literacka* 1903 die Abbildung eines Gemäldes des renommierten polnischen Malers Jan Matejko über die „Bekehrung" Mieszkos, das zu einer Bilderserie mit dem Titel *Die Zivilisation in Polen* gehörte. Im Kommentar zu diesem Gemälde beschreibt der*die anonyme Autor*in den historischen Hintergrund und die Bedeutung der Szene mit folgenden Worten:

> Das 10. Jahrhundert war für Europa nach Jahren des Chaos und Dämmerzustandes ein Zeitalter des Umbruchs. Polen konnte von den aufgeklärten Nachbarn, von Italien, Deutschland und Frankreich, nicht viel übernehmen, nur das, was gänzlich und gesund aus den ältesten Zeiten überdauert hatte: den Glauben. [...] Mit der Taufe schloss Mieczysław den Bund mit dem Westen, mit seiner Zivilisation, seiner christlichen Gesellschaft, damit begann

---

[152] Vgl. Pisarz Gazety Świątecznej [Pseudonym für Konrad Prószyński]: O Mieczysławie czyli Mieszku. In: GŚ (06.1882 [3. Sonntag]).
[153] Bis dahin hatte sich die Serie mit legendären Figuren der polnischen Vergangenheit befasst, wie den Herrschern Lech und Krakus.
[154] Vgl. ANONYM: Historya Polska w obrazach. In: R (27.3.1910) Heft 13. S. 7.

eine neue Epoche: eine vollständige Verwandlung und Verselbständigung Polens, – der Beginn seiner eigenen Nationalität.[155]

Dieses Zitat präsentiert die Christianisierung Polens als Teil einer europaweiten Umbruchsepoche „nach Jahren des Chaos und Dämmerzustandes". Mehr als die Taufe an sich wird daher hier die temporale Denkfigur des Umbruchs zum Impulsgeber des evolutionären Rhythmus Polens und der Synchronisierung: Eine Ebene der Gleichzeitigkeit mit Europa ergibt sich hier nämlich gerade aus der Tatsache, dass der Beginn der polnischen Geschichte simultan mit dem Wiedererwachen ihrer „aufgeklärten Nachbarn" wie „Italien, Deutschland und Frankreich" stattfand und womöglich beide Ereignisse als Resultat des gleichen historischen Prozesses zu verstehen sind. Indirekt suggeriert diese Textstelle auch eine weitere ältere Synchronie, und zwar die zwischen der slawischen primitiven Existenz und dem evolutionären Stillstand Europas vor dem 10. Jahrhundert. Die *Biesiada* setzt allerdings den Akzent nicht so sehr auf das Thema der Gleichzeitigkeit denn auf das der Nationsbildung: Die Taufe stellt im Zitat keinen primär religiösen Akt in Richtung Erlösung dar, sondern eine evolutionäre Strategie des polnischen historischen Subjektes, das eine bewusste Auswahl der besten Eigenschaften der europäischen Zivilisation vornimmt, um ein eigenständiges nationales Leben zu entwickeln.

Inwieweit diese Konstruktion der Entstehung der polnischen historischen Zeit mit der Vorstellung eines universellen historischen Fortschritts übereinstimmt, wird schließlich im Fazit des Artikels besonders deutlich: Der*die anonyme Autor*in beschreibt die Christianisierung im Sinne eines ersten Schrittes in Richtung Wissensspeicherung und -verbreitung, die für die Positivist*innen gleichbedeutend mit Fortschritt sind:

> Die menschliche Arbeit – die damals noch harte Arbeit war, durch nichts in ihrer Schwere gemildert und notwendig, um die Welt zu ernähren – entzog der Wissenschaft zusammen mit den Händen auch Tausende Köpfe. [...] Doch schon in dem winzigen Wissenszuwachs, die der Glaube dem Volk gab, lag die ganze Kraft der Zivilisation.[156]

---

155 Im Original: „Wiek X był dla Europy epoką przełomu, po latach zamętu i znużenia. Polska zatem od oświeconych sąsiadów, z Włoch, Niemiec i Francyi, niewiele wziąć mogła, to jedynie, co całe i zdrowe z najskażeńszych wychodziło czasów: Wiarę. [...] Mieczysław, przez Chrzest Święty, zawarł ślub z zachodem, z cywilizacyą jego, ze społeczeństwem chrześcijańskiem, od tego też rozpoczyna się nowa epoka dziejowa: zupełnego przetworzenia, wyosobnienia Polski, – pierwociny jej narodowości odrębnej." Ł. I.: Cywilizacya w Polsce. In: BL (13.2.1903).
156 Im Original: „Praca ludzka, ciężka w tych wiekach, jeszcze nie ulżona niczem, potrzebna dla wyżywienia świata, wraz z rękoma – tysiące głów odrywała od nauki. [...] Lecz w tej odrobinie

Hier wird der christliche Glaube als Ursprung polnischer historischer Zeit ausgelegt, denn er löse die allmähliche Überwindung des primitiven Zustands in Richtung Zivilisation aus. Diese Überwindung wird somit in der *Biesiada* nicht als einmalige Leistung der Taufe Mieszkos verstanden, sondern als historischer Prozess, der die gesamte polnische Zeit bis zur Gegenwart ausfüllt.

Eine ähnliche Meinung über den engen Zusammenhang zwischen der Übernahme des christlichen Glaubens und dem Zivilisationsprozess vertritt auch ein Artikel über den Einfluss des Christentums auf unsere Geschichte, der wenige Jahre zuvor im *Tygodnik Ilustrowany* erschienen war. Der Autor des Artikels – aus der Unterschrift könnte geschlossen werden, dass es sich wahrscheinlich um einen Priester handelt – hebt noch dezidierter als die *Biesiada* die zentrale Rolle der Christianisierung für den Fortschritt in allen menschlichen Lebensbereichen hervor – darunter ausdrücklich die Ökonomie, die Wissenschaft, die Bildung und die Moral. Dementsprechend sieht er einen direkten Zusammenhang zwischen dem Grad kultureller Entwicklung jeder Nation und der Dauer ihrer christlichen Vergangenheit:

> Die konkreten Umstände [der Christianisierung eines Volkes, C.F.] sind für die Bewertung der Kultur einer Nation sehr wichtig, da zwar die Religion nicht alleine [die Gesellschaft, C.F.] zusammenhält und am Leben erhält, aber die stärkste Kraft ist; [...] Wir sind z. B. um etwa 500 Jahre später, jüngere Christen im Vergleich zu den Völkern des westlichen Europas. Das erklärt in gewisser Weise unsere kulturelle Unterlegenheit im Vergleich mit Westeuropa. [...] Unsere Ahnen traten in die Reihen der europäischen Völker ein, und obwohl sie einen untergeordneten Platz einnahmen, wurde doch mit der Taufe der erste Schritt getan.[157]

In dieser Passage wird das Synchronisierungspotential der Taufe von Mieszko zugleich bestätigt und relativiert. Einerseits sei demnach die Übernahme des Christentums ein nicht vermeidbarer Schritt gewesen, um zu Europa zu gehören und eine funktionierende Gesellschaft zu entwickeln. Die 500 Jahre lange Verzögerung dieses Schrittes würde andererseits Polen zu einer Selbstverzeitung verurteilen, die die Nation in eine Situation permanenter Verspätung gegenüber

---

nauki, jaką wiara dawała ludowi, już się mieściło potężne nasienie cywilizacyi." Ł. I.: Cywilizacya w Polsce. In: BL (13.2.1903).

157 Im Original: „Okoliczność to bardzo ważna w ocenianiu kultury pewnego narodu, bo chociaż nie sama religia lepi, fasonuje społeczeństwo, ale ona przeważnie; [...] My np. o jakie 500 lat jesteśmy późniejsi, młodsi chrześcijanie od ludów zachodniej Europy. To w pewnej części tłómaczy naszą kulturalną niższość w porównaniu z Europą zachodnią. [...] Przodkowie nasi weszli w szereg ludów europejskich, a chociaż zajmowali stanowisko bardzo podrzędne, niemniej pierwszy krok zrobiono przez przyjęcie chrześcijaństwa." Ks. F. K.: Wpływ chrześcijaństwa na nasze dzieje. In: TI (24.4.1897), S. 322.

der europäischen historischen Zeit drängt. Diese Interpretation negiert die Funktion, die der Taufe in den vorherigen Pressebeiträgen zugewiesen wurde: die Rückständigkeit der slawischen Lebensform signifikant aufzuholen. Aus Sicht des Autors des *Tygodnik* könne die polnische historische Zeit die Verspätung nicht überwinden, die die Slawen durch das langjährige Verharren in ihrem „heidnischen" Naturstatus verursacht haben. Im Gegenteil ziehe sich diese Verspätung bis in die Gegenwarts-Zeit hinein.

Die Beschleunigung der polnischen historischen Zeit von Boleslaus I. zu Kasimir III. dem Großen

Während die unterschiedlichen Vorstellungen über den religiösen oder historischen Charakter und die tatsächliche Synchronisierungskraft der Taufe den Übergang von der slawischen zur polnischen Zeit konstruieren, liefern die Artikel über Mieszkos Nachfolger – insbesondere über Boleslaus I. den Tapferen und später Kasimir den Großen – die tragenden Narrative, mit deren Hilfe die Presse den Eindruck einer Beschleunigung des polnischen evolutionären Rhythmus und einer Gleichzeitigkeit Polens mit Europa in der piastischen Epoche vermittelte. Boleslaus I. ist vor allem Thema in Artikeln der oben genannten ländlich-kleinbürgerlichen Zeitschriften; er gilt für sie als herausragender Herrscher,[158] ja gar als der alle anderen überragende[159] polnische König. Diese Periodika identifizieren seine Amtszeit zum einen mit dem raschen Machtausbau des polnischen Staates, den er auf eine militärische Expansionspolitik gegenüber den Nachbarn gründete. Zum anderen erwähnen viele Artikel über Boleslaus eine Episode, die ein weiteres wichtiges Synchronisierungsmoment zwischen Polen und Europa darstellt. Die Episode lautet in allen Artikeln wie folgt: Der deutsche Kaiser Otto III. (980–1002) habe nach einem langjährigen Krieg mit Polen Boleslaus besucht und sei beim Anblick der Pracht des polnischen Hofes tief berührt und beeindruckt gewesen. Deshalb habe er Boleslaus I. den Vorschlag unterbreitet, eine gemeinsame Pilgerfahrt zum Grab des heiligen Märtyrers Adalbert von Prag (Wojciech, 956–997)[160] zu unternehmen. Anschließend habe Otto III. in seiner Funktion als Kaiser

---

158 Vgl. bspw. Łabendziński: Wykłady popularne. In: Pr (30.1.1910).
159 Vgl. bspw. ANONYM: Historya Polski w zarysie. Bolesław I. Chrobry – Wielki. In: Ps (29.4.1888) Heft 8. S. 133–136.
160 Adalbert war Bischof von Prag, Freund des polnischen Fürsten Boleslaus und christlicher Missionar bei den „heidnischen" Prußen. Adalbert wurde im Laufe einer seiner Christianisierungsmissionen getötet. Die Legende erzählt, dass Boleslaus für Gold in der Höhe des Körpergewichts des Heiligen dessen Leib von den Prußen zurückkaufte. Die körperlichen Überreste wurden in Gnesen beigesetzt.

und ausgestattet mit der universalistisch-religiösen Macht des Heiligen Römischen Reiches Boleslaus zum polnischen König gekrönt.[161]

Obwohl auch in den Zeitschriftenberichten die Begegnung zwischen Mieszko und dem Kaiser als Synchronisierungsmechanismus der polnischen historischen Zeit dient, konstruiert die Volkspresse erst auf der Grundlage dieser Ereignisse einen evolutionären Rhythmus und eine Synchronie, die keinerlei religiösen, sondern einen dezidiert historischen Charakter besitzt und die polnische historische Zeit in der piastischen Epoche mit Fortschritt identifiziert. Das lässt sich anhand zweier Beispiele veranschaulichen. In einer Reihe der *Pszczółka* heißt es:

> Mieszko nahm das Christentum an, ergriff das Kreuz, die Waffe des Geistes, und der Tapfere, sein Sohn, erhob das Schwert tatkräftiger und starker Hand, und mit dem Kreuz und mit dem Schwert in den Händen ihrer kühnen Könige schwang sich Polen empor und wurde in den ersten einhundertsiebzig Jahre seiner Existenz zu einem mächtigen Staat, [...] der den Respekt seiner Nachbarn und der ganzen Welt erlangte – und nach dem damaligen Brauch wurde Polen von den Päpsten in die Reihen der christlichen Königreiche aufgenommen.[162]

Durch den Ausdruck „sich emporschwingen" setzt Stojałowski hier das piastische Polen ab Boleslaus I. dem Tapferen wortwörtlich in Bewegung entlang dem von Europa vorgezeichneten Evolutionspfad. Die Hervorhebung der kurzen Zeit, nur „einhundertsiebzig Jahre", die Polen brauchte, um den ganzen Pfad zurückzulegen, verleiht dieser Bewegung sowohl ein besonders schnelles Tempo als auch eine große Durchsetzungskraft. Als Träger der Beschleunigung werden hier das Kreuz und das Schwert identifiziert, zwei Symbole, die im offenen Gegensatz zur friedfertigen, waffenlosen, „heidnischen" Lebensform der Slawen standen, aber in Einklang mit dem europäischen Mittelalter. Der Moment, in dem Boleslaus I. die beiden Symbole starker Hand [erhob] und sie als Waffen benutzte, stellt dementsprechend für Stojałowski mehr noch als die Taufe den wirklichen Auftakt der polnischen historischen Zeit und das Ankommen Polens in der mittelalterlichen Epoche dar.

---

161 ANONYM: Goście u Bolesława. In: GŚ (03.1883 [1. Sonntag]) Heft 9. S. 3–4; ANONYM: Historya Polski w zarysie. In: Ps (29.4.1888); ANONYM: 1000–1900. In: BL (4.5.1900) Heft 18. S. 346–347; Góralczyk, Kazimierz [Pseudonym für Władysław Ludwik Anczyc]: Sto życiorysów Góralczyka. Bolesław Chrobry, Król Polski. In: GŚ (17.11.1905) Heft 51. S. 4–5.
162 Im Original: „Mieczysław przyjął chrześcijaństwo, uchwycił krzyż, broń ducha, a Chrobry syn jego podniósł miecz dzielną i potężną dłonią, a tak krzyżem i mieczem w rękach dzielnych królów wybiła się Polska na świat i w pierwszych stosiedemdziesięciu latach swego istnienia stała się państwem potężnem, [...] które zdobyło sobie szacunek u sąsiadów i całego świata – i obyczajem ówczesnym przez Papieży zaliczonem zostało do rzędu chrześcijańskich królestw." ANONYM: Historya Polski w zarysie. In: Ps (23.9.1888).

Das zweite Beispiel stammt aus dem Jahrgang 1907 des *Piast* und ist Teil eines Artikels, in dem der Krönung von Boleslaus I. eine weitreichende historische Bedeutung beigemessen wurde:

> Diese polnische Krone wurde zum sichtbaren Symbol der nationalen Einheit und der Unabhängigkeit des Landes sowie der vollkommenen Ebenbürtigkeit mit den Deutschen. Ein Europa ohne die polnische Krone konnte es fortan nicht mehr geben.[163]

Der *Piast* äußert sich zur synchronisierenden Kraft der historischen Figur Boleslaus' I. daher noch expliziter als die *Pszczółka:* Das Treffen des ersten Königs mit dem Kaiser symbolisiert nämlich im *Piast* nicht nur die Synchronisierung zwischen der polnischen und der europäischen historischen Zeit im Mittelalter, sondern auch eine bis in die ferne Zukunft bestehende Verknüpfung der historischen Schicksale Polens und Europas.

Die Gleichzeitigkeit der polnischen historischen Zeit unter Boleslaus I. wird in der Presse allerdings nicht nur auf der politisch-militärischen Ebene begründet. In einem weiteren Artikel im *Tygodnik* über die Geschichte des Badens stellt der renommierte Publizist Józef Tokarzewicz (unter dem Pseudonym J. T. Hodi) beispielsweise eine Synchronisierung des früh-piastischen Polens mit dem mittelalterlichen Europa fest, indem er Boleslaus den Tapferen für die Übernahme der Badesitten Karls des Großen (747/748–814) in Polen verantwortlich macht. Der polnische König wurde zum Vermittler eines (west-)europäischen Brauches, der jenseits des Glaubens oder der Kriege die polnische historische Entwicklung, wenngleich mit gewisser Verzögerung – Karl der Große hatte einige Jahrhunderte vor Boleslaus gelebt –, dem westlichen Zivilisationsprozess anglich.[164]

Eine ähnliche Angleichung lässt sich in der *Gazeta Świąteczna* finden. Die Warschauer Zeitschrift stellt nämlich in einem Artikel die Frage nach dem ersten polnischen Laien, der lesen und schreiben konnte, und gab darauf als Antwort: Boleslaus I.[165] Ausgangspunkt dieses Artikels ist die bereits in der *Biesiada* beobachtete positivistische Gleichsetzung zwischen den Prozessen der „Aufklärung" und der Nationsbildung. Der Vorstellung des Autors – wohl wieder Prószyński – zufolge nahmen beide Prozesse schon vor tausend Jahren ihren

---

163 Im Original: „Ta polska korona stała się teraz widomym znakiem jedności narodowej i niepodległości państwowej, równości zupełnej z Niemcami. Odtąd już nie mogło być Europy bez polskiej korony." ANONYM: Krótki zarys wykładu o Bolesławie Chrobym 992–1025. (Dokończenie). In: Pi (28.4.1907) Heft 17. S. 1–4, hier S. 3.

164 Vgl. J. T. Hodi, [Pseudonym für Józef Tokarzewicz]: Kąpielnictwo w dawnej Polsce. In: TI (20.7.1907) Heft 29. S. 588–589.

165 Vgl. Promyk, K. [Pseudonym für Konrad Prószyński]: Kto pierwszy z Polaków świeckich czytać umiał. In: GŚ (7.1.1906 [25.12.1905]) Heft 1. S. 4–5.

Anfang auf polnischem Boden, aber die Aufklärung schlage sich vorerst nur in mündlicher Gestalt nieder. Die Schrift hingegen sei erst in Folge der Christianisierung eingeführt worden. Diesbezüglich zeige Polen zwar eine erhebliche Verspätung im Vergleich zu den südeuropäischen Zivilisationen der Antike, aber beinahe eine Gleichzeitigkeit mit dem vom Deutschen Kaiserreich verkörperten europäischen Entwicklungsstand des Mittelalters: Kaiser Otto I., der sich mit Mieszko getroffen hatte, sei nämlich der erste alphabetisierte Nicht-Geistliche bei den Deutschen gewesen, während der erste alphabetisierte Pole der Sohn von Mieszko, Boleslaus I., gewesen sei. Somit wird dem Anfang der piastischen Epoche attestiert, den kulturellen Rückstand der Slawen gegenüber Westeuropa erfolgreich aufgeholt bzw. auf den Abstand einer einzigen Generation reduziert zu haben. Allerdings verwendet Prószyński den Rest seines Artikels dazu, um gegen die angeblich weitgestreute Überzeugung vom „primitiven Charakter und von der Unbildung"[166] des zweiten historiographisch bestätigten Piasten zu argumentieren, was auf die Gewagtheit seiner These von der Gleichzeitigkeit zwischen dem früh-piastischen und der damaligen westeuropäischen Kultur hinweist.

Die stufenweise Synchronisierung der polnischen historischen Zeit mit der europäischen Entwicklung in immer neuen Bereichen ist auch das Grundmerkmal für die nicht gerade zahlreichen Artikel über das 12. und vor allem das 13. Jahrhundert. Die Zeitschriften vernachlässigten zumeist die politische Geschichte zwischen dem Tod von Boleslaus dem Tapferen und der Krönung des vorletzten piastischen Königs Władysław I. Ellenlang (Władysław I Łokietek, 1260–1333). Eine Ausnahme war das Schicksal des Königs Boleslaus II. des Kühnen (Bolesław II. Śmiały, 1042–1081/1082), der wegen des Mordes am Krakauer Bischof Stanislaus (Stanisław za Szczepanowa, 1030–1079) und seiner anschließenden legendären Abbüßung als einfacher Mönch im Kloster von Ossiach besonderes Interesse in der Presse aller drei Teilungsgebiete erweckte.[167] Die Herrscher der Epoche der vier piastischen Erblinien nach der Aufteilung Polens seitens Boleslaus' III. Schiefmund wurden hingegen meistens ignoriert und in den seltenen Fällen, in dem sie doch zur Debatte standen, sehr negativ gedeutet.[168] Dafür assoziierten einige Pressebeiträge mit dem 12. und 13. Jahrhundert eine bestimmte sozioökonomische und kulturelle Evolution, die für eine Kontinuität in der

---

166 Promyk: Kto pierwszy z Polaków świeckich czytać umiał. In: GŚ (7.1.1906 [25.12.1905]), S. 5.
167 Vgl. bspw. Balzer: Przegląd piśmienniczy. In: TI (3.10.1885); ANONYM: Grób króla Bolesława Śmiałego, zabójcy św. Stanisława. In: NI (22.12.1906) Heft 51. S. 7–8; Jaworski, Józef Dr.: U grobu Bolesława Śmiałego w Ossyaku. In: BL (10.5.1913) Heft 19. S. 365–367.
168 Vgl. ANONYM: Historya Polski w zarysie. In: Ps (23.9.1888); ANONYM: Leszek Biały (powtórnie 1206–1227). In: Pi (17.1.1897) Heft 3. S. 1–3; Struś, Bogdan: Mieszko Stary, biurokrata na tronie. In: Pr (20.10.1912) Heft 42. S. 1332–1333

Wahrnehmung der rhythmischen Beschleunigung und der Synchronie der polnischen historischen Zeit mit dem mittelalterlichen Europa sorgte. Insbesondere das 13. Jahrhundert spielte dabei eine zentrale Rolle: So war erstens die Vorstellung von einem Aufblühen der Religiosität in diesem Jahrhundert vorherrschend, die Polen genauso wie die übrige christliche Mittelalterwelt betraf.[169]

In das 13. Jahrhundert wurden zweitens und wie bereits erwähnt infolge der deutschen Ostbesiedlung die Urbanisierung, die Übernahme des Magdeburger Stadtrechts, die Entstehung der Zünfte und die Entfaltung eines bürgerlichen Elements eingebettet.[170] In einem anonymen Artikel des *Piast* wird beispielsweise die Auffassung vertreten, dass die Entwicklung Polens im Bereich der Hygienestandards im Rhythmus der Gleichzeitigkeit zur damaligen gesamteuropäischen Situation verlaufe: „Erst im 13. Jahrhundert sehen wir Anfänge einer Hygiene bei den Kulturnationen [...] Als Beispiel nenne ich hier Polen, das mit der damaligen kulturellen Entwicklung Europas mithielt und in dem es schon im 13. Jahrhundert höhere hygienische Standards gab."[171] Ähnlich argumentiert Józef Tokarzewicz in seinem bereits zitierten Artikel über die Geschichte des Badens, wenn er infolge der ersten deutschen Siedlungswelle die Verbreitung des Wasserbadens in den polnischen Städten des 13. und 14. Jahrhunderts konstatiert.[172] Wenn auch der nicht-polnische Ursprung dieser bürgerlich-ökonomischen Synchronisierung an mehreren Stellen im Text hervorgehoben wird, dient sie dennoch dazu, die Idee von einer dynamischen und auf die Anpassung an den europäischen Entwicklungsrhythmus gerichtete piastischen Evolution zu vertreten.

Im Rahmen ihrer sporadischen Beschäftigung mit der damaligen Aufteilung des piastischen Königreiches in vier piastische Seniorate sehen die *Zeitschriften für viele* hingegen eine Rückschrittstendenz für das 12. und 13. Jahrhundert, die

---

169 Der *Przewodnik Katolicki* eröffnet beispielsweise einen seiner vielen Artikel über den Heiligen Hyazinth mit dem folgenden Satz: „Das 13. Jahrhundert war in Polen wie in allen anderen Ländern die Epoche der größten Blüte der christlichen Tugend." Im Original: „Wiek trzynasty, jak we wszystkich innych krajach, tak i w Polsce, był wiekiem największego rozkwitu cnót chrześcijańskich." Vgl. ANONYM: Św. Jacek. In: PK (16.8.1896) Heft 33. S. 257–258, hier S. 257. Auch der Historiker Wacław Sobieski evoziert in einem Artikel im *Tygodnik Ilustrowany*, der in Kapitel III.2. en détail analysiert wird, das gleiche Bild. Vgl. Sobieski, Wacław: Zapomniany bohater Śląski. In: TI (2.8.1902) Heft 31. S. 603–604.
170 Vgl. bspw. Kowalewski: Rozwój rzemiosł w Polsce. In: NK (3.2.1906).
171 Im Original: „Dopiero w wieku XIII spostrzegamy zaczątki u narodów kulturalnych hygieny, zbliżającej się swymi celami do naszych pojęć i usiłowań. [...] Jako przykład wymienię Polskę, która równocześnie krocząc z postępem ówczesnej kultury Europy, już w XIII wieku dbała o urządzenia hygieniczne." ANONYM: Hygiena w dawnej Polski. In: Pi (8.5.1910) Heft 19. S. 1–2, hier S. 2.
172 Vgl. J. T. Hodi: Kąpielnictwo w dawnej Polsce. In: TI (20.7.1907).

die Linearität der zivilisatorisch-wirtschaftlichen Entwicklung konterkarierte und erst nach der Überschreitung eines Tiefpunkts wieder in einen Aufwärtsprozess umschlagen würde. Das lässt sich anhand einer der wenigen Artikelreihen über die piastischen Herrscher, erschienen im *Piast* im Jahre 1910, zeigen. Hier beschreibt der*die anonyme Autor*in den plötzlichen Übergang zwischen der Regierung von Przemysł II. (letzter Piast der großpolnischen Linie, 1257–1296) zu Władysław Ellenlang (erster König des wiedervereinten Polens ab dem Jahr 1306) folgendermaßen:

> Das politische Durcheinander erreichte seinen Höhepunkt [...]. Es kam zum entscheidenden Moment, zum Wendepunkt: Entweder musste das Land von Lech [Polen, C.F.] zerfallen und für immer verschwinden oder es muss auf dem schnellsten Wege vereinigt werden. Im Schoße der Nation schlummerte die Idee von der Zusammengehörigkeit. [...] Auf diese Weise [...] konnte Polen wieder beginnen zusammenwachsen und wieder in die Reihe der Nationen aufschließen. Ein neuer Funke, der Funke der Auferstehung ging durchs Land.[173]

In diesem Abschnitt ist das Wiedererwachen im 14. Jahrhundert eine direkte Konsequenz der politischen Krise des 13. Jahrhunderts: Für den*die Autor*in mobilisieren erst die immer mehr zunehmende territoriale Zersplitterung und damit die Bedrohung einer endgültigen Staatsauflösung die Kräfte der Nation, die angesichts dieser dramatischen Lage gespürt habe, eine andere Entwicklung einschlagen zu müssen. So ein Narrativ löst die Idee der piastischen Entwicklung vom konstanten Fortschritt und fördert stattdessen ein zyklisches Verständnis der polnischen historischen Zeit, wonach jede Zeit-Richtung/jeder Zeit-Rhythmus aus ihrem/seinem Gegenteil erwächst und eine Evolution durch die Aufeinanderfolge von Höhen und Tiefen zustande kommt.

Der gleiche wellenartige Ablauf der Geschichte Polens war bereits im Periodisierungsvorschlag von Smoleński zu finden und wurde im Kapitel II.2. aufgrund der Verknüpfung jeder Zerfallsphase mit einer späteren Wiedergeburt als positive Umdeutung der Teilungszeit analysiert. Inwieweit allerdings auch ein Zukunftsversprechen von einer erneuten Wiedergeburt Polens nach den Teilungen in dem kausalen Zusammenhang, den der *Piast* in Bezug auf die piastische Epoche zwischen dem Erreichen eines Tiefpunkts der Machtdekadenz und deren Überwindung zieht, enthalten ist, lässt sich anhand der Quellen nur schwer ermitteln. Diejenigen Artikel über Boleslaus II. den Kühnen, die nach dem Mord an

---

[173] Im Original: „Rozprzężenie doszło do najwyższego szczytu. [...] Nadeszła więc chwila stanowcza, chwila przełomu: albo Lechia musiała się rozpaść i zginąć, albo trzeba ją było bądź co bądź szybko skojarzyć. W łonie narodu nurtowała myśl o łączności [...] Tym sposobem Polska [...] zaczęła się napowrót zrastać i stanęła znów w rzędzie narodów. Kraj przebiegła nowa iskra, iskra zmartwychstania." Anonym: Przemysław (1290–1296). In: Pi (25.4.1897) Heft 17. S. 1–2.

dem Bischof in der Vertreibung des Königs aus Polen im Jahre 1079 eine erste erfolgreiche Reaktion des polnischen Adels auf den Prozess zunehmender Machtzentralisierung unter den ersten Piasten sehen, suggerieren eher eine wechselseitige Verknüpfung zwischen piastischen Entwicklungen und der Teilungsphase.[174] Diese Artikel schaffen nämlich eine Kontinuitätslinie der zunehmenden Schwächung der Zentralmacht, die in der früh-piastischen Phase begann, während die Phase der vier piastischen Seniorate zum ersten Mal sichtbar wurde und in den Teilungen am Ende des 18. Jahrhunderts ihre Verwirklichung fand. Diese Interpretation steht im Einklang mit der Geschichtsdeutung der Krakauer Schule, die gerade in der Unfähigkeit zur zentralistischen Staatsbildung eine negative Anomalie der polnischen historischen Entwicklung in ihrer Gesamtheit sowie den Grund für die Lage politischer Abhängigkeit im 19. Jahrhundert erkannte.

Kasimir der Große zwischen Aufholen und Eigenzeit

Die Idee von einer kontinuierlich vorwärtsgerichteten, schnellen Entfaltung des piastischen Polens bestätigen hingegen die vielen Artikel über die Regierung des letzten Piasten, Kasimirs I. des Großen. Insbesondere anlässlich des 600. Geburtstages 1910 beschreiben die Periodika aller drei Teilungsgebiete Kasimir als bedeutendsten Nachfolger von Boleslaus I. Die Eroberung ruthenischer Gebiete, die Verlagerung der Gerichtszuständigkeit für die polnischen Städte von Magdeburg nach Krakau, die erste Gründung der Krakauer Universität, die Gesetzgebung für die Juden und die Bauern – um nur die im Rahmen des Jahrestages am häufigsten genannten Leistungen von Kasimir zu nennen – werden dabei in die piastischen Traditionen des raschen Staatsaufbaus und der schnellen Wissensentwicklung eingereiht.[175] Die Warschauer *Biesiada Literacka* sieht im historischen Handeln von Kasimir beispielsweise ausdrücklich die Vervollkommnung und Veredlung jenes historischen Verlaufs, der mit der Krönung von Mieszkos Sohn seinen Anfang nahm:

---

174 Vgl. bspw. Balzer: Przegląd piśmienniczy. In: TI (3.10.1885); ANONYM: Historya Polski w zarysie. Władysław Herman. In: Ps (12.8.1888) Heft 11. S. 179–182.
175 Vgl. Kozłowski: Król pospólstwa. In: ŚW (30.6.1906); Grabowski, Ignacy: Kazimierz Wielki. 1310–1910. In: ŚW (7.5.1910) Heft 19. S. 1–4; Sokołowski, August: Kazimierz Wielki. Zarys działalności politycznej i społecznej w sześćsetną rocznicę urodzin. In: BL (28.5.1910) Heft 22. S. 425–428; ANONYM: Sześćsetna rocznica urodzin króla chłopów. In: Pr (24.4.1910) Heft 17. S. 529–531; W. M.: W sześćsetną rocznicę. In: NK (14.5.1910) Heft 98. S. 2–3.

Diese beiden Namen [Boleslaus der Tapfere und Kasimir der Große, C.F.] markieren in der polnischen Geschichte wie zwei herausragende und von überall sichtbare Säulen zwei Epochen politischer und gesellschaftlicher Entfaltung. Wie Boleslaus der Tapfere den Staat [...] sowohl mit der Kraft der Armee als auch mit seinem klugen politischen Vorgehen einte und ihm zu einer vorher nie dagewesenen Macht verhalf, so vermochte es Kasimir der Große, dieses Werk Boleslaus', durch den Sturm der Ereignissen stark in Mitleidenschaft gezogen, wieder zusammenzuführen und die nötigen Bedingungen für seine Dauerhaftigkeit und hervorragende zukünftige Entwicklung zu schaffen.[176]

Ähnlich argumentiert das galizische *Nasz Kraj* in einem ebenso 1910 veröffentlichten Jubiläumsartikel. in diesem anonym erschienenen zweiten Artikel sind die „Tapferen" und die „Großen" (damit sind Boleslaus I. und Kasimir III. gemeint) diejenigen, die mit „Waffen und Vernunft", mit „Waffengeklirr und Bildung", mit „Schwert und Wissenschaft" sowie mit „Kodex und Klinge" Polen erschufen, während die Nachfolger nur bewahrten und verstärkten, was die Piasten schon erreicht hatten.[177] Die in beiden Zeitschriften hergestellte Kontinuität zwischen den Leistungen der beiden Könige entwirft die piastische Epoche als Zeit des nachhaltigen Voranschreitens beim Staatsaufbau, auf dem Polen auch in den späteren Epochen aufbauen konnte. Anlässlich der Jubiläumsfeierlichkeiten 1910 geriet daher die zwischenzeitliche dynastische und territoriale Zersplitterung des 12. und 13. Jahrhunderts völlig in Vergessenheit, und für die polnische Presse war der gesamte erste kalendarische Zeitabschnitt der polnischen historischen Existenz vom 11. bis 14. Jahrhundert eine einheitliche evolutionäre Richtung des Fortschrittes.

---

176 Im Original: „Dwa te imiona jak dwa promienne słupy, oznaczają w historyi polskiej dwie epoki politycznego i społecznego rozwoju. Jak Chrobry państwo [...] złączył w jedno i wyniósł do nieznanej przedtem potęgi zarówno siłą oręża, jak i rozumnem dzałaniem politycznem – tak Kazimierz Wielki umiał ten gmach Bolesława, burzą wypadków mocno nadwątlony, spoić na nowo, dać mu wszelkie warunki trwałości, i świetnego do przyszłości rozwoju." Sokołowski: Kazimierz Wielki. In: BL (28.5.1910).
177 Alle Zitate stammen aus dieser Textstelle: „Mit dem Tapferen am Anfang begann die piastische und polnische Geschichte, mit dem Großen war sie beendet ... Und nach ihnen gab es nie wieder Tapfere und Große. Es gab noch mutige und kluge Könige, [...] aber ihnen fehlte die den Piasten entstammende Größe und Tapferkeit... Die Ersten schufen und erbauten Polen. Sie bauten es [...] mit Waffen und Vernunft, mit Waffengeklirr und Bildung, mit Schwert und Wissenschaft, mit Kodex und Klinge... Den Nachfolgern kam nur zu, zu bewahren und verstärken, was die Piasten begonnen hatten." Im Original: „Chrobrym u zarania rozpoczęły się Piastów i Polski dzieje, Wielkim się zamknęły... I nie było już po nich ani Chrobrych, ani Wielkich. Bywali jeszcze mężni, mądrzy, [...] ale już w nich i wielkości tej i chrobrości jaka od Piastów szła zabrakło... Pierwsi tworzyli Polskę i budowali. Tworzyli ją [...] bronią i rozumem, szczękiem oręża i oświatą, mieczem i nauką, kodeksem i stalą... Następcom utrzymać przyszło tylko wzmacniać to co Piastowie poczęli." W. M.: W sześćsetną rocznicę. In: NK (14.5.1910), S. 2.

Dieses Zeitkonstrukt hat eine ausgeprägte rhythmische Komponente und eine Synchronisierungsfunktion, wie ein Ausschnitt aus einem Artikel des *Tygodnik Ilustrowany* über die Warschauer Universität zeigt:

> Es wäre nicht zur Gründung der Universität unter Kasimir dem Großen gekommen, [...] hätte die piastische Gesellschaft nicht das Bedürfnis danach verspürt [...]. Und dass es ein solches Bedürfnis gab, lag an jahrhundertelangen Anstrengungen der polnischen Nation, sich auf ein so hohes kulturelles Niveau hochzuarbeiten, dass die bereits bestehenden Schulen nicht ausreichten [...]. Polen, das erst im 10. Jahrhundert in einen engeren Kontakt mit der christlichen Zivilisation trat, schloss im Laufe der nächsten vier Jahrhunderte zur Entwicklung der ungleich älteren Kultur des westlichen Europas auf.[178]

Der Autor Wiktor Czermak, selbst Historiker und Professor an der Jagiellonen-Universität in Krakau, hebt hier den relativ kurzen Zeitraum und den erreichten hohen Entwicklungsgrad des Zivilisationsprozesses unter den Piasten hervor und attestiert diesem so eine hohe Geschwindigkeit. Aus dieser Perspektive lässt sich die polnische historische Zeit in ihrem Anfang vor allem als Beschleunigung begreifen, wodurch der eingangs formulierte kulturelle Rückstand aufgeholt und dank der Regierung von Kasimir dem Großen in eine Gleichzeitigkeit mit den viel älteren Kulturen Westeuropas verwandelt werden konnte.

Andererseits kann nicht übersehen werden, dass andere Pressebeiträge sowohl die Expansion nach Osten als auch die Gründung der Universität und die Gesetzgebung über Bauern und Juden als etwas Besonderes, Einzigartiges und damit als etwas mit der europäischen Entwicklung nicht Synchrones präsentieren. Das verdeutlicht ein weiteres Zitat aus dem erwähnten Artikel in *Nasz Kraj*, der die Adäquatheit des Beinamens *der Große* für Kasimir begründet:

> Nicht in der Außenpolitik [...] liegt seine Bedeutung und sein Attribut der Größe begründet. Sie rühren von etwas anderem her, [...] von diesem grenzenlosen Streben nach Frieden. [...] [Kasimir, C.F.] fing mit der Gesetzgebung an – und das machte er von Beginn an in völlig anderer Weise, als es im übrigen Europa der Fall war.[179]

---

[178] Im Original: „Nie przyszłoby do założenia Uniwersytetu za Kazimierza Wielkiego, [...] gdyby tej potrzeby nie odczuwało [...] społeczeństwo czasów Piastowskich. A jeśli była taka potrzeba, to dlatego, że naród polski kilkowiekowym wysiłkiem podniósł się do tak wysokiego poziomu kulturalnego, iż istniejące w kraju średnie szkoły nie wystarczały [...]. Polska, która weszła w ściślejszą styczność z cywilizacyą chrześcijańską dopiero w X w., w ciągu czterech wieków następnych zrównała się, rzec można, w kroku ze starszą nierównie kulturą zachodniej Europy." Czermak: Uniwersytet Jagielloński w wiekach średnich. In: TI (2.6.1900), S. 419–420.

[179] Im Original: „Nie w tej polityce zewnętrznej [...] jego znaczenie i jego tytuł do wielkości. W czem innem one tkwią, [...] w tej niezmierzonej pracy pokojowej. [...] Zaczął od ustawodawstwa – I

Kasimir verkörpert demnach nicht nur das schnelle Aufholen und eine Angleichung an Europa, sondern auch die Entstehung eines spezifisch polnischen Entwicklungsmodells, das an das ur-slawische Attribut der Friedfertigkeit anknüpft, das sich aber anders als die slawische Natur erfolgreich gegenüber Europa in seiner Differenz behaupten konnte. Den fortschrittlichen Charakter einer solchen eigen-polnischen Entwicklung leiten die Zeitschriften aus der zugeschriebenen Eigenschaft des letzten piastischen Königs ab, im Vergleich zum mittelalterlichen Europa sehr fortschrittlich zu sein:

> Mit Stolz und Freude können wir uns auf die ungewöhnliche Gegebenheit berufen, dass wir in der Mitte des 14. Jahrhunderts einen Monarchen hatten, der nicht nur seine Umgebung an Größe übertraf, sondern der auch in einer Epoche der Barbarei vernünftiger und gerechter regierte, als dies in so manchem Land des aufgeklärten 20. Jahrhunderts heute der Fall ist. Der einzige Sohn von Władysław Ellenlang [nämlich Kasimir, C.F.], der Baumeister des neuen, wiedergeborenen Polens, wollte nicht über eine Masse armseliger Sklaven, sondern über ein freies und aufgeklärtes Volk herrschen, es nicht knebeln und unterdrücken, sondern es gütig regieren und ihm zu seinem Glück verhelfen, der unvergessene *König des gemeinen Volkes*.[180]

Hier stellt Kozłowski, der auch schon über Skarga geschrieben hatte, im *Świat*-Jahrgang 1906 Kasimir als europaweiten Vorreiter seiner Epoche in Bezug auf Freiheit und Aufklärung dar. Damit löst er das historische Geschehen in Polen des 14. Jahrhunderts nicht komplett von einer gesamteuropäischen Fortschrittslinie (er betont z. B., dass wenn das Werk von Kasimir in den nächsten Epochen konsequent weitergeführt geworden wäre, auch das polnische Bürgertum in der Geschichte erblüht wäre). Er synchronisiert allerdings die polnischen Ereignisse auch nicht vollständig mit der europäischen Entwicklung, sondern setzt vielmehr das polnische spät-piastische Modell an die Spitze des mittelalterlichen Europas sowie als Leuchtturm oder Vorposten der Moderne bzw. einer Zeit, die sich erst in ferner Zukunft auch in den restlichen europäischen Ländern verwirklichen sollte.

Diese Art doppelter Verzeitung des piastischen Polens unter Kasimir, sowohl *im* als auch *nach dem* Mittelalter, ist auch bei anderen Autor*innen zu finden. In

---

to od razu w sposób odmienny niż się to działo w reszcie Europy." W. M.: W sześćsetną rocznicę. In: NK (14.5.1910), S. 3.

180 Im Original: „Z dumą i radością możemy powołać się na fakt osobliwy, żeśmy w połowie czternastego wieku mieli monarchę wyższego nie tylko nad swe otoczenie, ale sprawującego rządy w epoce barbarzyństwa rozumniej i sprawiedliwiej, niż to się w niejednym kraju zdarza w oświeconym wieku dwudziestym. Nie nad tłumem nędznych niewolników, ale nad wolnym i oświeconym narodem, nie deptać i uciskać, lecz dobrotliwie panować i uszczęśliwiać pragnął jedyny syn Łokietkowy, [...] budownik nowej, odrodzonej Polski, wiekopomny *król pospólstwa*." Kozłowski: Król pospólstwa. In: ŚW (30.6.1906), S. 3.

einem weiteren *Świat*-Beitrag, der anlässlich des Jubiläumsjahres 1910 erschien, schreibt etwa Ignacy Grabowski, dass Kasimir nicht nur den polnischen Staat nach den damals geltenden westlichen Maßstäben gestaltete und dass diese Umgestaltung kein bloßes Nachahmen westeuropäischer Staatsmodelle war, sondern die Manifestierung einer neuartigen und selbst nachahmenswerten Staatsform.[181] Nun zeigt dieses Beispiel eine zweifache Deutung des historischen Agierens Kasimirs: zum einen als eifriger Umsetzer westlicher mittelalterlicher Modelle, zum anderen als Initiator eines neuen, zu seiner Zeit europaweit (noch) nicht bekannten eigen-polnischen Staats- und Machtmodells.

Auch die temporale Konstruktion der spät-piastischen Epoche weist daher in sich eine Ambivalenz auf, die sich aber aus anderen Elementen als die Ambivalenz der slawischen Zeit zusammensetzt. Während die slawische Zeit an der Schnittstelle zwischen Stillstand und Bewegung konzipiert wird, oszillieren die Zeitschriften bei der (Re-)Produktion der polnischen historischen Zeit in der zweiten Hälfte des 14. Jahrhunderts zwischen der ständigen Verwendung Europas als Synchronisierungsmaßstab und der Behauptung einer zeitlich antizipierenden und polnisch-spezifischen Position. In den *Zeitschriften für viele* lassen sich der temporalen Konstruktion des historischen Subjekts Polen unter den Piasten somit drei jenen der slawischen Zeit fast diametral entgegensetzte Funktionen zuschreiben: Erstens bietet der Anfangspunkt der piastischen Epoche, die Taufe Mieszkos, eine zentrale Gleichzeitigkeitsebene mit Europa, da die Christianisierung die daraus abgeleitete polnische historische Zeit in die gleiche Richtung des europäischen Fortschritts lenkt. Zweitens dient der schnelle evolutionäre Rhythmus zwischen dem 11. und 14. Jahrhundert dem Aufholen der von den Slawen akkumulierten zivilisatorischen Verspätung gegenüber Europa. Drittens stellt das Epochenende wiederum eine weitere temporale Grundkoordinate Polens dar, da die Regierungsperiode Kasimirs III. für die Entstehung einer eigen-polnischen, die europäische Entwicklung vorwegnehmenden evolutionären Richtung steht. Auf diese neue Richtung, die in die nächsten temporalen Abschnitte der polnischen Geschichte hineinprojiziert wird, beziehe ich mich in diesem Buch mit dem Terminus der *Eigenzeit*. Dieser Begriff verweist auf die Abweichung von der auf eine Nachahmung Europas ausgerichteten polnischen historischen Zeit der Piasten sowie auf das zeitgleiche Potential dieser polnisch-spezifischen Richtung der Staats- und Machtentwicklung, der neuzeitlichen Entwicklung Europas zu entsprechen.

---

[181] Vgl. Grabowski: Kazimierz Wielki. In: ŚW (7.5.1910).

II.3.3 Temporale Gleichzeitigkeit, Neuartigkeit und Eigen-Artigkeit: Die Zeit der Jagiellonen

Anders als die piastische Epoche war das Schicksal Polens unter den Jagiellonen keine exklusive Domäne einer Zeitschriftenkategorie oder eines Teilungsgebiets, sondern wurde in allen hier analysierten Presserzeugnissen und im gesamten betrachteten Zeitraum breit thematisiert. Eine Ausnahme bildeten ausgerechnet die beiden ländlich geprägten Blätter *Piast* und *Gazeta Świąteczna*, die sich zumeist mit der piastischen Dynastie befassten und die jagiellonischen Könige in ihren Geschichtsrubriken komplett ignorierten. Wie für die Piasten lassen sich bestimmte temporale Qualitäten des polnisch-jagiellonischen Zeitabschnitts bereits aus Kapitel II.2. herauslesen: die Kulmination der polnischen historischen Entwicklung, die Gleichzeitigkeit mit Europa insbesondere bezüglich der Neuzeit und parallel dazu die Manifestation bestimmter Anzeichen der späteren Dekadenz. Die ersten zwei Qualitäten können vor dem Hintergrund der Analyse von Abschnitt II.3.2. als Fortwirken der beiden unterschiedlichen Zeit-Rhythmen bzw. Zeit-Richtungen verstanden werden, die die Presseautor*innen aus der piastischen Epoche ableiteten. Der evolutionäre Höhepunkt und die synchrone Teilnahme Polens an der Wende zur Neuzeit in der jagiellonischen Epoche erscheinen durch diese analytische Linse zum einen als Vollendung des schnellen evolutionären Rhythmus, der im Rahmen der Beschäftigung mit Boleslaus I., mit der sozioökonomischen Entfaltung des piastischen Polens oder der Regierungszeit von Kasimir dem Großen produziert wurde und auf das Aufholen gegenüber dem Westen gerichtet war. Zum anderen können sie ebenso über die plötzliche Durchsetzung der polnisch-spezifischen historischen Zeit-Richtung der Eigenzeit in Europa erklärt werden. Im Mittelpunkt dieses Abschnittes stehen daher die Interaktionen und die Weiterentfaltung dieser beiden Zeit-Rhythmen bzw. Zeit-Richtungen im Rahmen der einzelnen Narrativstränge und Quellen über die jagiellonische Epoche. Es soll aber auch die temporale Konstruktion der Dekadenz-Richtung erforscht werden, deren Anfänge einige Periodisierungsentwürfe – wie jene der Krakauer Universität oder des Verhältnisses zwischen den verschiedenen sozialen Ständen – in der jagiellonischen Epoche verzeiteten und deren Fluchtpunkt zumindest auf den ersten Blick in einer Diskontinuität zur Konstruktion der chronologisch vorangegangenen historischen Zeit steht.

Die Wende zur Neuzeit und die Schlacht bei Tannenberg
Eine Annäherung an eine solche doppelte Problemstellung ermöglichen in erster Linie die Artikel, in denen die Zäsur zwischen den Piasten und Jagiellonen thematisiert wird. Das hat nicht nur mit dem hier verfolgten analytischen Ansatz zu

tun, mit dessen Hilfe die chronologische Reinfolge der innen-narrativischen, polnischen historischen Zeit (re-)produziert werden soll. In der Neuartigkeit, die diese Artikel der Zeit nach der Zäsur zuschreiben, verschränken sich vor allem unterschiedliche Vorstellungen von Eigen-Artigkeit der polnischen historischen Entwicklung und von Gleichzeitigkeit Polens mit der europäischen Neuzeit. Das zeigt am besten die bereits mehrmals zitierte *Pszczółka*-Serie zur polnische Geschichte, die ihre letzten drei Folgen der Machtübernahme Jagiełłos widmete. Die Behauptung, dass „mit Hedwig [von Ajou, auf Polnisch: Jadwiga Andegweńska, 1373–1399, C.F.] und Jagiełło die besten und schönsten Zeiten für Polen begannen",[182] markiert gleich am Anfang der ersten dieser drei Folgen einen temporalen Bruch zwischen piastischer und jagiellonischer Epoche. Letztere wurde in ihrer Einmaligkeit von allen anderen Abschnitten der polnischen historischen Zeit positiv unterschieden. Für den Autor Stojałowski liegt diese Einmaligkeit in der „Verbrüderung" mit Litauen, die er aufgrund der Tatsache, dass sie aus freien Stücken geschah, als ein völlig neues – „in der Geschichte von keiner anderen Nation der Welt"[183] wiederholtes – historisches Phänomen bezeichnete.[184] So eine Aussage macht den Beginn der jagiellonischen Dynastie – anstelle der Regierungszeit Kasimirs – zu jener temporalen Grundkoordinate, mit der die polnische geschichtliche Zeit von der piastischen Nachahmungstendenz westeuropäischer Muster abgelöst und ihr stattdessen eine qualitativ andere, mit nichts vergleichbare neue Richtung verliehen wird. Diese neue Richtung besteht einerseits in der Ent-Synchronisierung der polnischen historischen Entwicklung von derjenigen der übrigen Welt sowie andererseits in einer Verzeitung Polens vorne in der Weltgeschichte.

Zwei Hefte später hebt Stojałowski jedoch die sowohl kalendarische als auch evolutionäre Gleichzeitigkeit zwischen der Entstehung dieser neuen polnischen Eigenzeit und der universellen Neuzeit hervor:

---

[182] Im Original: „Z Jadwigą i Jagiełłą rozpoczynają się dla Polski najświetniejsze i najpiękniejsze czasy." ANONYM: Historya Polski w zarysie. Polska kwitnąca. In: Ps (7.4.1889) Heft 7. S. 99–103, hier S. 99. Hedwig war eine Tochter von Ludwig I. (Ludwik Węgierski, 1326–1382), dem König von Ungarn, Kroatien und Polen und zugleich Neffen Kasimirs des Großen. Da Kasimir ohne männliche Nachkommen verstarb, designierte er schon vor seinem Tod Ludwig zum Thronfolger der Piasten in Polen. Dessen Tochter Hedwig galt als letzte Erbin der Piasten und legitimierte durch ihre Heirat mit Jagiełło die Entstehung einer neuen Dynastie auf dem polnischen Thron, den Jagiellonen.
[183] Im Original: „w historii żadnych innych narodów na świecie". ANONYM: Historya Polski w zarysie. In: Ps (7.4.1889), S. 100.
[184] Eine ausführlichere Analyse der temporalen Konstruktion der polnisch-litauischen Vereinigung in der Presse folgt im nächsten Teil *Time and the Other*.

> Das 15. Jahrhundert war nicht nur der Anfang der neuen jagiellonischen Phase für Polen, sondern ist auch denkwürdig in der gesamten Menschheitsgeschichte wegen so vieler ungewöhnlicher und unvergesslicher Ereignisse, die zu grundlegenden Veränderungen in der gesamten Welt führten und nach den sogenannten *mittelalterlichen* Zeiten die *Neuzeit* beginnen ließen.[185]

Mit dem Ausdruck „Neuzeit" meint Stojałowski in diesem Zitat nicht mehr eine exklusive temporale Position des jagiellonischen Polens, sondern den allgemeingültigen Schub nach vorne, der die gesamte Welt in die Moderne katapultierte. Die kalendarische Übereinstimmung zwischen der jagiellonischen Zäsur und der Neuzeitwende konstruiert hier die neue polnische Eigenzeit als Teil dieses universellen Schubs, der Polen durch die freiwillige Vereinigung mit Litauen in einer eigen-sinnigen Form voranbrachte. Die jagiellonische Epoche erscheint dabei als ein zukunftsoffenes Zeitkonstrukt, wodurch die polnische historische Zeit mit dem bis in die Gegenwarts-Zeit der Zeitschrift hinreichenden neuzeitlichen Horizont der Weltgeschichte synchronisiert wird.

Im letzten Artikel der Reihe zeigt sich schließlich wieder die Wirkung eines Entsynchronisierungsmoments, wenn Stojałowski darauf aufmerksam macht, dass die die europäische Neuzeit kennzeichnende Entwicklung einen schrittweisen Machtverlust der universalistischen Herrschaftsformen (Kaisertum sowie Papsttum) zugunsten national-homogener Staaten bedeutete.[186] Diesbezüglich lasse sich allerdings eine substantielle Abweichung der polnischen Neuzeit feststellen:

> Auch in Polen verschwanden die eigenständigen Fürstentümer sowie die vielen Kleinherrschaften und die Monarchie kehrte zurück, aber anders als in allen anderen Ländern nicht unter Verkümmerung der nationalen Freiheit, sondern deren Veredelung. Die Macht der Jagiellonen stabilisierte sich, aber nicht dank der Tüchtigkeit und Energie dieser königlichen Familie, sondern eher dank ihrer untypischen Rechtschaffenheit, ihres Edelmuts und ihrer außerordentlichen Großzügigkeit. Die Polen gehorchten ihnen und ordneten sich ihnen nicht aus Angst unter, sondern eher aus Liebe. [...] Somit stabilisierte sich nicht so sehr die *königliche Macht*, sondern die Macht der Magnaten. [...] Glückliche Umstände führten dazu,

---

185 Im Original: „Wiek XV albowiem nie tylko dla Polski był początkiem nowej doby Jagiellońskiej, lecz jest on pamiętnym takie w dziejach całej ludzkości, przez rozmaite nadzwyczajne i pamiętne zdarzenia, które wpłynęły na zmianę postaci, rzec można, całego świata, i po czasie tak zwanych *wieków średnich*, dały początek *nowszym czasom*." ANONYM: Z historyi Polskiej. In: Ps (26.5.1889), S. 148–149.
186 Vgl. ANONYM: Z historyi Polskiej. In: Ps (25.8.1889), S. 241–242.

dass Polens Macht nach außen in dieser Zeit wuchs – aber im Inneren nistete sich schon der Wurm ein, der am gesunden Körper der Nation nagte und ihm den Tod bringen sollte.[187]

Dieser Passage zufolge passte sich das jagiellonische Polen nur bedingt an die neuzeitlichen Etappen europäisch-universellen Fortschritts an bzw. schlug im neuzeitlichen Rahmen eine Art *Sonderweg* ein. Treibkraft dieses Sonderwegs war die Freiheit, die hier eine höchst ambivalente Bewertung erfährt. Einerseits bildet die von Stojałowski beschriebene freie Verbindung zwischen dem polnischen König und seinen Untertanen die polnische eigen-sinnige Variante der neuzeitlichen Staatsgewalt und besitzt eine eindeutig positive und keinerlei rückständige Konnotation im Vergleich zum westeuropäischen Modell. Diese Variante produziert andererseits keinen vorwärtsgerichteten Rhythmus des Staatsausbaus. Dementsprechend ist der historische Gipfelpunkt der polnischen außenpolitischen Staatsmacht während der jagiellonischen Epoche für Stojałowski nicht eine Errungenschaft der Eigenzeit, sondern Resultat „glücklicher Umstände". Dahinter verberge sich schon der „Wurm" bzw. die Rückwärtstendenz zum Schwund des Staates und seine Auflösung.

Diese negative Lesart der jagiellonischen Entwicklung rührt eindeutig von der Historiographie der Krakauer Historikerschule, nach der die Wurzeln für die Teilungen Polens in einer jahrhundertelangen innerpolnischen Fehlentwicklung zu finden waren. Aus diesem Blickwinkel steht die jagiellonische Eigenzeit in diesem letzten Teil der Reihe für eine falsche Richtung, einen fehlenden Rhythmus und für das daraus folgende stetig zunehmende Zurückbleiben gegenüber dem von Europa gesetzten temporalen Standard. Zusammenfassend lädt die Artikelserie der *Pszczółka* den Neuartigkeitscharakter der polnischen historischen Zeit ab den Jagiellonen mit einer dreifachen Bedeutung auf: Am Anfang wird die Zeit als neu präsentiert, weil sie eine für die Welt neue und eigen-artige Entwicklung – die Verbrüderung zwei Nationen – enthält; dann wird ihr Gleichzeitigkeit mit und Teilnahme an der universellen Zeitenwende zur Neuzeit attestiert; schließlich wird die polnische historische Zeit im Rahmen der europäischen

---

187 Im Original: „I w Polsce znikły osobne księstwa, i liczni drobni władcy, a powróciła monarchia, ale stało się to inaczej jak wszędzie, bo nie z ukróceniem, ale raczej z wybujaniem wolności narodowej. Ustaliła się wprawdzie dynastia Jagiellonów, ale stało się to nie tyle w skutek dzielności o energii królów z tej rodziny, ale stalo się to raczej przez ich dziwną zacność, szlachetność, nadzwyczajną hojność. Polacy Jagieleonów słuchali i im się poddawali nie z bojaźni, ale raczej z miłości [...] W ten sposób ustalały się nie *rządy monarchiczne*, ale raczej wzrastały rządy możnowładztwa. [...] Szczęśliwe okoliczności sprawiały, że Polska w tym czasie wzrastała na zewnątrz w potęgę – ale wewnętrznie już się zakradł ten robak, który miał stoczyć zdrowe ciało narodu i o śmierć go przyprawić." ANONYM: Z historyi Polskiej. In: Ps (25. 8. 1889), S. 242–243.

Neuzeit als Träger eines anfangs positiven und dann negativen Sonderwegs beschrieben. Diese dreifache Bedeutungszuschreibung kreiert ein ambivalentes Zeitkonstrukt, mit dem das jagiellonische Polen zeitlich zugleich vor, parallel und hinter Westeuropa verortet wird.

Außer in Gesamtdarstellungen der polnischen Geschichte (wie die gerade eben analysierte Reihe von Stojałowski) finden sich Narrative über die jagiellonische Zeitzäsur vor allem in den Artikeln über die Schlacht bei Tannenberg, die insbesondere während des groß gefeierten 500-jährigen Jubiläums im Juli 1910 in den Periodika aller drei Teilungsgebiete in großem Umfang abgedruckt wurden.[188] Das Jubiläum hatte eine spezifische und mehrdeutige Prägungskraft für die Konstruktion der polnischen historischen Zeit: Erstens ersetzte Tannenberg in den Jubiläumsartikeln die Hochzeit zwischen Hedwig und Jagiełło als konkreten Wendepunkt zwischen der piastischen und jagiellonischen Epoche.[189] Zweitens avancierte die Schlacht aufgrund ihrer unglaublichen medialen Resonanz zur wichtigsten Grundkoordinate polnischer Geschichte. Diese Koordinate differenzierte die polnische historische Zeit nach zwei unterschiedlichen Qualitäten mit zwei unterschiedlichen Horizonten: die alte Zeit vor der Schlacht, in der Polen von den Kreuzrittern unterdrückt wurde und vom Aussterben bedroht war – und die neue nach dem Sieg, in der Polen sich sein Recht auf die Zukunft erkämpft hatte und sich frei entfalten konnte.[190] Drittens wurde dem polnischen Sieg der Charakter eines Wendepunktes auch in der Weltgeschichte sowie einer allgemeingültigen und von Polen eingeleiteten neuen historischen Ära zugeschrieben.[191] Viertens lieferte der Kern der Erzählung von Tannenberg, der Sieg über eine westliche militärische Macht, ein Mittel zur vollkommenen Synchronisierung

---

188 Der historische Kontext der Jubiläumsfeierlichkeiten wird in Kapitel III.2. thematisiert.
189 Vgl. bspw. Łumiński, Ernest: Wielki dzień. W 500/letnią rocznicę Grunwaldu. In: ŚW (9.7.1910) Heft 28. S. 1–2; Czermak, Wiktor: Zwycięstwo Jagiełłowe. In: TI (16.7.1910) Heft 29. S. 579–581; Anonym: Córa Piastów. In: Pi (6.11.1910) Heft 45. S. 1–2; Konczyński, Tadeusz: Słup Graniczny. In: B (9.7.1910) Heft 28. S. 302–303.
190 Vgl. bspw. Łumiński, Ernest: Dies irae, dies illa... In: T (13.7.1902) Heft 28. S. 437–439; Antoniewski, S.: Rocznica Grunwaldu. In: Pi (30.7.1905) Heft 31. S. 1–2; Anonym: Wielka rocznica. In: TI (20.3.1909) Heft 12; Grabowski, Ignacy: 15 Lipca 1410 roku. In: TI (9.7.1910) Heft 28. S. 564; Łumiński: Wielki dzień. In: ŚW (9.7.1910); Anonym: Grunwald. In: Wieniec – Pszczółka (WP) (17.7.1910) Heft 29. S. 433–435.
191 Vgl. bspw. Anonym: W rocznicę wielkiego zwycięstwa. In: TI (26.7.1902) Heft 30. S. 585–587; Szkaradek-Krotowski, K.: Zwycięstwo grunwaldzkie i jego znaczenie. In: Pr (15.7.1910) Heft 29. S. 902–907; Ruczyński, Bronisław: Wielka Rocznica. In: Pr (15.7.1910) Heft 29. S. 899–900; Konczyński: Słup Graniczny. In: B (9.7.1910).

der polnischen historischen Zeit im 15. Jahrhundert mit dem damaligen europäischen Fortschritt.[192]

Diese vierfache Prägungskraft auf die polnische historische Zeit kann anhand konkreter Artikel in den Jubiläumsheften eingehender erläutert werden. Für den westpreußischen *Piast* bedeutet beispielsweise die Schlacht den Moment, da „die neugeborenen Kräfte [Osteuropas, C.F.] den Sieg über eine mittelalterliche Organisation [den Deutschen Orden, C.F.] davontrugen"[193] und der somit zum „Beginn einer neuen Epoche wurde: der Triumph der polnischen Kultur".[194] Die Gegensätzlichkeit zwischen Mittelalter und Neuzeit wird in diesem Zitat – wie auch in anderen Artikeln über Tannenberg[195] – nicht zeitlich, sondern räumlich-kulturell gefasst. Anstatt eine Epoche der polnischen Geschichte zu sein, die mit den Piasten koinzidiert, bildet nämlich das Mittelalter eine fremde Zeit, die im Territorium und historischen Entwicklungsmodell des Kreuzritterstaats verortet ist und die von Polen für das eigene Überleben unbedingt überwunden werden musste. Der polnische Sieg bedeutet in diesem Kontext dementsprechend das Ende des Mittelalters im Sinne der Befreiung von einer unterdrückenden und bereits veralteten evolutionären Richtung und zugleich die Entstehung einer neuen jungen Zeit, die von einer eigen-polnischen, ebenso neuen und kraftvollen Zivilisation durchdrungen ist. Tannenberg lässt sich in diesem Kontext als der Moment begreifen, in dem diese neue Zivilisation zeitlich die Reife für ihre Selbstbehauptung erlangte.

Ähnlich argumentierte die Posener *Praca*, die in Tannenberg die Auseinandersetzung zwischen zwei Zeiten sieht, die mit den zwei Hälften des zivilisierten Europas identifizierbar seien: die „alte", westliche Welt und die „neue", östliche Welt. Polen als Paladin der neuen Zeit habe danach gestrebt, „Europa zu werden", und habe eine „sehr große historische Verantwortung" für den gesamten Osten auf seine Schultern genommen.[196] Aufschlussreich ist in diesem Artikel die Art,

---

192 Vgl. bspw. Konczyński: Słup Graniczny. In: B (9.7.1910); Grabowski: 15 Lipca 1410 roku. In: TI (9.7.1910).
193 Im Original: „Znaczenie bitwy grunwaldzkiej było [...] tem, że budzące się do życia nowe siły odniosły zwycięstwo nad organizacyą średnowieczną." Anonym: Córa Piastów. In: Pi (6.11.1910), S. 1.
194 Im Original: „następował początek nowej epoki: tryumfu kultury polskiej." Anonym: Córa Piastów. In: Pi (6.11.1910), S. 1.
195 So präsentiert auch Ernest Łumiński 1902 im *Tydzień* die Kreuzritter als Vertreter einer „verschrobenen mittelalterlichen Organisation", die Gewalt ausgeübt habe und daher auch habe zerstört werden müssen. Vgl. Łumiński: Dies irae, dies illa... In: T (13.7.1902), S. 437.
196 Das gesamte Zitat lautet im Original: „Zda się, jakoby ówczesna cywilizowana Europa była rozłamała się na dwie połowy, które w znojnem, zapamiętałem zmaganiu się chciały się nawzajem zniszczyć lub pochłonąć. Stary świat powstał przeciw nowemu, a Polska, która stała w przedniej

wie der Autor Bronisław Ruczyński mit Hilfe des Sieges eine Gegenwarts- sowie Zukunftsperspektive für die polnische historische Zeit konstruiert:

> Polen [...] trat in die großartige jagiellonische Ära ein, Zeiten des größten Ruhms und größter Macht, Zeiten einer gewaltigen kulturellen und zivilisatorischen Entwicklung, Zeiten, in denen die nationalen Lebenskräfte, so reich an moralischen und materiellen Ressourcen, eine Quelle füllten, aus der wir bis heute schöpfen, [...] wenn wir den uns aufgezwungenen fremden Kulturen das Altehrwürdige unserer Kultur entgegenstellen. [...] Und all das, unsere ganze großartige jahrhundertelange Vergangenheit und die daraus erwachsene Gegenwart und Zukunft, hingen vom Ausgang der großen Schlacht bei Tannenberg ab.[197]

In diesem Zitat führt das evolutionäre Gipfeln Polens während der „jagiellonischen Ära" zu einer „Altehrwürdigkeit" bzw. Akkumulation von historischer Entwicklungstiefe, die die polnische historische Existenz auch in der staatenlosen Gegenwarts-Zeit der Zeitschrift sowie für die Zukunfts-Zeit garantiert. Tannenberg stellt als Wendepunkt zur jagiellonischen Epoche dabei die Schicksalsstunde des polnischen historischen Subjektes bzw. jenes Momentes dar, das sowohl über das damalige Überleben als auch über die aktuelle Präsenz und Modernität Polens entscheidet.

Die gleiche Wirkungsmacht – Fortbestehen und Zukunft festzuschreiben –, aber mit einer dezidiert universalistischen Deutung von Tannenberg als weltgeschichtliche Wende zur Neuzeit, spricht aus dem Beitrag des jungen Krakauer Schriftstellers und Dichters Tadeusz Konczyński im Warschauer *Bluszcz:*

> Tannenberg! – das ist die Stunde, nach der die Jahrhunderte begannen frei zu atmen [...] und die Freude an der Existenz und der Glaube an eine glückliche Zukunft durchdringen die Organismen aller Staaten und Nationen und lassen die goldenen jagiellonischen Zeiten entstehen [...]. Tannenberg ist der Grenzpfahl zwischen zwei Epochen – der Pfahl, an dem der ethische Kompass der gesamten zeitgenössischen Zivilisation seinen verrutschten Zeiger wieder in Richtung Zukunft ausrichtete – das ist eine dieser großen universellen Taten, in

---

straży tych nowych ludów, które wdzierały się przebojem do życia i władztwa, które także zapragnęły być Europą, wzięła ną swe barki olbrzymie zadanie i wielką w obliczu historyi odpowiedzialność." Ruczyński: Wielka Rocznica. In: Pr (15.7.1910), S. 899.

197 Im Original: „Polska [...] wstąpiła w ów wspaniały okres jagiellońskich czasów, czasów najwyższej chwały i najwyższej potęgi, czasów olbrzymiego rozwoju kultury i cywilizacyi, czasów, które do skarbnicy sił żywotnych narodu nagromadziły tak bogate fundusze moralne i materyalne, że czerpiemy z nich jeszcze dziś, [...] gdy narzucającej się kulturze obcej przeciwstawiamy starożytność kultury naszej. [...] I otóż wszystko to, cała świetna kilkowiekowa przeszłość nasza i rezultująca stąd teraźniejszość i przyszłość zawisła od wyniku wielkiej bitwy grunwaldzkiej." Ruczyński: Wielka Rocznica. In: Pr (15.7.1910), S. 899.

denen das Schicksal des östlichen Europas gemeinsam mit Polen auf Augenhöhe mit ganz Westeuropa stand.[198]

Die Schlacht wird in diesem Zitat zum Weg sowohl zu den „goldenen jagiellonischen Zeiten" als auch zur Durchsetzung eines universellen Freiheitsprinzips hochstilisiert. Somit verleiht Konczyński dem polnischen Sieg eine zentrale Rolle in der Weltgeschichte: Der Übergang zwischen piastischer und jagiellonischer Epoche fand nämlich ihm zufolge nicht nur synchron zur universellen neuzeitlichen Wende oder als ihre Variante statt, wie noch bei Stojałowski, sondern war die treibende Kraft dieser Wende für die Geschichte „aller Staaten und Nationen". Darüber hinaus öffnet Tannenberg in diesem Text eine allgemeingültige Zukunfts-Zeit, die sich als neuer temporaler Horizont der Moderne verstehen lässt und das Jahr 1410 zur entscheidenden Wende der welthistorischen Gegenwarts-Zeit der Zeitschriften macht. Die Schlacht wird hier somit als Ereignis nicht so sehr der polnischen denn vielmehr der universellen Geschichte umcodiert. Sie bewirkt eine Auflösung der polnischen historischen Zeit in der universellen Zeit bzw. eine plötzliche führende Rolle Polens für die gesamte Welt. Wie im letzten Satz des Zitates steht, verdeutlicht die neuerreichte Position „auf Augenhöhe" mit Westeuropa die neue Bedeutung der historischen Entwicklung Polens für die Geschichte an sich. Denn diese Entwicklung verliere nach der gewonnenen Schlacht ihren partikulären Charakter und werde zum führenden Motor des welthistorischen Fortschritts.

Auf dem besonderen Synchronisierungseffekt der Schlacht besteht schließlich der *Tygodnik Ilustrowany* in seinem bereits in Kapitel II.2. erwähnten Jubiläumsheft:

> Die zwei großen und leider letzten Piasten leiteten den Frühling des polnischen Staates ein. Die westliche Kultur erfrischte und stärkte mit einem starken Windstoß den jungen polnischen Adler. Dort, näher am Atlantik und am Mittelmeer, auf dem alten römischen Nährboden, machten die älteren Gesellschaften ihre letzte Rechnung mit den mittelalterlichen Idealen. [...] Auf dem Schlachtfeld von Tannenberg [...] stehen sich schon keine deutschen Ritter in Kampfrüstung und schlecht bewaffnete Bauern mehr gegenüber. Hier kämpfen Gleiche gegen Gleiche [...]. So waren Schwerter und Lanzen die gleichen, nicht jedoch die

---

[198] Im Original: „Grunwald! – oto godzina, po której wieki poczynają oddychać swobodnie [...] a rozkosz istnienia i wiara w szczęsną przyszłość przenikają organizmy całych państw i narodów i stwarzają złote wieki jagiellońskie [...] Grunwald to słup graniczny dwóch epok – słup na którym kompas etyki całej ówczesnej cywilizacyi obrócił swój odchylony wskaźnik wprost w przyszłość – to jeden z tych wielkich czynów wszechświatowych, w którym los wschodniej Europy wraz z Polską, stanął oko w oko z całą zachodnią Europą." Konczyński: Słup Graniczny. In: B (9.7.1910), S. 302.

Ideale der Ritter. [...] Tannenberg musste früher oder später geschehen. Polen wurde zu einem erstrangigen Staat.[199]

Wie in den anderen Beispielen wurde auch hier Tannenberg einerseits als Konfrontation zwischen zwei unterschiedlichen „Idealen" – dem alten westlichen und dem jungen polnischen – konturiert, die kalendarisch parallel existierten und sich räumlich-kulturell auf dem Schlachtfeld gegenüberstanden. Andererseits setzt der Autor Ignacy Grabowski das eine Ideal mit dem Mittelalter und das andere mit der Neuzeit gleich und suggeriert somit ein zeitliches Nacheinander der beiden. Im ersten Fall markiert Tannenberg die Möglichkeit einer polnischen historischen Eigenzeit, im zweiten Fall gewinnt es zeitliche Relevanz für die westeuropäische historische Zeit. Im Kontext der neuzeitlichen Wende erlebt das Attribut „jung", das im Zusammenhang mit der piastischen Epoche für die polnische Verspätung im Bereich der Christianisierung und des Zivilisationsprozesses steht, eine positive Umdeutung.[200] Grabowski konstruiert allerdings das militärische Aufeinanderprallen vor allem als Augenblick der Synchronisierung, die zugleich Resultat eines erfolgreichen Aufholens ist und Vorbote einer sich unmittelbar anschließenden Überholung auf dem gleichen Pfad. Seine Erzählung lautet nämlich, dass sich Polen bis Tannenberg vom westlichen Fortschrittsmodell habe beeinflussen lassen, mit der Schlacht die Gleichzeitigkeit mit dem Westen demonstriert und sich mit dem Sieg an die Spitze desselben Pfads gestellt habe. Er präsentiert diese Veränderungen als eine historische Notwendigkeit, die sich „früher oder später" aus den historischen Entwicklungsgesetzen ergeben musste und somit als Produkt des universellen Fortschrittes selbst angesehen werden müsse.

---

199 Im Original: „Dwaj wielcy i, niestety, ostatni Piastowie stworzyli wiosnę państwa Polskiego. Kultura Zachodu szerokim podmuchem orzeźwiała, siliła młode orlęta polskie. Tam, bliżej Atlantyku i morza Śródziemnego, na dawnem rozczynie rzymskim, społeczeństwa starsze kończyły już ostateczne rachunki z ideałami średniowiecza. [...] Na polach Grunwaldu, [...] stają już naprzeciw siebie nie ritter niemiecki w zwadzie bojowej z niepancernym wieśniakiem [...]. Walczą równi z równymi [...]. Więc miecze i kopie bojowe równe, ale ideały rycerzów inne. [...] Grunwald musiał był przyjść w taki lub inny sposób. [...] Polska stała się państwem pierwszorzędnem." Grabowski: 15 Lipca 1410 roku. In: TI (9.7.1910).
200 Auf die doppelte, positive und negative Deutung des Zu-Spät-Kommens und Jung-Seins macht Jochen Johannsen in Bezug auf die Konstruktion der deutschen historischen Zeit aufmerksam. Vgl. Johannsen, Zeit, S. 223–231.

Die Pluritemporalität des 15.und 16. Jahrhunderts

Die gleiche Überlappung von unterschiedlichen Zeit-Rhythmen, Zeit-Richtungen und temporalen Positionen – von Gleichzeitigkeit mit der europäischen Neuzeit und Entsynchronisierung, von einer führenden Position in der Weltgeschichte und einer positiven oder negativen Eigenzeit – wiederholt sich mit unterschiedlichen Akzenten in Artikeln, die zwar die jagiellonische Epoche an sich im Fokus haben, sich dabei aber nicht auf Narrative des Übergangs zwischen Piasten und Jagiellonen konzentrieren. Viele dieser Artikel beschäftigen sich mit Persönlichkeiten oder Institutionen aus dem kulturellen Bereich – darunter insbesondere, dem Takt der Jahrestage folgend, mit dem Historiker Jan Długosz (1415–1480), dem Dichter Jan Kochanowski, dem Astronomen Nikolaus Kopernikus (1473–1543), dem Prediger Skarga oder der Krakauer Universität. Andere beschreiben die sozioökonomische Lage der Zeit oder den Anfang der innenpolitischen Schwäche Polens mit einem Fokus auf das Freiheitsverständnis, das sie immer wieder von einem positiven zu einem negativen umdeuten. Die Biographien der jagiellonischen Könige, mit Ausnahme Jagiełłos und seines Sohnes Władysław II. von Warna (1424–1444),[201] und die Kriegstaten – abgesehen von den Schlachten bei Tannenberg und bei Warna gegen die Türken, wo der junge Władysław II. starb –, sind hingegen viel seltener Thema. Weder die Volkszeitschriften wie *Gazeta Świąteczna*, *Piast* und *Pszczółka*, in denen detaillierte Beschreibungen der meisten piastischen Herrscher und ihrer militärischen Unternehmungen erschienen sind, noch andere Presseerzeugnisse befassen sich mit den Lebensgeschichten der Jagiellonen. Die wenigen Pressebeiträge, die sich dennoch mit der Regierungszeit konkreter jagiellonischer Throninhaber auseinandersetzten, konzentrieren sich vor allem auf die letzten zwei, die Sigismunde (Sigismund I. der Alte und Sigismund II. August). Anstatt allerdings die Handlungen der beiden Könige in den Mittelpunkt zu rücken, legen sie ihren Schwerpunkt vor allem auf die soziokulturellen Prozesse in deren Regierungszeit.[202] Andere jagiellonische Kö-

---

201 Vgl. bspw. Teresa Jadwiga: Bitwa pod Warną. (Z ryciną). In: G (21.3.1886) Heft 12. S. 92–94; Anonym: Bitwa pod Warną. In: Pi (23.7.1899) Heft 30. S. 4; Dubiecki, Marian: Matka Wareńczyka. 10. In: TI (14.4.1900) Heft 15. S. 292–293; Tyszka, W.: Bitwa pod Warną. In: Pr (18.10.1903) Heft 42. S. 1305; Anonym: Królewskie szczątki. In: GŚ (12.9.1909) Heft 37. S. 2–3; Anonym: Grób Warneńczyka. In: NK (25.9.1909) Heft 65 (39). S. 2–3; Ambroziewiczowa, Stanisława: Władysław Wareńczyk. In: B (7.11.1909) Heft 45. S. 492–493; Anonym: Historya Polska w obrazach. 21. In: R (24.7.1910) Heft 30. S. 5.

202 Es hat selbstverständlich Ausnahmen gegeben, vgl.: (erste Folge der serie) Boberska, Felicja z Wasilewskich: Zygmunt August i czas jego w Polsce. In: OD (20.12.1883) Heft 1. S. 6–7; Anonym: Epoka króla Polskiego Zygmunta I. In: G (10.10.1886). Insbesondere letzterwähnter Artikel liefert eine der wenigen Beschreibungen der Psychologie und des Charakters von Sigismund I. dem Alten.

nige, wie Kasimir IV. der Jagiellone, Johann I. Albrecht (Jan I Olbracht, 1459 – 1501) oder Alexander der Jagiellone, bleiben praktisch unerwähnt.

In dieser asymmetrischen Verteilung des thematischen Interesses der Zeitschriften spiegelt sich die von vielen Presseautor*innen vertretene Sicht auf die jagiellonische Ära als Phase eines dauerhaften Friedens und zunehmender Auflösung der zentralstaatlichen Macht. Im Gegensatz zur piastischen Epoche, deren einheitlicher evolutionärer Rhythmus aus der medialen Schwerpunktsetzung auf die Kriegstaten und Politiken der Könige entspringt, vermittelt das Fehlen eines zentralen Handlungsträgers in Bezug auf die jagiellonische Epoche allerdings eine grundlegende temporale Nicht-Einheitlichkeit bzw. ein paralleles Nebeneinander und gegenseitiges Konkurrieren ungleichzeitiger Tempi. Während die Betrachtung von Persönlichkeiten aus Kultur oder Wissenschaft sowie sozioökonomischer Prozesse vor allem die Vorstellung von Fortschrittlichkeit, Gleichzeitigkeit oder von dynamischem evolutionärem Eigen-Sinn erzeugt, bringt bringen Handlungsträger wie die Freiheit oder der Adel die negative Seite der Eigenzeit in Termini von beginnender Entsynchronisierung, Entschleunigung und Stillstand zum Vorschein. Quer zu beiden temporalen Konstrukten liegt die Zeitfigur des Gipfelns, d.h. die Betrachtung der jagiellonischen Epoche als Blütezeit bzw. Maximum der polnischen historischen Entwicklung: Das Gipfeln verkörpert im ersten Zugang das Ergebnis einer Fortschrittlichkeit und einer Dynamik, während es auf den zweiten Blick den letzten Moment ausdrückt, bevor sich der hinter dem Gipfel der unausweichliche Abgrund auftut.

Durch einen Blick in die Quellen wird die hier skizzierte Pluralität der polnischen historischen Zeiten unter den Jagiellonen noch besser verständlich. Anhand der Texte, die die *Zeitschriften für viele* 1880 (also gleich am Anfang des hier analysierten Zeitraums) in Zusammenhang mit dem 400. Todestag von Jan Długosz veröffentlichten, lässt sich diese Pluralität paradigmatisch zurückverfolgen. Długosz war unter Kasimir IV. Priester, Diplomat sowie der wichtigste polnische Chronist der frühen Neuzeit. Seine Chroniken deckten die gesamte Geschichte Polens bis zum 14. Jahrhundert ab, mit besonderer Berücksichtigung der Schlacht bei Tannenberg, und galten auch im 19. Jahrhundert als Grundlage vieler historiographischer Werke und Presseartikel über jene Zeit. Anlässlich des Jahrestages seines Todes im Jahre 1880, der insbesondere von den Warschauer Periodika begangen wurde, ergriffen in den *Zeitschriften für viele* teilweise sehr renommierte Historiker*innen das Wort. So war Adolf Pawiński, ein wichtiger Vertreter der Warschauer historiographischen Schule,[203] Verfasser eines Gedenkartikels für die

---

[203] Für mehr Informationen über den historiographischen Ansatz und die Werke von Pawiński siehe: Grabski, Orientacje, S. 272–300.

Biesiada Literacka. Darin definiert Pawiński Długosz als führende Figur für die gesamteuropäische Historiographie:

> Seine [von Długosz, C.F.] Polnische Geschichte [ist] ein Werk von solch immensem Wert nicht nur für die Jahrbücher der polnischen Geschichtsschreibung, sondern auch für die Entwicklung der europäischen Historiographie, dass keine der Nationen des Mittelalters, die zum Kulturkreis der lateinischen, westlichen Zivilisation gehören, ein in dieser Hinsicht bedeutungsvolleres Denkmal des eigenen Geistes hervorgebracht hat.[204]

Ähnlich argumentiert Stanisław Smolka, Hauptvertreter der Krakauer Schule, der einen zweiteiligen Artikel für den *Tygodnik Ilustrowany* schrieb: Die Quellen- und Archivarbeit von Długosz sei einzigartig und bleibe für Jahrhunderte beispiellos. Smolka räumt allerdings ein, dass Długosz – obwohl er das humanistische Denken rezipiert habe –, aufgrund seiner eigenen Gläubigkeit und seiner festen Verankerung in der mittelalterlichen Mentalität selber nicht zu den Humanisten gezählt werden könne.[205] Das war dem Krakauer Historiker zufolge aber kein wesentlicher Nachteil, da einem Humanisten die „Vaterlandsliebe" und die „Aufopferung" für eine derart gute und engagierte Geschichtsschreibung fehlen würden. In einem anonymen Jubiläumsbeitrag der *Gazeta Świąteczna* hingegen wird die die Einmaligkeit von Długosz noch zugespitzt und hinzufügt, dass sogar in Polen selbst viele Jahrhunderte lang weder an sein Werk angeknüpft werden konnte noch seine Studien überhaupt zur Kenntnis genommen wurden.[206]

Alle drei Artikel weisen somit auf die Interaktion unterschiedlicher temporaler Positionen, welche die Vielfältigkeit der teilweise gegensätzlichen temporalen Rhythmen und Richtungen der polnischen historischen Zeit in der jagiellonischen Epoche enthalten. Einerseits betten sie eine historiographische Leistung in den jagiellonischen Zeitabschnitt ein, die über die Verfassung der Texte auf Latein und den Bezug zum Humanismus eine Ebene der Gleichzeitigkeit mit der damaligen Entwicklung Europas herstellt. Der Historiker Długosz symbolisiert als einer der ersten polnischen Intellektuellen den Übergang vom militärisch-religiös vorangetriebenen Aufhol-Rhythmus der Piasten zur vollkommenen kulturellen Synchronisierung des jagiellonischen Polens mit der

---

[204] Im Original: „[J]ego Dziełje Polskie [to, C.F.] Dzieło tak wielkiej wartości nie tylko w rocznikach dziejopisarstwa polskiego, ale i w rozwoju historiografii europejskiej, że w średnich wiekach żaden z narodów należących do zakresu cywilizacyi łacińskiej, zachodniej, nie zdobył się na wspanialszy w tym kierunku pomnik swej umysłowości." Pawiński, Adolf: Jan Długosz. (1415 – 1480). In: BL (28.6.1880) Heft 230. S. 338–342, hier S. 338.
[205] Vgl. Smolka, Stanisław: Jan Długosz. 1413–1480. In: TI (10.[22.]05.1880) Heft 230. S. 334–335.
[206] Vgl. P.: O Janie Długoszu wielkim naszem dziejopisarzu. (Dokończenie). In: GŚ (Tydzień 4. – 01.1881) Heft 4. S. 3.

europäischen Zivilisation. Andererseits beinhalten beide Artikel jedoch auch ein Spannungsverhältnis zwischen Synchronie und Eigen-Artigkeit, das sich in einer Verzeitung von Długosz gleichzeitig an der Spitze, vor, nach und jenseits seiner Epoche ausdrückt. Erstens verleihen nämlich alle drei Autoren ihm eine Vorreiterrolle in der europäischen Geschichtsschreibung. Zweitens schrieb Długosz ihnen zufolge aber doch noch als Persönlichkeit des Mittelalters und befand sich daher in Verzug gegenüber dem zeitgenössischen, europäischen Humanismus. Drittens war seine „Vaterlandsliebe" der nationalen Geschichtsschreibung des 19. Jahrhunderts um gute dreihundert Jahre voraus.[207] Schließlich lässt die jahrhundertelange fehlende Weiterführung sowie Rezeption seines Werks Długosz als Vertreter einer Historiographie erscheinen, die in ihrer Eigen-Artigkeit einfach nicht ihrer Epoche angemessen war.

Nicht alle Topoi der *Zeitschriften für viele* über die jagiellonische Epoche brachten allerdings eine solche temporale Ambivalenz zum Ausdruck. Die Artikel über die Entwicklungsgeschichte von Sitten, Wirtschaft, Technik oder Infrastruktur sowie jene über Nikolaus Kopernikus lassen sich als Träger einer eindeutigen und vollkommenen Synchronie zwischen dem damaligen historischen Subjekt Polen und dem europäischen Fortschritt jener Zeit identifizieren. In der ersten Artikelgruppe konkretisiert sich diese Synchronie in der Hervorhebung der Teilhabe des jagiellonischen Polens an den kulturellen, technischen oder sozialwirtschaftlichen Errungenschaften der Zeit: Beispiele sind die bereits erwähnte Blüte der polnischen Zünfte,[208] die Etablierung eines vollintegrierten Währungssystems im jagiellonischen Staat,[209] die Errichtung eines modernen und mit dem restlichen Europa verbundenen polnischen Postsystems,[210] die Verbreitung der Buchdruckkunst auf polnischem Boden[211] oder die Teilnahme polnischer Ritter an den wichtigsten europäischen Turnieren.[212]

In der Gruppe von Artikeln über Kopernikus, die anders als bei Długosz ohne spezifischen Anlass in der Presse der gesamten hier betrachteten Periode zirkulierten, wird Polen hingegen eine eigenständigere Rolle in der Synchronisierung

---

207 Vgl. auch P.: O Janie Długoszu wielkim naszem dziejopisarzu. In: GŚ (Tydzień 4. – 01.1881).
208 Vgl. Kowalewski, K.: Rozwój rzemiosł w Polsce. In: NK (10.2.1906) Heft 7. S. 43.
209 Vgl. Studnicki: Pieniądz i przewrót cen w XVI i XVII w. w Polsce. In: T (20.4.1902).
210 Vgl. Górski, Stefan: Gazety pisane w Polsce. In: TI (11.8.1906) Heft 32. S. 620–621.
211 Vgl. Zahorski, J.: 500-tna rocznica Jana Gutemberga i pierwsze drukarnie polskie. (Dokończenie). In: BL (13.7.1900) Heft 28. S. 36–38.
212 Vgl. Dz.: Kartka z minionej przeszłości. In: Pr (11.10.1903) Heft 41. S. 1275–1276; Jeske-Choiński, Teodor: Tryumf Zawiszy Czarnego. Obrazek historyczny. In: TI (1.4.1905) Heft 13. S. 229–232.

mit Europa zugeschrieben.²¹³ Die Posener *Praca* macht beispielsweise aus dem polnischen Astronomen 1897 eine Schlüsselfigur der weltgeschichtlichen neuzeitlichen Wende und setzt diese Wende in einen Zusammenhang mit der Entfaltung der Krakauer Universität unter den Jagiellonen:

> Jene Zeiten, in denen Kopernikus lebte und wirkte, repräsentieren den Übergang vom Mittelalter in die Zeit der Entdeckungen und Erfindungen. Als der Buchdruck erfunden wurde, entdeckte man Amerika, neue Welten öffneten sich den Menschen, und genau in dieser Zeit lebte Kopernikus, der eine neue Epoche im Bereich der Wissenschaft einläutete. In dieser Zeit entwickelte sich die Krakauer Universität zu ihrer vollen Blüte. [...] [Sein Werk] brachte ihm ewigen Ruhm und ließ unser Vaterland in strahlendem Licht erscheinen. Kopernikus [...] wurde der erste Weise seiner Epoche, eine funkelnde Sonne auf dem Weg Richtung Fortschritt und Wahrheit.²¹⁴

Analog beschreibt die *Biesiada Literacka* Kopernikus als Genie „und Universaltalent nach Vorbild der italienischen Renaissancemeister, die er aber noch überbot" sowie als eine Frucht „der polnischen Seele".²¹⁵ In beiden Fällen verkörpert der Astronom nicht nur individuell einen Träger der Neuzeit bzw. der Renaissance. Sein historisches Wirken wird auch als Indikator der Synchronie zwischen der historischen Evolution des jagiellonischen Polens und der des frühneuzeitlich-humanistischen Europas präsentiert. In diesem Sinne kommen in der Figur von Kopernikus ein eigen-polnischer evolutionärer Rhythmus sowie eine eigen-polnische evolutionäre Richtung zum Vorschein, die mit dem Rhythmus und der Richtung der Weltgeschichte perfekt koinzidieren.

Auch die Artikel des Jubiläumsjahres 1900 über die Jagiellonische Universität gingen von einer Einbettung Polens in eine universelle Fortschritts-Zeit aus, entwarfen allerdings zugleich auch eine gewisse temporale Pluralität, die aus der

---

213 Vgl. Dickstein, S.: Kopernik i odkrycia geograficzne za jego czasów. In: TI (11.4.1896) Heft 15. S. 294; ANONYM: Mikołaj Kopernik. In: Pr (7.2.1897) Heft 30. S. 3;Sł. P.: Mikołaj Kopernik w nowem oświetleniu. In: BL (6.8.1910) Heft 32. S. 107–109.
214 Im Original: „Czasy te, w których Kopernik żył i działał, są jakby przejściem z wieków średnich do wieków nowych odkryć i wynalazków. Gdy wynaleziono druk, odkryto Amerykę, nowe światy otwarły się przed ludźmi, i właśnie wtedy zjawia się Kopernik, który nową epokę w krainie wiedzy zaprowadza. Kwitła w tym czasie szkoła krakowska najwpanialszą potęgą. [...] [Dzieło Kopernika] i jemu zjednało wiekopomną chwałę i naszej Ojczyźnie dodał blasku promiennego. Kopernik [...] został pierwszym mędrcem swojego wieku, błyszczącem słońcem na drodze postępu i prawdy." ANONYM: Mikołaj Kopernik. In: Pr (7.2.1897).
215 Im Original: „[Kopernik] Była to więc postać potężna i wszechstronnie genialna, na wzór wielkich geniuszów Renesansu włoskiego, a nawet o wiele je przewyższająca. A jeżeli krew i dusza polska już z początkiem XVI wieku mogła się na nią zdobyć, to w tej krwi i duszy spoczywa taki zapas ścisłego naukowego, politycznego i praktycznego uzdolenia, że o przyszłości jej nikomu wątpić niewolno!" Sł. P.: Mikołaj Kopernik w nowem oświetleniu. In: BL (6.8.1910).

chronologisch aufeinander folgenden Verortung zweier unterschiedlicher Tempi und Zeithorizonte in der jagiellonischen Epoche entstand: der schnell nach vorne strebenden sowie der bremsenden und rückwärtsgerichteten. In diesen Artikeln fungiert der Humanismus als zeitlich-zivilisatorischer Gradmesser, an dem mal die Gleichzeitigkeit und mal die negative Eigen-Artigkeit der polnischen historischen Zeit gemessen wurde.[216] So stellen die Presseautor*innen zum einen eine Verbindung zwischen dem Aufblühen der Universität im 15. Jahrhundert und der aktiven Rezeption der zeitgenössischen humanistischen Tendenzen dar.[217] Zum anderen beschreiben sie mit kritischen Tönen die Dekadenz im 16. Jahrhundert, als die Krakauer Alma Mater sich wieder der mittelalterlichen Scholastik zuwendete und so für viele, vor allem nicht-polnische Studierende, die an den humanistischen und reformatorischen Ideen jener Zeit interessiert waren, zu einem unattraktiven Bildungsort wurde.[218] Der Krakauer *Tydzień* sieht – wie bereits in Abschnitt II.3.2. erwähnt wurde – im zunehmenden Eigen-Sinn der polnischen adligen Klasse den Grund für diesen Wandel und verortet daher im zweiten Teil des jagiellonischen Zeitabschnitts die Akzentuierung einer polnischen Eigenzeit, die in Entschleunigung und Zurück-Bleiben mündet.[219]

Ein dezidierter (Re-)Produzent der Eigenzeit in der Presse war schließlich das Narrativ der Freiheit. Ein positives Eigenzeitkonstrukt bieten Pressebeiträge, die das Freiheitsprinzip der jagiellonischen Epoche als antizipierte Variante des zukünftigen gesamteuropäischen sozialen Fortschritts deuten. Ein erstes Beispiel dafür liefert die Lemberger Zeitschrift *Ognisko Domowe*, die 1884 eine lange Artikelreihe der Publizistin Felicja Boberska mit dem Titel *Sigismund August und seine Zeit in Polen* veröffentlichte. In ihren Texten präsentiert Boberska die adlige Freiheit des 16. Jahrhunderts als einerseits etwas zweifellos Eigen-Polnisches und andererseits dezidiert Progressives und Zukunftsorientiertes:

> Wo gab es zu dieser Zeit in Europa so viele freie und gleiche Menschen wie in Polen, wo waren die Bürgerrechte so umfassend geregelt [...]? Noch lange bleiben sie den anderen Gesellschaften unbekannt. Es täuschen sich Historiker, die den Eindruck hatten, wir seien nur die jüngeren Kinder in Europa, dass wir von dort [Europa, C.F.] alles übernehmen: dass wir alles etwas später, um eine Epoche verspätet, durchliefen. [...] Es ist unleugbar, [...] dass

---

216 Vgl. bspw. Czermak: Uniwersytet Jagielloński w wiekach średnich. In: TI (2.6.1900), S. 426–427.
217 Vgl. J.E.: Alma Mater Jagiellonica. In: BL (1.6.1900), S. 423; Czermak: Uniwersytet Jagielloński w wiekach średnich. In: TI (2.6.1900); J. Z.: Największy rozkwit. In: BL (1.6.1900); ANONYM: Uroczystości jubileuszowe. In: TI (16.6.1900) Heft 24. S. 463–466, hier S. 463.
218 Czermak: Uniwersytet Jagielloński w nowszych czasach. In: TI (9.6.1900); Wisłocki: Z dziejów prastarej wszechnicy. In: T (3.6.1900).
219 Vgl. Wisłocki: Z dziejów prastarej wszechnicy. In: T (3.6.1900).

wir eine beachtliche nationale Individualität entwickelten. [...] Von Europa übernahmen wir die königliche Würde, die Erhebung der szlachta zu einem besonderen Stand und die Knechtschaft des Volkes: Nach den Bedürfnissen unseres Charakters [...] formten wir die bürgerliche Freiheit, zumindest für die szlachta, und begrenzten die königliche Macht.[220]

Die Freiheit wird in dieser Passage zum zeitlosen Marker der polnischen historischen Existenz, geformt entlang des Erbes der slawischen Vorfahren und ihres primitiven Charakters. Durch die Behauptung von einer Vervollkommnung dieses Erbes in der jagiellonischen Epoche bricht Boberska das Paradigma von der polnischen historischen Zeit als eine, die wegen der slawischen zivilisatorischen Verspätung ewig dem zivilisatorischen Rückstand zu den europäischen Verhältnissen hinterherrennt, die sich nie aus sich selbst heraus entwickelt und nur zur Nachahmung fähig ist. Im Gegensatz dazu sieht sie die Urmerkmale des polnischen historischen Subjektes als Impulsgeber eines eigen-artigen zivilisatorischen Evolutionsrhythmus. Dieser Rhythmus erlebt für sie schon im 16. Jahrhundert den europäischen Zukunftshorizont der bürgerlichen Freiheit. Die polnische historische Zeit wird somit gegenüber dem Rest zu etwas Eigenem, indem sie die noch nicht realisierte Zukunfts-Zeit der Weltgeschichte in sich trägt. Ähnlich konstruiert das temporale Verhältnis zwischen polnischer Eigenzeit und Universalzeit auch der Warschauer Schriftsteller und Publizist Witold Łaszczyński 1903 in einem *Praca*-Artikel über die religiöse Freiheit unter den Jagiellonen und in der Gegenwart. Laut Łaszczyński bildet die religiöse Freiheit im jagiellonischen Polen sowohl ein einzigartiges Phänomen in der eigenen Epoche (dem 16. Jahrhundert) als auch eine zeitliche Position im Voraus.[221] Er begreift Freiheit zugleich als positiven Sonderweg, der die polnische historische Existenz in eine qualitativ-unterschiedliche und bessere Richtung als das restliche Europa führte, und als polnisches Vorgreifen einer viel später im restlichen Europa erst noch zu erwartenden Zeit bzw. der Aufklärung.

---

220 Im Original: „Gdzie wówczas w Europie tyle ludzi wolnych i równych jak w Polsce, gdzie prawa obywatelskie tak zupełne, [...]? Długo jeszcze są one nieznane innym społeczeństwom. Mylą się ci historycy, którym się zdało, iż my byliśmy tylko młodszemi dziećmi w Europie, od niej wszystko brali: przebywali nieco później, każdą epokę jej życia. [...] Niewątpliwem jest, [...] że rozwinęliśmy wybitną indywidualność narodową. [...] Od Europy wzięliśmy dostojność królestwa, podniesienie szlachty a poddaństwo ludu: z potrzeb charakteru naszego, [...] wyrobiliśmy wolność obywatelską przynajmniej szlachty, ograniczyliśmy władzę królewską." Boberska: Zygmunt August i czas jego w Polsce. In: OD (20.12.1883), S. 7.
221 Im Original: „Takim sposobem tolerancya, pierwszy raz na świecie prawem ogłoszona i utwierdzona, jest nieomylnem wyższości Polaków w oświeceniu świadectwem." Łaszczyński: Wojna religijna w Polsce. In: Pr (20.5.1906), S. 777–778.

Eine negative Deutung der polnischen Eigenzeit vertreten hingegen Autor*innen, die die Verbreitung des Freiheitsprinzips als Anzeichen einer zunehmenden Verzögerung und Entsynchronisierung der polnischen historischen Zeit auffassen, die sie mit der kulturellen Beschleunigung kontrastieren. Das lässt sich paradigmatisch an einem Beitrag aus der Rubrik *Literarische Rundschau* des *Tygodnik Ilustrowany* zum Jubiläum von Jan Kochanowski im Jahre 1884 zeigen. Kazimierz Morawski – Philologe, Professor der Jagiellonischen Universität und Publizist, der einen im Artikel wiedergegebenen Vortrag über Kochanowski hielt – bettet die hohe Qualität der Gedichte von Kochanowski und ihre Synchronie mit dem Humanismus in den Kontext der allgemeinen Entstehung der Renaissance in Polen ein, was er aber mit der allmählichen Verlangsamung des polnischen evolutionären Rhythmus in Zusammenhang bringt:

> In den Zeiten von Sigismund II. August trat eine entscheidende Wende in unserer Gesellschaft ein, der Bruch mit dem Mittelalter. Das Mittelalter hatte in den einzelnen Menschen tiefe Spuren hinterlassen, die nicht einfach wieder loszuwerden waren; die Renaissance riss alle Dämme nieder. Und genau zu diesem Zeitpunkt [...] fehlte es in Polen an einer alle knebelnden Herrschaft! Es wurde ausgelassen gefeiert, sehr ausgelassen. [...] Unsere Ahnen des 16. Jahrhunderts hatten zweifellos mehr Gründe zur Fröhlichkeit als die nächsten Generationen. Aber diese Generationen litten genau deshalb, weil man in jener wundervollen Zeit der Renaissance [...] nicht ausreichend etwas unternahm, um für die Zukunft vorzusorgen.[222]

Morawski präsentiert das Mittelalter als Katalysator einer kräftigen und positiven polnischen historischen Evolution nach vorne. Die Überwindung des Mittelalters, die den Pressebeiträgen über Tannenberg zufolge ein notwendiger Schritt für das nationale Überleben bis in die Gegenwart des 19. Jahrhunderts darstellt, steht hier genau für das Gegenteil, und zwar für die Zerstörung der Zukunftsperspektive Polens. Für den Autor erlebte Polen mit der post-mittelalterlichen Wiederbelebung der Freiheit nämlich keine Antizipation der in die Zukunft verlegten Aufklärung, sondern eine rhythmische Entspannung, wenn nicht gar einen kompletten temporalen Halt. Die Renaissance „riss" ihm zufolge jene „Dämme" ein, die dem polnischen historischen Handeln bis dahin eine klare Vorwärtsbewegung

---

222 Im Original: „Za czasów Zygmunta Augusta nastąpił stanowczy przełom w naszem społeczeństwie, zerwanie z średniemi wiekami. Wieki średnie nakładały jednostkom pewne karby, z których wyłamać się było trudno; odrodzenie zapory te przełamało. I wtedy-to [...] brakło w Polsce munsztuka! Bawiono się wesoło, bardzo wesoło. [...] Mieli bez wątpienia nasi ojcowie XVI wieku więcej powodów do wesołości, niż pokolenia późniejsze. Ale te pokolenia cierpiały właśnie dlatego, że w podniosłej chwili odrodzenia [...] nie zabiezpieczono należycie przyszłości." Zoryan., E.: Przegląd piśmienniczy. W trzechsetną rocznicę Jana Kochanowskiego 1584–1884. In: TI (1.8.1885) Heft 135. S. 67–68, hier S. 67.

in der Zeit verliehen hatten. Polen konnte zwar in der Zeit eine goldene Gegenwart erleben, konnte aber daraus keine weitere evolutionäre Dynamik und keinen weiteren Zukunftshorizont generieren.

Anhand dieses letzten Beispiels lässt sich an die zu Beginn des Abschnittes formulierten Leitfragen anknüpfen. Die Interaktion der aus der piastischen Epoche stammenden zwei unterschiedlichen Zeit-Rhythmen und Zeit-Richtungen sowie die Genese der dekadenten Zeit-Richtung lassen sich folgendermaßen denken: Die im Mittelalter entstandene Tendenz zu einem schnellen Aufholen leitet Polen durch die ganze piastische Epoche und gipfelt schließlich in der jagiellonischen Ära. Währenddessen aktiviert sich zwischen der Regierung von Kasimir III. und der jagiellonischen Epoche eine polnische Eigenzeit, die aufgrund ihrer Prächtigkeit vollkommen synchron mit der Renaissance erscheint und sogar die Zukunft Europas antizipiert. Diese Eigenzeit, die eine eher abweichende Richtung als Geschwindigkeit beinhaltet, bremst den mittelalterlichen Aufhol-Rhythmus mit seinem Horizont einer Nachahmung Europas, ohne dabei in der Lage zu sein, einen eigen-sinnigen, aber mit der europäischen Neuzeit synchronisierbaren und daher erfolgreichen Zukunftshorizont zu produzieren, was die polnische historische Zeit schließlich in Richtung Dekadenz kippen lässt. Ähnliche Parallelisierungen dieser zwei entgegensetzten Tempi sind auch in anderen Artikeln über das 16. Jahrhundert zu finden.[223] Sie weisen alle auf die Zweideutigkeit der Rolle hin, die die Konstrukte der polnischen historischen Zeit in der jagiellonischen Epoche in der Selbstverortung des historischen Subjekts Polen spielen; eine Zweideutigkeit, die sich von jener der vorherigen Zeiten wieder radikal unterscheidet. Diese Rolle markiert das synchrone und eigen-sinnige Ankommen Polens in der europäischen Moderne bei zeitgleicher Zukunftsprojizierung des Abstiegs aus oder der Marginalisierung innerhalb dieser Moderne.

II.3.4 Dekadenz und Zukunftsperspektiven: Die Zeit der Wahlmonarchie

Jenseits von verschiedenen Ambivalenzen liegt der polnischen historischen Zeit bis zu den Jagiellonen eine Fortschrittstendenz zugrunde, die aus den unterschiedlichen temporalen Positionen Polens an den Eckdaten jeder Epoche hervorgeht. Als Anfang der piastischen Epoche diente in der Presse die Taufe eines „heidnischen" analphabetischen Volkes, während das Ende durch den erfolgreichen Ausbau des Königreiches zu einem christlichen, leistungsfähigen Staat mit

---

[223] Vgl. bspw. ANONYM: Epoka króla Polskiego Zygmunta I. In: G (17.10.1886); Zahorski: Ksiądz Piotr Skarga Pawęski. In: BL (21.4.1899); Grabowski: Skarga skargi. In: TI (28.9.1912).

eigener Universität symbolisiert wurde. Ähnlich setzten die *Zeitschriften für viele* vor allem im Zusammenhang mit dem Tannenberg-Jubiläum den Anfang der jagiellonischen Epoche mit dem ersten polnischen Sieg über ein westeuropäisches Heer gleich, während als Ende die goldene Zeit der polnischen Kultur und der maximalen territorialen Ausdehnung unter den Sigismunden herangezogen wurde. Das gleiche lässt sich aber nicht mehr im Hinblick auf den nächsten Zeitabschnitt behaupten. Die Differenz zwischen seinen beiden Extremen – die kulturelle Blütezeit einerseits und die Teilungen andererseits – weist eindeutig auf die Involution hin, die für die meisten in Kapitel II.2. analysierten Periodisierungen als Grundtendenz der republikanischen[224] Epoche galt. Die Idee der Involution setzt eine Veränderung nicht nur der Richtung und des Erwartungshorizontes, sondern auch des Erfahrungsraumes der polnischen historischen Zeit voraus: von einer permanenten Verbesserung in machtstaatlicher, zivilisatorischer und sozioökonomischer Hinsicht zu einer zunehmenden Verschlechterung in allen diesen Bereichen und bis hin zum Verlust jeglicher Perspektive eigener Staatlichkeit. Sie lässt sich außerdem auch als Entsynchronisierungsprozess denken, der aus der synchronen Ausgangslage zur Zeit der Jagiellonen die zurückgebliebene Position Polens nach den Teilungen zum Ergebnis hat.

Abschnitt II.3.3. hat gezeigt, wie so ein Rückentwicklungskonstrukt eng im Zusammenhang mit der Tatsache steht, dass die Presse die Entstehung einer polnischen Eigenzeit in der Regierungszeit von Kasimir dem Großen verortete und dass diese Eigenzeit einigen Autor*innen zufolge schon in der spät-jagiellonischen Epoche eine regressive Tendenz annahm. Vorliegender Abschnitt verfolgt drei Erkenntnisziele: Erstens wird hier nach den Narrativen und Ereignissen gesucht, die in der Presse als Grundkoordinaten für die ultimative Richtungsumkehr von vorwärts zu rückwärts genutzt wurden. Zweitens fragt er, welche Rhythmen und aktualitätsrelevanten Zukunftsvorstellungen mit dieser Richtungsumkehrung einhergingen. Besondere Aufmerksamkeit verdient dabei die Analyse des Spannungsverhältnisses zwischen der Perspektivlosigkeit, von den Zeitschriften im 17./18. Jahrhundert verortet, und deren unausweichlicher Verbindung mit der zeitgenössischen Realität sowie mit dem Zukunftshorizont am Ende des 19. Jahrhunderts. Daran anschließend konzentriert sich das Ende des Abschnittes auf das

---

224 Die Epoche der Wahlmonarchie ist in der Historiographie auch als Epoche der ersten Republik bzw. der Adelsrepublik bekannt. *Rzeczpospolita* (die polnische Übersetzung für *res publica*) war die offizielle Bezeichnung des polnischen Staates nach der Lubliner Union. Da die Zusätze *erste* bzw. *Adel-* normalerweise verwendet werden, um diese Phase von den späteren republikanischen Perioden des 20. Jahrhunderts zu unterscheiden, kann hier aufgrund des früheren zeitlichen Schwerpunkts dieses Buches problemlos von *Rzeczpospolita*, Republik bzw. republikanisch gesprochen werden.

Narrativ der Maiverfassung und untersucht drittens, inwieweit die Periodika dieses Narrativ benutzen, um das erwähnte Spannungsverhältnis aufzulösen.

Grundmotiv des gesamten Abschnittes ist die Zeitfigur des *Anachronismus*. Der Terminus suggeriert eine temporale Unangemessenheit, die sich schon in den Artikeln über Długosz beobachten ließ. In diesem Kontext arbeitet Anachronismus viel besser als der Begriff der Ungleichzeitigkeit die temporale Konstruktion von mehreren Ereignissen und Gegebenheiten des wahlmonarchischen Epochenkonstrukts heraus, die als Überbleibsel der ursprünglich synchronen, aber im 17. Jahrhundert nicht mehr aktuellen jagiellonischen Epoche gedeutet wurden. Nicht zufällig nahmen die polnische wie auch die ausländische Historiographie eben auf den angeblichen Anachronismus der politischen, sozialen und ökonomischen Strukturen Bezug, um die Auflösung des einst so mächtigen polnischen Staates im 18. Jahrhundert zu erklären.[225] Wie Koselleck in seiner Analyse des Gemäldes zur Alexanderschlacht zeigt, kann mit dem Begriff des Anachronismus aber auch eine Vorwegnahme oder Vorhersage der Zukunfts-Zeit gemeint sein.[226] In dieser zweiten Bedeutung fasst der Terminus hier im breiteren Sinne die Kontinuitätslinien, die die Presse zwischen der republikanischen Epoche und der Gegenwart sowie der Zukunft herstellte.

Alle Periodika der drei Teilungsgebiete schenkten der Geschichte Polens unter der Wahlmonarchie Aufmerksamkeit, wobei sie nicht alle Phasen gleichmäßig abdeckten. Während die ersten Wahlkönige (vor allem Stephan Báthory), die Kriege des 17. Jahrhunderts (gegen Schweden, die Kosaken und Türken) sowie die betreffenden Herrscher (vor allem Johann II. Kasimir Wasa [Jan II Kazimierz Waza], 1609–1672, und Johann III. Sobieski [Jan III Sobieski], 1629–1696), die Regierungszeit des letzten Wahlkönigs Stanislaus August Poniatowski (Stanisław II August, 1732–1798) mit dem Vierjährigen Sejm und schließlich der definitive Zerfall des Staates als allgemeine Tendenz weitgehend Eingang in die Artikel fanden, blieben beispielsweise die erste Hälfte des 18. Jahrhunderts oder die kulturelle Entfaltung während der gesamten Epoche so gut wie unerwähnt. Insgesamt ist die Zahl der Quellen zu solchen Themen im Vergleich zur jagiellonischen Epoche geringer. Wie bei der jagiellonischen Epoche beeinflusste der spezifische Takt der Jubiläen maßgeblich die Schwerpunkte der Zeitschriften. In den hier analysierten dreißig Jahren würdigten verschiedene Autor*innen in den einzelnen Zeitschriften bestimmte Jubiläen, Dazu gehören u. a.: der „Entsatz" von Wien (200 Jahre, 1683–1883), Báthorys Tod (300 Jahre 1586–1886), die Maiverfassung (100 Jahre, 1791–1891), die Geburt des Helden der Tschenstochauer Be-

---

[225] Vgl. bspw. Serejski, Marian Henryk: Europa a rozbiory Polski. Warszawa 1970, S. 21–33.
[226] Vgl. Koselleck, Zukunft, S. 17–19.

lagerung Augustyn Kordecki (300 Jahre, 1603–1903) sowie die Belagerung selbst (250 Jahre, 1656–1906), der Todestag von Jan Zamoyski (400 Jahre, 1505–1905).

Die Zäsur hin zur Dekadenz in der polnischen historischen Zeit
Was das erste der oben genannten Erkenntnisziele angeht, lässt sich beobachten, dass die Presse nur in den wenigsten Fällen den Beginn des polnischen Verfalls unmittelbar auf die Lubliner Union (1569),[227] auf den Tod des letzten Jagiellonen Sigismund II. August (1572) oder auf die Krönung des ersten Wahlkönigs Heinrich von Valois (1573) datierte. Keines dieser Ereignisse wurde als eindeutige Grundkoordinate für die Unterscheidung der (piastisch-jagiellonischen) Fortschritts-Zeit von der (wahlmonarchischen) Involution verwendet. Das gesamte 16. Jahrhundert – eingeschlossen die Amtszeiten von Stephan Báthory und teilweise Sigismund III. Wasa – galt den meisten Autor*innen als Folge der gleichen ambivalenten Mischung aus Entwicklungsgipfel und Anzeichen von Dekadenz, die bereits die Erzählung über die spät-jagiellonische Epoche charakterisierte.

Das bestätigen in erster Linie Artikel, die sich mit der historischen Persönlichkeit von Báthory befassten. Dazu zählt beispielsweise ein anlässlich des 300. Todestages des Königs 1886 im *Wieniec* veröffentlichter Pressebeitrag. In ausdrücklicher Anlehnung an die Thesen von Szujski beschreibt die galizische Volkszeitschrift den König einerseits als einen der besten polnischen Herrscher und nennt ihn „den großen Schöpfer" des polnischen Staates.[228] Damit steht seine Amtszeit für eine besonders nach vorne gerichtete Evolutionsrichtung der polnischen historischen Zeit. Andererseits heißt es in dem anonym erschienenen Beitrag, dass die Maßnahmen von Báthory nur in dem Maße eine Zukunftsperspektive für Polen produzierten, als sie damals das schon absehbare „Trümmerfeld" der polnischen Staatlichkeit nur noch für ein paar Jahrhunderte hinauszögern konnten. Mit seinem Tod sei dann auch endgültig „die Zukunft Polens als unabhängiges Land ins Grab hinabgestiegen".[229] Damit versteht der *Wieniec* das

---

[227] Mit dem dritten polnisch-litauischen Vereinigungsvertrag von Lublin am Ende der Regierungszeit des letzten, kinderlosen Jagiellonen, Sigismunds II., wurde die adelsrepublikanische/wahlmonarchische Struktur des Staates beschlossen.
[228] ANONYM, Rocznica 300-letnia śmierci króla Stefana Batorego. In: W (17.10.1886) Heft 20. S. 161–162, hier S. 161. Die Bezeichnung Báthorys als einen der besten polnischen Könige war in der Presse recht verbreitet. So lässt sich die gleiche Äußerung auch im *Przewodnik Katolicki* oder in *Biesiada Literacka* finden: ANONYM: Jan Zamojski. In: PK (20.8.1905) Heft 34. S. 265–266, hier S. 266; Sygański, J.: Skarga i Batory. In: BL (28.9.1912) Heft 39. S. 248–250, hier S. 248.
[229] Im Original: „Ze Stefanem Batorym zstąpiła, rzec można, przyszłość Polski jako niezależnego państwa, do grobu." ANONYM, Rocznica 300-letnia śmierci króla Stefana Batorego. In: W (17.10.1886), S. 161.

historische Moment von Báthory zugleich als Gipfel der jagiellonischen Entwicklung und als Horizont eines späteren Niederganges.

Ähnlich argumentieren die meisten Artikel über Jan Zamoyski (1542–1605), den mächtigen polnischen Magnaten, ausgebildeten Humanisten und Mäzen, Großhetman von Báthory und wichtigsten Befürworter der adligen Freiheit. Vor allem anlässlich seines 300. Todestages im Jahre 1905 lobt die polnische Presse das politische und kulturelle Wirken von Zamoyski als höchsten Ausdruck der polnischen Zivilisation.[230] In mehreren Texten steckt allerdings gerade in diesem Gipfel-Bild die Vorbestimmung des Staatsverfalls. So beschließt etwa der Historiker Wacław Sobieski seinen Jubiläumsartikel im *Tygodnik Ilustrowany* mit den legendären letzten Worten Zamoyskis „Post me diluvium", was apokalyptische Zukunftsszenarien evoziert.[231] Zu einem kalendarisch viel späteren Datum bzw. erst nach dem Tod von Władysław IV. Wasa (1595–1648) sieht schließlich eine Serie der *Gazeta Świąteczna* mit den Biographien der Wahlkönige den Richtungswandel in der polnischen historischen Zeit eintreten.[232] Dem Schriftsteller Władysław Ludwik Anczyc zufolge, der unter Pseudonym schrieb, war die gesamte Amtsperiode von Báthory noch von einer genuinen Fortschritts-Zeit geprägt, während die Regierungszeiten von Sigismund III. und Władysław IV. Wasa eine Übergangsphase darstellten, in der Polen zeitversetzt einerseits seine größte territoriale Ausdehnung erfuhr und andererseits die Dekadenz – die „innerhalb von knapp anderthalb Jahrhunderten schließlich zu seiner Teilung führte"[233] – schon nicht mehr rückgängig zu machen war.

Wie diese Beispiele deutlich machen, dominiert die Vorstellung einer Richtungsumkehr zwar zweifelsohne die Deutung der wahlmonarchischen Epoche, sie wird aber in unterschiedlichen Artikeln und thematischen Kontexten mit dem Tod von verschiedenen Persönlichkeiten in Zusammenhang gebracht. Die Presse präsentiert diese Persönlichkeiten zugleich als höchstes und als letztes Moment polnischen Glanzes. Im Unterschied zur jagiellonischen Epoche knüpfen daher die Zeitschriften einen solchen evolutionären Gipfel an einen Zukunftshorizont

---

230 Vgl. bspw. L. H.: Jan Zamojski. In: G (10.1.1886) Heft 2. S. 14–15, hier S. 14; Sobieski: W rocznicę (1605–1905). In: TI (3.6.1905); Ordon, Janusz: Jeden z wiekopomnych. 1605. In: BL (16.6.1905). S. 430–431; ANONYM: Jan Zamojski. In: PK (20.8.1905).
231 Sobieski: W rocznicę (1605–1905). In: TI (3.6.1905), S. 405.
232 Vgl. Góralczyk, Kazimierz [Pseudonym für Władysław Ludwik Anczyc]: Sto życiorysów Góralczyka. Zygmunt III, Król Polski, Wielki Książę Litewski. In: GŚ (23.7.1913) Heft 27. S. 1–2, hier S. 1.
233 Im Original: „...poczem rozpoczyna się stopniowy upadek państwa polskiego, który w ciągu półtora zaledwie stulecia doprowadził wkońcu do jego rozbioru." Góralczyk, Kazimierz [Pseudonym für Władysław Ludwik Anczyc]: Sto życiorysów Góralczyka. In: GŚ (23.7.1913), S. 2.

der zwingenden Staatsauflösung. Die Art der Zeitkonstruktion lässt sich als zweifach anachronistisch auffassen: Einerseits interpretieren die Zeitschriften die Manifestationen von Blüte um die Jahrhundertwende vom 16. zum 17. Jahrhundert als Überrest der jagiellonischen Pracht, deren Zeitgemäßheit aber aufgrund des Auftretens der verfallsorientierten Zukunftsperspektive damals bereits Vergangenheit war. Andererseits wird der gleiche Zeitabschnitt in einigen Beiträgen als Vorankündigung oder Vormanifestation einer zukünftigen Zeit verstanden, in die das Ende des Staates fallen wird. Und umgekehrt erscheint die Jetzt-Zeit der Zeitschriften als Fortsetzung und Realisierung einer längst in der polnischen historischen Zeit eingeschriebenen dekadenten Entwicklungsrichtung.

Zwischen Vergangenheit und Zukunft: Die Entsynchronisierung des 17. Jahrhunderts

Beide identifizierten anachronistischen Formen der Zeitkonstruktion – die permanente Bezugnahme auf die im 17. Jahrhundert bereits überholte jagiellonische Größe einerseits sowie andererseits auf die sich erst ein paar Jahrhunderte später vollziehende Auflösung des Staates – können auch in vielen weiteren Narrativen der wahlmonarchischen Epoche weiterverfolgt werden. Ein Beispiel für die erste Form liefert der publizistische Topos des militärischen Eingreifens Sobieskis vor Wien im Jahre 1683. Insbesondere zum 200. Jahrestag (sowie teilweise auch zum 220.) der Schlacht wurde der polnische Heldenmut, die Großzügigkeit sowie die Rolle Polens als Vormauer Europas groß gefeiert.[234] Die Presse verwendet dieses Narrativ aber nicht, um eine Synchronie zwischen der damaligen polnischen Entwicklung mit dem politisch-militärischen Fortschrittsniveau Europas im späten 17. Jahrhundert herzustellen. Im Gegenteil erklärt beispielsweise die *Praca* in ihrer populären Serie zu historischen Fragen, dass Polen dank Sobieski „wenn auch für nur einen Augenblick im alten Glanz erstrahlte".[235] Sobieskis Taten führten demnach lediglich zu einer Re-Inszenierung der bereits erloschenen jagiellonischen Blüte. Die temporale Unangemessenheit dieser Re-Inszenierung liegt laut der Argumentation von Łabendziński gerade darin, dass sie keinerlei

---

[234] Vgl. bspw. Tatomir, Lucyan: Król Jan III. In: BL (5.1.1883) Heft 366. S. 6; ANONYM: Obchód rocznicy odsieczy Wiednia przez króla Jana III Sobieskiego. In: Ps (14.6.1883) Heft 12. S. 89–90; ANONYM: Jubileusz oswobodzenia Wiednia i całej chrześciańskiej Europy od przemocy Tureckiej. In: G (12.8.1883) Heft 32. S. 251–252; ANONYM: Król Jan III. In: Ps (5.9.1883) Heft 18. S. 138–139; ANONYM: Sobieski pod Wiedniem. Obraz Jana Matejki. In: TI (27.10.1883) Heft 43. S. 271; ANONYM: Sobieski pod Chocimem (1673 r.). In: TI (28.4.1883) Heft 17. S. 263–266; J. Z.: Pod Wiedniem. In: GŚ (19.1.1913) Heft 3. S. 4–6; ANONYM: Odsiecz Wiednia. In: R (14.7.1913) Heft 37. S. 1.
[235] Vgl. Łabendziński: Wykłady popularne. In: Pr (30.1.1910), S. 140.

Einfluss auf die damals für Polen charakteristische Richtung zum staatlichen Verfall hatte und deswegen im Artikel auch völlig losgelöst von der Lage Polens in Europa erschien.

Das Narrativ zu Skarga, das bereits im Abschnitt II.2.2. zu den Periodisierungen erörtert wurde, weist hingegen auf die antizipatorische Komponente des wahlmonarchischen Epochenkonstrukts. In einem Skarga-Jubiläumsartikel der *Biesiada Literacka* behauptet der Autor Jan Pawelski 1912 paradigmatisch, dass die Teilungen Polens die alte Zeit endgültig beendet hätten. Daraus folgend gehörten alle polnischen historischen Persönlichkeiten, die vor den Teilungen gelebt haben, eindeutig zur Vergangenheit und „kein einziger Tropfen heutigen Bluts belebt ihre Gesichtszüge wieder".[236] Eine Ausnahme stelle aber ihm zufolge gerade Piotr Skarga dar, der den Niedergang bereits in der Phase der maximalen territorialen Ausdehnung des polnisch-litauischen Königsreichs unter Sigismund III. Wasa beschrieb und seinen Zeitgenoss*innen die Zukunftslosigkeit Polens prophezeite. Dieser Weitsicht verdankte es Skarga, bis in die Gegenwart des Autors hinein „eine lebende Gestalt"[237] geblieben zu sein. Pawelskis Artikel spricht dem Fortschritt in der piastischen oder jagiellonischen Epoche jegliche Zeitgemäßheit in seiner Gegenwart ab, misst dagegen der von Skarga im 17. Jahrhundert beobachteten rückwärtsorientierten Zeitrichtung große Aktualität bei. Das macht die Funktion des wahlmonarchischen Zeitkonstrukts offensichtlich: die ersten Zeitabschnitte der polnischen historischen Zeit als vergangen zu zeigen und hingegen die Gegenwarts-Zeit des 19. Jahrhunderts in Form einer Vorankündigung bereits in das 17. und 18. Jahrhundert zu verlegen.

Zum rhythmischen Aspekt dieses Konstruktes lassen sich zwei unterschiedliche Vorstellungen in den Quellen erkennen. Einerseits vermitteln oft anzutreffende Sätze wie: „Ungebremst strebte Polen gen Abgrund"[238] – verwendet in diesem Fall von der *Praca* für die Konturierung der Regierungsperiode von Johann II. Kasimir Wasa – den Eindruck einer durchaus hohen Geschwindigkeit der polnischen historischen Entwicklung, allerdings mit regressivem Charakter – in Richtung Verfall. Andererseits kreieren viele Artikel zu dieser regressiven Entwicklung das Bild einer Rhythmussuspendierung, des Abdriftens in den erwarteten Untergang.

---

236 Im Original: „żadna kropla krwi dzisiejszej nie ożywia ich rysów". Für alle Aussagen dieses Absatzes vgl. Pawelski: Rok Skargi. In: BL (28.9.1912), S. 250.
237 Im Original: „Jeden Skarga [...] z całej przeszłości jest postacią żywą." Pawelski: Rok Skargi. In: BL (28.9.1912).
238 Im Original: „Niepowstrzymanie dążyła Polska ku przepaści." Zawadzki, Władysław: Ślub królewski. Wspomnienie historyczne. In: Pr (8.2.1903) Heft 6. S. 142–144, hier S. 144.

Dieses Bild entsteht vor allem durch die vielen Textstellen, die auf die zunehmende Entsynchronisierung der polnischen historischen Zeit mit der weiter nach vorne strebenden universell-westeuropäischen neuzeitlichen Fortschritts-Zeit und auf die parallele Zuspitzung der polnischen Eigen-Artigkeit während der wahlmonarchischen Epoche hinweisen. Der Lemberger *Tydzień* charakterisiert in einem Artikel über die Geschichte der polnischen literarischen Evolution aus dem Jahre 1897 pointiert dieses zunehmende Distanzieren und Eigen-Werden:

> Das geistige Leben, das im 16. Jahrhundert so außergewöhnlich war, verschwand nach dieser Periode des Fortschritts allmählich. [...] Unter solchen Bedingungen konnte von kultureller Entwicklung keine Rede sein. Die Gesellschaft, die auf ihre eigene Kraft vertraute, brach mit der europäischen Zivilisation und erstarrte für lange Zeit nach Kasten gruppiert.[239]

Diese Passage beschreibt den Übergang vom schnellen und vorwärtsgerichteten evolutionären Rhythmus Europas zu einem eigen-polnischen Status, dem gerade wegen seiner Stagnation ein eindeutiger Dekadenzcharakter innewohnt. Im Unterschied zur Eigenzeit der jagiellonischen Epoche wird das republikanische Polen nicht mehr in der Lage gesehen, eigen-sinnigen historischen Wandel nach vorne zu produzieren. Im Gegenteil bedeutet für den Autor Zygmunt Wasilewski die Entsynchronisierung mit Westeuropa die Stilllegung jeglicher evolutiven Bewegung. Die polnische Eigenzeit verwandelt sich hier in eine *Eigenstatik*. Auch viele weitere Pressebeiträge konstatieren im Bereich der Wirtschaft, der Technik oder der Politik das schrittweise Zurückbleiben Polens gegenüber Europa, und parallel dazu erkennen sie die Etablierung einer spezifisch polnischen historischen Existenz, die durch die fehlende Dynamik dem Verfall geweiht ist.[240] Vor allem die sächsische Zeit[241] – die erste Hälfte des 18. Jahrhunderts – steht in

---

239 Im Original: „Życie umysłowe w Polsce, tak świetne w wieku XVI, po tym okresie rozwoju dążyło stopniowo do zaniku. [...] W takich warunkach nie mogło być mowy o rozwoju kulturalnym. Społeczeństwo zerwało z cywilizacją europejską, zaufane we własnej siły, i kostniało w zastoju kastowym." Wasilewski, Zygmunt: Z dziejów poezji polskiej. In: T (15.8.1897) Heft 33. S. 257–259, hier S. 257.
240 Vgl. bspw. ANONYM: Konstytucja 3. Maja 1791 r. In: W (6.5.1880); ANONYM: Konstytucja 3. Maja. In: Ps (12.5.1889); Rembowski: Korzon. Wewnętrzne dzieje Polski za Stanisława Augusta. In: T (25.7.1897); Sadowski, H.: Dukaty z czasów saskich w Polsce. In: Pr (9.12.1900) Heft 50. S. 1298–1300.
241 Mit dem Ausdruck *sächsische Zeit* (*czasy saskie*) ist die Regierungszeit von Friedrich August I. und II. von Sachsen, gekrönt 1697 bzw. 1733, die als August II. bzw. August III. Könige von Polen waren, und damit eigentlich die erste Hälfte des 18. Jahrhunderts gemeint.

diesem Zusammenhang für den bedrohlichsten Moment dieser historisch nicht nachhaltigen Selbstbezogenheit.[242]

Diese evolutionäre Statik wird von vielen Artikeln dadurch konstruiert, dass sie die wahlmonarchische Epoche als bevorzugte Projektionsfläche für die polnischen Traditionen, wie altpolnische Rituale des Karnevals oder Ostern,[243] typisch polnisches kulinarisches Verhalten,[244] den typisch polnischen Magnatenhof[245] oder den spezifisch polnischen adligen Geist nutzen.[246] Dabei lassen sich viele Berührungspunkte mit der Enthistorisierung/Mythisierung der slawischen Zeit finden. Ähnlich wie im slawischen Fall beschreiben einige Pressebeiträge vor allem das 17. Jahrhundert mit typisierten Attributen der *szlachta* – wie „Ritterlichkeit", „Religiosität", „Ehrgefühl" oder „Fröhlichkeit" – und konstruieren somit einen zweiten evolutionär eingefrorenen, aber kalendarisch viel aktuelleren Zeitabschnitt, der zugleich innerhalb und außerhalb der historischen Zeit gedacht werden kann.[247]

Gerade die zeitkalendarische Nähe dieses zweiten Abschnittes zur Gegenwarts-Zeit im Vergleich zu den mythischen Zeiten, die üblicherweise am Anfang einer historischen Zeitlinie stehen, hat eine ambivalente Funktion. Einerseits gewinnt die wahlmonarchische Epoche dadurch eine wichtige identitätsstiftende Rolle, da sie anders als die slawische Vorgeschichte als glaubwürdiger temporaler Entstehungs- und Entfaltungsrahmen für jegliche typisch polnischen Sitten und Existenzformen gelten kann, die einen historisch gewachsenen Zivilisationscharakter hatten und bis in die Gegenwart des 19. Jahrhunderts andauerten. In der Tat

---

242 Vgl. bspw. ANONYM: Konstytucja 3. Maja. In: Ps (12.5.1889); ANONYM: Kartki Ilustrowane. Nieco o artyleryi polskiej. In: BL (20.8.1910) Heft 34. S. 155–156; Sadowski: Dukaty z czasów saskich w Polsce. In: Pr (9.12.1900).
243 Vgl. bspw. Albin Nałęcz, Józef: Wielki tydzień w dawnej Polsce. In: BL (6.4.1906) Heft 14. S. 266–267; Wegnerowicz: Widowiska mięsopustne w dawnej Polsce. In: Pr (20.2.1910) Heft 8. S. 241–242; ANONYM: Wielki tydzień w dawnej Polsce. In: Pr (31.3.1912) Heft 13. S. 409.
244 Vgl. bspw. Nowiński, Stanisław: Sztuka kucharska w Polsce. In: G (18.7.1886) Heft 29. S. 229–230; ANONYM: Kartki Ilustrowane. Zastawa stołu w dawnej Polsce. In: BL (15.11.1913) Heft 46. S. 395–396.
245 Vgl. bspw. ANONYM: Obrazy obyczajowe w Polsce za panowania Augusta III. (Wyciąg z pamiętnika A. M.). In: G (18.3.1883) Heft 11. S. 82–84; H.: Życie polskie w dawnych wiekach. In: TI (20.7.1912) Heft 29. S. 604.
246 Vgl. bspw. M.S.: Wizerunek szlachcica polskiego w XVII stuleciu. Sylwetka jubileuszowa. In: BL (30.8.1901) Heft 35. S. 164–166; H.: Życie polskie w dawnych wiekach. In: TI (20.7.1912).
247 Vgl. M.S.: Wizerunek szlachcica polskiego w XVII stuleciu. In: BL (30.8.1901); H.: Życie polskie w dawnych wiekach. In: TI (20.7.1912). Die Vorstellung vom 17. Jahrhundert als einer Epoche, die den polnischen Nationalcharakter im guten und schlechten Sinne am stärksten prägte, zirkulierte in der Historiographie des 19. Jahrhunderts. Vgl. etwa Stanisław Smolka, Hauptvertreter der Krakauer Schule, der diese Meinung vertrat. Wierzbicki, Spory, S. 175.

führen die Zeitschriften die typisch polnische Küche oder die typisch polnische Art, christliche Feste zu feiern, auf das 17. Jahrhundert zurück. Dabei handelt es sich um kulturelle Praktiken, die keineswegs aus der slawischen, *primitiven* Urprägung entspringen konnten, die aber im 19. und 20. Jahrhundert für das polnisch-nationale Selbstverständnis von großer Bedeutung waren. Andererseits lässt sich die kalendarische Nähe insofern auch als Träger eines spezifisch polnischen Rückständigkeitsparadigmas begreifen, als dass die polnische Folklore, Epik und polnischen Traditionen parallel zur weltgeschichtlichen Neuzeit temporal verortet werden. Diese Verzeitung vermittelt den Eindruck einer infolge der Zeit antiquiert gewordenen und nicht mit der Moderne kompatiblen polnischen historischen Existenz.

Auch die zahlreichen Artikel über die Kriege und Schlachten laden dazu ein, die republikanische Epoche als stillgelegte, im Neuzeitkontext anachronistische Zeit zu konzipieren. Das 17. Jahrhundert gilt eigentlich als die kriegerischste Phase der gesamten polnischen Geschichte. Aus den Beschreibungen der unterschiedlichen militärischen Feldzüge jener Zeit lässt sich dennoch kein schneller evolutionärer Rhythmus Polens folgern, wie im Fall der piastischen Epoche. Die von den *Zeitschriften für viele* aufgeführten Heldentaten und militärischen Wunder der wahlmonarchischen Ära verleihen diesen Feldzügen eine Zeitlichkeit an der Schnittstelle von Dekadenz, Religion und Wahrsagung der Zukunft. Das wurde bereits teilweise anhand der zuvor erwähnten Artikel über Sobieski vor Wien illustriert. Das Deutungsparadigma der wichtigen Rolle Polens als Verteidiger des Christentums kontrastiert nämlich eindeutig mit der Tatsache, dass die Zeitschriften die fehlende europäische Resonanz und Dankbarkeit sowie die fehlende Relevanz der Schlacht für die polnische Entwicklung betonen.[248] Die Heldentaten Sobieskis, die Polen zur Vormauer Europas werden ließen, erscheinen dadurch selbst als ein Anzeichen von Rückständigkeit oder besser als ein Überbleibsel einer religiös und heldenhaft geprägten Zeit in der bereits sehr nüchternen politischen Realität des späten 17. Jahrhunderts.

Das beste Beispiel für so eine Zeitlichkeit liefern allerdings die Narrative um die zweite für die polnische Geschichtsschreibung zentrale militärische Ausein-

---

[248] Über die Beschwerden der polnischsprachigen Zeitschriften über die fehlende Dankbarkeit der Deutschen und die Ausblendung der polnischen Rolle bei der Zurückschlagung der Türken vor Wien siehe bspw.: ANONYM: Obchód rocznicy odsieczy Wiednia przez króla Jana III Sobieskiego. In: Ps (14.6.1883); ANONYM: Jubileusz oswobodzenia Wiednia i całej chrześciańskiej Europy od przemocy Tureckiej. In: G (12.8.1883); Tatomir, Lucyan: Głosy współczesnych Niemców o królu Janie III i o udziale jego w oswobodzeniu Wiednia od Turków w 1683 r. In: BL (14.9.1883) Heft 402. S. 166–179; Gradywus: Niewdzięczność niemiecka. In: BL (3.10.1902) Heft 40. S. 267–269; Z.: Ku czci Sobieskiego. In: Pr (5.1.1905) Heft 2. S. 61.

andersetzung in der wahlmonarchischen Epoche: den Polnisch-Schwedischen Krieg 1655–1660, der im hier analysierten Zeitraum sein 250. Jubiläum erlebte. Eingang in die Presse fanden bei all den unterschiedlichen Ereignissen dieses Krieges insbesondere die Durchbrechung der schwedischen Belagerung von Tschenstochau (Winter 1655–1656) unter Führung des Mönches Augustyn Kordecki (1603–1673) und König Johann II. Kasimir Wasas *Lemberger Gelöbnis* (*Śluby Lwowskie*, 1656)[249] an die Heilige Maria.[250] Die Deutung dieser beiden Ereignisse wird in erster Linie von der religiösen Komponente beherrscht:

> An der Spitze stehen 140 Ritter und 70 Mönche mit dem Kreuz in der Hand, erhellt von einer überirdischen Aureole der Eingebung und tiefen Ergriffenheit, bieten einer zehntausend Soldaten zählenden regulären Armee die Stirn [...] und verehren Diejenige, in Deren Namen das polnische Rittertum nach Tannenberg zog. [...] Die Legende erzählt, dass aus dem schwedischen Lager die Himmelskönigin zu sehen war, als sie mit ihrem mit Goldsternen bedeckten Mantel den Turm der Kirche, die Mauern der kleinen Festung und die Handvoll der darin Belagerten umfasste. [...] In der Weihnachtsnacht [...] verstummten die zerstörerischen schwedischen Kolubrinen [...] Klarenberg war gerettet!! [251]

So beschreibt etwa die *Praca* den Verlauf der entscheidenden Schlacht um das Kloster Klarenberg (Jasna Góra) von Tschenstochau. Die Textstelle berichtet von dem polnischen Sieg im Duktus einer göttlichen Rettung. Ein ähnliches Muster ist in den Beiträgen über das Lemberger Gelöbnis erkennbar, in denen die plötzliche Wendung im polnisch-schwedischen Kriegsverlauf auf die Hinwendung Polens

---

249 Mit dem Ausdruck *Śluby Lwowskie* bezeichnet man in der polnischen Historiographie die religiöse Zeremonie, die Johann II. Kasimir am 1. April 1656 in der Lemberger Kathedrale durchführte. Auf Drängen seiner Ehefrau Luisa Maria Gonzaga (Ludwika Maria Gonzaga, 1611–1667) schwor der polnische König bei der Heiligen Maria, im Falle eines polnischen Sieges im Zweiten Nordischen Krieg die Lebensbedingungen der Bauern zu verbessern. Damit wollte der König das Volk gegen die schwedische Kriegspartei mobilisieren.
250 Vgl. bspw. ANONYM: Trzechsetna rocznica Obrońcy Częstochowy. In: Ilustracja Polska (IP) (13.11.1903) Heft 46. S. 850–851; ANONYM: 300-lecie obrońcy Częstochowy. In: Pr (13.12.1903) Heft 50. S. 1569–1574; X. L. N. S.: 250-ta rocznica ślubów narodowych Jana Kazimierza. In: Pi (8.4.1906); H. M.: Śluby Jana Kazimierza. (W 250-tą rocznicę). In: TI (16.6.1906) Heft 24. S. 458–460; Jaworski, Franciszek: Obrona Częstochowy. Wspomnienie dziejowe w 250 rocznicę. In: Pr (1.7.1906) Heft 26. S. 1015–1016.
251 Im Original: „Na czele 140 rycerzy i 70 zakonników, z krzyżem w ręku, opromieniony nadziemską aureolą natchnienia i ekstazy, stawia czoło dziesięciotysięcznej regularnej armii [...] i czci dla Tej, w imię Której rycerstwo polskie szło pod Grunwald. [...] Podanie głosi, że ze szwedzkiego obozu widziano Królowę Nieba, jak płaszczem gwiazdami złotemi osypanym otaczała wieżę kościoła, mury małej forteczki i garstkę oblężonych. [...] W noc Bożego Narodzenia [...] zamilkły burzące szwedzkie kolubryny [...] Jasna Góra była uratowaną!!" ANONYM: 300-lecie obrońcy Częstochowy. In: Pr (13.12.1903), S. 1569.

zur Heiligen Maria zurückgeführt wird.[252] Nicht der technisch-militärische Fortschritt, sondern die Rolle Polens als von Gott auserwähltes Volk sowie die Frömmigkeit der Polen dienen in beiden Fällen zur Erklärung des unerwarteten Kriegsausgangs. Trotz der Bezugnahme der *Praca* auf Tannenberg kann daher eigentlich der Sieg gegen die Schweden und jener gegen den Deutschen Orden zeitlich nicht unterschiedlicher gefasst werden. Tannenberg, an der Schnittstelle von piastischer und der jagiellonischer Epoche, steht den Zeitschriftenbeiträgen zufolge für die unter den Piasten erfolgte Synchronisierung mit dem europäischen – auch militärischen – Entwicklungsniveau. Tschenstochau, wenngleich viel dichter an der Gegenwart der Zeitschriften, bietet hingegen keinen Synchronisierungsanlass mit der welthistorischen Zeit. Stattdessen wird die Schlacht in eine religiöse Zeit eingebettet, die nach der Logik der himmlischen Intervention und losgelöst von jeglichem Prinzip der zeitgenössischen Zeit funktionierte.

Im Gegensatz zur Brechung der Macht der Kreuzritter, die von den Zeitschriften fast einstimmig als Moment der Eröffnung einer eigenständigen Zukunftsperspektive für Polen gesehen wird, gilt nicht zuletzt die erfolgreiche Beendigung der schwedischen Belagerung in vielen Artikeln auch als Zeitspender, der den zukünftigen Niedergang lediglich für einige Zeiten hinauszögern konnte. Franciszek Jaworski, Lemberger Archivar und Populärhistoriker, erklärt beispielsweise in einem weiteren *Praca*-Beitrag, dass Polen dadurch „noch zwei Jahrhunderte Freiheit genießen konnte".[253] Solche Sätze zeigen, wie der religiöse und wundertätige Charakter dieses Zeitkonstrukts als Argument eingesetzt werden kann, um das angesichts der evolutionären Statik verhältnismäßig lange Überleben des polnischen Staates zu erklären. Es scheint also, dass auch die Erzählungen über die schwedischen Kriege zu einem Anachronismus im Sinne des längst nicht mehr zeitgemäßen Fortbestehens Polens beitragen. Tatsächlich legen die meisten Pressebeiträge aber auf ein gegensätzliches Verständnis von Anachronismus Wert, indem sie das Lemberger Gelöbnis als Vorankündigung der Zukunft verstehen. Mit seinem Versprechen einer bauernfreundlicheren Politik wird nämlich der Schwur von Johann Kasimir mit den zukünftigen sozialen Reformen der Maiverfassung im Zusammenhang gebracht, und es wird betont, dass jene Reformen im 17. Jahrhundert doch noch zu einer erfolgreichen Synchronisierung Polens mit der europäischen Geschichte hätten führen können.[254] Die

---

252 Vgl. X. L. N. S.: 250-ta rocznica ślubów narodowych Jana Kazimierza. In: Pi (8.4.1906); H. M.: Śluby Jana Kazimierza. In: TI (16.6.1906).
253 Im Original: „jeszcze dwa wieki wolności zażywał" Jaworski: Obrona Częstochowy. In: Pr (1.7.1906), S. 1015.
254 Vgl. P. K.: Trzeci Maja. In: Pr (3.5.1903) Heft 18. S. 534–535; X. L. N. S.: 250-ta rocznica ślubów narodowych Jana Kazimierza. In: Pi (8.4.1906); H. M.: Śluby Jana Kazimierza. In: TI (16.6.1906).

Tatsache, dass der Schwur nach dem schwedischen Krieg folgenlos blieb, gilt dementsprechend in der Presse als verpasste letzte Gelegenheit, Polen vor dem Abgrund zu retten.

Zufrüh und Zuspät: Die Verfassung vom 3. Mai

Das Lemberger Gelöbnis ist somit eine gute Überleitung zum abschließenden analytischen Schritt dieses Abschnittes, und zwar der Analyse der Pressebeiträge zur Maiverfassung. Die erste polnische Verfassung, die während des Vierjährigen Sejms unter dem letzten polnischen König Stanislaus August Poniatowski entstand und die in Reaktion auf die erste Teilung Polens das Land reformieren sollte, lässt sich als kalendarisch letzter, besonders relevanter publizistischer Topos der polnischen Geschichte vor den Teilungen definieren. Vor allem im Monat Mai veröffentlichen die Zeitschriften aller drei Teilungsgebiete regelmäßig Beiträge darüber. Die Verfassung bildete darin ein starkes Gegenprogramm zur Richtung der Dekadenz und des Rückzugs. Manche Autor*innen führen die ersten Anzeichen dieses Gegenprogrammes gar auf die Jahrhundertwende vom 17. zum 18. Jahrhundert in der Persönlichkeit von Stanislaus I. Leszczyński (Stanisław Bogusław Leszczyński, 1677–1766) zurück:

> Leszczyński und seine Partei waren die einzige Verbindung zur westlichen Zivilisation und schützten damit die einheimische Gesellschaft vor der kompletten Degenerierung und Barbarei. [...] Aus dieser Quelle schöpften [...] die Gesetzgeber des Vierjährigen Sejms. Dank des politischen und literarischen Schaffens von Leszczyński leuchtete zweifellos nach einer langen Dunkelheit ein erster Lichtstrahl auf, der sich schon bald zu hellem, prallem Sonnenlicht erhitzte.[255]

Wie dieses Zitat aus dem *Tygodnik Ilustrowany* deutlich macht, gründet die temporale Deutung der Verfassung auf der Vorstellung einer Richtungsumkehr, die sich Anfang des 18. Jahrhunderts das erste Mal manifestierte und am Ende ihre volle Kraft entfaltete. Die explizite Bezugnahme auf die „westliche Zivilisation" sowie vor allem auf die Metapher des Lichts verweist auf die für diese Deutung zentrale Gleichzeitigkeit mit der europäischen Aufklärung. Anders als die Worte des Autors Alexander Rembowski – eines renommierten Vertreters der War-

---

[255] Im Original: „Leszczyński i jego stronnictwo stanowiło jedyny łącznik z zachodnią cywilizacją, chroniący społeczeństwo rodzime od zupełnego zwyrodnienia i barbarzyństwa. [...] Z tego źródła czerpali [...] Sejmu Czteroletniego prawodawcy. Z Leszczyńskiego działalności politycznej i pisarskiej błysnął też niewątpliwie po długiej ciemnicy pierwszy promień światła, który niezadługo rozgrzał w pełne słońce." Rembowski, Aleksander: Wygnańcze losy Stanisława Leszczyńskiego. Dokończenie. In: TI (29.12.1900) Heft 52. S. 1018–1020, hier S. 1019–1020.

schauer Schule – suggerieren, beinhalte aber so ein Synchronisierungskonstrukt nicht so sehr die Zeitfigur der Überwindung der Barbarei, sondern vielmehr eine Interaktion zwischen den anachronistischen Positionen von *Zuspät* und *Zufrüh*.[256]

Die Position von Zuspät kommt in Artikeln über die Reformen am Ende des 18. Jahrhunderts zum Ausdruck, in denen die Maiverfassung als eine Art Schwanengesang Polens bewertetet wird.[257] Diese Bewertung stimmt mit der von der Krakauer Schule vertretenen Auffassung über die jüngste polnische historische Entwicklung als unvermeidlichen Niedergang überein, der von der Reformzeit unter Poniatowski nicht maßgeblich unterbrochen wurde.[258] Die *Biesiada Literacka* gibt das angebliche Zitat eines Zeitgenossen wieder, der die Feierlichkeiten zum ersten Jahrestag der Verfassung mit dem letzten Tag der Stadt Pompeji vergleicht, „die sich freute angesichts des bedrohlichen Vulkans, der sie für immer in Schutt und Asche legen sollte".[259] Im gleichen Artikel merkt der Autor Janusz Korsak an, wie „diese letzte freie Versammlung der Vertreter der Adelsrepublik an die alten goldenen Zeiten von großer Macht und unvergleichlichem Ruhm erinnerte."[260] Der Anachronismus des Zuspät zeigt sich in diesem Beispiel daran, dass Polen (wie Pompeji) Leichtsinn und eine definitiv zu große Verspätung bei der Wiederbelebung der „alten goldenen Zeiten" zugeschrieben wird, in einem Moment, da jede Hoffnung eigentlich schon verloren war. So eine Konstruktion weist bestimmte Parallelen mit der Darstellung des Wiener Siegs von Sobieski auf.

Eine noch stärkere Konnotation dieses Zuspät findet sich in Beiträgen, die gerade die verspätete Fortschrittlichkeit der Verfassung mit dem Argument für die Teilung verknüpfen, dass die Nachbarn aus Angst vor der baldigen Rückkehr des alten polnischen Glanzes Polen angegriffen hätten.[261] Die *Pszczółka* äußerte sich diesbezüglich am eindeutigsten: „Die Verfassung, die – wäre sie 100 Jahre früher

---

[256] Koselleck leitet beide Vorstellungen aus seinen drei temporalen Erfahrungsmodi ab und macht sie zu Elementen der sich von der Naturzeit unterscheidenden geschichtlichen Zeit. Vgl. Koselleck, Zukunft, S. 133.

[257] Vgl. bspw. Anonym: Trzeci Maja. In: R (9.5.1909) Heft 19. S. 1–2.

[258] Dieser Meinung ist bspw. der Krakauer Historiker Walerian Kalinka, der sich in seinen Werken auf das 18. Jahrhundert spezialisierte. Vgl. Wierzbicki, Spory, S. 159–163.

[259] Im Original: „Był to ostatni dzień Pompei, cieszącej się wobec grożącego wulkanu, mającego w gruzach zasypać ją na zawsze." Korsak, Janusz: Obchód pierwszej rocznicy 3go Maja. In: BL (27.4.1906) Heft 17. S. 326–328, hier S. 326.

[260] Im Original: „Ostatnie to, swobodne zgromadzenie przedstawicielstawa Rzeczpospolitej przypomniało dawne świetne dzieje, wielkiej potęgi i chwały." Korsak: Obchód pierwszej rocznicy 3go Maja. In: BL (27.4.1906), S. 327.

[261] Vgl. bspw. Anonym: Konstytucja 3. Maja. In: Ps (1.5.1884) Heft 9.

verabschiedet worden – hätte Polen retten können, führte aber nun zur endgültigen Zerschlagung und zum Fall des glücklosen Königreiches."[262] Dieser Text sieht die temporale Unangemessenheit der Maiverfassung darin, dass ihr Zeitpunkt die Differenz zwischen möglichem Erfolg (wenn sie früher gekommen wäre) und erfolgter Katastrophe (da sie zu spät kam) ausmachte. Der Verfassung werden damit zwei völlig entgegengesetzte Funktionen beigemessen: in der Theorie hätte sie eine neue evolutionäre Vorwärts-Richtung für Polen einleiten können; in der Realität des Zu-spät-Kommens brachte sie die Involutionstendenz vollends zur Verwirklichung und führte zur Auflösung des Staates.

Der Artikel in der *Pszczółka* weist allerdings zugleich auf die zweite, bereits genannte anachronistische Zufrüh-Position hin. Der*die anonyme Autor*in sieht nämlich in der Verabschiedung der Verfassung einen Vorgang, der Preußen und Österreich im damaligen politischen Kontext (am Ende des 18. Jahrhunderts) gefährlich erschien, während das gleiche Ereignis zur Entstehungszeit des Beitrages (Ende des 19. Jahrhunderts) als normale politische Praxis gegolten hätte. Auch in dieser zweiten Argumentationsweise befindet sich die Maiverfassung außerhalb der eigenen Epoche, kam sie doch zu früh, in einer Zeit, da sie (noch) nicht als zeitgemäß wahrgenommen werden konnte.

Der Aspekt des Zufrüh verbindet sich häufig mit Vorstellungen einer Vorreiterrolle, die der Argumentation der Zeitschriftenbeiträge zufolge die Beschlüsse des Vierjährigen Sejms für die moderne soziopolitische Entwicklung Europas gespielt haben. Darauf verweisen vor allem preußische und galizische Zeitschriften, wie *Praca* oder *Pszczółka*, die sich mit ihren Beiträgen an die bäuerlichen und kleinstädtischen Schichten richteten. Sie interpretieren die polnische Reformbewegung als einstige Pionierleistung für die gegenwärtige politisch-soziale Emanzipation des dritten Stands auf weltgeschichtlicher Ebene: „Die Verfassung bringt unserer Nation Ruhm und Ehre, wurden doch die darin formulierten Grundrechte heute, 98 Jahre später, auf der ganzen Welt übernommen",[263] behauptet die *Pszczółka*. Die Maiverfassung gilt somit als eine Entwicklung, die in ihrer Zeit bereits den Zukunftshorizont der Welt (und zwar die Gegenwart Europas am Ende des 19. Jahrhunderts) in sich trug. Ähnlich definiert Łabendziński in einer Folge seiner populärwissenschaftlichen Serie *Volksvorlesungen* mit dem Titel *Auf welche Taten kann Polen am stolzesten sein?*, die beschlossenen Grund-

---

[262] Im Original: „Konstytucya, która mogła była zbawić Polskę, gdyby ją uchwalono o 100 lat pierwej, spowodowała ostateczny rozbiór i upadek nieszczęśliwego królestwa." ANONYM: Konstytucja 3. Maja. In: Ps (12.5.1889), S. 134–135.

[263] Im Original: „Konstytucya przynosi chlubę naszemu narodowi, że zasadnicze prawa w niej wypowiedziane, dzisiaj po 98 latach przyjęte zostały powszechnie w całem świecie." ANONYM: Konstytucja 3. Maja. In: Ps (12.5.1889), S. 135.

rechte als so fortschrittlich, dass sich „[solcher Rechte, C.F.] nicht einmal die zivilisiertesten Länder Europas mit Ausnahme vielleicht von England und Frankreich rühmen konnten".[264] Mehr als Synchronisierung bedeutet die polnische Verfassung für den Autor der *Praca* somit ein Überholen europäischer Standards und das Einfordern einer angemessenen Position für Polen – im Voraus gegenüber der Universalzeit.

Welche spezifische Position im Voraus die Presse für Polen beansprucht, macht die *Praca* in einem weiteren Artikel deutlich:

> Die Verfassung vom 3. Mai war der erste Versuch, sie war der Anfang von Veränderungen, die darauf folgen sollten. [...] Sogar die großen Staatsmänner anderer Nationen – Engländer, Franzosen, Deutsche usw. – bezeichnen sie als *epochales Werk* [...]. Tatsächlich ist diese Verfassung, die dem städtischen und ländlichen Volk Bürgerrechte gewährt hat, unser wirklicher Stolz.[265]

Durch Formulierungen wie „Anfang von Veränderungen", „Bürgerrechte" oder „epochal" verleiht diese Passage der Maiverfassung eine temporale Rolle, die normalerweise mit der kalendarisch fast zeitgleichen Französischen Revolution in Zusammenhang gebracht wird.[266] Und in der Tat wird die Maiverfassung immer wieder mit ihrem zeitgenössischen französischen Pendant verglichen. Das Verhältnis zwischen den beiden wird vor allem wieder in preußischen und galizischen Zeitschriftenbeiträgen definiert, in denen auch das Erneuerungspotential der polnischen Verfassung für das soziale Leben am stärksten akzentuiert wird. So betonen die Krakauer *Nowości Ilustrowane*, dass das „von dem damaligen Warschauer Sejm verabschiedete epochale Gesetz" zeitlich „vor der Französischen Revolution" stattfand, „ohne Blutvergießen" vonstattenging und „bis heute" seine Prägungskraft besitzt.[267] Die Zeitung entwirft somit die Ereignisse in

---

264 Im Original: „prawa takie, jakiemi [...] nawet najcywilizowańsze narody europejskie z wyjątkiem chyba Anglii j i Francyi poszczycić się nie mogły" Łabendziński: Wykłady popularne. In: Pr (13.3.1910), S. 332.
265 Im Original: „Konstytucja 3go maja była pierwszą próbą, była początkiem tych zmian, które kolejno następować miały. [...] Nawet znakomici mężowie obcych narodów: Anglicy, Francuzi, Niemcy itd. nazywają ją *wiekopomnem dziełem* [...] Istotnie ta Konstytucya, nadająca prawa obywatelskie ludowi miejskiemu i wiejskiemu, jest prawdziwą chlubą naszą." P. K.: Trzeci Maja. In: Pr (3.5.1903).
266 Vgl. Kosellek, Zukunft, S. 76–86.
267 Im Original: „Wiekopomna ustawa ówczesnego Sejmu warszawskiego, która jeszcze przed Rewolucyą francuską a bez krwi rozlewu, zrównała w prawach wszystkich obywateli Rzeczypospolitej i władzę prawodawczą oddała sejmowi, zasługuje na cześć potomków ówczesnego pokolenia nawet dziś, po stu kilkunastu latach." Anonym: W rocznicę Trzeciego Maja. In: NI (5.5.1906) Heft 18. S. 2.

Polen als die bessere, weil friedliche, und originellere, weil kalendarisch frühere, Form der allgemeingültigen modernen sozialen Revolution, wozu auch die Ereignisse in Frankreich gehören. Der Lemberger *Tydzień* postulierte hingegen den „evolutionären und nicht revolutionären" Charakter der Maiverfassung. An der polnischen Verfassung bemängelt die Zeitschrift das Ausbleiben eines dezidierteren Eintretens für die Rechte des Volkes.[268] Sie sei lediglich eine:

> Bewegung nach vorne gewesen, eine nicht so ungestüme und gewalttätige Bewegung wie in Frankreich, sondern Resultat politischer und verschiedene Umstände berücksichtigender Verhältnisse – eine Verschiebung hin zu neuen Strömungen der Zeit, die Offenbarung des Willens und des Wunsches – dass es anders sein müsse, als es bislang war.[269]

Dieser Sichtweise folgend, stellt somit die polnische Gesetzgebung eine unterlegenere Revolutionsversion dar, die stark von den spezifisch nationalen Umständen beeinflusst war und daher eine geringere Zäsurkraft und Relevanz für die universelle historische Zeit als ihre französische Schwester entwickelte.[270]

Trotz unterschiedlicher Einschätzungen des revolutionären Koeffizienten der Maiverfassung in Bezug auf die Französische Revolution machen allerdings sowohl das Beispiel der *Nowości* als auch das des *Tydzień* vor allem auf einen weiteren temporalen Aspekt aufmerksam: auf den Wiederaufbau bzw. auf die Wiederaneignung einer Zukunftsperspektive für Polen durch die Re-Synchronisierung mit der europäischen Neuzeit. Beide Zeitschriften heben nämlich durch ihren Vergleich und durch Ausdrücke wie „bis heute" oder wie „die Verschiebung hin zu neuen Strömungen der Zeit" die am Ende des 19. Jahrhunderts noch aktuelle Lebendigkeit und den modernen Charakter des letzten souveränen Akts des polnischen Staates hervor. Nun lässt sich die Aktualität und Modernität der Maiverfassung als eine Konstruktionsweise erkennen, mit der die Zeitschriften den in der gesamten republikanischen Epoche latenten Anachronismus überwinden und mit der sie der polnischen historischen Zeit bis in die Gegenwart des späten 19. Jahrhunderts die endgültige Orientierung auf eine neuzeitlich-moderne Zukunft verleihen.

---

268 Anonym, W wielką rocznicę. In: T (4.5.1902) Heft 18. S. 277–278, hier S. 277.
269 Im Original: „Konstytucja majowa, – to bądź co bądź ruch naprzód, ruch nie żywiołowy i gwałtowny, jak we Francji, tylko owoc politycznych i liczących się z różnemi okolicznościami stosunków, – przesunięcie się ku nowocześniejszym prądom czasu, objawienie woli i chęci, – że inaczej być musi, niż było."Anonym, W wielką rocznicę. In: T (4.5.1902), S. 278.
270 Die These über die geringe Radikalität und den großen Einfluss der spezifisch polnischen, politischen Konstellation auf die Maiverfassung vertrat in der polnischen Historiographie vor allem Tadeusz Korzon, einer der wichtigsten Figuren bei der Wende von der positivistischen zur neoromantischen Historiographie. Siehe: Topolski, Problemy, S. 13–14.

Diese Art der Deutung knüpft an die historiographische Tradition der Warschauer Schule an, deren Historiker – wie der bereits erwähnte Rembowski, Tadeusz Korzon oder Wladysław Smoleński – anders als ihre Krakauer Kollegen die Herrschaftszeit Poniatowskis als Ende des wahlmonarchischen Involutionsprozesses und als Anfang des modernen Polens auffassen.[271] Diese Position ist beispielsweise in einem Artikel der Warschauer *Świat* zu erkennen:

> Jede Nation hat in ihrem Leben Wendepunkte. [...] Keine Nation kann [...] mit der eigenen Vergangenheit brechen, und am lebendigsten wird gerade die Erinnerung an die Wendepunkte gepflegt, [...] die zudem für die folgenden Jahre, bis zur Gegenwart ausschlaggebend sind. [...] So ein Wendepunkt war für England die Revolution im 17. Jahrhundert, [...] für Frankreich die Große Revolution [...] für Deutschland die Gründung des neuen Kaiserreiches, für Italien die Phase der Vereinigung, für Russland die Metamorphose unter Peter dem Großen und Katharina, für Polen schließlich die große Reform Poniatowskis.[272]

Durch den Vergleich mit anderen Wendepunkten in der Geschichte unterschiedlicher europäischer Länder im Kontext der Entwicklung zu modernen Staaten gibt der Autor K. M. Morawski den „großen Reformen Poniatowskis" die gleiche Valenz, nur angepasst an den polnischen Kontext. Somit konstruiert er die Maiverfassung erstens als genuines, nicht von Anachronismen geprägtes Synchronisierungsmoment zwischen polnischer und europäischer Geschichte, wodurch Polen zu einem der zentralen Phänomene der Moderne aufschloss. Zweitens wirkt sie – durch die Schaffung neuer Orientierung – sowohl in die Gegenwarts-Zeit als auch in die Zukunfts-Zeit hinein. In diesem Sinne gilt die Verfassung für die polnische historische Zeit als Zukunftsproduzent. Das drückt explizit die bereits erwähnte Folge aus Łabendzińskis Artikelreihe aus, wie die Sätze unmittelbar vor und nach der bereits angeführten Textstelle des Artikels zeigen:

> Die Verfassung vom 3. Mai [...] ist der Anfang einer neuen Ära im Land. [...] Indem sie dem Volk [...] Rechte gaben, [...] deren sich nicht einmal die zivilisiertesten Länder Europas mit Ausnahme vielleicht von England und Frankreich rühmen konnten, sicherten sie [die Väter der Reform, C.F.] uns die Möglichkeit, einen Staat auf moderner, nationaler und wirklich

---

271 Vgl. Grabski, Orientacje, S. 298.
272 Im Original: „Każdy naród ma w życiu chwile przełomowe. [...] Żaden naród nie jest w możności [...] zerwać z własną przeszłością, a najżywiej kultywuje się w każdym z nich właśnie pamięć chwil przełomowych, [...] które w dodatku zaważyły na całem pasmie lat następnych, aż do teraźniejszości. [...] Taką chwilą była dla Anglii rewolucja XVII-go stulecia [...], dla Francyi Wielka Rewolucya [...], taką dla Niemiec geneza nowego cesarstwa, dla Włoch okres zjednoczenia, dla Rosyi metamorfoza, jakiej dokonali Piotr i Katarzyna, dla Polski wreszcie wielka reforma Stanisławowska." Morawski, K. M.: Polska na przełomie. In: ŚW (9.8.1913) Heft 32. S. 1–3, hier S. 1.

demokratischer Basis aufzubauen, so dass unser Land irgendwann wie *ein Phönix* [...] *aus der Asche* wiedererstehen wird.²⁷³

Im Zitat geht es nicht um den Beginn einer neuen Epoche für die Weltgeschichte, sondern allein für Polen. Die Verfassung wird zum Schlüsselmoment für die erneute Synchronisierung der polnischen historischen Zeit mit der Moderne und somit für die Verheißung einer künftigen Wiedergeburt des Staates. In jenem Zeitabschnitt hat die Nation ausreichend Fortschritte durchlaufen, um in der Zukunft weiterzubestehen bzw. neu zu erstehen.²⁷⁴

Eine abschließende Passage aus dem *Tygodnik Ilustrowany* – unterschrieben mit dem Namen des renommierten Historikers Szymon Askenazy²⁷⁵ – illustriert diese Botschaft besonders:

> [Die Maiverfassung, C.F.] war eine heftige Erhebung einer großen Nation [...], die [...] ihre große Vergangenheit, ihre jämmerliche Gegenwart und ihre Mission für die Ewigkeit in der Zukunft ergriff. [...] Die Verfassung vom 3. Mai [...] konnte die polnische Adelsrepublik nicht mehr retten, sie war aber wie eine Salve, [...] die das unzerstörbare Erbe der unverjährbaren historisch-zivilisatorischen Rechte der polnischen Nation vor dem Verlust schützte.²⁷⁶

Dieser Textstelle macht die zentrale Funktion des Narrativs der Poniatowski-Reformen für die Verbindung zwischen Vergangenheit, Gegenwart und Zukunft der polnischen historischen Zeit besonders sichtbar. Aufgrund der Teilungen sowie der eigenen neuzeitlichen Zäsurkraft markiert die Maiverfassung einerseits die

---

273 Im Original: „Konstytucyą 3-go maja, [...] są początkiem nowej ery w kraju. [...] Dając narodowi [...] prawa takie, jakiemi [...] nawet najcywilizowańsze narody europejskie z wyjątkiem chyba Anglii j i Francyi poszczycić się nie mogły, zapewnili oni nam możność odbudowania kraju na gruncie nowożytnym i narodowym, prawdziwie demokratycznym, na którym, *jak feniks z popiołów* kraj nasz kiedyś powstanie." Łabendziński: Wykłady popularne. In: Pr (13.3.1910), S. 332.
274 Vgl. auch Mościcki, Henryk Stanisław: Książę Józef Poniatowski (1763–1813). In: TI (18.2.1905) Heft 7. S. 105–106; Krzywda, Jan: Idee Krzemienieckie. In: ŚW (17.11.1906) Heft 46. S. 1–3.
275 Jerzy Maternicki definiert Askenazy als Vorläufer der neoromantischen Wende in der polnischen Historiographie. Ihm zufolge habe der Historiker, Professor an der Lemberger Universität und Gegner der Krakauer Schule, das 17. Jahrhundert insoweit rehabilitiert, als er die Teilungen Polens auf externe Faktoren anstatt auf innere Dekadenz zurückführte. Maternicki, Historiografia, S. 9–10.
276 Im Original: „Było to żywiołowe porwanie się wielkiego narodu, [...] który [...] ogarniał swą przeszłość poważną, nikczemną teraźniejszość, wieczne posłannictwo przyszłości. [...] Konstytucja Trzeciego Maja [...] nie mogła już uratować Rzeczpospolitej polskiej, ale była niby salva, [...] ubezpieczające od zaguby niezniszczalny dobytek nieprzedawnionych praw historyczno-cywilizacyjnych narodu polskiego." Askenazy, Szymon: Konstytucja 3-go maja. In: TI (4.5.1907) Heft 18. S. 357–358, hier S. 357.

Zeit vor ihrem Inkrafttreten als definitiv vergangen und verleiht zugleich dem Ende dieser vergangenen Zeit einen nicht mehr dekadenten, sondern fortschrittlichen Charakter. Andererseits lenkt sie trotz ihrer Unfähigkeit, etwas am gegenwärtigen Schicksal Polens ändern zu können, die polnische historische Entwicklung in eine Richtung, die über diese Gegenwarts-Zeit hinausging und das Fortbestehen sowie die Synchronisierung Polens in der Zukunft sichert. Es lässt sich daher zusammenfassend als These formulieren, dass die Maiverfassung wie kein anderes Geschichtsnarrativ zur Verknüpfung der temporalen Dimensionen des Damals, des Heute und des Morgen in der polnischen historischen Zeit sowie zur Definition des vergangenen und zukünftigen polnischen Anteils an der europäischen Moderne beigetragen hat.

II.4 Semiperiphere Ungleichzeitigkeit und mediale Verfasstheit der polnischen historischen Zeit: Einige abschließende Thesen

Die Quellenanalyse in den Kapiteln II.2. und II.3. wies auf eine Pluralität von Zeitkonstrukten hin, wie sie in den Pressebeiträgen zur Konturierung der polnischen historischen Zeit im Laufe der Jahrhunderte Anwendung finden. Epochengebilde wie die piastische, jagiellonische und wahlmonarchische Epoche oder die Neuzeit, sowie Zeit-Rhythmen, Zeit-Richtungen und temporale Positionen wie Stillstand, Verspätung, Aufholen, Fortschritt, Gipfeln, Regression, Antizipation oder Anachronismus wirken alle darauf hin, dem historischen Subjekt Polen eine spezifische, identitätsstiftende temporale Gestalt zu verleihen, die bestimmte temporale Selbstverortungsangebote für die Leserschaft der *Zeitschriften für viele* in der Gegenwart der europäischen Moderne bereithält. Die markanteste Charakteristik dieser temporalen Gestalt ist ihre innere Ungleichzeitigkeit, die zugleich auch die Manifestation bzw. einen Mitproduzenten der gegenwärtigen Semiperipherialität der polnischsprachigen Gesellschaften am Ende des 19. Jahrhunderts darstellt. Die aufgelisteten Zeitkonstrukte stehen nämlich ihrerseits in sehr heterogenen, mitunter gar gegensätzlichen Beziehungen zu der von Europa hegemonial geprägten historischen Universalzeit und erfüllen sehr ambivalente temporale Funktionen für die gegenwärtige Selbstverzeitung des von der Presse mitkonstruierten polnisch-nationalen Kollektivs. Insbesondere die Vorstellung von der polnischen Zeit als zugleich antizipierend (in den Narrativen zu Kasimir dem Großen oder zur Maiverfassung), verspätet (bei den Slawen oder wieder bei der Maiverfassung) und dekadent (in der wahlmonarchischen Epoche) suggeriert eine uneinheitliche – teils rückständige, teils zeitgemäße und teils in die Zukunfts-Zeit projizierte – temporale Position, die keine vollständige Synchronie mit der eindeutig vorwärts orientierten und zunehmend akzelerierten Fortschritts-Zeit aufweist – wie etwa die westeuropäische Zeit aus polnischer Perspektive gesehen wurde. Da sich diese Position allerdings auch nicht als konstanter Mangel und zeitversetzte Nachahmung Europas verstehen lässt – wie Dipesh Chakrabarty die Geschichtsschreibung der extraeuropäischen Peripherien beschreibt –, drückt sie eine Verzeitungsform dazwischen aus, die auf der Wechselwirkung von – zueinander ungleichzeitigen und Europa gegenüber teilweise synchronen wie teilweise nicht synchronen – Tempi aufbaut.

Ungleichzeitigkeit ist allerdings nicht nur als semiperipherer Grundcharakter der polnischen historischen Zeit zu denken, sondern auch als ihr semiperipherer Zwang, wenn man in der Neuzeit eine Hauptressource mit der Funktion sieht, den Anspruch der polnischen Geschichte auf Zugehörigkeit zur europäisch-weltgeschichtlichen Moderne zu belegen. Eine solche Sichtweise auf die Neuzeit ergibt sich aus der Quellenanalyse. Die *Zeitschriften für viele* berufen sich immer wieder auf das Neuzeit-Konstrukt im Zusammenhang mit den am stärksten positiv und am fortschrittlichsten gedeuteten Momenten und Epochen des polnischen historischen Ablaufs, zu denen die Hochzeit von Hedwig und Jagiełło, die Schlacht bei Tannenberg, die Entdeckungen von Kopernikus, das gesamte jagiellonische Zeitalter oder die Maiverfassung gezählt werden. Darüber hinaus bietet nur die Neuzeit im Rahmen der universalistischen Triade aus Altertum, Mittelalter und Neuzeit die Möglichkeit, auf epochaler Ebene Gleichzeitigkeit zwischen Polen und der Weltgeschichte überzeugend herzustellen. Schließlich verfügt das Konzept der Neuzeit als Indikator für die neue, moderne Erfahrung von Geschichte und Zeit eine einzigartige Deutungshoheit in der europäischen Geschichtsschreibung.[277] Die polnische historische Zeit gewinnt durch die Aneignung und Anwendung dieses universalhistorischen Konzeptes einen Zugang zur europäisch-kolonialen Moderne, den ihr sonst kein weiteres Zeitkonstrukt bieten kann. Somit stellt die Neuzeit das zeitliche Kernkonstrukt dar, um – ausgehend von der Gegenwarts-Zeit der Zeitschriften – aus der semiperipheren Lage Polens heraus dem (Selbst-)Verständnis als vormodern oder rückständig erfolgreich entgegenzuwirken und die eigene Modernität und Europäizität zu behaupten.

Auch die temporale Beziehung zwischen polnischer historischer Zeit und Neuzeit ist indes durch Ungleichzeitigkeit geprägt, und zwar in zweierlei Hinsicht: Zum einen lässt die Presse der ersten Neuzeitzäsur der polnischen historischen Zeit (der jagiellonischen Epoche) die Dekadenz folgen, die im Wesentlichen Entsynchronisierung von der universellen Neuzeit bedeutet und erneut eine

---

277 Vgl. Koselleck, Neuzeit; Jaeger, Epochen.

II.4 Semiperiphere Ungleichzeitigkeit und mediale Verfasstheit — 171

Selbstverzeitung Polens in der Verzögerung gegenüber Europa schafft. Aus dieser Perspektive bewirkt das Neuzeitkonstrukt der polnischen historischen Zeit keine endgültige Wende zu einer Gleichzeitigkeit mit der bis zur Gegenwarts-Zeit andauernden Moderne, sondern einen vorübergehenden temporalen Status, der nach dem Ende der jagiellonischen Epoche rückgängig gemacht wird. Andererseits ist das zweite als Wende zur Neuzeit gedeutete Moment der polnischen Geschichte, die Maiverfassung, ebenso von einer besonders akzentuierten Variante der Ungleichzeitigkeit, nämlich dem Anachronismus, gekennzeichnet. Die Quellen präsentieren die Maiverfassung als nicht zeitgemäße Manifestation der Neuzeit: Sie sei entweder zu früh oder zu spät gekommen oder würde erst für die Zukunfts-Zeit wirksam. Ungleichzeitigkeit – und zwar als Verknüpfung mit der späteren Dekadenz oder dem Anachronismus – lässt sich daher als zwingende Begleiterscheinung betrachten, die in Zusammenhang mit der Integration der westeuropäisch-universalistisch codierten temporalen Gebilde der Neuzeit in der polnischen historischen Zeit auftritt und die die synchronisierende Wirkungskraft dieser Gebilde mit Europa permanent relativiert.

Auch Ungleichzeitigkeit im Sinne von temporaler Uneinheitlichkeit oder Unstimmigkeit zwischen identitätsstiftenden und synchronisierenden Zeit-Konstrukten kann als semiperipherer Zwang der polnischen historischen Zeit gedeutet werden. Die Zeitschriften assoziieren nämlich die für die Formierung eines Bildes von polnischer historischer Eigen-Artigkeit stehenden Epochen – vor allem die slawische Zeit oder die wahlmonarchische Epoche – mit Verspätung und Rückständigkeit Polens gegenüber Europa. Aus dieser Perspektive scheint es die Spezifizität der polnischen historischen Existenz zu sein, unausweichlich Träger einer Ungleichzeitigkeit mit dem historischen Fortschritt zu sein. Dies stimmt indes für die jagiellonische Epoche nicht in vollem Maße: Sie enthält sowohl die Möglichkeit der polnischen Eigen-Artigkeit in der historischen Evolution als auch ein starkes Synchronisierungsparadigma mit den europäischen Tendenzen. Die temporale Verfasstheit einer solchen Eigen-Artigkeit erweist sich somit im Kern ambivalent, da sie teilweise widersprüchliche, ja ungleichzeitige Formen der Selbstverzeitung aktiviert.

Schließlich scheint Ungleichzeitigkeit auch eine spezifisch-semiperiphere Strategie der polnischen historischen Zeit zu sein, in dem Sinne, dass die ungleichzeitigen Entwicklungen in Ökonomie, Kultur oder Gesellschaft den Mangel eines modernen Staates kompensieren. Diese vierte Konnotation geht auf die Reflexionen zu den vielfältigen epochalen Handlungsträgern in Kapitel II.2. zurück: Während das politische Hauptsubjekt eine umso stärkere temporale Verzögerung erzeugt, je näher es zur Gegenwarts-Zeit positioniert ist, ermöglicht es die Einführung von anderen Subjekten in die polnische Geschichte, zum gleichen Zeitpunkt von Fortschrittlichkeit im weltgeschichtlichen Verhältnis zu sprechen.

Das gilt paradigmatisch für das Zeitfenster am Ende des 18. Jahrhunderts, das einerseits vom Verlust der Staatlichkeit und andererseits von Fortschritt in der Entwicklung der Bürgerrechte gekennzeichnet ist. Das Gleiche gilt für die Epoche der Sigismunde oder für die Romantik, die zugleich den Anfang bzw. der Tiefpunkt politischer Dekadenz und Höhepunkte kultureller Synchronie zwischen Polen und Europa markieren. Aus dieser Perspektive heraus erfährt der Ausdruck *Gleichzeitigkeit des Ungleichzeitigen* in seiner ursprünglichen Bedeutung nach Ernst Bloch – und zwar als die parallele Existenz von konflikthaften, teils archaischen und teils modernen Temporalitäten in der gleichen Gesellschaft, die von verschiedenen sozialen Klassen getragen werden (damit erklärt Bloch den Erfolg des Nationalsozialismus) – eine positive Umdeutung:[278] In der politisch zurückgebliebenen, aber wirtschaftlich, sozial sowie kulturell voranschreitenden Situation Polens am Ende des 19. Jahrhunderts konnte die temporal-rhythmische Differenzierung zwischen diesen verschiedenen Verkörperungen des polnischen historischen Subjektes als Mittel eingesetzt werden, um Polens Teilnahme an der Moderne von der Frage des Staates zu lösen und sie durch andere Entwicklungen zu affirmieren.

Die Quellenanalyse der Kapitel II.2. und II.3. macht nicht nur auf die Bedingungen und Formen der (Re-)Produktion eigener historischer Zeit in einem semiperipheren Kontext aufmerksam. Sie ermöglicht es auch, einige Beobachtungen über die in der Einleitung dieses Buches theorisierte spezifische *agency* der Presse mit Bezug auf den Untersuchungsgegenstand Zeit zu formulieren. In diesem Kontext lässt sich in den Periodika vor allem der Fokus auf Jahrestage als das wahrscheinlich wichtigste Format für die Beschäftigung mit der Geschichte – und somit auch für deren zeitliche Strukturierung – legen. Jahrestage waren nämlich zeitschriftenspezifische, zentrale Anlässe zur Strukturierung von Zeit: der 400. Todestag von Jan Długosz 1880, der 500. Gründungstag der Krakauer Universität im Jahr 1900, der 400. Todestag von Jan Zamoyski 1905, der 250. Jahrestag der Belagerung von Klarenberg 1906, der 600. Geburtstag von Kasimir dem Großen sowie der 500. Jahrestag der Schlacht bei Tannenberg, beide im Jahre 1910, oder der 300. Todestag von Piotr Skarga 1912 – um nur die wichtigsten Jubiläen zu nennen. Aleida Assmann sieht in Jubiläen eine eigene, dritte Zeitlichkeit neben der „linearen Zeit der Geschichte" und der „zyklischen Zeit der Natur oder des Mythos": als „periodische Zeit der Kommemoration" bzw. periodische Re-Aktua-

---

278 Für Literatur über das Konzept der *Gleichzeitigkeit des Ungleichzeitigen* bei Bloch siehe Fußnote 15 von *Time and the Nation*.

II.4 Semiperiphere Ungleichzeitigkeit und mediale Verfasstheit — 173

lisierung und Wieder-Holung von Vergangenheit.[279] Welche Schlussfolgerungen können zu den im Medium Zeitschrift besonders stark präsenten Auswirkungen dieser Zeitlichkeit auf die Generierung von polnischer historischer Zeit gezogen werden? Jubiläumsfeierlichkeiten, so die hier vertretene These, enthielten eine eigene Chronologie, die sich im Medium der Zeitschriften mit der historischen Chronologie der Geschichtsereignisse überlagerte, die Ereignisse nach einer eigenen zeitlichen Struktur temporal re-kombinierte und sie mit der Gegenwarts-Zeit in Verbindung brachte.

Für die Entstehung von Verbindungen zwischen Vergangenheits-Zeitpunkten und der Gegenwarts-Zeit sei exemplarisch auf die Feierlichkeiten anlässlich des 300. Todestages von Jan Zamoyski im Jahre 1905 hingewiesen. Sie dienten Wacław Sobieski als Anlass, in seinem bereits zitierten Gedenkartikel eine temporale Kontinuität zwischen dem historischen Moment am Anfang des 17. Jahrhunderts und dem Veröffentlichungsmoment des Artikels zu ziehen, die er mit polnisch-russischen Bündnisplänen des Großhetmans und der Möglichkeit begründete, entsprechende Pläne im Zuge der revolutionsbedingten Liberalisierungen der zarischen Herrschaft im Jahre 1905 wiederzubeleben.[280] Wirkmächtige temporale Kontinuitätslinien zwischen der polnischen historischen Zeit und der Gegenwarts-Zeit wurden in den analysierten Zeitschriften insbesondere im Kontext des Tannenberg-Jubiläums hergestellt. Viele Artikel konstruieren hier eine spezifisch-periodische Zeitlichkeit des Jahres 1410, indem sie, 500 Jahre nach der Schlacht, die Rückkehr der einstigen deutschen Aggressivität betonen und eine bevorstehende, erneute Befreiung ankündigen.[281] Das Jahr 1910 ist auch ein gutes Beispiel für die Re-Kombination historischer Ereignisse. Die temporale Nähe der Jahrestage der Geburt von Kasimir dem Großen und der Schlacht gegen den Deutschen Orden (April und Juli 1910), denen die Presse aller drei Teilungsgebiete große Aufmerksamkeit widmete, schuf eine eigene, aus der gegenwärtigen temporalen Jubiläumslogik hergeleitete historische Chronologie, in der nur einige wenige Monate den letzten piastischen König und Tannenberg voneinander trennten und die in den Zeitschriften des Jahres 1910 eine ausgeprägte Vorstellung von der

---

279 Vgl. Assmann, Aleida: Jahrestage – Denkmäler in der Zeit. In: Jubiläum, Jubiläum ... Zur Geschichte öffentlicher und privater Erinnerung. Hrsg. von Paul Münch. Essen 2005. S. 305–314, hier S. 309.
280 Vgl. Sobieski: W rocznicę (1605–1905). In: TI (3.6.1905).
281 Vgl. Grabowski: 15 Lipca 1410 roku. In: TI (9.7.1910); ANONYM: Wielka rocznica. In: GŚ (10.7.1910) Heft 28. S. 1–2; Czermak: Zwycięstwo Jagiełłowe. In: TI (16.7.1910). Das Thema der deutsch-polnischen Zeit-Beziehungen und deren Auswirkungen auf die Geschichtsdeutung in den Quellen werden im Buchteil *Time and the Other* ausführlich behandelt.

polnischen Fortschritts-Zeit zwischen dem 15. und dem 16. Jahrhundert vermittelte.

Den Jubiläen insgesamt und dem Tannenberg-Jubiläum insbesondere kann auch eine periodische Synchronisierungsfunktion der polnischen historischen Zeit zwischen den drei Teilungsgebieten zugeschrieben werden. Die Wieder-Holungen der gleichen historischen Ereignisse zum gleichen Zeitpunkt der Gegenwarts-Zeit durch die Presse in den verschiedenen Teilungsgebieten lassen sich als mediale Momente imaginieren, die immer wieder die verschiedenen Zeitvorstellungen der polnischsprachigen Publika über die imperialen Grenzen hinweg auf eine gemeinsame Vergangenheits-Zeit re-synchronisieren. Am treffendsten zeigt das die Konstruktion des Jahres 1410 im Juli 1910: Die gleichzeitige Präsenz dieser Konstruktion in allen hier betrachteten *Zeitschriften für viele* kann als Auslöser einer wahrhaft transpolnischen Selbstverzeitung in der gleichen (polnischen) historischen Zeit gelten.

Eine zweite Interaktion zwischen der Konstruktion historischer Zeit in der Presse und zeitlicher Logik der Presse liefern die wöchentlichen Zeitschriftenserien zur gesamten polnischen Geschichte. Dieses Format richtete sich vor allen an ein ländliches Publikum und erschien in den Blättern mit dieser Zielgruppe. Wenn in regelmäßigen Abständen Pressebeiträge erscheinen, die von den chronologisch ältesten bis hin zu den jüngsten Phasen der polnischen Geschichte reichen, vermittelt das den Eindruck einer Linearität, die von Zeitforscher*innen als paradigmatisch für die Vorstellung von historischer Zeit in der Moderne definiert wird. Aus dieser Sichtweise ließe sich der Schluss ziehen, die reguläre zeitliche Logik des Mediums Zeitschrift konstruiere die historische Zeit mit. Diese Vermutung wird bei einem Vergleich der *Pszczółka*-Reihe zur polnischen Geschichte mit der beinahe zeitgleich erschienenen Rubrik *Historischer Kalender* der *Biesiada Literacka* durchaus bestätigt. Beide Serien verfolgten das Ziel, einen Überblick über die polnische Geschichte zu geben. Während aber letztere aufgrund ihrer nicht chronologischen Ordnung der historischen Episoden in den einzelnen Heften kein Gefühl der historischen Zeit vermittelte (und daher hier nicht weiter berücksichtigt wurde), tragen bei ersterer sowohl die Chronologie der Erzählung als auch der Veröffentlichung zu einer linearen Strukturierung der polnischen historischen Zeit bei. Wenn man andererseits das in Kapitel II.3. angeführte Beispiel der dreifach erschienenen Reihe über die slawisch-piastische Geschichte in der *Gazeta Świąteczna* dem gegenüberstellt, kann man eine potentiell gegensätzliche Prägungskraft der Periodika auf die historische Zeit konstatieren. Die zeitschriftenspezifische Möglichkeit, dem Publikum zeitversetzt die gleiche historische Serie über Jahre mehrmals anzubieten, verleiht paradoxerweise der historischen Zeit, die diese Serie eigentlich linear konstruiert, einen zyklischen Charakter, der im Kontrast zur Linearität steht.

Die letzte Interaktionsebene besteht in der zeitschriftenspezifischen Zuordnung bestimmter historischer Inhalte, bei der die periodische Logik nicht nach Jahren (wie die bisher erwähnten Jubiläen), sondern nach Monaten oder nach konkreten Tagen erfolgt. Das wichtigste Beispiel für das monatliche Zuordnungskriterium sind die beiden Aufstände von 1830/1831 und 1863, die von meisten Zeitschriften im Januar und November eines jeden Jahres thematisiert wurden. Die Vergegenwärtigung dieser Ereignisse im Jahrestakt produziert eine andere Art der Periodizität als eine Darstellung, die nur alle 50 oder 100 Jahre erfolgt. Bei den im Kapitel II.2. analysierten Geschichtsthemen lassen sich die Einflüsse einer solchen Periodizität auf die zeitliche Verfasstheit der Maiverfassung beobachten: Vor allem die Posener *Praca* legte großen Wert darauf, jedes Jahr im Mai einen Artikel zu diesem Ereignis zu veröffentlichen. Die Tatsache, dass die Verfassungszeit in einem so schnellen periodischen Rhythmus re-aktualisiert wurde, unterstrich die in den einzelnen Artikeln vorgetragene Konstruktion dieser Zeit als relevant und wegweisend für die Zukunft. Aus der Perspektive heutiger Forscher*innen, die die Jahrgänge der Zeitschriften nacheinander lesen, prägt diese Tatsache auch den Zukunftshorizont der Maiverfassung mit einer gewissen Zyklizität, die die temporale Vorwärtsrichtung dieses Horizonts konterkariert. Ob eine solche Beobachtung auch für die damalige Leserschaft der Zeitschriften zu machen wäre, die die einzelnen Zeitschriftenausgaben in wöchentlichem Abstand konsumierte, ist schwer zu rekonstruieren.

Die Gliederung nach konkreten Tagen spielt in den analysierten Quellen eine nur marginale Rolle, soll aber zum Schluss noch betrachtet werden, da diese Form für das Medium Zeitschrift an sich sehr spezifisch ist. Ein Beispiel dafür liefert die *Biesiada Literacka*, die Ende Oktober 1903 einen Beitrag veröffentlichte, in dem mehrere historische Ereignisse, die alle Ende Oktober stattgefunden haben, aufgelistet werden:[282] unter anderem der Tod des polnischen Generals Józef Poniatowski in der Völkerschlacht bei Leipzig 1813 und der Tod von König Boleslaus Schiefmund im Jahre 1138. Anhand dieses Beispiels wird paradigmatisch deutlich, wie die zeitliche Logik der Presse, gebunden an Tagesdaten und Monate und nicht an Jahre, potentielle temporale Verhältnisse zwischen einzelnen Zeitpunkten der Vergangenheits-Zeit herzustellen vermochte, die sich von linear-chronologisch diktierten Gliederungszuordnungen erheblich unterschieden.

---

[282] Vgl. Offmański, Mieczysław: Cegiełki historyczne. In: BL (30.10.1903) Heft 44. S. 352–353.

III *Time and the Other*

III.1 Die historische Zeit und die (Post-)Kolonialität Polens am Ende des 19. Jahrhunderts

Auf dem Evolutionspfad, den die polnischsprachige Presse für das polnische historische Subjekt sah, waren unterschiedliche nicht-polnische Völker stets präsent. Deutsche, Litauer, Ruthenen, Russen, Schweden, Tataren, Tschechen oder Türken spielten eine wichtige Rolle bei den bedeutendsten historischen Ereignissen, temporalen Grundkoordinaten und evolutionären Richtungen der polnischen Geschichte (von der Entstehung des piastischen Staates und der Schlacht bei Tannenberg bis zum Niedergang während der wahlmonarchischen Epoche und den Teilungen) und stellten zentrale Referenzpunkte für die Verortung Polens in den verschiedenen Jahrhunderten dar. Anders als das *hyperreal Europe* in *Time and the Nation* lassen sich aber diese Referenzpunkte nicht als imaginierter Maßstab von Synchronie mit der universellen historischen Zeit verstehen. Vielmehr wurden sie als das Andere konstruiert, womit das polnische historische Subjekt in unmittelbaren Kontakt trat und sich zugleich in Abgrenzung davon definierte. Am Beispiel der Deutschen und der Litauer untersucht *Time and the Other* die zwei Kernformen der (Re-)Produktion der verschiedenen für das polnische Selbst relevanten Anderen in den Periodika, und zwar einerseits die Markierung ihrer Alterität gegenüber dem polnischen Selbst sowie andererseits deren Inbezugsetzung mit dem polnischen Selbst. Die zwei (Re-)Produktionsformen können nicht voneinander getrennt gedacht werden, da die Beschreibungen des Anders- bzw. Fremd-Seins des nicht-polnischen Elements unausweichlich mit Narrativen von der (konflikthaften oder friedlichen) Begegnung mit dem polnischen Element zusammenhingen.

Zu den Prämissen dieses Buches gehört eine Auffassung von europäisch-kolonialer Moderne als Weltordnungssystem, das aus Machtasymmetrien besteht und in dem die historische Zeit den universellen Parameter dieser Asymmetrien bildet. Mit Prathama Banerjee steckt in der Moderne ein temporales Prinzip, „the principle that alterity, any alterity, can be translated into temporal alterity, into non-contemporaneity".[1] Der Haupttheoretiker der temporalen Konstruktion von Alterität ist allerdings Johannes Fabian, aus dessen Hauptwerk der Titel dieses zweiten analytischen Teils stammt. In der Einleitung seiner Abhandlung behauptet Fabian, dass in der Moderne „there is no knowledge of the Other which is

---

[1] Banerjee, Politics, S. 6.

not also a temporal, historical, a political act"[2] und spezifiziert, dass mit „political" alles zwischen „oppression" und „mutual recognition" gemeint sei, wobei „oppression" die Oberhand hätte. Dadurch macht er auf den temporalen Charakter der meist auf Hegemonie ausgerichteten Formen der modernen Konzeption des Anderen aufmerksam, was hier als zweite relevante Konfiguration historischer Zeit in den *Zeitschriften für viele* identifiziert und analysiert wird.[3]

In dieser zweiten Konfiguration werden der historischen Zeit drei neue Bedeutungen zugeschrieben. Erstens lässt sich mit historischer Zeit das, was Fabian als „intersubjective Time" bezeichnet, bzw. die temporale Dimension der Interaktion zwischen dem Selbst und dem Anderen verstehen.[4] Dieses Verständnis impliziert eine grundsätzliche Gleichzeitigkeit des Subjekts Polen mit dem nichtpolnischen Element, was die Grundbedingung dafür ist, dass die zwei überhaupt miteinander in der Geschichte interagieren und dass dies in der polnischsprachigen Presse zur Konstruktion einer geteilten, hybriden (weder nur polnischen noch nur fremden) Beziehungs-Zeit führt. Diesbezüglich zeigt Stefan Helgesson, dass auch der Konflikt als Interaktion gilt und ein „sharing of time" zwischen Selbst und dem (kolonialen) Anderen mit sich bringt.[5] Diese geteilte, beispielsweise polnisch-deutsche Zeit gliedert sich in Phasen, die die Entwicklungstendenzen der polnisch-deutschen Beziehungsgeschichte widerspiegeln und sich mit den Epochen der polnischen historischen Zeit überschneiden.

Zweitens zeigt sich die historische Zeit hier als jenes kulturelle Instrument, mit dem Alterität sowie hierarchische Beziehungen zu dieser Alterität hergestellt werden. In dieser zweiten Bedeutung von Zeit geht es daher vor allem um Ungleichzeitigkeit oder, anders formuliert, um Diachronie, die temporale Distanz zwischen dem Selbst und dem Anderen. Für eine solche Distanz macht Fabian in der Anthropologie die „typological Time" verantwortlich, d. h. „a use of Time which is measured, not as time elapsed, nor by reference to point on a (linear) scale, but in terms of socioculturally meaningful events, or, more precisely, intervals between such events".[6] Als „socioculturally meaningful events" identifiziert er zum Beispiel die Erfindung der Schrift, die Entstehung des Feudalsystems oder die Industrialisierung, die eine Strukturierung der Zeit in qualitativen Evolutionsstadien freisetzten. In der Tat verleihen die Artikel dem polnischen und

---

2 Fabian, Time, S. 1.
3 „Perhaps this covers too much ground; *political* can mean anything from systematic oppression to anarchic mutual recognition. The epigrams chosen for this chapter are to indicate that our attention will mostly be directed to the oppressive uses of Time [sic!]." Fabian, Time, S. 2.
4 Fabian, Time, S. 24, 30.
5 Vgl. Helgesson, Radicalizing, S. 557.
6 Fabian, Time, S. 23.

nicht polnischen Element meistens nicht nur unterschiedliche, sondern gegensätzliche, diametrale Qualitäten – vorschriftlich/schriftlich, „heidnisch"/christlich, nomadisch/sesshaft –, die in einer Vorstellung von Geschichte als einem universellen Fortschrittspfad temporal nacheinander gedacht wurden und die somit trotz ihrer geteilten temporalen Dimension der Interaktion die Zugehörigkeit der beiden Elemente zur gleichen Zeit negieren.

Drittens tritt die historische Zeit in ihrer zweiten Konfiguration als bevorzugtes Konstrukt auf, um aus der spezifisch polnischen semiperipheren Lage heraus die zeitgenössische imperial-koloniale Unterlegenheit gegenüber der deutschen Teilungsmacht zu hinterfragen sowie den alten imperialen Verbindungen mit den Ostregionen der ehemaligen Adelsrepublik die Gültigkeit von modernen Zivilisierungsmissionen oder imperial-kolonialen Beziehungen zu verleihen. Die temporale Tiefe der Kontakte mit Deutschen und Litauern, die bis ins Mittelalter zurückreicht, ermöglichte den Zeitschriften, vergangene hierarchische Relationen zwischen Polen und Deutschland oder Litauen zu konstruieren, in denen Polen ihnen temporal voraus war. Dadurch wurden zum einen die bestehende politische Dominanz des Kaiserreichs ent-naturalisiert und zum anderen die gegenwärtigen kulturellen – und in der Perspektive einer Wiederentstehung des polnischen Staates auch territorial-politischen – hegemonialen Ansprüche Polens auf Litauen historisch begründet. Die historische Zeit stellte somit einen spezifisch-polnischen temporalen Bereich zur Verfügung, in dem das Verhältnis Polens zum eigenen, unmittelbaren Westen (Abhängigkeit vom Deutschen Reich) und Osten (die durch die Teilungen verlorene Herrschaft über das Großfürstentum Litauen) aufeinander bezogen und neu entworfen werden konnte. Dadurch wurde die Semiperipherialität Polens als temporale Position *dazwischen* (*inbetween*, zwischen dem Nicht-peripher-Gewesen-/peripher-Sein gegenüber den Deutschen und dem Zentral-Gewesen/Nicht-mehr-zentral-Sein gegenüber den Litauern) des historischen Subjekts Polen umgedeutet.

Diese Umdeutung des polnischen historischen Subjektes im Sinne eines temporalen *Dazwischen* weist einerseits auf Hybridität – in ihrer postkolonialen Bedeutung von systematischer Einbeziehung des Anderen und Verflechtung mit dem Anderen zur Konstruktion und Verortung des Selbst – als wesentliche Perspektive hin, um die Semiperipherialität Polens im 19. Jahrhundert auszuloten.[7]

---

[7] Für einen Überblick über die Konzepte von Hybridität in den *postcolonial studies* siehe: Bachmann-Medick, Doris: Cultural Turns. Neuorientierungen in den Kulturwissenschaften. Reinbek 2006, S. 197–207; Ackermann, Andreas: Das Eigene und das Fremde: Hybridität, Vielfalt und Kulturtransfer. In: Handbuch der Kulturwissenschaften. Themen und Tendenzen. Hrsg. von Friedrich Jaeger u. Jörn Rüsen. Stuttgart 2004. S. 139–154. Für eine Analyse des Konzeptes von Hybridität bei dem postkolonialen Theoretiker Homi Bhabha, der den Begriff maßgeblich prägte,

III.1 Die historische Zeit und die (Post-)Kolonialität Polens am Ende des 19. Jhd —— 179

Andererseits knüpft die Vorstellung eines solchen *Dazwischen* an den bereits in der Einleitung der Arbeit erwähnten Begriff der *inbetween peripheriality* an, der vom Literaturwissenschaftler Steven Tötösy de Zepetnek für die Auffassung der spezifischen (post-)kolonialen Position Osteuropas vorgeschlagen wird.[8] Bei Zepetnek drückt das *inbetween* den zweifachen Unterschied der kulturellen Produktion Osteuropas zu derjenigen der extraeuropäischen Peripherien aus, und zwar erstens seine gleichzeitige Unterordnung zu multiplen sowohl im Westen als auch im Osten gelegenen imperialen Zentren (im Fall Polens Berlin, Sankt Petersburg und Wien), demgegenüber teilweise Gefühle von kultureller Überlegenheit gepflegt werden konnten (beispielsweise im Verhältnis zu Sankt Petersburg), und zweitens die Möglichkeit des Selbstentwurfs als kulturelles Zentrum, was einen Freiraum für eigene imperial-koloniale Phantasien gegenüber Dritten zuließ.

Eine derartig postkoloniale Herangehensweise an die hier angestrebte Analyse der widersprüchlichen polnischen Selbst- und Fremdverzeitung bedarf einer etwas ausführlicheren Reflexion, denn die Untersuchung von Alteritätskonstrukten hat eine lange Tradition in der Forschung über Polen des 19. Jahrhunderts.[9] Aus einer theoretisch-methodologischen Perspektive bauen allerdings

---

siehe: Rutherford, Jonathan u. Homi Bhabha: The third space. Interview with Homi Bhabha. In: Identity. Community, culture, difference. Hrsg. von Jonathan Rutherford. London 1990. S. 207–221, hier S. 211–216; Müller-Funk, Wolfgang: Alterität und Hybridität. In: Babka (Hrsg.), Dritte. S. 127–139, hier S. 127–132. Einen interessanten Einblick in die Mechanismen der „Fabrikation des kolonialen Anderen für die Nationalisierung und Rassisierung des Selbst" um 1900 bietet beispielsweise ein von Claudia Bruns 2009 herausgegebenes Comparativheft: Bruns, Claudia (Hrsg.): Bilder der ‚eigenen' Geschichte im Spiegel des kolonialen Anderen. Transnationale Perspektiven um 1900. Sonderheft: Comparativ 19 (2009) Heft 5. Zitat aus: Bruns, Claudia: Bilder der ‚eigenen' Geschichte im Spiegel des kolonialen ‚Anderen' – Transnationale Perspektiven um 1900. Einleitung. In: Bruns (Hrsg.), Bilder. S. 7–14, hier S. 8.
8 Vgl. Tötösy de Zepetnek, Configurations.
9 Als Paradebeispiel seien hier zwei Standardwerke genannt, die aufgrund ihrer breiten Quellenauswahl sowie analytischen Vollständigkeit eine besonders wertvolle Basis für jede Forschung in dem Bereich darstellen: erstens *Sąsiad, czy wróg?* (‚Nachbar oder Feind') von Wojciech Wrzesiński, eine mehr als tausend Seiten umfassende Studie zu den polnischen Ideen über die Deutschen im 19. und 20. Jahrhundert, erschien in ihrer ersten Auflage 1992. Vgl. Wrzesiński, Wojciech: Sąsiad, czy wróg? Ze studiów nad kształtowaniem obrazu Niemca w Polsce w latach 1795–1939. Wrocław 1992. Zweitens die zwölfbändige Reihe *Polska myśl polityczna XIX i XX wieku* (‚Das polnische politische Denken im 19. und 20. Jahrhundert') veröffentlicht zwischen 1975 und 2007 vom Ossolineum-Verlag, in der sich mehrere renommierte Historiker*innen mit für die polnische Ideengeschichte des 19. Jahrhunderts charakteristischen Fremdbildern, Stereotypen und Mythen befassen. Insbesondere der erste, sechste und neunte Band der Reihe sind in diesem Zusammenhang von Interesse: Zieliński, Henryk (Hrsg.): Polska i jej sąsiedzi. Wrocław 1975;

solche Studien vor allem auf den Begriffen des (historischen) Mythos bzw. des (nationalen) Stereotyps auf.[10] Damit betrachten sie die polnischen (Geschichts-) Bilder von Deutschen, Litauern oder Ukrainern primär als selbstverständliche und gesicherte Wissensbestände – jenseits jeglicher Verfälschungsprozesse –, die eine Ersatzfunktion im Hinblick auf die Realität erfüllen und eine über Jahrzehnte und Grenzen der Teilungsgebiete hinweg große Prägungskraft in der Beziehungsgeschichte zwischen den Polen und ihren Nachbarn haben.[11] Obwohl die Stereotypenforschung in der Lage war, die Komplementarität von Eigen- und Fremdwahrnehmungen sowie die Relevanz von Heterostereotypen für die Formulierung von polnisch-nationalen Autostereotypen zu zeigen,[12] hebt dennoch der Begriff *Stereotyp* vor allem die Beständigkeit, Wiederholbarkeit und den Totalitätsanspruch von bestimmten, in der Gesellschaft gespeicherten Bildern über andere Völker und Kulturen hervor. Der Terminus *Alterität*, der in diesem Teil der Arbeit stattdessen benutzt werden soll, will hingegen die Dynamik der *Unterscheidung* zwischen Selbst und Fremd in den Mittelpunkt stellen: eine Unterscheidung, die sich nicht als ein fester, in einem Bild kristallisierter Unterschied denken lässt, sondern die eine variable und relationale Größe verkörpert und die einen Prozess der permanenten Re-Verortung und Re-Verzeitung des Selbst und

---

Wrzesiński, Wojciech (Hrsg.): Między Polską etniczną a historyczną. Wrocław 1988; Wrzesiński, Wojciech u. Zofia Smyk (Hrsg.): Polskie mity polityczne XIX i XX wieku. Wrocław 1994.
10 Vgl. bspw. Tazbir, Janusz (Hrsg.): Mity i stereotypy w dziejach Polski. Warszawa 1991; Beauvois, Daniel: Mit „kresów wschodnich", czyli jak mu położyć kres. In: Wrzesiński [u. a.] (Hrsg.), Mity. S. 93–105; Hauser, Przemysław: Kolonista niemiecki w Polsce w XIX i XX wieku. Uwagi i refleksje na temat funkcjonowania mitu oraz rzeczywistości. In: Wrzesiński [u. a.] (Hrsg.), Mity. S. 195–213; Sitek, Wojciech: Mit społeczny jako problem teoretyczno-metodologiczny. In: Polskie mity polityczne XIX i XX wieku. Kontynuacja. Hrsg. von Wojciech Wrzesiński u. Zyta Kwiecińska. Wrocław 1996. S. 7–15; Saldern, Adelheid von (Hrsg.): Mythen in Geschichte und Geschichtsschreibung aus polnischer und deutscher Sicht. Münster 1996; Trzeciakowski, Lech: Ein ewiger deutsch-polnischer Antagonismus? Mythen, Stereotypen, „Wirklichkeiten". In: Saldern (Hrsg.), Mythen. S. 57–73; Chamot, Autostereotyp; Bonusiak, Włodzimierz (Hrsg.): Stereotypy narodowościowe na pograniczu. Rzeszów 2002; Julkowska, Violetta: Historiografia polska II połowy XIX wieku jako źródło i rezerwuar stereotypów narodowościowych. In: Bonusiak (Hrsg.), Stereotypy. S. 17–31; Orłowski, Hubert: Die Lesbarkeit von Stereotypen. Der deutsche Polendiskurs im Blick historischer Stereotypenforschung und historischer Semantik. Wrocław 2004; Pisulińska, Joanna [u.a] (Hrsg.): Historia, mentalność, tożsamość. Miejsce i rola historii oraz historyków w życiu narodu polskiego i ukraińskiego w XIX i XX wieku. Praca zbiorowa. Rzeszów 2008; Stępnik, Andrzej: ‚Swój' i ‚obcy' w polskiej myśli historycznej – problemy teoretyczne. In: Pisulińska [u. a.] (Hrsg.), Historia. S. 33–43.
11 Vgl. Orłowski, Lesbarkeit, S. 18; Chamot, Entuzjazm, S. 8–11.
12 Vgl. bspw. Chamot, Autostereotyp, S. 235; Julkowska, Historiografia, S. 24.

III.1 Die historische Zeit und die (Post-)Kolonialität Polens am Ende des 19. Jhd — 181

des Fremden sowohl in Abgrenzung voneinander als auch im Zusammenhang miteinander auslöst.

Der Alteritätsbegriff bettet dieses Buch in jene Reihe von Studien ein, die sich von den *postcolonial studies* inspirieren lassen, um auf (Ost-)Europa zu blicken und sich somit für die Legitimität einer postkolonialen Perspektive auf Europa aussprechen. Viele Wissenschaftler*innen vertreten eine Auffassung vom Imperialismus/Kolonialismus als ein Selbstverständnis, als eine *forma mentis*, als eine Kultur oder als einen Diskurs, die auch in Abwesenheit von konkreten Imperien und Kolonien die Art und Weise prägen, in der am Ende des 19. Jahrhunderts auch innerhalb Europas das Wissen über andere Kulturen produziert, die hierarchischen Beziehungen zwischen den Völkern konzipiert und politische sowie auch einfach kulturelle Überlegenheit oder Hegemonie legitimiert wurden.[13] Ausdruck dessen sind koloniale Phantasien, selbstzugeschriebene historische Zivilisierungsmissionen sowie historiographische und literarische Darstellungen von interkulturellen Verhältnissen in kolonialen Kategorien.[14] Die Verbreitung solcher Phantasien und Darstellungsmuster in europäischen Gesellschaften ohne Kolonien wurde mehrfach untersucht.[15] Dabei heben allerdings Historiker*innen wie Claudia Kraft die Relevanz hervor, insbesondere (aber nicht nur!) im Falle eines inneneuropäischen Kolonialismus weg von der starren Dichotomie, Kolonisatoren *versus* Kolonisierte, zu kommen und stattdessen mit Bezug zum Ansatz des postkolonialen Theoretikers Homi Bhabha die inkongruenten, durchlässigen, und komplizenhaften Aspekte zwischen den beiden im kolonialen Diskurs sowie

---

[13] Vgl. bspw. Korek, Janusz: Central and Eastern Europe from a postcolonial perspective. In: From sovietology to postcoloniality. Poland and Ukraine from a postcolonial perspective. Hrsg. von Janusz Korek. Huddinge 2007. S. 5–22; Kraft, Claudia, Alf Lüdtke u. Jürgen Martschukat (Hrsg.): Kolonialgeschichten. Regionale Perspektiven auf ein globales Phänomen. Frankfurt am Main 2010; Healy [u. a.], Investigating; Rai, Mridu: Is there a classical colonialism? In: Healy [u. a.] (Hrsg.), Shadow. S. 23–35; Lüthi, Barbara, Francesca Falk u. Patricia Purtschert: Colonialism without colonies. Examining blank spaces in colonial studies. In: National Identities 18 (2015) Heft 1. S. 1–9.

[14] Vgl. Healy [u. a.], Investigating, S. 8; Kundrus, Birthe: Die Kolonien – „Kinder des Gefühls und der Phantasie". In: Phantasiereiche. Zur Kulturgeschichte des deutschen Kolonialismus. Hrsg. von Birthe Kundrus. Frankfurt am Main 2003. S. 7–18, hier S. 8; Marung, Steffi: Zivilisierungsmissionen à la poloniase: Polen Europa und der Osten. In: C 20 (2010) Heft 1 bis 2. S. 100–123; Mick, Colonialism, S. 126–128; Bakuła, Aspekty, S. 13–15; Für eine theoretische Überlegung zum Konzept der Zivilisierungsmission sowie von Zivilisation und Mission siehe: Schröder, Wolfgang M.: „Mission impossible?" Begriff, Modelle und Begründungen der „Zivilisierungsmission" aus philosophischer Sicht. In: Zivilisierungsmissionen. Imperiale Weltverbesserung seit dem 18. Jahrhundert. Hrsg. von Boris Barth u. Jürgen Osterhammel. Konstanz 2005. S. 13–32.

[15] Vgl. beispielsweise Purtschert, Patricia, Barbara Lüthi u. Francesca Falk: Postkoloniale Schweiz. Formen und Folgen eines Kolonialismus ohne Kolonien. Bielefeld 2012.

die eigene Macht der Kolonisierten über diesen Diskurs in den Vordergrund zu rücken.[16]

Wichtige Anregungen für die postkoloniale Debatte spezifisch zu Osteuropa und zu Polen stehen erstens im Zusammenhang mit der Beliebtheit, der sich die (post-)koloniale Analyse der zentral- und osteuropäischen Imperien – insbesondere des Habsburgerreiches und Kaiserreiches – in den letzten fünfzehn Jahren erfreut.[17] Die im Rahmen dieses Forschungsinteresses entstandenen Studien loten die koloniale Qualität der Diskurse und Praktiken der Metropolen dieser Imperien gegenüber ihren eigenen, inneren europäischen Peripherien (darunter auch Polen) sowie das imperial-koloniale Bewusstsein ihrer Eliten aus.[18] Zweitens erhoben sich in der gleichen Zeit auch viele Stimmen in der polnischen Wissenschaft, die sich gegen die Vernachlässigung der „zweiten Welt" – darunter insbesondere Polens – seitens der *postcolonial studies*[19] wendeten und die für einen postkolo-

---

16 Vgl. Kraft, Claudia, Alf Lüdtke u. Jürgen Martschukat: Einleitung: Kolonialgeschichten. Regionale Perspektiven auf ein globales Phänomen. In: Kraft [u.a.] (Hrsg.), Kolonialgeschichten. S. 9–25; Barelkowski, Matthias, Claudia Kraft u. Isabel Röskau-Rydel: Zwischen Geschlecht und Nation. Einführung. In: Zwischen Geschlecht und Nation. Interdependenzen und Interaktionen in der multiethnischen Gesellschaft Polens im 19. und 20. Jahrhundert. Hrsg. von Matthias Barelkowski [u.a.]. Osnabrück 2015. S. 7–27. Die Theorien Bhabhas über den kolonialen Diskurs sind in seinem zentralen Werk zusammengefasst: Bhabha, Location, insbesondere S. 66–92. Diesbezüglich siehe auch: Ruthner, Bhabha.

17 Vgl. z.B. Conrad, Sebastian: Doppelte Marginalisierung. Plädoyer für eine transnationale Perspektive auf die deutsche Geschichte. In: GG 28 (2002). S. 145–169; Feichtinger, Johannes (Hrsg.): Habsburg postcolonial. Machtstrukturen und kollektives Gedächtnis. Innsbruck 2003; Conrad, Sebastian u. Jürgen Osterhammel (Hrsg.): Das Kaiserreich transnational. Deutschland in der Welt 1871–1914. Göttingen 2004; Haslinger, Peter (Hrsg.): Ostmitteleuropa transnational. Sonderheft: Comparativ 18 (2008) Heft 2; darin insbesondere Jobst, Kerstin S., Julia Obertreis u. Ricarda Vulpius: Neuere Imperiumsforschung in der osteuropäischen Geschichte: Die Habsburgermonarchie, das Russländische Reich und die Sowjetunion. In: Haslinger (Hrsg.), Ostmitteleuropa. S. 27–56; Nelson, Robert L. (Hrsg.): Germans, Poland, and colonial expansion to the east. 1850 through the present. Basingstoke 2009; Baranowski, Shelley: Nazi empire. German colonialism and imperialism from Bismarck to Hitler. Cambridge 2011; Kaps, Klemens u. Jan Surman (Hrsg.): Galicja postkolonialnie. Możliwości i granice. Sonderheft: Historyka. Studia Metodologiczne 42 (2012); Thum, Imperialists; Healy, Róisín u. Enrico Dal Lago (Hrsg.): The shadow of colonialism on Europe's modern past. Basingstoke 2014.

18 Vgl. bspw. Jobst [u.a.], Neuere, S. 29–30; Nelson, Introduction, S. 2. Robert Nelson macht beispielsweise darauf aufmerksam, dass was er als „adjacent colonization" oder „inner colonization" bezeichnet – und zwar jene kolonisierten Territorien, die vom Mutterland nicht durch das Meer bzw. den Ozean getrennt sind –, häufig gar nicht als Kolonisation wahrgenommen wird.

19 Die Zeitschrift *Teksty drugie*, die eine Vorreiterrolle für die postkoloniale Frage in Polen spielte, veröffentlichte 2003 einen bahnbrechenden Aufsatz, in dem die amerikanische Slawistin Clare Cavanagh genau diesen Mangel beklagte und die polnische Kultur als postkolonial bezeichnete. Vgl. Cavanagh, Clare: Postkolonialna Polska. Biała plama na mapie współczesnej teorii.

nialen, theoretischen Zugang zur polnischen Textproduktion der letzten zwei Jahrhunderte plädierten.[20] Aus diesen Kritiken und Forderungen entwickelten sich unterschiedliche Positionen in der polnischsprachigen postkolonialen Forschung.[21] Einige Wissenschaftler*innen treten primär für die Anerkennung des preußisch/deutschen bzw. russisch/sowjetischen Kolonialismus bzw. Orientalismus gegenüber Polen ein.[22] Andere Forscher*innen erkennen dagegen die Gefahr einer Wiederbelebung der polnisch-nationalen Opfernarrative in postkolonialen Tönen, betonen die analytischen Grenzen der *postcolonial studies* für das Verständnis des polnischen Falls und/oder machen auf die doppelte Rolle der Polen nicht nur als vom Westen Kolonisierte, sondern auch als Kolonisatoren des Ostens aufmerksam.[23] Insbesondere der polnische Diskurs über die ehemaligen Ostge-

---

In: TD (2003) Heft 2 bis 3. S. 60–71. Ein Jahr später erschien auch die englische Übersetzung: Cavanagh, Clare: Postcolonial Poland. In: Common Knowledge 10 (2004) Heft 1. S. 82–92.

20 Insbesondere die Texte von Henryk Sienkiewicz, Joseph Conrad, Bronisław Malinowski, Czesław Miłosz oder Ryszard Kapuściński werden seitens der Literaturwissenschaft immer wieder im Licht der komplexen und häufig zwiespältigen post-kolonialen Subjektivität ihrer Autoren analysiert. Vgl. bspw. Bolecki, Włodzimierz: Myśli różne o postkolonializmie. Wstęp do tekstów nie napisanych. In: TD (2007) Heft 4. S. 6–14; Fiut, Aleksander: Spotkania z Innym. Kraków 2006; Janion, Słowiańszczyzna, darin bes. über Kapuściński *Polski „Orientalizm"*, S. 228–235; Czermińska, Małgorzata: Podróż egzotyczna i zwrot do wnętrza. Narracje niefikcjonalne między „orientalizmem" a intymistyką. In: TD (2009) Heft 4. S. 13–22; Ufelmann, Dirk: Buren und Polen. Metonymischer Manichäismus und metaphorische Autoafrikanisierung bei Henryk Sienkiewicz – Zur Rhetorik interkultureller Beziehungen. In: Orientalismen in Ostmitteleuropa. Diskurse, Akteure und Disziplinen vom 19. Jahrhundert bis zum Zweiten Weltkrieg. Hrsg. von Robert Born u. Sarah Lemmen. Bielefeld 2014. S. 285–312.

21 Einen besonders treffenden, wenn auch kritischen Überblick zu diesen Positionen gibt die Philologin Dorota Kołodziejczyk in einem Aufsatz, in dem sie sich eigentlich gegen die Postkolonialität als Identitätskategorie für Osteuropa äußert. Vgl. Kołodziejczyk, Dorota: Postkolonialny transfer na Europę Środkowo-Wschodnią. In: TD (2010) Heft 5. S. 22–39, hier S. 30–36.

22 Vgl. bspw. Thompson, Ewa M.: Imperial knowledge. Russian literature and colonialism. Westport 2000; Koch, Angela: DruckBilder. Stereotype und Geschlechtercodes in den antipolnischen Diskursen der „Gartenlaube" (1870–1930). Köln 2002; Surynt, Izabela: Postęp, kultura i kolonializm. Polska a niemiecki projekt europejskiego Wschodu w dyskursach publicznych XIX wieku. Wrocław 2006; Surynt, Izabela: Badania postkolonialne a „Drugi Świat". Niemieckie konstrukcje narodowo-kolonialne w XIX wieku. In: TD (2007) Heft 4. S. 25–46; Thompson, Ewa M.: A jednak kolonializm. Uwagi epistemologiczne. In: TD (2012) Heft 6. S. 289–302; Skórczewski, Dariusz: Polska skolonizowana, Polska zorientalizowana. Teoria postkolonialna wobec „innej Europy". In: Perspektywa (post)kolonialna w kulturze. Szkice i rozprawy. Hrsg. von Ewa Partyga [u. a.]. Warszawa 2012. S. 28–42; Kopp, Kristin Leigh: Germany's wild east. Constructing Poland as colonial space. Ann Arbor 2012.

23 Vgl. Fiut, Polonizacja; Janion, Polska; Korek, Europe; Skórczewski, Dariusz: Wobec eurocentryzmu, dekolonizacji i postmodernizmu. O niektórych problemach teorii postkolonialnej i jej polskich perspektywach. In: TD (2008) Heft 1 bis 2. S. 33–55; Kołodziejczyk, Transfer; Kaps,

biete der Adelsrepublik, die sogenannten *kresy*, wird in diesem letzten Zusammenhang als genuin polnisch-koloniale Konzeption des eigenen Ostens definiert.[24] Schließlich schlägt eine weitere Gruppe polnischer Wissenschaftler*innen den bereits in der Einleitung der Arbeit erwähnten Begriff der (Post-)Abhängigkeit als Möglichkeit vor, von den analytischen Instrumenten der *postcolonial studies* Gebrauch zu machen, aber zugleich auf die Spezifika der polnischen historischen Erfahrung zu achten.[25]

Innerhalb einer so polyphonen Debatte verweist dieses Buch einerseits dezidiert auf den durchdringlichen Charakter des Imperialismus/Kolonialismus als hegemoniale Art des Denkens am Ende des 19. Jahrhunderts und untersucht dementsprechend die Herstellung von temporalen Alteritäten und Relationen zwischen dem polnischen historischen Subjekt und seinen verschiedenen Anderen aus der Perspektive eines globalen sowie spezifisch-transpolnischen, imperial-kolonialen Zusammenhangs, der diese Zeitkonstruktionen maßgebend mitgestaltete und den diese Zeitkonstruktionen (re-)produzierten. Andererseits zeugt gerade die Tatsache, dass die Beziehungen mit den Anderen in der historischen Zeit verhandelt und definiert werden, von der wenn auch eingeschränkten Möglichkeit, aus der semiperipheren Position der polnischen Teilungsgebiete heraus fremde imperiale Hegemoniebestrebungen zurückzuweisen sowie eigene imperiale Hegemoniebestrebungen auf Dritte zu artikulieren, was die Uneindeutigkeit der polnischen kolonialen Position indiziert.

Die Auswahl von Deutschen und Litauern aus allen relevanten Anderen der polnischen Geschichte ist in erster Linie der Tatsache geschuldet, dass sich die temporale Dimension und die gegenseitige Bedingtheit beider Mechanismen –

Klemens u. Jan Surman: Galicja postkolonialna czy postkolonialnie? Postcolonial theory pomiędzy przymiotnikiem a przysłowem. In: Kaps [u. a.] (Hrsg.), Galicja postkolonialnie. S. 7–27; . Sosnowska, Danuta: Ograniczenie i możliwości krytyki postkolonialnej. In: Kaps [u. a.] (Hrsg.), Galicja postkolonialnie. S. 89–100, hier S. 92–95; Chmielewska, Katarzyna: Tak i nie. Meandry polskiego dyskursu postkolonialnego i postzależnościowego. In: Gosk (Hrsg.), Zaborach. S. 559–574; Chu, Winson: Conclusion: Beyond fantasy. Reexamining colonial legacies in the German-Polish borderland. In: Barelkowski [u. a.] (Hrsg.), Geschlecht. S. 279–292.

24 Vgl. bspw. Kolbuszewski, Jacek: Kresy jako kategoria aksjologiczna. In: Kresy – pojęcie i rzeczywistość. Zbiór studiów. Hrsg. von Kwiryna Handke. Warszawa 1997. S. 119–129; Bakuła, Aspekty; Kasperski, Edward: Dyskurs kresowy. Kryteria, własności, funkcje. In: Kresy – dekonstrukcja. Hrsg. von Krzysztof Trybuś [u. a.]. Poznán 2007. S. 89–103; Wasyl, Franciszek: Kresy wschodnie jako kolonialna metafora historiografii polskiej. Postkolonialna perspektywa badań historiografii narodowej. In: Obcy – obecny. Literatura, sztuka i kultura wobec inności; Materiały z konferencji naukowej „Inny i Obcy w kulturze" zorganizowanej w dwóch częściach w lutym i w maju 2006 roku w Pałacu Staszica w Warszawie. Hrsg. von Pawel Cieliczko u. Pawel Kucinski. Warszawa 2008. S. 73–78.

25 Gosk, Hanna: Wprowadzanie. In: Gosk (Hrsg.), Zaborach. S. 9–18, hier S. 10.

der imperialen Hegemoniebestrebungen *Zurückweisen* und *Artikulieren* – anhand dieser Personengruppen besonders gut ausloten lassen. Während das in der polnischsprachigen Presse sehr präsente und für das polnische Selbstverständnis zentrale ukrainisch-koloniale Andere meistens räumlich – als leere, wilde Weite der Ukraine – konstruiert wurde und die beiden anderen relevanten Anderen, Juden und Russen, entweder beinahe überhaupt nicht in historischen Kategorien (Juden) oder aufgrund der Zensur in den drei Teilungsgebieten sehr ungleich behandelt wurden (Russen), nimmt das Machtgefälle zwischen dem polnischen Selbst und dem deutschen sowie litauischen Fremden in den *Zeitschriften für viele* meist einen temporalen Charakter an. Die Verflochtenheit des deutschen mit dem litauischen Alteritätskonstrukt in zentralen Narrativen der polnischen Geschichte – als die konflikthaften Beziehungen des piastischen Staates mit dem Deutschen Orden oder die Schlacht bei Tannenberg – weist auf eine Vermischung der Rollen von Kolonisierten und Kolonisatoren, die aber nicht stabil erscheint, sondern durch die historische Zeit entlang der Epochen permanent neu definiert wird.

III.2 Imperiale Verhältnisse hinterfragen

III.2.1 Die Sicht der Historiographie auf die Bedeutung des deutschen Anderen

Laut den meisten historiographischen Studien über die polnische Mentalität in der Teilungsphase hat die deutsch-polnische Beziehungsgeschichte am Ende des 19. Jahrhunderts in allen drei Teilungsgebieten enorm an Relevanz gewonnen.[26] Bestimmte historische Ereignisse, Topoi und Figuren – die Germanisierung der Westslawen, die mittelalterlichen deutschen Kolonisten, die Kreuzritter, die Schlacht bei Tannenberg, das Erstarken Preußens – fanden zu jenem Zeitpunkt weitgehend Eingang in die polnischsprachige literarisch-künstliche Produktion sowie in die Rhetorik polnischsprachiger politischer Akteure dieser Zeit und prägten somit maßgeblich die damaligen Vorstellungen über den negativen Charakter dieser Beziehungen.[27] Der starke deutsch-polnische Antagonismus, der

---

26 Vgl. Trzeciakowski, Antagonismus, S. 59.
27 Vgl. Wrzesiński, Sąsiad, S. 202. In der Forschungsliteratur über die deutsch-polnische Erinnerungskultur werden diese Motive meistens als von beiden Seiten geteilte Erinnerungsorte und als Grundlage stereotypisierter Bilder des Anderen betrachtet. Vgl. Belzyt, Leszek C.: Ostkolonisation. Zivilisation aus dem Westen? In: Deutsch-Polnische Erinnerungsorte. Band 2: Geteilt /Gemeinsam. Hrsg. von Hans-Henning Hahn u. Robert Traba. Paderborn 2014. S. 227–245; Torbus, Tomasz: Die Marienburg. In: Bahlcke [u. a.] (Hrsg.), Religiöse. S. 91–98; Hauser, Kolonista; Zy-

sich hinter solchen Topoi verbirgt, diente nicht nur als Grundlage für die diskursive (Re-)Produktion einer radikalen kulturellen Alterität der Deutschen, sondern auch für die Propagierung einer Idee des Deutschtums als natürlichster und gefährlichster Feind des ehemaligen polnischen Staates sowie der polnischen Nation im gesamten historischen Verlauf.[28]

Anders als die Verbreitung des deutschen Feindbilds um die Jahrhundertwende suggeriert, betonen die Historiker*innen, dass dieses Feindbild damals allerdings ein relativ neues Phänomen war. Zwar bildet die altpolnische historiographische Tradition, die bis zu den mittelalterlichen Streitigkeiten mit dem Deutschen Orden sowie denn frühneuzeitlichen Stereotypen gegen die Protestanten zurückging, ein Antezedens davon.[29] Seit dem 16. Jahrhundert verlor aber die deutsch-polnische Auseinandersetzung wegen anderer Konflikte – mit den Türken, den Tataren, den Kosaken oder den Schweden – für die Polen an Bedeutung, während die westliche Demarkationslinie zu den deutschen Gebieten für Jahrhunderte die stabilste und friedlichste Grenze des polnisch-litauischen Staats blieb.[30] Die diskursive Wiederbelebung dieser Auseinandersetzung war auch kein direktes Ergebnis der Teilungen, sondern zeigte sich der Forschung zufolge vor allem im Zusammenhang mit bestimmten Entwicklungen der zweiten Hälfte des 19. Jahrhunderts, wie etwa der Abweichung Preußens von einer polenfreundlichen Einstellung nach 1848, dem Kulturkampf sowie vor allem der wilhelminische Germanisierungspolitik des Großherzogtums Posen.[31] Ihr Ursprung lässt sich jedoch schon auf die polnische Romantik und insbesondere auf die Werke von Adam Mickiewicz und Juliusz Słowacki zurückführen, die als Vorläufer der „Schwarzen Legende der Kreuzritter" sowie der vorher ungewöhn-

---

bura, Marek: Krzyżak. Zur Entstehung des negativen Deutschenbildes in der polnischen Romantik. In: Narrative des Nationalen. Deutsche und polnische Nationsdiskurse im 19. und 20. Jahrhundert. Hrsg. von Izabela Surynt. Osnabrück 2010. S. 147–158; Przybyła, Piotr: 1410, „Gedächtnisfrisch". Deutsche und polnische Tannenberg-/Grunwald-Imaginationen zwischen Geschichte und Gedächtnis (1789–1914). In: Surynt (Hrsg.), Narrative. S. 159–180; Kąkolewski, Igor: Deutscher Orden. Verfluchte – Helden. In: Hahn [u. a.] (Hrsg.), Erinnerungsorte. Band 2. S. 247–272.

28 Vgl. bspw. Julkowska, Historiografia, S. 27; Wrzesiński, Sąsiad, S. 184; Trzeciakowski, Antagonismus, S. 59.

29 Vgl. Trzeciakowski, Antagonismus, S. 61; Kąkolewski, Orden, S. 249; Friedrich, Karin: ‚Pomorze' or ‚Preussen'? Polish perspectives on early modern prussian history. In: German History 22 (2004) Heft 3. S. 344–371, hier S. 348.

30 Vgl. Trzeciakowski, Antagonismus, S. 58–59; Kąkolewski, Orden, S. 249.

31 Vgl. bspw. Wrzesiński, Sąsiad, Kap. II–IV; Kąkolewski, Orden, S. 258; Trzeciakowski, Antagonismus, S. 62; Zybura, Krzyżak, S. 156–157.

lichen, synonymen Verwendung der Bezeichnungen *Kreuzritter* und *Deutsche* gelten.[32]

Es besteht in der Historiographie Einigkeit darüber, dass am Ende des Jahrhunderts vor allem die literarische Produktion von zwei weiteren sehr populären Schriftstellern – Józef Ignacy Kraszewski[33] und Henryk Sienkiewicz mit seinem Roman *Krzyżacy (Die Kreuzritter)*[34] – sowie zwei sehr bekannte Gemälde von Jan Matejko – *Bitwa pod Grunwaldem* („Schlacht bei Tannenberg', 1878) und *Hołd Pruski* („Preußische Huldigung', 1882) – zur Popularisierung dieser Legende und zur allgemeinen Etablierung einer diskursiven Dämonisierungstendenz des Deutschtums in den polnischsprachigen Gesellschaften beitrugen.[35] Als Inspirationsquelle für Kraszewski und Sienkiewicz dienten angeblich die Studien von Historikern wie Józef Szujski und Karol Szajnocha, die unter dem Einfluss der Enttäuschung über den Ausgang der Ereignisse von 1848 einen äußerst aggressiven und expansionistischen Charakter der Germanen und des Ordensstaates

---

32 Vgl. Zybura, Krzyżak, S. 147–151; Trzeciakowski, Antagonismus, S. 61; Kąkolewski, Orden, S. 255–257. Die Forschung ist sich darüber einig, dass sich sowohl Mickiewicz als auch Słowacki der Thematik des Deutschen Ordens instrumentell bedienten, um sich ungestört von der Zensur zu äußern: Der eine schrieb aus einer anti-zarischen und der andere aus einer anti-klerikalen Position heraus. Obwohl diese instrumentelle Verwendung auch den Zeitgenoss*innen der beiden Dichter völlig bewusst war, hatte das in ihren Werken gezeichnete Feindbild der Kreuzritter eine Wirksamkeit jenseits ihrer versteckten Bedeutung. Igor Kąkolewski macht darüber hinaus darauf aufmerksam, dass sich Mickiewicz höchstwahrscheinlich dabei auf Joachim Lelewel berief, der in seiner Geschichte Polens eine Parallele zwischen dem damaligen kreuzritterlichen und dem zeitgenössischen deutschen Joch zog.
33 Kraszewski äußerte sich über die germanisch-slawischen Verhältnisse in sehr negativen Tönen – gleich nach den Ereignissen in Sedan, als er 1872, also 100 Jahre nach der ersten Teilung, seine politisch-historischen Überlegungen über Polen unter dem Titel *Program Polski. 1872. Myśl o zadaniu narodowym* („Programm Polens 1872. Überlegungen über die nationale Aufgabe') veröffentlichte. Sein Kreuzritter-Roman, *Krzyżacy 1410: obrazy z przeszłości* („Kreuzritter 1410: Bilder aus der Vergangenheit'), erschien ein paar Jahre später (1874) zuerst in der Warschauer Zeitschrift *Kłosy* und dann 1882 als Buch.
34 *Krzyżacy* wurde als Fortsetzungsroman im *Tygodnik Ilustrowany* vom Februar 1897 bis zum Juli 1900 und dann als Buch im Jahr 1900 veröffentlicht. Die deutsche Übersetzung ist aus dem Jahr 1901.
35 Vgl. Wrzesiński, Sąsiad, S. 176–177; Hauser, Kolonista, S. 197; Kąkolewski, Orden, S. 258; Przybyła, 1410, S. 169–170; Trzeciakowski, Antagonismus, S. 62; Friedrich, Pomorze, S. 351. Für die Bedeutung der oben zitierten Gemälde von Matejko siehe: Vgl. Kąkolewski, Orden, S. 255–260. Magdalena Micińska listet eine lange Reihe von derzeitig populären Darstellungen der Kreuzritter auf, die sich direkt oder indirekt auf die Werke von Kraszewski und Sienkiewicz berufen: Micińska, Królem, S. 178.

postulierten.³⁶ Der Historiker Janusz Tazbir verweist darüber hinaus auf die historiographischen Werke von Michał Bobrzyński und Stanisław Smolka, die Polen eine historische Rolle als Vormauer gegen den zerstörerischen deutschen Expansionismus verliehen und die demzufolge Impulsgeber für eine Entwicklung waren, durch die es in der zweiten Jahrhunderthälfte zur Verlagerung des Mythos von Polen als Bollwerk auf die westlichen Grenzen des ehemaligen polnischen Staates kam.³⁷

Die Idee eines ewigen deutschen „Drangs nach Osten", dem Polen in der Geschichte wiederstehen musste, wurde ab den 1890er Jahren vor allem vom nationaldemokratischen Lager vereinnahmt sowie verbreitet³⁸ und hing mit einem steigenden Interesse der polnischsprachigen Öffentlichkeit für das ehemalige polnische westliche Grenzland (*pogranicze*) zusammen – darunter Ost- und Westpreußen, Schlesien, Pommern und Masuren.³⁹ Im neuen Jahrhundert gewann schließlich das Narrativ von Tannenberg vor allem infolge der zwei Jubiläen, die 1902 und 1910 in Galizien anlässlich des 492. und 500. Jahrestages der Schlacht organisiert wurden, zunehmend an Bedeutung.⁴⁰ Der Historiker Piotr Przybyła bringt das pointiert zum Ausdruck: „500 Jahre nach der Schlacht erlangt Tannenberg/Grunwald den Status einer allgemein verständlichen Chiffre der deutsch-polnischen Konfrontation und seine Narrative dienen – zumindest in

---

36 Für eine Analyse der Gedanken beider Historiker über die Unterschiede zwischen Slawen und Germanen und über die charakterlichen Konstanten in der deutschen Geschichte siehe: Wrzesiński, Sąsiad, S. 99–103; Wierzbicki, Spory, S. 122–128 und 142–147.
37 Vgl. Tazbir, Janusz: Polska przedmurzem Europy. Warszawa 2004, S. 142–143.
38 Vgl. Stadtmüller, Elżbieta: Polskie nurty polityczne wobec Niemiec w latach 1871–1918. Wrocław 1994, S. 133–162. Für einen Überblick speziell zu den Gedanken von Roman Dmowski, Hauptvertreter des nationaldemokratischen Lagers, bezüglich des unvermeidlichen deutsch-polnischen Antagonismus siehe: Rudnicki, Szymon: Dmowskis Haltung zu den Deutschen und Deutschland. In: Die Destruktion des Dialogs. Zur innenpolitischen Instrumentalisierung negativer Fremd- und Feindbilder: Polen, Tschechien, Deutschland und die Niederlande im Vergleich, 1900–2005. Hrsg. von Dieter Bingen [u. a.]. Wiesbaden 2007. S. 35–48, hier S. 35–44.
39 Vgl. Wrzesiński, Wojciech: Kresy czy pogranicze? Problem ziem zachodnich i północnych w polskiej myśli politycznej XIX i XX w. In: Wrzesiński (Hrsg.), Polską. S. 119–165, hier S. 124–144; Wajda, Kazimierz: Die Deutschen im Spiegel der polnischen Publizistik 1871–1914. In: Historische Stereotypenforschung. Methodische Überlegungen und empirische Befunde. Hrsg. von Hans Henning Hahn. Oldenburg 1995. S. 130–138, hier S. 135.
40 Für eine detailreiche Beschreibung der beiden Jubiläen, deren Organisation, Programm und Teilnehmer siehe: Radziwiłłowicz, Dariusz: Tradycja grunwaldzka w świadomości politycznej społeczeństwa polskiego w latach 1910–1945. Olsztyn 2003, S. 15–40 und 40–67; Dabrowski, Patrice M.: Commemorations and the shaping of modern Poland. Bloomington 2004, S. 163–183. Insbesondere für die Krakauer Feierlichkeiten 1910 siehe: ANNA TREIDEROWA: Obchody grunwaldzkie w Krakowie (1410–1910), Kraków 1961.

Polen – als Textkonvolut einer nationale Liturgie."[41] Wie bereits in *Time and the Nation* thematisiert wurde, widmen die meisten hier analysierten Zeitschriften dem 500. Tannenberg-Jubiläum eine gesamte Juli-Ausgabe, die nicht nur zahlreiche antideutsche historische Beiträge, sondern auch Fotos und Berichte zu den Feierlichkeiten in Krakau, in Lemberg sowie gelegentlich auch auf dem Lande beinhalten.

Die Verbreitung deutschfeindlicher Einstellungen in der polnischsprachigen Gesellschaft der hier analysierten Periode lässt sich allerdings nicht als polnisch-endogener Prozess verstehen und soll in Interaktion mit den steigenden antipolnischen Tendenzen im Kaiserreich gedacht werden. In den letzten Jahrzehnten des 19. Jahrhunderts bis zum Kriegsausbruch verzeichnen die historiographischen Studien diesbezüglich erstens eine Selbsteinschreibung des Kaiserreichs in die Traditionslinie des Ordensstaates, was mehrere Ereignisse unterstreichen: so die historiographischen Werke von Heinrich von Treitschke, die Errichtung eines Denkmals für den Hochmeister Ulrich von Jungingen anlässlich des 200. Jahrestages des preußischen Staates 1901 auf dem Schlachtfeld von Tannenberg oder im Jahre 1902 die antipolnische Rede von Kaiser Wilhelm II. im neu restaurierten Ordensschloss Marienburg in kreuzritterlichen Gewändern.[42] Das erstmalige Feiern eines Tannenberg-Jahrestags nach den Teilungen 1902 (492. Jahrestag) wird als direkte Reaktion auf diese Rede begriffen. Die Forschung führt zweitens die Verfestigung eines deutsch nationalistisch-imperialistischen Diskurses, der koloniale Akzente hatte und sich gegen die polnischsprachige Bevölkerung des Großherzogtums Posen richtete, auf das Jahrhundertende zurück.[43] Der Historiker Marc Tilse macht die im Kaiserreich entwickelten statistischen Methoden zur Erfassung der Bevölkerung für die neue nationale Codierung von sprachlichen

---

41 Przybyła, 1410, S. 174.
42 Vgl. Przybyła, 1410, S. 172–173; Radziwiłłowicz, Tradycja, S. 24–29. Radziwiłłowicz behauptet, dass die Rede des Kaisers nicht nur in der polnischen und ausländischen, sondern auch in der deutschen gemäßigten Presse sehr kritisch gesehen wurde.
43 Vgl. Conrad, Marginalisierung; Ther, Geschichte; Koch, DruckBilder; Kopp, Germany; Surynt, Badania; Surynt, Izabela: Sendungsbewusstsein und Kolonialträume. Die Kreuzritter im preußisch-deutschen Diskurs der zweiten Hälfte des 19. Jahrhunderts. In: Surynt (Hrsg.), Narrative. S. 181–206; Kochanowska-Nieborak, Anna: XIX-wieczny niemiecki dyskurs o Polsce w świetle badań postkolonialnych. In: Partyga [u.a.] (Hrsg.), Perspektywa. S. 219–243. Für eine Definition der deutschen politisch-diskursiven Verhältnisse als kolonial siehe insbesondere: Nelson, Introduction, S. 7. Die neuste Forschung äußert hingegen eine gewisse Skepsis gegenüber der Beschreibung der deutsch-polnischen imperialen Verhältnisse als kolonial und macht vor allem auf die breiten Möglichkeiten aufmerksam, die die polnischsprachige Bevölkerung zur Schwächung und Hinterfragung dieses angeblich kolonialen Diskurses hatte. Diesbezüglich vgl. Barelkowski [u.a.], Geschlecht. Einführung.

Unterschieden innerhalb Preußens und für die Propagierung der Idee einer polnischen „demographischen Bedrohung" in der deutschen Öffentlichkeit verantwortlich.[44]

Philipp Ther und Kristin Kopp sehen hingegen in Gustav Freytag mit seinem populären Roman *Soll und Haben* (1855) den Initiator eines minderwertigen Polenbildes, das in den folgenden Jahrzehnten von der deutschsprachigen Publizistik sowie der Ostmarkenliteratur[45] aufgegriffen und weitergeführt wurde.[46] Dieses Bild gründet einerseits auf die Bezeichnung der Polen als „primitives, faules und nicht zu eigener Kulturleistung fähiges Volk"[47] – was in bestimmten Fällen auch rassische Nuancen besaß – und andererseits auf die Verbreitung des Stereotyps der *polnischen Wirtschaft*[48] zur negativen Etikettierung der angeblich unordentlichen und anarchischen sozial-ökonomischen Zustände im preußischen Teilungsgebiet. Der 1894 in Posen entstandene Ostmarkenverein, eine imperialistisch-nationalistische Organisation, die sich explizit die Verteidigung des deutschen Charakters der östlichen Provinzen des Kaiserreichs zur Aufgabe stellte und unter dem Namen *Hakata*[49] das prominenteste Hassobjekt der polnischsprachigen Publizistik darstellte, wurde bis zum Kriegsausbruch zum Hauptmultiplikator solcher (kolonialen) Stereotype und zum Verfechter einer Radikalisierung der antipolnischen Stimmung in der deutschsprachigen Bevölkerung.[50]

Die diskursive Produktion der kulturellen, semikolonialen Fremdheit Polens entwickelte sich drittens parallel zu bestimmten diskriminierenden politischen Praktiken in den deutschen Ostprovinzen. Ab der Kaiserreichsgründung folgten eine Reihe von restriktiven Maßnahmen im Bereich der Bildung, der Kultur, der Vereinspolitik und der politischen Partizipation sowie des Landbesitzes, die

---

[44] Vgl. Tilse, Mark: Transnationalism in the Prussian east. From national conflict to synthesis, 1871–1914. Basingstoke 2011, S. 13–40.
[45] Die Bezeichnung *Ostmarkenliteratur* „gilt für eine Reihe von Texten, die in den Jahren 1890 bis 1918, also genau in der wilhelminischen Zeit, entstanden sind, deren Schauplatz die Provinz Posen ist und in denen die nationalen Gegensätze zwischen Deutschen und Polen um die Jahrhundertwende thematisiert wurden". Vgl. Wojtczak, Maria: Eine nachträgliche Glosse zur Ostmarkenliteratur. Neue Entstehungskulissen. In: Deutschsprachige Literatur und Kultur im 19. Jahrhundert. Hrsg. von Maria Wojtczak. Poznań 2011. S. 137–146, hier S. 137.
[46] Vgl. Ther, Geschichte, S. 137–141; Kopp, Germany, S. 29–56; Thum, Imperialists, S. 148–149.
[47] Ther, Geschichte, S. 138.
[48] Einen knappen Überblick über die Entstehung und über die Charakteristiken der Stereotype der *polnischen Wirtschaft* liefert: Kowal, Stefan: Das Stereotyp „polnische Wirtschaft" aus polnischer Sicht. In: Saldern (Hrsg.), Mythen. S. 74–84.
[49] Der Name *Hakata*, der in der polnischsprachigen Publizistik zur Bezeichnung des Ostmarkvereins verwendet wurde, stammt aus den ersten Buchstaben der drei Gründer des Vereins Ferdinand von Hansemann, Hermann Kennemann, Heinrich von Tiedemann.
[50] Vgl. Thum, Imperialists, S. 140–141.

darauf abzielten, aus den Polen „Bürger zweiter Klasse"⁵¹ zu machen. Zwischen 1885 und 1887 kam es auf Anordnung vom Reichskanzler Otto von Bismarck zur Abschiebung Tausender von polnischsprachigen Arbeiter*innen, die nach 1871 aus den anderen Teilungsgebieten ins preußische immigriert waren – diese Aktion wurde in den drei Teilungsgebieten unter der Bezeichnung *preußische Vertreibung* (*rugi pruskie*) als Zeichen für die Unmenschlichkeit des Kanzlers bekannt.⁵² 1886 wurde die *Königlich Preußische Ansiedlungskommission* eingerichtet, die dafür verantwortlich war, Land von polnischen Eigentümern zu erwerben und an deutsche Ansiedler im Osten weiterzuverkaufen. Ihre Tätigkeit und der Erlass eines Enteignungsgesetzes für polnische Güter 1908 rief zusammen mit der Beschränkung der polnischen Sprache im Schulwesen bis hin zu ihrem Verbot sogar im Religionsunterricht – was zu mehreren Schulstreiks zwischen 1902 und 1907 führte – eine große Empörung bei der polnischsprachigen Öffentlichkeit hervor.⁵³

In den polnischen Wahrnehmungsmustern von den Deutschen am Ende des 19. Jahrhunderts ist die Beschreibung der polnischen antideutschen Animositäten als subalterne Reaktionen gegen die antipolnischen imperial-kolonialen Stimmen und die Politik des Kaiserreichs schließlich nur ein Aspekt. Auf der anderen Seite gab es eine imperiale Anziehungskraft, die das deutsche wirtschaftliche, technische sowie geistige Evolutionsmodell auf die polnischsprachigen Gesellschaften der Teilungsgebiete ausübte. Wie Wojciech Wrzesiński oder Marek Chamot in ihren Studien zeigen, überlappen sich die Kritiken mit Formen von großer Bewunderung für den deutschen historischen Zivilisationsprozess, aber auch von Enttäuschung wegen eines angeblichen Verrats dieser Zivilisation infolge der „Preußisierung" des deutschen Staates.⁵⁴ Außerdem verkörpern die Deutschen auch aufgrund ihrer imperialen Überlegenheitsposition einen unausweichlichen

---

51 Ther, Geschichte, S. 137.
52 Vgl. Wrzesiński, Sąsiad, S. 186–187.
53 Für die Deutung bestimmter Politiken des Kaiserreiches gegenüber Polen in kolonialen Kategorien siehe: Thum, Imperialists, S. 141–144; Baranowski, Empire, S. 14–60; Ther, Geschichte, S. 135–137; Healy, Róisín: From Commonwealth to colony? Poland under Prussia. In: Healy [u. a.] (Hrsg.), Shadow. S. 109–125. Für einen detaillierten Überblick über die preußische Politik in den östlichen Provinzen siehe: Blanke, Richard: Prussian Poland in the German Empire. (1871–1900). New York 1981, Balzer, Brigitte: Die preußische Polenpolitik 1894–1908 und die Haltung der deutschen konservativen und liberalen Parteien. Unter besonderer Berücksichtigung der Provinz Posen. Frankfurt am Main 1990. Für eine Analyse der Tätigkeiten der Ansiedlungskommission siehe: Eddie, Scott M.: The Prussian Settlement Commission and its activities in the land market 1886–1918. In: Nelson (Hrsg.), Germans. S. 39–64.
54 Vgl Wrzesiński, Sąsiad, S. 127–150; Chamot, Autostereotyp, S. 238; Chamot, Entuzjazm, S. 168–171.

Maßstab von Modernität und Bürgerlichkeit, der in den polnischsprachigen Gesellschaften Auseinandersetzungsbedarf, Assimilierungsängste und Nachahmungswillen auslöste. Das lässt sich auch in den wichtigen polnischen Gedankenströmungen des 19. Jahrhunderts erkennen, beginnend mit dem Positivismus und der organischen Arbeit, die im Kaiserreich einen Referenzpunkt für die eigenen Modernisierungsprogramme sahen.[55]

Als Gegengewicht dazu sollen aber auch die Macht- und Verhandlungsräume nicht unterschätzt werden, die die Polen selber in dem imperialen Verhältnis mit den Deutschen hatten, um dem deutschen Diskurs über die polnische (koloniale) Minderwertigkeit sowie der deutschen diskriminierenden Politik zu widerstehen und diese zu hinterfragen. Wie bereits in der Einleitung erwähnt, deuten Historiker wie Gregor Thum oder Philipp Ther diesen Diskurs und diese Politik als Ausdruck der Unsicherheit und Ohnmacht, die die deutsche imperiale Herrschaft vor ihrem polnischen Untertanen fühlte.[56] Nicht nur hatten die Polen einen juridischen Status, der weit von demjenigen der extraeuropäischen kolonialen Bevölkerung entfernt war und der den konkreten Möglichkeiten des deutschen Imperialismus im Osten eine klare Grenze setzte. Polnische Akteure wussten zudem die antipolnischen Maßnahmen des Kaiserreichs zu umgehen und zu ihren eigenen Zwecken zu nutzen. Ergebnis war, wie Mathias Barelkowski, Claudia Kraft und Isabel Röskau-Rydel in ihrer Analyse über die Grenzen der Anwendung postkolonialer Theorien auf den polnisch-deutschen Fall feststellen, dass infolge dieser Maßnahmen das polnische nationale Bewusstsein alles anders als geschwächt wurde und sich stattdessen im Großherzogtum Posen erfolgreiche Strategien der polnischen soziopolitischen Organisation etablierten.[57]

III.2.2 Die Germanen und das Heilige Römische Reich in Artikeln der 1880er und 1890er Jahre

Die Formen der temporalen Konstruktion deutscher Alterität, die in diesem Abschnitt und im Abschnitt II.2.3. im Mittelpunkt stehen, lassen sich weder außerhalb der diskursiven und politischen Machtgefälle denken, die die polnisch-deutschen gegenseitigen Wahrnehmungen am Ende des 19. Jahrhunderts un-

---

55 Hinsichtlich der Argumente, die die Posener Akteure für eine Übernahme deutscher Charakteristiken formulierten, siehe bspw.: Hauser, Kolonista, S. 200–201. Für die Position der Warschauer Positivist*innen und von Bolesław Prus bezüglich der Deutschen siehe: Stadtmüller, Nurty, S. 112–119; Wrzesiński, Sąsiad, S. 210–217.
56 Vgl. Thum, Imperialists; Ther, Geschichte.
57 Barelkowski [u. a.], Geschlecht. Einführung, S. 17–20.

ausweichlich prägten, noch auf eine mediale Abbildung dieser Machtgefälle reduzieren. Im Gegenteil gestalten die *Zeitschriften für viele* durch die (Re-)Produktion historischer Zeit aktiv und in eigen-artiger Weise die polnisch-deutschen Verhältnisse mit. Denn die massive Präsenz der Deutschen als historische Akteure in der polnischsprachigen Presse aller drei Teilungsgebiete zeigt nicht nur die große Relevanz der deutschen Alterität für das polnische historische und gegenwärtige Selbstverständnis auf, sondern trägt auch wesentlich zu ihrer Relevanz bei. Mit dem Terminus *Deutsche* meinte die polnischsprachige Presse eine Vielfalt von Völkern, Staatsformen und Institutionen: die Germanen, das Heilige Römische Reich, gelegentlich die Hanse, den Deutschen Orden und Preußen. Während die ersten drei Verkörperungen des Deutschtums vor der Jahrhundertwende darstellen und nach 1900 Repräsentationen der letzten beiden vorwiegen, wurde das Habsburgerreich in den Quellen hingegen viel seltener als deutscher Akteur definiert und bleibt daher außerhalb der Betrachtungen der vorliegenden Untersuchung.[58]

Die germanisch-heiligrömische Codierung der deutschen Alterität geht auf die Tatsache zurück, dass die gesamten 1880er und 1890er Jahre lang die Deutschen Gegenstand vor allem historischer Artikel über die slawisch-piastische (Siedlungs-)Geschichte waren.[59] Die thematische Schwerpunktsetzung der polnischsprachigen Presse auf das slawisch-piastische Mittelalter verwundert nicht.

---

58 Österreich-Ungarn wurde als (historischer) Akteur von der nationaldemokratischen Publizistik, die sonst ihren Schwerpunkt auf die Deutschen legte, nur marginal behandelt, wenn nicht völlig umgangen. Vgl. Rudnicki, Dmowskis, S. 35–36.
59 Vgl. bspw. ANONYM: Stracenie przedostatniego księcia Opolskiego, Mikołaj II, w Nisie 1493 r. In: TI (3.1.1880) Heft 210. S. 4; Pisarz Gazety Świątecznej [Pseudonym für Konrad Prószyński]: O dawnych Słowianach i o ciężkiej ich nauce. In: GŚ (03.1882 [2. Sonntag]); Bełza, Stanisław: Bernard Bogedain. In: BL (2.4.1880) Heft 222. S. 212–214; ANONYM: Słowianie. In: G (29.7.1883); Wicherkiewicz, Władysław: Miasto Brzeg na Szlązku i jego pamiątki historyczne. In: TI (19.7.1884) Heft 81. S. 44–46; ANONYM: Historya Polski w zarysie. In: Ps (15.4.1888); bf.: Co Niemcy mają swojego w Europie? In: BL (13.7.1888) Heft 28. S. 23–24; Parczewska, Melania: Nad Łabą. In: BL (11.12.1896) Heft 50. S. 384–386; Z. S.: Kilka dni u Mazurów pruskich. In: BL (8.1.1898) Heft 2. S. 25–26; Strzała: Z prastarej historji Śląska. In: T (5.9.1897) Heft 36. S. 285–286; Pisarz Gazety Świątecznej [Pseudonym für Konrad Prószyński]: O dawnych Słowianach i o ciężkiej ich nauce. In: GŚ (19.9.1897) Heft 38. S. 2–3; Pisarz Gazety Świątecznej [Pseudonym für Konrad Prószyński]: O Mieczysławie czyli Mieczku, albo Mieszku. In: GŚ (7.11.1897) Heft 45. S. 2; Majewski, Erazm: Germania bez Germanów. In: TI (9.7.1898) Heft 28. S. 538–539; Smólski, Grzegorz: W stolicy Kaszubów. In: TI (7.10.1899) Heft 41. S. 813–814; Ochorowicz: Słowianie i Germanie. In: TI (6.1.1900); P.: Jak powstało państwo pruskie. In: Pr (21.1.1900) Heft 4. S. 94–95; Z.: Walka o Ślązk. In: IP (7.3.1902) Heft 10. S. 223–224; Szelągowski, Adam: Przynależność Śląska do Polski. Za Zygmunta III. In: TI (10.5.1902) Heft 19. S. 365–366; Sobieski: Zapomniany bohater Śląski. In: TI (2.8.1902).

In der Zeit des Kulturkampfes sowie der Gründung der Ansiedlungskommission oder des Ostmarkenvereins waren die Narrative über den schrittweisen territorialen Rückzug der Slawen und des piastischen Königreichs im Westen zugunsten dieser unterschiedlichen *deutschen* Akteursgruppen Träger von (Um-)Deutungsangeboten über die Kaiserreichspolitik im preußischen Teilungsgebiet. Die Pressebeiträge über die Deutschen aus diesen Jahren verwenden die Kategorie Zeit, um zwischen einem polnischen historischen Subjekt – konkreter den Slawen und dem piastischen Polen – und einem deutschen Anderen – den Germanen, dem Heiligen Römischen Reich sowie den mittelalterlichen deutschen Siedlern – temporal zu unterscheiden. Diese *Unterscheidungen* erfolgen wiederum über die Herstellung bestimmter polnisch-deutscher temporaler *Relationen*, die eine polnisch-deutsche historische Zeit (bzw. eine Zeit der mittelalterlichen polnisch-deutschen Beziehungen) diachron differenziert nach chronologisch aufeinanderfolgenden Phasen schaffen.

Die temporalen Relationen der Ursprünglichkeit und der Begegnung

Die erste dieser temporalen Relationen lässt sich als Relation der *Ursprünglichkeit* bezeichnen, da sie die polnisch-deutsche Differenz als Differenz zwischen eigenen Indigenen (die Slawen) und fremden Kolonisatoren (die Deutschen) der östlichen Regionen des Deutschen Kaiserreichs (Großpolen, Schlesien, West- und Ostpreußen) artikuliert. Ein paradigmatisches Beispiel für diese Relation liefert die Posener Zeitschrift *Gwiazda*, die 1883 bereits die in *Time and the Nation* erwähnte Artikelreihe *Die Slawen* veröffentlichte. Nach einer detaillierten Klassifizierung der slawischen Stämme macht der*die anonyme Autor*in, der*die sich in vielen seiner*ihrer Aussagen auf Johan Gottfried von Herder und auf Wacław Maciejowski[60] beruft, die Deutschen zum Akteur in der slawischen Geschichte:

> Dieser allgemeine Abriss der Geschichte der Slawen zeigt, dass dieses Volk ursprünglich als erstes hinter den Karpaten siedelte, von dort aus ergoss es sich über Mähren bis hin zur Elbe und Saale, überquerte die Karpaten und ließ sich in den weiten Ebene von der Oder bis zum Dnepr nieder; und erst in späteren Zeiten, als es sich germanisierte und aus dem Westen

---

[60] Wacław Aleksander Maciejowski war als Historiker einer der renommiertesten Experten für die slawische Geschichte im 19. Jahrhundert und dabei interessierte er sich insbesondere für die Geschichte der slawischen Gesetzgebungen und Institutionen. Zusammen mit Lelewel gehörte er zu den Historikern der polnischen Romantik, die sich am meisten mit Themen des Volkscharakters und Volksgeists auseinandersetzten. In Anlehnung an Herder theorisierte er in diesem Zusammenhang einen grundsätzlichen Unterschied zwischen den Slawen und den Germanen. Vgl. Wierzbicki, Spory, S. 107–115.

verschwand, gewann es an Einfluss in entgegengesetzter Richtung und verslawte den Osten und den Norden.⁶¹

Das Zitat konstruiert ein zeitkalendarisches Vorher-anwesend-Sein der Slawen in einer Reihe von Gebieten und ihr späteres Zum-Opfer-Fallen der deutschen territorialen Ausdehnung, die in den Quellen häufig mit dem Terminus *zaborczość*⁶² und dessen Ableitungen erfasst wird. Die Germanen verkörpern dabei ein temporales Anderes, da sie im Vergleich zu den Slawen zeitversetzt (später) kamen und sich nach ihrer Ankunft auf der Evolutionslinie der (Staats-)Macht vor den Slawen verorten.

Die polnisch-deutsche historische Zeit, die sich aus dieser Art zeitlicher Unterscheidung und Inbezugsetzung zwischen Slawen und Germanen ergibt, setzt sich aus zwei Phasen zusammen, einer vorgermanischen, nur slawischen Phase und einer Phase der deutschen Unterdrückung. Nun beinhaltet so eine Periodisierung eine gewisse Zweideutigkeit. Einerseits gibt dem polnischen historischen Subjekt die Tatsache, dass die Slawen ein zeitliches Primat gegenüber den Germanen in bestimmten Regionen hatten, eine größere Tiefe an historischer Zeit. Andererseits suggeriert die spätere Germanisierung dieses Raumes eine Position der Slawen als primitives Volk, das den fortschrittlicheren Nachbarn nichts entgegensetzen konnte und von ihnen kulturell einverleibt wurde. Diese ambivalente Selbstverzeitung als *älter, aber rückständiger* lässt sich aufgrund ihrer Präsenz in allen in der Fußnote 59. aufgelisteten Pressebeiträgen, die sich mit der slawischen und piastischen (Siedlungs-)Geschichte befassen, als transpolnisches Verzeitungsmuster gegenüber der deutschen Teilungsmacht begreifen.

Die dargelegte Relation der Ursprünglichkeit verschränkt sich in den meisten Artikeln allerdings mit einer zweiten temporalen Relation, die nicht den Besitz des Raums, sondern die Dynamik der polnisch-deutschen Begegnung zum Thema hat. Anders als die Relation der Ursprünglichkeit wird diese Relation der *Begegnung* in verschiedenen Pressebeiträgen unterschiedlich konstruiert. Eine erste Variante davon liefert wieder derselbe *Gwiazda*-Artikel:

---

61 Im Original: „Z tego ogólnego historyi Słowian zarysu pokazuje się, że lud ten początkowo za Karpatami pierwsze zajął siedliska, tu ztąd wylewał się już przez Morawię po nad Elbę i Salę, już przechodził Karpaty i szerokie zaległe równiny od Odry do Dnieprupu; a dopiero w późniejszych czasach, kiedy się germanizował i niknął od zachodu, potężniał w przeciwnej stronie i zesłowiańszczył wschód i północ." ANONYM: Słowianie. In: G (29.7.1883), S. 233.
62 Das Wort *zaborczość* wird auf Deutsch meistens als ‚Gier' oder ‚Aggressivität' übersetzt. Aus dem gleichen Wortstamm kommen auch das Adjektiv *zaborczy* (‚aggressiv') sowie die Substantive *zabór* (‚Teilungsgebiet'), *zaborca* (‚Teilungsmacht') und *zabory* (‚Annexion', ‚Besatzung').

Der so tief innerhalb Deutschland sich einst verzweigende slawische Stamm übertraf seine Nachbarn sowohl im Bereich der Bildung als auch des Handwerkes, solange er sich seiner unabhängigen Existenz erfreute. Laut Herder brachten genau sie [die Slawen, C.F.] den Deutschen das Hüttenwesen und die Bergbautechniken bei; bei ihnen entwickelten sich die wichtigsten gesellschaftlichen Regeln und Lebensweisen. [...] Erst die Epoche der deutschen Besetzung [zabory], die mit Kaiser Heinrich dem Vogler [damit ist Heinrich I., 876–936, 919–936 König des ostfränkischen Reiches, aus dem Geschlecht der Ottonen, gemeint, C.F.] begann, raubte den Slawen ihre Kräfte, dass sie sich nicht nur in der Kultur nicht weiterentwickelten, sondern sogar durch Unterdrückung und Ausrottung kulturell tief sanken und vergaßen, was sie waren, so dass sie später jene Kenntnisse und Techniken aus Deutschland übernahmen, die sie einst vermittelt hatten.[63]

Laut dieser zweiten Textstelle begann die deutsche „Unterdrückung und Ausrottung" erst im 10. Jahrhundert (Heinrich I. „der Vogler" lebte bis zum Jahr 936), während davor zwischen dem slawischen Selbst und den Deutschen-Fremden ein positives Zusammenleben existierte, das von der Überlegenheit der Ersteren gegenüber den Letzteren „sowohl im Bereich der Bildung als auch des Handwerkes" gekennzeichnet war. Die polnisch-slawischen historischen Kontakte unterlagen somit einem Wandel, der die polnisch-deutsche historische Zeit in zwei weitere Phasen gliedert. Von diesen Phasen ist nur die zweite durch eine (semi-)periphere Verzeitung der Polen gegenüber den Deutschen charakterisiert. Die erste Phase enthält hingegen eine umgekehrte Verzeitung, die dem Deutungsmuster der primitiven autochthonen Slawen und den fortschrittlicheren deutschen Kolonisten ein Modell friedlicher polnisch-deutscher Koexistenz unter polnischer Führung entgegenstellt.

Für die *Gwiazda* gründet das slawische zeitliche Primat daher nicht nur auf einem physisch-räumlichen Vorher-anwesend-Sein, sondern lässt sich bis zum 10. Jahrhundert als vorgerücktere Position der Slawen auf der universellen Zeitlinie des technischen Fortschritts und der zivilisatorisch-geistigen Entwicklung denken. Mit den deutschen *zabory* weichen allerdings die Slawen von dieser Position zurück („kulturell tief sanken"), werden von den Deutschen überholt und können nur dank der Deutschen selber die dadurch akkumulierte Verspätung erneut aufholen („[übernahmen] jene Kenntnisse und Techniken aus Deutsch-

---

63 Im Original: „Tak daleko wśród Niemiec rozgałęzione niegdyś plemienie Słowian, dopóki samodzielnym cieszyło się bytem, i przemysłem i oświatą przechodziło swoich sąsiadów. Onito, według świadectwa Herdera, nauczyli Niemców sztuki górniczej i hutniczej; u nich rozwinęły się najważniejsze spółeczności ustawy. [...] Czasy dopiero zaborów niemieckich, począwszy od cesarza Henryka Ptasznika, tak daleko zmitrężyły Słowian; że nie tylko nie postąpili w oświacie, ale nawet wśród ucisku i wyniszczenia pogrążeni w ciemnotę, zapomnieli czem byli, i te nauki i sztuki potem przyjmowali od Niemiec, w których początkowo sami ich byli nauczycielami." ANONYM: Słowianie. In: G (29.7.1883), S. 234.

land"). Eine solche Art der Selbstverzeitung unterscheidet sich von derjenigen der Relation der Ursprünglichkeit, indem sie auf der Vorstellung von einem zivilisatorischen Austausch und deswegen auf einer möglichen Verkürzung der temporalen Distanz mit dem deutschen Anderen gründet. Dadurch weist diese Selbstverzeitung allerdings zugleich auch einen ähnlich ambivalenten Charakter auf, da sie die polnische Rückständigkeit gegenüber den Deutschen einerseits bestätigt und andererseits zeitlich auf bestimmte Phasen eingrenzt und somit als nichtabsolute, sondern historisch gewachsene, veränderbare Position gestaltet.

Es ist frappierend, wie durch die Herstellung einer Relation der Begegnung die Slawen von ihrer mythischen stillgelegten Zeitdimension befreit werden und eine eigene historische Evolutionskraft zugeschrieben bekommen. Diese Tatsache soll auf den konkreten Verbreitungsort und das Publikum der *Gwiazda* zurückgeführt werden. Im preußischen Teilungsgebiet prägte die Idee der eigenen Kulturträgerschaft im Osten das deutsche imperiale Selbstverständnis und bildete eine Grundlage des deutschen (kolonialen) Diskriminierungsdiskurses gegenüber der polnischen Minderheit.[64] Das erklärt das Bedürfnis der polnischsprachigen Presse im Großherzogtum Posen, die Beschuldigung einer angeborenen zivilisatorischen Verzögerung der Polen zurückzuweisen. Dieses Bedürfnis ist auch in weiteren Textstellen des Artikels sichtbar, insbesondere in der Beschreibung davon, welche grundlegenden Veränderungen die Begegnung mit den Deutschen für den slawischen Charakter mit sich brachte:

> [Die Slawen, C.F.] waren ein arbeitsames und gegen jegliche Unbequemlichkeiten und Schwierigkeiten abgehärtetes Volk, aber das Joch und die Gewalt der Deutschen machte sie apathisch und schwach. [...] Seinem Charakter nach war es offen [...]: Aber je näher es der Deutschen siedelte, desto verschlossener wurde das slawische Volk. [...] Von den Deutschen und den Preußen, einem nicht-slawischen Volk, übernahmen sie viele hässliche Gewohnheiten. Zu diesen zähle ich die Menschenopfer für die Götter, die Ermordung Neugeborener und die Polygamie, die in Pommern und in der Elbe-Region in allen sozialen Klassen weit verbreitet war, während es bei den anderen Slawen [...] nur den Königen gestattet war.[65]

Der*die anonyme Autor*in der *Gwiazda*, der*die angeblich hier Maciejowski zitiert, historisiert an dieser Stelle nicht nur die zivilisatorische Verzögerung der

---

64 Vgl. bspw. Ther, Geschichte, S. 133.
65 Im Original: „Był to lud pracowity i na wszelkie niewygodny i trudy zahartowany; ale ucisk i przemoc Niemców zrobiła go gnuśnym i niedołężnym. [...] Charakter jego otwarty [...]: Ale im bliżej Niemiec mieszkał, tem był skrytszy lud słowiański. [...] Od Niemców i od Prusaków, narodu niesłowiańskiego, przyjęli wiele szpetnych obyczajów. Do tych ja liczę zabijanie ludzi bogom na ofiarę, mordowanie nowonarodzonych dziatek i wielożeństwo, które na Pomorzu i nad Elbą u wszystkich klas ludu miało miejsce, gdy przeciwnie u innych Słowian, podobnież jak u Scytów, tylko królom było dozwolone." ANONYM: Słowianie. In: G (29.7.1883); S. 234.

Slawen, sondern auch deren negativen Charakterzüge wie die Apathie, die als typisches Attribut des Orients auch im deutschen (kolonialen) Bild von den Polen weitgehend Eingang fand.[66] Die Slawen seien nämlich demnach nicht schon immer „apathisch und schwach" gewesen, sondern erst ab einem gewissen Zeitpunkt. Dafür werden den Deutschen im Zitat orientalische Eigenschaften wie die Polygamie gegeben, die sie nicht mehr als temporales Andere, sondern als moralisch Fremde konstruiert. Die Begegnung mit den Deutschen fungiert daher als Zäsur auch in einer Zeitlinie der eigenen national-charakterlichen Evolution der Slawen/Polen. Diese Zeitlinie setzt sich aus einer ersten Phase zusammen, als die Slawen ihren ursprünglichen positiven Charakter gehabt hätten, und aus einer zweiten Phase, als die Natur der Slawen durch die Fremdeinflüsse der Deutschen korrumpiert und damit der Niedergang der Slawen bewirkt worden sei. Auch eine so konstruierte Relation der Begegnung weist eine ausgeprägte Zweideutigkeit auf, da sie die (koloniale) charakterliche Minderwertigkeit der Slawen (re-)produziert, dabei aber den Deutschen jeglichen Anteil an der westlichen Zivilisation abspricht und ihnen im Gegenteil eine Ent-Zivilisierungsmission bzw. die Orientalisierung der Slawen vorwirft.

Anders präsentiert die damals noch Lemberger *Pszczółka* die Relation der Begegnung. Wie in *Time and the Nation* bereits kommentiert, verleiht der Redakteur Stanisław Stojałowski in seiner mehrteiligen Artikelserie *Abriss der Geschichte Polens* den Slawen einen evolutionären Impuls, der sich in der Entstehung erster Formen staatlicher Organisation niederschlägt.[67] Wenn man die diesbezügliche in *Time and the Nation* nur auszugsweise zitierte Textstelle vollständig wiedergibt, lässt sich die zentrale Rolle der Deutschen für diesen Impuls ableiten:

> Unter diesen slawischen Stämmen [der Polanen, C.F.] begann infolge der Unterdrückung der benachbarten Deutschen, die die Slawen nicht nur zum Christentum bekehren, sondern sie auch schon damals zu Deutschen machen wollten, sowohl das nationale Leben als auch das Bedürfnis, sich in einen Staat unter einem Herrscher zu vereinen, zu erwachen, um sich so nicht von den Deutschen vernichten zu lassen.[68]

---

[66] Vgl. Kopp, Germany, bspw. S. 57.
[67] Vgl. Abschnitt II.3.1.
[68] Im Original: „Wśród tych plemion słowiańskich wskutek nacisku Niemców sąsiednich, którzy Słowian nietylko na wiarę chrześcijańską nawracać, ale też na Niemców już wtedy przemieniać chcieli, zaczęło się budzić życie narodowe, i poczucie potrzeby zjednoczenia się w jedno państwo i pod rząd jednego monarchy, aby w ten sposób nie dać się Niemcom wygubić." ANONYM: Historya Polski w zarysie. In: Ps (15.4.1888), S. 116.

Stojałowski teilt mit dem Artikel der *Gwiazda* die Idee von einer deutschen negativen Tendenz zur „Unterdrückung" und zur Kontaminierung des slawischen Elements (die Deutschen wollten „auch schon damals [die Slawen] zu Deutschen machen" bzw. sie „vernichten"). Ihm zufolge verursacht aber das In-Kontakt-Treten mit den Deutschen weder einen Rückschritt der Slawen auf der Zeitlinie des Fortschritts und der Zivilisation noch den Niedergang des slawischen ursprünglichen Charakters. Ganz im Gegenteil konturiert das Zitat eine temporale Relation der Begegnung, in der die Slawen vor diesem Kontakt eine primitive Lebensform aufwiesen und in der danach im Bereich der Staatsbildung ein Synchronisierungsprozess mit den Deutschen begann. Das deutsch-slawische Aufeinandertreffen fungiert daher als positive Zäsur der slawischen Geschichte, wenn nicht sogar als erste zeitliche Grundkoordinate der polnischen historischen Zeit – wie schon in *Time and the Nation* auf der Grundlage der Analyse der längeren Artikelreihe von *Gazeta Świąteczna* über die slawischen Ursprüngen Polens gezeigt wurde.[69] Der Autor/Redakteur Prószyński vertritt in der *Gazeta* eine sehr ähnliche Auffassung wie Stojałowski und macht die deutschen Angriffe dafür verantwortlich, dass der slawische Stamm der Polanen die Notwendigkeit gespürt habe, komplexere gesellschaftliche Strukturen unter der Führung eines einzigen Oberhaupts, Lechs, aufzubauen.

Der Artikel in der *Pszczółka* geht indes in der Umdeutung und Umdrehung der Periodisierung, wie sie von der *Gwiazda* für die deutsch-polnischen Beziehungen vorgeschlagen wird, noch weiter: Stojałowski konstruiert die Taufe Mieszkos und den daraus folgenden Kontakt mit Kaiser Otto nicht nur als erstes Synchronisierungsmoment mit der universellen historischen Zeit – wie in *Time and the Nation* bereits erläutert –, sondern explizit auch als die Eröffnung einer Möglichkeit positiven Austauschs zwischen Polen und Deutschen:

> Als christlicher Fürst wurde Mieszko gewissermaßen zum Freund der deutschen Kaiser;[70] Mieszko, der damals zum ersten Mal am kaiserlichen Hof war, verschaffte sich einen Überblick über die Verhältnisse in Deutschland und lernte sicherlich viele nützliche Sachen zur Organisation seines Landes – seitdem nahm er als befreundeter Fürst an den wichtigsten kaiserlichen Angelegenheiten teil.[71]

---

69 Vgl. Pisarz Gazety Świątecznej [Pseudonym für Konrad Prószyński]: Najstarsze dzieje Polan. In: GŚ (04.1882 [2. Sonntag]).

70 Im Original: „Jako książe chrześcijański stał się Mieczysław pod pewnym względem przyjacielem cesarzów niemieckich." ANONYM: Historya Polski w zarysie. In: Ps (15.4.1888), S. 117.

71 Im Original: „Mieczysław pierwszy raz wtedy będąc na dworze cesarskim rozpatrzył się w stosunkach Niemiec i zapewne nauczał się wiele rzeczy potrzebnych do urządzenia swego państwa – odtąd też jako książę zaprzyjaźniony brał udział w ważniejszych sprawach cesarstwa." ANONYM: Historya Polski w zarysie. In: Ps (15.4.1888), S. 118.

Solche Aussagen stellen eine temporale Gliederung her, wonach einer ersten primitiven Phase der Slawen und einer zweiten Phase deutsch-slawischer Konflikte eine dritte Phase deutsch-polnischer friedlicher Beeinflussung folge. Diese friedliche Kontaktphase, die in der *Gwiazda* am Anfang der deutsch-polnischen historischen Zeit (bis zum 10. Jahrhundert) stand und als einseitiger Transfer von den Slawen zu den Deutschen beschrieben wird, datiert die *Pszczółka* erst ab dem 10. Jahrhundert (die Taufe von Mieszko fand im Jahr 966 statt) und wird darin nicht nur als polnischer, sondern ebenso auch als deutsches Verdienst aufgefasst (Mieszko lernte von seinem Besuch bei dem Kaiser „viele nützliche Sachen zur Organisation seines Landes").

Die Diskrepanz zwischen den zwei Periodisierungen lässt sich auf gegensätzliche Auffassungen zurückführen, die die zwei Zeitschriften über die eigenslawische Fähigkeit zum Fortschritt und über die deutsche Rolle dabei vertreten. Während die *Gwiazda* den Slawen eine eigene zivilisatorische Evolution zuschreibt, die dann von den deutschen Besatzern rückgängig gemacht worden sei, negiert die *Pszczółka* (wie auch die *Gazeta Świąteczna*) eine eigen-slawische zivilisatorische Kraft und sieht den Fortschritt hingegen als unausweichliches Resultat des (wenn auch konflikthaften) Kontakts mit der historischen Welt der Deutschen. Die Deutschen stellen hier kein temporales Andere dar, sondern einen synchronisierungsfordernden Maßstab europäisch-universeller Zivilisation.

Inwieweit sich diese gegensätzlichen Meinungen durch die unterschiedlichen imperial-kolonialen Positionen Galiziens und des preußischen Teilungsgebiets erklären, wird in den weiteren Artikeln dieser *Pszczółka*-Reihe deutlich. Denn in einem dieser Artikel lobt Stojałowski das neue piastische Königreich unter Boleslaus dem Tapferen als jenes, das eine ewige Grenze für die slawische Welt zum deutschen Expansionismus errichtet habe, und sah hingegen in den Kriegen zwischen Slawen und Deutschen „ein Urteil erbärmlicher Sklaverei für die Tschechen und all jene Westslawen, die sich mit Polen nicht vereint haben".[72] Aus einer solchen Feststellung ergibt sich ein Selbstverständnis von Polen als Land, das sich im Vergleich mit anderen slawischen Völkern besser an den von den Deutschen gesetzten Fortschrittstandards anzupassen gewusst habe und dadurch besser dem deutschen Drang zur Besatzung widerstanden habe. Anders als für die *Gwiazda* besitzt für die Lemberger *Pszczółka* die Widerlegung der deutschen Kulturträgerschaft daher offenbar keine Priorität. Im galizischen Kontext, der von größeren Möglichkeiten zur politischen und kulturellen Selbstzentralität sowie

---

72 Das ganze Zitat im Original lautet: „Te wojny więc, jak Polsce na długie wieki oddały w opiekę Słowian wschodnich i ocaliły tychże od zalewu niemieckiego – tak przeciwnie wydały wyrok haniebny niewoli na Czechów i tych Słowian zachodnich, którzy z Polską się nie połączyły." ANONYM: Historya Polski w zarysie. In: Ps (29.4.1888), S. 136.

von Bestrebungen nach eigener Hegemonie gegenüber den anderen slawischen Minderheiten (vor allem den Ukrainern) geprägt war, wirkt stattdessen diese Kulturträgerschaft als Argument für die Rechtfertigung der polnischen Führungs- und Vertretungsrolle unter den slawischen Völkern.

Überwiegend aus der Warschauer, aber auch aus der galizischen Presse stammt schließlich eine letzte Variante der Relation der Begegnung bzw. die Konstruktion einer Anziehungs- und Assimilierungskraft des spätpiastischen-jagiellonischen Staatsmodells für Teile der deutschen Bevölkerung, die sich mit der despotischen Machtausübung der deutschen Herrschaft konfrontiert gesehen hätten.[73] In dieser Variante habe das polnische historische Subjekt zwischen dem 14. und dem 15. Jahrhundert ein entsprechendes Zivilisationsniveau erreicht, um sich von der deutschen zivilisatorischen Überlegenheit zu emanzipieren und eine attraktive soziopolitische Alternative für die Deutschen selber darzustellen. Der *Tygodnik Ilustrowany* erläutert beispielsweise in einer Artikelreihe aus dem Jahr 1884 über Danzig:

> Erst 1454 wurde das Maß der Grausamkeiten, mit denen die Kreuzritter seit so vielen Jahren den slawischen Boden ausbeuteten, überschritten. Nicht nur der Adel mit dem ländlichen Volk, sondern sogar die Städte, meistens von Deutschen besiedelt, begaben sich freiwillig unter den Schutz von Kasimir IV. dem Jagiellonen.[74]

Die gleiche Episode kommt knapp zwanzig Jahre später in einem weiteren Artikel der Warschauer Illustrierten vor: „1453 schickten der preußische Adel und die preußischen Städte Boten zu Kasimir dem Jagiellonen und flehten ihn darum an,

---

73 Außer den zwei Artikeln, die hier thematisiert werden vgl. bspw.: Boberska: Zygmunt August i czas jego w Polsce. In: OD (15.1.1884); ANONYM: Dwie doby w Gdańsku. In: TI (24.5.1884) Heft 73. S. 331; ANONYM: Magdeburg. In: BL (17.7.1885) Heft 29. S. 36–37; Masovicus: O pruskich Mazurach. In: TI (5.11.1898) Heft 45. S. 884; Ochorowicz, Julian: Rozmowa z przywódcą hakatystów. In: TI (1.2.1902) Heft 5. S. 93–94; Szelągowski: Przynależność Śląska do Polski. In: TI (10.5.1902); Quis. [Pseudonym für Marian Gawalewicz]: Witaj! In: Pr (1.1.1905) Heft 1. S. 5–6; Kętrzyński, Wojciech: Żywioł niemiecki na ziemi poznańskiej. Geschichte des Deutschtums im Lande Posen unter polnischer Herrschaft. Von Dr. Erich Schmidt, Oberlehrer in Bromberg. mit 25 Abbildungen und 2 Karten. Bromberg 1904. In: T (9.7.1905) Heft 28. S. 221–222; Szajnocha, Karol: Krzyżacy. In: BL (23.7.1910) Heft 30. S. 69–70.

74 Im Original: „Dopiero w r. 1454 przepełniła się miara okrucieństwa, z jakiem rycerze krzyża od lat tylu ciemiężyli ziemię słowiańską. Nietylko szlachta z ludem wiejskim, lecz i miasta nawet, powiększej części osadzone Niemcami, oddały się wtedy dobrowolnie pod opiekę Kaźmirza Jagiellończyka." ANONYM: Dwie doby w Gdańsku. In: TI (24.5.1884).

sich um sie zu kümmern und sie nicht der Willkür der Deutschen auszusetzen."[75] Ein sehr ähnliches Narrativ lässt sich auch in einem Artikel der *Biesiada Literacka* aus dem Jahr 1885 über die Geschichte der deutschen Stadt Magdeburg erkennen. Danach gerieten die polnischen Städte aufgrund der piastischen Übernahme des Magdeburger Rechts erst in ein negatives Abhängigkeitsverhältnis von den Deutschen, da ab jenem Zeitpunkt das städtische Obergericht von Magdeburg auch für die Städte des polnischen Königreichs juristisch zuständig war. Infolge der Delegation der juristischen Kompetenzmacht an das neugegründete städtische Obergericht in Krakau unter Kasimir dem Großen allerdings:

> polonisierte sich das deutsch-bürgerliche Element langsam und unter dem Einfluss des beeindruckenden nationalen Lebens, das sich in den jagiellonischen Zeiten entfaltete, schließlich vollkommen polonisiert, bewies in späteren Phasen [...] seinen Patriotismus.[76]

In allen drei Artikeln ist eine Periodisierung der deutsch-polnischen historischen Zeit zu erkennen, die zu der in der Relation der Ursprünglichkeit enthaltenen Periodisierung eine dritte Phase hinzufügt: Während nämlich die ersten zwei Phasen – die slawische Präsenz in bestimmten Gebieten vor den Deutschen und die spätere Einverleibung dieser Gebiete unter deutscher Herrschaft – identisch mit denjenigen der Artikel über die Slawen bleiben, markiert eine dritte Phase, die sich mit der jagiellonischen Epoche deckt, die Möglichkeit des erneuten Übergangs der umstrittenen Gebiete in die polnische Einflusssphäre. In dieser weiteren Periodisierung verbirgt sich somit ein Modell der Selbstverzeitung, das eine polnische Unterlegenheit gegenüber der deutschen Teilungsmacht als mittelalterliche Position konstruiert, die sich in der Neuzeit in Überlegenheit verwandelt. Demnach wird die ursprüngliche zivilisatorische Verspätung der Slawen, die zum Verlust ihrer Gebiete an die Deutschen geführt habe, im Laufe der piastischen Epoche aufgeholt, und die daraus entstandene jagiellonische Eigenzeit strahlt eine Synchronisierungskraft aus, die die deutsche temporale Alterität bis zur Assimilierung durchlässig macht. Die Ambivalenz einer solchen Selbstverzeitung im 16. Jahrhundert *zeitlich vor* den Deutschen liegt in der Tatsache begründet, dass die Artikel diese Selbstverzeitung in der Gegenwarts-Zeit des 19. Jahrhun-

---

75 Im Orginal: „W roku 1453 Prusacy wysłali od szlachty i miast pruskich posłów do Kazimierza Jagiellończyka z prośbą żeby się nimi zapiekował i nie rzucał ich na pastwę Niemców." Ochorowicz: Rozmowa z przywódcą hakatystów. In: TI (1.2.1902), S. 94.
76 Im Original: „...żywioł mieszczańsko-niemiecki, polonizuje się zwolna a spolszczony do reszty pod wpływem potężnego życia narodowego, jakie się u nas rozwinęło za Jagiellonów, składa w późniejszych dziejach, aż do ostatka, dowody patriotyzmu." Anonym: Magdeburg. In: BL (17.7.1885), S. 37.

derts als mittlerweile anachronistisch erscheinen lassen: So eröffnet der *Tygodnik* beispielsweise seine Serie über die Geschichte Danzigs mit der Beschreibung der Sehnsucht nach der polnischen Pracht, die in den Straßen von Danzig zu spüren gewesen sei und zu einer vergangenen, nicht mehr aktuellen Zeit gehöre.[77]

Die besondere Erwähnung der städtischen Bevölkerung, die sich in allen drei angeführten Zitate finden lässt, soll schließlich auf die spezifischen Debatten über die ökonomische Lage des russländischen Teilungsgebiets sowie auf das vorwiegend urbane Publikum der Warschauer Periodika zurückgeführt werden. In der polnischsprachigen (Teil-)Öffentlichkeit des Königreichs Polen mischte sich eine im Positivismus gepflegte Tradition der Bewunderung für den deutschen Fleiß mit anti-deutschen Animositäten und Ängsten.[78] Insbesondere die wichtige Rolle des deutschen Kapitals sowie der deutschen Techniker in der Industrialisierung verursachte Konkurrenzmomente und Reibungspotential mit einer polnischen Intelligenz, die sich häufig im Kontext des Zarenreiches als Klasse in einer prekären beruflichen Situation befand.[79] Daher fungierte die Idee, dass das alte polnisch-jagiellonische Königreich für die Deutschen attraktiv und erstrebenswert gewirkt hatte, als Art vergangener Gegenverzeitung zum zeitgenössischen deutschen Vorsprung im wirtschaftlichen Bereich.

Die atemporale Fremdheit der Deutschen

Neben der Herstellung einer in welcher Form auch immer konzipierten Relation der Begegnung lassen sich in den Geschichtsartikeln bereits während der 1880er und 1890er Jahre viele Stellen finden, die primär den nicht-temporalen, moralisch-kulturellen Charakter der deutschen Fremdheit in den Mittelpunkt rücken. Darauf wurde bereits anhand des letzten Zitats aus der *Gwiazda*, in dem über den negativen, zerstörerischen kulturellen Einfluss der Deutschen auf die slawische Natur geschrieben wird, aufmerksam gemacht. Das ist beispielsweise auch der Fall in der dreimal – 1882, 1897, 1912 – veröffentlichten und bereits in diesem Abschnitt sowie im Abschnitt II.2.1. zitierten Serie der *Gazeta Świąteczna* über die Slawen. Prószyński stellt seinem Publikum die Deutschen durch die Anmerkung vor, dass die alten Slawen sie bei ihrem Erscheinen im Rahmen der Völkerwanderung „Deutsche" genannt hätten, da auf Altslawisch *Deutscher* (*Niemiec*) einen Menschen bezeichnet, „mit dem man sich nicht verständigen kann". Da er zugleich die ursprüngliche Bedeutung des Terminus *Slawe* (*Słowianin*) wiedergibt,

---

[77] Vgl. ANONYM: Dwie doby w Gdańsku. In: TI (24.5.1884).
[78] Vgl. Hauser, Kolonista, S. 200–204.
[79] Vgl. Jedlicki, Suburb, S. 179–203 und 268–273; Micińska, Inteligencja, S. 13–38;

als „jeder Mensch, der mit verständlichen Wörtern spricht", lassen sich die Deutschen als die archetypischen Fremden begreifen bzw. jene, mit denen aufgrund der absoluten Nichtmitteilbarkeit jegliche gemeinsame Austauschebene ausgeschlossen gewesen sei.[80]

Diese auf den ersten Blick nur sprachlich-kulturelle Alterität bekommt in den nächsten Sätzen eine moralische Konnotation, in denen die Deutschen aufgrund ihrer Gier nach den slawischen Gebieten als „sehr gefährliche Nachbarn" bezeichnet werden:

> Sie [die Deutschen, C.F.] gaben sich nicht zufrieden mit dem Land, in dem sie angesiedelt waren und versuchten unentwegt, Stück für Stück das Land den Slawen zu entreißen und die slawische Bevölkerung in ihre Untertanen, in Sklaven zu verwandeln.[81]

Im Artikel entspricht die sprachliche Fremdheit der Deutschen somit einer aggressiven Haltung den Slawen gegenüber, die der Autor als historisch ungerechtfertigte, typisch deutsche *Böswilligkeit* charakterisiert.

Die unterschiedlichen Artikulationen, die diese böswillige Natur der Deutschen in vielen weiteren Artikeln zeigt – wie selbst die *zaborczość* oder die Grausamkeit oder die moralisch verwerflichen Sitten –, kontrastieren mit der bisher analysierten Idee einer Wandelbarkeit sowie daher auch mit jeglicher Periodisierung der deutsch-polnischen Beziehungen und verleihen stattdessen diesen Beziehungen den ahistorischen Charakter einer eingeborenen ewigen Feindschaft. So äußert sich beispielsweise die *Biesiada Literacka* 1894 über die Macht der Hanse:

> Als schon weder die vor der eigenen Haustür erniedrigte kaiserliche Macht noch die gebändigte ritterliche Aggressivität in der Lage waren, [die Slawen, C.F.] weiter wie in den alten Zeiten zu knechten, zwang die Macht des Handels die slawischen Völker unter ihr Joch. Der

---

[80] Im Original dieser und der vorherige Satz: „*Niemiec* – to znaczy człowiek, z którym rozmówić się niemożna. Tymczasem wszyscy przodkowie nasi mieli jedną mowę, rozumieli jedni drugich, mówili jednakowemi *słowami*; każdy człowiek, co mówił takiemi zrozumiałemi słowami, nazywał się *Słowianin*. Wszyscy razem nasi przodkowie (tak jak i my dziś) byli *Słowianie*." Pisarz Gazety Świątecznej [Pseudonym für Konrad Prószyński]: O dawnych Słowianach i o ciężkiej ich nauce. In: GŚ (03.1882 [2. Sonntag]), S. 3.

[81] Im Original: „Nie zadowalniali się oni krajem, na czem siedzieli, – i starali się wydzierać ciągle po kawale ziemi od Słowian, a ludność słowiańską w swoich poddanych, w niewolników przerabiać." Pisarz Gazety Świątecznej [Pseudonym für Konrad Prószyński]: O dawnych Słowianach i o ciężkiej ich nauce. In: GŚ (03.1882 [2. Sonntag]), S. 3.

mittelalterliche deutsche Handel wuchs hauptsächlich dank der slawischen Beute zu solch königlicher Macht heran.[82]

Der*die anonyme Autor*in zieht anhand der angeblich gemeinsamen Essenz ihres historischen Daseins bzw. der Erpressung der Slawen in diesem Zitat eine Kontinuitätslinie zwischen unterschiedlichen deutsch-codierten historischen Machtstrukturen – Heiliges Römisches Reich, Ordensstaat, Hanse. Mit einem solchen Anderen erscheint keine, in abwechselnden positiven und negativen Phasen gegliederte Begegnung möglich zu sein, sondern nur ein zeitloser, moralischer Kampf.

Um die Jahrhundertwende nahm die Anzahl von Artikeln in allen Teilungsgebieten zu, die auf der Kontinuitätslinie deutschen Wirkens in der Geschichte insistierten und dieser volkspsychologisch-charakterliche sowie ethnisch-rassische Begründungen verliehen. Im Jahr 1900 eröffnete die in *Time and the Nation* bereits analysierte Abhandlung[83] von Julian Ochorowicz – Publizist, Philosoph und vor allem Psychologe – mit dem Titel *Slawen und Germanen. Eine historisch-psychologische Parallele* die erste Jahresausgabe des *Tygodnik Ilustrowany*. Der Text, der sich in mehreren Folgen über der die erste Jahreshälfte hinzog, vermittelt eine äußerst detaillierte Analyse der Unterschiede zwischen den zwei Völkern. Diese Unterschiede wurden an erster Stelle auf die geologisch-morphologischen Bedingungen ihrer ursprünglichen Siedlungsgebiete zurückgeführt. Der Argumentation zufolge sei die größere Präsenz von Sümpfen und Wäldern sowie das Fehlen an schiffbaren Flüssen und befahrbaren Wegen für die verstreute Siedlungsart der Slawen, für ihre guten Nachbarschaftskontakte, aber auch für ihren niedrigen Grad an Stammeszusammenhalt, an Vertrautheit in der Kriegsführung und generell für ihre Verzögerung im Prozess der Staatsbildung verantwortlich. Ochorowicz essentialisiert diese Ausgangsbedingungen in einem zweiten Schritt zu zwei spiegelbildlichen Volkscharakteren, wobei er die Germanen im gesamten Geschichtsverlaufs bis zur Gegenwarts-Zeit zum perfekt gegensätzlichen Anderen

---

82 Im Original: „Kiedy już ani poniżona w własnem gnieździe władza cesarska, ani przykiełznane zabory rycerskie, nie zdołały gnębić, po dawnemu, narodów słowiańskich, chwycił po nich berło ucisk handlowy. Średniowieczny handel niemiecki urósł w królewską potęgę głównie z łupów słowiańskich." ANONYM: Potentaci Hanzy. In: BL (26.10.1894) Heft 43. S. 265–266, hier S. 265.
83 Diese Abhandlung wird in vielen Studien über das polnische Bild der Deutschen erwähnt. Vgl. bspw. Stadtmüller, Nurty, S. 119–120; Wrzesiński, Sąsiad, S. 204–205. Wrzesiński betont insbesondere ihre didaktische Rolle: Laut ihm wollte Ochorowicz – als einer der Hauptvertreter des Positivismus und Vorreiter der Parapsychologie in Polen – dem Warschauer Publikum durch seine Studie die Gründe der aktuellen deutschen Stärke darlegen.

der Slawen macht. Während die Slawen friedfertig, offen gegenüber den anderen Völkern, arbeitsam und unfähig zur Schaffung einheitlicher Gesellschaftsstrukturen gewesen seien, hätten die Germanen den Krieg, die Aggression und das Rauben anstatt harter Landarbeit geliebt; sie hätten ein angeborenes Misstrauen jeglichen Fremden gegenüber und könnten sich sehr gut zentralistisch organisieren.[84]

Obwohl die Beschreibungen von Slawen und Germanen komplementär erscheinen, siedelt Ochorowicz die Attribute der beiden Völker auf zwei unterschiedlichen Ebenen an. Die negativen Aspekte des slawischen Charakters werden mit den geographischen Gegebenheiten des slawischen Siedlungsraums begründet, als Rückständigkeit gedeutet und von den positiven Seiten dieser Rückständigkeit – wie der Friedfertigkeit, dem demokratische Zusammenleben oder der Gastfreundlichkeit – kompensiert. Dagegen stehen die negativen Attribute der Germanen weniger im Zusammenhang mit einem bestimmten Ansiedlungsgebiet und schon gar nicht mit einer Verzögerung in der historischen Evolution. Der letzte Satz der Serie bringt den Unterschied auf den Punkt: „Die Slawen hatten viele Mängel, aber vorwiegend solche, die nur ihnen selber geschadet haben. Die Germanen hatten viele Vorteile, aber hauptsächlich solche, die sich negativ auf das Wohl der Nachbarvölker auswirkten."[85] Während der Charakter der Slawen sich in Kategorien des Mangels, der nur zivilisatorische, aber keine moralischen Implikationen aufwies, zusammenfassen lässt, haben die Deutschen laut Ochorowicz günstige Ausgangsbedingungen und hätten sich mit ihrem Evolutionsmodell in der Geschichte behaupten können. In ihrer Volkspsyche stecke aber ein negativer Kern, der ihre Evolution begleitete und sie als moralisch nicht erstrebenswert erschienen ließe.

Immer noch im *Tygodnik Ilustrowany* erscheint zwei Jahre später eine Neuauslegung der gleichen slawisch-germanischen Gegensätzlichkeit in rassischen Kategorien durch einen der renommiertesten Vertreter der neuen neoromantisch-nationalistischen Historiker*innengeneration, den bereits erwähnten Wacław Sobieskis. Sobieski gilt in der Historiographie als der treueste polnische Anhänger der volkpsychologischen Theorien von Lamprecht, die ihn zur Umdeutung der romantischen Idee des Geistes der (polnischen) Nation in eine spezifisch polnische rassische Kraft veranlassten.[86] Im Einklang mit diesen historiographischen

---

84 Vgl. Ochorowicz: Słowianie i Germanie. In: TI (6.1.1900).
85 Im Original: „Słowianie mieli liczne wady, ale przeważnie takie, które tylko w samym szkodziły. Germanie mieli liczne zalety, ale głównie takie, które się na skórze sąsiadów odbijały." Ochorowicz, Julian: Słowianie i Germanie. Paralela historyczno-psychologiczna. In: TI (28.7.1900) Heft 30. S. 589–590, hier S. 590.
86 Vgl. Wierzbicki, Spory, S. 205–206.

Ansichten beschäftigt sich sein Artikel im *Tygodnik* mit dem Streit zwischen den zwei Söhnen von Heinrich I. dem Bärtigen (Henryk I Brodaty, 1165–1238, Herzog von Schlesien aus dem schlesischen Zweig des piastischen Geschlechtes) und Hedwig von Andechs (Jadwiga Śląska, 1174–1243, Herzogin von Schlesien deutscher Abstammung, die später als heilige Hedwig von Schlesien bekannt wurde). Grundton des Beitrags ist die scharfe Kritik an der schlesischen Linie der Piasten, die durch ihre Aufgeschlossenheit den deutschen Kolonisten gegenüber zur Germanisierung des ursprünglich polnisch-slawischen Elements beigetragen hätten. Wenngleich die Idee der Degenerierung der slawischen Natur durch die Begegnung mit den Deutschen bereits im *Gwiazda*-Artikel von 1883 analysiert wird, ist Sobieskis Ablehnung eines Kontakts der Polen mit den Deutschen viel radikaler und betrifft nicht nur die deutsche Ausübung von Gewalt oder Verbreitung von als entartet empfundenen Sitten, sondern auch jegliche Form friedlichen kulturellen Austauschs:

> Aber bald kam schon die Zeit, da die Kolonisten ihre blutbefleckten Schwerter in die Scheide steckten und mit der Axt in der Hand anfingen, den Forst und die Wälder zu fällen. Das waren keine Kreuzritter mehr, sondern *extirpatores silvarum*, Waldrodearbeiter ... mit ihnen kam in unser Land nicht mehr das Leid und der Raub, sondern der *Segen* der Zivilisation.[87]

In diesem Zitat steht die „Zivilisation", die den wilden von Wäldern bedeckten Ursiedlungsgebiet der Slawen abholzte und für den Ackerbau vorbereitete, für den negativen Einfluss der Deutschen, gleichbedeutend mit „Leid und Raub" unter den Kreuzrittern.[88] Beide Einflüsse gelten für Sobieski nicht so sehr als unmoralisch, sondern als fremd im ethnisch-rassischen Sinne und somit gleichermaßen verwerflich.

Diese Deutung der slawisch-deutschen Verhältnisse lässt sich durch die Lektüre seiner Artikel bestätigen. Sobieski deutet nämlich konsequent die Auseinandersetzung zwischen den zwei Piasten-Brüdern in strikt ethnischen Kategorien. Der eine Bruder – Heinrich II. der Fromme (Henryk II Pobożny 1196/1207–1241) – sowie dieselbe heilige Hedwig fungieren in der Erzählung aufgrund ihres Deutschtums (Heinrich habe seine Sympathien für die Deutschen von der Mutter

---

[87] Im Original: „Ale niebawem przyszedł czas, że koloniści złożyli zakrwawione miecze do pochwy i z siekierą w ręku rzucili się trzebić owe puszcze i lasy. To już nie rycerze krzyżowi, to *extirpatores silvarum*, karczownicy lasów... z nimi szła w kraj nasz już nie krzywda i grabież, ale *bogosławieństwo* cywilizacyi." Sobieski: Zapomniany bohater Śląski. In: TI (2.8.1902), S. 603.
[88] Interessanterweise stellten die polnischen Wälder in der Tat einen Topos deutscher kolonialer Phantasien und Zivilisierungsmissionen im 19. Jahrhundert dar. Vgl. Daheur, Jawad: „Der Polenwald gar finster ist...". Waldbilder, Geschlechtercodes und Kolonialphantasien der Deutschen in Polen (1840–1870). In: Barelkowski [u.a.] (Hrsg.), Geschlecht. S. 59–77.

geerbt) als Feindbild.[89] Der zweite Bruder Konrad Kędzierzawy („der Krause', 1191/1198–1213) wird stattdessen als Held beschrieben, da er angeblich seinem slawisch-polnischen Ursprung treu blieb und sich mit allen Mitteln gegen die deutsche kulturelle Assimilationskraft gewehrt habe. Die derartig skizzierte rassische Auseinandersetzung gründet auf zwei völlig unterschiedliche Verzeitungen des Deutschtums und des Polentums in der universellen historischen Zeit, die zwischen Polen und Deutschen eine unüberbrückbare temporale Distanz schaffte:

> Zu einem Zeitpunkt, als um ihm herum ganz Polen die Deutschen willkommen hieß und sich an sie schmiegte – [...] ... wollte er [Konrad, C.F.] den rassischen Hass ausleben, in einem Moment, in dem die ganze Welt entweder der internationalen mittelalterlichen Askese ergeben war, oder nur an die Vermehrung der wirtschaftlichen Ressourcen dachte. Verankert in einer *barbarischen* Vergangenheit, spürte er nicht, was um ihn herum geschah und glaubte nicht an das Geschenk der deutschen *Kultur*.[90]

Genau wie im vorherigen Artikel über die Slawen und die Germanen werden auch in dieser Textstelle die Slawen/Polen an ihren angeblichen Urcharakter zurückgebunden. Während sich allerdings dieser Charakter für Ochorowicz aus moralisch positiven Eigenschaften, wie Friedfertigkeit oder Gastfreundlichkeit, sowie aus dem räumlich bedingten bedauerlichen Rückständigkeitsmarker, wie dem Fehlen staatlicher Strukturen, zusammensetzt, hat er für Sobieski eine „rassische" Quintessenz, die jenseits jeglicher Beurteilung von positiv oder negativ zu verteidigen ist. Darüber hinaus und noch wichtiger lässt sich die Verzeitung der Slawen in Ochorowicz' Artikel als ambivalent definieren, da ihm zufolge die

---

89 Die Deutung Sobieskis bezüglich des angeblich deutschen Charakters der Hedwig von Schlesien und von Heinrich II. dem Frommen findet sich nur in wenigen Artikeln zu dem Thema. Hingegen lobt die polnische Presse die Persönlichkeiten von Hedwig und Heinrich – Letzterer fiel im Kampf gegen die Goldene Horde – als Heilige und erkennt ihre polnische Zugehörigkeit an. Insbesondere der *Przewodnik Katolicki*, aber auch andere katholische Volkszeitschriften vertreten diese Meinung. Siehe bspw.: ANONYM: Żywot św. Jadwigi, książnej Polskiej. In: PK (13.10.1901) Heft 41. S. 324–325; Teresa Jadwiga: Z życia świętej Jadwigi. In: GŚ (14.10.1906) Heft 41. S. 1–2; ANONYM: Żywoty świętych Patronów polskich. Święta Jadwiga. In: PK (10.10.1909) Heft 41. S. 330–331. Gegen eine national polnische oder deutsche Rezeption der Figur von Hedwig bis 1945 argumentiert auch Robert Żurek im neuerschienenen Band zu den deutsch-polnischen Erinnerungsorten: Żurek, Robert: Heilige Hedwig. In: Hahn [u.a.] (Hrsg.), Erinnerungsorte. Band 2. S. 427–439, hier S. 428–429.

90 Im Original: „W chwili, gdy wokoło niego cała Polska wita Niemców i garnie się ku nim – [...] ... on chciał bawić się w zawiści rasowe, wtedy gdy cały świat oddany był internacjonalnej ascezie średnowiecznej, lub myślał o pomnożeniu zasobów gospodarczych. Wpatrzony w przeszłość *barbarzyńską*, nie odczuwał tego, co się koło niego dzieje, nie wierzył w dary *kultury* niemieckiej." Sobieski: Zapomniany bohater Śląski. In: TI (2.8.1902), S. 604.

Slawen eine zivilisatorische Verspätung gegenüber den Germanen aufweisen, die Germanen aber ihrerseits kein moralisch erstrebenswertes Evolutionsmodell darstellen. Sobieski hingegen präsentiert das Polentum des 12. Jahrhunderts in einer doppelt anachronistischen temporalen Position, die zugleich vor sowie nach den Deutschen steht. Auf der einen Seite gilt im Artikel die Handlungslogik des polnischen Konrads als ein Überbleibsel einer „barbarischen Vergangenheit" und somit als zeitlich unangemessen im Vergleich zur „internationalen mittelalterlichen" Weltanschauung, die sein verdeutschtrn Bruder verkörpert. Auf der anderen Seite hat aber sein Spiel „mit dem rassischen Hass" eine sehr moderne Konnotation, die ihn zu einem Vorläufer der nationalistischen Ideologien des 19. Jahrhunderts macht.

Die zeitgenössische Aktualität der Figur des Konrad lässt sich auch am letzten Satz des Artikels ablesen, als Sobieski die „Wiedererweckung" des im 13. Jahrhundert als unverstandenen „Träumer" gestorbenen Konrad nach Jahrhunderten der Vergessenheit und seine Reaktivierung in der Rolle eines Führers für die nächsten Generationen polnischer Patrioten prophezeit.[91] Nun scheint somit Sobieski auf jegliche Evolution nicht nur der polnisch-deutschen Kontakte, sondern auch der Polen selber zu verzichten und stattdessen die Idee einer ursprünglichen primitiven Barbarei in den Kern einer modernen Selbstverzeihung der polnischen „Rasse" gegenüber der deutschen Teilungsmacht zu verwandeln.

III.2.3 Kreuzritter und Preußen in der Presse nach der Jahrhundertwende

Zu den bisher analysierten Themen kamen mit dem neuen Jahrhundert in der polnischsprachigen Presse weitere historiographische Interessensgebiete bezüglich der polnisch-deutschen Beziehungsgeschichte hinzu, die zur Profilierung des Deutschen Ordens und Preußens – neben den Germanen, dem Römischen Reich und den mittelalterlichen Kolonisten – als zentrale Varianten des deutschen historischen Anderen beitrugen. Während die *Zeitschriften für viele* bis dahin der Geschichte des Ordensstaats keine besondere Aufmerksamkeit geschenkt hatten[92]

---

[91] Im Original das gesamte Zitat: „Nie przed trybunał dziejów iść marzycielom, takiej postaci stanąć raczej przed jakim wieszczem i natchnąć go do pieśni, a ona może ludzi dopiero rozgrzeje. Taka postać zapomniana wstaje wtedy, jak on ptak cudowny z popiołów, po wiekach zapomnienia staje się zrozumiałością, dla następnych pokoleń, a nawet czasem ich promiennym, pozagrabowym wodzem." Sobieski: Zapomniany bohater Śląski. In: TI (2.8.1902), S. 604.

[92] Ende 1896 argumentiert beispielsweise der langjährige Redakteur der *Gazeta Warszawska* Józef Kenig im *Tygodnik Ilustrowany* für die Kreuzritter als sehr interessantes literarisches Sujet. Der Artikel, der wahrscheinlich als Werbung für die einigen Wochen später erschienene erste

und sich ihre umfassende Kritik an der preußischen Politik meistens auf das aktuelle Geschehen begrenzte,[93] stieg in den ersten Jahren des 20. Jahrhunderts vor allem in der Posener und Warschauer Presse die Menge an Pressebeiträgen über die (meistens konflikthaften) Kontakte Polens mit den sogenannten Kreuzrittern sowie über die Entfaltung der preußischen Macht enorm. Es soll nicht vergessen werden, dass 1900, parallel zur Artikelreihe von Ochorowicz, der *Tygodnik Ilustrowany* auch den letzten Teil des Romans *Die Kreuzritter* von Sienkiewicz veröffentlichte und 1902, kurz nach der Marienburger Rede des deutschen Kaisers und das erste Mal nach den Teilungen, das Tannenberg-Jubiläum Relevanz in der polnischsprachigen Öffentlichkeit und dementsprechend in der polnischsprachigen Presse erlangte. Diese neue Schwerpunktsetzung der Zeitschriften brachte eine ganze Reihe von zusätzlichen Zeitkonstrukten mit sich, die sich mit den schon dargelegten deutsch-polnischen temporalen Relationen und Kontinuitätslinien des deutschen Charakters überschnitten.

Der Deutsche Orden zwischen Unaufrichtigkeit und Relation der Begegnung

An erster Stelle erwähnt werden soll die Konstruktion jener zeitlosen auf moralischen Kategorien gegründeten Alterität, die im Abschnitt II.2.2. bezüglich der germanischen Stämme oder des Heiligen Römischen Reiches aufgezeigt wurde, auch bezüglich des Deutschen Ordens.[94] So definiert der Lemberger *Tydzień* in

---

Folge des Romans *Die Kreuzritter* fungieren sollte, vermittelte den Eindruck, dass zu diesem Zeitpunkt die Attraktivität des Themas längst noch nicht als Selbstverständlichkeit galt. Vgl. Kenig, Józef: Krzyżacy i Literatura. In: TI (2.1.1897) Heft 1. S. 5; Kenig, Józef: Krzyżacy i Literatura. In: TI (9.1.1897) Heft 2. S. 27–28.

93 Gleichzeitig mit den oben zitierten Artikel von Kenig (1897–1898) fokussieren sich viele andere Artikel zu Preußen eher auf die politische Aktualität oder auf die jüngere Vergangenheit des 19. Jahrhunderts. Es lassen sich immer wieder Vergleiche zwischen Bismarck, dem Kaiser oder dem Ostmarkenverein auf der einen Seite und den Kreuzrittern auf der anderen Seite finden, es handelt sich aber in den meisten Fällen um bloße Erwähnungen zur Bekräftigung politischer Rhetorik und nicht wirklich um temporale Konstruktionen. Vgl. bspw. Gruszecki, Artur: Polacy w głębi Niemiec. (Sprawozdanie specjalne dla Tygod. illustr.). In: TI (26.6.1897) Heft 26. S. 502–503; Puffke, Kazimierz: Stowarzyszenie szerzenia niemczyzny. In: TI (13.3.1897) Heft 11. S. 213–214; ANONYM: Kwestia polska w Prusach. In: Pr (3.3.1897) Heft 50; Kochanowski, Dyonis: Polen und Deutsche in der Provinz Posen. Uwagi Dra Dyonizego Karchowskiego. In: Pr (16.5.1897) Heft 79. S. 1–2; ANONYM: Nasze wady. In: Pr (16.5.1897) Heft 79. S. 2–3; Krzywicki, Ludwik: Wielki Krzyżak. In: TI (6.8.1898) Heft 32. S. 621–622.

94 Vor allem im Zusammenhang mit den zwei Tannenberg-Jubiläen lassen sich viele Artikel finden, die auf den negativen Charakter der Kreuzritter und auf das Kontinuum der preußischen Gewalt in der Geschichte vom Deutschen Orden bis zum Kaiserreich insistieren. Diesbezüglich siehe bspw.: ANONYM: Wytrwamy. In: IP (13.12.1901) Heft 13. S. 190–191; R. 1525 – 8 Kwietnia. In:

seinem Gedenkartikel zur Tannenberg-Schlacht 1902 die Kreuzritter als „eine Parodie des christlichen Gewissens und der christlichen Gerechtigkeit":[95]

> [Bei Tannenberg, C.F.] [f]iel und verschwand der Feind, der die Lüge atmete und mit Heuchelei, Tücke und künstlichen Krokodilstränen die Luft ganz Europas verpestete; fiel und verschwand jene verschrobene mittelalterliche Organisation, die aus dem Kreuz eine Ware und ein Symbol des Leidens, der Unterwerfung, des Schmerzes machte...[96]

Obwohl auch den Germanen/Deutschen die gleiche Grausamkeit und Zwangschristianisierung gegen die Slawen immer wieder vorgeworfen wird, konstruiert dieses Zitat die Böswilligkeit der Kreuzritter in einer teilweise anderen Weise. Während die moralische Niederträchtigkeit der Ersteren in den meisten Pressebeiträgen auch auf deren Aggressivität gegenüber ihren Nachbarn basiert, ist hier primär von der eigentümlichen *Unaufrichtigkeit* der Letzteren die Rede. In der Beschreibung von Ernest Łumiński, Autor des Artikels im *Tydzień*, bleibt außerdem von dem germanischen/deutschen zivilisatorischen Vorsprung gegenüber den Slawen/Polen nichts übrig. Das einzige Zeichen von Zivilisation, das Łumiński den Kreuzrittern zumindest auf den ersten Blick zuschreibt, war das Christentum, das sie aber nicht wahrhaftig verträten, da sie dessen zivilisatorischen Charakter völlig verzerrten („aus dem Kreuz eine Ware und ein Symbol des Leidens"). Schließlich unterminiert auch das Narrativ, dass der Orden bei Tannenberg „fiel und verschwand", die Vorstellung einer möglichen vorgerückteren Position der Kreuzritter auf der Zeitlinie des technisch-militärischen Fortschritts und fungiert als starke temporale Zäsur in der Selbstverzeitung Polens im Bezug zu dieser Position. Während bis 1410 der Ordensstaat militärisch entwickelter und stärker als Polen gewesen sei, markiert der polnische Sieg die Synchronisierung und Überholung Polens in diesem Bereich. Bei der gemeinsamen Betrachtung aller dieser Aspekte lassen sich daher eine stärker akzentuierte negative Codie-

---

BL (1.2.1901) Heft 5. S. 94; Dubiecki, Marian: Zakaz Pruski. In: BL (31.1.1902) Heft 5. S. 93–94; Ochorowicz, Julian: Jacy my naiwni i ślepi w stosunku do Niemców. In: IP (25.4.1902) Heft 17. S. 390–391; G. N.: Fałszerstwa krzyżackie. In: Pr (16.7.1905) Heft 29. S. 977–980; ANONYM: Jak powstało państwo Puskie. In: R (15.7.1910) Heft 29. S. 7–8; ANONYM: Charakter Krzyżaków. In: Pr (15.7.1910) Heft 29. S. 922–925; ANONYM: Powstanie Zakonu Krzyżackiego. In: NI (16.7.1910) Heft 29. S. 4; ANONYM: Krzyżacy. In: NK (16.7.1910) Heft 107. S. 5–7.
95 Im Original: „parodja chrześcijańskiego sumienia i sprawiedliwości". Łumiński: Dies irae, dies illa... In: T (13.7.1902), S. 437.
96 Im Original: „Padł i znicestwił się nieprzyjaciel, który kłamstwem oddechał i zatruwał powietrze całej Europy obłudą, przewrotnością, fałszerstwami i krokodylymi lamentami; padła i znicestwiła się cudaczna organizacja średnowieczna, co z krzyża zrobiła handel i symbol bólu, przebaczenia, cierpienia." Łumiński: Dies irae, dies illa... In: T (13.7.1902), S. 437.

rung sowie zugleich eine temporale Schwächung der deutschen Alterität im Artikel feststellen. Zwar erscheinen die Kreuzritter hier noch perfider als beispielsweise die Germanen im Text von Ochorowicz. Ihre evolutionäre Leistung wird aber niedriger eingestuft und produziert keine slawisch-polnische Rückständigkeitsposition.

Jenseits des Tannenberg-Jubiläums 1902 beschäftigte sich die polnischsprachige Presse mit den Kreuzrittern meistens in Artikeln, die einen breiten historischen Überblick über die Geschichte Preußens lieferten. Bereits am Ende des 19. Jahrhunderts stellten die damals neugegründeten Zeitschriften des preußischen Teilungsgebietes, *Piast* und *Praca*, in ihren Beiträgen zu den deutsch-polnischen historischen Beziehungen das Narrativ über die Gewalt, die die Kreuzritter im 13. und 14. Jahrhundert an den „heidnischen" Bevölkerungen der Pruzzen und Litauer verübten, in den Mittelpunkt ihres Interesse.[97] Im Jahr 1900 veröffentlichte wieder die *Praca* zwei lange und inhaltlich sehr ähnliche Beiträge über die gesamte historische Entwicklung Preußens von der Ansiedlung des Deutschen Ordens bis zur Gründung des Kaiserreichs 1871.[98] In beiden Artikeln wird den Kreuzrittern die gleiche wesenseigene Unaufrichtigkeit zugeschrieben, wie sie gerade anhand des *Tydzień*-Gedenkartikels über Tannenberg hervorgehoben wurde:

> Sie [die Kreuzritter, C.F.] profitierten von dem Chaos, das in Polen am Anfang des 14. Jahrhunderts herrschte, und eigneten sich mittels Betrugs Danzig und ganz Ostpommern an. Diese ganz und gar polnische Region, zusammen mit dem Michelauer und Kulmerland, nannten sie auch Preußen, [...] auch wenn die Pruzzen da nie gewohnt hatten. [...] Es gab keinen Betrug und keine Niederträchtigkeit, die die Kreuzritter sich gegen Polen nicht erlaubt hätten.[99]

Auch mit der definitiven Unterwerfung des Ordensstaates unter den polnischen König nach dem Zweiten Frieden von Thorn 1466 beginne dem*der anonymen Autor*in zufolge keine wirklich positive Phase im Zusammenleben zwischen den Polen und den Kreuzrittern/Preußen, da „auch dann die Kreuzritter nicht mit ihre

---

97 Vgl. ANONYM: Bolesław Wstydliwy. In: Pi (4.4.1897) Heft 14. S. 1–2; ANONYM: Wilno. In: Pr (7.3.1897) Heft 54. S. 3.
98 Vgl. P.: Jak powstało państwo pruskie. In: Pr (21.1.1900); Poznańczyk: Prusacy. In: Pr (18.11.1900) Heft 47. S. 1213–1215.
99 Im Original: „Korzystając z zamieszanek, jakie były w Polsce na początku 14-go wieku, zagarnęli zdradą Gdańsk i całe Pomorze wschodnie. Ten kraj czysto polski, wraz z ziemią chełmińską i michałowską, nazwali również Prusami [...] chociaż tam nigdy Prusacy nie mieszkali. [...] Nie było zdrady, nie było podłości, któreby się Krzyżacy nie dopuścili względem Polski..." P.: Jak powstało państwo pruskie. In: Pr (21.1.1900), S. 94.

heimtückischen Aktionen einstellten und Polen, wo immer sie konnten, schadeten".[100] Einerseits funktioniert die Unaufrichtigkeit in beiden *Praca*-Artikeln daher wie jene ahistorische, negative Grundeigenschaft der deutschen Alterität und jene Kontinuitätslinie im historischen Handeln, die in den Beispielen aus Abschnitt III.2.2. die deutsch-polnische Beziehungsgeschichte als ewige Feindschaft konturiert. Andererseits definieren die Artikel zumindest zwei temporale Relationen zwischen Polen und dem Ordensstaat/Preußen, die diese Feindschaft mit unterschiedlichen Selbstverzeitungsmustern Polens in Zusammenhang setzen und nach Phasen gliedern.

Die erste Relation ist als zusätzliche Variante der Relation der Begegnung zu verstehen, da sie die Begegnung zwischen dem bereits christianisierten polnischen Staat und dem aus dem Heiligen Land zurückgekehrten Deutschen Orden in den Mittelpunkt stellt. Den Auslöser der Begegnung bildet in beiden Texten die Einladung von Konrad von Masowien (Konrad I Mazowiecki, 1187/1188–1247, Herzog aus dem piastischen Geschlecht der Epoche des zerstückelten Polens) an den Deutschen Orden im Jahre 1226, zur Unterstützung bei der Bekämpfung und Christianisierung der „heidnischen" Pruzzen nach Preußen zu kommen.[101] Die Tatsache, dass die Kreuzritter auf polnische Einladung hin nach Osteuropa kamen und von einem polnischen Herrscher ihre ersten Siedlungsgebiete in Westpreußen erhielten, produziert eine – im Kontrast zu den Slawen/Germanen – umgekehrte, anfängliche polnisch-preußische Verzeitung. Die Polen gelten nicht als indigenes Primitivvolk, das den fortschrittlicheren Nachbarn zum Opfer fällt. Vielmehr stellen sie ein christliches Land dar, das im Namen einer universellen Zivilisierungsmission die Macht hat, Gebrauch von einem damals europaweit anerkannten Instrument dieser Mission zu machen und die Ritter der Kreuzzüge in den Dienst zu nehmen. Die deutschen Kreuzritter werden dagegen von den *Praca*-Autor*innen als ein seiner eigenen Mission nicht mehr treuer Mönchsorden („Sie hatten keine Lust mehr, sich der Gefahr in den Weiten Palästinas auszusetzen") angesehen, der nach den Kreuzzügen keine Aufgabe und keinen Platz in Europa mehr hatte und gerne die von Konrad angebotenen Gebiete sowie die Chance zu einem „einfachen Sieg" über die Pruzzen annahm.[102]

---

100 Im Original: „Jednak i wtedy Krzyżacy nie zaprzestali zdradzieckich wybiegów i jak mogli szkodzili Polsce." P.: Jak powstało państwo pruskie. In: Pr (21.1.1900), S. 95.
101 Vgl. P.: Jak powstało państwo pruskie. In: Pr (21.1.1900), S. 94; Poznańczyk: Prusacy. In: Pr (18.11.1900), S. 1213.
102 Im Original: „Ale w tym czasie, gdy ich Konrad powołał, nie mieli już ochoty narażać się na niebezpieczeństwo w dalekiej Palestynie, woleli łatwiejsze zwycięstwa nad Prusakami." P.: Jak powstało państwo pruskie. In: Pr (21.1.1900), S. 94.

Während sich somit die Kreuzritter, so heißt es weiter in dem Beitrag, in einer Phase des Niederganges ihrer historischen Existenz befanden und aufgrund des Endes der Kreuzzüge einen gewissen Anachronismus verkörperten, wies das Polen des 12. Jahrhunderts eine völlige Synchronie mit der damaligen europäischen Zeit sowie einen Vorsprung gegenüber Preußen bei der Staatsbildung auf. Diese Ausgangssituation habe sich aber geändert, als die Kreuzritter nach der „Christianisierung" der Pruzzen „mit dem Schwert und mit dem Feuer"[103] der Kontrolle von Konrad entglitten und sich auch polnische Gebiete aneigneten. Wenngleich solch ein Narrativ eine der slawisch-germanischen Beziehungsgeschichte sehr ähnliche zweite Phase polnisch-kreuzritterlicher Kontakte herstellt, widerspricht das Argument des „Feuers und des Schwertes" und des „Betrugs", mit denen die Kreuzritter demnach ihre territorialen Eroberungen errungen hätten, der Vorstellung einer polnischen zivilisatorischen Verspätung gegenüber dem Deutschen Orden und strukturiert das polnisch-preußische Verhältnis in Termini eines sich an Rechtsstaatlichkeit haltenden Staates und eines nur dank Grausamkeit und Rechtsbrüchen überlegenen Feindes.

Tannenberg und vor allem der Frieden von Thorn stellen in beiden Artikeln einen Wendepunkt in dieser Beziehung dar, denn Polen gewinnt die Oberhand und setzt eine dritte Phase von gerechten Regeln in den polnisch-preußischen Beziehungen durch.[104] Diese dritte Phase, die sich mit der jagiellonischen Epoche sowie mit der ersten Hälfte der Wahlmonarchie deckt, war zum einen durch die Wiederherstellung der anfänglichen zivilisatorischen Überlegenheit Polens charakterisiert, die sich paradigmatisch aus der Erzählung von zwei Huldigungen[105] des preußischen Vasallen dem polnischen König gegenüber herauslesen lässt. Beide Episoden enthalten allerdings zugleich auch die Weiterführung des polnisch-preußischen Verhältnisses der zweiten Phase, da den Huldigungen angeblich zwei Ausnahmen bei den von Polen durchgesetzten Regeln – der Etablierung der Erblichkeit des Hochmeistertitels sowie der Annexion Preußens durch das Fürstentum von Brandenburg – folgten, die der Ordensstaat/Preußen

---

103 Vgl. Poznańczyk: Prusacy. In: Pr (18.11.1900), S. 1213.
104 Vgl. P.: Jak powstało państwo pruskie. In: Pr (21.1.1900), S. 95; Poznańczyk: Prusacy. In: Pr (18.11.1900), S. 1214.
105 Es handelt sich zum einen um die von Matejko gemalte Huldigung des letzten Hochmeisters des Deutschen Ordens, Albrechts I. von Preußen (1490–1568), vor dem Jagiellonen Sigismund I. dem Alten im Jahre 1525 und zum anderen um das Versprechen der Huldigung, die im Jahre 1618 der Kurfürst von Brandenburg dem polnischen König Sigismund III. Wasa für die Beerbung Preußens im Falle eines nachfolgelosen Todes des Sohnes Albrechts I., Albrecht Friedrich von Preußen (1553–1618), leistete.

dank der „Gutmütigkeit"[106] der polnischen Könige zum Schaden Polens durchzusetzen gewusst habe. Gerade in dieser Gutmütigkeit, die im zweiten Artikel auch als fehlendes politisches „Geschick"[107] beschrieben wird, sehen die beiden Autor*innen den Beginn der letzten sich bis in die Gegenwarts-Zeit hineinziehenden Phase, in der Preußen immer mehr Macht gegenüber dem geschwächten polnischen Nachbarn gewinne und schließlich maßgeblich zu den Teilungen Polens beitgeragen habe.

Inwieweit die vorherigen Phasen allerdings dazu dienen, eine zeitgenössische subalterne Verzeitung Polens hinter der preußischen Teilungsmacht zu relativieren, zeigt der letzte Satz des ersten Artikels der *Praca*:

> Unsere Urahnen, die beim Kniefall des preußischen Hochmeisters in Krakau [die Huldigung 1525, C.F.] anwesend waren, hätten es für unmöglich halten, wenn man ihnen gesagt hätte, dass ... seine Nachfolger über uns herrschen würden...[108]

Der Rückstand, so heißt es hier, den die Polen gegenüber Preußen in den letzten Jahrhunderten akkumuliert haben und der in der preußischen Eingliederung des Großherzogtums Posen mündete, stelle ein erst neues und alles andere als selbstverständlich präsentiertes Phänomen dar, das mit der vergangenen temporalen Relation zwischen dem jagiellonischen Königreich und dem Deutschen Orden völlig kontrastiert.

Die Nicht-Ursprünglichkeit und Orientalität der Preußen

Auf die zweite Relation macht hingegen ein Absatz aus dem zweiten Artikel aufmerksam:

> Die Entwicklung Preußens straft die gelernten Theorien über die Entstehung und die Natur von Nationen Lügen. Wir sagen normalerweise, dass eine Nation eine natürlich entstandene Menschengemeinschaft ist, die durch eine gemeinsame Vergangenheit, Sprache, gemeinsame Bräuche und eine eigene Kultur verbunden ist. Aber das, was heute die preußische Nation ist, hat weder eine gemeinsame preußische Geschichte noch Sprache noch Brauch noch Kultur. Das ist ein Zusammenkleben, das unter dem Druck einer Regierung entstanden

---

106 P.: Jak powstało państwo pruskie. In: Pr (21.1.1900), S. 95.
107 Poznańczyk: Prusacy. In: Pr (18.11.1900), S. 1214.
108 Im Original: „Praojcom naszym, którzy na przysięgę księcia pruskiego w Krakowie patrzeli, nieprawdopodobnem by się wydało gdyby im powiedziano, że... ich potomkowie nad nami będą panowali..." P.: Jak powstało państwo pruskie. In: Pr (21.1.1900), S. 95.

ist, ein künstliches Produkt, das seine Existenz dem Willen einer energischen Regierung verdankt.[109]

Die Ablehnung der Anerkennung Preußens als „natürliche" Nation, die dieses Zitat zum Ausdruck bringt, lässt sich als weiterer Relativierungsmechanismus der zeitgenössischen subalternen Position denken. Ihr liegt die Idee zugrunde, dass die Preußen keine ethnische Einheit, sondern eine menschenlose Machtstruktur verkörpern, die aus der Eliminierung eines ursprünglichen Volkes, der Pruzzen, und aus der Vereinnahmung seiner Gebiete und seines Namens entstanden sei. Diese Relation der *Nicht*-Ursprünglichkeit Preußens, die zugleich eine temporale Unterscheidung von Preußen beinhaltet, weist eine gewisse Spiegelbildlichkeit mit der in Abschnitt III.2.2. dargelegten Relation der Ursprünglichkeit auf, denn es konterkariert das in der Relation der Ursprünglichkeit enthaltene Rückständigkeitsparadigma der Polen als Indigene. Werden die Slawen aufgrund ihrer primitiven Urcharakterzüge von den Germanen kolonisiert und markiert das gleiche koloniale Verhältnis auch die zeitgenössische polnische Nation, erfüllen die Polen dank dieser Urcharakterzüge im Gegensatz zu Preußen die zeitgenössisch geltenden Kriterien einer Nation.

Eine interessante Variante dieser Relation lässt sich in einem weiteren *Praca*-Artikel finden, in dem die Restaurierung der Marienburg kommentiert wird. Nach Kritik an den Restaurierungsarbeiten, die angeblich jegliche Spur polnischer Geschichte aus der Burg eliminiert hatten, bietet der*die anonyme Autor*in eine besondere Erklärung dieses Vorgehens an:

> Die Deutschen haben die Kultur nicht erfunden, und schon gar nicht die Preußen. Im Grunde leben sie nur weiter im Westen, woher die Kultur kommt. Trotzdem sind sie [die Preußen, C.F.] weit entfernt von der Kultur, die wir in Polen im 16. Jahrhundert hatten.[110]

Nun streitet dieses Zitat die Ursprünglichkeit der Preußen ab, diesmal nicht als Nation, sondern als Kulturnation. Die Preußen gelten hier als bloße Rezipienten

---

109 Im Original: „Rozwój Prusów kłam zadaje uczonym teoryom o powstaniu i istocie narodu. Mówimy zazwyczaj, naród jest to naturalnie powstała społeczność ludzka związana ze sobą wspólną przeszłością, językiem, zwyczajami, kulturą odrębną. Zaś to, co dzisiaj stanowi naród pruski, nie ma ani wspólnej przeszłości, ni języka, ni zwyczajów ni kultury pruskiej. Jest to sklejek powstały pod pressyą rządu, sztuczny wyrób zawdzięczający byt swój woli energicznego rządu." Poznańczyk: Prusacy. In: Pr (18.11.1900), S. 1215.
110 Im Original: „Niemcy kultury nie wynaleźli, a tem mniej Prusacy. Cała rzecz w tem, że mieszkają bardziej na zachód, zkąd idzie kultura. Mimo to daleko im do naszej kultury, jaką mieliśmy w Polsce w 16 wieku." ANONYM: Gospodarka pruska w Malborgu. In: Pr (4.6.1905) Heft 23. S. 764–765, hier S. 764.

einer Kultur, die „im Westen" produziert wurde und für die sie keine Urheberschaft haben. So kann in dem Beitrag eine Verzeitung Polens im 16. Jahrhundert vorgeschlagen werden, die das polnische historische Subjekt auf der Zeitlinie der kulturellen Entwicklung vor das gegenwärtige Preußen stellt. Dieses Beispiel bestätigt somit die Relation der *Nicht*-Ursprünglichkeit als temporale Unterschiedung, die die polnischsprachige Presse in Bezug auf Preußen einsetzte, um die polnische politische Unterordnung unter die deutsche Teilungsmacht in der Gegenwarts-Zeit zu hinterfragen.

Wie aus den Artikeln der *Praca* deutlich wird, aktiviert das Narrativ über den Deutschen Orden/Preußen Formen der Selbstverzeitung, der Unterscheidung des polnischen und deutschen historischen Elements sowie der Periodisierung der polnisch-deutschen historischen Zeit, die zum Teil stark vom Narrativs über die Germanen/das Heilige Römische Reich abweichen. Die gewisse Dopplung des deutschen Anderen, die sich aus diesen abweichenden Formen ergibt, und das Verhältnis zwischen seiner germanisch/deutschen und seiner kreuzritterlich/preußischen Seele stehen im Mittelpunkt vieler Pressebeiträge im neuen Jahrhundert. So hebt beispielsweise die *Biesiada Literacka* in einem Kommentar zum Gemälde von Matejko über die Preußische Huldigung – deren Reproduktion die Zeitschrift anlässlich des Jubiläums 1902 veröffentlichte – hervor, dass die Quintessenz des Deutschen Ordens als Institution schon immer die „Vorhut des Germanismus im Osten"[111] gewesen sei. Gleichzeitig aber erklärte der*die anonyme Autor*in die „deutsche nationale Idee" zu etwas, was dem Ordensstaat am Anfang fremd war und erst nach den militärischen Niederlagen im 15. Jahrhundert von den Mönchsrittern instrumentell übernommen wurde, um sich „vor dem Untergang zu retten" und um weitere Kriege gegen Polen führen zu können.[112] Die Kreuzritter (und ihre preußischen Nachfolger) standen daher laut *Biesiada* in einer sehr widersprüchlichen Beziehung zum Deutschtum, da sie zugleich die militante Seite des „Germanismus" und Profiteure der „deutschen nationalen Idee" darstellten. Der*die Autor*in konzipiert somit in diesem Text das deutsch-preußische Verhältnis in Termini, die an die Relation der Ursprünglichkeit zwischen slawischen Indigenen und deutschen Kolonisten erinnert: Die Germanen/Deutschen erscheinen als die ursprüngliche Ethnie, deren Quintessenz von den später kommenden Kreuzrittern für die eigenen Zwecke angeeignet wurde. Da-

---

111 Die gesamte Textstelle im Original: „Z institucyi duchownej, o celach wzniosłych stał się zakon państwem zupełnie świeckiem, tem, czem był właściwie od samego początku, a co starannie przed Europą ukryć usiłował, a mianowicie: przednią strażą germanizmu na Wschodzie." ANONYM: Hołd Pruski. In: BL (1.8.1902) Heft 31. S. 88.
112 Im Original: „Jedynie niemiecka idea narodowa mogła uratować zakon od zguby." ANONYM: Hołd Pruski. In: BL (1.8.1902).

durch wirkt die germanische/deutsche Alterität weniger moralisch verwerflich als die preußische Alterität. Auch die temporale Distanz zu den Slawen erlebt durch die Konstruktion der Germanen als Autochthone eine Relativierung. Die Grenzen zwischen dem germanischen und dem preußischen Alteritätskonstrukt verlaufen allerdings in der *Biesiada* unscharf, sobald es um die Feindschaft gegen Polen geht. Wenn der Artikel einerseits dem Deutschen Orden explizit eine antipolnische Gesinnung unterstellt, knüpft der Ausdruck „Vorhut des Germanismus im Osten" andererseits auch die deutsche nationale Idee eng an eine grundlegende Aggressionstendenz, die gegen die slawische Welt gerichtet gewesen sei.

Eine klare temporale Unterscheidung zwischen dem germanischen/deutschen und dem kreuzritterlichen/preußischen Anderen lässt sich hingegen in einer langen Artikelreihe über die Geschichte der „polnische[n] Gebiete in Preußen" erkennen, die ein Jahr später (1903) im *Piast* erschien.[113] Für die polnischsprachige Zeitschrift aus Kujawien – eine historische Region des polnischen Königreichs, die sich immer an der Grenze zum Ordensstaat befand (sie wurde zwischenzeitlich im 14. Jahrhundert auch vom Ordensstaat annektiert) und nach den Teilungen unter preußische Herrschaft kam – war das Thema sehr naheliegend, denn der *Piast* verstand sich als Multiplikator des polnischen nationalen Bewusstseins in der ethnisch-gemischten Provinz. Nach einer Gegenüberstellung der friedfertigen Slawen mit den expansionistisch-aggressiven Germanen, die vom bereits analysierten Argument von der Raumbedingtheit ihrer Volkscharaktere untermauert wird, identifiziert der*die anonyme Autor*in zwei Germanisierungswellen der urslawischen Gebiete. Unter dem verführerischen Einfluss der militärischen und kulturellen Überlegenheit der Germanen/des Römischen Reiches in der Zeit nach Karl dem Großen hätten sich die Slawen bestimmter Regionen (Pommern und Schlesien) freiwillig der ersten Germanisierungswelle unterworfen:

> Angelockt vom Glanz der höheren westlichen Kultur, bezaubert vom Titel des römischen Kaisers, arbeiteten einige Fürsten, die mit den Deutschen direkt benachbart waren, [...] systematisch an der Germanisierung ihrer eigenen Länder.[114]

---

113 Vgl. ANONYM: Ziemie Polskie w Prusach. (Prusy Wschodnie i Zachodnie, W. Księstwo Pozn., Śląsk). In: Pi (27.9.1903) Heft 39. S. 1–2.
114 Im Original: „Zwabieni blaskiem wyższej kultury zachodniej, olśnieni tytułem cesarza rzymskiego, niektórzy książęta, sąsiadujący bezpośrednio z Niemcami, [...] pracowali systematycznie nad zgermanizowaniem swoich krajów." ANONYM: Ziemie Polskie w Prusach. In: Pi (27.9.1903), S. 2.

Die Schuld für die zweite Germanisierungswelle sieht der Artikel dagegen in der „Unvorsichtigkeit" Konrads von Masowien, der die Kreuzritter nach Osteuropa geholt hatte, sowie im Bruch der mit den Polen getroffenen Vereinbarungen durch die Kreuzritter.[115] Bei dieser zweiten Germanisierung, die im Zeichen der Gewalt geschehen sei, gehe es daher nicht mehr um die Assimilation an die überlegene deutsche Kultur, sondern darum, dass der Ordensstaat bestimmte polnische Gebiete mittels Betrug militärisch erobern sollte. Nun unterscheidet der Artikel des *Piast* zwischen Germanen/Römischen Reich einerseits und Kreuzrittern/Preußen andererseits: Erstere weisen eine primär temporale Distanz gegenüber den Polen auf (sie sind fortschrittlicher), während Letztere als bloße Feinde Polens mit einer eher moralischen und nicht temporalen Konnotation auftreten.

Das Narrativ des *Piast* von den zwei Germanisierungswellen setzt diese zwei deutschen Alteritätskonstrukte in ein zum Artikel der *Biesiada* analoges temporales Verhältnis, da sich die Germanen kalendarisch vor den Kreuzrittern in Osteuropa ansiedelten und die Slawen germanisierten. Allerdings reduziert sich im Artikel des *Piast* das temporale Verhältnis zwischen den beiden nicht nur darauf:

> Von den westslawischen Stämmen [...] blieben [...] nur diejenigen übrig, die entweder von Anfang an zu Polen gehörten oder sich früh genug an den polnischen Staat anschlossen [...]. Der Rest wurde bekämpft oder geschluckt vom deutschen Element, und an der Stelle der alten slawischen Völker entstand das neue gemischte Volk der Preußen, das sich im Charakter deutlich von den rein deutschen Stämmen unterscheidet und die Slawen abgrundtief hasst.[116]

Wie dieses Zitat zeigt, kamen die Kreuzritter nicht nur kalendarisch nach den Germanen/Deutschen. Sie hatten auch eine *Mischlingsnatur*, die ihrem Hass gegen die Slawen zugrunde lag. Diese Mischlingsnatur, eine weitere Variante der temporalen Unterscheidung inbegriffen in der Relation der preußischen Nicht-Ursprünglichkeit, wirkt auch im *Piast* als Relativierung der zeitgenössischen subalternen Position Polens gegenüber Preußen, da sie die Preußen als „neues", ethnisch nicht einheitliches Volk präsentiert. Im Vergleich zu den „rein deutschen Stämmen" weise Polen hingegen eine zivilisatorische Verspätung auf, was die

---

115 Vgl. ANONYM: Ziemie Polskie w Prusach. (Prusy Wschodnie i Zachodnie, W. Księstwo Pozn., Śląsk). In: Pi (4.10.1903) Heft 40. S. 1–2, hier S. 1.
116 Im Original: „Z szczepów zachodnio-słowiańskich, [...] pozostały [...] tylko te szczepy, które należały od samego początku lub też przyłączyły się wcześnie do państwa Polskiego [...]. Reszta została wytępiona albo pochłonięta przez żywioł niemiecki, a na miejscu dawnych ludów słowiańskich utworzył się mieszany nowy naród Prusaków, różniący się charakterem znacznie od szczepów czysto niemieckich, a nienawidzący namiętnie Słowian." ANONYM: Ziemie Polskie w Prusach. In: Pi (4.10.1903), S. 2.

Assimilierungskraft dieser Stämme auf die Slawen erkläre. In dieser Hinsicht lässt sich im Artikel des *Piast* eine in gleichen Maßen ambivalente Selbstverzeitung gegenüber dem deutschen Anderen beobachten – analog zu den Beiträgen der 1880er und 1890er Jahre. Nur liegt diesmal die Ambivalenz in der Unterscheidung zwischen Germanen/Deutschen und Kreuzrittern/Preußen.

Von der gleichen Ambivalenz zeugen auch drei Artikel aus der Warschauer Presse, die zwischen 1907 und 1909 die deutsche und preußische historische Evolution mit derjenigen Polens vergleichen. Zwei dieser Artikel stammen aus dem *Tygodnik Ilustrowany*, während der dritte in der 1906 gegründeten *Świat* erschien.[117] Alle drei Autoren – Bolesław Lutomski, Józef Weissenhoff und Wincenty Lutosławski – gehörten zur nationaldemokratischen Bewegung, was sich in der Verabsolutierung der polnisch-deutschen historischen Auseinandersetzung und in der ethnisch-rassischen Konnotation der deutschen Alterität niederschlug. So definiert Bolesław Lutomski in dem hier besprochenen ersten Artikel im *Tygodnik Ilustrowany* mit dem Titel *Wir und die Deutschen* Deutsche und Polen als „zwei Systeme im Widerspruch zueinander, zwei unterschiedliche moralische Rassen, zwei unterschiedliche Zivilisationen, zwei durch und durch verschiedene Gesellschaften".[118] Der polnische Kampf gegen die Deutschen sei „tödlich", denn es gehe um das Überleben. Diese absolute, eingeborene Gegensätzlichkeit hatte allerdings laut Lutomski eine eindeutige temporale Dimension:

> Die Deutschen marschieren seit Jahrhunderten im Gleichschritt zum Ziel, und dieser Marsch führte sie an den Gipfel der Macht; die Polen hingegen verloren ihr historisches Ziel aus den Augen, entwickelten sich chaotisch in alle Richtungen, standen am Rande des Ruins. Jetzt, wenn sich die Polen retten möchten, müssen sie wieder ihre Hauptidee, ihr eigenes historisches Ziel finden und sich nach vorne in Richtung dieses Zieles bewegen. Unser historischer Streit mit den Deutschen [...] fiel für uns fatal aus.[119]

Dieses Zitat konstruiert die deutsche Alterität als evolutionäre Kraft, die viel zielgerichteter als die polnische war und auf der universellen Zeitlinie des Fort-

---

117 Vgl. Lutomski, Bolesław: My a Niemcy. In: TI (22.6.1907) Heft 25. S. 503; Lutosławski: Prusacy i Persowie. In: ŚW (20.6.1908); Weyssenhoff, Józef: Dusza pruska. In: TI (18.12.1909) Heft 51. S. 1070–1071.
118 Im Original: „...dwa sprzeczne ustroje, dwie różne rasy moralne, dwie różne cywilizacye, dwie nawskroś inne społeczności." Lutomski: My a Niemcy. In: TI (22.6.1907)
119 Im Original: „Niemcy szli od wieków równym krokiem do celu, i ten marsz koncentrowany doprowadził ich do szczytu potęgi; Polacy stracili swój cel historyczy z oczu, rozbiegli się ekscentrycznie na wszystkie strony, stanęli nad krawędzią przepaści. Obecnie chcąc się ratować, znaleźć znów muszą swoją ideę główną, swój cel dziejowy i posuwać się naprzód mając go zawsze przed sobą. Nasz wiekowy spór z Niemcami [...] przyczyny wypadał dla nas fatalnie." Lutomski: My a Niemcy. In: TI (22.6.1907).

schritts in eine zeitgenössische temporale Position der Deutschen weit vor den Polen mündet. Die Polen könnten ihre Verzögerung nur aufholen, wenn sie die gleiche evolutionäre Zielgerichtetheit wie die Deutschen erreichten. Diese Sichtweise steht im Einklang mit der Ideologie der Nationaldemokratie, die zwar in den Deutschen vor allem den Hauptfeind, aber auch den Vertreter des westeuropäischen Modernitätsmodells sah, das man nachahmen musste.[120]

Eine klare Trennung zwischen der musterhaften und der feindlichen deutschen Alterität führt der zweite Artikel des *Tygodnik Ilustrowany* durch die Unterscheidung zwischen Deutschen und Preußen ein. Der Autor Józef Weissenhoff fasst die polnisch-deutsche historische Auseinandersetzung folgendermaßen zusammen:

> Es besteht kein Zweifel, dass die Deutschen die ewigen Konkurrenten der Slawen sind [...]. Diese Konkurrenz hatte aber Jahrhunderte eher den Charakter eines Ringens zweier Kulturen, es gab keinen rassischen Hass. [...] Obwohl nicht alle Annäherungen [mit den Deutschen, C.F.] sich für uns als nützlich herausstellten, sollte man in der generellen polnischen Tendenz zur Freundschaft mit dem Westen und deshalb auch mit den direkten Nachbarn auf dieser Seite die beständige Richtung der nationalen Bestrebungen sehen. Von diesen Beziehungen profitierten unser Handwerk, unsere Industrie und unsere technischen Kenntnisse, während wir bei der höheren Geisteskultur wenig von Deutschland übernommen haben da wir durch Deutschland eher aus den lateinischen Quellen schöpften: italienischen und französischen.[121]

In diesem Zitat ist die polnisch-deutsche Geschichtsbeziehung zwar eine Geschichte von „ewiger" Konkurrenz, aber auch von einem kontinuierlichen zivilisatorischen Austausch. Die Deutschen treten dabei als kulturelles Andere auf, die aber zugleich den westlichen Fortschrittsmaßstab und sogar die positiven Vermittler dieses Fortschritts nach Polen darstellen. Damit konstruiert Weissenhoff einen eindeutigen temporalen Vorsprung der Deutschen gegenüber Polen, grenzt ihn aber auf den ökonomisch-technischen Bereich ein und profiliert die Möglichkeit einer polnischen Synchronisierung mit der deutschen temporalen Position entlang der Jahrhunderte.

---

120 Vgl. Wieniawski, Julian: Z ubiegłego stulecia. In: TI (5.1.1901) Heft 1. S. 2–3, hier S. 51–55.
121 Im Original: „Nie ulega wątpliwości, że Niemcy są odwiecznymi współzawodnikami Słowian [...]. Ale to współzawodnictwo miało przez wieki raczej charakter zmagania się między sobą dwóch kultur, nie było zatrute nienawiścią rasową. [...] Jeżeli niewszystkie te zbliżenia wyszły nam na pożytek, to w ogólnej tendencyi Polski do przyjaźni z Zachodem, więc i z bezpośrednim od tej strony sąsiadem, widzieć należy trwały kierunek aspiracyi narodu. Na tych stosunkach zyskały rękodzieła nasze, przemysł i nauki techniczne, chociaż wyższą kulturę duchową czerpaliśmy mało z Niemiec, sięgając poprzez nie do źródeł łacinskich: włoskich i francuskich." Weyssenhoff: Dusza pruska. In: TI (18.12.1909), S. 1070.

Anders klingt hingegen die Erzählung, sobald die Preußen in den Mittelpunkt des Artikels rücken:

> Erst in der zweiten Hälfte des 18. Jahrhunderts kam dieser Stamm zu seiner vollen Kraft, der sich vorher nur Vermögensgründen deutsch nannte, und gab sich eine Form, dem inmitten älterer, viel verdienstvollerer germanischer Stämme in unseren Zeiten die Hegemonie zufiel. In diesem im Herzen Europas anschwellenden Geschwür sammelte sich schon seit Jahrhunderten Eiter im sogenannten *Kreuzritterorden*. [...] Polen hatte die Aufgabe und die Mission, diesen Preußischen Staat zu zerschlagen. Das war es sich selbst und Europa schuldig. Und es brachte alle seine Kraft auf, um seine vielleicht politisch wichtigste Aufgabe zu vollbringen – Tannenberg. Aber als dann der schlüpfrige Ritter [damit sind die Kreuzritter gemeint, C.F.] besiegt wurde, [...] versetzte Polen ihm nicht den tödlichen Gnadenstoß, die die Muse Clio uns in die Hand gab. [...] So erhob sich der Preußische Staat [...], der sich vorwiegend nicht auf seinen eigenen Gebieten gründete, dank seiner aggressiven Tradition ausgedehnte und durch den siegreichen Krieg gegen Frankreich den Gipfel seiner Macht erreichte. Es ist diese neue Lage [...], die neue, oder besser die erneute Verpflichtung für uns Polen, und zwar die Verpflichtung von Tannenberg.[122]

Dieses längere Zitat bündelt viele der bereits analysierten Aspekte des preußischen Alteritätskonstrukts: Erstens erscheinen hier die Preußen als ein im Vergleich mit den Deutschen oder den Polen viel jüngerer Stamm, der somit auch eine viel kleinere Menge an historischer Zeit aufweist. Diese Jugendlichkeit spiegelt sich zweitens im Mangel an Zivilisation, den Weissenhoff bei den Preußen sieht. Die preußische zeitgenössische „Hegemonie" ist ihm zufolge nicht die Konsequenz einer besonders akzentuierten zivilisatorischen Leistung, wie im Falle der Deutschen, sondern eine Art Unglück „unserer Zeit" (wie das Verb „zufiel" zeigt) sowie die Frucht preußischer militärischer Aggressivität und Gewaltbereitschaft. Aus dieser Perspektive stellt der Artikel eine implizite Analogie zwischen den Preußen und einem barbarischen Volk her, dessen Macht auf Gewalt anstatt auf Kultur basiert. Drittens und anders als in den vorherigen Beispielen werden die

---

[122] Im Original: „W drugiej połowy XVIII-go wieku zmężniało i sformułowało się dopiero to plemię, przedtem dorobkowo niemieckie, któremu przypadła w udziale za naszych czasów hegemonia śród starszych, o wiele zasłużeńszych dla ludności plemion germańskich. Na ten wrzód, nabrzmiały we wśrodku Europy, zbierała się już od wieków materya w tak zwanym *zakonie Krzyżaków*. [...] Polska miała obowiązek i posłannictwo zgniecenia tego związku państwa Pruskiego. Winna to była sobie i Europie. I zdobyła się na czyn swój, może politycznie największy – na Grunwald. Lecz, powaliwszy sprośnego rajtara, [...] nie użyła tej, która sama muza Clio kładła nam do rąk – dobójczej mizerykordyi... [...] Wzniosło się więc [...] Państwo Pruskie, ugruntowane przeważnie na ziemi nieswojej, rozszerzone przez tradycyjną zaborczość, wybujałe do szczytu potęgi przez powodzenie w wojnie z Francyą. Jest to nowa natura rzeczy [...] która nowe, a raczej odnowione tylko obowiązki wkłada na nas Polaków, obowiązki grunwaldzkie." Weyssenhoff: Dusza pruska. In: TI (18.12.1909), S. 1070.

Preußen dementsprechend als Andere sowie Feinde nicht nur Polens, sondern ganz Europas und selbst der Deutschen präsentiert. Die eindeutige temporale und zivilisatorische Unterscheidung zwischen Preußen und Deutschen, die Definition der „Verpflichtung von Tannenberg" als etwas, das Polen nach wie vor Europa schuldet, und die Verbindung dieser Aufgabe mit dem deutsch-französischen Krieg kippen die polnisch-preußischen asymmetrischen Verhältnisse im Text um und machen die Polen zusammen mit den Deutschen und den Franzosen zum europäischen historischen Subjekt, während Preußen als einen nicht-europäischer Fremdkörper erscheint.[123]

Diese letzte temporale Relation Polens mit der preußischen Alterität – die Relation *Europas mit dem Orient* – steht im Mittelpunkt des dritten hier betrachteten Warschauer Artikels, der unter dem Titel *Preußen und Perser* 1908 in der *Świat* erschien. Wincenty Lutosławski, der Autor, versteht die historische Auseinandersetzung zwischen Polen und Deutschen als einen Kampf zwischen zwei „Ethnien" und „Lebensformen" innerhalb der gleichen „arischen Rasse".[124] Diese Auseinandersetzung sei ihm zufolge durch eine ähnliche Gegensätzlichkeit zu erklären wie diejenige, die zwei ebenso „arische" Völker: die alten Griechen („Autochthone" ihrer Gebiete, „sesshaft", „friedfertig" und „Pioniere in der Demokratie" wie die Slawen/Polen) und die Perser („kriegerisch", „Nomaden", „aggressiv" und konzentriert auf die Staatsmacht wie die Deutschen/Germanen) – voneinander unausweichlich trenne und inkompatibel mache. Nun erscheinen die Deutschen anhand eines solchen Vergleichs als das archetypische Andere Europas bzw. derjenige altertümliche und „philosophische", aber zugleich bar-

---

[123] Eine ähnliche Konstruktionsweise lässt sich beispielsweise auch in drei Artikeln der Posener *Praca* und der Krakauer *Rola* finden, die zwischen 1910 und 1913 erschienen: ANONYM: Znienawidzony naród. In: Pr (2.1.1910) Heft 1. S. 14; ANONYM: Znienawidzony naród. In: R (31.7.1910) Heft 31. S. 5; ANONYM: Wspomnienia historyczne. In: Pr (6.7.1913) Heft 27. S. 835–836. In den drei Artikeln fragen sich die anonymen Autor*innen wortwörtlich nach dem Grund des historischen Hasses auf die Deutschen, den alle anderen Bevölkerungen verspüren. Die Antwort der beiden Zeitschriften darauf lautet, dass bereits die Römer die Germanen als besonders barbarisch und unkultiviert empfanden und dieses Wahrnehmungsmuster sich dann in den nächsten Jahrhunderten tradierte. Darüber hinaus behauptet *Praca*, dass der Imperialismus der Deutschen nicht allein den Osten, sondern alle anderen südlichen oder westlichen Nachbarn im Visier hatte und dass auch die Historiker aller andern europäischen Nationen sich dezidiert über die deutsche Unterdrückungspolitik beklagten. Durch die Hervorhebung der Ablehnung, die alle europäischen Völker für die Deutschen fühlten, konturieren die drei Artikel eine europäische Wertegemeinschaft, zu der Polen gehöre und von der die aggressiven Germanen als archetypische Barbaren ausgeschlossen seien.
[124] Für diesen und den nächsten Absatz vgl. Lutosławski: Prusacy i Persowie. In: ŚW (20.6.1908), S. 2.

barische, asiatische und imperialistische Orient, der im griechischen Bild der Perser seine Urform hatte.

Lutosławski verschiebt allerdings im Laufe des Artikels dieses Alteritätskonstrukt so weit, dass es allein auf die Preußen passt:

> Unter den Germanen tritt der schlimmste Mischlingsstamm zutage, entstanden aus entnationalisierten Slawen, [...] – und dieser Stamm von Renegaten heißt Preußen. Die Preußen schieben sich seit Jahrhunderten in Richtung Osten vor, wie die Perser damals nach Westen. Die preußische Macht erscheint heute so etabliert zu sein, wie damals auch die persische Macht. Aber das Signal für den Beginn des Rückgangs [der persischen Macht, C.F.] war die beabsichtigte Vertreibung der Griechen aus ihren uralten Gebieten. Heute ertönt dieses Signal unter den modernen Persern, – aber wenn der Rückfluss sie [die modernen Perser bzw. die Preußen, C.F.] verschlingt, werden sie überhaupt irgendeine Heimat haben, in der sie sich nach einer tausendjährigen Erstarrung erneuern können?[125]

Die Preußen sind auch für Lutosławski ein „Mischlingsstamm", der sich aus „Renegaten" zusammensetzte und deswegen, anders als die Germanen, keine Ursprünglichkeit aufweisen konnte. Ihrer zeitgenössischen imperialen Macht schreibt er darüber hinaus einen asiatischen despotischen Charakter zu, dem der Artikel die Europäizität der polnischen demokratischen Urprägung entgegensetzt. Der Autor entkräftet diese Macht allerdings nicht primär mit diesen Argumenten, sondern vor allem anhand einer weiteren temporalen Unterscheidung zwischen Preußen und Polen, die von der Parallele zwischen Preußen und Persern bzw. von der temporalen Relation Europas mit dem Orient freigesetzt werde. Lutosławski überträgt auf die Preußen nämlich nicht nur die archetypische Alterität der Perser. Die Preußen haben demnach auch das persische Schicksal geerbt, und zwar deren unvermeidlichen „Rückfluss" und die Niederlage von deren „erstarrtem" Modell historischer Existenz zugunsten des europäischen Evolutionswegs. Der Artikel konstruierte daher die Preußen als temporales Andere, die obwohl sie auf dem Gipfel ihrer Macht standen, eigentlich keine evolutionäre Kraft besaßen und schon als veraltet sowie als besiegt galten. Die Polen belegen demgegenüber keine Position von Verspätung, sondern verkörpern den modernen demokrati-

---

[125] Im Original: „Wśród Germanów wyłania się najgorszy ród mieszańców powstający z wynarodowionych Słowian, [...] – i to plemię renegatów przyjmuje miano Prusaków. Prusacy posuwają się przez stulecia na wschód, jak Persowie się posuwali na Zachód. Potęga pruska wydaje się dziś tak ustaloną, jak była potęga perska. A hasłem rozpoczynającej się powrotnej fali było zamierzone wywłaszczenie Greków z ich odwiecznych siedzib. Dziś to hasło padło wśród nowożytnych Persów, – ale gdy ich powrotna fala pochłonie, czy będą mieli jakąś ściślejszą ojczyznę w której po tysiącoletnim odrętwieniu mogliby się odrodzić?" Lutosławski: Prusacy i Persowie. In: ŚW (20.6.1908), S. 2.

schen Zukunftshorizont Europas, der dem persischen/preußischen Despotismus unausweichlich folgen würde.

Diese *Verortung* von Preußen und Polen *jeweils in der Vergangenheits- und Zukunfts-Zeit* bildet die letzte Typologie der temporalen Unterscheidung zwischen dem polnischen Eigenen und dem deutschen Anderen, die sich aus den Quellen herauslesen lassen. Sie wird am Ende des *Świat*-Artikels verdeutlicht:

> Der Imperialismus [*zaborczość*] der Staaten ist ein altes Prinzip, das politische Gebilde wie Babylonien, Persien, Makedonien, das alte Rom, Spanien, Moskau und Preußen hervorbrachte [...]. Die Selbstbestimmung der Nationen ist ein Ideal, das in Polen entstand und durch freiwillige Vereinigungen auch in der Ukraine, in Litauen und in Preußen eingeführt wurde. [...] Wenn die Bestrebungen nach einer Verfassung bereits von Japan über die Türkei bis nach Persien und China reichen, kann auch Bülow die Autokratie in Preußen nicht mehr lange aufrechterhalten. [...] Wenn viele Nationen in diesen Kampf hineingezogen werden, [...] und wenn sie nach einem schweren Kampf einen nachhaltigen Frieden möchten, dann werden sie den Frieden gemäß dem slawisch-griechischen Prinzip der nationalen Selbstbestimmung und nicht nach dem persisch-preußischen Prinzip dynastischer Herrschaftsansprüche schließen.[126]

Die Verzeitung Polens als historischer Vorläufer einer universellen Zukunftsperspektive der soziopolitischen Freiheit wurde bereits in *Time and the Nation* vor allem anhand der Analyse der Pressebeiträge über die jagiellonische Epoche und über die Maiverfassung konstatiert. Das Zitat von Lutosławski weist allerdings darauf hin, dass eine solche Verzeitungsweise nicht nur einen allgemeinen Gegenentwurf der polnischen Modernität und Zukunftsfähigkeit zum Rückständigkeitsparadigma der Teilungen bildet. Sie wird auch in der spezifischen Auseinandersetzung mit der deutschen Teilungsmacht angewandt, um gezielt jegliche Modernität sowie Zukunftsperspektive des preußischen „Imperialismus" zu negieren, die stattdessen Polen als dem Träger des nationalen Selbstbestimmungsprinzips zugeschrieben wird.

Inwieweit die temporale Unterscheidung zwischen Preußen und Polen entlang der Linie Vergangenheit-Zukunft eine wichtige Ressource für die Neuverhandlung der polnisch-deutschen imperialen Verhältnissen darstellt, lässt sich

---

[126] Im Original: „Zaborczość państw – to dawna zasada, która z kolei wytwarzała państwa takie, jakie babylońskie, perskie, macedońskie, rzymskie, hiszpańskie, moskiewskie, pruskie [...]. Samorząd narodowy, to ideał, który powstał w Polsce i przez dobrowolną Unię na Ruś, Litwę i Prusy został rozciągnięty. [...] Gdy dążenia konstytucyjne już sięgnęły od Japonii do Turcyi, Persyi i Chin, to i Bülow nie utrzyma długo autokracyi i w Prusach. [...] Gdy wiele narodów do walki zostanie wciągniętych [...] gdy po ciężkiej walce zechcą trwałego pokoju, wtedy oprą go na zasadzie słowiańsko-greckiej: samorządu narodowości, a nie na podstawie persko-pruskiej: dynastycznych uroszczeń." Lutosławski: Prusacy i Persowie. In: ŚW (20.6.1908), S. 2.

daran erkennen, dass anlässlich des 500. Jubiläums der Schlacht bei Tannenberg im Jahre 1910 viele Gedenkartikel eine Variante dieser Unterscheidungsart beinhalten, und zwar die Differenzierung zwischen dem „veralteten", „mittelalterlichen" oder „barbarischen" Deutschen Orden und dem „jungen" „neuzeitlichen", „zivilisierten" jagiellonischen Staat.[127] So beschreiben etwa die Krakauer Nowości Ilustrowane in ihrem Jubiläumsheft den Kern der Auseinandersetzung, um den es bei der Schlacht ging, als das Aufeinanderprallen von „zwei politischen und ethnischen Ideen", der germanischen „Idee" der „Gewalt" und des „Expansionismus" und der polnischen Idee der „Rechtsstaatlichkeit",[128] während das Lemberger Nasz Kraj zum gleichen Anlass den Deutschen Orden als „komische Mischung mittelalterlicher ritterlicher Romantik, Barbarei und bürokratischer Administration"[129] definiert. In beiden Fällen werden die Kreuzritter einer älteren, primitiveren, vormodernen Welt zugeordnet, die auf der universellen Zeitlinie der Zivilisation hinter der von Polen verkörperten „Rechtsstaatlichkeit" steht. Während, wie in Time and the Nation ausführlich gezeigt wurde, das Narrativ über den polnischen Sieg gegen die Kreuzritter in den Tannenberg-Gedenkartikeln von 1910 eine Verzeitung des jagiellonischen Polens an der Spitze der damaligen europäischen Zeit ermöglicht, hat die temporale Relation des Świat-Artikels einen viel ambivalenteren Charakter, da sie Preußen in der Gegenwarts-Zeit des Autors eine Position der Dominanz gegenüber Polen verleiht. Für Lutosławski ist diese Position aber eher ein Überrest einer vergangenen Epoche, während die polnische Position der Unterwerfung dazu prädestiniert ist, sich in der Zukunft in eine Synchronie mit den modernen Standards soziopolitischen Fortschritts (Verfassung) und in einen Vorsprung gegenüber den ehemaligen deutschen Herrschern zu verwandeln.

Zusammenfassend lässt sich daher behaupten, dass alle unterschiedlichen Relationen, die in der polnischsprachigen Presse in der gesamten hier analysierten Periode zwischen dem polnischen historischen Subjekt und dem deutschen Anderen hergestellt werden, von einer grundlegenden Ambivalenz gekennzeichnet sind, in der die bestehenden polnisch-deutschen asymmetrischen Verhältnisse sowohl weitertradiert als auch neugestaltet werden. In den 1880er

---

127 Vgl. Abschnitt II.3.3.
128 Der gesamte Satz im Original: „W wielkiej owej bitwie starły się ze sobą nie tylko dwa państwa, nie tylko dwie armie, lecz dwa światy, dwie kultury, dwie idee polityczne i etyczne. [...] Starły się więc ze sobą: idea podboju germańskiego i słowiańskiej obrony własności, zasada gwałtu i idea prawa, myśl zaborcza i zasada sprawiedliwości." ANONYM: Na święto grunwaldzkie. In: NI (16.7.1910), S. 3.
129 Im Original: „....dziwną mieszaninę rycerskiej romantyki średnowiecznej, barbarzyństwa i administracyi [...] biurokratycznej." ANONYM: Krzyżacy. In: NK (16.7.1910), S. 6.

und 1890er Jahren erfolgte die widersprüchliche Verzeitung Polens gegenüber Deutschland durch die Konstruktion von Relationen der Ursprünglichkeit und der Begegnung, wonach die Slawen seit viel längerer Zeit in Osteuropa als die Germanen siedelten und die polnisch-deutschen Beziehungen abwechselnd von Phasen des Konflikts und Austausches gekennzeichnet waren. Im neuen Jahrhundert führte hingegen die Etablierung des Deutschen Ordens und Preußens als zentrale Akteure der historischen Erzählung zur Unterscheidung zwischen einem deutschen kulturellen Anderen, der den Autor*innen meistens fortschrittlicher als Polen galt, und einem preußischen Feind, demgegenüber Polen keine zivilisatorische Verspätung hatte. Die Tatsache, dass gerade dieser rückständigere Feind in der Gegenwarts-Zeit über Polen herrschte, wird entweder mit dem Argument der angeborenen preußischen Unaufrichtigkeit oder mit dem preußischen barbarisch-primitiven Zwang zum Imperialismus erklärt.

III.3 Imperiale Verhältnisse Schaffen

III.3.1 Zur Tradition und Aktivierung des litauischen Alteritätskonstruktes: Historiographische Perspektiven

Die nicht besonders reichhaltige Historiographie über die polnisch-litauischen Beziehungen in der Teilungszeit weist darauf hin, dass anders als im Fall der Deutschen die litauischen Themen, die Litauer als Volk sowie Litauen als historische Landschaft sich bereits weitestgehend in der ersten Hälfte des 19. Jahrhunderts in der polnischen Geschichtskultur etablierten und meistens positiv besetzt waren.[130] In der Tat zählten renommierte Vertreter der polnischen Romantik litauischer Abstammung wie Adam Mickiewicz, Joachim Lelewel, Teodor Narbutt oder Szymon Staniewicz zu den ersten, die litauische Geschichte im modernen Zeitalter behandelt haben und die mit ihren Schriften eine Art polnischen Mythos von Litauen schufen. Mit ihren literarischen Werken über den litauischen Raum und mit ihren historiographisch-ethnologischen Studien über die Ursprünge des litauischen Volkes, seine vorchristlichen Riten, seine mittelalterlichen Führer und seine Christianisierung haben diese großen Namen laut Forschung entscheidend dazu beigetragen, dass in den polnischsprachigen Gesellschaften ein Interesse für die teilweise sagenhaft gemalte litauische „Antike"

---

130 Vgl. Beauvois, Mit, S. 96–97; Bujnicki, Tadeusz: Życie pośmiertelne Wielkiego Księstwa Litewskiego. In: Trybuś [u. a.] (Hrsg.), Kresy. S. 167–181, hier S. 169–170.

entstand.¹³¹ Als Vater einer Idealisierung der frühneuzeitlichen polnisch-litauischen Beziehungen, also der polnisch-litauischen Union, gilt hingegen der romantische Historiker Karol Szajnocha mit seinem 1855–1856 erschienen Werk *Jadwiga i Jagiełło* ('Hedwig und Jagiełło'), das die Verbrüderung der beiden Völker und die daraus entstandene jagiellonische Epoche verherrlichte.¹³² Eine weitere von der Historiographie häufig herausgehobene Figur bei der Tradierung von wirkungsmächtigen Litauenbildern war der Dichter und Geograph Vincenty Pol: Seine faszinierenden Beschreibungen der wilden und primitiven litauischen Urwälder haben die Muster, nach denen viele spätere polnischsprachige Autor*innen Litauen imaginierten, langfristig geprägt.¹³³

Die historische Forschung ist sich einig, dass die ethnologisch-historiographische Anerkennung und literarische Inszenierung einer litauischen Spezifizität bis zur Mitte des Jahrhunderts keineswegs die Vorstellung der natürlichen Zugehörigkeit Litauens zum politischen, kulturellen, territorialen sowie historischen Erbe des polnischen historischen Subjektes (und somit selbstverständlich auch zum Projekt jeglichen zukünftigen polnischen Staates) in Frage stellte.¹³⁴ Im Gegenteil stellte die litauische Spezifizität einen Teil jener Idee eines multikulturellen Polens adelsrepublikanischer Prägung dar, in dem unterschiedliche regionale Identitäten ihren Platz hatten, wie dies im bereits erwähnten Motto *gente Lituanus/Ruthenus, natione Polonus* seinen Ausdruck fand. Die russländische Politik der rigiden Trennung zwischen polnischem Kernland und Litauen auf kultureller, sprachlicher und administrativer Ebene veränderte an dieser Polen-Idee vorerst nichts Wesentliches.¹³⁵ Denn dem Historiker Daniel Beauvois zufolge, der mit seiner Arbeit über die kolonialen Beziehungen Polens zu den Ostregionen der ehemaligen Adelsrepublik eine Pionierleistung hervorbrachte, dominieren bis

---

131 Vgl. Łącka-Małecka, Małgorzata: Chrystianizacja Litwy w świetle dziejopisarstwa Joachima Lelewela. In: Prace naukowe Akademii Im. Jana Długosza w Częstochowie. Zeszyty Historyczne 13 (2014) Heft 2. S. 229–237, hier S. 235; Litwinowicz-Droździel, Małgorzata: O starożytnościach litewskich. Mitologizacja historii w XIX-wiecznym piśmiennictwie byłego Wielkiego Księstwa Litewskiego. Kraków 2008, S. 113–114; Snyder, Timothy: The reconstruction of nations. Poland, Ukraine, Lithuania, Belarus, 1569–1999. New Haven 2003, S. 33–34.
132 Vgl. Maternicki, Jerzy: Wielokształtność historii. Rozważania o kulturze historycznej i badaniach historiograficznych. Warszawa 1990, S. 59.
133 Vgl. Bujnicki, Życie, S. 171.
134 Vgl. bspw. Wapiński, Roman: Mit dawnej Rzeczypospolitej w epoce porozbiorowej. In: Wrzesiński [u. a.] (Hrsg.), Mity. S. 77–92; Bardach, Juliusz: Polacy a narody Litwy historycznej. Próba analizy systemowej. In: Kultura i społeczeństwo 38 (1994) Heft 2. S. 35–52; Bujnicki, Życie; Litwinowicz-Droździel, Starożytnościach, S. 19–23.
135 Vgl. Łossowski, Piotr: Litewski ruch narodowy w polskiej myśli politycznej (1883–1914). In: Zieliński (Hrsg.), Polska. S. 119–157, S. 119; Landgrebe, Polen, S. 276.

zur „ukrainischen Wende" – zu der es infolge der Veröffentlichung von Sienkiewicz' Roman *Ogniem i mieczem* (*Mit Feuer und Schwert*) 1884 kam – litauische Motive die politische Rhetorik über die „weggenommenen Gebiete" und die literarische Produktion über das östliche Grenzland (*kresy wschodnie*) als verlorenes Paradies des Polentums, der bäuerlichen Folklore, des Exotismus, der Melancholie und der Abenteuer.[136] Diese Relevanz Litauens erkläre sich erstens durch die große Bedeutung, die Wilna seit den Teilungen bis zum Novemberaufstand 1831 als Zentrum des polnischsprachigen akademisch-kulturellen Lebens hatte, und zweitens durch die Mythisierung Litauens, die die Vertreter der Romantik im Pariser Exil nach der Niederschlagung des Aufstands von 1831 auf der Grundlage ihrer Erinnerungen an die ersten 30 Jahre des 19. Jahrhunderts zu Papier brachten.[137]

Während die Beteiligung Litauens am Aufstand von 1863 diese Mythen vorerst bestätigt hatte, sieht die Historiographie am Ende des Jahrhunderts einen Bruch in der Wahrnehmung Litauens in der polnischen Öffentlichkeit der drei Teilungsgebiete, dessen Ursachen direkte Folgen des Januaraufstandes waren.[138] Wie bereits erwähnt, erlebte die litauische Provinz als Hauptschauplatz der aufständischen Aktionen außerhalb des polnischen Königsreichs nach 1863 eine besonders repressive Russifizierungspolitik, die darauf zielte, die polnisch-nationale Komponente in der Region wesentlich zu schwächen.[139] Maßnahmen wie das Druckverbot der litauischen Sprache in lateinischen Buchstaben behinderten sicherlich die freie Entfaltung eines litauischen politisch-kulturellen Lebens im

---

136 Vgl. Beauvois, Mit, S. 96–97. Für eine Begriffsgeschichte der Termini *ziemie zabrane* und *kresy* siehe bspw.: Wapiński, Roman: Kresy w polskiej myśli politycznej w XIX i XX wieku (po roku 1945). In: Handke (Hrsg.), Kresy. S. 85–107, hier S. 85–91; Kolbuszewski, Kresy. Marek Wedemann und Tadeusz Bujnicki verorten die Ursprünge des Terminus *kresy* in Bezug auf Litauen und Belarus um die Jahrhundertwende und setzen sie im Zusammenhang mit der Verbreitung eines ethnischen Verständnisses der polnischen Nation seitens der nationaldemokratischen Publizistik. Vgl. Wedemann, Marek: Gdzie leży Beresteczko? Kresy na mapie. In: Trybuś [u.a.] (Hrsg.), Kresy. S. 11–36, hier S. 30–31; Bujnicki, Życie, S. 171.
137 Vgl. Beauvois, Mit, S. 96.
138 Vgl. Chwalba, Historia, S. 395–398; Markiewicz, Grzegorz: Świadomość państwa Polaków i Ukraińców na przełomie XIX i XX wieku. In: Pisulińska [u.a.] (Hrsg.), Historia. S. 335–347, hier S. 337.
139 Vgl. Snyder, Reconstruction, S. 120; Weeks, Theodore R.: Lithuanians and Russification in the late imperial period. In: Russland an der Ostsee. Imperiale Strategien der Macht und kulturelle Wahrnehmungsmuster (16. bis 20. Jahrhundert). Hrsg. von Karsten Brüggemann u. Bradley D. Woodworth. Wien 2012. S. 215–224, hier S. 219–224; Smykowski, Janusz: Polityka władz rosyjskich wobec guberni litewskich 1855–1870. In: Wilno i ziemia Mickiewiczowskiej pamięci. Materiały III Międzynarodowej Konferencji w Białymstoku, 9–12 IX 1998, w trzech tomach. Hrsg. von Elżbieta Feliksiak u. Elżbieta Konończuk. Białystok 2000. S. 153–170, hier S. 163–170.

Nordwestgebiet, wie die Region nun genannt wurde. Gleichzeitig eröffnete die Unterdrückungspolitik – die sich vor allem gegen das polnische kulturelle und ökonomische Primat richtete – auch Räume für die Entstehung einer litauischen, national bewussten Intelligenz, die zwangsläufig nicht mehr unter dem Einfluss einer polnischen nationalen Idee stand und stattdessen an der Gründung einer litauischen Nation arbeitete. Diese neue Generation litauischer Patriot*innen konnte aus den idealisierten Erzählungen über die litauische Geschichte schöpfen, die in der Epoche der Romantik produziert wurden, und sie für die litauische nationale Mobilisierung verwenden.[140]

Zwei Zäsuren haben laut Forschung eine besonders große Relevanz für das litauische nationale Erwachen gehabt: das Jahr 1883 und vor allem das Jahr 1905. Die Gründung der ersten litauischsprachigen Zeitschrift *Aušra* ('Morgenröte') 1883 in Ostpreußen, in der die positive polnische Deutung der polnisch-litauischen Union abgelehnt und eine Emanzipation von den polnischen politischen Bestrebungen befürwortet wurde, wird als Anfangspunkt der litauischen Nationalbewegung betrachtet.[141] Die Revolution von 1905, die das erste Mal die Veröffentlichung einer enormen Anzahl politischer Publikationen über die litauische nationale Frage auf Litauisch im Gouvernement Nordwestgebiet ermöglichte, fungierte dann als zentraler Katalysator dieser Bewegung.[142] Beide Jahre sollten auch als Momente gesehen werden, in denen die separatistisch-nationalen und antipolnischen Tendenzen der litauischen Intelligenz von bestimmten – vor allem Posener und Warschauer – polnischsprachigen (Teil-)Öffentlichkeiten das erste Mal wirklich wahrgenommen wurden. Tatsächlich kam es in den Jahren 1883–1886 zu einer direkten Auseinandersetzung des *Dziennik Poznański* ('Posener Tageszeitung') mit *Aušra*, während sich im Königreich Polen zwischen 1905 und 1907 die zarische Zensur nach vierzig Jahren des „Schweigens über Litauen"[143]

---

[140] Vgl. Snyder, Reconstruction, S. 31–32; Wendland, Anna Weronika: Region ohne Nationalität, Kapitale ohne Volk. Das Wilna-Gebiet als Gegenstand polnischer und litauischer nationaler Integrationsprojekte (1900–1940). In: C 15 (2005) Heft 2. S. 77–100; Bujnicki, Życie, S. 168–170.
[141] Vgl. Łossowski, Piotr: Polska-Litwa. Ostatnie sto lat. Warszawa 1991, S. 8–9; Litwinowicz-Droździel, Starożytnościach, S. 203.
[142] Vgl. Wendland, Region, S. 81; Stępnik, Krzysztof: Waśń plemienna. (Epoka rozbratu 1905–1914). In: Polska – Litwa. Historia i kultura. Hrsg. von Jan Miziński u. Jerzy Święch. Lublin 1994. S. 130–152, hier S. 130.
[143] Czesław Jankowski, berühmter Historiker und Publizist litauisch-weißrussischer Herkunft, der für die Warschauer Presse zahlreiche Beiträge aus Wilna schrieb, kommentierte im *Tygodnik Ilustrowany*, dass sich die litauische Thematik in der polnischen Öffentlichkeit 50 Jahre lang im Tiefschlaf befunden habe und nach der Revolution nun mit einem großen Knall, der sich in vielen Texten über Litauen zeigte, aufgewacht sei. Vgl. Jankowski, Czesław: Na Litwie i Białejrusi. In: TI (29.5.1909) Heft 22. S. 432–433, hier S. 432.

lockerte.¹⁴⁴ In Studien über die polnisch-litauischen Beziehungen wird betont, dass zwischen den 1880er Jahren und dem Ausbruch des Kriegs das bereits beschriebene polnische Ideal der polnisch-litauischen Einheit sowie des Litauers als polnischer Patriot nach den Modellen von Tadeusz Kościuszko oder Adam Mickiewicz definitiv in eine Krise geriet. An seiner Stelle und unter dem Einfluss der Nationaldemokratie gewannen Vorwürfe gegen die litauische Geschichtsdeutung sowie polarisierte und antagonistische Einstellungen gegenüber der litauischen nationalen Idee die Oberhand.¹⁴⁵ Tadeusz Bujnicki macht diesbezüglich darauf aufmerksam, dass sich im polnischen Diskurs seit den Teilungen der Status Litauens schrittweise vom Kern des polnischen kulturellen und politischen Projektes zur untergeordneten und feindlich betrachteten Peripherie wandelte.¹⁴⁶

III.3.2 Mittelalterliche Litauer und polnische Zivilisierungsmissionen vor 1905

Die temporale Begrenztheit der litauischen Alterität und die Relation der polnischen Zivilisierung Litauens

Die dargelegten Entwicklungen in den polnisch-litauischen Beziehungen fallen genau mit der hier analysierten Periode zusammen und wurden von den *Zeitschriften für viele* mitgeprägt. In den letzten zwei Jahrzehnten des 19. Jahrhunderts bis zum Jahr 1905 erschienen in der polnischsprachigen Presse – vor allem in den Posener und in geringerem Maße in den Warschauer Zeitschriften – tatsächlich nicht viele Artikel über die Litauer. In den galizischen Periodika blieb das Thema gar ein Randphänomen, das sich fast ausschließlich auf *Pszczółka* und den darin abgedruckten Gesamtüberblick über die Geschichte Polens beschränkte. 1880

---

144 Vgl. Łossowski, Ruch; S. 123–138.
145 Die Posener Zeitschrift *Wielkopolanin* beschwerte sich beispielsweise 1883 über den Verrat des gemeinsamen polnisch-litauischen Erbes durch die Litauer im preußischen Teilungsgebiet: Vgl. ANONYM: Przegląd polityczny. Prusy. In: Wielkopolanin (Wi) (3.3.1883) Heft 18. S. 1. Dreißig Jahre später behauptete wieder Jankowski das Ende des Litauens, das Dichter wie Mickiewicz oder Ludwik Władysław Franciszek Kondratowicz (besser bekannt unter dem Künstlernamen Władysław Syrokomla) in ihren Werken gerühmt hatten, und den Aufstieg eines ethnischen, für ihn eindeutig negativen Litauens aus seiner Asche: Jankowski, Czesław: „Litwa" Syrokomli. In: TI (14.9.1912) Heft 37. S. 765–766. Siehe auch die Forschungsliteratur diesbezüglich: Kalęba, Beata: Kilka słów o litewskim odrodzeniu narodowym. In: W kręgu sporów polsko-litewskich na przełomie XIX i XX wieku. Wybór materiałów. Hrsg. von Marian Zaczyński u. Beata Kalęba. Kraków 2004. S. 209–211, hier S. 210; Łossowski, Piotr: Po tej i tamtej stronie Niemna. Stosunki polsko-litewskie, 1883–1939. Warszawa 1985, S. 21–34; Stępnik, Waśń, S. 133, Wapiński, Mit, S. 80; Bujnicki, Życie, S. 172.
146 Vgl. Bujnicki, Życie, S. 171.

veröffentlichte der *Tygodnik Ilustrowany* einen seiner wenigen Artikel, in denen die Geschichte Litauens vor 1905 erwähnt wurde. Der Artikel berichtet von der urbanen Entwicklung Krasnopols über die Jahrhunderte, eine im historischen Litauen gelegene Kleinstadt. Zum Einstieg skizziert der Autor, der mit seinem Pseudonym *Bolesław vom Dnepr* einen Hinweis auf seine Abstammung aus den Ostregionen der ehemaligen polnischen Adelsrepublik gibt, ein Bild von der litauischen Landschaft als Überlagerung unterschiedlicher Zeitschichten, die bis in die Gegenwart hinein sichtbare materielle Überreste hinterlassen habe:

> Diese Landschaft ist übersät mit einer Vielzahl an Grabhügeln, Siedlungsstätten und altertümlichen Burgen, sicherlich Überbleibsel aus Zeiten, da hier die ersten Slawen siedelten und viele Kämpfe mit denjenigen führten, die sich dieses Land aneignen wollten. Und wie viele Bauten, alte Tempel und andere Denkmäler, zum Teil in Ruinen, es hier gibt, die von der hohen Zivilisation Litauens nach seiner Verbrüderung mit der Rzeczpospolita zeugen! [...] Wo heute der Palast von Krasnopol steht, kann an der Ortschaft erkannt werden, dass es hier einst eine kleine Festung gab, eine Trutzburg, die sicherlich im 14. Jahrhundert errichtet wurde, als Gediminas [Giedymin, 1275–1341, C.F.], der Großvater von Jagiełło, nach der Vertreibung der Tataren diese Gegend seinem Sohn Lubart zum Herrschen übergab.[147]

Diese Textstelle weist auf die zwei zentralen temporalen Konstrukte hin, auf denen die polnischsprachige Presse ihre Narrative über die Litauer für die gesamte hier analysierte Periode aufbaute. Das erste Konstrukt bestand in der Darstellung eines Volks, das auf den ersten Blick bestimmte Analogien mit den Slawen zeigte. Dieses Volk galt nämlich als indigen bzw. erste Siedler des historischen Litauens noch in altertümlichen Zeiten – was das Verb „sich aneignen" bezogen auf die Angriffe auf ihr Siedlungsgebiet im Zitat indiziert – und war Träger einer primitiven, archaischen Lebensform, was sich aus den Bezeichnungen „Grabhügel" „Siedlungsstätten" oder „altertümliche Burgen" herleiten lässt. Obwohl Bolesław vom Dnepr von „ersten Slawen" anstatt von Litauern spricht,[148] decken sich die

---

147 Im Original: „Ta to kraina obsiana jest mnóstwem kurhanów, horodyszcz i starożytnych zamków, najpewniej pozostałościami z czasów kiedy tu pierwotni Słowianie osiedli, staczając liczne boje z przywłaszczycielami tej krainy. A ileż tu gmachów, świątyń starożytnych i innych zabytków, po części w rozwalinach, świadczące o wysokiej cywilizacyi po zbrataniu się Litwy z Rzeczpospolitą! [...] Gdzie dziś jest pałac w Krasnopolu, miejscowość pokazuje, że była niegdyś forteczka, zameczek obronny, zbudowany zapewne w wieku XIV, gdy Giedymin, dziad Władysława Jagiełły, po wypędzeniu ztąd Tatarów, oddał tę okolicę swemu synowi Lubartowi we władanie." Bolesław z nad Dnieprem: Krasnopol. In: TI (7.8.1880) Heft 241. S. 90.

148 Die Litauer gelten nicht als slawisches, sondern als baltisches Volk und wurden in der polnischsprachigen Presse normalerweise nicht mit den Slawen gleichgesetzt. Die Verwendung der Bezeichnung *Slawen* ist hier wahrscheinlich dadurch zu erklären, dass sich im historischen Litauen eine gemischte litauisch-ruthenische Bevölkerung ansiedelte, die später das Großfürs-

von ihm gemachten Andeutungen über die Ureinwohner der Region von Krasnopol allerdings nicht mit den Beschreibungen des slawischen Volkscharakters, die in *Time and the Nation* analysiert wurden. Diese Ureinwohner waren nämlich vor allem durch ihre „vielen Kämpfe" gekennzeichnet und wussten angeblich „Festung[en]" zu errichten, was ihnen einen viel aggressiveren sowie politisch-technisch fortgeschrittenen Charakter als den Slawen verleiht. Der Hinweis auf Gediminas kreiert darüber hinaus ihr sowohl ethnisches als auch temporales Anders-Sein gegenüber den Slawen, da Gediminas in der damaligen Historiographie ein anerkannter Großfürst Litauens war und das 14. Jahrhundert für eine Zeit stand, in der die slawische Epoche bereits seit 300 Jahren durch die piastische Epoche überwunden worden war. Das erste Konstrukt lässt sich daher als temporale Unterscheidung Polens von einer ursprünglichen litauischen Alterität begreifen. Anders als im slawisch-germanischen Fall legt dieses Konstrukt keine unmittelbare Relation von Ursprünglichkeit zwischen dem polnischen historischen Subjekt und dem litauischen Anderen fest, enthält aber die Idee der Litauer als einer archaischen, kriegerischen sowie zugleich evolutionsfähigen Urbevölkerung, die eine kalendarische Gleichzeitigkeit mit dem piastischen Polen aufweist.

Das zweite temporale Konstrukt, das im Zitat sichtbar wird, ist die Artikulation einer polnischen zivilisatorischen Leistung, die mit der Einverleibung Litauens in das polnische politische System und mit der Gründung des polnisch-litauischen Staats die charakterliche, ethnische sowie temporale Alterität der Litauer plötzlich eliminiert. Obwohl Bolesław vom Dnepr die Litauer als Einheimische entwirft, die in der Lage seien, „Burgen" zu bauen, spricht er ihnen die Urheberschaft für die Verwandlung ihrer „Grabhügel" in „Tempel" und ihrer „Siedlungsstätten" in „Bauten" oder „Denkmäler" ab. Die Ursache für die Zivilisation Litauens wird im Artikel stattdessen einer exogenen (polnischen) zivilisatorischen Instanz zugeschrieben, und zwar der *Rzeczpospolita*, mit der sich die Litauer zu einem gewissen Zeitpunkt „verbrüderten". Nach dieser „Verbrüderung" konnten die Litauer ihren primitiven Status überwinden und sich mit dem hohen Zivilisationsniveau, das das damalige Polen bereits erreicht habe, synchronisieren. Das zweite Konstrukt lässt sich somit als Relation der *polnischen Zivilisierung Litauens* bezeichnen.

Wie die Historikerin Steffi Marung pointiert anmerkt, verbergen sich hinter den Zivilisierungsmissionen immer „Machtungleichheiten" bzw. der „Versuch, bestimmte Räume hierarchisch anzuordnen" und „als Ziel nationaler, imperialer

---

tentum Litauen bewohnte. Im Artikel sind aber keine weiteren Erwähnungen der Ruthenen zu finden, während der Autor sich immer wieder auf die litauische Geschichte bezieht.

Vorhaben [zu] entwerfen".[149] Aus dieser Perspektive impliziert auch die Relation der polnischen Zivilisierung Litauens asymmetrische imperiale Verhältnisse zwischen den beiden Völkern. Anders als zeitgenössische Zivilisierungsmissionen in extraeuropäischen Kolonien galt sie aber, wie der Artikel des *Tygodnik* zeigt, als schon vor vielen Jahrhunderten abgeschlossener Prozess und gliederte dementsprechend die litauische historische Zeit in zwei Phasen. In einer ersten Phase vollzog Litauen eine eigene Evolution, befand sich aber in der universellen Zeitlinie der Zivilisation hinter Polen. In der zweiten Phase holten die Litauer ihre zivilisatorische Verspätung dank Polen auf, und die eigen-litauische evolutionäre Kraft löste sich in der polnischen historischen Zeit auf. Die litauische Alterität erschien dadurch eine Alterität *auf Zeit* zu sein, die nach dem 14. Jahrhundert einfach zu existieren aufhörte.

Differierende Varianten dieser zwei temporalen Konstruktionen – die Unterscheidung der ursprünglichen litauischer Alterität und die Relation der polnischen Zivilisierung Litauens – werden in den wenigen Artikeln (re-)produziert, die sich bis zum Jahr 1905 mit der litauischen Geschichte beschäftigen. Artikel wie der aus dem *Tygodnik* thematisieren bestimmte Ortschaften des alten Litauens, einzelne litauische Machthaber, die sowohl freundschaftlichen als auch konflikthaften polnisch-litauischen Beziehungen im 13.–14. Jahrhundert, die litauischen Kämpfe gegen den Deutschen Orden, die litauische „heidnische" Religion sowie die Christianisierung Litauens und dessen Union mit Polen infolge der Hochzeit zwischen der Erbin des polnischen Throns, Hedwig, und dem litauischen Großfürsten und Stammvater des jagiellonischen Geschlechtes, Jagiełło.

Auf eine erste Variante der beiden Konstruktionen geht einer der wenigen Aufsätze über die Litauer ein, der aus der Warschauer Presse stammt und nur wenige Jahre nach dem Artikel des *Tygodnik* aus dem Jahr 1884 in der *Biesiada Literacka* unter dem Titel *Gediminas' Tod* erschien.[150] Der Artikel ist ein kurzer Kommentar zum Bild auf der Titelseite derselben Ausgabe, das von einem Zeichner der Zeitschrift angefertigt wurde und das Ende des litauischen Herrschers 1337 in einer Schlacht gegen den Deutschen Orden illustriert. Der anonyme Bildkommentar definiert Gediminas als „mutigen Kämpfer und als geschickten Politiker seiner Zeit".[151] Er brachte, so heißt es im Beitrag, zahlreiche Nachbarterritorien unter seine Herrschaft, verwandelte seinen Staat in eine beachtliche regionale Macht, bekämpfte jahrzehntelang den Deutschen Orden, wehrte sich erfolgreich gegen die Christianisierungsversuche und trat sogar im direkten

---

149 Marung, Zivilisierungsmissionen, S. 105.
150 Vgl. ANONYM: Śmierć Gedymina. In: BL (4.4.1884) Heft 14. S. 215.
151 Im Original: „wojownik dzielny, a jak na owe czasy i polityk ręczny". ANONYM: Śmierć Gedymina. In: BL (4.4.1884). Alle anderen Zitate dieses Absatzes stammen aus dem gleichen Artikel.

Kontakt mit dem Heiligen Stuhl, um den „räuberischen" Charakter dieser Versuche „anzuklagen". Nun konstruiert diese Beschreibung eine ursprüngliche litauische Alterität, in der sich Primitivität/Altertümlichkeit und Zeitgemäßheit miteinander kombinieren. Einerseits bilden das „Heidentum" und der Kriegsgeist die Hauptmerkmale der litauischen Lebensform im 14. Jahrhundert, was eine tiefe Fremdheit dieser Lebensform zur von den Slawen geerbten friedfertigen Prägung des polnischen historischen Subjektes sowie ihre Rückständigkeit im Vergleich zum damaligen christlichen Polen schafft.

Andererseits verweist das historische Wirken des Gediminas auf eine ausgeprägte Synchronie mit „seiner Zeit". Sie resultiert im Artikel in erster Linie aus dem effektiven Widerstand gegen die „kreuzritterliche Hydra", den der*die Autor*in Gediminas erkennt und die Litauer eher zu Verbündeten als zum Anderen des piastischen Polens macht. Der Text geht nach der Beschreibung des Gediminas auf die Hochzeit seiner Tochter Aldona (1309–1339) mit dem polnischen König Władysław Ellenlang 1325 ein. Die Erzählung von der Hochzeit verringert die in der Aggressivität und in dem „Heidentum" der Litauer eingeschriebene Alterität zu den Polen und markiert stattdessen die Möglichkeit der Einverleibung des litauischen fremden Elements in das polnische Eigene.

Dass sich hinter einer solchen Möglichkeit allerdings eine asymmetrische temporale Relation der Zivilisierung verbirgt, zeigt die Anmerkung im Artikel über die Taufe Aldonas vor der Hochzeit. Sie konstruiert die Allianz zwischen Polen und Litauern als Einbahnstraße, in der die Litauer an den polnischen zivilisatorischen Pol angepasst und zur Assimilation getrieben werden, und nicht andersherum. Die Tatsache, dass Gediminas nach allen seinen Kämpfen gegen die Christianisierungsbestrebungen des Deutschen Ordens die Taufe seiner Tochter akzeptiert, stellt die Zivilisierung Litauens als eine Herausforderung dar, die angeblich nur Polen imstande war zu meistern und die somit zur eigen-polnischen evolutionären Aufgabe in der Geschichte gehört. Dabei wirkt das kreuzritterliche Agieren als gewalttätiges und ineffektives Gegenstück zu dieser Zivilisierung, so dass die Relation der polnischen Zivilisierung Litauens im Artikel eigentlich eine temporale Dreieckskonstellation beinhaltet, in der sich Polen hinsichtlich des militärischen Fortschritts noch hinter den Kreuzrittern befand (Tannenberg ereignete sich erst später), aber bereits dem kreuzritterlichen/preußischen Anderen in seiner zivilisatorischen Fähigkeit voraus war. Das litauische Andere wusste sich hingegen gegen den Deutschen Orden zu wehren, zeigte aber gegenüber Polen eine zivilisatorische Verspätung. Die Vorstellung einer eigen-spezifischen zivilisatorischen Mission im Osten, die sich dem negativen westeuropäischen Kolonialismus entgegensetzt, prägte im 19. Jahrhundert auch den Diskurs des zarischen Russlands gegenüber dem asiatischen Teil des Zarenreichs und lässt sich somit als spezifisch-osteuropäisches imperiales Selbstverständnis in Konkurrenz mit Westeuropa begreifen.¹⁵²

Religiöse Akzente des Litauerkonstrukts in der Posener und Krakauer (Volks-) Presse

Der Beitrag von *Biesiada* präsentiert den polnischen imperialen Anspruch auf Litauen in der Geschichte als eine bewusste und rationale Entscheidung der Litauer selber, um sich vor dem Deutschen Orden zu schützen und ihrem Land mehr Macht zu geben. Das stellt für die Zeitschrift keine Ausnahme dar: Auch viel spätere Artikel der *Biesiada* insistieren auf das politische Geschick der historischen litauischen Machthaber wie Gediminas, Jagiełło oder Vytautas (Witold, 1354/1355–1430).¹⁵³ Die positiven politischen Fähigkeiten der alten litauischen Herrscher stellen allerdings keine von der gesamten polnischsprachigen Presse geteilte Grundlage für die Unterscheidung der ursprünglichen litauischen Alterität dar.¹⁵⁴ Auch die Charakterisierung der polnischen Zivilisierung Litauens als rationale Entscheidung der Litauer bildet nur eine der Formen, die die Relation der Zivilisierung Litauens (und des polnischen imperialen Gedankens gegenüber Litauen) in den verschiedenen Artikeln annimmt. Eine zweite verbreitete Form beider temporaler Konstruktionen lässt sich in einem nur zwei Jahre späteren Artikel der Posener *Gwiazda* erkennen, der 1886 anlässlich des 500. Jahrestags der Hochzeit zwischen Hedwig und Jagiełło verfasst wurde. Wie am Anfang erklärt, stammen die meisten Aufsätze, die sich vor 1905 mit den alten Litauern beschäftigen, aus Zeitschriften des preußischen Teilungsgebiets. Solche Zeitschriften zeigten Interesse vor allem für das Thema der Christianisierung der Litauer, was sich auf deren meist stark katholische Prägung zurückführen lässt. Der*die anonyme Autor*in der *Gwiazda*, deren katholischer Grundton in der Historio-

---

152 Vgl. Bassin, Mark: Geographien imperialer Identität: Russland im 18. und 19. Jahrhundert. In: Kraft [u. a.] (Hrsg.), Kolonialgeschichten. S. 236–258, hier S. 244–245
153 Vgl. bspw. das Plädoyer, das Michał Synoradzki für eine positive Bewertung der historischen Figur von Vytautas in der *Biesiada* veröffentlichte: Synoradzki, Michał: Syn Kiejstuta przed sądem dziejów. In: BL (1.8.1902) Heft 31. S. 86–87. Oder in der *Biesiada Literacka* die Darstellung des Sohnes von Gediminas und Onkels von Jagiełło, Kęstutis (Kiejstut, 1297–1382), als kultivierten Mann mit lateinischen, deutschen und sogar englischen Sprachkenntnissen: ANONYM: Ostatni przedstawiciel Litwy pogańskiej. In: BL (25.1.1913) Heft 4. S. 75.
154 Siehe die Beschreibung von Jagiełło als barbarischen und unkultivierten Mann in *Pszczółka*: ANONYM: Historya Polski w zarysie. Władysław Jagiełło. In: Ps (28.4.1889) Heft 8. S. 116–118; oder die 1902 im Lemberger *Tydzień* erschienen sehr negativen Bewertungen von Vytautas: Łumiński: Dies irae, dies illa... In: T (13.7.1902).

graphie hervorgehoben wird, beginnt die Erzählung mit einer Beschreibung der Ankunft des litauischen Großfürsten zu seiner Eheschließung in Krakau:

> Der Nachkomme von Gediminas [Jagiełło, C.F.] und Führer eines mächtigen Volks [Litauen, C.F.] beeilt sich, um nach Polen zu kommen, aber dieses Mal ohne Schwert und Feuer in Hand, wie es seine Ahnen immer wieder taten. [...] Und Polen, das oft dazu gezwungen war, sich in blutigen Kämpfen gegen die Überfälle seiner heidnischen Nachbaren zu verteidigen, gibt [...] ihnen heute im Tausch für ihr Freundschaftsangebot das kostbarste aller Geschenke, den Zugang zur westlichen Zivilisation und zum Lichte des wahren Glaubens.[155]

An dieser Textstelle ist von der positiven Deutung und von der Zeitgemäßheit des Gediminas nichts zu sehen. Im Gegenteil, der*die Autor*in der *Gwiazda* skizziert die Litauer als kriegerischen Stamm, der mit „Schwert und Feuer in der Hand" blutige „Überfälle" gegen Polen beging. Dafür verkörpert Polen nicht einfach einen fortschrittlicheren Nachbarn Litauens, sondern die christliche westeuropäische Zivilisation. Nun unterscheidet solch eine Beschreibung die ursprüngliche litauische Alterität temporal von Polen durch ein Muster der bewaffneten Auseinandersetzung zwischen rückständigen, plündernden Barbaren und Europa. Die Litauer gelten somit zugleich als charakteristisches Andere und als Feinde Polens, die sich aber in einer eindeutig früheren Evolutionsetappe als die Polen befinden.

Insbesondere der Ausdruck „Schwert und Feuer" verdient eine kurze Reflexion, weil er ein Bild von nomadischen Kriegern hervorruft, die eine zivilisierte, sesshafte Bevölkerung angreifen. Gerade dieses Bild ist im Titel des bereits erwähnten ersten Bandes Sienkiewicz' Trilogie, *Mit Feuer und Schwert* zu finden, das nur zwei Jahre vor dem Artikel der *Gwiazda* erschien und die Kosakenüberfälle des 17. Jahrhunderts auf Polen thematisiert. Und das gleiche Bild verwendet dieser Artikel der *Gwiazda* zwei Jahre später in Bezug auf die Litauer. Wie in *Time and the Nation* analysiert wurde, legt die *Pszczółka* 1888 Boleslaus I. dem Tapferen hingegen „das Schwert und das Kreuz in die Hände", um Polen von seiner slawischen Rückständigkeit zu befreien und in einen für die mittelalterlichen europäischen Standards „mächtigen Staat" zu verwandeln.[156] Obwohl daher beide,

---

155 Im Original: „Potomek Giedymina i władzca potężnego narodu spieszy teraz na polską ziemię, ale nie mieczem i ogniem w dłoni, jak to często jego czynili przodkowie [...] A Polska, która nieraz musiała krwawo się bronić od najścia pogańskich sąsiadów, dziś [...] składa im w zamian za ich przyjaźń najkosztowniejsze ze wszystkich dary, bo wstęp do cywilizacji zachodu i światło prawdziwej religii." Anonym: Pięćsetna rocznica zaślubin Jadwigi i Jagiełły. In: G (7.3.1886) Heft 10. S. 77–78.
156 Anonym: Historya Polski w zarysie. In: Ps (23.9.1888), S. 229. Für das vollständige Zitat und dessen Analyse vgl. Abschnitt II.3.3.

Gediminas und Boleslaus I., in der Geschichtserzählung der polnischsprachigen Zeitschriften als Urväter ihrer Völker gelten, die ihr Land durch den Krieg „mächtig" machten, wird Gediminas mit seiner Kriegsart temporal noch in einer primitiven vorchristlichen Welt verankert, während Boleslaus I. schon knapp 300 Jahre davor angeblich vollkommen zum christlichen europäischen Mittelalter gehört. In Übereinstimmung mit dieser Aberkennung der Zeitgemäßheit Gediminas' fasst die *Gwiazda* die kulturelle Assimilation der barbarischen Litauer durch das aufgeklärte Polen nicht als aktive Allianzentscheidung des litauischen Machtträgers gegen den Deutschen Orden auf. Vielmehr spricht der*die Autor*in von einem „Geschenk" der Polen an die Litauer, so dass die Litauer mit den Überfällen aufhörten und plötzlich ihre „Freundschaft" anboten. Die Rhetorik des Geschenks verleiht der Relation der polnischen Zivilisierung Litauens eine ausgeprägt religiös-moralische Deutung von einer Erlösung der Litauer von ihrer barbarischen Natur und von ihrer Verwandlung in passive Rezipienten des „wahren Glaubens" und einer höheren Kultur.

10 Jahre später befasst sich damit auch eine weitere, ausdrücklich katholische Posener Zeitschrift, der *Przewodnik Katolicki*, diesmal anlässlich des 510. Jahrestags der Hochzeit von Hedwig und Jagiełło:

> Diese Union [zwischen Hedwig und Jagiełło, C.F.] brachte Polen einen großen Vorteil [...], aber war noch eine größere Wohltat für Litauen, das die Kreuzritter, [...] unter dem Vorwand der Bekehrung zum Christentum mit Feuer und Schwert verwüstet hatten. Litauen [...] nahm aus den polnischen Händen ohne Blutvergießen das höchste Gut bzw. das Christentum entgegen, die Erkenntnis des wahren Gottes und die Zivilisation. Das heidnische Litauen bedeutete ein versklavtes Litauen, denn erst der katholische Glauben brachte der ganzen Welt die wahre Freiheit und den wahren Frieden. Solange die Litauer heidnisch waren, stöhnten sie unter den schrecklichsten Gesetzen der Unfreiheit; ..."[157]

Obwohl das Wort „Wohltat" eine ähnliche religiös-moralische Konnotation wie „Geschenk" beinhaltet, konstruiert das Zitat die litauische Alterität allerdings in anderen Begriffen als der *Gwiazda*-Beitrag. Indikator dafür ist die Tatsache, dass laut dem*der ebenso anonymen Autor*in des *Przewodnik* das „Feuer" und das „Schwert" barbarische Attribute des Deutschen Ordens und nicht der Litauer

---

[157] Im Original: „Połączenie to przynosiło wielką korzyść Polsce [...] lecz większem jeszcze było dobrodziejstwem dla Litwy, którą Krzyżacy, [...], pod pozorem nawracania do chrześcijaństwa pustoszyli ogniem i mieczem. Litwa [...] odebrała z rąk Polski bez krwi rozlewu, dobro najwyższe, bo chrześcijaństwo, poznanie prawdziwego Boga i cywilizacyę. Litwa pogańska, to tyle znaczyło, co Litwa niewolnicza, gdyż prawdziwą wolność i swobodę przyniosła całemu światu dopiero wiara święta katolicka. Dopóki Litwini byli poganami, jęczeli pod najstraszniejszemi prawami niewolniczemi;..." Sta.: Chrzest Litwy. Obrazek historyczny. In: PK (19.1.1896) Heft 3. S. 18–20.

bilden. Bereits in Kapitel III.2. wurde ein Artikel der *Praca* analysiert, der die Waffenkombination als Hauptinstrument der behaupteten Christianisierung und tatsächlichen Ausrottung der Pruzzen betrachtet und damit den Zivilisationsgrad der Kreuzritter im Vergleich zu Polen hinterfragt. In diesem Kontext suggeriert die Beschreibung der Verhaltensweise sowohl des preußischen als auch des litauischen Anderen durch die gleiche Wortkombination eine Ebene der Kontiguität zwischen den beiden Alteritäten, die sich aus ihrem geteilten barbarischen und aggressiven Charakter speist. Während die barbarische Aggressivität der Kreuzritter aber meistens als unveränderbare, ahistorische Eigenschaft begriffen wird, erscheint die der Litauer Ausdruck einer primitiven Lebensform zu sein, die im Laufe der Geschichte dank Polen domestiziert werden konnte.

Im Artikel des *Przewodnik* treten allerdings die Litauer in erster Linie als Opfer der kreuzritterlichen Gewalt und nicht selber als barbarische Gewalttäter gegenüber Polen auf. Ihre ursprüngliche Alterität besteht hier primär in ihrer „Versklavung", die einerseits einem archaischen (vorchristlichen) Evolutionsstadium in der universellen historischen Zeit entspricht und andererseits spezifisch die Freiheit des slawischen/polnischen Evolutionsmodells kontrastiert. Die polnische Zivilisierung Litauens kann demnach als imperiale Mission der Befreiung eines in altertümlichen sozialen Verhältnissen gefangenen Volks gedacht werden. Die Kennzeichnung Litauens anhand seines angeblich tyrannischen Herrschaftssystems und die dementsprechende Profilierung der Rolle Polens als Freiheitsträger lassen sich als dritte verbreitete Variante der beiden am Anfang des Kapitels dargelegten temporalen Konstruktionen polnisch-litauischer Beziehungsgeschichte begreifen.[158]

Besonders ausführlich artikuliert die Lemberger *Pszczółka* diese Variante in ihrer auch im Kapitel III.2. zitierten Artikelreihe *Abriss der Geschichte Polens*. Die Serie beendet ihren historischen Abriss kurz nach Beginn der jagiellonischen Epoche und widmet eine der letzten Folgen, erschienen in der ersten Jahreshälfte 1889, dem Vergleich zwischen dem polnischen und dem litauischen Element:

> Es bestand in jeder Hinsicht ein großer Unterschied zwischen diesen zwei Nachbarn, Polen und Litauen. Polen war in jener Zeit bereits seit 400 Jahren christlich, Litauen hingegen fast vollständig heidnisch. In Polen blühte zusammen mit dem Christentum die Aufklärung und die guten Sitten, die langsam sogar die bäuerliche Schicht erreicht hatten; in Litauen herrschte sowohl auf dem fürstlichen Hof als noch weit mehr unter dem Volk eine wilde Barbarei; in Polen gab es Freiheit, Unabhängigkeit und Recht, die [...] schon in jenen alten Zeiten einen positiven Einfluss auf die bäuerliche Bevölkerung ausübten, und vor allem seit

---

[158] Vgl. bspw. Boberska: Zygmunt August i czas jego w Polsce. In: OD (15.1.1884); Sta.: Chrzest Litwy. In: PK (19.1.1896); ANONYM: Nawrócenie Litwy. In: PK (27.8.1905) Heft 35. S. 273–274; Bartoszewicz, Kazimierz: W rocznicę Unii lubelskiej. In: ŚW (11.8.1906) Heft 32. S. 2–3 und 15–16.

der Regierungszeit des *Bauernkönigs* Kasimir des Großen [...], - in Litauen herrschte überall eine traurige und schreckliche Knechtschaft. So unterschiedlich und überhaupt zueinander nicht ähnlich waren diese zwei Völker, die sich verbrüdern sollten. [...] In der Zeit, als in Polen die kirchlichen und säkularen Magnaten den König wählten, ihn berieten und Entscheidungen über die Schicksäle des Landes und der Nation trafen, war in Litauen der Großfürst Herr und Herrscher über das Schicksal und das Leben aller seiner Untertanen sowohl der Bojaren (ähnlich zur szlachta) als auch der Bauern. [...] Die Ehen der Litauer hingen auch von seinem Willen ab, aber das machte die Eheschließungen nicht nur weniger verbindlich, sondern trug auch zur in Litauen herrschenden Polygamie bei. Jeder Litauer, insbesondere die Fürsten und die Bojaren, hatte ihren Harem...[159]

Pszczółka-Redakteur Stojałowski präsentiert Polen und Litauen des 14. Jahrhunderts an dieser Stelle als komplett antithetisch. Obwohl am Anfang des Zitats ihre antithetische Natur auf ihren christlichen *versus* „heidnischen" Glauben zurückgeführt wird, stellt Freiheit in den nächsten Sätzen den Kernfaktor dar, der für die radikale Unterscheidung zwischen den beiden Völkern entscheidend ist und diese Unterscheidung in Kategorien von Westen *versus* Orient vollzieht. Während der Artikel Polen als Wiege einer demokratischen, politischen Evolution inszeniert, werden Litauen ganz bestimmte politisch-kulturelle Eigenschaften zugeschrieben – den Despotismus, die sexualisierte Dimension des Harems sowie moralisch-degenerierte Sitten wie die Polygamie –, die zum Standardrepertoire des europäischen kolonialen Bilds vom Orient gehörten.

Wie Kapitel III.2. zeigte, bildet die Gegensätzlichkeit zu Polen in der polnischsprachigen Presse eine zentrale Konstruktionsweise ebenso der deutschen Alterität. Das ist aber nicht alles: Genau wie in diesem Artikel die Litauer, fungieren auch die Germanen/Preußen in vielen anderen Artikeln als spezifischer Gegenpol zur slawisch-polnischen demokratischen Urgesinnung. Dabei wird der deutsche unfreie Gegenpol in bestimmten Fällen auch durch eine analoge Ori-

---

[159] Im Original: „Jak wielka różnica zachodziła pod każdym względem pomiędzy temi dwoma sąsiadami Polską i Litwą. Polska w tym czasie była już od przeszło 400 lat chrześcijańską, Litwa prawie całkowicie pogańską; W Polsce z chrześcijaństwem kwitnęła już oświata i ogłada obyczajów, która aż do warstw ludu po trochę docierała; w Litwie tak na dworze książęcym, jak tym bardziej w narodzie panowało dzikie barbarzyństwo; w Polsce była wolność, swoboda i prawo, które [...] takie w owym jeszcze czasie i na lud włościański spływały, a zwłaszcza od czasów *króla chłopów* Kazimierza Wielkiego [...], - w Litwie panowała wszędzie smutna i straszna niewola. Tak różne i wcale do siebie nie podobne były te dwa narody, które się pobratać ze sobą miały. [...] Podczas gdy w Polsce wielmoże duchowni i świeccy obierali sobie monarchów, stanowili jego radę i stanowili o lasach państwa i narodu, w Litwie rządcą i panem losu i życia wszystkich swoich poddanych tak bojarów (t. j. szlachty) jak i włościan był Wielki książę litewski. [...] Małżeństwa u Litwinów zależały także od woli Wielkiego księcia, ale nietylko to ceniło związki małżeńskie luźnemi, ale także panujące w Litwie wielożeństwo. Każdy Litwin, a zwłaszcza książęta i bojarowie mieli swoje haremy..." ANONYM: Historya Polski w zarysie. In: Ps (7.4.1889), S. 101.

entalisierung, wie die Litauer bei Stojałowski, gekennzeichnet, denkt man an den Vorwurf der Polygamie, den die *Gwiazda* 1883 gegen die Germanen erhob oder an die Gleichsetzung zwischen Preußen und Persien in der *Świat* 1908. Die *Pszczółka*-Serie suggeriert somit eine weitere Ebene der Kontiguität zwischen litauischer und deutscher Alterität, und zwar die Assoziation der beiden mit einem unfreien Herrschaftssystem, das mit der freien Quintessenz der slawisch-polnischen historischen Existenz kontrastiert und orientalisierende Aspekte aufweist.

Weitere Analogien gibt es allerdings nicht. Der deutsche Autoritarismus galt in der Tat in der polnischsprachigen Presse meistens als ein den Deutschen angeborener Charakterzug, der der germanischen Volkspsyche entsprang, vom kreuzritterlich-preußischen Machtapparat geerbt wurde und das Kaiserreich bis in die Gegenwarts-Zeit hinein prägte. Stojałowski deutet die „Knechtschaft" der Litauer hingegen eher als frühes Stadium eines universellen Evolutionswegs, dem die (polnische) Freiheit als nächstes Stadium folge. Er unterscheidet somit die Litauer in einer genuin temporalen (und nicht ethnisch-charakterlichen) Weise bzw. konstruiert die litauische Alterität als temporale Position auf der universellen Zeitlinie der Zivilisation hinter Polen. Spiegelbildlich stellt die Freiheit im Artikel keine ethnisch-charakterliche Ureigenschaft der Slawen dar, wie in der Gegenüberstellung zu den Germanen, sondern markiert eine besonders fortschrittliche Selbstverzeitung des piastischen Staates insbesondere unter Kasimir dem Großen auf der gleichen Zeitlinie. Der Akzent, den Stojałowski im Zitat über die Freiheit der Bauern setzt, lässt sich als spezifische Anspielung auf sein eigenes ländliches Publikum begreifen und enthält die Vorstellung von der spezifischen Anziehungskraft, die das spätpiastische Polen auf eine archaische, nicht urbane Bevölkerung haben konnte.

Die Versklavung war allerdings im Artikel nicht der einzige Ansatzpunkt für eine solche temporale Unterscheidung der Litauer. Nach dem zitierten Vergleich beschreibt Stojałowski die sehr primitiven sozioökonomischen Verhältnisse der Litauer, die angeblich in einfachen Unterkünften lebten, sich keiner gemauerten Stadt rühmen konnten und eine Subsistenzwirtschaft, basierend auf Jagd, Schafzucht, Produktion von Honig und Überfällen auf Nachbargebiete, betrieben.[160] Die Tatsache, dass diese Beschreibung mit einer Charakterisierung des historischen Litauens als besonders wilde und undurchdringliche Landschaft, bedeckt von Wäldern, Seen und Sümpfen, beginnt, knüpft die litauische Alterität an der noch von der Zivilisation unberührten physikalischen Beschaffenheit ihres Siedlungsgebiets an, die viele Ähnlichkeiten mit dem auch für die Slawen konstitutiven Ursiedlungsraum aufweist. Durch diese Ebene der Kontiguität mit den

---

160 Vgl. ANONYM: Historya Polski w zarysie. In: Ps (7.4.1889), S. 102.

Slawen verkörpern die Litauer keine aggressiven oder versklavten Fremden mehr und werden stattdessen zu einem zeitversetzten Ausdruck der Urevolutionsstufe des polnischen historischen Subjekts selbst.

Das verdeutlicht Stojałowski am Ende des Artikels, wenn er auf die alte litauische Religion zu sprechen kommt und den großen Fundus detaillierter Kenntnisse über die unterschiedlichen litauischen Götter und Rituale folgendermaßen begründet:

> Da die Bekehrung Litauens in Zeiten stattfand, als die Bildung in Polen und Europa schon beachtliche Fortschritte gemacht hatte, haben wir aus der Erzählung der damaligen Historiker weit mehr Informationen über das litauische Heidentum, als über die alte heidnische Religion der Polen oder der Slawen.[161]

Diese letzte Textstelle bettet die Litauer in jene vorhistorische „heidnische" Zeitdimension ein, die durch Abwesenheit von „Bildung" (der Schrift) charakterisiert gewesen sei und in der einst auch die Slawen lebten. Wie diese Dimension im Falle der Slawen parallel zur historischen Welt der Antike existierte, bestand sie im litauischen Fall simultan zum historischen (schriftlichen) Polen und Europa. Die Litauer werden dadurch nicht mehr als Träger eines kriegerischen Barbarentums oder eines archaischen Despotismus aufgefasst, sondern mit einer Ungleichzeitigkeit mit der polnisch-piastischen historischen Zeit gleichgesetzt, die der Artikel bereits am Anfang auf einen temporalen Abstand von „400 Jahren" zwischen der polnischen und der litauischen „Bekehrung" festlegt. Diese Ungleichzeitigkeit verwandelt die Litauer im Zitat in eine Art ethnologisches Objekt, an dem die mittelalterlichen polnischen „Historiker" jene „Informationen" über die „heidnischen" Religionen Osteuropas sammeln konnten, die über die eigene zu weit zurückliegende „heidnische" Religion nicht vorhanden waren. Die Kontiguität zwischen Slawen und Litauern relativiert daher in der *Pszczółka* nicht das imperiale Verhältnis, das in der Relation der polnischen Zivilisierung Litauens inbegriffen war. Im Gegenteil, (re-)produziert in diesem Artikel die Anmerkung über das Verfassen von polnischen Quellen über das litauische „Heidentum" einen ausgeprägt kolonialen Blick des spätpiastischen Polens auf das damalige Litauen, der sich auf die Schriftlosigkeit Litauer des 14. Jahrhunderts und damit auf ihre Abhängigkeit von der fremden (polnischen) Repräsentation gründet. Hierbei ergibt sich eine weitere Parallelität mit bestimmten, in *Time and the Nation* ana-

---

[161] Im Original: „Ponieważ nawrócenie Litwy dokonało się już za czasów, gdy oświata w Polsce i w Europie znaczne uczyniła postępy, stąd z opowiadania ówczesnych historyków mamy o litewskiej pogańskiej religii daleko dokładniejsze wiadomości, aniżeli o dawnej pogańskiej religii Polaków i Słowian." Anonym: Historya Polski w zarysie. In: Ps (7.4.1889), S. 102.

lysierten Artikel, die die slawische Rückständigkeit gegenüber der Welt der klassischen Antike dadurch (re-)produzieren, dass sie die ersten Erwähnungen über die Slawen auf die byzantinischen Quellen zurückführen.

Das Interesse, das die polnischsprachige Presse für den „heidnischen" Kult des alten Litauens zeigte und wodurch die Litauer als Art ethnologisches Phänomen betrachtet wurden, lässt sich als vierte und letzte Unterscheidungsvariante der ursprünglichen litauischen Alterität in den Quellen bis 1905 begreifen. Jenseits der Lemberger *Pszczółka* sind Beispiele dafür wieder vor allem in der Posener *Praca* und im *Przewodnik Katolicki* zu finden. So veröffentlichte die *Praca* 1897 eine dreiteilige Serie über die Geschichte der ehemaligen litauischen Hauptstadt von ihrer Gründung bis zum 17. Jahrhundert.[162] Der*die anonyme Autor*in steigt in das Thema ähnlich wie Bolesław vom Dnepr im *Tygodnik Ilustrowany* über die Stadt Krasnopol ein, und zwar mit einer Darstellung der im zeitgenössischen urbanen Raum von Wilna sichtbaren Reste älterer Zeiten. Anders als der Artikel des *Tygodnik* deuten aber die Reste, die im ersten Artikel der *Praca*-Serie beschrieben werden, vor allem auf die „heidnische" Vergangenheit Litauens. So erwähnt der Text den Ort, den der legendäre litauische Fürst Swentorog für das heilige Feuer des „heidnischen" Gottes Perkūnas (Perkun)[163] bestimmte, den Hügel, wo die ersten christlichen Missionare den Märtyrertod durch die Hand eines „heidnischen" Litauers erlitten, oder die Sage über die Errichtung der Burg von Gediminas, die der Hauptpriester der litauischen „heidnischen" Religion auf der Grundlage einer Prophezeiung anordnete.[164] Spiegelbildlich dazu findet sich im dritten Artikel der Serie eine ganze Auflistung von gemauerten Kirchen, Denkmälern und Palästen, die nach der polnisch-litauischen Union anstelle der alten, aus Holz errichteten „heidnischen" Tempel entstanden sind.[165]

Wenige Jahre später, 1901, erschien im *Przewodnik Katolicki* ein Aufsatz zur Religion der Litauer.[166] Der*die anonyme Autor*in stellt diese Religion in einen direkten Zusammenhang mit den ursprünglichen Pflanzen und wilden Tierarten, die die litauischen Siedlungsgebiete bewohnten und die angeblich für die Litauer als Heiligtümer und rituelle Opfer fungierten. Das Haupthelligtum war eine Eiche,

---

162 Vgl. ANONYM: Wilno. In: Pr (7.2.1897) Heft 30. S. 1–2; ANONYM: Wilno. In: Pr (21.2.1897) Heft 42. S. 1–2; ANONYM: Wilno. In: Pr (7.3.1897).
163 Perkūnas erscheint in allen Quellen als der Hauptgott der alten Litauer und wird bis heute als zentrale Figur des litauischen vorchristlichen Kultus betrachtet.
164 Vgl. ANONYM: Wilno. In: Pr (7.2.1897), S. 1.
165 Vgl. ANONYM: Wilno. In: Pr (7.3.1897), S. 3.
166 Vgl. ANONYM: Pruskie Romnowe. Uryvek dziejów starożytnych narodu litewskiego. In: PK (24.11.1901) Heft 47. S. 374–375.

die in der spirituellen Hauptstadt Romnowe,[167] dem Sitz des Hauptpriesters, wuchs und von dem der *Przewodnik* auch eine Illustration veröffentlicht.[168] Der Artikel endet mit dem Satz: „Als das Morgengrauen des Christentums glänzte, wurde das ganze [das gesamte religiöse Zentrum von Romnowe, C.F.] vom Wald bedeckt, bis es letztendlich für immer vom Erdboden verschwand."[169]

1903 publizierte schließlich die *Praca* einen weiteren Artikel, der sich mit der Geschichte eines Hügels in der Nähe von Wilna, Werki (lit. Verkiai),[170] befasst. Die Erzählung beginnt mit einer Legende über die alte „heidnische" Herkunft dieser Ortschaft und bewegt sich dann aus der sagenhaften Vergangenheit bis hinein in die historischen Zeiten der polnisch-litauischen Union. Emilia Węsławska, Autorin des Artikels, skizziert diesen Übergang wie folgt: „Nach der Taufe des litauischen Volkes, als Haine und Bäume ihr Heiligtum verloren hatten, holzten an den Orten, wo die menschlichen Siedlungen sich zu zeigen begannen, Beile und Äxte den Urwald ab."[171]

Nun zeigen alle drei Artikel, wie die Fokussierung auf die alte litauische Religion die Litauer zu einer temporalen Dimension zuordnet, die sich an der Schnittstelle zwischen dem Ethnologischen und dem Historischen, zwischen Mythos und Geschichte befand. Einerseits tragen die Hinweise auf Legenden und auf magischen (Aber-)Glauben zur Vorstellung der eigen-litauischen Zeit als Zeit bei, die nicht zur historischen Zeit gehört. Andererseits schaffen die vielen präzisen Details, die die Artikel über diese Zeit liefern, sowie die Daten und historischen Ereignisse – beispielsweise im ersten *Praca*-Beitrag die Errichtung der Burg Geidiminas 1322 oder die Einladung franziskanischer Missionare durch die bereits christliche Gemahlin des Großfürsten Algirdas (Olgierd, 1296–1377, Nachfolger von Gediminas)[172] – eine Simultanität dieser Zeit zur historischen Welt des piastischen Polens, die auf die litauische, noch mythische Alterität einen ethnologischen Blick wirft.

---

167 Auf Romnowe (auch als Romne oder Romowe bekannt) verweisen einige Chroniken, u.a. auch Długosz. Es lag wahrscheinlich in Ostpreußen. Ob der Ort wirklich existierte und als religiöse Hauptstadt der Litauer galt, ist allerdings umstritten.
168 Vgl. Anonym: Pruskie Romnowe. In: PK (24.11.1901), S. 375.
169 Im Original: „Gdy zaświtał brzask chrześcijaństwa, wszystko to pokryło się w głąb lasów, aż w końcu znikło na zawsze z powierzchni ziemi." Anonym: Pruskie Romnowe. In: PK (24.11.1901), S. 375.
170 Heute gilt Verkiai als Stadtteil von Wilno.
171 Im Original: „Po przyjęciu chrztu św. przez naród litewski, gdy już gaje i drzewa straciły swą świętość, topory i siekiery trzebiły puszcze, gdzie ukazywać się zaczęły siedziby ludzkie." Węsławska, Emilia: Z ojczystych stron. Werki pod Wilnem. In: Pr (29.11.1903) Heft 48. S. 1503–1504, hier S. 1503.
172 Vgl. Anonym: Wilno. In: Pr (7.2.1897).

Bestandteil dessen ist in allen drei Beispielen sowie auch in der *Pszczółka*-Serie der litauische Raum, der in seiner ursprünglichen morphologischen, pflanzlichen und zoologischen Ausstattung von einer Undurchdringlichkeit und Spiritualität aufgeladen ist, die den vorhistorischen mythischen Charakter der litauischen Zeit mitproduzieren. Vor allem hinsichtlich des räumlichen Elements lässt sich eine Ebene der Kontiguität zwischen diesem Konstrukt litauischer Alterität und der Konstruktion der Slawen erkennen, worauf bereits die Analyse der *Pszczółka*-Serie verwies. Während der slawische Raum in der polnischsprachigen Presse vor allem als Träger der dauerhaften Charakterzüge des polnischen historischen Subjektes, wie Friedfertigkeit oder Demokratie, dient, schreiben die gerade dargelegten Artikel dem litauischen Raum keinen dauerhaften Einfluss auf die Litauer zu. Sie heben im Gegensatz die Rezessivität dieses Raumes bzw. sein „Verschwinden" infolge der Christianisierung Litauens hervor, was die Idee einer Rezessivität bzw. der Gültigkeit *auf Zeit* derselben litauischen Alterität widerspiegelt. Die Relation der polnischen Zivilisierung Litauens wird in allen drei Beispielen dementsprechend als Veränderung sowie Umgestaltung des natürlichen sowie bebauten litauischen Raumes betrachtet, der seine ursprünglichen Charakteristiken – Holztempel, heilige Eichen sowie generell die Heiligkeit der Pflanzen- und Tierwelt – verliert und damit in die polnische historische Zeit integriert wird. Insbesondere das Bild der Abholzung des Urwalds, das Węsławska zeichnet, gilt vor allem als paradigmatisch für diese Art der Zivilisierung und für die Rezessivität der litauischen Alterität, wenn man sich die fast zeitgleich erschienenen Artikel von Wacław Sobieski über die polnisch-deutsche Auseinandersetzung innerhalb des schlesischen Zweigs des piastischen Geschlechts in Erinnerung ruft. Nennt Sobieski dort die Deutschen *„extirpatores silvarum"*, die „mit der Axt in der Hand anfingen, den Forst und die Wälder zu fällen" und den (verächtlich gemeinten) *„Segen* der Zivilisation mit sich brachten",[173] legt Węsławska „die Beile und Äxte" in die Hand der Litauer selber, die infolge der polnischen Zivilisierung nach der Union ihre eigene ursprüngliche natürliche Umwelt und somit ihre eigene Alterität zerstörten und sich an Polen assimilierten.

Es lässt sich zusammenfassend feststellen, dass schon ab den 1880er Jahren in der polnischsprachigen Presse ein Alteritätskonstrukt der Litauer zirkulierte, das in einem engen Zusammenhang mit der Konstruktion der polnisch-litauischen Beziehungsgeschichte in Termini einer (imperialen) Relation der polnischen Zivilisierung Litauens stand. Auch wenn in unterschiedlichen Varianten,

---

[173] Im Original: „Ale niebawem przyszedł czas, że koloniści złożyli zakrwawione miecze do pochwy i z siekierą w ręku rzucili się trzebić owe puszcze i lasy. To już nie rycerze krzyżowi, to *extirpatores silvarum*, karczownicy lasów... z nimi szła w kraj nasz już nie krzywda i grabież, ale *bogłosławieństwo* cywilizacyi." Sobieski: Zapomniany bohater Śląski. In: TI (2.8.1902), S. 603.

basieren die beiden Konstruktionen auf der Vorstellung einer ursprünglichen litauischen Lebensform, die parallel, aber ungleichzeitig zum piastischen Polen existierte, eine zivilisatorische Verspätung gegenüber Polen aufwies und zur Einverleibung in die polnische historische Zeit bestimmt war. Die abwechselnde Feindschaft, mal zum Deutschen Orden und mal zu Polen, die barbarische Kriegslust, die Versklavung sowie/oder das „Heidentum" waren ihre Hauptmerkmale. Die Christianisierung, die Aufklärung, die Befreiung und die Veränderung des Raumes galten hingegen als Grundvarianten der polnischen Zivilisierungsmission Litauens. Die litauische Alterität zeigt in den verschiedenen Quellen Analogien sowohl mit der Konstruktionsweise des slawischen Eigenen als auch des deutschen Fremden. Auch die Relation der polnischen Zivilisierung Litauens nimmt Bezug auf die Deutschen und auf die Slawen: Sie wird als Befreiung der Litauer und im Kontrast zum negativen Zivilisationsmodell der Kreuzritter präsentiert.[174]

III.3.3 Die litausche Alterität zwischen Vergangenheit und Gegenwart nach 1905

Die Revolution 1905 bescherte vor allem in der Warschauer Presse einen echten Boom von Artikeln über Litauen. Wie bereits auf den ersten Seiten dieses Kapitels erläutert, eröffneten sich durch die Lockerung der zarischen Zensur neue Möglichkeiten für die *Zeitschriften für viele*, die „weggenommenen Gebiete" in den Blick zu nehmen und zu konstruieren. Die im Rahmen der Revolution im Nordwestgebiet öffentlich auftretende litauische Nationalbewegung wirkte in diesem Kontext als neues Thema der Warschauer Periodika in deren ebenso neue und intensive Beschäftigung mit der litauischen und litauisch-polnischen Geschichte hinein. Insbesondere der *Tygodnik Ilustrowany* spielte dabei eine zentrale Rolle. Ein Artikel aus dem Jahr 1906 erklärt das gestiegene Interesse des *Tygodnik* für Litauen damit, die „Aufgabe eines gesamtnationalen Presseorgans" zu erfüllen, da „unsere [die polnische, C.F.] Gesellschaft der zeitgenössischen Lage an den Peripherien [*na kresach*] besondere Aufmerksamkeit schenken muss".[175] Diese dreifach neue Konstellation – neu hinsichtlich der Freiheit der Warschauer

---

[174] In einigen Artikeln wird die polnisch-litauische Verbrüderung direkt mit der erzwungenen Eingliederung Polens in das Territorium der Teilungsmächte verglichen. Vgl. bspw. ANONYM: Pięćsetna rocznica zaślubin Jadwigi i Jagiełły. In: G (7.3.1886); ANONYM: Historya Polski w zarysie. In: Ps (7.4.1889).
[175] St. Gr.: Polacy i Litwini. Wywiad u Mecenasa Wróblewskiego. In: TI (29.9.1906) Heft 39. S. 769–770, hier S. 769.

Presse, der damit verbundenen Verlagerung des litauischen Schwerpunkts von den Posener zu den Warschauer Zeitschiften sowie der polnisch-litauischen Beziehungen – veränderte die temporalen Konstrukte, die in Abschnitt III.3.2. erörtert wurden.

Einen ersten Hinweis über die Natur dieser Veränderungen liefern zwei längere Pressebeiträge, die bereits 1905, einmal in Posen und einmal in Warschau, erschienen. Der erste Beitrag stammt aus dem Posener *Przewodnik Katolicki* und trägt den Titel *Die Bekehrung Litauens*. Wie im Abschnitt III.3.2. erwähnt, hatte die Zeitschrift in den zehn Jahren seit ihrer Gründung 1895 schon einige Artikel zu diesem Thema veröffentlicht, keiner davon war aber so lang und detailliert wie der aus dem Jahr 1905. In diesem Artikel finden sich alle bisher analysierten temporale Unterscheidungsvarianten der ursprünglichen litauischen Alterität. Der*die anonyme Autor*in setzt ein mit der Beschreibung des kalten Klimas und der wilden Natur Litauens, das angeblich bis zum 14. Jahrhundert völlig von Wäldern bedeckt war, und kommt dann auf die einfachen Lebensbedingungen der Litauer zu sprechen, auf ihre Beschäftigung mit Jagd und Fischerei, auf ihr „Heidentum" sowie auf ihre „Liebe" für den Krieg.[176] Nach dieser Beschreibung, die die Litauer grundsätzlich als Barbaren abbildet, wird allerdings präzisiert:

> Sie [die Litauer, C.F.], diese Ahnen unserer Kościuszkos, Mickiewiczs und Sienkiewiczs, [waren, C.F.] keine Mongolen oder Tataren, sondern [gehörten] zur adligen arischen bzw. indoeuropäischen Rasse, zu der sowohl wir alle als auch die meisten Völker des heutigen Europas gehören. [...] So glaubten die heidnischen Litauer an einen einzigen Gott, Perkūnas.[177]

Durch die Unterscheidung der Litauer von „Mongolen" und „Tataren", ihrer Einschließung in die Gemeinschaft europäischer Völker und die Hervorhebung ihres Monotheismus wird die litauische Alterität gemildert und stattdessen als dem polnischen historischen Subjekt ähnlich konstruiert. Folge dieser Konstruktionsweise ist die Tatsache, dass der*die Autor*in die primitiven Litauer plötzlich als „Ahnen" von „Kościuszko, Mickiewicz und Sienkiewicz" bezeichnet. Diese Bezeichnung schlug eine Brücke ins 19. Jahrhundert und definierte die Gegenwarts-Zeit als Moment, in dem die litauischen Andere endgültig zu Helden des Polentums wurden.

---

176 Vgl. ANONYM: Nawrócenie Litwy. In: PK (27.8.1905), S. 273.
177 Im Original: „Nie byli oni jednak ani Mongołami, ani Tatarami, owi przodkowie naszych Kościuszków, Mickiewiczów, Sienkiewiczów; lecz należeli do szlachetnej rasy aryjskiej, czyli indoeruopejskiej, do której i my wszyscy i większa część ludów dzisiejszej Europy należy. [...] Litwini pogańscy czcili więc tylko jednego boga Perkuna." ANONYM: Nawrócenie Litwy. In: PK (27.8. 1905), S. 273. Auch die Kurzzitate in den nachfolgenden Sätzen stammen von dieser Seite.

Der Verringerung der ursprünglichen litauischen Alterität entspricht im Artikel einer Beschreibung der Zivilisierung Litauens, die weit vor der Hochzeit zwischen Hedwig und Jagiełło beginnt, als am Anfang des 14. Jahrhunderts die Litauer mit den benachbarten Ländern Beziehungen pflegten. In jenem Jahrhundert heirateten angeblich viele „polnische Prinzessinnen" in die Familie des litauischen Großfürsten ein, was das litauische Zivilisationsniveau enorm anhob. Die Ehen zwischen Polen und Litauern dienen somit dem Artikel zufolge der zusätzlichen Betonung der Permeabilität des litauischen Elements, das sich bereits im 14. Jahrhundert mit dem Polnischen ethnisch mischte. Trotzdem befanden sich die Litauer laut dem*der Autor*in am Ende des 14. Jahrhunderts kurz vor ihrem „Niedergang" – zum einen wegen der Aggressivität des Deutschen Ordens und zum anderen wegen des „moralischen Zustandes" des litauischen Volkes, der in dem Beitrag aufgrund der herrschenden „Polygamie" und der „Versklavung" als „miserabel" definiert wird.[178] Der Artikel führt somit eine Unterscheidung zwischen Alteritätsmerkmalen ein: „Heidentum" und Kriegslust, die auf der ersten Artikelseite durch die Zugehörigkeit der Litauer zur „indoeuropäischen Rasse" als bloßer Ausdruck eines primitiven Evolutionsstadiums relativiert werden, sowie Polygamie und Versklavung, die hingegen auf der zweiten Seite als Anzeichen eines evolutionären Niederganges präsentiert werden. Diese Unterscheidung enthält somit eine doppelte Verzeitung der Litauer im 14. Jahrhundert: einmal als Verspätung entlang der gleichen Evolutionslinie des polnischen Subjektes, aber mit der Perspektive einer völligen Synchronie im 19. Jahrhundert und einmal als Rückschrittstendenz auf einer eigen-litauischen Evolutionslinie. Um diese Tendenz umzukehren und Litauen „wieder zur Größe zu verhelfen", habe Litauen nur „ein einziges Mittel" gehabt, was angeblich auch die litauischen Machthaber erkannten, und zwar „das Christentum und die christliche Zivilisation", die Polen ihnen geben konnte. Die Relation der polnischen Zivilisierung Litauens wird somit in dem Artikel nicht nur, wie es der *Biesiada*-Artikel von 1884 über Gediminas schon tat, aufgrund der kreuzritterlichen Gefahr als vernünftige politische Entscheidung Litauens präsentiert, sondern als evolutionäre Notwendigkeit für Litauen aufgefasst. Das habe – so das Ende des Artikels – „eine dermaßen enge Union" zwischen Polen und Litauen geschaffen, die bis zur Teilung Polens existierte, während die Litauer die christliche Religion so geliebt haben, dass sie „gerne für sie [in der Vergangenheit, C.F.] gestorben sind".

Die beiden anhand dieses Beispiels aus dem *Przewodnik* gezeigten Phänomene – das Betonen, dass die Nachfolger der damaligen Litauer unbestreitbar

---

[178] Vgl. für diesen Satz und für die Zitate der nächsten Sätze siehe: ANONYM: Nawrócenie Litwy. In: PK (27.8.1905), S. 274.

zum polnischen historischen Subjekt des 19. Jahrhunderts gehörten und die Darstellung der Zivilisierung Litauens als litauische evolutionäre Notwendigkeit – haben einen viel eindeutigeren und offensiveren Charakter in dem bereits erwähnten zweiten, längeren Pressebeitrag über die Geschichte Litauens aus dem Jahr 1905. Es handelt sich um eine vierteilige Serie, die der *Tygodnik Ilustrowany* im gleichen Monat wie der Artikel des *Przewodnik* unter dem Titel *Polen und Litauen* veröffentlichte. Ihr Autor war Zygmunt Gloger, ein bekannter Historiker, Archäologe und Ethnograph jener Zeit, der sich intensiv mit der polnischen Volkskultur, u. a. mit den *kresy* beschäftigte und darüber in der Presse aller drei Teilungsgebiete Beiträge publizierte.[179] Anders als die bisher analysierten Pressebeiträge setzt Gloger den Schwerpunkt seines Interesses nicht so sehr auf die Litauer als Volk oder die polnische Zivilisierung Litauens, sondern auf die polnisch-litauischen Beziehungen in der piastischen Epoche. Der Artikel beginnt mit einer Reflexion, wann die Existenz der Litauer von der europäischen Historiographie generell sowie vom polnischen historischen Subjekt insbesondere erstmals wahrgenommen wurde. Für Gloger geschah das im Jahre 1205, als die Litauer einen großen Krieg gegen die Ruthenen führten, obwohl die Polen schon viel früher bestimmte mit den Litauern verwandte baltische Stämme, wie die Pruzzen und die Jatwinger, durch deren Angriffen auf Polen kennengelernt htten.[180]

Ein derartiger Einstieg bettet die Litauer zum einen von Anfang an in eine europäische historische Zeit ein, die aus konkret datierbaren, militärischen Auseinandersetzungen besteht. Andererseits besetzen die Litauer dabei eine periphere Position als Volk, das nicht für sich existiert, sondern das vom europäischen Zentrum im Allgemeinen und vom polnischen Zentrum insbesondere zur Kenntnis genommen werden sollte. Diese Relation zwischen einem peripheren Litauen und einem zentralen Polen, die aber (noch) *keine* Relation der polnischen Zivilisierung Litauens beinhaltet, zieht sich durch die ersten drei Artikel der Serie. So waren die polnisch-litauischen Kontakte für das gesamte 13. und 14. Jahrhundert laut Gloger vor allem von Überfällen geprägt, die Litauer gegen Polen ausübten. Er definierte die Raubkriege, insbesondere bei so „kostbaren Beuten wie die bäuerliche Bevölkerung und die Arbeitstiere", als „ein für das Mittelalter

---

179 Das renommiertere Werk von Gloger ist die *Encyklopedja staropolska ilustrowana* („Altpolnische illustrierte Enzyklopädie'), 1901–1903, die einen vollständigen Überblick über die adlige sowie bäuerliche Kultur der Adelsrepublik gibt. Über die publizistischen Tätigkeiten Glogers in den Warschauer und galizischen Zeitschriften siehe: Zasztowt, Popularyzacja, S. 181, 201; Stauter-Halsted, Nation, S. 106. Auch in der Posener *Praca* erschienen seine Artikel, u. a. mit Bezug zu litauischen Themen. Vgl. Gloger, Zygmunt: Akademia Wileńska. In: Pr (10.5.1903) Heft 19. S. 558–559.
180 Vgl. Gloger, Zygmunt: Poska i Litwa. In: TI (29.7.1905) Heft 30. S. 563–564, hier S. 563.

normales Verhältnis zwischen Nachbarn",[181] das auch zur Politik von piastischen Königen wie Boleslaus Schiefmund, beispielsweise gegen die Pruzzen, gehörte. Die Kriegslust bildet somit im Artikel keinen Marker litauischer Alterität, da die Litauer als Volk mit einer zeittypischen Praxis der Plünderung, die das Mittelalter als Epoche insgesamt charakterisierte, dargestellt werden. Das bedeutet allerdings nicht, dass Gloger im Rahmen dieser gemeinsamen epochalen Zugehörigkeit zum Mittelalter keine temporale Hierarchie zwischen Polen und Litauern konstruiert. Im Gegenteil: Die Polen verkörpern ihm zufolge eine sesshafte, reichere Kultur, die vom „ärmeren" und rückständigeren „Waldstamm" der Litauer unausweichlich als „unschätzbare", „erstrebenswerteste" Beute betrachtet wurde.

Parallel zur Herstellung einer asymmetrischen polnisch-litauischen Relation innerhalb des europäischen Mittelalters, die *(noch) keine* Relation der polnischen Zivilisierung ist, dekonstruiert das Thema der Raubkriege im Artikel auch die temporale Unterschiedung der ursprünglichen litauischen Alterität:

> Schauen wir, wenn auch kurz, in diese alten Seiten der Geschichte, und es enthüllt sich ein jahrhundertealtes Bild von sehr alten Beziehungen, die vor dem Hintergrund einer mittelalterlichen Atmosphäre eine enge, unmittelbare Verbindung von ethnischer Verwandtschaft zwischen dem polnischen und dem litauischen Volk herstellte, die bisher bei unseren Historikern und Ethnographen unbeachtet geblieben ist.[182]

Die Existenz von Verwandtschaften zwischen dem polnischen und dem litauischen Element bereits vor der Hochzeit zwischen Hedwig und Jagiełło wird auch im Artikel des *Przewodnik* betont und auf die Ehen zwischen polnischen Prinzessinnen und litauischen Großfürsten zurückgeführt. Bei Gloger geht es jedoch nicht um den zivilisatorischen Einfluss, den diese Prinzessinnen auf die primitive Lebensform der Litauer ausübten. Vielmehr konstruiert das Zitat eine Hybridisierung, wenn nicht sogar die ursprüngliche Hybridität der litauischen Ethnie infolge der „jahrhundertealten Beziehungen" massiven Bevölkerungsaustausches.

---

181 Im Original der gesamte Satz: „Wojna na łupów, a zwłaszcza łupów tak cennych, jak brany w niewolę lud rolniczy i bydło robocze, należała w średnich wiekach do prawie normalnych wzajemnych stosunków sąsiedzkich." Gloger: Poska i Litwa. In: TI (29.7.1905), S. 563. Auch die Kurzzitate in den nächsten Sätzen stammen von der gleichen Seite.
182 Im Original: „Zajrzyjmy tylko choć dorywczo w te stare karty naszych dziejów, a odsłoni nam się obraz kilkowiekowych pierwotnych stosunków, które na tle średniowiecznego kolorytu wytworzyły między narodem polskim a litewskim bliższy, bezpośredni związek ich ludowego pokrewieństwa, nie uzwględniany dotychczas przez żadnego z naszych historyków, ani etnografów." Gloger: Poska i Litwa. In: TI (29.7.1905), S. 564.

Nach zwei Artikeln mit einer langen Auflistung aller Überfälle der Litauer auf Polen im 14. Jahrhundert[183] und einer verhältnismäßig knappen Erwähnung der polnisch-litauischen Personalunion am Ende des dritten Artikels[184] kommt Gloger im vierten Artikel schließlich auf die polnische Zivilisierung Litauens zu sprechen. Dieser vierte Beitrag beinhaltet einen stilistischen Wandel: Die Erzählung weist plötzlich einen weniger historiographischen und stärker essayistisch-polemischen Ton auf, der sich ausdrücklich gegen die zeitgenössischen litauischen „Jugendlichen" bzw. die „litauischen Nationalisten" richtet.[185] Diesem fiktiven Ansprechpartner erklärt Gloger zum einen, dass die Union keinen Verlust der politischen oder kulturellen Autonomie Litauens bedeutet habe, da das litauische Großfürstentum seine Selbstverwaltung behielt und in den damaligen Gesetzen keinerlei Spuren von einer Oktroyierung der polnischen Sprache zu finden seien. Die Tatsache, dass die Litauer die polnische Kultur und die polnische Sprache übernahmen, könne nicht den Polen zur Last gelegt werden, sondern wurde von denselben Litauern in ihrem eigenen Interesse gewollt, da sie angeblich keine eigene Kultur hatten und die polnische Kultur aufgrund ihrer westlichen und christlichen Prägung besonders attraktiv fanden. Wie im *Przewodnik* konstruiert daher auch Gloger die polnische Zivilisierung Litauens als eine historisch-evolutionäre Notwendigkeit für Litauen. Ihm zufolge entsprang aber diese Notwendigkeit nicht aus der Zerfallstendenz, deren Ursache die Posener Zeitschrift in der Polygamie und in der Versklavung Litauens sieht, sondern besteht in der grundlegenden Abwesenheit einer ursprünglichen eigen-litauischen Kultur. Dieser Unterschiedung der Litauer auf der Grundlage der vermeintlichen *Nicht-Ursprünglichkeit* ihrer Alterität fügt Gloger zum Schluss das bereits vorher genannte Argument der ursprünglichen ethnischen Mischung der Litauer hinzu, so dass er seinen Artikel mit den Worten beendet:

> Die heutige ethnographische Nation der Litauer, die ein Ergebnis der Absorption eines großen Teils der polnischen Bevölkerung und der Mischung des polnischen und litauischen Blutes ist, [...] kennt keinen einzigen *Litauer* mit reinem litauischen Blut, wovon die Physiognomie dieses Volkes, das sich in nichts von der durchschnittlichen polnischen Bevölkerung und in ihrem Gesichtsausdruck unterscheidet, beweist.[186]

---

183 Vgl. Gloger, Zygmunt: Polska i Litwa. In: TI (5.8.1905) Heft 31. S. 574; Gloger, Zygmunt: Polska i Litwa. In: TI (12.8.1905) Heft 32. S. 591.
184 Vgl. Gloger: Polska i Litwa. In: TI (12.8.1905).
185 Vgl. für diese und die nächsten Sätze Gloger, Zygmunt: Polska i Litwa. In: TI (26.8.1905) Heft 34. S. 626.
186 Im Original: „Sam dzisiejszy etnograficzny naród litewski skutkiem pochłonięcia tak znacznej części ludu polskiego i zmieszania krwi litewskiej z polską, [...] nie posiada ani jednego *Litwina* o czystej krwi litewskiej, czego dowodem jest wygląd fizyologiczny tego ludu, nie róż-

Dieser Schluss dekonstruiert die Unterscheidung der ursprünglichen litauischen Alterität, die zu Beginn der Artikelreihe bereits für das 14. Jahrhundert dekonstruiert wurde, erneut für – und projiziert diese Unterscheidung somit paradoxerweise zugleich in – das 20. Jahrhundert. Durch die Hervorhebung der vollständigen Assimilation der litauischen Alterität, die auch der *Przewodnik* durch den Hinweis auf zeitgenössische Persönlichkeiten, wie etwa Sienkiewicz, betont, schreibt Gloger daher in die gegenwärtigen polnisch-litauischen Beziehungen die gleiche asymmetrische Relation zwischen einem polnischen Zentrum und einer litauischen Peripherie ein, die er durch die Nennung der Raubkriege in den vorherigen Artikeln bereits als Kern der mittelalterlichen Version dieser Beziehungen hergestellt hatte. Die Rede von einer „heutige[n] ethnographische[n] Nation der Litauer" bei gleichzeitiger Negation jeglicher ethnischen Eigenständigkeit dieser Nation impliziert das zeitgenössische Weiterbestehen des litauischen Anderen in der gleichen Unterlegenheitsposition gegenüber Polen, die es vom Mittelalter her innehatte.

Vier Aspekte des Wandels: Vom litauischen Anderen zum kolonialen Objekt
Die anhand dieser beiden Artikel gezeigten kleinen Veränderungen im Umgang mit dem litauischen Thema im Vergleich zu den Artikeln vor dem Jahre 1905 bilden Indikatoren eines Wandels, der die zwei zentralen Konstruktionsweisen der polnisch-litauischen Beziehungen – die Unterscheidung der ursprünglichen litauischen Alterität und die Relation der polnischen Zivilisierung Litauens – betrifft und in den gesamten Quellen aus der Warschauer Presse nach 1905 verfolgt werden kann. Ein erster Aspekt dieses Wandels stellen die vielen Pressebeiträge dar, die seit 1905 darauf insistierten, dass die Bevölkerung Litauens an dem polnischen politischen und kulturellen Lebens des 19. Jahrhunderts umfassend mitgewirkt und an den polnischen Aufständen teilgenommen hatte.[187] Die Präsenz von Aufständischen litauischer Abstammung sowie die Mobilisierung der bäuerlichen Bevölkerung Litauens zur Unterstützung der polnischen Patriot*innen war schon ein Thema der galizischen und Posener Presse in den 1880er und

---

niącego się antropologicznie i w wyrazie twarzy od przeciętnej ludności polskiej." Gloger: Polska i Litwa. In: TI (26.8.1905).
187 Vgl. bspw. Synoradzki, Michał: Młodzież polska i litewska w przeddniu rewolucyi 1830 r. 3. In: BL (26.1.1906) Heft 4. S. 67–69; Mościcki, Henryk Stanisław: Litwini. In: TI (9.3.1907) Heft 10. S. 202–204; Synoradzki, Michał: Litwa i Ruś w latach 1861–1863. In: BL (4.1.1907) Heft 1. S. 8–9; K. S.: Nowe dzieło o r. 1794. In: BL (15.1.1910) Heft 3. S. 47–48.

1890er Jahren.¹⁸⁸ Während allerdings in diesem Kontext die Verbreitung von positiven Mustern nationaler Liebe und bäuerlicher Selbstaufopferung im Mittelpunkt stand, setzten die Warschauer Periodika vor allem den Akzent darauf, dass das litauische Engagement in den Aufständen die Zugehörigkeit Litauens zu Polen unbestreitbar bewies. So erklärte der damals noch als Geschichtslehrer an einem Warschauer Gymnasium (und nach dem Krieg als Professor an der Universität Warschau) unterrichtende Henryk Stanisław Mościcki in einem Artikel für den *Tygodnik*, dass die Tatsache, dass 1863 eine große Menge „Blut" für Polen nicht nur im Königreich Polen, sondern auch im einstigen Großfürstentum Litauen vergossen wurde, die Gültigkeit der Grenzen Polens vor der ersten Teilung bekräftigt.¹⁸⁹

Als zweiten Aspekt lassen sich die Vorwürfe eines strukturellen Fehlens evolutionärer Kraft bezeichnen, wie sie von der Warschauer Presse in Bezug auf die mittelalterlichen Litauer formuliert wurden. Solche Vorwürfe unterschieden sich von den bereits vor 1905 verbreiteten Darstellungen der Litauer als primitiv oder rückständig, indem sie vor allem die grundlegende Unmöglichkeit betonten, die Litauer könnten sich allein aus ihrem primitiven Status befreien. Die neugegründete Warschauer *Świat* schätzte beispielsweise die Lage der litauischen Lebensform im 14. Jahrhundert wie folgt ein:

> Seit der Entstehung einer litauischen Staatsstruktur, die den größten Teil an produktiven Energien der Nation aufsaugte, bewahrte sich diese Kultur eigentlich nur noch in einem statischen Stillstand, in der Mythologie, im Gesang, in den Sitten. In diesem Zustand traf Polen sie an.¹⁹⁰

Ähnlich wie in den bereits analysierten Beispielen des *Przewodnik* und *Tygodnik* konstruiert auch der*die anonyme Autor*in dieses Zitats die evolutionäre Notwendigkeit des alten Litauens, sich von Polen zivilisieren zu lassen. Diesmal gründet allerdings diese Notwendigkeit ausdrücklich in der totalen litauischen Unfähigkeit, eigenen Fortschritt im Sinne einer eigenen evolutionären Bewegung

---

188 Vgl. ANONYM: Obrazki Litewskie. Z pamiętników Wincentego Pola. In: Ps (22.11.1885) Heft 4. S. 25–26; ANONYM: Wspomnienie o wygnańca Litwina. In: G (11.5.1886) Heft 15. S. 117–119; ANONYM: Walka pod Maciejowcami 1794 roku. Na Litwie i w Wielkopolsce – Maciejowice. In: Pr (18.4.1897) Heft 75. S. 10–11; K. W.: Ksiądz Antoni Mackiewicz. Bojownik za wiarę i wolność. In: Pr (25.1.1903) Heft 4. S. 97–98.
189 Vgl. Mościcki: Litwini. In: TI (9.3.1907), S. 202.
190 Im Original: „Od ustalenia się państwowości litewskiej, która pochłonęła główną część energii twórczej narodu, kultura ta przechowała się właściwie już tylko w stanie statycznym, w mitologii, w pieśniarstwie, w obyczajach. W tym stanie zastała ją Polska." Ch.: Litwa. In: ŚW (5.12.1908) Heft 49. S. 14–15.

nach vorne zu erzeugen, was die litauische „Kultur" nicht einfach mit einer zivilisatorischen Verspätung markiert, sondern mit rhythmischem Stillstand. Denn die Dimensionen der „Mythologie", des „Gesangs" und der „Sitten", in dem das Zitat die Kultur bewahrt sieht, bilden eine atemporale Unbeweglichkeit anstatt eine Vorstufe der zukünftigen Historizität.

Eine analoge Untauglichkeit für die Evolution diagnostiziert auch ein weiterer längerer Artikel des *Tygodnik*, der 1907 unter dem Titel *Litauen und die polnische Kultur* erschien. Der Schriftsteller und Publizist Ignacy Baliński, der den Artikel verfasste, beginnt seine Abhandlung mit einer Unterscheidung der ursprünglichen litauischen Alterität, die er einerseits auf die starke Bindung der Litauer zu ihren einheimischen Gebieten zurückführt und die er andererseits untermauert mit der Charakterisierung der historischen Evolution Litauens in seinen ersten 200 Jahren bis zum „Ende des Mittelalters" – als Entwicklung zu einem „aggressiven [*zaborcze*] Staat, dessen Existenz auf dem Schwert gründete".[191] Trotz dieser Diagnose militärischer Stärke und der Kontiguität mit den Germanen, die das Adjektiv *zaborcze* impliziert, spricht der Artikel den mittelalterlichen Litauern die Fähigkeit ab, in der Evolution voranzukommen:

> Und als die Zeit kam, in der höhere soziale Bindungen entstanden, als aus den Stammesbeziehungen und aus den lateinischen Schichten nationale Zusammengehörigkeit, Sprache und Kultur sichtbar wurden, stellte sich heraus, dass der heidnische litauische Staat diesen Aufgaben nicht gewachsen war, dass seine Ideale zu beschränkt waren und seine Sprache zu primitiv.[192]

Laut Baliński hatten die Litauer die evolutionären „Aufgaben" des Mittelalters geschafft, waren allerdings nicht in der Lage, die „Aufgaben" der neuen „Zeit" zur Bildung eines auf nationaler Gemeinschaft, Sprache und Kultur gegründeten Nationalstaats zu erfüllen. Das bestätigt die Idee der Wende zur Neuzeit als unausweichliche Probe, der sich die historischen Subjekte stellen mussten und die über das historische Überleben der einzelnen Subjekte entschied. An dieser Stelle greift Baliński zum bereits bei unterschiedlichen Autor*innen gern benutzten

---

191 Im Original das ganze Zitat: „W końcu okresu wieków średnich ostatnia ostoja poganizmu w Europie, szczep litewski, [...] wzrobił sobie moc wojenną i w ciągu lat dwustu utworzył państwo zaborcze, na mieczu oparte." Baliński, Ignacy: Litwa i kultura polska. In: TI (26.1.1907) Heft 4. S. 78–80, hier S. 79.

192 Im Original: „A gdy nadeszła doba powstania wyższych więzi społecznych, gdy z cieśni wyłącznie plemiennych i z pod powłoki łaciny poczęły się wyłaniać łączność, język i kultura narodowa, okazało się, iż pogańskie państwo litewskie zadaniu temu nie sprosta, że ideały jego są za ciasne, a język pierwotny." Baliński: Litwa i kultura polska. In: TI (26.1.1907), S. 79. Die Zitate in den folgenden Sätzen stammen von der gleichen Seite.

Argument der Intelligenz der litauischen Machthaber, die zu verstehen gewusst hätten, dass die Union mit Polen ihre einzige Möglichkeit war. Nach dieser Union habe das „Licht der europäischen Zivilisation" die Litauer erleuchtet, und Litauen und Polen seien zusammen wie „zwei eng verflochtene Baumstümpfe" gewachsen.

Nach einer so bildlich dargestellten Relation der polnischen Zivilisierung Litauens beendet der Artikel weder seine Erzählung, noch kommt er ausschließlich auf das gemeinsame historische Schicksal des polnisch-litauischen Staates zu sprechen, wie es in den meisten Pressebeiträgen über die Litauer vor dem Jahr 1905 der Fall war. Stattdessen setzt Baliński die Unterscheidung des litauischen Elements vom polnischen bis zum zeitgenössischen Moment fort. Diese Projektion der mittelalterlichen litauischen Alterität in die Gegenwarts-Zeit, die schon in der Serie von Gloger kommentiert wurde, lässt sich als dritter Aspekt des Wandels im Umgang mit den Litauern nach 1905 definieren. Anders als Gloger macht allerdings Baliński keinen narrativen Sprung vom 15. zum Anfang des 20. Jahrhunderts. Er verfolgt die asymmetrischen Verhältnisse zwischen einem polnischen Zentrum und einer litauischen Peripherie für die gesamte Existenzzeitspanne des polnisch-litauischen Staats und (re-)produziert somit das im Text von Gloger bereits analysierte Verzeitungsmuster einer evolutionären Hierarchie von Polen vorne und Litauen hinten im Rahmen einer gemeinsamen epochalen Zugehörigkeit auch für die Zeit nach der Union. So seien ihm zufolge die „Blätter der Krone" des doppelten Baumes, womit er metaphorisch den polnisch-litauischen Staat meint, nur polnisch, genau wie „die Blüten" des Baumes, was das Weiterbestehen einer polnischen Überlegenheit und Hegemonie über Litauen indiziert, obwohl er zugleich die gänzliche Abwesenheit von Zwang in der polnisch-litauischen Union hervorhebt.

Die Relation der polnischen Zivilisierung Litauens hat daher seines Erachtens keine vollkommene Synchronisierung des litauischen Anderen mit dem polnischen historischen Subjekt und keine endgültige Auflösung der litauischen mittelalterlichen Existenz in der polnischen historischen Zeit zur Folge. Diesbezüglich erklärt Baliński, dass die litauische Bevölkerung im 16., 17. oder 18. Jahrhundert sich zugleich für Litauer sowie „für Söhne der polnischen Kultur, für ihre Arbeiter, manchmal sogar für ihre Meister, und durch sie [durch die polnische Kultur, C.F.] auch für Mitglieder der europäischen Kultur hielten."[193] Bis zum 18. Jahrhundert habe Litauen nur an dem politischen, militärischen und

---

[193] Im Original: „Uważaliście siebie za Litwinów [...] a zarazem za Polaków [...] jako synowie kultury polskiej, jej pracownicy i nieraz mistrze, a przez nią członkowie ogólnej kultury europejskiej." Baliński: Litwa i kultura polska. In: TI (26.1.1907), S. 79.

religiösen Leben des Staates teilgenommen, da seine Kultur viel „jünger" war. Erst in der Zeit „des politischen Niederganges und der kulturellen Wiederbelebung" (Ende des 18. Jahrhunderts) befand sich Litauen laut Artikel nicht mehr hinter Polen,[194] wobei in den 1820er Jahren, als Polen seinen definitiven Zerfall erlebte und Wilna sich zum wichtigsten Zentrum polnischer Kultur im russländischen Teilungsgebiet verwandelte, immer noch eine gewisse Unterlegenheit der Litauer gegenüber den Polen in Bereich der Kultur existiert habe. Denn die litauischen Studierenden der Universität Vilnius seien im Gegensatz zu ihren Warschauer Kommiliton*innen vor allem an der praktischen Anwendung von Wissen interessiert gewesen und nicht so sehr am Wissen an sich, wie es die Polen gewesen seien.[195]

Diese vom Artikel betriebene Konstruktion einer Relation der polnischen Zivilisierung Litauens als nie abgeschlossener Prozess, in dem die Litauer sich permanent an das polnische Subjekt annähern, ohne vollständig ihren Marker einer unterlegenen Alterität gegenüber Polen zu verlieren, erinnert an die Auffassung Homi Bhabhas vom kolonisierten Anderen im kolonialen Diskurs als „Subjekt einer Differenz, das fast, aber doch nicht ganz dasselbe ist".[196] Die Zivilisierung Litauens verwandelt sich dadurch in eine Daueraufgabe Polens, die auch in der Gegenwarts-Zeit Gültigkeit hat, während die Litauer dabei kein Andere *auf Zeit* mehr darstellen, sondern zu zeitlosen Objekten eines imperial-kolonialen Verhältnisses werden. Das führt Baliński am Ende des Artikels zu der Frage:

> Zu was würde Litauen zurückkehren, wenn sein eigenes jahrhundertlanges Zivilisierungswerk abgelehnt und eliminiert würde, wenn das überhaupt möglich wäre? Würde Litauen nicht in diesem Fall wieder, wie am Ende des 14. Jahrhunderts, vor dem Dilemma stehen: Ost oder West?[197]

---

194 Vgl. Baliński: Litwa i kultura polska. In: TI (26.1.1907), S. 79–80.
195 Vgl. Baliński, Ignacy: Litwa i kultura polska. In: TI (2.2.1907) Heft 5. S. 97. Eine ähnliche Anmerkung über das Interesse der litauischen Studierenden für das praktische Wissen ist übrigens auch in einem Artikel der *Biesiada Literacka* zu finden. Vgl. Synoradzki: Młodzież polska i litewska w przeddniu rewolucyi 1830 r. In: BL (26.1.1906).
196 Zitiert nach der deutschen Übersetzung: Bhabha, Homi K.: Die Verortung der Kultur. Tübingen 2000, S. 126. Über die Thesen von Bhabha zur kolonialen Differenz als etwas, das trotz des permanenten Annährungsprozesses des einen an den anderen strukturell weiter Kolonisierte und Kolonisator unterscheidet, siehe auch: Strohmaier, Alexandra: Zu Homi K. Bhabhas Theorem der kolonialen mimicry. In: Babka (Hrsg.), Dritte. S. 69–86, hier S. 70–71.
197 Im Original: „Do czegóżby powróciła Litwa, gdyby jej kilkowiekowy własny dorobek cywilizacyjny został odrzucony i wykreślony, jeśliby to wogóle było możliwe? Czy nie musiałaby stanąć znowu, jak w końcu XIV w., przed dylematem: Wschód albo Zachód." Baliński: Litwa i kultura polska. In: TI (2.2.1907).

Obwohl in der Frage das „Zivilisierungswerk" vorerst als eigen-litauisches definiert wird, spricht das Verb „zurückkehren" den Litauern die Urheberschaft daran ab. Die von der litauischen nationalen Bewegung geforderte litauische Emanzipation von Polen – so die implizite Argumentation – würde auch den Verzicht auf das eigen-litauische Zivilisierungswerk bedeuten, da dieses Zivilisierungswerk gar nicht eigen-litauisch, sondern polnisch sei. Ohne die polnische Kultur hätten die Litauer nicht nur damals den Schritt in die Neuzeit nicht geschafft, sondern sie würden heute, am Anfang des 20. Jahrhunderts, zum Mittelalter zurückkehren müssen. Die litauische Zivilisierung sei kein vollendeter Prozess und könne in jedem Moment rückgängig gemacht werden. Dementsprechend bilde die polnische Zivilisierung Litauens keine vergangene Tat, sondern sei vielmehr eine moderne Mission der Domestizierung und Akkulturation der immer noch rückständigen Fremdheit der Litauer, für die Polen immer noch das Zentrum darstelle.

Die Negation jeglichen Rechts der Litauer auf einen eigenen jahrhundertelangen Zivilisierungsprozess und die Darstellung dieser Zivilisierung als dauerhafte, in der Gegenwarts-Zeit immer noch gültige Aufgabe Polens bildet den vierten Aspekt des Wandels in der Konstruktion der polnisch-litauischen Beziehungsgeschichte nach 1905. Zusammen mit dem dritten war dieser vierte Aspekt Vehikel und zugleich Zeichen von Vorstellungen der zeitgenössischen Litauer als kolonial-imperiale Objekte sowie von zeitgenössischen, imperial-kolonialen Ansprüchen auf Litauen. Obwohl diese Vorstellungen und Ansprüche fast ausschließlich von der Warschauer Presse (re-)produziert wurden und somit dem polnischsprachigen, lesenden Kollektiv des Königreichs Polen zugeschrieben werden können, erhalten sie in den *Zeitschriften für viele* eine eindeutige polnisch-nationale Codierung und entwerfen Polen als imperial-koloniales Subjekt. Das lässt sich nicht nur im *Tygodnik* erkennen. So veröffentlichte beispielsweise auch die *Biesiada Literacka* 1906 einen Artikel unter dem Titel *Die Union von Lublin*. Nach der Auflistung aller Klauseln des Vereinigungsvertrags von 1569 zwischen Polen und Litauen äußert sich der*die anonyme Autor*in über dessen allgemeine Bedeutung mit folgenden Worten:

> Nicht ohne guten Grund sind wir auf den Akt der Lubliner Union als Beweis einer eigenen, nicht von außen kommenden Zivilisation stolz, die deutlich dem 16. Jahrhundert voraus war. Der Widerstand, den die litauischen und preußischen Magnaten dagegen leisteten, wirft keinen Schatten auf diese Union. Es handelte sich um rückständige, egoistische, dem allseits gewünschten Streben zweier sich verbrüdernder Völker feindlich gesinnte Kräfte. Die Union brachte Freiheit, Gleichheit, Vereinigung der Kräfte, Zivilisation mit sich, stellte sich als allgemeingeschichtliche Macht den russischen und türkischen Überfällen entgegen.[198]

---

[198] Im Original: „Nie bez słuszności chlubimy się aktem Unii Lubelskiej, jako dowodem cy-

Das Zitat präsentiert die Union als rein polnische (nicht aber spezifisch *königreichs*polnische) evolutionäre Leistung, die trotz des preußisch-litauischen „Widerstand[s]" triumphieren konnte. Nun wird damit erstens die Existenz eines litauischen Anderen, das sich dem polnischen historischen Subjekt entgegensetzte, auf eine Zeit (das 16. Jahrhundert) datiert, in der die Christianisierung sowie die damit verbundene Eingliederung Litauens in die westeuropäische Kultur – die Quintessenz der Relation der polnischen Zivilisierung Litauens in der Presse bis 1905 – bereits 150 Jahre zurücklagen. Zweitens kontrastiert der Begriff „Widerstand" eindeutig mit der Rhetorik der Freiwilligkeit der polnisch-litauischen Union, auf den die meisten Artikel die Legitimität dieser Relation gründen. Der*die Autor*in der *Biesiada* legitimiert sie hingegen dadurch, dass er*sie die Union in eine „allgemeingeschichtliche" temporale Position, ihrer Zeit „voraus" verortet und somit implizit in einen universellen Fluchtpunkt des Fortschritts verwandelt. „Freiheit" und „Gleichheit", die Parolen der französischen Revolution, mit denen der Beitrag die polnisch-litauische Union definiert, konstruieren ihre Universalität.

Der litauische Widerstand wird demgegenüber als eine „rückständige" Kraft herabgewürdigt bzw. als eine Kraft beschrieben, die sich gegen eine universelle Evolutionsrichtung stellt und die somit keine evolutionär-historische Gültigkeit genießen könne.[199] In dem Beitrag war weniger die Rede von politisch-militärischer Vernunft und der Fähigkeit, sich bewusst für die Allianz mit Polen zu entscheiden, wie sie von der *Biesiada Literacka* in den vorherigen Jahren den litauischen Machtträgern zugeschrieben worden war. Stattdessen wird die polnisch-litauische Adelsrepublik als ein polnischer imperialer Entwurf gestaltet, in dem Polen seine paternalistische Macht auf die Litauer ausübte bzw. sie vor ihrem eigenen, historisch nicht reifen Willen rettete. Im Einklang mit der Darstellung dieses Entwurfes als einzige historisch legitime Zukunftsperspektive für beide Nationen behauptet der*die Autor*in in den nächsten Sätzen, dass die Lubliner Union, als „eine hervorragende Frucht der Zivilisation und des historischen Verdienstes" die Teilungen moralisch überstanden habe und zeitgenös-

---

wilizacyi ojczystej, samorodnej, o wiele w. XVI wyprzedzającej. Opór, stawiane przez magnatów litewskich i pruskich, nie rzuca na Unię żadnego cienia. Były to siły wsteczne, egoistyczne, przeciwne najpopularniejszemu dążeniu bratających się narodów. Unia nosiła z sobą wolność, równość, zespolenie sił, cywilizacyę, stawała jako potęga powszechnodziejowa przeciw rosyjskiemu i tureckiemu najazdowi." ANONYM: Unia Lubelska. In: BL (13.1.1906) Heft 2. S. 36.

199 Die gleiche Gegenüberstellung zwischen extremer Fortschrittlichkeit der Union und völlig illegitimen litauischen Emanzipationsbestrebungen lässt sich auch in einem Artikel der *Świat* finden, der zwei Jahre später zum gleichen Thema erschien. Vgl. Lutomski: Unie. In: ŚW (13.6.1908).

sisch immer noch „ein fundamentales Recht der polnischen Nation [bilde]; ein Recht, das nicht veraltet ist, weil es in einer Einheit vereinter Stämme lebt und seine Bestätigung findet."²⁰⁰ Die polnische Zivilisierung Litauens bekommt dadurch im Artikel eine zusätzliche imperial-koloniale Konnotation, wird sie doch nicht nur als eine ewige Aufgabe, sondern auch als ewiges „Recht" Polens präsentiert, das sich aus dem besonders fortschrittlichen Charakter der polnischen historischen Leistung herleite und jede Autonomiebestrebung der Litauer zum Verstoß gegen die historischen Gesetze mache.

Die Vorstellung der Litauer als natürliche imperiale Objekte, die sich hinter so einer Konstruktion der Relation der Zivilisierung verbergen, lässt sich schließlich auch in den Geschichten von urlitauischen Ortschaften finden, die, wie schon in Abschnitt III.3.2. deutlich wurde, entscheidend zur Vermittlung von Narrativen über die polnisch-litauische Beziehungsgeschichte beitrugen. Ein Beispiel liefert die *Świat* in einem Artikel über eine an der Ostseeküste gelegene Kleinstadt namens Palanga (Połąga):

> An diesem Ort, wo vor Jahrhunderten die blutigen Kämpfe des Stammes von Kiejstut [siehe Fußnote 153, C.F.] gegen die Kreuzritter stattfanden, die weit entfernt von ihrer ursprünglichen Heimat Gebiete sowie einfache Beute suchten, herrscht heute Ruhe... Was die preußische Gewalt herausriss, trägt heute das Stigma der preußischen Annexion. Einst [...] verlief hier die Grenze der polnischen Rzeczpospolita, jetzt ist hier die russische Grenze. Das Volk bleibt aber immer dasselbe.²⁰¹

Beim Vergleich dieser knappen Auflistung von Zeitschichten, die sich in Palanga überlagern, mit den Zeitschichten, die Bolesław vom Dnepr in der Landschaft von Krasnopol beschreibt, fällt bereits ein Unterschied auf. Während 1880 im *Tygodnik* durch die materiellen Überreste im litauischen Raum eine Zivilisierungsparabel Litauens entworfen wird, erzählt A. Miecznik, Autor dieses 1906 erschienenen *Świat*-Artikels, eine Art koloniale Geschichte Litauens, in der „dasselbe Volk" in verschiedenen Epochen eine Reihe von fremden Herrschaftssystemen erlebte.

---

200 Im Original das ganze Zitat der letzten beiden Sätze: „Unia lubelska przetrwała moralnie rozbiór kraju i, da Bóg, przetrwa wszystkie nieprzyjazne sobie żywioły, jako świetny owoc cywilizacyi i zasługi historycznej. [...] Dlatego to jest ona jednem z fundamentalnych praw narodowości polskiej; prawem nieprzedawnionem, bo żyjącem i poświadczanem nieustannie przez połączone w jedności szczepy." ANONYM: Unia Lubelska. In: BL (13.1.1906).
201 Im Original: „Na tem miejscu, gdzie przed wiekami krwawe toczyły się boje drużyn Kiejstutowych z rycerstwem krzyżackiem, szukającem zdala od swej prawdziwej ojczyzny ziemi i łatwego łupu dziś panuje pokój... Co pruska przemoc wydarła to zaboru piętno pruskiego nosi. Niegdyś [...] szły kopce graniczne Rzeczpospolitej Polskiej, teraz tam idą kopce rosyjskie. Lud został ten sam." Miecznik, A.: Na bursztynowem wybrzeżu. In: ŚW (16.6.1906) Heft 24. S. 9.

Dabei nutzt der Autor die Gelegenheit, die Gegensätzlichkeit zwischen dem polnischen und dem deutschen Imperialismus zu (re-)produzieren.

Die Litauer zwischen dem Tannenbergs- und dem Horodło-Jubiläum

Der gerade in vier Grundaspekte gegliederte Wandel im Umgang mit den Litauern betraf vor allem die temporale Verfasstheit der zwei zentralen temporalen Konstruktionen Litauens – das Konstrukt ursprünglicher litauischer Alterität und die Relation der polnischen Zivilisierung Litauens. Beide wurden durch die Negation einer eigen-litauischen evolutionären Kraft und durch die permanente Bezugnahme der Artikel auf die Gegenwarts-Zeit der polnisch-litauischen Beziehungen am Anfang des 20. Jahrhunderts in den Warschauer Pressebeiträgen zeitlich ausgedehnt und zur Herstellung von zeitgenössischen imperial-kolonialen Verhältnissen zwischen (dem Königreich) Polen und einem litauischen *immer noch* Anderen verwendet. Diese Tendenz lässt sich für die gesamte Periode 1905–1909 weiterverfolgen, als überwiegend die Warschauer Periodika Texte über die Litauer veröffentlichten. Mit dem Jubiläum von Tannenberg 1910 lässt sich allerdings ein Bruch diesbezüglich erkennen. Denn mit diesem Ereignis traten die Litauer plötzlich massiv in den polnischsprachigen Zeitschriften auch der beiden anderen Teilungsgebiete auf, und zwar in der Rolle von Nebenakteuren eines Narrativs, das die polnisch-deutsche historische Auseinandersetzung zum Schwerpunkt hatte.

In diesem narrativen Kontext hoben die vielen galizischen und preußischen Pressebeiträge, die sich mit der Schlacht befassten, vor allem die Gemeinsamkeiten zwischen dem polnischen historischen Subjekt und dem litauischen mittelalterlichen Anderen hervor und verorteten die beiden in der gleichen (temporalen) Position gegenüber den Deutschen. So definiert die *Praca* in ihrem Gedenkartikel den 15. Juli 1410 als „den Tag, der entscheiden sollte, ob der Slawe und der Litauer, für immer eine Beute der Deutschen bleiben, oder ob sie eine gleichberechtigte Stelle im Areopag der Völker einnehmen sollten",[202] und konstruiert somit eine gemeinsame polnisch-litauische Unterlegenheitsposition gegenüber den Deutschen vor der Schlacht sowie deren geteilte Position von Synchronie mit Europa nach der Schlacht. Ein weiterer, ebenso im Jubiläumsheft der Posener Zeitschrift erschienener *Praca*-Beitrag macht hingegen die beiden Völker für das ganze 13. und 14. Jahrhundert zu Opfern der angeborenen Unaufrichtigkeit

---

202 Im Original: „"....dzień, który miał rozstrzygnąć, czy Słowianin i Litwin miał na wieki pozostać łupem Niemca, czy też miał porówno z nim zająć współrzędne w aeropagu ludów miejsce." Ruczyński: Wielka Rocznica. In: Pr (15.7.1910), S. 899.

der Kreuzritter, was ihnen zugleich eine Position der moralischen Überlegenheit gegenüber dem deutschen Feind verleiht:

> Um die Bedeutung dieses epochalen Siegs zu verstehen, muss man sich zwei ganze Jahrhunderte Unrecht, Lügen, Raubüberfälle, Grausamkeiten, begangen von den kreuzritterlichen Aggressoren in den pruzzisch-litauischen und polnisch-ruthenischen Territorien, bewusst machen.[203]

Ein *Piast*-Artikel zum Jahrestag macht die Deutschen sogar dafür verantwortlich, dass es überhaupt so etwas wie eine zivilisatorische Verspätung Litauens und eine polnische Zivilisierung Litauens gegeben habe, da die Litauer sich demnach viel früher und von ganz allein zum Christentum und zur westlichen Kultur „bekehrt" hätten, wären die Deutschen mit ihren Christianisierungsversuchen nicht so aggressiv und grausam gewesen.[204]

Die für das Jubiläum chrakteristische Rhetorik über die deutsche Unterdrückung beinhaltet darüber hinaus auch Ebenen der Kontiguität zwischen den mittelalterlichen Litauern und dem zeitgenössischen polnischen Subjekt, wenn beispielsweise die Krakauer *Nowości Ilustrowane* die damalige Politik der Kreuzritter gegen die Litauer mit der gegenwärtigen Politik des Kaiserreichs gegen die polnische Bevölkerung im preußischen Teilungsgebiet gleichsetzen:

> Aus der Posener Region erreichen uns auch heute [am Jahrestag der Schlacht, C.F.] Nachrichten über die schreckliche Unterdrückung, der unsere Brüder ausgesetzt sind, deren Schicksal sich in nichts vom Schicksal der armen Pruzzen und Litauer vor 500 Jahren unterscheidet.[205]

Schließlich (re-)produzieren die Artikel über Tannenberg auch ein Narrativ über die gegenseitige Angewiesenheit der beiden Völker in ihrer historischen Evolution. Beispielsweise erklärt die Krakauer *Rola*, dass die Gründe des Sieges gegen den Deutschen Orden darin lagen, dass „da [bei der Schlacht, C.F.] alle zusammenstanden: die Litauer und die Polen, verbunden, ohne Streitigkeiten und Hass,

---

203 Im Original: „Aby zrozumieć znaczenie tego wiekopomnego zwycięstwa trzeba uprzytomnić sobie dwa całe wieki krzywd, fałszerstw, łupiestw, okrucieństw, popełnianych przez krzyżackich podbójców na prusko-litewskich i polsko-ruskich ziemiach." Szkaradek-Krotowski: Zwycięstwo grunwaldzkie i jego znaczenie. In: Pr (15.7.1910), S. 902.
204 Vgl. Anonym: Litwa i Polska. In: Pi (17.7.1910) Heft 29. S. 1–2.
205 Im Original: „Z Poznańskiego i dziś dochodzą nas wieści strasznych ucisków, na jaki narażeni są nasi bracia, których los niczym nie różni się od losu nieszczęśliwych Prusaków i Litwinów z przed lat pięciuset." Anonym: Kronika Tygodniowa. In: NI (16.7.1910) Heft 29. S. 14.

sowie der ritterliche Adel und die einfachen Bauern".²⁰⁶ Obwohl der Ausdruck „ohne Streitigkeit und Hass" sich als polemische Andeutung auf den zeitgenössischen litauischen nationalen Diskurs verstehen lässt, geht es hier dennoch vor allem um die Betonung der Nähe zwischen Polen und Litauern und nicht um asymmetrische temporale Unterscheidungen. Im Einklang damit bezeichnet der nächste Artikel der *Rola* über das Jubiläum die gegenwärtigen Polen und Litauer beide als Objekte der imperialen Ansprüche der Teilungsmächte und ruft die litauische Nationalbewegung dazu auf, ihre Emanzipationsbestrebungen beiseitezulegen und wie bei Tannenberg gemeinsam mit den Polen gegen das zarische Joch zu kämpfen.²⁰⁷

In der Warschauer Presse lässt sich die gerade analysierte Darstellungsweise der Litauer als Mit-Opfer kreuzritterlicher Gewalt sowie Mit-Streiter im Kampf gegen den Deutschen Orden ebenso finden. Zugleich ist aber auch eine Weiterführung der imperial-kolonialen Gestaltung der polnisch-litauischen Verhältnisse zu beobachten, die auf den vorherigen Seiten analysiert wurde. Ein gutes Beispiel dafür liefert einer der vielen Pressebeiträge, die der *Tygodnik Ilustrowany* anlässlich des Jubiläums veröffentlichte, und zwar ein längerer Artikel des renommierten Historikers Wiktor Czermak, der unter dem Titel *Der Sieg der Jagiellonen* auf der Titelseite der Ausgabe des 16.07.1910 erschien. Auch Czermak beginnt seine Abhandlung mit der Konstruktion einer polnisch-litauischen Kontiguitätsebene, und zwar mit der Hervorhebung der Tatsache, dass die „Gefahr" durch die Kreuzritter „gleichermaßen ernst und bedrohlich für Polen und für Litauen war", sowie „der fröhlichen Wendung in den Beziehungen mit den Deutschen", die beide Völker nach Tannenberg erlebten.²⁰⁸ Gleich nach dieser Herstellung einer analogen Position für Polen und Litauern gegenüber den Deutschen und nach der Erwähnung aller weiteren Völker, die an der Schlacht teilnahmen, verleiht er jedoch den Polen das alleinige Anspruchsrecht auf den Tannenberger Sieg: „Aber der Tannenberger Sieg ist kein panslawischer, litauischer oder ruthenischer Sieg.

---

206 Im Original: „Grunwald przyniósł zwycięstwo, bo stanęli tam społem wszyscy między sobą: stanęli Litwini i Polacy, razem złączeni, bez swarów i zawiści, stanęła szlachta rycerska i włościanie siermiężni."ANONYM: W rocznicę Grunwaldu. In: R (15.7.1910) Heft 29. S. 1.
207 Vgl. ANONYM: Po uroczystościach grunwaldzkich. In: R (24.7.1910) Heft 30. S. 1.
208 Im Original die Sätze, woraus die Zitate dieses Satzes stammen: „Niebezpieczeństwo więc było poważne i groźne zarówno dla Polski jak i dla Litwy. W takiej chwili przyszedł Grunwald"; „Moment ten [Grunwald, C.F.] miał przynieść Polsce i Litwie nowy szczęśliwy zwrot w stosunku do Niemców i ustalić go na całe wieki." Czermak: Zwycięstwo Jagiełłowe. In: TI (16.7.1910), S. 579 – 580.

Tannenberg war ein Sieg der polnischen Armee, war ein Sieg durch und durch polnisch, nur polnisch."[209]

Auf der Grundlage des „nur polnischen" Charakters des militärischen Triumphs über den deutschen Feind (re-)produziert der Artikel dann eine Relation der polnischen Zivilisierung Litauens, die eine eindeutige temporale Hierarchie zwischen den zwei Alliierten enthält:

> Dieser Tannenberger Sieg, dieser durch und durch polnische Sieg, rettete nicht nur Polen, sondern auch Litauen [...] von der sie beide ernsthaft bedrohenden Überflutung durch das germanische Element. Polen erfüllte auf die ehrenvollste Art und Weise die politische und kulturelle Mission, die es auf sich nahm in dem Moment, als es die Union mit Litauen schloss. [Polen, C.F.] [n]ahm die Fürsorgepflicht für einen jüngeren Staat auf sich, für ein gerade für das Christentum gewonnenes Volk. [...] Litauen [...] fühlte die Notwendigkeit dieser Fürsorge. [...] Ohne die Union und ohne Tannenberg würde Litauen nicht existieren.[210]

Im Zitat ist von einer Gleichstellung Litauens und Polens im Kampf gegen den Deutschen Orden nichts mehr zu lesen. Zwar ist der Sieg gegen die Deutschen laut Czerniak eine ähnliche Notwendigkeit für die beiden Völker hinsichtlich der „bedrohenden Überflutung durch das germanische Element". Er verkörpert aber im litauischen Fall eine zusätzliche Notwendigkeit, die jenseits der deutschen Gefahr in der Unreife Litauens sowie in seiner Unfähigkeit zur autonomen Existenz bestand und Polen in ein imperiales Verhältnis mit Litauen als „jüngerem Staat" versetzt, für den Polen die „Fürsorge" übernehmen muss. Somit verwandelt sich Tannenberg auf den Seiten des *Tygodnik* in ein Narrativ des polnischen Imperialismus über Litauen. Die polnische Zivilisierung Litauens, die in anderen Artikeln eher als „Aufgabe" oder „Geschenk" genannt wurde, erhält hier durch den Ausdruck „Fürsorgepflicht" eine klare koloniale Konnotation sowie eine damit verbundene ewige Gültigkeit, die auf einer temporalen Konstruktion Polens als Erwachsenen gründet, der mit Tannenberg die Rolle eines Garanten für das (Über-)Leben und die Entfaltung des jungen Litauens auf sich genommen hat.

---

209 Im Original: „Ale zwycięstwo grunwaldzkie – to nie było zwycięstwo powszechno-słowiańskie, ani nie było to zwycięstwo litewskie, ani ruskie. Grunwald było to zwycięstwo oręża polskiego, było zwycięstwem na wskroś polskiem i wyłącznie polskiem." Czermak: Zwycięztwo Jagiełłowe. In: TI (16.7.1910), S. 580.
210 Im Original: „Więc zwycięstwo gunwaldzkie, to zwycięstwo na wskroś polskie, ocaliło nie tylko Polskę, ale i Litwę [...] od grożącego im poważnie zalewu żywiołu germańskiego. Polska najchlubniej spełniła swoją misyę polityczną i kulturalną, jaką przyjęła na siebie, przystępując do unii z Litwą. Przyjęła obowiązek opieki nad młodszem państwem, nad świeżo pozyskanym dla chrześcijaństwa ludem. [...] Litwa [...] czuła jego potrzeby. [...] Bez unii i bez Grunwaldu nie byłoby Litwy." Czermak: Zwycięztwo Jagiełłowe. In: TI (16.7.1910), S. 580.

So eine Deutung der polnisch-litauischen Beziehungen als paternalistisches Verhältnis, in dem Polen überhaupt erst die Existenz Litauens ermöglicht hat, lässt sich schließlich auch in den Artikeln finden, die drei Jahre später 1913 anlässlich des 500. Jahrestags der polnisch-litauischen Union von Horodło[211] erschienen. Berichte über diesen Jahrestag sind fast ausschließlich in der Warschauer Presse zu finden, was das Weiterbestehen des spezifisch *königreichs*polnischen Interesses für das litauische Thema bis zum Kriegsausbruch bestätigt. Aus diesem Anlass setzten viele Artikel den Akzent vor allem auf die Fortschrittlichkeit der Union als Zeichen der „Liebe" zwischen zwei Völkern, die in der Geschichte keinen Vergleich kannte.[212] Im Kontext der Verherrlichung des politischen Vereinigungsakts und der polnisch-litauischen Brüderlichkeit wurden allerdings immer wieder klare temporale Hierarchien zwischen dem polnischen historischen Subjekt und dem litauischen Anderen hergestellt und in Zusammenhang mit der Gegenwarts-Zeit der polnisch-litauischen Beziehungen gebracht. So definiert die Warschauer Frauenzeitschrift *Bluszcz* gleich am Anfang ihres Gedenkartikels die Union als „große historische Tat Polens, die von seinen erhabensten humanitären Bestrebungen zeugte".[213] Die litauische Rolle dabei wird jenseits der Rhetorik über die „litauischen Brüder" in den nächsten Sätzen klar, in denen der*die anonyme Autor*in einen Satz aus einem Vortrag des bereits erwähnten Historikers Stanisław Mościcki zitiert: „Ohne die Vereinigung mit Polen gäbe es heute keine *litauische Frage*, denn es gäbe nicht einmal Litauen selbst!"[214] Eine ähnliche Konstruktion lässt sich im Gedenkartikel des *Tygodnik Ilustrowany* finden, der von Mościcki selber verfasst wurde:

> Trotz der ungerechten, von nationalistischer Blindheit geschlagenen litauischen Stimmen [...] bleibt der Akt der Union von Horodło [...] in der Geschichte ein unverrückbares Zeugnis des großen zivilisatorischen Verdienstes Polens. In ihm manifestierte sich die goldene jagiellonische Idee, die die Völker unter dem Motto *Gleiche mit Gleichen, Freie mit Freien,*

---

211 Die Union von Horodło, auf Polnisch bekannt als *Unia horodelska* ist einer von vielen Verträgen, die seit der Hochzeit zwischen Hedwig und Jagiełło bis zur Lubliner Union 1569 die Machtverhältnisse zwischen dem polnischen Königreich und dem Großfürstentum Litauen regelten. Sie gilt als Vertiefung des polnisch-litauischen Bündnisses und als einer der Akte, die zur Angleichung der Privilegien des katholischen litauischen Adels an den Stand des polnischen Adels führte.
212 Vgl P.: Wielka Rocznica. In: B (18.10.1913) Heft 42. S. 461–462; Przewóska: Unia Horodelska. In: B (25.10.1913); Wierzynek, Adam: 1413–1913. In: ŚW (27.9.1913) Heft 39. S. 1–4.
213 Der gesamte Satz im Original: „Pięćsetlecie wielkiego faktu [...] stanowiące wiekopomną rocznicę aktu Unii horodelskiej, to pamiątka wielkiego czynu dziejowego Polski, świadczą o jej najszczytniejszych dążeniach humanitarnych." P.: Wielka Rocznica. In: B (18.10.1913), S. 461.
214 Im Original: „Bez Unii z Polską nie byłoby dziś *kwestyi litewskiej*, gdyż nie byłoby samej Litwy." P.: Wielka Rocznica. In: B (18.10.1913), S. 462.

vereinte. Ja mehr noch. Der Akt von Horodło nahm ein Volk im Säuglingsalter in seine Fürsorge, nährte dieses Volk und bildete es für die Zivilisation aus, erzog es im Geiste der Freiheit, der dem Stamme von Gediminas und Algirdas damals fremd war. [...] Für Polen war das Bündnis ein erwünschter politischer Fortschritt, für Litauen eine Frage der Existenz.[215]

In beiden Artikeln wird die „Verbrüderung" mit Litauen als alleinige „Leistung" des polnischen historischen Subjekts präsentiert. Sie gilt als Moment, in dem sich die beste Essenz dieses Subjektes – seine „humanitären Bestrebungen" laut *Bluszcz* und die „goldene jagiellonische Idee" laut *Tygodnik* – verwirklichte und Polen zum Vertreter eines einzigartigen, aber allgemeingültigen Modells der Zivilisation, nämlich der friedlichen und freiwilligen Verbrüderung zwischen den Völkern, wurde.

Wie bereits in *Time and the Nation* analysiert, konstruierten die Zeitschriften anhand dieses Zivilisationsmodells eine Position des Vorsprungs des jagiellonischen Polens in der europäisch-universellen historischen Zeit. Im Kontext des Jahrestages 1913 insistierten die Warschauer Periodika aber vor allem auf der Zukunftsfähigkeit bzw. auf der Geltung der Union als Zukunftshorizont der historischen Zeit generell sowie der polnisch-litauischen Beziehungs-Zeit insbesondere. So beruft sich Maria Czesława Przewóska im *Bluszcz* immer noch auf die Union von Horodło als „geistlichen Fortschrittspfad" des polnischen Subjekts, der in höchster Nächstenliebe bestand und gerade im gegenwärtig schwierigen Verhältnis zwischen den beiden Völkern zur „Orientierung vergangener und zukünftiger polnisch-litauischer Schicksale" dienen sollte. Der Geist der Union sei bereits in der Maiverfassung zum Ausdruck gekommen und habe eine zeitlich unbegrenzte, ewige Gültigkeit für die Gestaltung der nächsten historischen Fortschrittsziele, „die bis in eine weit entfernte Zukunft der Zivilisation der Nationen hineinwirken werden".[216] Nun zeigen der erste Artikel des *Bluszcz* sowie vor allem

---

215 Im Original: „Akt Unii Horodelskiej, [...] pomimo niesprawiedliwych, nacyonalistycznem zaślepieniem nasiąkłych głosów litewskich [...] pozostanie w dziejach niepożytem świadectwem wielkiej zasługi cywilizacyjnej Polski. Wyraziła się w nim najdobitniej złota idea jagiellońska, jednocząca ludy pod hasłem *równi z równymi, wolni z wolnymi*. Więcej nawet. Akt horodelski brał w opiekę lud niemowlęcy, zbliżał go i przysposabiał do cywilizacyi, wychowywał w duchu pojęć wolności, nieznanej, obcej pod ten czas plemion Giedyminów i Olgierdów. [...] Dla Polski sojusz był pożądanym krokiem politycznym, dla Litwa kwestyą bytu." Mościcki, Henryk Stanisław: Horodło. In: TI (27.9.1913) Heft 39. S. 762–763, hier S. 762.
216 Der ganze Absatz im Original: „Dziś, w boleśnie przełomowym momencie waśni i rozterek kwestyi polsko-litewskiej, dla właściwie oryentacyi przyszłych i przeszłych losów polsko-litewskich, jest świętym narodowym obowiązkiem Polaków i Litwinów, baczne wniknięcie w duchowy ton szczytnego aktu Unii Horodelskiej. Maksymy w niej zawarte, jako wyraz najszczytniejszego iedału miłości bliźniego przetrwają wieki prób, [...] aby tworzyć następne *programy dziejowe*, w daleką przyszłość narodów cywilizacyi sięgające. W ustroju państwowym Polski dały już one swój

der des *Tygodnik*, dass so ein Zivilisierungsmodell oder Fortschrittspfad auf einer temporalen Hierarchie aufbaut, nach der die Litauer die westliche Zivilisation nicht einfach von den Polen bekamen, sondern die Position von überlebensunfähigen „Säuglingen" einnahmen. Die Relation der polnischen Zivilisierung Litauens verwandelt sich dabei in eine Relation des *polnischen Patronats über Litauen*, in der die nach biologischen Kategorien für unreif erklärten Litauer um ihrer eigenen Existenz willen auf die Vereinigung mit Polen angewiesen waren und in der Polen strukturell vorne stand, so wie ein Vater unvermeidlich temporal vor dem eigenen Kind steht. Die Konstruktion der Union als Muster des Zusammenlebens, das nicht nur in der Vergangenheit fortschrittlich gewesen sei, sondern das in seiner Fortschrittlichkeit auch die zukünftige zivilisatorische Evolution der Nationen bestimme, misst dieser Patronatsrelation einen Universalismus und eine Verbindlichkeit auch für die Zukunfts-Zeit bei, die sich gerade aus dem per se fortschrittlichen Charakter der Union speisen. Der Jahrestag der Union von Horodło stellt daher einen Moment dar, in dem die Warschauer Zeitschriften die Konstruktion der jagiellonischen Eigenzeit als Position voraus in der Universalzeit und die Relation der polnischen Zivilisierung Litauens miteinander verschränkten, um die zukünftige, ewige Legitimität dieser Relation herzustellen.

Zwecks Zusammenfassung der hier durchgeführten Analyse sei daher in erster Linie auf den Wandel hingewiesen, den die Revolution 1905 und die damit einhergehende Fokussierung der Warschauer Presse auf die litauische Geschichte mit sich brachte. Als Wandel begreifen lassen sich im Wesentlichen die Akzentuierung der asymmetrischen Verhältnisse zwischen dem polnischen historischen Subjekt und dem litauischen Anderen in der Vergangenheits-Zeit des 14. oder 15. Jahrhunderts sowie die Schaffung von Verbindungslinien zwischen den damaligen Relationen und den gegenwärtigen polnisch-litauischen Beziehungen. Die unterschiedlichen Teilaspekte, an denen der Abschnitt diesen Wandel erkennbar machte – die Hervorhebung des litauischen Engagements bei den Aufständen, die Negation der litauischen evolutionären Kraft, die Projektion einer litauischen, zu Polen subalternen Alterität in der Gegenwarts-Zeit, die Herstellung einer gegenwärtigen Gültigkeit für die Relation der polnischen Zivilisierung Litauens sowie die Verwandlung dieser Relation in eine existentielle Notwendigkeit Litauens und in eine paternalistische Fürsorge für Litauen –, tragen zur Legitimierung eines *königreichs*polnischen, zeitgenössischen imperialen Gedankens gegenüber Litauen bei. Obwohl auch die vielen temporalen Unterscheidungsvarianten der ursprünglichen litauischen Alterität sowie der Relation der polnischen

---

wyraz w pracach Wielkiego Sejmu i w ustawach Konstytucyi Trzeciego Maja. [...] Drogi postępu z ducha nie znają granic, są wieczne." Przewóska: Unia Horodelska. In: B (25.10.1913), S. 472.

Zivilisierung Litauens vor dem Jahr 1905 den polnisch-litauischen Verhältnissen im Mittelalter einen imperialen Charakter verliehen haben, setzen erst die Warschauer Periodika nach 1905 diese Konstruktionen mit der Gegenwarts-Zeit in Zusammenhang und verhandelten dadurch die gegenwärtige imperiale Position Polens gegenüber den Litauern.

III.4 Semiperipherialität des *Dazwischen* und weitere Funktionen der Medien

Mit Hilfe dieser detaillierten Quellenanalysen werden bestimmte Grundformen der Zeitkonstruktion sichtbar, die die zu Beginn theoretisierte zweite Konfiguration der historischen Zeit in ihrer dreifachen Zeitbedeutung zeigen und artikulieren. Die zwei ersten Bedeutungen von Zeit – als temporale Dimension der Interaktion zwischen Eigen und Fremd sowie als Instrument für die Alteritätsherstellung – sind in der temporalen Inbezugsetzung und Unterscheidung zu erkennen, wodurch die *Zeitschriften für viele* das polnische Subjekt sowohl in der Verflechtung mit als auch im Gegensatz zum deutschen und/oder litauischen Anderen definieren. Im Hinblick auf die Umdeutung der Semiperipherialität der polnischen Teilungsgebiete in eine temporale Position *dazwischen*, die das polnische historische Subjekt konstruiert, lassen sich hingegen vier Reflexionen formulieren.

Erstens lieferte das Kapitel III.2. das Stichwort der Ambivalenz, um die Muster der temporalen Selbst- und Alteritätskonstruktion zu erfassen, wie sie von der polnischsprachigen Presse im Rahmen der polnisch-deutschen Beziehungsgeschichte formuliert wurden. Diese Ambivalenz bestand in einer Reihe von Relationen, in denen sich das polnische historische Subjekt temporal zugleich vor sowie nach dem germanisch/deutsch/kreuzritterlich/preußischen Anderen befand und die polnisch-deutsche historische Zeit in Phasen nicht nur des Konfliktes oder Unterdrückung, sondern auch des positiven Austausches gliederte. Sie zeugt sowohl von den *Grenzen* als auch vom *Potential* einer Neuverhandlung der zeitgenössischen politisch-kulturellen Unterordnung Polens unter die deutsche Teilungsmacht durch die historische Zeit. Die (Re-)Produktion dieser Unterordnung in der Vergangenheits-Zeit lässt sich als Grenze fassen, da die Zeitschriften die Deutschen als Kolonisatoren, Impulsgeber für die eigen-polnische Staatsbildung, Kulturträger, Synchronisierungsmaßstab technischen Fortschrittes oder ewige Imperialisten gegenüber den Nachbarn darstellen. Demgegenüber verliehen die Artikel den Slawen/Polen häufig die Rolle der Indigenen und des Opfers, das der Anziehungskraft des deutschen Zivilisationsmodells erlag, oder sie verliehen ihnen subaltern-koloniale Charakterzüge wie Apathie, Unfähigkeit zur soziopolitischen Organisation oder Fehlen einer vorwärtsgerichteten evolutionären Orientierung. Das Später-Ankommen im Osten, das Gegenstand-Sein polnischer zivilisatorischer Einflüsse oder polnischer Herrschaft in bestimmten Epochen, die Trägerschaft einer eingeborenen Böswilligkeit oder Unaufrichtigkeit, das (nicht-europäische) Barbarentum und die Verkörperung des Mittelalters oder eines veralteten Modelles von Imperialismus lassen sich zusammen mit der Ablehnung einer preußischen nationalen oder kulturellen Ursprünglichkeit hingegen als Potential definieren. Sie sind die zentralen Konstruktionen, mit denen die polnischsprachige Presse die deutsche imperiale Dominanz historisch relativierte, hinterfragte oder völlig umdeutete. Diesen Konstruktionen entsprachen Beschreibungen Polens in verschiedenen Epochen als älter, kulturell fortschrittlicher, als attraktive zivilisatorische Instanz, Vertreter der europäischen evolutionären Tendenz zur Demokratie sowie Vertreter der Neuzeit und der Zukunfts-Zeit. Diese ganzen Muster der relationalen Selbst- und Fremdverortung entwerfen die Semiperipherialität des polnischen historischen Subjekts als temporale Position zwischen einem gegenwartsbedingten Zwang zur Peripherialität gegenüber dem deutschen Anderen und einer durch die Geschichte legitimierten Möglichkeit der Zentralität.

Solch eine Position *dazwischen* zeigte sich zweitens in Kapitel III.3. darin, dass das litauische Andere abwechselnd in unterschiedlichen Verhältnissen mit Polen auftrat. Einerseits wurde die litauische Alterität durch die Primitivität der Sitten, das „Heidentum", die Versklavung, die nomadische, barbarische Kriegsführung sowie die Abwesenheit von (schriftlicher) Kultur gekennzeichnet und somit in der universalen historischen Zeit strukturell hinter dem zivilisierten, christlichen, schriftmächtigen, demokratisch gesinnten und sesshaften Polen eingebettet. Darauf gründete die Relation der polnischen Zivilisierung Litauens, die eine klare Hierarchie zwischen den beiden festlegte und imperiale Ansprüchen nur in eine Richtung freisetzte (die Zivilisation kam nur von Polen nach Litauen und nicht andersherum). Andererseits wiesen viele Artikel auf Kontiguitätsebenen zwischen Litauern und Slawen/Polen hin – ähnlicher Siedlungsraum, gemeinsamer Kampf gegen den Deutschen Orden und auch das „Heidentum" – sowie zwischen Litauern und Deutschen – Aggressivität (*zaborczość*), Überfälle auf das piastische Polen, Unfreiheit. Nun konturierten diese Kontiguitätsebenen eine Art temporales Dreieck, dessen Extreme die Deutschen, die Litauer und die Polen verkörperten und in dem die Rollen von Indigenen/Nachkömmlingen, Kolonisatoren/Kolonisierten, Angreifern/Opfern der Angriffe, Zivilisationsträgern/Zivilisationsempfängern, Heiden/Christen, Versklavten/Freien, Vertretern der eigenen ursprünglichen Raumbeschaffenheit/Zerstörern dieser Beschaffenheit je nach Beziehungskonstellation und Epoche zirkulierten. Dabei standen die Polen genauso für Kolonisatoren, Zivilisationsträger, Christen, Freie, Erbauer von Kirchen und Denkmälern wie für Indigene, Kolonisierte, Zivilisationsempfänger, Heiden, Geknechtete, Einwohner des Urwalds. Aus dieser Perspektive wurde das polnische historische Subjekt durch die permanent changierende Position zwischen dem deutschen und dem litauischen Anderen definiert. Diese Position, die eine zweite Umdeutungsart der Semiperipherialität der Teilungsgebiete darstellt, hatte nicht nur eine räumliche Konnotation der Verortung zwischen West und Ost, sondern betraf vor allem die multiplen, teilweise widersprüchlichen Rollen, die Polen entlang der Zeit und in Bezug zu verschiedenen Anderen charakterisierten.

Drittens macht Kapitel III.3. darauf aufmerksam, dass auch der imperiale Selbstentwurf der Polen, der die Relation der polnischen Zivilisierung Litauens vermittelte, als Position *dazwischen* zu denken ist, da sie eigentlich in Abgrenzung zum deutschen Imperialismus konstruiert wurde. Die Vorstellungen von der „Bekehrung" der Litauer durch die Polen oder die der freiwilligen polnisch-litauischen Union sowie der polnischen „Fürsorgepflicht" bzw. des polnischen Patronats über Litauen nach Tannenberg leiteten ihre Gültigkeit als legitime imperiale Aufgaben des polnischen historischen Subjekts von der Idee ab, dass die Herrschaftsbestrebungen der Deutschen über die Litauer (und über die Polen selber) zu kontrastieren seien. Die polnische imperiale Zentralität gegenüber Litauen erschien dadurch nicht an sich als autonomes Konstrukt (re-)produzierbar, sondern für ihre Legitimierung darauf angewiesen zu sein, die deutsche zivilisatorische Leistung für böswillig zu erklären und sich selbst als Alternative zu den Deutschen zu profilieren. Vor diesem Hintergrund lassen sich auch in der Relation der polnischen Zivilisierung Litauens das Zusammenwirken von Zwängen der Peripherialität und Möglichkeiten der Zentralität erkennen. Während einerseits die Formulierung einer eigenen imperialen Mission schon alleine die periphere Position Polens in den zeitgenössischen imperialen Zusammenhängen infrage stellt und die Selbstwahrnehmung der Polen als Zentrum sichtbar macht, verweist die Verschränkung, sogar das Abhängigkeitsverhältnis zwischen dem Narrativ über die polnisch-litauische Vereinigung und dem Narrativ über die Bekämpfung des Deutschen Ordens auf die Unvollkommenheit bzw. Relativität der polnischen zentralen Verortung gegenüber dem eigenen Osten.

Viertens wird aus den Kapiteln III.2. und III.3. deutlich, wie die Vergangenheits-Zeit und zum Teil auch die Zukunfts-Zeit als temporale Dimensionen imaginiert wurden, die alternative Positionen zur zeitgenössischen Lage der politischen Unterordnung unter die deutsche Teilungsmacht und der nicht mehr aktuellen Macht über das alte Großfürstentum Litauens enthielten. In den vergangenen Epochen bekam Polen nicht nur die Rolle der zivilisatorischen Instanz Litauens, sondern auch die des synchronen Ansprechpartners des deutsch-römischen Kaisers Otto, des Siegers über den Ordensstaat sowie des feudalen Herrn gegenüber den preußischen Vasallen. Die Zukunfts-Zeit stellte hingegen in bestimmten Artikeln den Horizont dar, in dem der Niedergang des veralteten preußischen Imperialismus sich verwirklichen sollte und der dem fortschrittlichen Prinzip der freiwilligen Union zwischen den Völkern gehörte. Nun lässt sich somit die Konstruktion temporaler Relationen mit dem deutschen und litauischen Anderen als Position des polnischen historischen Subjekts zwischen Vergangenheit und Zukunft denken. Dadurch wurde die gegenwärtige Semiperipherialität allerdings nicht nur – analog zu *Time and the Nation* – in eine vorübergehende Etappe zwischen der vergangenen und zukünftigen Zentralität umgedeutet. Diese Position *dazwischen* erlaubte es auch, die Semiperipheralität komplett infrage zu stellen und Gegenverortungsmuster in der Gegenwarts-Zeit plausibel zu machen. Das lässt sich besonders gut am Beispiel der Litauer zeigen: Im russländisch-imperialen Kontext der politischen Abhängigkeit des Königreichs Polen und der administrativen Trennung zwischen dem Weichselland und dem Gouvernement „Nordwestgebiet" war es für die Warschauer Presse nach 1905 möglich, die polnischen imperialen Ansprüche auf Litauen in der Gegenwart (und nicht nur in der Zukunft) als plausibel darzustellen – und zwar durch die Projektion der mittelalterlichen Verhältnisse von Zentrum-Peripherie und Barbarentum-Zivilisation auf die Gegenwarts-Zeit und durch die Darstellung der Zivilisation Litauens als ewige, auch in der Gegenwart geltende Aufgabe Polens.

Nach der Identifizierung dieser vier Grundformen der Umdeutung, sowie – im Falle der vierten – auch der Hinterfragung der Semiperipherialität in einer temporalen Position *dazwischen* soll nun auf einen letzten Aspekt der historischen Zeit hingewiesen werden, der sich aus der Analyse der zweiten Zeitkonfiguration in den Quellen herauskristallisiert. Dieser Aspekt betrifft die spezifische Rolle der Zeitschriften in der Zeitkonstruktion. Dass Jubiläen, der wöchentliche Erscheinungsrhythmus oder die Zuordnung von Inhalten nach Monaten die Zeitkonstrukte auf verschiedene Weise prägten, war bereits Thema in *Time and the Nation* und benötigt daher keine weitere Reflexion. Was an dieser Stelle überlegt werden kann und soll, ist die doppelte *agency* der *Zeitschriften für viele* als (Re-)Produzenten neuer sowie als Träger bzw. Re-Aktivierer alter Zeitkonstrukte. So reagierten die Zeitschriften auf die Verschärfung der polnisch-deutschen Beziehungen an der Jahrhundertwende mit einer Schwerpunktverschiebung von den Germanen und dem Heiligen Römischen Reich auf die Kreuzritter und Preußen. Diese Schwerpunktverschiebung gestaltete die Zäsur in der polnischen Wahrnehmung der Deutschen mit – auch als Zäsur in den Vorstellungen von Zeit und Selbstverortung in der Zeit. Analog lässt sich das Jahr 1905 als weitere Zäsur in den Zeitvorstellungen erkennen, die sich aus der Interaktion der *Zeitschriften für viele* mit der Revolution, der Lockerung der Zensur sowie der plötzlichen Sichtbarkeit der litauischen nationalistischen Bewegung ergab. In beiden Fällen zeigten sich die Zeitschriften als Produzenten von neuen Zeitkonstrukten, die beinahe gleichzeitig mit dem tagesaktuellen Geschehen entstanden und somit die Veränderungen in den polnisch-deutschen und polnisch-litauischen Beziehungen registrierten und miteinleiteten. Das Jahr 1905 kann dazu aber auch als innennarrative Zäsur der polnisch-litauischen historischen Zeit selbst gedacht werden, denn die Warschauer Periodika konstruierten seit diesem Zeitpunkt die Existenz eines zeitgenössischen litauischen Anderen, das sie erneut in einem hierarchischen Verhältnis zum polnischen historischen Subjekt einordneten. Die an die Kalenderzeit gebundene Zeitlichkeit der Periodika und die Zeitlichkeit der historischen Erzählung scheinen 1905 zu konvergieren und sich zu überlappen.

Andererseits lässt sich im Laufe der analysierten dreißig Jahre auch eine gewisse Unveränderlichkeit bei den temporalen Konstrukten über die Anderen beobachten. Ein solcher Befund kann dadurch erklärt werden, dass die analysierten Zeitschriften die Anschlussfähigkeit für ein breites Publikum als zentrales Kriterium für die Auswahl ihrer Inhalte angewandt haben. Selbstverständlich bemühten sich die intellektuelleren unter den hier ausgewählten Periodika, so wie etwa der Warschauer *Tygodnik Ilustrowany* oder der Lemberger *Tydzień*, den neuesten historiographischen Erkenntnissen und den neuesten geschichtswissenschaftlichen Debatten in ihren Ausgaben Raum zu geben. Die meisten Blätter *für viele* verfügten aber nicht über in der Geschichtswissenschaft bewanderte Autor*innen und verfolgten andere Prioritäten bei ihren historischen Texten sowie Schwerpunkten – wie die Tradierung von historiographischen Topoi, Erzählungsmustern und Deutungsansätzen, die ihrer Leserschaft bereits vertraut und somit verständlich waren. Das führte dazu, dass sich in den Quellen *neue*, aus der Interaktion mit dem aktuellen Geschehen entstandene mit *älteren*, längst durch verschiedene Medien kolportierten historischen Narrativen überlappten. Beispielsweise veröffentlichte die *Biesiada Literacka* zum 500. Jahrestag von Tannenberg 1910 einen Text über die Kreuzritter des knapp vierzig Jahre zuvor verstorbenen Historikers Karol Szajnocha. Der Text entsprach daher sicherlich nicht dem Forschungsstand des beginnenden 20. Jahrhunderts, und die Zeitschrift reaktivierte dadurch zeitversetzt Zeitentwürfe aus der Mitte des Jahrhunderts.[217] Dieses Beispiel lädt paradigmatisch dazu ein, die *Zeitschriften für viele* auch als Hüter der Kontinuität in den Zeitvorstellungen zu denken.

Schließlich ermöglicht bzw. erzwingt die in diesem Teil durchgeführte Quellenanalyse eine Reflexion über die Prägungskraft der *Zeitschriften für viele* in Bezug auf die Definition des Identifikationssubjekts der Leserschaft. Diesbezüglich soll einerseits dem Historiker Marek Chamot zugestimmt werden, wenn er in seiner Studie über Eigen- und Fremdstereotype in der polnischen Presse eine

---

[217] Vgl. Szajnocha: Krzyżacy. In: BL (23.7.1910).

transpolnische Ähnlichkeit und somit einen polnisch-nationalen Charakter dieser Stereotype konstatieren wollte.²¹⁸ Vor allem im deutschen Fall zeugen die hier analysierten Artikel von einer transpolnischen Relevanz der Deutschen als Referenzpunkt für die eigene Selbstverortung sowie von eindeutigen transpolnischen Analogien in den Konstruktionen deutscher Alterität. Was die Gestaltung der Relation der Begegnung angeht, wurden indes durchaus Varianten identifiziert, die sich auf die spezifisch regionale Position der Teilungsgebiete zurückführen ließen. So konnten fast ausschließlich in der galizischen und Warschauer Presse Artikel gefunden werden, die die polnisch-deutsche historische Zeit auch nach Phasen des positiven Austauschs gliederten, während sich die Feststellung einer polnischen Anziehungskraft auf das deutsche urbane Element als Konstruktion der Warschauer Periodika für ein urbanes Publikum erwies. Dennoch waren keine Relationen zu erkennen, die eine dezidiert regionale Reichweite hatten und ein spezifisch regionales Subjekt konstruierten.

Kapitel III.3. bietet hingegen bestimmte Anhaltspunkte für eine Auffassung des Konstrukts der ursprünglichen litauischen Alterität und der Relation der polnischen Zivilisierung Litauens als regionale Posener und vor allem *königreichs*polnische Konstruktion. Mit der Ausnahme der *Pszczółka*, die sich allerdings mit den Litauern nur im Rahmen ihrer langen Serie über die Geschichte Polens befasste, war das litauische Thema in der galizischen Presse fast völlig abwesend. Die Gründe für das besondere Interesse der Warschauer Periodika an den Litauern sollten in der Zugehörigkeit zum gleichen imperialen Gebilde, dem Zarenreich, und in der geographischen Nähe zum ehemaligen Großfürstentum Litauen gesehen werden, während im Falle der preußischen Zeitschriften die zentrale Rolle der Litauer in der Auseinandersetzung mit dem Deutschen Orden/ Preußen eine Rolle gespielt haben könnte sowie die Tatsache, dass die erste litauische Zeitschrift *Aušra* in Ostpreußen erschien und eine Posener Tageszeitung, der *Dziennik Poznański*, als erste gegen sie polemisierte.

Diese Interessenunterschiede offenbaren unterschiedliche Positionen der Teilungsgebiete gegenüber dem litauischen Anderen und dadurch auch eine gewisse Pluralität des Identifikationssubjekts der polnischsprachigen Publika. Insbesondere die Tatsache, dass die Herstellung einer gegenwärtigen Gültigkeit des Konstruktes litauischer Alterität und der Relation der Zivilisierung sozusagen ein Monopol der Warschauer Presse darstellte, führt zu einer Deutung dieser Konstruktionen als spezifisch *königreichs*polnischer, imperialer Entwurf. So eine Deutung gewinnt an Aussagekraft, wenn man berücksichtigt, dass zum gleichen Zeitpunkt in der galizischen Presse eine große Anzahl von Artikeln über die

---

218 Vgl. Chamot, Entuzjazm, S. 11.

polnisch-ukrainische Beziehungsgeschichte veröffentlicht wurden, in denen imperiale Ansprüche auf die Ukraine formuliert wurden. Der Parallelismus zwischen der Beschäftigung der Warschauer Presse mit den Litauern und der Beschäftigung der galizischen Presse mit den Ukrainern suggeriert eine erhebliche Prägungskraft der regional-imperialen Kontexte der Zeitschriften auf die Möglichkeiten, sich selbst als imperiale Zentren zu begreifen, und auf die Auswahl der Alteritätspartner für diese zentrale Selbstverortung. Das imperiale Verhältnis zu Litauen lässt sich dadurch als innerrussländische Machthierarchie denken.

Es darf aber nicht vergessen werden, dass in den Artikeln nie die Rede von einem *königreichs*polnischen historischen Subjekt, sondern immer von Polen war. Die Warschauer Zeitschriften waren (Re-)Produzenten einer temporalen Position gegenüber Litauen, die sie als national-polnische Position imaginierten. Diesbezüglich sei an das Zitat aus dem *Tygodnik Ilustrowany* von 1906 erinnert, in dem der*die Autor*in das Interesse der Zeitschrift für die Situation „an der [litauischen, C.F.] Peripherie" als „Aufgabe eines gesamtnationalen Presseorgans" definierte.[219] Der Charakter bzw. die Reichweite imperialer Selbstentwürfe lassen sich daher nicht eindeutig den Kategorien des *Regionalen* oder des *Nationalen* zuordnen. Vielmehr erscheint das Nationale als vorgestellte Größe, die aus den spezifischen Kontexten der Teilungsgebiete heraus gestaltet sowie verortet wurde, die aber transpolnische Bedeutung erlangte.

---

219 Vgl. St. Gr.: Polacy i Litwini. In: TI (29.9.1906), Zitat auf S. 769.

IV *Modern Times*

IV.1 Die Moderne als Zeitregime und die veränderte Wahrnehmung der Gegenwart

Berber Bevernage und Chris Lorenz berichten über vier Grundbedeutungen, die im Terminus *Gegenwart* inbegriffen seien: erstens, der Augenblick zwischen Vergangenheit und Zukunft; zweitens, die beliebige Ausdehnung dieses Augenblicks auf einen Tag, ein Jahr oder sogar auf ein Jahrhundert; drittens, eine Zeit, die noch im Geschehen befindlich ist bzw. noch am Sich-Offenlegen und die sich deswegen von der bereits (ab-)geschlossenen Vergangenheits-Zeit unterscheidet; viertens die Wahrnehmung von bestimmten Phänomenen als modern und somit charakteristisch für die Gegenwart.[1] Die beiden Autor*innen ermutigen daraus folgend dazu, die Grenzziehung zwischen Vergangenheit, Gegenwart und Zukunft nicht als etwas Gegebenes, sondern als performativen Akt der Zeitbrechung zu untersuchen, der Bestandteil der historischen Zeit ist und sich auf konkrete Akteure und historisch-kulturelle Konstellationen zurückführen lässt.[2] Inspiriert von diesem Plädoyer stellen die Abgrenzungen der Gegenwart, die am Ende des 19. Jahrhunderts in den polnischsprachigen Öffentlichkeiten zirkulierten, als gesonderte sowie offene bzw. noch nicht zu Ende erlebte und deswegen für die Zeitgenoss*innen eigene temporale Dimension die letzte hier untersuchte Konfiguration historischer Zeit dar. Diese Konfiguration wird mit den unterschiedlichen Erfahrungen des *modernen* sozioökonomischen und politischen Wandels in Zusammenhang gebracht, die in der Forschung unter dem Stichwort der *Modernisierung* bekannt sind und die die Teilungsgebiete im Zeitraum von 1880 bis 1914 massiv prägten. Dabei haben die *Zeitschriften für viele* aufgrund ihrer Genese, die eng mit solchen *Modernisierungs*prozessen verbunden ist, sowie wegen ihrer direkten Beteiligung an der Schaffung eines eigenständigen Gegenwartszeitraums durch ihren Erscheinungsrhythmus und auch wegen ihrer medial bedingten Rolle einer Reflexionsinstanz über die aktuelle Zeit viel mehr als bei den anderen beiden Konfigurationen eine zentrale Funktion.[3]

---

1 Vgl. Lorenz [u.a.], Breaking. Introduction, S. 27–28. Lorenz und Bevernage beziehen sich dabei explizit auf die Studien von Preston King, vgl. King, Preston: Thinking past a problem. Essays on the history of ideas. London 2000.
2 Vgl. Lorenz [u.a.], Breaking. Introduction, S. 9–10.
3 Über die *agency* der Presse im Entstehungsprozess der Gegenwart siehe Landwehr, Geburt, S. 153–170.

Zahlreiche Zeit-Theoretiker*innen führen ihr Verständnis der Moderne auf die technisch bedingte und zunächst genuin europäische Wende in der Wahrnehmung und Auffassung von Zeit zwischen dem 18. und dem 19. Jahrhundert zurück. Die historisch-theoretischen Studien von Reinhart Koselleck leisteten Pionierarbeit in diesem Bereich. Wie in der Einleitung bereits erklärt, erarbeitet Koselleck in diesen Studien den Grundgedanken der Verzeitlichung der Geschichte während der „Sattelzeit". Die Verzeitlichung entspringe aus dem Auseinanderdriften von zwei bis dahin ihm zufolge kongruenten „metahistorischen Kategorien" – nämlich „Erfahrungsraum" und „Erwartungshorizont". Der „Erfahrungsraum" sei die erinnerbare, in der Gegenwart durch Generationen und Institutionen aufgehobene Vergangenheit, während sich der „Erwartungshorizont" als „vergegenwärtigte", der Gegenwart in Form von Hoffnung, Prognose oder Furcht innewohnende Zukunft definieren lässt.[4] Die These von Koselleck lautet, „daß sich in der Neuzeit die Differenz zwischen Erfahrung und Erwartung zunehmend vergrößert, genauer, daß sich die Neuzeit erst als eine neue Zeit begreifen läßt, seitdem sich die Erwartungen immer mehr von allen bis dahin gemachten Erfahrungen entfernt haben".[5] Diese „Differenz" führt er auf die technischen Neuerungen und auf die soziopolitische Mobilisierung zurück, die ab der Mitte des 18. Jahrhunderts immer mehr Bevölkerungsschichten erlebten. Und gerade diese Erlebnisse haben das Bewusstsein für die Andersartigkeit der Zukunft gegenüber der Vergangenheit freigesetzt.

Während bei dem von Koselleck dargelegten Phänomen die Dimensionen der Vergangenheit und der Zukunft im Mittelpunkt stehen, legen andere Forscher*innen, die die Moderne mit ähnlichen Phänomenen charakterisieren, ihren Fokus auf die Dimension der Gegenwart und auf ihre Veränderungen. Achim Landwehr nennt beispielsweise die Mitte des 17. Jahrhunderts den Moment der „Geburt der Gegenwart". Damit meint er die Entstehung des bis heute wirksamen Verständnisses von „Gegenwärtigkeit" als sich von der Vergangenheit emanzipierter „Möglichkeitszeitraum":[6]

> Niemand beschließt, dass die Vergangenheit zu verehren, die Zukunft zu gestalten oder die Gegenwart zu nutzen sei. Solche Modelle emergieren als nicht planbare Ergebnisse verhältnismäßig komplexer Interaktionen. [...] In einer Situation [das 17. Jahrhundert, C.F.], in der Zukunft noch nicht in einem fortschrittsgeschichtlichen Sinn als umfänglich gestaltbarer

---

4 Zur Definition der beiden Termini und zur These über deren Auseinanderdriften vgl. Koselleck, Zukunft, S. 354–355 und 359–375.
5 Koselleck, Zukunft, S. 359.
6 Vgl. Landwehr, Geburt, S. 15–18, Zitate auf S. 18.

Raum verstanden werden konnte, die Vergangenheit aber zugleich an Autorität einbüßte, gewann Gegenwart an Bedeutung.[7]

Die eher sozialwissenschaftlich angelegten Zeittheorien der Soziologen Niklas Luhmann oder Hartmut Rosa sprechen hingegen über einen Prozess der „Gegenwartsschrumpfung" um 1800. Ihnen zufolge verkürzte sich der Zeitraum der Kontinuität sozialer Strukturen zunehmend. Gleichzeitig sei die Kluft zwischen Vergangenheits-Zeit und Zukunfts-Zeit immer größer geworden.[8] „Die Gegenwart wird zum Umschaltpunkt zwischen Vergangenheit und Zukunft, zur momenthaften Aktualität, in der allein etwas geschehen kann",[9] schreibt Luhmann. Auch Hans Ulrich Gumbrecht weist in seinem Beitrag zum monumentalen Projekt der *Geschichtlichen Grundbegriffe* auf ein ähnliches Gegenwartsverständnis hin, wenn er den Wendepunkt im Gebrauch des Begriffs *modern* auf die Zeit der Aufklärung zurückführt. Während die Quellen bis zum 17. Jahrhundert mit *modern* entweder die gegenwärtig gültige Fassung einer in der Antike entstandenen Institution oder eine neue, auf der Antike aufbauende Epoche bezeichnet hätten, drückte der Begriff laut Gumbrecht ab dem 18. Jahrhundert auch ein neues Bewusstsein für das „Transitorische des [gegenwärtigen, C.F.] historischen Augenblicks" aus.[10] Rosa setzt diese neue Perzeption der Gegenwarts-Zeit als kürzeren und flüchtigen Augenblick, schon dazu prädestiniert, schnell Vergangenheit zu werden, in Zusammenhang mit der Beschleunigung des Tempos des sozialen Wandels der letzten 300 Jahre. Ihm zufolge erreiche dieser Wandel, den er anhand bestimmter gesellschaftlicher Kerninstitutionen wie Familie und Beschäftigungssystem misst, in der klassischen Moderne eine generationale Geschwindigkeit bzw. sei innerhalb einer Generation wahrnehmbar.[11]

Alle hier erwähnten Ansätze laden dazu ein, die Moderne als eine historisch datierbare Phase des Zeitbewusstseins zu begreifen, dem eine spezifische Erfahrung und Wahrnehmungsweise der Gegenwarts-Zeit zugrunde liegt. Wie lässt sich dann die Verbindung zwischen Moderne, Gegenwartskonstruktion und historischer Zeit artikulieren? Peter Osborne verwendet dafür den Begriff der Zeit-

---

7 Landwehr, Geburt, S. 17–18.
8 Vgl. Luhmann, Niklas: Gesellschaftsstruktur und Semantik. Studien zur Wissenssoziologie der modernen Gesellschaft. Frankfurt am Main 1993, S. 260–281; Rosa, Hartmut: Historische Bewegung und geschichtlicher Stillstand. Der Zusammenhang von sozialem Wandel und Geschichtserfahrung. In: Berliner Debatte Initial (BDI) 16 (2005) Heft 2. S. 12–24, hier S. 12–14
9 Niklas Luhmann, Veränderungen im System gesellschaftlicher Kommunikation und die Massenmedien, in: Luhmann, Niklas: Soziologische Aufklärung. Wiesbaden 1981, S. 314.
10 Vgl. Gumbrecht, Modern, S. 96–105. Zitat auf S. 101.
11 Vgl. Rosa, Bewegung, S. 14–17.

lichkeit und nennt die Moderne eine „selfabsolutising and structurally contradictory temporality [...] the temporality of the new".[12] Diese Zeitlichkeit, die er als Form der historischen Erfahrung bzw. genauer, nach Koselleck, der Erfahrung der Geschichte im Kollektivsingular definiert, beinhalte eine dreifache performative Logik: die Feststellung des Neuen, der Wunsch nach dem Neuen und der Imperativ, das Neue zu realisieren. Die besondere Unwiderstehlichkeit der Moderne bestehe gerade in der „peculiar and paradoxically absolutising form". Für das hier verfolgte Forschungsinteresse sind allerdings vor allem die drei Etappen von Bedeutung, in denen Osborne wiederum eine solche Verabsolutierungstendenz artikuliert: So erfolgt erstens eine Aufwertung der Gegenwart als Neues im Vergleich zur Vergangenheit, was zweitens zu einer Verallgemeinerung des Neuen als „self-trascending temporal structure" gegenüber der Tradition führt, und drittens einen unendlichen Prozess der qualitativen Differenzierung der historischen Zeit zwischen *Eigen-Neu* und *Fremd-Alt* auslöst.[13] Temporale Differenzierung, die einerseits die historische Zeit von der chronologischen Zeit durch die Qualität des Alten bzw. Neuen emanzipiert und sie andererseits retroaktiv anhand der chronologischen Zeit misst, sei somit die spezifische Wirkungsmacht der Moderne:

> Insofar as *modernity* is understood as a periodizing category in the full sense of registering a break not only from one chronologically defined period to another, but in the quality of historical time itself, it sets up a differential between the character of its own time and that which precedes it.[14]

Die Konstruktion der Gegenwarts-Zeit als das qualitativ Andere in Opposition zur Vergangenheits-Zeit bildet dementsprechend zugleich ein Produkt der modernen Zeiterfahrung und eine Existenzbedingung der historischen Zeit. Eine vergleichbare temporale Dynamik erfasst Aleida Assmann mit dem Konzept des „kulturellen Zeitregimes".[15] Die Erinnerungsforscherin versteht die Geschichte als ein

---

12 Für dieses Zitat und im nächsten Satz folgende siehe: Osborne, Peter: Global modernity and the contemporary. Two categories of the philosophy of historical time. In: Lorenz [u. a.] (Hrsg.), Breaking. S. 69–86, hier S. 70–73.
13 Vgl. Osborne, Modernity, S. 73. Für eine ausführliche Auseinandersetzung mit den Überlegungen von Osborne über die Moderne als Kategorie der Differenzierung (oder der Homogenisierung) der historischen Zeit siehe: Osborne, Politics, S. 13–20.
14 Osborne, Politics, S. 16.
15 Assmann definiert Zeitregime als: „a temporal ordering and orientation that is deeply entrenched in the culture and provides a basis for implicit values, patterns of thought and the logic of action". Assmann, Aleida: Transformations of the modern time regime. In: Lorenz [u. a.] (Hrsg.), Breaking. S. 40–56, Zitat auf S. 42. Zur Definition des kulturellen Zeitregimes vgl. auch Assmann, Zeit aus den Fugen, S. 19–22; Jordheim, Introduction, S. 499.

Aufeinanderfolgen unterschiedlicher Zeitregime – bzw. kulturell geprägten und handlungsleitenden Zeitbewusstseins oder Zeitordnungen – mit unterschiedlichen perspektivischen Schwerpunkten – in der europäischen Vormoderne in Richtung Vergangenheit, in der Moderne in Richtung Zukunft und in der Spätmoderne in Richtung Gegenwart. Das Zeitregime der Moderne, das überhaupt auf die Frage der Zeit aufmerksam machte, ist für Assmann von fünf miteinander eng verknüpften grundlegenden Eigenschaften charakterisiert. Das sind das „Brechen der Zeit", die „Fiktion des [neuen, C.F.] Anfangs", die „kreative Zerstörung", die „Erfindung des Historischen" und die „Beschleunigung".[16] Auch diese fünf Aspekte verweisen auf einen engen Zusammenhang zwischen moderner Zeiterfahrung, Differenz der Gegenwart zur Vergangenheit und historischen Zeit. Dieser Teil des Buches folgt den beiden Autor*innen in ihren Ansätzen und untersucht somit die Konstruktion der Gegenwarts-Zeit in der polnischen Presse als ein Phänomen, das aus dem modern codierten Erfahrungsgehalt von Wandel und Beschleunigung heraus entsteht und die hegemoniale Zeitlichkeit der Moderne widerspiegelt. Dieses Phänomen setzt die Möglichkeit der Entstehung der historischen Zeit frei und differenziert diese Zeit durch einen Bruch mit der Vergangenheit, der von den temporalen Vorstellungen des Neuen, der Geschwindigkeit und der Flüchtigkeit des Erlebten sowie durch die Orientierung zur Zukunft getragen wird.

Wie die Studien von Koselleck eindeutig belegen, spielen bei dieser Konstruktionsweise zwei Denk- bzw. Zeit-Figuren eine zentrale Rolle: *Fortschritt* und *Revolution*. Beide Figuren dienten ihm zufolge ursprünglich der Fassung/Bezeichnung zweier Kernerlebnisse der Moderne. Mit der Zeit lösten sie sich aber von diesem konkreten Erlebnissubstrat, und ihnen wurde eine universalistische Geltung als Triebkräfte der Geschichte im Kollektivsingular zugeschrieben, was sie zu allgegenwärtigen und selbstbezogenen Leitbegriffen im Kollektivsingular machte.[17] Fortschritt, der auf dem diffusen Erfahrungssubstrat technischer, wissenschaftlicher sowie künstlerischer Erneuerungen im Europa des 17. und 18. Jahrhunderts beruhte, sei laut Koselleck „die erste [...] spezifisch moderne [...] Kategorie geschichtlicher Zeit"[18] überhaupt gewesen. Historischer Fortschritt war

---

16 Vgl. Assmann, Zeit aus den Fugen, S. 131–208.
17 Vgl. Koselleck, Reinhart: Fortschritt. In: Geschichtliche Grundbegriffe. Historisches Lexikon zur politisch-sozialen Sprache in Deutschland. E-G. Hrsg. von Otto Brunner [u. a.]. Stuttgart 1975. S. 351–423, hier S. 388–389: Koselleck, Zukunft, S. 69–70.
18 Koselleck [u. a.], Zeitschichten, S. 305. Massimo Salvadori arbeitet in der Einführung zu seiner Ideengeschichte über den Begriff des Fortschritts pointiert heraus, dass es zwei unterschiedliche Konzeptionen von Fortschritt gebe: Die eine, die auf die Aufklärung zurückgeführt werden könne, betrachtet den Fortschritt als „eine von den Unzugänglichkeiten und Irrwegen des Denkens und

schon in *Time and the Nation* ein zentrales Thema. Wie lässt sich allerdings die Prägungskraft dieser „Kategorie" für den hier betrachteten Untersuchungsgegenstand einschätzen? Erstens knüpft Fortschritt an die Möglichkeit der Vollkommenheit in der Geschichte an. Die Gegenwarts-Zeit lässt sich demnach als Spitze eines linearen, zielgerichteten und endlosen Weges nach einem nicht mehr im Jenseits, sondern im Diesseits verorteten Horizont der Vervollkommnung denken.[19] Da der Fortschritt das Endziel der Geschichte verzeitlicht und permanent nach vorne verschiebt – beide Phänomene wohnen dem Terminus *Teleologie* inne –, wird die moderne Gegenwarts-Zeit dadurch zweitens als etwas grundsätzlich Neues, Unbekanntes, aber auch mit dem Fortschritt selbst Gleichsetzbares entworfen.[20] Vorstellungen von Fortschritt sind drittens in Anbetracht der beiden ersten Punkte Produzenten einer permanenten Brechung der historischen Zeit – also der kontinuierlichen (Neu-)Differenzierung zwischen Gegenwart, Vergangenheit und Zukunft. Viertens führt der Fortschritt dazu, moderne Gegenwarts-Zeit als permanente Beschleunigung zu begreifen und die Übermacht der Geschichte als Akzelerationsmotor zu erkennen.[21] Im Fortschrittsbegriff ist dann fünftens diejenige sich aus dem immer schnelleren Wandel speisende Wahrnehmung einer Verkürzung der Gegenwart inbegriffen, die ihr unvermeidbares Vergehen impliziert.[22]

Anders als die Vorstellung vom Fortschritt geht die moderne Prägung der Denkfigur der Revolution maßgeblich auf die spezifisch historische Konstellation der Französischen Revolution zurück. Wie bereits Karl Griewank in seiner renommierten Monographie über die Revolutionsidee konstatierte, war es die Französische Revolution, die „dem Begriff die entscheidende neue Wendung"[23]

Handelns stets bedrohte Möglichkeit". Die andere, mit dem Positivismus und Sozialismus zusammenhängende Konzeption versteht Fortschritt als notwendigen und unaufhaltsamen, „dem Wesen und Wirken der menschlichen Entwicklung immanenten Prozess". Salvadori, Massimo L.: Fortschritt – die Zukunft einer Idee. Berlin 2008, S. 14–28, Zitate auf S. 15. Für einen Überblick über die Geschichte des Fortschrittes als Idee siehe bspw. auch: Loewenstein, Bedrich: Der Fortschrittsglaube. Europäisches Geschichtsdenken zwischen Utopie und Ideologie. Darmstadt 2015.
19 Vgl. Koselleck, Fortschritt, S. 352 und 372–384.
20 Vgl. Koselleck, Fortschritt, S. 372–378; Assmann, Zeit aus den Fugen, S. 132–148; Trüper [u. a.], Introduction. Trüper, Chakrabarty, und Subrahmanyam zeigen, wie die im Fortschritt innewohnende Teleologie als aufklärerisches Projekt eine Zukunfts-Zeit bildet, die nicht vergeht (S. 4).
21 Vgl. Koselleck, Zukunft; Koselleck, Fortschritt, S. 352–353.
22 Vgl. Koselleck, Zukunft, S. 34.
23 Dieses Zitat und folgende Zitate im nächsten Satz: Griewank, Karl: Der neuzeitliche Revolutionsbegriff. Weimar 1955, S. 230. Zur Genese und Entwicklung der Revolutionsidee in der Geschichte siehe auch: Koselleck, Zukunft; Koselleck, Reinhart: Revolution. Rebellion, Aufruhr, Bürgerkrieg. In: Geschichtliche Grundbegriffe. Historisches Lexikon zur politisch-sozialen Spra-

gab. „Hier [in Frankreich 1789, CF] ist Revolution nicht nachträglich festgestellt, sondern bewußt erlebt [...]; hier wurde die Revolution aus einem einzelnen Ereignis zu einer Menschheitsaufgabe." Ähnlich wie Fortschritt trägt Revolution in ihrer archetypischen und universalen Dimension ab der Französischen Revolution entscheidend dazu bei, die historische Zeit zu gestalten und zu differenzieren. Revolution fungiert erstens als starke Zäsur zwischen Gegenwart und Vergangenheit: Sie setzt den Horizont des Utopischen frei und lässt dadurch die Gegenwarts-Zeit als radikalen Neubeginn inszenieren.[24] Zweitens sind im Revolutionsbegriff zugleich zwei auf den ersten Blick gegenseitige Formen des Zeit-Brechens aufgehoben: die Einmaligkeit des gewalttätigen Ereignisses sowie die Permanenz des (sozialen) Wandels. „In antithetischer Verwendung werden Evolution und Revolution zu Parteibegriffen, ihr sinngleicher Gebrauch indiziert jenen allgemeinen um sich greifenden sozialen Emanzipationsvorgang, der mit der Industrialisierung vorangetrieben wird."[25] Damit werden der modernen Gegenwarts-Zeit ein unumkehrbarer nach vorne gerichteter Fluchtpunkt sowie eine revolutionäre Dauerbewegung zugeschrieben. Drittens ermöglicht es die Revolution, die Gegenwarts-Zeit in Termini einer plötzlichen und akzentuierten Beschleunigung zu erfassen, die auf einmal das temporale Auf- und Überholen ermöglicht und die Gegenwarts-Zeit beinahe deckungsgleich mit der Zukunfts-Zeit macht. Diesbezüglich merkt Ernst W. Becker treffend an, dass „mit der Hilfe von Revolutionen [...] die Zukunft akzeleriert herbeigeführt und die weiteren Entwicklungen an die eigene Planung rückgebunden werden"[26] sollte. Da sich diese Beschleunigung mit konkreten Akteuren, den Revolutionär*innen, verbinden lässt, generiert schließlich die Revolution ein verstärktes Bewusstsein für die Machbarkeit der Geschichte durch den Menschen in der Gegenwarts-Zeit.[27]

Die Assoziation der hier beschriebenen modernen Gegenwarts-Zeit mit Osteuropa oder spezifisch mit Polen im 19. Jahrhundert ist in den Studien zur Theorisierung der Wandlung im Zeitbewusstsein (Koselleck eingeschlossen) eine Seltenheit. Die überwiegende Mehrheit dieser Studien bezieht sich ausschließlich auf westeuropäische, meist intellektuelle Texte oder auf westeuropäische sozio-

---

che in Deutschland. Pro-Soz. Hrsg. von Otto Brunner [u. a.]. Stuttgart 1984. S. 653–788; Schmidt, Frithjof: Die Metamorphosen der Revolution. Der Wandel des Revolutionsbegriffs von Blanqui bis zum Eurokommunismus. Frankfurt am Main 1988; Grosser, Florian: Theorien der Revolution zur Einführung. Hamburg 2013.
24 Vgl. Assmann, Zeit aus den Fugen, S. 164–165.
25 Koselleck, Zukunft, S. 78–79.
26 Becker, Ernst Wolfgang: Zeit der Revolution! – Revolution der Zeit? Zeiterfahrungen in Deutschland in der Ära der Revolutionen 1789–1848/49. Göttingen 1999, S. 15.
27 Koselleck, Zukunft, S. 83–84.

historische Konstellationen (wie die archetypischen Erfahrungen von Fortschritt und Revolution). Die Kombination von Zeit und Moderne steht in der Osteuropaforschung hingegen meistens im Schatten eines Narrativs von der Rückständigkeit – präsentiert entweder als reale historische Kontinuität in der sozioökonomischen sowie nationalen Entwicklung oder als negatives Selbstbild/negative Fremdzuschreibung – sowie von der Revolution 1917 als einzigartiges Privileg des Vorsprungs, das aus dieser Rückständigkeit entstand.[28] Auch Maria Todorova, die in einem Essay ausdrücklich für eine historiographische Auseinandersetzung mit der Kategorie Zeit auch in Bezug auf Osteuropa plädiert, fordert im Wesentlichen, die osteuropäische Nationsbildung aus einer *longue durée*-Perspektive als modernen und mit dem Westen „relativ synchronen" Prozess (anstatt als zeitversetzten West-Ost-Transfer) zu sehen.[29] Die Moderne als (ebenso) mittel-osteuropäische Zeiterfahrung bleibt dabei jedoch unerwähnt.

Hinweise auf eine solche Zeiterfahrung lassen sich aber in der polnischsprachigen sowie ausländischen Geschichtsschreibung über Polen im 19. Jahrhundert finden. Juliusz Łukasiewicz behauptet beispielsweise, dass aus der Perspektive der ökonomischen und materiellen Lebensbedingungen zwischen der ersten und der zweiten Hälfte des 19. Jahrhunderts eine tiefe Zäsur eingetreten sei, die das „Schicksal" der Polen maßgeblich prägte.[30] Magdalena Micińska und Brian Porter sprechen von einem dementsprechenden generationellen Wechsel und von einem Bruch in den neuen Generationen mit den alten Lebenswelten, soziopolitischen Loyalitäten und Formen des Aktionismus.[31] Die neueren Studien von Szczepan Wierzchosławski oder Nathaniel Wood plädieren dafür, die Geschichte der Teilungsgebiete bzw. spezifisch von Krakau nicht unter dem Zeichen der politischen Abhängigkeit, sondern der Erfahrung der „Modernisierung" bzw. „Moderne" zu sehen.[32] Daraus lässt sich folgern, dass schneller Wandel zum Alltagserlebnis von immer größeren polnischsprachigen Bevölkerungsschichten gehörte, wobei dadurch implizit die Erfahrung der Städte in den Vordergrund rückt. Inwieweit diese Aussage auch für die polnischen Bauern zutreffen, ist fraglich.

---

[28] Vgl. bspw. Janos, Andrew C.: East Central Europe in the modern world. The politics of the borderlands from pre- to postcommunism. Stanford 2002; Hildermeier, Manfred: Das Privileg der Rückständigkeit. Anmerkungen zum Wandel einer Interpretationsfigur der neueren russischen Geschichte. In: HZ (1987) Heft 244. S. 557–603.
[29] Vgl. Todorova, Kategorie, S. 26 und 33–40.
[30] Łukasiewicz, Uwarunkowania, S. 72.
[31] Vgl. Porter, Nationalism; Micińska, Inteligencja, S. 126–128.
[32] Vgl. Wood, Becoming; Wierzchosławski, Zabory.

Dieser Teil untersucht daher, inwieweit und wie maßgeblich urban codierte Erfahrungen von sozioökonomischem Wandel, Generationsgefälle und sozialer Mobilisierung sich in konkreten Momenten und Formen der Konstruktion von Gegenwarts-Zeit kristallisierten. Ein so formuliertes Forschungsinteresse richtet sich gegen das verbreitete Verständnis von Zeitdifferenzierung als originär westliche kulturelle Schöpfung, die vermeintlich mit einigen Jahrzehnten Verspätung in Polen übernommen wurde. Es zielt auch nicht darauf, die Modernität der polnischen Teilungsgebiete um die Jahrhundertwende durch die Präsenz (oder Abwesenheit) einer bestimmten Gegenwartsproduktion zu belegen. In Anlehnung an die oben zitierten Studien Todorovas und polnischsprachiger Autor*innen, die eine *longue durée*-Synchronie Osteuropas mit den Kernprozessen der europäisch-kolonialen Moderne postulieren bzw. belegen, sowie an die globalhistorischen Thesen über das Ende des 19. Jahrhunderts als Geburtsstunde einer globalen Moderne,[33] wird es hier hingegen ausgegangen von der globalen, die polnischen Teilungsgebieten inkludierenden Reichweite und von der *relativen* Gleichzeitigkeit der polnischsprachigen Gesellschaften am Ende des 19. Jahrhunderts bezüglich der Wahrnehmung der eigenen Gegenwart als qualitativ neu und schnell.

Die Kapitel IV.2. und IV.3. legen den Fokus auf zwei potentielle Höhepunkte moderner Zeiterfahrung – die Jahrhundertwende und die Revolution von 1905 – und analysieren diese einmal kalender- und einmal ereignisbedingte Zäsur als mediale Momente der besonders intensiven Produktion von Gegenwarts-Zeit. Da die semiperiphere Position der Teilungsgebiete in der Gegenwart als Prämisse wie auch als Perspektive fungiert, aus der das Buch auf die Konstrukte der historischen Zeit in der polnischsprachigen Presse blickt, wird die Semiperipherialität hier nicht erst im Nachhinein aus bestimmten Grundcharakteristiken der Zeitkonstruktion und der temporalen Verortung eruiert. Anders als in *Time and the Nation* und *Time and the Other* lässt sie sich in der Quellenanalyse von *Modern Times* direkt an den Verzeitungsangeboten der Gegenwart überprüfen, wie sie die Presseautor*innen für ihre Publika formulierten. Dabei stellt sich die Frage, ob diese Verzeitungsangebote ein semiperipheres Selbstverständnis im Kontext eines intensiven und *relativ* gleichzeitigen Wandels konturierten oder ob sich die Semiperipherialität gerade im modernen Zeitbewusstsein auflöste.

---

33 Vgl. Bayly, Birth; Osterhammel, Verwandlung; Saler, Michael T. (Hrsg.): The fin-de-siècle world. London 2015.

IV.2 Die Jahrhundertwende als Werkstatt der Gegenwarts-Zeit

> Es ist zur Mode geworden, sich über die aktuelle Epoche zu beklagen und mit einem Seufzer an die *guten alten Zeiten* zu erinnern. So verdammt man allerdings eine ganze Reihe von Wohltaten, Vorteilen und Bequemlichkeiten, die wir der Entwicklung der Industrie und des Handels verdanken. Man vergisst die Erfindungen und wissenschaftlichen Errungenschaften, die Verbesserungen im Kommunikationswesen und die Veränderungen in den sozialen Verhältnissen. Angesichts dieser Ungerechtigkeit versuchen wir einen Blick zurück zu werfen und zu schauen, ob die Welt vor hundert Jahren wirklich besser war.[34]

So lautet der Anfang eines Artikels der *Biesiada Literacka*, der im Januar 1888 unter dem Titel *Heute und vor hundert Jahren* erschien. Der Titel sowie diese Anfangspassage suggerieren eine Vorstellung vom 19. Jahrhundert als mathematisch-definierte Zeitgröße, deren Ende einen selbstverständlichen Wendepunkt und perspektivischen Standort für die Unterscheidung zwischen aktueller und vergangener Zeit bildet. Offenbar trieben aber die vielen Entwicklungen, Errungenschaften und Erfindungen die Warschauer Zeitschrift dazu, diese mathematische Zeitgröße in der Praxis doch zu kürzen und bereits ein Dutzend Jahre vor der kalendarischen Jahrhundertwende eine Jahrhundertbilanz zu veröffentlichen.

Signiert lediglich mit den Initialen S. Z., analysiert der Text verschiedene Bereiche des menschlichen Lebens der letzten 100 Jahre – von der Moral über die Wissenschaft bis zur Technik – und versucht, konkrete Belege dafür zu bringen, dass es in jener Zeitspanne einen Wandel zum Besseren gegeben habe. Der*die Autor*in lobt insbesondere die große Anzahl von Veränderungen sowie ihren jungen Charakter. Sätze wie: „In nur wenigen Jahrzehnten hat man in einem Bereich wie der Straßenbeleuchtung mehr erreicht als in vielen Jahrhunderten zuvor",[35] oder: „Nicht nur vor hundert, sondern auch noch vor dreißig Jahren war so etwas [wie Kanalisation, C.F.] in Warschau noch unbekannt",[36] deuten auf die Zunahme des Veränderungskoeffizienten im Laufe der Zeit als wesentlichen Charakterzug des beschriebenen Jahrhunderts hin. In einem Absatz über die

---

[34] Im Original: „Weszło w zwyczaj narzekać na wiek teraźniejszy a z westchnieniem wspominać *dawne dobre czasy*. Tym sposobem potępia się wszelkie dobrodziejstwa, korzyści i dogodności, jakie zawdzięczamy rozwojowi przemysłu i handlu, zapomina się o wynalazkach i zdobyczach nauki, ulepszonych komunikacjach i zmienionych warunkach socyalnych. Wobec takiej niesprawiedliwości spróbujmy rzucić okiem wstecz i przepatrzmy się, czy istotnie temu lat sto lepiej było na świecie." S. Z.: Dziś i sto lat temu. In: BL (13.1.1888) Heft 2. S. 23–26, hier S. 23.
[35] Im Original: „W przeciągu lat kilkudziesięciu, w jednym tylko dziale oświetlenia zrobiono więcej niż w przeciągu kilkunastu stuleci." S. Z.: Dziś i sto lat temu. In: BL (13.1.1888), S. 23.
[36] Im Original: „Nietylko temu lat sto ale jeszcze temu lat trzydzieści nie znano ich [kanalizacje, C.F.] w Warszawie." S. Z.: Dziś i sto lat temu. In: BL (13.1.1888), S. 23.

Geschichte des Telegraphen behauptet der*die Autor*in darüber hinaus, dass vor seiner Erfindung „niemand von der blitzschnellen Geschwindigkeit auch nur geträumt hatte, mit der die Informationen von einer zur anderen Hälfte des Globus gesendet werden."[37] Die Veränderungen würden somit nicht nur immer zahlreicher und in zeitlich immer geringerem Abstand erfolgen, sondern seien auch vor ihrem Erscheinen völlig undenkbar gewesen, was dem Jahrhundert die zusätzliche Qualität als Träger von etwas radikal Neuem im Sinne von vorher Unbekanntem und Unvorhersehbarem verleiht. Die Abschlussthese, dass sich der zeitgenössische Moment vom Anfangszeitpunkt eines so skizzierten Jahrhunderts extrem unterscheidet, ergibt sich aus solchen Sätzen fast automatisch.

Dieser Artikel war Auftakt zu einer Reihe polnischsprachiger Pressebeiträge, die anlässlich der Jahrhundertwende den Fortschritt in Elektrizität, Transportwesen, Stadthygiene oder Medizin als das ausschlaggebende Element der eigenen Zeit betrachteten und ihn zur leitenden Kraft der letzten 100 Jahre machten.[38] Die rechtfertigende Einleitung im ersten Zitat weist allerdings zugleich darauf hin, dass in der zeitgenössischen Gesellschaft des Königreichs Polen auch völlig gegensätzliche Einschätzungen des 19. Jahrhunderts verbreitet waren. Knapp zwei Jahre nach dem Artikel in der *Biesiada* und zehn Jahre vor dem Jahr 1900 veröffentlichte beispielsweise der *Tygodnik Ilustrowany* ebenso einen ersten anonym abgedruckten Artikel, der sich mit dem zu Ende gehenden Jahrhundert auseinandersetzt. Die gesamte erste Spalte wird zur Auflistung etlicher negativer Phänomene verwendet, die für das 19. Jahrhundert maßgebend gewesen seien:

> Dieses unsere 19. Jahrhundert eben wird als Jahrhundert des sittlichen Verfalls, des irdischen Materialismus, der ausschweifenden Leidenschaften, der grenzlosen Sittenlosigkeit, der Untergrabung jeglichen Glaubens, des Niedertretens jeglichen Ideals, der Verachtung bzw. Abtötung des Geistes [...], der Aufopferung aller heiligen Dinge auf dem Altar der animalischen Freuden bezeichnet.[39]

---

37 Im Original: „O telegrafach, z błyskawiczną szybkością roznoszących wiadomości z jednej półkuli na drugą, nikomu jeszcze się nie marzyło." S. Z.: Dziś i sto lat temu. In: BL (13.1.1888), S. 26.
38 Vgl. bspw. auch Anonym: Dziennik i dziennikarstwo. In: IP (22.11.1901) Heft 10. S. 209–211; K. S.: Zdobycze XIX w. (Rzut oka na wynalazki i odkrycia przyrodnicze). In: Pi (07.01.1900) Heft 2. S. 2–3; W. S.: Rozwój techniki w dziewiętnastem stuleciu. In: Pr (4.3.1900) Heft 10. S. 242–243; Z. S.: Śladem postępu. In: BL (16.3.1894) Heft 11. S. 165–166.
39 Im Original: „Więc ów nasz wiek XIX-ty nazywa się wiekiem sprośnego upadku, poziomego zmateryalizowania, wyuzdanych pożądliwości, bezgranicznego rozpasania, podkopania wszelakiej wiary, zdeptania wszelakiego ideału, sponiewierania czy zabicia ducha [...] palenia wszelkich świętości na ołtarzu zbydlęconego użycia." J. K.: Chwila obecna. In: TI (7.6.1890) Heft 23. S. 354–255.

Diese Auflistung präsentiert die zeitgenössische Zeit im Lichte einer dramatischen Krise des Geistes und der Moral. Sie setzt das 19. Jahrhundert mit einem Involutionsprozess gleich, wonach das Jahr 1890 einen Rückschritt bzw. eine Verschlechterung im Vergleich mit dem Jahr 1800 darstelle. Die Frage, ob „die Epoche des Dampfes und der Elektrizität" tatsächlich ein so schädliches Vermächtnis hinterlassen haben, steht im Rest des Artikels im Zentrum der Diskussion.

Ähnliche negative Ansichten über das 19. Jahrhundert lassen sich zur gleichen Zeit auch in der galizischen Presse finden. So veröffentlichte die hochwertige kulturell-literarische Krakauer Zeitschrift *Świat* 1894 einen zweiteiligen Artikel, in dem der konservative Philosoph und Historiker Wojciech Dzieduszycki in dem eigenen historischen Moment eine „Neigung zum Niedergang" der gesamten europäisch-christlichen Zivilisation sieht. Seine pessimistische Einschätzung – trotz der Tatsache, dass „Europa nie so mächtig und reich wie heute gewesen ist"[40] – erklärt er mit dem Argument, dass das 19. Jahrhundert für das Umkippen der vorher vorwärtsgerichteten Zukunftsperspektive der Menschheit verantwortlich sei. Obwohl das christliche Endziel der menschlichen Glückseligkeit sich bereits mit Descartes – also im 17. Jahrhundert – vom Jenseits auf die Erde verlagert habe, sei das christliche Glückseligkeitsversprechen damit noch nicht verloren gegangen:

> Aus dem Schoße des Christentums entstand eine neue Idee, die die Welt belebte, in Bewegung setzte und sie auf ein neues Gleis führte. [...] Es war kurz vor dem Ausbruch der großen Revolution, als man den Eindruck hatte, dass eine neue Morgenröte am Himmel der Geschichte erscheint. [...] die Revolution enttäuschte alle Hoffnungen; [...] aber diese große Enttäuschung [...] zerstörte nicht den Glauben an das Glück und in die Vollkommenheit der zukünftigen Generationen, die frühlingshafte Morgenröte zeigte sich nicht nur einmal über unserem Jahrhundert, und der Glaube an einen unaufhaltsamen Fortschritt war die Ambrosia jener Zeit.[41]

Die Entwicklungen der zweiten Hälfte des 19. Jahrhunderts hätten hingegen die Menschheit – ausgenommen „ein paar Jugendliche und Arbeiter" – des Glaubens an eine bessere Zukunft beraubt. Der Materialismus und die moralische Dekadenz

---

40 Dzieduszycki, Wojciech: Dekadans Europy. In: Świat. Dwutygodnik Illustrowany (ŚK) (15.1. 1894) Heft 2. S. 38–40, hier S. 38.
41 Im Original: „Z łona chrześcijaństwa wyszła nowa idea, która świat ożywiła, poruszyła, popchnęła na nowe tory. [...] Była chwila przed wybuchem wielkiej rewolucyi, w której się zdawało, że nowe zorze świecą na dziejowem niebie [...] Rewolucya zawiodła nadzieje; [...] ale ten jeden zawód [...] nie obalił wiary w szczęście i doskonałość przyszłych pokoleń, zorze wiośniane zaświtały jeszcze niejednokrotnie nad naszem stuleciem, a wiara w niepowstrzymany postęp była ożywczym napojem." Dzieduszycki, Wojciech: Dekadans Europy. (Dokończenie). In: ŚK (1.2.1894) Heft 3. S. 71–73, hier S. 71.

hätten diesen Glauben durch einen verfallsorientierten Zukunftshorizont ersetzt. Der Artikel schließt mit dem ausdrücklichen Wunsch nach Rückkehr einer erneuten Blütezeit, mit der die aktuelle Epoche beenden werden sollte.

Von der Debatte über die positive oder negative Bewertung des 19. Jahrhunderts war schließlich in den 1890er Jahren auch die polnischsprachige Öffentlichkeit des preußischen Teilungsgebiets betroffen. Die populäre Posener Zeitschrift *Praca* brachte beispielsweise bereits einige Jahre vor dem Jahrhundertwechsel einen Jahrhundertüberblick mit dem paradigmatischen Titel *Verteidigung des 19. Jahrhunderts* heraus.[42] Der*die anonyme Autor*in behauptet darin, dass jede Epoche durch einen Begriff charakterisiert sei. Im Fall des 19. Jahrhunderts sei dieser Begriff das „Bürgertum [*mieszczaństwo*]", dessen Semantik anti-militärisch und antikämpferisch konturiert sei. Das habe zu einer oberflächlichen Assoziation geführt, die die gegenwärtige Epoche mit dem Verlust von Werten wie Heldentum oder Mut, dagegen aber mit Nervenkrankheiten, mit Geldgier, mit Farblosigkeit oder mit Spießigkeit in Verbindung gebracht habe. Allerdings sei diese Assoziation alles andere als gerechtfertigt: Während in der Vergangenheit maßgeblich nur Söldner im Krieg ihr Leben riskierten, hätten im 19. Jahrhundert so viele Menschen wie nie zuvor für die eigenen Ideale gekämpft. Das verwandele die letzten 100 Jahre in die heldenhafteste Ära der Menschheitsgeschichte – so die Schlussfolgerung des Artikels, der die Anschuldigungen, dass das 19. Jahrhundert zutiefst materialistisch sei, dezidiert zurückweist.

All diese Kommentare betrachteten den zeitgenössischen Augenblick als Hoch- oder Endpunkt einer meistens hundertjährigen Zeitspanne und bewerteten aus dieser Perspektive diese Zeitspanne in ihrer Gesamtheit. Sie zeigen somit, dass die Jahrhundertwende die Presse zu einer Bewusstwerdung der eigenen Zeit inspirierte. Daraus folgend lässt sich der Datumswechsel als mediales Moment verstehen, der sich faktisch über mehrere Jahrzehnte ausdehnte (wohlgemerkt stammte der erste hier zitierte Jahrhundertartikel aus dem Jahr 1888), im Zuge dessen in den *Zeitschriften für viele* nicht nur das 19. Jahrhundert als sinnzusammenhängende Epoche, sondern auch die Gegenwart intensiv als von der Vergangenheit klar getrennter Zeitbereich produziert wurde. Die teilweise gegensätzlichen Urteile über die sich gerade ereignende historische Konjunktur stellt sicherlich kein Spezifikum der polnischsprachigen Gesellschaft und Publizistik dar. Gerade der französische Begriff für das Jahrhundertende, *fin de siècle*, wird in der Forschung verwendet, um die Periode von 1870 bis zum ersten Weltkrieg und zugleich das künstlerisch-intellektuelle Leben der europäischen Metropolen in dieser Periode sowie das prägende Zusammenspiel zwischen techni-

---

42 Vgl. ANONYM: Obrona wieku XIX-go. In: Pr (13.3.1897) Heft 59. S. 2.

schem Aufschwung, Massengesellschaft und Kulturpessimismus zu bezeichnen.[43] Die Beobachtung des gleichen Zusammenspiels in der polnischsprachigen Presse bestätigt die These von Jolanta Kolbuszewska über die Rezeption der *fin de siècle* Krisen-Kultur in der polnischsprachigen Historiographie ab den 1880er Jahren sowie die hier formulierte These von Gleichzeitigkeit zwischen partikulär polnischen und gesamteuropäischen Zeiterfahrungen der Moderne.[44]

IV.2.1 Differenzierungsformen der Gegenwarts-Zeit

Sowohl die positiven als auch die negativen Auffassungen der eigenen Epoche differenzierten in gleichem Maße die Zeit zwischen der als eigene präsentierten, im Wirken begriffenen Gegenwart und dem Davor. Sechs solcher miteinander eng verflochtener Hauptdifferenzierungsformen lassen sich anhand der Quellenanalyse festhalten: die *Zeit-Homogenisierung*, die *Zeit-Mobilisierung*, die *Zeit-Verdichtung*, die *Gegenüberstellung von Zeitpunkten*, die *Aushandlung von Trennungslinien zwischen Alt und Neu* und die *Abhängigkeit von der Zukunft*. Während die ersten drei auf Muster der Zeitwahrnehmung rekurrieren, die für das ganze Zeitregime der Moderne Gültigkeit besitzen, ist bei den beiden letzteren eher die spezifische Prägungskraft der Jahrhundertwende als Auslöser der Zeitdifferenzierung zu erkennen. Die Abhängigkeit von der Zukunft lässt sich schließlich auf zweierlei Weise deuten: erstens als differenzierende Zeitkonstruktion der Moderne im Allgemeinen sowie zweitens des Übergangs insbesondere zwischen dem 19. und 20. Jahrhundert.

Zeit homogenisieren und mobilisieren

Um auf die erste Differenzierungsform zu sprechen zu kommen: Unabhängig davon, ob der Grundton positiv oder kritisch war, wurden dem 19. Jahrhundert in den Jahrhundertbilanzen der polnischsprachigen Presse Namensattribute gegeben, die die unterschiedlichen Deutungen der Autor*innen über die relevantesten zeitgenössischen Erscheinungen wiedergaben. So war in bestimmten Artikeln vom „Jahrhundert des Dampfes", „der Elektrizität", „der Technik", „der Wer-

---

43 In der Einführung zu seinem Überblicksband macht Michael Saler darauf aufmerksam, dass in der neuesten Forschung das *fin de siècle* immer mehr als global verflochtenes Phänomen analysiert wird. Trotzdem assoziiert die Mehrheit der Forschung mit dem Begriff nach wie vor eine spezifisch urbane europäisch-nordamerikanische Atmosphäre. Vgl. Saler, Michael T.: Introduction. In: Saler (Hrsg.), Fin-de-siècle. S. 1–8.
44 Kolbuszewska, Mutacja.

bung" oder „des Zeitungswesens" und in anderen „der Nerven" oder „des Materialismus" die Rede, wobei die Kombination „Jahrhundert des Dampfes und der Elektrizität" sich besonderer Beliebtheit erfreute.[45] Kosellecks Theorien über die Veränderungen im Zeitbewusstsein ab dem 18. Jahrhundert zufolge erfüllen solche Bezeichnungen ein erstes wichtiges „Kriterium" für die Verzeitlichung der Geschichte:

> Erstens gewinnen die saecula [...] eine geschichtlich eigene Bedeutung. Sie werden als Einheiten zusammenhängend gedacht und mit Sinn aufgeladen. [...] Der genius saeculi ist ein Vorläuferbegriff des Zeitgeistes. – So werden die Jahrhunderte zu Zeitbegriffen geschichtlicher Erfahrung, die ihre Unverwechselbarkeit, ihre Einmaligkeit als Geschehenseinheit verkünden.[46]

Wie das Zitat zeigt, bilden die oben aufgelisteten Attribute eine Form der Gegenwartskonstruktion, die den Wandel der Zeitwahrnehmung in der Moderne in seiner Gesamtheit charakterisiert. Diese Form, die unter dem Stichwort *Homogenisierung* zusammengefasst werden kann, ist in ihrer Funktionsweise sehr einfach: Mit Ausdrücken wie „Jahrhundert des Dampfes und der Elektrizität", aber auch „Jahrhundert des Materialismus" ordneten die Periodika die aktuelle Erfahrungswelt der Leserschaft am Jahrhundertende einer Grunderfahrung unter und erhoben sie für das gesamte 19. Jahrhundert zur repräsentativen Marke.

Diese Attribute produzierten somit die Gegenwarts-Zeit der polnischsprachigen Öffentlichkeiten um die Jahrhundertwende als eine 100 Jahre andauernde Spanne historischer Zeit im Verlauf. Die Zeitspanne wurde anhand eines (oder mehrerer) konkreten Alleinstellungsmerkmals – Koselleck zufolge eines „Zeitgeistes" – nach innen *homogenisiert* und nach außen *differenziert*. Im gleichen Maße, wie sich die Zeitspanne 1800 – 1900 dadurch als gebündelt darstellt, entsteht dabei auch eine Vergangenheits-Zeit (und potentiell eine Zukunfts-Zeit), die sich aus allen anderen (vorherigen sowie noch folgenden) Jahrhunderten zusammensetzt. Die Zeit, die zur Vergangenheit (und zur Zukunft) gehört, präsentiert aber keine radikale Andersartigkeit zur Gegenwarts-Zeit. Im Gegenteil, das Prinzip des „genius saeculi" fungierte gewissermaßen als Kontinuitätsfaktor zwischen dem 19. Jahrhundert und dem Davor (oder dem Danach), da dadurch jede ältere oder zukünftige Zeitspanne in vergleichbarer Weise konstruiert werden konnte.

---

45 Vgl. S. Z.: Dziś i sto lat temu. In: BL (13.1.1888); J. K.: Chwila obecna. In: TI (7.6.1890); Anonym: Obrona wieku XIX-go. In: Pr (13.3.1897); K. S.: Zdobycze XIX w. In: Pi (07.01.1900); s.: U kresu. In: TI (13.2.1900) Heft 2. S. 22; Anonym: Dziennik i dziennikarstwo. In: IP (22.11.1901); Anonym: Doniosły wynalazek. In: NI (25.5.1912) Heft 21. S. 9 – 10.
46 Koselleck, Neuzeit, S. 280.

Ein Großteil der in den Artikeln verwendeten Namensattribute imprägnierte das 19. Jahrhundert allerdings nicht mit einem beliebigen Genius, sondern mit der kinetischen Kraft des technischen Aufschwungs. Das gilt insbesondere für die Charakterisierung „Jahrhundert des Dampfes", „der Elektrizität", „der Technik" oder auch „des Zeitungswesens". Das impliziert, dass nicht nur die Denkfigur eines allgemeinen Zeitgeistes, sondern auch spezifisch die Figur einer vorwärtsgerichteten Bewegung bzw. des modernen Fortschrittes das Gegenwartsverständnis der zeitgenössischen polnischsprachigen Presseleser*innen entscheidend prägte. Auf diese Prägungskraft weisen in erster Linie die (vielen) Artikel hin, die wie die *Biesiada* das 19. Jahrhundert als ein Crescendo von Erfindungen und Errungenschaften beschrieben.[47] Ein gutes Beispiel dafür liefert der Posener *Piast* in seinem einzigen Jahrhundertüberblick, der in der ersten Ausgabe im Januar 1900 veröffentlicht wurde:

> Man hat den letzten hundert Jahren sehr verschiedene Bezeichnungen gegeben: Das Jahrhundert des Dampfes, der Elektrizität, des Bildungsfortschritts und andere ähnliche ehrenvolle Beinamen stehen ihm genauso zu wie die weniger rühmlichen Namen, wie die vom Jahrhundert des Materialismus, der Werbung und der Täuschungen... Was auch immer ihm vorgeworfen wird, die Erinnerung eines Menschen ist nicht in der Lage, all die Entdeckungen und Erfindungen zu erfassen, die allein das 19. Jahrhundert hervorgebracht hat, und der Verstand gerät ins Staunen, welcher Wandel eingetreten ist. Die Chemiewissenschaft und alle ihre herausragenden praktischen Anwendungsweisen lassen sich tatsächlich erst auf das letzte Jahrhundert datieren. [...] Die gesamte Fabrikindustrie überschwemmte in großen Wellen Europa und Amerika. 1801 ist das Gründungsjahr der ersten Zuckerfabrik [...]. Am Anfang des Jahrhunderts begann das Leuchtgas in den Hauptstädten Licht zu spenden (die erste Gasanlage wurde in der Fabrik Boultons und Watts 1798 installiert); [...] man fand heraus, wie Stärke zu Zucker umgewandelt werden konnte (Kirchhoff 1811), man entdeckte die Alkaloide (Morphin 1805, Chinin 1820), man hat die Herstellung des Essigs vereinfacht (Schützenbach 1823) [...]. Gehen wir nun zu den physikalischen Phänomenen über. Hier zeigt sich der Fortschritt des 19. Jahrhunderts in seiner ganzen Pracht...[48]

---

47 Vgl. S. Z.: Dziś i sto lat temu. In: BL (13.1.1888); Anonym: Dziennik i dziennikarstwo. In: IP (22.11.1901); K. S.: Zdobycze XIX w. In: Pi (07.01.1900); W. S.: Rozwój techniki w dziewiętnastem stuleciu. In: Pr (4.3.1900); Z. S.: Śladem postępu. In: BL (16.3.1894).

48 Im Original: „Przeróżne nazwy dawano ostatniej lat setce: wiek pary, elektryczności, postępu oświaty i inne podobne a chwalebne przydomki należą mu się zarówno słusznie, jak niezbyt ponętne imiona wieku materyalizmu, reklamy, blagi... Cokolwiekby jednak mu zarzucono, pamięć człowieka nie zdoła objąć tych odkryć i wynalazków, jakich dokonał sam jeden wiek dzwiętnasty, a umysł zdumiewa się przewrotem, jaki stąd powstał. Chemia naukowa i cały szereg świetnych jej zastosowań praktycznych datuje się naprawdę dopiero od stulecia. [...] Cały niemal przemysł fabryczny szeroką falą zalał Europę i Amerykę. Rok 1801 jest datą założenia pierwszej cukierowni [...] Na początku stulecia gaz świetlny zaczął jaśnieć w stolicach (pierwsze urządzenie gazowe założono w fabryce Boultona i Watta r. 1798); [...] wykryto przemianę mączki na cukier

Am hier zitierten Artikelanfang stellt der*die anonyme Autor*in der Vielfalt von allumfassenden Jahrhundertbezeichnungen jeglicher Couleur die vermeintlich wahre Natur des 19. Jahrhunderts gegenüber, die in der großen Zahl an Entdeckungen und Erfindungen bestehe. Diese seien zusammenhängende Etappen eines gesamten „Umschwungs", bzw. einer Bewegung nach vorne, die das ganze Jahrhundert durchzog und es von der restlichen Zeit unterschied. Alle im Artikel erwähnten Ereignisse datieren – mit einer Ausnahme – aus dem Zeitraum ab dem Jahr 1800, was einerseits dem gesamten 19. Jahrhundert Aktualität als zusammenhängende, noch offene Phase des technischen Voranschreitens verleiht und andererseits die Zeit vor dem 19. Jahrhundert von diesem Voranschreiten implizit ausschließt.

Die An- bzw. Abwesenheit von Bewegung bildet somit den Kern der vom *Piast* vollzogenen Differenzierung der historischen Zeit in Gegenwart und Vergangenheit. Auch bei dieser zweiten Konstruktionsform, die dementsprechend als *Mobilisierung* der Zeit bezeichnet wird, umfasst die Gegenwarts-Zeit die gesamte Periode von 1800 – 1900, wobei die Festlegung auf die 100 Jahre lange temporale Tiefe hier nicht aus dem potentiell auch auf die Vergangenheit übertragbaren Prinzip des *genius saeculi* resultiert. Stattdessen drückt sich hier die Gegenwarts-Zeit als eine exklusive Erfahrung des Wandels aus, die anlässlich der Gelegenheit, Jahrhundertbilanzen zu schreiben, pauschal auf das gesamte 19. Jahrhundert übertragen wird und es als erste wirklich moderne Epoche darstellt.

Ein derartiges Verständnis von Gegenwart deckt sich mit den Theorien über sozialen Fortschritt, die um die Jahrhundertwende in der polnischen Presse zirkulierten und die beispielsweise vom Lemberger *Tydzień* verbreitet wurden. Als Ausnahme unter den hier analysierten Periodika thematisierte die galizische Zeitschrift die Jahrhundertwende an keiner Stelle. Das mag an ihrer Rolle als bloße Wochenbeilage des *Kurier Lwowski* liegen, der als Tageszeitung höchstwahrscheinlich bereits einige Tage vor dem *Tydzień* im neuen Jahrhundert erschien und deswegen auch für die Begrüßung des 20. Jahrhunderts durch die Redaktion bevorzugt wurde. Stattdessen veröffentlichte der *Tydzień* Ende des Jahres 1900 einen Artikel von Bolesław Limanowski, von dem einige Sätze zur Eröffnung von *Time and the Nation* dienten und in dem der polnische Historiker und Sozialismustheoretiker seine Theorien über den sozialen Fortschritt erklärt. Nach der Kategorisierung aller Weltkulturen und ihren historischen Entwicklungen in unterschiedlichen Zivilisationsstufen, in denen das christliche Europa die

---

(Kirchhoff 1811), alkaloidy (morfinę r. 1805, chininę 1820), ułatwiono fabrykacyę octu (Schützenbach r. 1823) [...]. Przejdźmy do zjawisk fizycznych. Tu w całym blasku istnieje postęp XIX wieku." K. S.: Zdobycze XIX w. In: Pi (07.01.1900), S. 2.

höchste Stufe repräsentierte, formuliert Limanowski im letzten Teil der Artikelreihe eine zusammenfassende Definition von Fortschritt:

> Wir beobachten in der gesamten Menschheit eine fortschreitende Entwicklung des sozialen Lebens. Dieser Fortschritt zeigt sich in der Herausbildung immer höherer, perfekterer Formen des Lebens und im Rückgang der Wildheit und Barbarei sowohl in der Häufigkeit als auch im Verbreitungsgrad. Wir sehen auch, dass [...] in dem Maße, wie die materielle und moralisch-intellektuelle Konstitution steigt, der Fortschritt immer schneller und bewusster wird.[49]

Obwohl Limanowski Fortschritt als Handlungsträger der gesamten Geschichte betrachtet, war seine These offensichtlich vom zeitgenössischen Standpunkt („wir beobachten" bzw. „wir sehen" wird in wenigen Sätzen sogar zweimal wiederholt) geprägt, und zwar von der völlig neuen Intensität des sozialen und materiellen Wandels, wie sie spezifisch für seine Lebenszeit war. Die Veröffentlichung einer solchen Fortschrittsdefinition im Jahr 1900 spricht von einer Vorstellung der Gegenwarts-Zeit als Mobilisierung, so wie es die Aufzählungen technischer Erfindungen im Rahmen der Jahrhundertbilanzen geleistet haben. Dabei wird die Zeit aufgrund der viel niedrigeren Sichtbarkeit des Fortschrittes in der Vergangenheit gleicherweise antithetisch differenziert. Für Limanowski stellt aber die Bewegung kein Alleinstellungsmerkmal des gesamten 19. Jahrhunderts dar, nach dem der Gegenwart eine klare Dauer von 100 Jahren zugeschrieben wird. Vielmehr schaffen die Feststellung einer kontinuierlichen Zunahme der Geschwindigkeit sowie die Bewusstmachung von Fortschritt einen Zeitraum, der nicht mit dem Jetzt endet, sondern sich unausweichlich zur Zukunft öffnet. Diese Zukunft stellt gleichsam den gesamten Fluchtpunkt der Bewegung dar. Die Mobilisierung entpuppt sich somit als Zeitkonstruktion, die die drei Bereiche der historischen Zeit sowohl differenziert als auch miteinander verschränkt.

Die Erfahrung der Verdichtung

Die Artikel in der *Biesiada* und im *Piast* haben gezeigt, dass die Erfahrung von gewaltigen technischen Veränderungen sich um die Jahrhundertwende in einer Konstruktion der Gegenwart als eines einhundertjährigen Entfaltungszeitraums der schrittweisen, technischen Vervollkommnung kristallisierte. Die Differenzie-

---

[49] Im Original: „Widzimy, że w całej ludzkości odbywa się rozwój postępowy życia społecznego. Postęp ten przejawia się w wytwarzaniu się coraz wyższych, doskonalszych form tego życia i w zmniejszaniu się tak liczebnem jak i przestrzennem dzikości i barbarzyństwa. Widzimy także, że [...] w miarę wzrastania zasobu materjalnego i moralno-umysłowego, postęp staje się coraz szybszy i coraz świadomszy." Limanowski, Bolesław: Dynamika społeczna. In: T (28.10.1900) Heft 43. S. 339–340, hier S. 339.

rung zwischen Vergangenheit und Gegenwart resultiert dabei aus der historischen Einzigartigkeit, die die polnischsprachigen Jahrhundertbilanzen in diesem Prozess der Verbesserung sahen. Das Beispiel aus dem *Tydzień* weist hingegen darauf hin, wie außerhalb des Genres der Jahrhundertbilanzen Fortschritt nicht allein auf das 19. Jahrhundert beschränkt wurde, dennoch aber als Marker der Gegenwarts-Zeit benutzt wurde und eine Brücke zur Zukunfts-Zeit schlug. Interessanterweise kann eine bestimmte Art der Zeitmobilisierung auch in Zeitschriften beobachtet werden, die keinen Glauben an den Fortschritt zeigten und eine negative Meinung über das 19. Jahrhundert vertraten. Dazu gehört zweifelsohne der *Tygodnik Ilustrowany*, der sowohl in dem bereits zitierten Beitrag aus dem Jahr 1890 als auch in seiner Jahrhundertbilanz, die im Januar 1900 erschien, die letzten hundert Jahre der menschlichen Geschichte stark kritisierte:

> Das aktuelle Neujahrsdatum, das wir gerade eben erst erlebt haben, charakterisiert vortrefflich die zeitgenössische Generation der Menschheit, genauso wie das gerade zu Ende gehende Jahrhundert. Dieses Jahrhundert, das uns als Geschenk die merkwürdige Idee vom *Übermenschen* brachte, schuf, wie es nicht anders hätte sein können, eine *Überempfindlichkeit* – die Quelle verschiedenster *Überfiktionen*, und darüber hinaus eine der wenigen realen Konsequenzen – die *Übereiltheit*. Das Jahrhundert des Dampfes, der Elektrizität und der Nerven.[50]

Trotz der verachtenden Töne verleiht diese Beschreibung der Gegenwarts-Zeit die beiden gleichen Grundcharakterzüge, die sich auch im fortschrittsbegeisterten *Piast* erkennen lassen: die Kongruenz mit dem gesamten 19. Jahrhundert, aber auch die Identifizierung mit Bewegung. Wenngleich Ausdrücke wie „*Übereiltheit*" nicht das evolutionäre Voranschreiten zum Ausdruck bringen, rufen sie dennoch das Bild einer Bewegung hervor, die, wenn auch nicht zielgerichtet (und somit auch nicht genuin historisch), zum Kern der Gegenwart gemacht wird.

Anders als der *Piast* allerdings artikuliert der *Tygodnik* hier die Differenz zwischen dem 19. Jahrhundert und der Zeit davor nicht allein anhand des Bildes von der Bewegung, sondern primär durch das Übermaß, das mit dem Präfix *über-* (*nad-*) angezeigt wird. Aus dieser Perspektive lassen sich hier daher auch die Wirkungen einer dritten wichtigen Form der Gegenwartskonstruktion erkennen, die eine ausgeprägte Erfahrung von Intensität in der polnischen Presse der Jahrhundertwende zum Ausdruck brachte. Diese Erfahrung schwingt sowohl bei

---

50 Im Original: „Teraźniejsza data noworoczna, która dopiero co przekroczyliśmy, wymownie charakteryzuje współczesne pokolenie ludzkości, jak niemniej i wiek, dobiegający kres. Wiek, który przeniósł nam w darze cudaczne pojęcie *nadczłowieka*, logiczny porządek rzeczy, wytworzył *nadwrażliwość* – źródło przeróżnych *nadfikcyi*, a dalej jeden z niewielu skutków realnych – *nadpośpiech*. Stulecie pary, elektryczności i nerwów." s.: U kresu. In: TI (13.2.1900).

begeisterten Fortschrittsnarrativen als auch in negativen Attributen wie „Jahrhundert der Nerven" oder „Jahrhundert der Eile" mit.

Die „Dichte der Handlungs- und Erlebnisepisoden" sowie die „Innovationsverdichtung" bilden für Hartmut Rosa die Grundlage des Phänomens der „Gegenwartsschrumpfung".[51] In Anlehnung an Rosas Begrifflichkeit lässt sich die dritte Differenzierungsform der Gegenwart daher als *Verdichtung* der Zeit bezeichnen, da – abgesehen von Limanowskis Artikel, der ja unmittelbar die Geschwindigkeitszunahme des Fortschritts anspricht – die Quellen in erster Linie einen Eindruck von Dichte vermitteln, weniger hingegen von semantisch näherliegender Beschleunigung oder Geschwindigkeit. Das trifft beispielsweise für die am Anfang zitierte Stelle aus der Jahrhundertbilanz der *Biesiada Literacka* aus dem Jahre 1888 zu, die hier zum besseren Verständnis noch einmal zitiert wird: „In nur wenigen Jahrzehnten hat man in einem Bereich wie der Straßenbeleuchtung mehr erreicht als in vielen Jahrhunderten zuvor."[52] Der*die anonyme Autor*in konstatiert in diesem Satz eine vorher unvorstellbare Konzentration von Fortschritt innerhalb von zwanzig Jahren. Die Akzeleration der Zeit, die zwangsläufig aus der dabei implizierten Verkürzung der Zeitabstände zwischen den einzelnen Fortschrittsetappen resultiert, bleibt hingegen unausgesprochen. Auch ein weiterer Artikel der *Biesiada* mit dem Titel *Das Verdienst des 19. Jahrhunderts*, der anlässlich der kalendarischen Jahrhundertwende zehn Jahre später erschien, kommentiert die Veränderung in gleicher Weise:

> Die Nachwelt wird urteilen müssen, ob sich dieses Jahrhundert wirklich den Titel das *große* verdient hat. Wenn man seine Errungenschaften mit dem vergleicht, was uns die vorherigen Jahrhunderte gebracht haben, würden wir ihm ohne Zögern diesen Titel geben. Die Welt verdankt ihm *dreizehn* der bedeutendsten Entdeckungen und Erfindungen für die Menschheit, während die Jahrhunderte seit der Steinzeit unser Leben nur mit sieben solcher Entdeckungen bereichert haben.[53]

Beide Artikel zeigen, dass die polnische Presse die Fülle von Errungenschaften als radikal neues Phänomen der eigenen Epoche betrachtet und daraus ein Allein-

---

51 Rosa, Bewegung, Zitate auf S. 13. Die Zitate im nächsten Satz stammen aus dem gleichen Werk, gleiche Seite.
52 Im Original: „W przeciągu lat kilkudziesięciu, w jednym tylko dziale oswietlenia zrobiono więcej niż w przeciągu kilkunastu stuleci." S. Z.: Dziś i sto lat temu. In: BL (13.1.1888), S. 23.
53 Im Original: „Potomność osądzi, czy istotnie ten wiek zasługuje na miano *wielkiego*. Porównywając jego zdobycze z tem, co nam przyniosły dawniejsze stulecia, bylibyśmy po[c]hopni do przyznania mu tej nazwy. Świat mu zawdzięcza *trzynaście* najdonioślejszych dla ludzkości odkryć i wynalazków, a szeregi wieków, od epoki kamiennej, zbogacił nas tylko siedmiu." Rachmistrz.: Dorobek XIX wieku. In: BL (4.1.1901) Heft 1. S. 18.

stellungsmerkmal des 19. Jahrhunderts macht. Gemäß diesem dritten, wirkungsmächtigen Kriterium der Zeitdifferenzierung, das um die Jahrhundertwende zum Vorschein kommt, war die Vergangenheit von einem durchgehenden Mangel an Erfindungen charakterisiert, während sich die Gegenwart durch eine außerordentliche Zunahme bzw. Verdichtung von Erfindungen in einer Zeiteinheit von 100 Jahren auszeichnete.

Wenngleich sich diese Differenzierung im Kontext der Rückblicke auf das 19. Jahrhundert in eine Gleichsetzung der Vergangenheit mit der Zeit vor 1800 sowie der Gegenwart mit dem 19. Jahrhundert übersetzen lässt, ist sie nicht zwangsläufig Träger dieser spezifischen Zeitabgrenzung. Genauso wie die bereits analysierte Mobilisierung der Zeit transzendiert die kontinuierliche Reduzierung von Zeitabständen unausweichlich die Idee der Gegenwart als konkreten Zeitraum oder als getrennte Zeitdimension und dringt in die Dimension der Zukunft ein. Das offenbart sich nicht zufällig am deutlichsten in einer Jahrhundertbilanz, die von der Warschauer Frauenzeitschrift *Bluszcz* erst 1905 veröffentlicht wurde und deswegen anders als in den *Biesiada*-Texten auch die Perspektive der Zeit nach der Jahrhundertwende umfasst.[54] In diesem letzten Beispiel definiert die neue Redakteurin Zofia Seidlerowa das 19. Jahrhundert als Epoche, in der sich die Grundlagen für eine Frauenbewegung entwickelten, während das 20. Jahrhundert als Epoche ihrer Realisierung gesehen wird. Die Realisierung ist allerdings bei ihr keine Gegenwartsdiagnose, sondern Ausdruck des gewünschten Horizonts eines „Morgen". Der Artikel endet mit dem folgenden Satz: „*Wie wird das Morgen sein? Ich hoffe, dass auf diese Frage nicht ferne Propheten, sondern unsere Kinder antworten werden.*"[55] In so einem Satz lässt sich klar erkennen, wie die Verdichtung den kalendarisch festgelegten Rahmen der Gegenwart überschreitet und in die Zukunft eindringt. Seidlerowa begründet mit Rückgriff auf das gegenwärtige Bewusstsein der zunehmenden Verkürzung von Zeitabständen ihre Hoffnung, dass auch das erhoffte Morgen bald kommen möge. Eher als zur Differenzierung führt die Verdichtung zu einer Vermengung von Gegenwart und Zukunft. Zusammenfassend lässt sich sagen, dass Mobilisierung und Verdichtung im Rahmen der Jahrhundertwende zu einer sehr ähnlichen Konstruktion der historischen Zeit beitragen, die einerseits die Periode 1800–1900 von der restlichen Zeit absondert und mit der Gegenwart identifiziert, während sie sich andererseits in die Zukunft hineinprojiziert.

---

54 Vgl. Seidlerowa, Zofia: Epoka kobiet. In: B (22.1.1905) Heft 4. S. 37–38.
55 Im Original: „*Jak będzie jutro?* Mam nadzieję, że nam na to pytanie nie dalecy *prorocy*, lecz dzieci nasze odpowiedzą." Seidlerowa: Epoka kobiet. In: B (22.1.1905), S. 38.

Zeit vergleichen bzw. die Konstruktion des Jahrhundertanfangs als temporales Anderen

Die ersten drei analysierten Formen der Gegenwartsdifferenzierung stellen kein Spezifikum der Jahrhundertwende dar, wenngleich die polnischsprachigen Zeitschriften gerade in ihren Jahrhundertrückblicken intensiv darauf rekurrierten. Wie bereits angedeutet, beschränken sich Vorstellungen von einem Zeitgeist (insbesondere des Wandels) und von Dichte sicherlich nicht auf die wenigen Jahre um 1900, sondern sind typische Formen der Zeitwahrnehmung und Konzeption der gesamten europäischen Moderne. Aus der Analyse der Quellen ergeben sich allerdings weitere Differenzierungsformen von Zeit, die vom kalendarischen Datumswechsel unmittelbar ausgelöst wurden und die eindeutig auf die spezifische Wirkungskraft der Jahrhundertwende als mediales Moment der Gegenwartsproduktion verwiesen. Ein erstes Indiz in diese Richtung liefern wieder die zwei Jahrhundertbilanzen der *Biesiada Literacka*. Beide Artikel sprechen von einem „Heute", das sich durch seine totale Differenz von einem 100 Jahre zurückliegenden Gestern definiert. Während der Artikel aus dem Jahr 1888 diese Differenz schon im Titel *Heute und vor hundert Jahren*[56] beinhaltet, geht der Artikel aus dem Jahr 1901 erst im Text selbst darauf ein:

> Denken wir über den reichen Ertrag nach, der in den letzten 100 Jahren zusammengekommen ist; es müssen uns unsere Vorfahren leidtun, die im Jahr 1800 diese Bequemlichkeiten und Verbesserungen nicht kannten. [...] Mit welchen Schwierigkeiten und Kosten war die Korrespondenz vor 100 Jahren verbunden! [...] Heute ist sie dank der Schreibfeder, der nassklebenden Briefumschläge, der Briefmarken und der Bahn aufs Höchste vereinfacht worden. [...] Um 1800 kannte man nur den teuren Rohrzucker, [...] während heute [...] der Rübenzucker zu einem auch für die nicht so vermögenden Klassen erschwinglichen Gut geworden ist...[57]

Dieses Zitat, das dem gleichen Text entstammt, in dem die Anzahl der Entdeckungen des 19. Jahrhunderts auf dreizehn festgelegt wurden (wohingegen andere historische Epochen lediglich auf sieben kamen), präsentiert das gesamte 19. Jahrhundert als einen Zeitraum des Fortschritts. „Heute", und zwar die als eigene begriffene Zeit, die gerade im Geschehen befindlich war, ist allerdings

---

56 S. Z.: Dziś i sto lat temu. In: BL (13.1.1888).
57 Im Original: „Zastanówmy się nad obfitym plonem, zebranym w przeciągu lat stu; będziemy żałowali naszych przodków, którzy w r. 1800 nie znali tych wygodów i udoskonaleń [...] Temu lat sto, z jakiemi trudnościami i kosztem była połączona korespondencja! [...] Dziś dzięki stalówkom, kopertom gumowanym, markom pocztowym i kolejom, korespondencja jest nader ułatwiona. [...] W roku 1800 znano tylko drogi cukier trzcinowy, [...] a dziś cukier z buraków [...] stał się artykułem [...] dostępnym dla klas niezamożnych..." Rachmistrz.: Dorobek XIX wieku. In: BL (4.1.1901).

nicht primär identisch mit dem ganzen Jahrhundert, sondern wird in Gegensatz zum Jahrhundertanfang definiert.

Die hier beobachtete Form der Gegenwartskonstruktion, die durch *die Gegenüberstellung des gegenwärtigen Augenblicks und des Zeitpunktes vor 100 Jahren* erfolgt, kommt in den Quellen häufig vor. Dabei lässt sich die Aussagekraft des Jahres 1800 als paradigmatische Kontrastfolie der Gegenwart auf die Jahrhundertwende zurückführen: Erst im Kontext des neuen Jahrhundertbeginns wurden 100 Jahre zur natürlichen Größe für die Messung des Wandels und somit für die Konturierung der aktuellen Zeit. Auch viele weitere Pressebeiträge verwenden eine solche Gegenüberstellung. Die erste Chefredakteurin des *Bluszcz*, Maria Ilnicka, greift beispielsweise 1899 schon mit ihrem Titel *Frauendoktorat vor hundert Jahren* ausdrücklich auf diese Gegenüberstellung zurück, um die in ihren Augen radikale Verbesserung der Zugangsmöglichkeit der Frauen zur Bildung in der Gegenwart zu thematisieren:

> Heute erreicht uns sehr häufig die Nachricht, dass [...] eine Frau [...] den Doktortitel bekommen hat [...]. Heute ist das fast schon täglich eine Mitteilung in der Zeitung. [...] Vor hundert Jahren hingegen war die Doktorarbeit einer Frau eine ungewöhnliche Sache.[58]

Wie auch im Falle der *Biesiada* schafft der in dieser Passage formulierte Zeitvergleich eine Gegensätzlichkeit zwischen einem „Heute" und einem „Vor-hundert-Jahren", die auf der Dichotomie eigen–fremd aufbaut: „Heute" bezeichnet den für die Leserschaft der Zeitschrift vertrauten und von ihr selbst erfahrenen Zeitraum, in dem die Doktorarbeit einer Frau eine Normalität darstelle, und bietet einen perspektivischen Standpunkt, von dem aus auf den Jahrhundertanfang als das temporale Andere geschaut werden konnte. Der vergleichende Blick verleiht dem Moment vor hundert Jahren eine Alteritätsfunktion, wodurch die Gegenwarts-Zeit an Eigen-Artigkeit und Konturen gewinnt.

In den Jahrhundertrückblicken der Posener Presse lassen sich ebenso gute Beispiele dafür finden. Ein Beispiel ist der *Praca*-Artikel, der 1900 unter dem Titel *Die Entwicklung der Technik im 19. Jahrhundert* erschien:

> Wie unglücklich würde sich ein insbesondere in einer großen Stadt aufgewachsener Mensch heute fühlen, wenn er gezwungen wäre, in einer kaum gepflasterten, schmutzigen, abends nicht beleuchteten Ortschaft zu wohnen, in der es keine Zeitungen, keine Kanalisation und keine Pferdebahn oder elektrische Straßenbahnen gibt – wenn er zu einem wenigen Meilen

---

[58] Im Original: „Dziś tak często spotykamy się z wiadomością, że [...] otrzymała stopień doktora [...] kobieta [...]. Dzisiaj, jest to niemal codzienna notatka w dziennikach. [...] Przed stu laty, jednakowoż doktorat kobiecy był nadzwyczajnym wypadkiem." Szczęsna. [Pseudonym für Maria Ilnicka]: Doktorat kobiecy przed stu laty. In: B (02.03.899) Heft 9. S. 67–68, hier S. 67.

entfernten Bekannten reisen möchte, und sich ungefähr so vorbereiten müsste wie heute für eine transatlantische Reise und wenn er sich über ihn brennend interessierende Nachrichten erst nach Wochen informieren könnte? Ungefähr solche Verhältnisse und Bedingungen herrschten am Anfang des gerade zu Ende gehenden 19. Jahrhunderts.[59]

Auch diese Textstelle assoziiert das Heute primär mit einer Vertrautheit, die sich von der radikalen Fremdheit des Lebens, wie es vor 100 Jahren gewesen sei, abgrenzt. In all diesen Fällen wird die Gegenwarts-Zeit ohne konkretes Anfangs- oder Enddatum konstruiert: Im Gegenzug wird ihr allerdings eine maximale temporale Tiefe zugeschrieben, und zwar dauert die Gegenwart zwangsläufig weniger als ein Jahrhundert, denn der Andersartigkeitszeitpunkt vor genau einem Jahrhundert gehörte sicherlich nicht mehr zur eigenen Zeit. Anders als bei den ersten drei Formen stellt somit das Jahr 1800 den jüngsten historischen Augenblick dar, der bereits der Vergangenheits-Zeit zugeordnet wird.

Trennungslinien zwischen alter und neuer Zeit
Alle drei hier analysierten Artikel in den Zeitschriften *Biesiada*, *Bluszcz* sowie *Praca* zeigen, wie mit der Jahrhundertwende ein ausgeprägtes Bewusstsein für die Fremdheit des vergangenen Jahrhundertbeginns entstand und mit ihr wiederum eine Definition von der Gegenwarts-Zeit als antithetische Spanne historischer Zeit, in der sich die eigene bekannte Erfahrungswelt ereignete. Die maximale temporale Ausdehnung dieser Zeitspanne wurde dabei im Vergleich mit den vorherigen Konstruktionsformen auf 99 Jahre reduziert. Es fehlt in den Quellen auch nicht an Beispielen für drastischere Kürzungen der Gegenwarts-Zeit. Ausgelöst von der verwunderten Feststellung, dass es in Warschau die Kanalisation nicht nur vor hundert, sondern dass es sie auch noch nicht einmal vor dreißig Jahren gegeben habe, verschiebt beispielsweise der*die Autor*in des *Biesiada*-Beitrags aus dem Jahr 1888 die Grenze des temporalen Anderen weiter nach vorne ins Jahrhundert hinein. Das „Heute" wird nämlich von den im Titel genannten potentiellen 99 Jahren plötzlich auf einen Zeitraum beschränkt, der nicht vor dem Jahr 1858 einsetzte und weniger als dreißig Jahren andauert. Einen ähnlichen Anfangs-

---

59 Im Original: „Jakżeż nieszczęśliwym czułby się człowiek, we wielkiem obecnie zwłaszcza wychowany mieście, gdyby mu kazano mieszkać w miejscowości źle wybrukowanej, zabrudzonej, nie oświetlonej wieczorem, nie posiadającej ani gazet, ani wodociągów, ani też kolei konnych lub elektrycznych – gdyby chcąc wyjechać do kilka mil oddalonego znajomego, musiał ekwipować się, jak dzisiaj mniej-więcej do podróży przez ocean, a o rzeczach jak najbardziej go obchodzących dopiero po kilku mógł się dowiadywać tygodniach? Takie mniejwięcej stosunki i warunki życia panowały w początkach kończącego się obecnie wieku XIX." W. S.: Rozwój techniki w dziewiętnastem stuleciu. In: Pr (4.3.1900), S. 242.

punkt für die Gegenwart schlägt der Herausgeber und Chefredakteur Konrad Prószyński in einer der letzten Ausgaben der *Gazeta Świąteczna* des Jahres 1900 vor, wenn er in einem Artikel im Stil einer Glückwunschrede auf das neue Jahrhundert behauptet: „Seit einigen Jahrzehnten hat sich die Welt der Menschen nicht nur in unserem Land, sondern fast überall tiefgreifend verändert. Wie man sagt, völlig neue Zeiten sind angebrochen."[60] Auch dieses Zitat reduziert die aktuelle Zeit auf die zweite Hälfte des 19. Jahrhunderts, wobei für Prószyński die durch die kommerzielle Presse ermöglichte Verbreitung von Wissen und nicht die Entstehung des Warschauer Abwassersystems das ausschlaggebende Kriterium war.

Für solch ein zusammengeschrumpftes Gegenwartverständnis lassen sich auch Hinweise in den Zeitschriften der beiden anderen Teilungsgebiete finden: So veröffentlichte beispielsweise die *Praca* in den ersten Heften des Jahres 1900 zum zweiten Mal einen mehrteiligen historischen Überblick über das 19. Jahrhundert, in dem der*die unter dem Pseudonym Poznańczyk schreibende Autor*in[61] die folgende These aufstellte:

> 1848 ist ein Umbruchsjahr in der Geschichte des 19. Jahrhunderts. Das, was davorliegt, ist für uns, die jüngere Generation, heute nur sehr schwer zu verstehen, es erscheint wie veraltet, vorsintflutlich; mit diesem Jahr begann eine neue Epoche im Leben der europäischen Nationen.[62]

Somit wird fast die gesamte erste Hälfte des 19. Jahrhundert aus der Gegenwarts-Zeit ausgeklammert. Je entfernter von der Jahrhundertwende, desto häufiger lässt sich eine Exklusion identifizieren. Anlässlich des 75. Jahrestages der ersten mitteleuropäischen Lokomotive schlägt beispielsweise das Lemberger *Nasz Kraj* das Jahr 1835 als möglichen Anfangspunkt der Gegenwarts-Zeit vor:

---

60 Im Original: „Od lat kilkudziesięciu świat ludzki nie tylko w naszym kraju, ale niemal wszędzie bardzo się zmienił. Jak to się mówi, całkiem inne czasy nastały." Pisarz Gazety Świątecznej [Pseudonym für Konrad Prószyński]: Na co to? W końcu prośba i życzenie na nowy wiek. In: GŚ (9.12.1900) Heft 49. S. 11–12, hier S. 11.

61 Der Name Poznańczyk ist eigentlich bekannt als Pseudonym von Ksawery Liske, einem renommierten Historiker und Professor an der Universität Lemberg. Da Liske allerdings 1891 starb, während die hier zitierte Artikelreihe, die in den ersten Sätzen die Begeisterung des Autors wiedergibt, dass man seit ein paar Tagen 1900 als Datum schreiben könne, später erschien, lässt sich dieser Text nicht Liske zuordnen.

62 Im Original: „Rok 1848 jest przełomowym w dziejach wieku XIX-tego. To, co przed nim leży, jest nam młodszemu pokoleniu dzisiaj z trudem jedynie zrozumiałem, jest jakgdyby przestarzałem, przedpotopowem; z tym rokiem nowa zaczęła się epoka w życiu narodów europejskich." Poznańczyk: Wiek dziewiętnasty. IV. In: Pr (25.2.1900) Heft 9. S. 218–220, hier S. 220.

Am 7. dieses Monats [Dezember, C.F.] werden es 75 Jahre sein, seitdem auf dem europäischen Kontinent die erste Lokomotive fuhr und man den regulären Zugverkehr auf der Linie Fürth-Nürnberg aufnahm [...]. Und auf diesen Moment datiert sich der Beginn der neuen Epoche. Lokomotive und die Eisenbahn haben die Lebensbedingungen und den Raum von Grund auf geändert.[63]

1913 beschneidet der neugegründete Warschauer *Świat* bei einer Reflexion über die Bedeutung der Zeitgeschichte diesen Zeitraum um zusätzliche 50 Jahre:

> In einer 25-Jahres-Perspektive sehen wir, dass das Panorama dieser Zeiten [der gegenwärtigen Zeiten, C.F.] die vorherigen Epochen übertrifft, wenn nicht an Intensivität, so doch mit seiner Fülle und der Vielfältigkeit an Farben. [...] Eine Reihe neuer, vorher unbekannter oder vorhandener, aber nicht erkennbarer Faktoren tritt in die Arena der Geschichte ein und nimmt einen bisweilen enormen Einfluss auf ihre Entwicklung.[64]

Diese noch weiter verkürzte, knapp fünfzig Jahre dauernde Gegenwart resultierte allerdings nicht so sehr aus der Gegenüberstellung zweier Zeitpunkte, die das Gegensatzpaar Eigen/Fremd reproduzieren. Stattdessen weisen alle zuletzt genannten Beispiele auf einen einzigen Zeitpunkt, in dem das Alte zum Abschluss kommt und das Neue beginnt. Die *Verhandlung von* scharfen, in bestimmten Fällen auch konkret datierbaren *Trennungslinien zwischen Alt und Neu* lässt sich als fünfte Konstruktionsform identifizieren. Dabei steht die Gegenwarts-Zeit in Zusammenhang mit einem Umbruch des Neuen, der alles, was sich davor ereignete, als vergangen erscheinen lässt. Wenngleich Assmann oder Osborne richtigerweise im Konzept der Neuheit die Quintessenz des gesamten Zeitregimes der Moderne sehen, lag die Spezifizität dieser Form für die Jahrhundertwende gerade darin, dass der Datumswechsel eine Dynamik der Aushandlung bzw. der abwechselnden Bestätigung, des Hinterfragens oder neuen Grenzziehung jener zeitlichen Trennungslinien auslöste, die den Wendemoment des Alten ins Neue markieren sollten.

---

63 Im Original: „Dnia 7. bm. upływa 75 lat od chwili, gdy na kontynencie europejskim pojawiła się pierwsza lokomotywa i rozpoczęto normalny ruch kolejowy na linii Fürth-Norymberga [...]. I oto w chwili tej datuje się początek nowej epoki. Lokomotywa i kolej zmieniły z gruntu warunki życia, przestrzeń." Anonym: Pierwsza lokomotywa w środkowej Europy. In: NK (10.12.1910) Heft 128. S. 6.
64 Im Original: „W perspektywie lat dwudziestu pięciu widzimy, że malowidło tych czasów jeśli nie intensywnością, to mnogością i różnorodnoscią barw przewyższa raczej epoki poprzednie. [...] Szereg czynników nowych, nieznanych przedtem, lub istniejących w związku niedostrzegalnym, wkracza na arenę dziejów i wywiera na ich kształtowanie się wpływ nieraz przeważny." Ch.: Historya dnia wczorajszego. In: ŚW (31.5.1913) Heft 22. S. 1–3, hier S. 2.

Die Artikelreihe über die Geschichte des 19. Jahrhunderts in der *Praca* steht dafür paradigmatisch: Gleich zu Beginn der Reihe, mehrere Ausgaben vor dem hier bereits zitierten Artikel, diskutiert der Autor Poznańczyk die Frage, ob der genaue Ausgangspunkt des neuen Jahrhunderts auf den Veröffentlichungszeitpunkt des Artikels (Januar 1900) oder erst auf das Jahr danach zu datieren sei. Die Tatsache, dass auch weitere Jahrhundertwendeartikel der polnischen Presse zu dieser Debatte gehörten, weist schon per se darauf hin, dass die Auseinandersetzung mit der Jahrhundertwende mit der vermeintlichen Notwendigkeit einherging, einen eindeutigen Schnittpunkt zwischen Alt und Neu festzulegen.[65] Obwohl Poznańczyk sich für die von der katholischen Kirche vertretene Ansicht vom 1. Januar 1901 als Jahrhundertanfang[66] ausspricht, behauptet er gleichzeitig, dass die ganze Debatte keine besondere Relevanz habe, da der Datumswechsel eine lediglich künstliche Zäsur sei und die ersten Jahrzehnte nach dem Wechsel viel stärker mit den letzten Jahrzehnten des vorherigen Jahrhunderts in Verbindung stehen als mit den letzten Jahrzehnten des eigenen Jahrhunderts. Somit wird dem Jahrhundert als kalendarische Zeiteinheit die Funktion abgesprochen, die historische Zeit entscheidend zu differenzieren. Stattdessen wird im oben zitierten Artikel diese Funktion dem „Umbruchsjahr" 1848 verliehen: Alles, was davor passierte, sei „nur sehr schwer zu verstehen" sowie „wie veraltet, vorsintflutlich", während alles, was danach geschah, die „neue Epoche im Leben der europäischen Nationen" bilde.[67] Dieser Beitrag ist ein perfektes Beispiel für die Aushandlung von temporalen Trennungslinien als (fünfte) Form der Gegenwartskonstruktion: Trotz der Ablehnung des kalendarischen Trennungsprinzips verzichtet der Autor bei der Thematisierung der Jahrhundertwende doch nicht darauf, die Dimension der Gegenwart anhand der Kategorien Alt und Neu von der

---

[65] Vgl. bspw. auch s.: U kresu. In: TI (13.2.1900); Oder Sęp. [Pseudonym für Władysław Maleszewski]: Z Warszawy. In: BL (19.1.1900) Heft 3. S. 42–43. Unter den hier analysierten Zeitschriften ergriff die *Biesiada Literacka* mit einer Diatribe am eindeutigsten Partei: Ihr Redakteur Władysław Maleszewski behauptet in seiner wöchentlichen Rubrik *Aus Warschau* im Januar 1900 in polemischem Ton, dass das Jahrhundert laut der Katholischen Tradition zweifelsohne ein Jahr später, am 1. Januar 1901, anfange und wer sich damit nicht zufrieden geben könne, solle doch bitte nach Berlin fahren, wo die Deutschen, die immer das Primat in allem anstreben, am 1. Januar 1900 ein von „heidnischen" Symbolen geprägte Empfangsfeier für das neue Jahrhundert mit Zeus organsierten. Vgl. Sęp. [Pseudonym für Władysław Maleszewski]: Z Warszawy. In: BL (19.1.1900), S. 42. Auf die verschiedenen Meinungen in der Presse in den Teilungsgebieten zu diesem Thema macht auch Sylwester Dziki in seiner Studie aufmerksam. Vgl. Dziki, Sylwester: Czekanie na Godota?... czyli polska prasa wobec przełomu XIX i XX w. In: RHPP 3 (2000) Heft 1. S. 5–32, hier S. 8–12.
[66] Da die Geburt von Jesus Christus das Jahr 1 (und nicht das Jahr 0) anfangen lässt, betrachtet die Kirche immer den 1. Januar des Jahres als Beginn eines neuen Jahres.
[67] Poznańczyk: Wiek dziewiętnasty. In: Pr (25.2.1900), S. 220.

Vergangenheit abzugrenzen, sondern entwirft er eine alternative, der historischen Zeit genuin zugehörige Zäsur wie die revolutionäre Welle von 1848.

Andere Quellen bestätigen hingegen die Differenzierungsfunktion des Kalenders: So behauptet der *Tygodnik Ilustrowany* bereits in der ersten Ausgabe des Jahres 1901, dass das 19. Jahrhundert „schon in den Abgrund der Vergangenheit hinuntergestürzt" sei.[68] Durch eine solche Aussage bekommt der Datumwechsel eine fast mechanische Macht, die Gegenwart hermetisch von der Vergangenheit zu isolieren. Es ist der Blickwinkel aus einer neuen Zeit heraus, der den Autor, den Schriftsteller Julian Wieniawski, in die Lage versetzt, das vergangene 19. Jahrhundert in seiner Gesamtheit zu bewerten:

> Angefangen mit den wunderschönen und humanitären Prinzipien der Gleichheit vor dem Gesetz, wie sie Frankreich am Ende des 18. Jahrhunderts übermittelt hatte, endete in Westeuropa [das 19. Jahrhundert, C.F.] mit dem schrecklichen Motto *die Gewalt hat Vorrang vor dem Gesetz*, das ein Staatsmann [gemeint ist Bismarck, C.F.] vertrat, der nicht zögerte, auf diese Weise die schönsten Errungenschaften der Menschheit mit Füßen zu treten.[69]

Diese äußerst pessimistische Meinung erklärt, warum Wieniawski die Zeit vor 1901 nicht schnell genug als historische Vergangenheit archivieren will. Nicht zufällig steht so eine Zeittrennung am Ende des Artikels in Zusammenhang mit einer konkreten Erwartung für die noch sehr junge Gegenwarts-Zeit: „Hoffentlich schafft es das kommende 20. Jahrhundert wenigstens die Spuren dieser Taten, die eine Schande für die Zivilisation und eine Negation des christlichen Ideals darstellen, ein für alle Mal auszulöschen und zu verwischen!"[70] Das neue Jahrhundert biete somit die Gelegenheit zu einem neuen Anfang.

Dieselbe Trennungslinie zwischen neuer Gegenwarts-Zeit und alter Vergangenheits-Zeit zieht auch Maria Ilnicka in der von ihr redigierten literarischen Begrüßung des neuen Jahrhunderts im ersten Heft des *Bluszcz* des Jahres 1901. Sie begründet diese zeitliche Grenzziehung mit dem komplexen Vergleich zwischen dem Jahrhundert und einem (Zeit-)"Feld", bei dem diejenigen, die im „Frühling" (Metapher für Jahrhundertanfang) säten, nicht die gleichen Menschen seien, die

---

68 Im Original: „Już to wogóle strącony w przepaść przeszłości wiek XIX.", Wieniawski: Z ubiegłego stulecia. In: TI (5.1.1901), S. 2.

69 Im Original: „Poczęty w pięknych i humanitarnych zasadach równości wobec prawu, jakie mu Francya z końca XVIII wieku przekazała, zakończył się na zachodzie Europy straszną dewizą *siły przed prawem*, wygłoszoną przez męża stanu, który nie zawahał się w ten sposób podeptać najpiękniejszych ludzkości zdobyczy." Wieniawski: Z ubiegłego stulecia. In: TI (5.1.1901), S. 2.

70 Im Original: „Niechże przynajmniej nadchodzący wiek XX zdoła zagładzić i zatrzeć raz na zawsze ślady tych czynów, będących hańbą cywilizacyi i zaprzeczeniem idei chrześcijańskiej!" Wieniawski: Z ubiegłego stulecia. In: TI (5.1.1901), S. 2.

im „Spätsommer" (Jahrhundertende) die „Ernte" einsammelten.⁷¹ Ähnlich wie Wieniawski ist Ilnicka der Meinung, dass während des 19. Jahrhunderts im Verlaufe der menschlichen Jahreszeiten vieles aus der Bahn geraten sei und stellt einen klaren Kontrast zwischen den gesäten positiven Idealen am Jahrhundertanfang und der wahrgenommenen Zunahme an Gewalt am Ende des Jahrhunderts fest. Nach dieser pessimistischen Einschätzung der Entwicklung des vergangenen Jahrhunderts schließt der Text allerdings ziemlich abrupt mit der Analyse ab: „Was wir im letzten Jahrhundert durchmachten [...] ist schon Vergangenheit, [...] und ist von uns genau so weit weg wie Troja oder Karthago."⁷² Auch hier lässt sich eine Trennung in eine Zeit vor und nach dem 1. Januar 1901 beobachten, die durch die Anspielung auf „Troja oder Karthago" – die das unwiderrufliche Vergangenheits-Werden symbolisieren –besonders radikal anmutet. Nach der Auflistung einer Reihe von positiven Werten, wie Liebe und Ehrgefühl, beendet sie schließlich ihre Argumentation mit einem ebenso hoffnungsvollen Plädoyer:

> Lasst uns das Ganze [die positiven Werte, C.F.] säen [...] und wir werden im Alter das wunderschöne Lied unserer geliebten, eigenen Erntearbeiter hören, das zu uns vom weiten Acker des Jahrhunderts dringt, und wir werden in Frieden über das Ende eines Jahrhunderts nachdenken, das inmitten einer gesunden, starken Gesellschaft, reich an allen Elementen und Voraussetzungen für ein in Zukunft langes Leben – zur Neige gehen wird.⁷³

Das Verhältnis zur Zukunfts-Zeit

An den Pressebeiträgen der *Praca*, des *Tygodnik* oder des *Bluszcz* lässt sich sehr gut erkennen, wie der Datumswechsel ein spezifisches Verständnis für die Gegenwarts-Zeit mit sich brachte. Dieses Verständnis beruhte auf der Festlegung von konkreten Kippmomenten, bei denen sich eine bestimmte Zeit in ihrer Qualitätsstufe von aktuell zu veraltet verwandelt und den Anfang einer neuen Zeit markiert. In diesem Zusammenhang sprachen sich einige Zeitschriften für den kalendarischen Charakter des 1. Januar 1900 oder 1901 als eindeutigen Schnitt

---

71 Vgl. Szczęsna. [Pseudonym für Maria Ilnicka]: Stulecie. In: B (5.1.1901) Heft 1. S. 2–3, hier S. 2.
72 Im Original: „Co myśmy przeszli w wieku ubiegłym, [...] to już jest przeszłość, [...] i jest od nas tak dalekie jak Troja i Kartagina." Szczęsna. [Pseudonym für Maria Ilnicka]: Stulecie. In: B (5.1.1901), S. 2.
73 Im Original: „Siejmy to wszystko [...] a usłyszmy na starość cudowną pieśń ukochanych naszych, rodzonych żniwiarzy, płynącą ku nam z szerokiego łanu stulecia i spokojnie myśleć będziemy o końcu wieku, który dobiegać będzie swego kresu wśród społeczności zdrowej, mocnej, zasobnej we wszystkie pierwiastki i warunki długiego w przyszłości – żywota." Szczęsna. [Pseudonym für Maria Ilnicka]: Stulecie. In: B (5.1.1901), S. 3.

zwischen den beiden Zeiten aus, während andere die Gültigkeit dieses kalendarischen Schnittes hinterfragten und Alternativen vorschlugen. Im zweiten Fall, wofür die Beispiele aus der *Praca* sowie aus dem *Nasz Kraj* paradigmatisch stehen, dienten bestimmte historische Ereignisse als Drehpunkt zwischen Vergangenheit und Gegenwart. Im ersten Fall, wie bei den Jahrhundertüberblicken im *Tygodnik* oder im *Bluszcz*, gewannen hingegen die Jahrhunderte als mathematische Einheiten einer universellen Zeit eine eigene Kraft. Sie wurden somit zu Motoren, die die alte Zeit abschlossen und aktuelle Zeit produzierten.

Je negativer die vertretene Deutung des 19. Jahrhunderts war, desto stärker zeichnete sich bei den Autor*innen das Bedürfnis ab, die Gegenwarts-Zeit mittels eines mathematisch-universellen Motors vom negativ codierten 19. Jahrhundert abzugrenzen. Wieniawski und Ilnicka teilten offensichtlich die Überzeugung, dass die kalendarisch begründete Archivierung der Vergangenheits-Zeit ab dem 1. Januar 1900 oder 1901 die Möglichkeit freisetzen könnte, trotz der Involutionstendenz des 19. Jahrhunderts eine neuere und bessere Zukunft zu eröffnen. Diese gedankliche Operation führte die Differenz zwischen Gegenwarts-Zeit und Vergangenheits-Zeit auf den positiven Zukunftshorizont zurück, den der Epochenwechsel der ersten im Gegensatz zur zweiten Zeit zuschrieb. Das daraus resultierende *Abhängigkeitsverhältnis von der Zukunfts-Zeit*, in das die Zeitschriften die Gegenwarts-Zeit setzten, um sie in Abgrenzung von der Vergangenheits-Zeit zu definieren, stellt die sechste (und letzte) identifizierte Formen der Gegenwartskonstruktion um die Jahrhundertwende dar.

Anders als die vorherigen lässt sich diese Konstruktionsform zugleich als unspezifisch und als spezifisch für die Jahrhundertwende begreifen. Einerseits heben alle Zeitforscher*innen hervor, dass die Zeit-Dimension der Zukunft wie keine andere kennzeichnend für das moderne Zeitbewusstsein war. Die Öffnung eines Zukunftshorizonts der Verbesserung und Erneuerung sowie die Orientierung zur Zukunft liegen für Kosellek oder Assmann der Idee von Fortschritt, Beschleunigung und Revolution zugrunde und sind somit als Quintessenz moderner Zeitregime in ihrer Gesamtheit und nicht konkret vom hier beschriebenen medialen Moment zu verstehen. Andererseits weisen die Studien über das *fin de siècle* gerade auf die apokalyptischen Zukunftsszenarien als partikuläres Markenzeichen des kulturellen Denkens Europas in der Periode 1880–1913 hin. In den hier analysierten Quellen gehörte die Profilierung einer Zukunftsperspektive zum festen Instrumentarium sowohl der kulturpessimistischen als auch der fortschrittsbegeisterten Pressebeiträge. Da der kalendarische Anfang des neuen Jahrhunderts in beiden Fällen eine besondere Art der Auseinandersetzung mit der Trennung bzw. Kontinuität zwischen Alt und Neu bedeutete, löste er unvermeidbar auch jahrhundertwende-spezifische Reflexionen über alte und neue Richtungen der Zeit aus.

Im Zeitraum um 1900 lassen sich unabhängig von der medialen Inszenierung der Jahrhundertwende in einigen Druckerzeugnissen Kommentare über damalig europaweit bekannten Studien mit Zukunftsprognosen finden. Die Krakauer *Świat* brachte beispielsweise 1893 unter dem Titel *Die Welt der Zukunft* eine begeisterte Rezension von dem im gleichen Jahr erschienenen Hauptwerk des britisch-australischen Intellektuellen und Politikers Charles Henry Pearson, *National life and charakter. A forecast*, heraus.[74] M. E. Nekanda-Trepka, Autor*in der Rezension, präsentierte dem polnischsprachigen Publikum die Thesen von Pearson über den Niedergang der westlichen Zivilisation aufgrund rückläufiger Geburtenraten und der Zunahme des staatlichen Sozialismus als bedauernswertes, aber unwiderrufliches Schicksal. Die Gegenwarts-Zeit weist im Artikel keine eigenen Konturen auf, es sei denn als bereits unheilbares Präludium dieses erschreckenden Zukunftsszenarios. Eine Unterordnung des Gerade unter das Danach (re-)produzierten auch die Rezensionen des Werkes *Der künftige Krieg* des polnischen Industriellen und Eisenbahnpioniers Johann von Bloch, die im Juni 1899 anlässlich der ersten Haager Friedenskonferenz in der *Biesiada Literacka* sowie im *Tygodnik Ilustrowany* erschienen.[75] Auch hier wird die Gegenwarts-Zeit ausschließlich berücksichtigt, um die bedrohliche Zukunft eines langen, zermürbenden Grabenkriegs zu antizipieren.

Auch wenn angenommen werden kann, dass die Fokussierung auf die Zukunft eine Selbstverständlichkeit der Zukunftsprognosen war und dass sich in diesem Rahmen logischerweise die Konstruktion der Gegenwarts-Zeit primär auf die Zukunft bezieht, bleiben dennoch bestimmte Analogien mit dem oben beschriebenen Abhängigkeitsverhältnis frappierend. Auch am Ende der Artikel von Ilnicka und Wieniawski verlor die Gegenwarts-Zeit an Autonomie zugunsten der Zukunft, die sich als eigentliche Dimension der Hoffnung entpuppte. Das gleiche Phänomen lässt sich ebenso in weiteren eher negativen Jahrhundertbilanzen finden. Ein gutes Beispiel dafür liefert die 1901 nicht mehr in Lemberg, sondern in Teschen herausgegebene und mittlerweile wöchentlich unter dem Doppelnamen *Wieniec – Pszczółka* erscheinende Zeitschrift. Ähnlich wie die restliche Volkspresse thematisierte auch der *Wieniec – Pszczółka* die Jahrhundertwende kaum bzw. nur im strikt religiösen Sinne als Reflexionsmoment über die 1.900 Jahre zurückliegende Geburt Jesu Christi und über die Verbreitung der christlichen Botschaft in der Welt. Am Ende dieser Reflexionen übt sie allerdings mit Bezug auf die ausgebliebene soziale Gleichheit eine weltliche Kritik an dem für sie abge-

---

74 Vgl. Nekanda-Trepka, M. E.: Świat Przyszłości. (Ch. H, Pearson, National Life a[nd] [sic] Character, a forecast, 1893). In: ŚK (1.8.1893) Heft 15. S. 333–335.
75 Vgl. Anonym: Przyszła wojna. In: BL (30.6.1899) Heft 26. S. 514; s.: Przyszła wojna. In: TI (10.6.1899) Heft 24. S. 464–465.

schlossenen 19. Jahrhundert und formuliert einen irdischen Erwartungshorizont für das 20. Jahrhundert:

> So behalten heute die Christen, die mit der aktuellen *weltweiten und ungerechten* Weltordnung eins geworden sind, ihr Prestige und ihre herausgehobene Stellung, den Reichtum und die Bequemlichkeiten des Lebens für sich – und deswegen wollen sie den arbeitenden Menschen, ob auf dem Land oder irgendwo anders, die Rechte der Brüderlichkeit, der Gleichheit und der Freiheit vorenthalten. Aber die christliche Lehre ist nicht verloren [...]. Das 19. Jahrhundert verging, ohne dabei die hochtrabend versprochene Brüderlichkeit, Gleichheit und Freiheit zu bringen, weil es sie auf einem anderen Stamm pflanzen und die christlichen Wurzeln abschneiden wollte. Das 20. Jahrhundert beginnt unter anderen Vorzeichen. [...] Es gibt keinen Zweifel daran, dass dieses Grundprinzip [Brüderlichkeit, Gleichheit und Freiheit, C.F.] siegen muss [...]. Ob das schon im 20. Jahrhundert eintreten wird, kann nicht gesagt werden. [...] Doch mit Sicherheit können wir behaupten, dass im Laufe des 20. Jahrhunderts das Grundprinzip *der Brüderlichkeit und der sozialen Gerechtigkeit* einen gewaltigen Fortschritt machen wird.[76]

Dieses Zitat präsentiert vorerst das „Heute" als eine Zeit, in der die Ungerechtigkeiten des 19. Jahrhunderts fortdauern, und konstruiert somit die Gegenwarts-Zeit in negativer Kontinuität mit dem 19. Jahrhundert. In einem zweiten Schritt wird allerdings der aktuelle Augenblick nach der Jahrhundertwende positiv von der davorliegenden Zeit differenziert. Der*die anonyme Autor*in, höchstwahrscheinlich Herausgeber und Chefredakteur Stojałowski, macht diese Differenz allerdings nicht am kontingenten Wandel fest, sondern an einem Wandel auf der Ebene der „Vorzeichen", was die Möglichkeit eines realen Wandels in der Zukunft einräumt. Er charakterisiert somit die Gegenwarts-Zeit in Hinblick auf ihr Potential für eine bessere Zukunfts-Zeit, das sich erst nach der Jahrhundertwende am Horizont profiliert. Dabei verliert die Gegenwarts-Zeit als eine bereits realisierte neue und bessere Zeit an Bedeutung bzw. bekommt diese Bedeutung nur dadurch zugeschrieben, dass sie im Gegensatz zur Vergangenheit eine neue und bessere Perspektive für die Zukunft beinhaltet.

---

[76] Im Original: „Tak dziś chrześcijanie, którzy zrośli się z obecnym *światowym i niesprawiedliwym* porządkiem Świata, żałują swych honorów i dostojeństw, żałują bogactw i wygód życia – i dlatego ludowi pracującemu czy na roli, czy gdziekolwiek indziej, nie chcą przyznać praw braterstwa, równości i wolności. Lecz nauka Chrystusa nie zginęła, [...]. Wiek XIX minął, nie przyniósłszy zapowiadanego szumnie braterstwa, wolności i równości, bo chciał je na innym pniu osadzić, a korzeń chrześcijański odrzucić. Wiek XX zaczyna się pod innymi wróżbami. [...] Nie ma więc wątpliwości, że zasada ta zwyciężyć musi [...]. Czy to się dokona już w tym XX wieku, trudno powiedzieć. [...] To jednak na pewno powiedzieć można, że w ciągu XX wieku zasady: *braterstwa i sprawiedliwości społecznej* zrobią olbrzymi postęp." ANONYM: Na nowy wiek. In: WP (13.1.1901) Heft 1. S. 1–3, hier S. 2–3.

Eine noch weiter zugespitzte Version einer solchen Gegenwartskonstruktion lässt sich in einer viel schärferen Abrechnung mit dem 19. Jahrhundert finden, wie sie in dem Artikel der Krakauer *Świat* von 1894 enthalten ist, der bereits am Anfang dieses Kapitels präsentiert wurde. Darin diagnostiziert der Historiker Wojciech Dzieduszycki eine „Neigung zum Niedergang" der Zivilisation im eigenen historischen Moment. Nach seiner Kritik an einem vermeintlich dramatischen Werteverlust, der sich im Laufe des 19. Jahrhunderts vollzogen habe, beschwört Dzieduszycki die Vision von einem Kataklysmus, an die er die Überlegung knüpft, ob nicht gerade so eine drastische Lösung für die gegenwärtige Dekadenz Europas notwendig sei:

> Ist es denn notwendig, dass eine alte Zivilisation komplett zugrunde geht, damit aus ihrer Asche langsam eine neue und bessere aufersteht? Bisher war es stets so in der Geschichte: dass bei den großen Kataklysmen die Reste der veralteten und verengten Ideale verschwanden, während neue, offenere und lebendigere entstanden [...] Wir sehen dieses Ideal klar vor unseren Augen und zweifeln nicht daran, dass es irgendwann Realität wird. Wir fürchten uns allerdings vor der Katastrophe [dem Kataklysmus, C.F.], [...] und es lohnt sich daher zu fragen, ob die heutige Welt nicht doch zu retten sei; ob wir nicht in der Lage sind, aus der Tonne der Verzweiflung, des Egoismus und der moralischen Zwietracht ein neues, lebendigeres Ideal hervorzuholen; können wir vielleicht nicht schon unseren Enkelkindern ein Leben in einem neuen Frühling der Geschichte sichern? [...] Machen wir uns an die Arbeit.[77]

Aufgrund seines pessimistischen Blicks auf die Entwicklungen der letzten 50 Jahre hält Dzieduszycki offensichtlich nichts von der Eigenschaft der bevorstehenden kalendarischen Jahrhundertwende, von sich aus die Zeit effektiv zu brechen und einen besseren Erwartungshorizont aufzuschließen. Die zeitgenössisch geltende Gegenwarts-Zeit beginnt für ihn ab der zweiten Hälfte des 19. Jahrhunderts und differenziert sich vom Davor durch eine dezidierte Verfallsrichtung. Andererseits spricht aus den Zeilen des Verfassers Vertrauen in eine zukünftige Kursänderung bzw. in die Entstehung neuer (im Sinne von besseren) Zeiten. Anders als Ilnicka, Wieniawski oder Stojałowski, die alle nach dem tatsächlichen Jahrhundertende ihre Jahrhundertbilanzen schrieben, ist diese bes-

---

[77] Im Original: „Czyż potrzeba aby cywilizacja stara we wszystkiem runęła, na to by nowa, lepsza, wyrosła powoli na popiołach? Dotąd tak bywało w dziejach: wśród wielkich kataklizmów ginęły resztki przeżytnych a ciaśniejszych ideałów, a nowe, szersze, żywotniejsze powstawały. [...] Taki ideał widzimy wyraźnie i nie wątpimy, że się kiedyś stanie ciałem. Truchlejemy jednak przed katastrofą, [...] i godzi się zapytać czy dzisiejszy świat nie jest do uratowania, czy sami z toni zwątpienia, samolubstwa i moralnej niezgody nie możemy się dobić nowego, ożywczego ideału, czy już wnukom naszym nie możemy zapewnić życia, pośród nowej dziejowej wiosny? [...] Weźmy się do pracy." Dzieduszycki: Dekadans Europy. In: ŚK (1.2.1894), S. 72–73.

sere Zeit laut Dzieduszycki keine sichere Entwicklungsperspektive des Heute, sondern stellt einen Zustand dar, der sich eigentlich erst nach einem Kataklysmus erreichen lässt. Nur eine Sammlung aller gesellschaftlichen Kräfte sei in der Lage, die Unausweichlichkeit des Kataklysmus als einzigen Hoffnungsträger auf diese neue und bessere Zeit abzuwenden. Diese Argumentation führt dazu, dass der Autor den Augenblick der Artikelveröffentlichung bereits als akute Etappe einer „Neigung zum Niedergang", ausdrücklich als „veraltet", begreift und beschreibt. Die Wandlung von Alt zu Neu erfährt bei ihm eine Verschiebung. Sie lag nicht wie in der fünften Konstruktionsform – der Aushandlung von Trennungslinien zwischen Alt und Neu – zwischen Vergangenheit und Gegenwart, sondern zwischen Gegenwart und Zukunft. Durch diese Verschiebung wird die Gegenwarts-Zeit nicht nur als in Funktion der Zukunfts-Zeit, sondern auch als bereits passé konstruiert und somit praktisch in der Vergangenheits-Zeit angesiedelt.

Bemerkenswerterweise lässt sich eine ähnliche Gegenwartskonstruktion auch im Zusammenhang mit sehr positiven Einschätzungen des 19. Jahrhunderts beobachten. Das trifft für die bereits mehrmals erwähnte Jahrhundertbilanz in der *Biesiada* aus dem Jahr 1901 zu, die eine dezidierte Fortschrittsbegeisterung zum Ausdruck bringt.[78] Nach der Auflistung der wichtigsten Errungenschaften des 19. Jahrhunderts endet der Artikel mit der offenen Frage danach, was das 20. Jahrhundert mit sich bringen werde. Nun relativiert diese Frage die Relevanz der bis dahin so angepriesenen Gegenwarts-Zeit. Sie entwirft nämlich das gerade angebrochene 20. Jahrhundert als ein offenes Szenario der nicht vorhersehbaren, potentiell unendlichen Möglichkeiten und transferiert somit das Neuigkeitsattribut der Gegenwarts-Zeit auf die Zukunfts-Zeit. Dadurch wird die Gegenwarts-Zeit in eine bloße Zwischenetappe verwandelt, die einerseits keine Hilfestellung bei der Prognose der Zukunft anbieten kann und andererseits aufgrund dieser offenen Zukunft zu ihrer eigenen schnellen Überholung und Archivierung prädestiniert ist.

Abgesehen von optimistischen oder pessimistischen Aussagen über den aktuellen Augenblick kann zusammenfassend konstatiert werden, dass das Abhängigkeitsverhältnis von der Zukunft die Gegenwarts-Zeit ihrer Zäsurkraft sowie ihres Neuigkeitsgehalts entleert und sie an die Zukunft ankoppelt. Die Gegenwarts-Zeit als von der Vergangenheit getrennte, autonome Zeitdimension existiert dabei nur in der Funktion eines Trägers einer neuen Zukunftsperspektive. Eine solche Gegenwartskonstruktion erinnert an die in der Einleitung besprochene Begriffsdefinition der Moderne als das Transitorischen des historischen Augenblicks: Wenngleich im modernen Zeitbewusstsein das *Heute* immer an der Spitze

---

[78] Vgl. Rachmistrz.: Dorobek XIX wieku. In: BL (4.1.1901).

der bisherigen Entwicklung steht, ist es durch die Perspektive des *Morgen* von einer permanenten Selbst-Transzendierung betroffen.

Diese Kinetik, die die Zukunft der Gegenwart zuschreibt, lässt sich anhand eines letzten Beispiels aus dem *Tygodnik Ilustrowany* zeigen. Die Warschauer Zeitschrift veröffentlichte 1893 eine lange Serie mit dem Titel *Das Ende des 19. Jahrhunderts in geistiger Hinsicht*, in der der Priester, Publizist und Philosoph Władysław Michał Dębicki die wichtigsten geistig-philosophischen Strömungen des Jahrhunderts erklärt. Der Anfang der Serie beinhaltet eine aufschlussreiche Reflexion über die Natur der eigenen aktuellen Zeit:

> Unter den für die Historiosophie interessantesten Momenten der Menschheitsentwicklung nehmen den ersten Platz die sogenannten Übergangsepochen ein, wenn auf der Grundlage des existierenden Zustands ein neuer Zeitgeist erscheint und Gestalt erhält. [...] Zahlreiche und überzeugende Anzeichen deuten darauf hin, dass die Epoche, die wir gerade erleben, genau eine solche Übergangsepoche ist. Im Zentrum der europäischen Zivilisation und ihrer Zweige auf den anderen Seiten des Ozeans findet zurzeit ein unglaublicher Gärungsprozess statt, dessen Resultate niemand heute vorhersehen oder einschätzen kann. Wenn überhaupt, dann wäre gerade in unseren Tagen die Formulierung von klaren Horoskopen ein ziemlich unseriöses Unterfangen. Hingegen ist die objektive Analyse aller charakteristischen Gesichtszüge, aus denen sich die Physiognomie des aktuellen Moments formt, eine wichtige und lehrreiche Angelegenheit.[79]

Dębicki versteht den von ihm erfahrenen historischen Augenblick als eine Zeit, die sich als Prozess zwischen dem, was war und was wird, definieren lässt. Die Gegenwarts-Zeit kann somit dieser Argumentation zufolge weder der Kategorie des Alten noch der Kategorie des Neuen zugeordnet werden. Ganz im Gegenteil stellt sie genau die Transformation vom Alten ins Neue dar. Wann sich dieses Neue etablieren würde, bleibt im Artikel offen. Es ist aber klar, dass die Gegenwarts-Zeit bis dahin allein vom Übergang gekennzeichnet war.

---

[79] Im Original: „Między najciekawszymi dla historyozofa momentami w rozwoju ludzkości pierwsze miejsce zajmują tak zwane epoki przejściowe, kiedy na tle istniejącego stanu rzeczy wyłania się i kształtuje nowy duch czasu. [...] Ważne i liczne oznaki wskazują, że doba, którą przebywamy, jest właśnie dobą przejściową. W łonie cywilizacyi europejskiej i w jej odłamach za oceanami odbywa się w chwili obecnej niewątpliwy proces fermentu, którego rezultatów nikt dziś przewidzieć i obliczyć nie zdoła. Jeżeli kiedy, to zwłaszcza za dni naszych stawianie jakichkolwiek ściśle określonych horoskopów w tej mierze byłoby przedsięwzięciem zbyt mało krytycznem. Natomiast ważną i pouczającą jest rzeczą badać bezstronnie wszystkie rysy znamienne, z których się urabia fizyognomia chwili obecnej." Dębicki, Władysław Michał: Koniec wieku XIX-go pod względem umysłowym. Charakterystyka znamion szczególnych. In: TI (15.04.1893) Heft 172. S. 227–230, hier S. 227.

IV.2.2 Selbstverortung in der Gegenwarts-Zeit

Zumindest auf den ersten Blick zeugen die im Abschnitt IV.2.1. besprochenen Quellen davon, dass es um die Jahrhundertwende 1800/1900 eine Auffassung der Moderne als europäisch-universale Zeiterfahrung gab. Alle hier analysierten sechs Konstruktionsformen der Gegenwart waren in den Texten an genuin transnationale und meistens universell codierte Phänomene rückgekoppelt, wie einerseits an den Datumswechsel selbst und andererseits den sozioökonomischen Wandel, den wissenschaftlich-technischen Fortschritt oder den Verlust ethisch-religiöser Werte. Die Gegenwarts-Zeit der Jahrhundertüberblicke schien von den konkreten räumlichen, kulturellen und politischen Kontexten der Teilungsgebiete losgelöst zu sein, wenngleich das Tempo und die Art und Weise, wie diese Phänomene in den Teilungsgebieten in dieser Periode vorkamen, die Grundbedingung ihrer medialen (Re-)Produzierbarkeit darstellten. Es bleibt zu untersuchen, welche Angebote für eine Selbstverzeitung im Rahmen der Jahrhundertrückblicke im Zusammenhang mit einer (Re-)Produktion von Gegenwart gemacht wurden und inwieweit sich die Semiperipherialität der polnischen Teilungsgebiete aus solchen Angeboten herauslesen lässt.

Die bisher präsentierten Artikel deuten auf der einen Seite eben auf die ausschließlich europäisch-universalistische Deutung der Zeiterfahrungen um die Jahrhundertwende als zentrale Strategie hin, wodurch die eigene gegenwärtige Gleichzeitigkeit zur Moderne ins Selbstverständnis der polnischsprachigen Leserschaft eingeschrieben wurde. Mit dem Satz, „[i]m Zentrum der europäischen Zivilisation und ihrer Zweige auf den anderen Seiten des Ozeans findet zurzeit ein unglaublicher Gärungsprozess statt", der aus dem letzten Zitat des Abschnittes IV.2.1. stammt, schließt der Autor die polnischsprachige Warschauer Öffentlichkeit in die europäische Zivilisation und in ihren gegenwärtigen „Gärungsprozess" dadurch ein, dass er gar nicht auf ihre partikuläre Lage in der „europäischen Zivilisation" eingeht und somit die Ebenbürtigkeit dieser Lage mit der Lage aller anderen europäischen Gesellschaften impliziert. Indem er ihr im folgenden Satz bei der Analyse über „die Gesichtszüge" des „aktuellen Moments" eine besondere Relevanz zuschreibt, verstärkt er diesen Inklusionseffekt, da damit vermittelt wird, dass das Publikum des *Tygodnik* ebenso wie alle anderen Publika europaweit von diesen Zügen betroffen war. Das nationale Identifikationssubjekt Polen nicht explizit zu erwähnen, schafft somit die Allgemeingültigkeit der Gegenwart, was wiederum die Bedingung der eigenen Synchronie mit dieser Gegenwart bildet. Die Gegenwarts-Zeit um die Jahrhundertwende lässt sich somit als Verflechtungsebene verstehen, in der die eigen-polnische historische Zeit und europäisch-universelle historische Zeit bruchlos kongruieren bzw. in der die erste für die Selbstverzeitung an Bedeutung zugunsten der zweiten verliert.

Auf der anderen Seite aber hatte Polen – als imaginierter nationaler Referenzraum bzw. als imaginiertes nationales Kollektiv – jedoch einen, wenn auch nicht prominenten, Platz in den Jahrhundertbilanzen der Zeitschriften. Es stellt sich somit die Frage, inwieweit diese national-regional-lokalen Bezüge Träger einer anderen Verzeitung im Vergleich zur gerade eben analysierten, nicht spezifizierten Teilnahme an einer universellen Moderne waren. In der einzigen mir bekannten Studie über die Reaktionen der polnischen Presse auf die Jahrhundertwende gibt der renommierte Medienhistoriker Sylwester Dziki einen interessanten Hinweis zur Beantwortung dieser Frage. Er behauptet nämlich, dass während die Abrechnungen mit dem 19. Jahrhundert im technischen, politischen, wissenschaftlichen oder ökonomischen Sinne auf der Grundlage gesamteuropäisch-globaler Prozesse skizziert würden, der Fokus beim Thema Kultur auf polnischen Persönlichkeiten und Strömungen liege.[80] Grund dafür sei die Tatsache, dass gerade im kulturellen Bereich die Fortschrittlichkeit Polens im europäischen und globalen Kontext habe nachgewiesen werden können.[81] Damit suggeriert Dziki, dass die explizite Bezugnahme auf Polen jene synchrone Selbstverzeitung mit der Moderne, die auch in der universalistischen Konstruktion der Gegenwart enthalten ist, bekräftigen könne, aber nur unter der Bedingung der Beschränkung dieser Bezugnahme auf den kulturellen Bereich.

Dziki trifft seine Behauptungen u. a. anhand des hier bereits mehrfach zitierten Rückblicks auf das 19. Jahrhundert von Julian Wieniawski aus der ersten Januarausgabe des *Tygodnik Ilustrownay* von 1901. Im Abschnitt IV.2.1. wurde bereits analysiert, wie der Artikel Wieniawskis mit Hilfe des kalendarischen Jahrhundertwechsels eine radikale Trennlinie zwischen Gegenwart und Vergangenheit zieht. Im ersten Teil seines Artikels kritisiert Wieniawski außerdem die aggressive, koloniale und chauvinistische Politik der Großmächte, insbesondere des Deutschen Kaiserreichs. In dieser politischen Analyse kam Polen tatsächlich so gut wie nicht vor. Der zweite Teil des Artikels beginnt hingegen mit einer partiellen Rehabilitierung des 19. Jahrhunderts aufgrund seiner vielen technischen Errungenschaften. Und in diesem Kontext lässt sich auch, anders als von Dziki festgestellt, eine Erwähnung Polens finden:

> Das vorherige Jahrhundert bescherte der Welt geniale, unheimlich wichtige Erfindungen, wie die Telegraphen und die Telefone, die alle Menschen zu einer großen Gemeinschaft verbanden, und es [das 19. Jahrhundert, C.F.] überzog die gesamte Erdkugel mit einem riesigen Netz von Eisenbahnen und Wasserwegen. [...] Man muss ihren [der Eisenbahnen und

---

80 Vgl. Dziki, Czekanie. Część I, S. 14.
81 Vgl. Dziki, Sylwester: Czekanie na Godota?... czyli polska prasa wobec przełomu XIX i XX w. In: RHPP 3 (2000) Heft 2. S. 5–33, hier S. 18–29.

Wasserwege, C. F.] großen Einfluss auf die globale Industrie und den globalen Handel hervorheben, denn sie revolutionierten von Grund auf die Bedingungen. Für unser Land und insbesondere für die so zentrale Landwirtschaftsproduktion war diese Entwicklung eher schlecht und degradierte uns vom alten, sogenannten Speicher Europas zum bescheidenen kleinen Nebenzimmer.[82]

Diese Passage konstruiert die Gegenwarts-Zeit in Termini der Mobilisierung. Einerseits markieren Formulierungen wie „alle Menschen" oder „die gesamte Erdkugel" die globale Reichweite dieser Mobilisierung und schließen die polnischen Teilungsgebiete dadurch mit ein. Andererseits konstatiert Wieniawksi die periphere Position seines „Landes": Die Funktion vom „Speicher Europas", auf der das Selbstverständnis Polens im Europa des 17. Jahrhunderts gründete, sei nämlich infolge der Erfahrung der Moderne, die auch die Teilungsgebiete betreffe, zu einer marginalen und sogar obsoleten Form historischer Existenz geworden und sei somit für das polnische historische Subjekt Ausweis seiner Rückständigkeit.[83] Die Unmöglichkeit, die moderne temporale Differenzierung anhand der eigenpolnischen historischen Evolutionszeit durchzuführen, sowie die Verzögerung dieser Evolution im Vergleich zum europäisch-universalen Evolutionsgrad stehen im offensichtlichen Widerspruch zur vorher angekündigten Universalität des gegenwärtigen technisch-wirtschaftlichen Fortschritts.

Diesen Widerspruch versucht der Autor in der nächsten Artikelkolumne durch die Beschäftigung mit den jüngsten Entfaltungen in der Musik, in der bildenden Kunst und in der Literatur zu lösen: „Eine Nation, die im letzten Jahrhundert Kurpiński, Moniuszko oder Chopin sowie in der Malerei Matejko, Grottger, Sim[m]ler [sic!], Rodakowski, Kossak, Szermentowski und viele andere hervorgebracht hat, hat doch das Recht auf einen, wenn auch bescheidenen Platz

---

82 Im Original: „Wiek ubiegły dał światu genialne, niesłychanej wagi wynalazki, jak telegrafy, telefony, łączące ludzi w jedną niemal wielką gromadę, oraz oplótł całą kulę ziemską olbrzymią siecią dróg żelaznych i komunikacyi wodnych. [...] Zaznaczyć należy olbrzymi wpływ, jaki one na wszechświatowy przemysł i handel wywarły, zmieniając z gruntu dawniejsze ich warunki. Względnie do kraju naszego, a zwłaszcza do głównej jego produkcyi rolnej, wpływ ten był raczej ujemny, i z dawnego t. zw. śpichlerza Europy strącił nas na stanowisko skromnego tylko alkierzyka." Wieniawski, Julian: Z ubiegłego stulecia. II. In: TI (12.1.1901) Heft 2. S. 22–23, hier S. 22.
83 Der Ausdruck „Speicher Europas" führt dazu zu behaupten, dass „unser Land" hier als Polen oder als Königreich Polen im Sinne der damaligen territorialen Artikulation Polens zu verstehen ist. Die Idee, *Speicher Europas* zu sein bzw. ganz Europa mit der eigenen Getreideproduktion zu ernähren, stand zusammen mit der Figur des *Bollwerks Europas* im Kern des adelsrepublikanischen Selbstverständnisses über die eigene Zugehörigkeit zu Europa sowie die eigene unverzichtbare Funktion in Europa. Dieses Bild existierte bis hinein ins 19. Jahrhundert als Form eines historisch fundierten nationalen Selbstverständnisses. Vgl. Tazbir, Janusz: Wir, die Bewohner Europas. In: Kraft [u.a.] (Hrsg.), Europas. S. 87–104, hier S. 88.

im Pantheon der universellen Kunst"[84] – so sein Argument. Anhand der Kultur könne dann doch – wie von Dziki angemerkt – die Gleichzeitigkeit Polens mit der modernen, universellen Gegenwart eingefordert werden. Diese Gegenwarts-Zeit bleibt allerdings nach wie vor irgendwie fremd zur polnischen historischen Zeit. Denn die Beanspruchung eines nur „bescheidenen Platzes im Pantheon der universellen Kunst" für Polen nach der Aufzählung mehrerer künstlerischer Koryphäen lässt die Deutung zweier nicht besonders befriedigender Optionen der Selbstverzeitung zu: Die erste ist die Feststellung von einer Kontinuität mit der eigenen historischen Entwicklung, die wie im Falle des „Speichers Europas" eine Position hinter der universellen Gegenwart generiert. Die zweite ist eine unvollständige Gleichzeitigkeit, die aus der Bestätigung – beispielsweise mit Hilfe der Kultur – der gleichen universellen Zeitdifferenzierung zwischen Gegenwart und Vergangenheit in der eigenen historischen Zeit resultiert. Die Unvollständigkeit dieser Gleichzeitigkeit lässt sich dadurch erklären, dass die Kriterien der Zeitdifferenzierung nicht aus einer endogenen Logik der polnischen historischen Evolution, sondern aus derjenigen der universellen Zeiterfahrung der Moderne hergeleitet werden und deswegen jegliche polnische synchrone Verzeitung mit einer gewissen Mangelhaftigkeit prägen (der beanspruchte Platz ist „bescheiden").

Obwohl die Beobachtungen von Dziki daher eine gewisse Aussagekraft besitzen, ergeben sich aus dieser Analyse zwei andere Thesen. Erstens: Durch ihre national, regional oder lokal gerahmten Verweise hinterfragen die Artikel in den polnischen Zeitschriften den Imperativ der Moderne, d. h. die universelle radikale Differenzierung der eigenen Zeit von der Zeit davor nicht, sondern sie beziehen sich dezidiert darauf. Zweitens: Gerade solche Verweise imprägnieren allerdings die Gleichzeitigkeitsangebote, die in der modernen Gegenwartskonstruktion der polnischsprachigen Presse um die Jahrhundertwende enthalten waren, mit einer Ambivalenz, die die gegenwärtige Semiperipherialität der Teilungsgebiete abbildet und temporal mitkonstruiert. Diese semiperiphere Position besteht zum einen darin, dass gerade durch die universelle Gegenwarts-Zeit eine aus der eigenen Vergangenheit geerbte Rückständigkeit sichtbar wird. Zum anderen hängt die Möglichkeit, diesen Rückstand aufzuholen, von der Reproduktion der universellen Zeitdifferenzierung in der eigenen historischen Zeit ab. Im Zwang, sich bei der Gegenwartskonstruktion mit einer fremdbestimmten und allmächtigen temporalen Differenz sowie mit der eigenen Rückständigkeit auseinandersetzen zu müs-

---

84 Im Original: „Naród, który wydał w ubiegłem stuleciu: Kurpińskiego, Moniuszkę i Szopena, a w malarstwie: Matejkę, Grottgera, Sim[m]lera [sic!], Rodakowskiego, Kossaka, Szermentowskiego i w. in., ma prawo do pewnego, choćby skromnego miejsca w Panteonie sztuki wszechświatowej." Wieniawski: Z ubiegłego stulecia. In: TI (12.1.1901), S. 22.

sen, drücken sich daher Unzulänglichkeit und Unvollständigkeit aus, wie sie in der Semantik der Semiperipherialität enthalten sind.

Moderne Gegenwarts-Zeit und polnische historische Zeit: ein komplexes Verhältnis

Um diese beiden Thesen zu erläutern und zu untermauern, soll das Quellenkorpus der Jahrhundertbilanzen ein letztes Mal unter die Lupe genommen werden. Die frühe Jahrhundertbilanz der *Biesiada Literacka* von 1888 liefert auch in diesem Zusammenhang einen ersten interessanten Anhaltspunkt für die Analyse. Der Artikel zählt eine ganze Reihe von technischen, wissenschaftlichen, städtebaulichen und sogar moralischen Verbesserungen auf, die das „Heute" mit Hilfe der positiven Andersartigkeit von der Zeit „vor 100 Jahren" abgrenzt. Das Wort *Polen* oder *polnisch* fällt dabei kein einziges Mal, doch schlägt der*die Autor*in immer wieder Brücken zur eigenen lokal-regionalen Dimension:

> Die Kanalisation [...] ist eine der neuesten Verbesserungen. Nicht nur vor hundert, sondern auch noch vor dreißig Jahren war so etwas wie Kanalisation in Warschau noch unbekannt.[85]
>
> Die Eisenbahn ist eine Erfindung des 19. Jahrhunderts, unsere Ahnen mussten noch mit den eigenen Pferden reisen. [...] Noch vor fünfzig Jahren reiste man von Plotzk nach Warschau mit einem jüdischen Fuhrwerk. [...] In welchem Zustand sich die Straßen noch vor einem halben Jahrhundert befanden, erläutert am besten das Schreiben eines Adligen aus dem Gouvernement Wilna, der wunderschöne Güter bei Minsk erhalten hatte ...[86]

Die Erwähnung Warschaus, Plotzks und weiterer Ortschaften des russländischen Teilungsgebiets rufen die Vorstellung eines bekannten Raums beim Zeitschriftpublikum hervor. So können die beschriebenen technischen Fortschritte nähergebracht und es kann zu einer Selbstverzeitung ermuntert werden, die synchron mit der universellen Gegenwartserfahrung war. Die hier profilierte räumliche Eigendimension habe demnach einen rückständigen Charakter gehabt: „vor dreißig Jahren" sowie „vor einem halben Jahrhundert". Sie weise aber „heute" eine Gleichzeitigkeit mit dem für die allgemeingültige Gegenwarts-Zeit konstitutiven Fortschritt auf, was wiederum als Produkt des Fortschritts selber zu verstehen sei.

---

[85] Im Original: „Wodociągi [...] to jedno z najnowszych ulepszeń. Nietylko temu lat sto ale jeszcze temu lat trzydzieści nie znano ich w Warszawie." S. Z.: Dziś i sto lat temu. In: BL (13.1.1888), S. 23.
[86] Im Original: „Koleje żelazne to nabytek dziewiętnastego wieku, nasi pradziadowie musieli własnemi końmi podróżować. [...] Jeszcze temu lat pięćdziesiąt jechało się z Płocka do Warszawy furą żydowską. [...] Jakie zaś były drogi przed półwiekiem, najlepiej objaśni odpowiedź pewnego szlachcica z gubernii Wileńskiej, na którego spadły piękne dobra w Mińskiem." S. Z.: Dziś i sto lat temu. In: BL (13.1.1888), S. 26.

Was sich in diesem Artikel beobachten lässt, ist eine doppelte Zeitdifferenzierung bzw. die gelungene Übertragung der temporalen Differenzierung, die in einem ersten Schritt anhand universeller Kategorien wie Fortschritt und einer 100-Jahres-Perspektive festgelegt ist, in einem zweiten Schritt in der eigenen historischen Zeit. Schlüssel dieser gelungenen Übertragung ist die Projektion der eigenen Rückständigkeit auf die Vergangenheit, was mit der spezifischen Erfahrung einer raschen Industrialisierung und urbanen Modernisierung des Königreichs Polen zusammenhing. Diese Erfahrung ermöglichte es, die eigene evolutionäre Verspätung mit der strukturellen Rückständigkeit der Vergangenheit gegenüber der modernen Gegenwart zu vermengen. Durch die Differenzierung der Gegenwarts-Zeit kann somit die eigene vergangene Nachzüglerposition als die übliche temporale Alterität inszeiniert werden, die das Zeitregime der Moderne der Vergangenheits-Zeit aufgrund ihres zeitkalendarischen Zurückliegen zuschreibt.

Anhand dieses Beispiels lässt sich erkennen, wie um die Jahrhundertwende mit der Gegenwartskonstruktion Gleichzeitigkeit produziert werden konnte. Es dürfen aber zwei Elemente nicht übersehen werden: erstens, dass diese Gleichzeitigkeit nicht die polnisch-nationale, sondern die *königreichs*polnische sowie insbesondere die Warschauer Entwicklung betraf. Die Aktivierung des russländischen Teilungsgebietes oder Warschaus anstatt Polens als Referenzraum lässt sich somit hier als Ressource sowie zugleich auch als Bedingung verstehen, um erfolgreich eine synchrone Selbstverzeitung herzustellen. Zweitens weist diese Selbstverzeitung gewissermaßen einen immer noch semiperipheren Charakter auf. Durch die Feststellung des besonders jungen Beginns des universellen Heute („nicht nur vor hundert, sondern auch vor dreißig Jahren", „noch vor einem halben Jahrhundert") in Warschau scheint das schnelle Tempo der Industrialisierung des Königreichs Polen eher ein Indikator für einen akuten Aufholensbedarf statt für vollständigen Fortschrittlichkeit zu sein und weist damit umso mehr auf die Rückständigkeit hin.

Auf ein erfolgreiches Einverleiben der universellen Gegenwarts-Zeit in die polnisch-nationale historische Zeit deutet hingegen ein Jahrhundertüberblick der *Ilustracja Polska* aus dem Jahr 1902 hin. Dieser Überblick war eigentlich die Rezension zu einem auf Französisch erschienenen und von Antoni Potocki herausgegebenen Werkes über die Geschichte Polens im 19. Jahrhundert. Darin zitiert der*die anonyme Autor*in der damals neugegründeten Krakauer Illustrierten einen langen Absatz, der die Sicht des Werkes auf die Entwicklung Polens in den letzten 100 Jahren zusammenfasst:

> Eine richtige Wiedergeburt belebt gerade dieses polnische Land, das vor hundert Jahren in drei Teile zerrissen und zerstört wurde – heute vermittelt es das Bild eines belebten, ordentlichen Ameisenhaufens. Im Laufe dieses Jahrhunderts war Polen in der Lage, sein na-

tionales und soziales Leben zu organisieren. Es schaffte eigene Industriezentren, die mit den größten auf der Welt rivalisieren. Es gründete richtige transatlantische Kolonien und – am wichtigsten – kann heute eine breite Masse für die Verteidigung der nationalen Interessen, einst verteidigt von nur einer einzigen Kaste, mobilisieren. Somit ist Polen heute eine wirkliche Einheit, ist eine Nation im modernen Sinne des Wortes.[87]

Anders als in der *Biesiada* stellt der *Ilustracja*-Artikel (selbstverständlich im Einklang mit dem Werk Potockis) Fortschritt nicht im Allgemeinen, sondern ausschließlich in Polen fest. Während Polen aufgrund der Teilungen „vor hundert Jahren" sich an einem Involutionstiefpunkt („zerrissen und zerstört") befand, sei es „heute" eine Nation „im modernen Sinne".[88] Die Tatsache, dass Fortschritt nur an der polnischen historischen Evolution der letzten 100 Jahre gemessen wird, macht die Gegenwarts-Zeit nicht deswegen eigen-polnisch. Nicht nur bleiben die 100-Jahres-Perspektive sowie die Mobilisierung (paradigmatisch mit der Metapher des „Ameisenhaufens" ausgedrückt) ihre zentralen Konstruktionsformen. Auch die Benennung von Prozessen wie Industrialisierung, Kolonisierung oder Massenmobilisierung bestätigen den universellen Charakter der hier produzierten Gegenwart.

Was Potocki und *Ilustracja* aber doch tun: Sie wenden die moderne temporale Differenzierung an der polnischen historischen Zeit an und formulieren zwei unterschiedliche Verzeitungen Polens – *vor 100 Jahren* als in Verzug und *Heute* als zeitgemäß. Das geschah paradoxerweise nicht nur anhand der modernen Erfahrungen, die Polen Potocki zufolge im letzten Jahrhundert durchlaufen hatte, sondern auch dadurch, dass Potocki sich explizit auf die dritte Teilung Polens beruft. Trotz der Evidenz übergehen die anderen Jahrhundertbilanzen weitgehend stillschweigend diese annähernde Datumskongruenz der Jahrhundertwende mit dem 100. Jahrestag der dritten Teilung. Hier dient die Offenlegung dieser Kon-

---

87 Im Original: „Prawdziwe odrodzenie ożywia tę polską krainę, która przed stu laty rozdarta na trzy części, wyniszczona – dziś przedstawia obraz ruchliwego, skrzętnego mrowiska. W przyciągu tego stulecia Polska umiała zorganizować swe życie narodowe i społeczne. Stworzyła swoje centra przemysłowe, rywalizujące z największemi na świecie. Założyła za morzami prawdziwe kolonie, a co najważniejsze – do obrony sprawy narodowej, ongi strzeżonej przez jedną kastę, powołała dzisiaj masy ludowe. Polska stanowi tedy jedną całość, jest narodem w nowożytnem znaczeniu tego słowa." ANONYM, OHNE TITEL. In: IP (14.3.1902) Heft 11. S. 241–242, hier S. 241.
88 Der gleiche Anspruch der gegenwärtigen Modernität der polnischen Nation lässt sich auch in anderen Artikeln um die Jahrhundertwende finden. Siehe bspw. die Schlussfolgerung des Kommentars, den der Lemberger *Tydzień* 1896 über *Narodowość nowoczesna. Studium socjologiczne* („Moderne Nation. Eine soziologische Studie'), ein im gleichen Jahr und unter dem Pseudonym B. A. Licki erschienenes Werk von Tadeusz Michał Sylwiusz Balicki, eine zentrale Figur der nationaldemokratischen Bewegung, veröffentlichte: ANONYM: Narodowość i kapitalizm. „Narodowość nowoczesna". Studjum socjologiczne B.A. Lickeigo. In: T (23.3.1896) Heft 12. S. 91–94.

gruenz hingegen als Strategie, um aus der polnischen historischen Zeit eine Gleichzeitigkeit mit der Gegenwart herzustellen. Die Teilung bekommt dadurch die gleiche Alteritätsfunktion zugeschrieben, die auch der Zeitpunkt vor 100 Jahren im Rahmen der Jahrhundertrückblicke ausführt, was eine Differenzierung der polnischen historischen Zeit kreiert, die analog zur fortschrittsgeleiteten Differenzierung der Universalzeit erscheint. Das Eingeständnis der eigenen Rückständigkeit in der Vergangenheit löst allerdings zugleich auch einen im gesamten Zitat spürbaren, erhöhten Druck aus, die erfolgreiche Aufholung plausibel zu machen, was wiederum auf eine semiperiphere Position in der Gegenwart hindeutet.

Es ist frappierend, wie auch die pessimistischen Sichtweisen auf das 19. Jahrhundert spezifische Formen der synchronen Verzeitung beinhalten. In dem bereits mehrmals zitierten Artikel der Krakauer *Świat* definiert beispielsweise Dzieduszycki die eigene aktuelle Zeit des Jahres 1894 in Worten der allumfassenden Neigung zum Verfall, die Polen bereits seit zwei Jahrhunderten präge und die Europa gegenwärtig endlich auch zu spüren bekäme.[89] Die Assoziation zwischen dem spezifisch-polnischen rückwärtsorientierten Geschichtsablauf und dem gegenwärtigen allgemeinen Werteverlust stellt nicht nur eine – wenngleich nicht unbedingt erstrebenswerte – Gleichzeitigkeit zwischen Polen und der Weltentwicklung her. Sie verleiht dem polnischen Niedergang um 1800 sogar eine Art Pionierrolle gegenüber der 100 Jahre später eintretenden gesamteuropäischen Dekadenz. Das Rekurrieren auf den eigenen Verfall zeigt sich daher im Kontext einer pessimistischen Konstruktion von universeller Gegenwarts-Zeit als ein mögliches Instrument der vollständigen Synchronisierung und der Hinterfragung jeder polnisch-partikulären Semiperipherialität. Da Polen die universelle Gegenwart antizipiert, scheinen die universellen Kriterien der Zeitdifferenzierung aus der polnischen historischen Evolution zu entspringen und eigene Kriterien der polnischen historischen Zeit zu bilden. Aus dieser Perspektive ist es nicht die polnische historische Zeit, die sich in der Universalzeit auflöst, sondern die Universalzeit, die sich in der polnischen historischen Zeit auflöst. Allerdings darf man sich nicht von einer so konzipierten Gleichzeitigkeit täuschen lassen. Die Involution produziert eine Verzeitung, die strukturell hinter dem Fortschritt steht, auch wenn Dzieduszycki die Existenz des Fortschritts in der zeitgenössischen Welt um die Jahrhundertwende negiert. Insoweit kann die perfekte Synchronie Polens mit der universellen Involution nicht die polnische historisch akkumulierte Verspätung eliminieren, sondern nur bekräftigen.

---

89 Dzieduszycki: Dekadans Europy. In: ŚK (15.1.1894), S. 38.

Gegenwartskonstruktion als Synchronisierungshorizont

Trotz dieser vielen Einwände suggerieren die bisher angeführten Beispiele ein Verständnis der Gegenwarts-Zeit um die Jahrhundertwende als Zeitkonstruktion, mit der sich die in der eigenen historischen Zeit inbegriffene Rückständigkeit, die eigene historische Zeit inbegriffen, in einer fast mechanischen Art und Weise überwinden lasse. Das bestätigt die These, dass die Produktion der Gegenwarts-Zeit im modernen Zeitregime einer der Moderne immanenten Logik folgt, die völlig eigenständig von den verschiedenen nationalen, regionalen oder lokalen historischen Zeiten funktioniert. Es entlarvt den zentralen Charakter der Gegenwartskonstruktion als Synchronisierungsversprechen aller partikulären Zeiten mit einer einzelnen globalen historischen Zeit.[90] Drei abschließende Artikel aus der Warschauer *Świat* können diese These bestätigen. Es handelt sich um Beiträge, die erst zehn bis dreizehn Jahre nach der Jahrhundertwende erschienen, auch weil die Zeitschrift *Świat* erst 1906 gegründet wurde. Sie liefern aber alle Rückblicke auf das 19. Jahrhundert und differenzieren den zeitgenössischen Augenblick durch die 100-Jahres-Perspektive, die von der Jahrhundertwende inspiriert wurde. Der erste dieser Artikel thematisiert die Veränderungen der polnischen ländlichen Lebenswelt in den letzten 100 Jahren:

> Wie der Anfang des vergangenen Jahrhunderts Zeuge des Aussterbens der altpolnischen Adelswelt war, so wandelt sich vor den Augen unserer Generation das Antlitz des polnischen Dorfes, wie es uns die Jahrhunderte vorher übergeben haben. Dieser innere Wandel begann nicht erst heute. Er begann mit der Reform des gesellschaftlichen Systems, die Mitte des 19. Jahrhunderts eintrat. Der Bauer-Leibeigene, der alte Bauer, [...] verwandelte sich auf einmal [...] in einen *freien Bürger*. Nicht viel Zeit verging, und wir sehen ihn schon als *freien Tagelöhner*. [...] Es entsteht das Phänomen des polnischen Bauern im Ausland. [...] Unsere ländliche Landschaft verändert sich! [...] Auch sie *modernisiert sich* unvermeidlich. [...] Im Meer der Strohdächer seiht man immer mehr rote Dachziegel, Zeichen des sich nach vorne kämpfenden Fortschritts.[91]

---

[90] Den gleichen Eindruck vermitteln auch die vielen Artikel, die im gleichen Zeitraum die Modernität von Warschau kommentieren: Sie stellen nämlich den neuerworbenen europäisch globalen Metropolencharakter dem Verlust der nationalen Spezifizität der ehemaligen polnischen Hauptstadt gegenüber. Vgl. bspw. Kraushar, Alexander: Typy i oryginały warszawskie z odległejszej i mniej odległej przeszłości. In: TI (29.3.1903) Heft 15. S. 296; s.: Ze starej Warszawy. In: ŚW (18.4.1908) Heft 16. S. 22–23; Cz. J.: Nowa Warszawa. In: TI (10.12.1910) Heft 50. S. 1019–1020.

[91] Im Original: „Jak początek ubiegłego wieku był świadkiem zamierania dawnej, kontuszowej szlachetczyzny, tak w oczach naszego pokolenia dokonywa się proces przeistaczania się oblicza wsi polskiej, jaką nam przekazały stulecia. Przemiana wewnętrza trwa nie od dziś. Dały jej początek reformy ustroju, które przyniosła z sobą połowa dziewiętnastego wieku. Chłop-poddany, chłop dawny [...] staje się naraz [...] *wolnym obywatelem*. Niewiele czasu upływa, a widzimy go już także *wolnym najmitą*. [...] Powstaje zjawisko [...] chłopa polskiego na obczyznę. [...] Zmienia się

So gut wie alle bisher analysierten Quellen knüpfen den Fortschritt entweder an einen mehr oder weniger spezifizierten urbanen Raum oder an die imaginierte Nation. Der*die anonyme Autor*in dieser Quelle siedelt ihn hingegen im ländlichen Bereich an. Anders als das „Polen" in den vorherigen Beispielen seien allerdings das „polnische Dorf", der altpolnische „Bauer" und die „polnische ländliche Landschaft" bis zur Mitte des Jahrhunderts von absolutem Stillstand gekennzeichnet gewesen, der sich eher in Termini der eigenständigen Existenz außerhalb der Zeit als der teilungsbedingten Rückständigkeit denken lässt. In erster Linie differenziert der Artikel daher die polnische historische Zeit selbst zwischen der Beobachterposition des*der Autor*in, die mit dem urban-historischen Polen korrespondiert, und der absoluten temporalen Alterität des polnischen Landes. Die zweite Zeitdifferenzierung zwischen „Heute" und einem Gestern, das vor 100 Jahren war, suggeriert hingegen die Erwartung einer baldigen Einebnung der ersten Differenz. Die Konstruktion der Gegenwarts-Zeit enthält somit einen klaren Synchronisierungshorizont, dessen expliziten Träger der Fortschritt bildet, wohingegen das Objekt der polnischen historischen Zeit die eigenen Primitiven, die bäuerliche Welt darstellt.

Interessanterweise konstatiert der*die Autor*in im „Heute" allerdings eine Asynchronie: „Dieser ganze Prozess [der Modernisierung, C.F.] verläuft ungleichzeitig. Je mehr im Westen, desto ausgeprägter und schneller. In der Posener Provinz kann man schon heute vom Verschwinden des altpolnischen Dorfes sprechen. Das gleiche gilt auch für Galizien."[92] Polen als Gesamtheit von Stadt und Land wird somit in der Gegenwart jene Position *dazwischen* zugeschrieben – zwischen Ungleichzeitigkeit und Gleichzeitigkeit, zwischen Vormoderne und Moderne, zwischen eigenem archaischen Zustand und moderner Universalität –, die der Begriff der Semiperipherialität zum Ausdruck bringt. Das moderne Verständnis der Gegenwart als transitorischen Augenblick zwischen einer strukturell rückständigen Vergangenheit und einer fortschrittlichen Zukunft verspricht daher eine zukünftige Überwindung der eigenen semiperipheren Position, die hingegen durch die gleichzeitige Existenz von Strohdächern einerseits und roten Dächern andererseits in der Gegenwart noch wirksam ist.

---

nasz pejzaż wiejski! [...] Równie nieuchronnie dąży on do *zmodernizowania się*. [...] Pośród morza strzech słomianych coraz gęściej czerwieni się dachówka, znak naprzód rwącego postępu." Ch.: Wieś Polska. In: ŚW (5.2.1910) Heft 6.S. 9.

92 Im Original: „Cały ten proces odbywa się nierówno. Im bliżej zachodu, tem wyraźniejszy i szybszy. W Poznańskiem można już dziś mówić o znikaniu wsi starego typu. To samo w Galicyi." Ch.: Wieś Polska. In: ŚW (5.2.1910). Nota bene: Aus den folgenden Sätzen lässt sich herauslesen, dass der*die Autor*in eigentlich nicht ganz Galizien, sondern ausschließlich die Krakauer Gegend meint.

Einen analogen Horizont der Auflösung der eigenen semiperipheren Position, allerdings aus sehr unterschiedlichen Prämissen, lässt sich auch in der Gegenwartskonstruktion des zweiten *Świat*-Beispiels finden.[93] Die beiden Artikel sind in einer gewissen Weise spiegelbildlich zu betrachten, da sie im gleichen Jahr (1910) erschienen sind und zwei komplementäre Thematiken behandeln: die Modernisierung des polnischen Landes der einen und die Bedingungen für die industrielle Entfaltung der polnischen Städte der andere. Henryk Mierzejewski, Ingenieur, sozialistischer Aktivist aus Radom sowie späterer Professor des Warschauer Polytechnikums und Autor des zweiten Artikels, zeichnet in der Warschauer Zeitschrift ein ambivalentes Bild des polnischen Industriewesens um die Jahrhundertwende: Einerseits hätte Polen demnach im Laufe des 19. Jahrhunderts trotz des Fehlens an Rohstoffen seine Fähigkeit zur Industrialisierung beweisen können, wie man es an Lodz gesehen habe. Andererseits hätten sich die polnischen Fabriken aktuell in fremden „deutsch-jüdischen" Händen befunden und das mehrheitlich aufgrund der eigenen polnischen „Unbeholfenheit".

Durch eine solche Analyse der ökonomischen Entwicklung verortet Mierzejewski Polen im gleichen Limbus (nicht mehr vorindustriell, noch nicht voll industrialisiert), worauf auch die vorherige Analyse der Verhältnisse auf dem Land hinwies. So ein Zustand gehört aber laut Mierzejewski nicht zum Kern der modernen Gegenwarts-Zeit, sondern sei gerade in der modernen Gegenwart nicht weiter tragbar:

> Wir leben in einer Epoche, in der alle sozialen Unternehmungen für eine lange Dauer geplant werden müssen. Das bedeutet keineswegs, alle Arbeit auf eine bessere Zeit zu verschieben. Ganz im Gegenteil – die Zeit drängt. Die Nationen der ganzen Welt haben fieberhaft und mit Verbissenheit damit begonnen, für die Existenz zu kämpfen – und die von ihnen mit der meisten Energie wird gewinnen. In diesen Strudel des Kampfes wurde auch Polen hineingezogen. Das gesamte Leben der Welt da draußen ist bis hierher und bis zu unserem provinziellen Hinterhof vorgedrungen. Im 20. Jahrhundert gibt es keine Peripherien mehr.[94]

Diese Passage bestätigt einerseits die Wirkungskraft der vorher skizzierten Gegenwartskonstruktion als Synchronisierungskraft und Übergangsphase, die Po-

---

93 Vgl. Mierzejewski, Henryk: Nasz przemysł a kwestya robotnicza. In: ŚW (19.11.1910) Heft 47. S. 6–8.

94 Im Original: „Żyjemy w okresie, gdy wszystkie poczynania społeczne muszą być zakreślane na dalszą metę. Nie znaczy to bynajmniej, aby wszelką robotę odkładać na lepsze czasy. Przeciwnie – czas pali. Wszystkie narody całego świata zaczęły gorączkowo i zaciekle walczyć o byt – i który z nich posiada więcej energii ten zwycięży. W wir tej walki wciągnięta została i Polska. Życie wszechświatowe przedostało się i na nasze podwórko prowincyonalne. W wieku XX-ym niema rogatek." Mierzejewski: Nasz przemysł a kwestya robotnicza. In: ŚW (19.11.1910), S. 7.

len von einer eigen-artigen, teilweise rückständigen Vergangenheit in eine globale synchrone Zukunft überführen könne. Andererseits repräsentiere diese universalistische Gegenwartskonstruktion für Polen vielmehr eine Prüfung als eine Garantie für eine Weiterentwicklung. Die Schlussbemerkung, dass es in der Zukunft keinen Platz mehr für „Peripherien" gäbe, klingt in diesem Kontext sowohl als Versprechen als auch zugleich als Warnung. Dem transitorischen Charakter der Gegenwarts-Zeit entspricht hier ein ebenso vorübergehender Charakter der eigenen Semiperipherialität, nicht aber unbedingt im Sinne der Erwartung eines Besseren. Ganz im Gegenteil ist für Mierzejewski die Synchronisierung in der Gegenwart jenes Kernkriterium, das über die Weiterexistenz in der Zukunfts-Zeit entscheiden wird. Gerade das rasende Tempo, das für eine schnell eintretende Vergänglichkeit der Gegenwart sorge, sei zugleich auch die Grundbedingung, auf der Polen diese überlebenswichtige Synchronisierung durchführen müsse.

Während die ersten zwei *Świat*-Artikel die semiperiphere Position Polens in der Gegenwarts-Zeit mit der modernen Gegenwartskonstruktion als transitorischen Augenblick in Zusammenhang setzen, artikuliert der dritte Artikel die Semiperipherialität als Ausnahme von der universellen Zeitdifferenzierung. Der dritte Artikel ist eine Reflexion über die Relevanz der Zeitgeschichte, der 1913 in der *Świat* erschien und aus dem bereits ein kurzer Absatz in Abschnitt IV.2.1. zitiert wurde. Anlass dieser Reflexion war die Rezension des Werkes *Czasy teraźniejsze* („Die gegenwärtigen Zeiten') von Kazimierz Ehrenberg. Der*die anonyme *Świat*-Autor*in feiert dieses Werk enthusiastisch als ein seit langem auf dem polnischen Markt erwartetes „Handbuch für die Zeitungslektüre". Das Werk sei aufgrund der allumfassenden Veränderungen, die das historische Wissen über ältere Zeiten irrelevant mache, ein Desiderat der populären Literatur gewesen, da ein großer Bedarf an Wissen über die Gegenwarts-Zeit entstanden sei:

> In einer 25-Jahres-Perspektive sehen wir, dass das Panorama dieser Zeiten [der gegenwärtigen Zeiten, C.F.] die vorherigen Epochen übertrifft, wenn nicht an Intensität, so doch an Vielfältigkeit und Farbenvielfalt. Vor allem weitet sich der Rahmen: Die ganze Erdkugel wird zur Arena des Wettbewerbs um menschliche Ressourcen, die Geschichte, wie sie sich organisch zusammenfügt, wird für zum ersten Mal *Weltgeschichte*.[95]

Wie diese Passage zeigt, konzipiert der Artikel die Gegenwart als einen Zeitraum, in dem sich eine globale Dimension der Zeit (und der Geschichte) zum ersten Mal

---

[95] Im Original: „W perspektywie lat dwudziestu pięciu widzimy, że malowidło tych czasów, jeśli nie intensywnością,, to mnogością i różnorodnością barw przewyższa raczej epoki poprzednie. Rozszerzają się przede wszystkiem jego ramy, terenem współzawodniczych zapasów ludzkich staje się cały glob, historya w organicznem swem zespoleniu po raz pierwszy staje się istotnie *powszechną*." Ch.: Historya dnia wczorajszego. In: ŚW (31.5.1913), S. 2.

manifestiert und die ganze Welt einverleibt. Aus dieser Perspektive hat die Gegenwarts-Zeit zweifelsohne eine universalistische synchronisierende Kraft.

Die Lage Polens darin sei allerdings „einzigartig":

> In dem riesigen Kaleidoskop, das vor unseren Augen *die gegenwärtigen Zeiten* entstehen lässt, fällt Polen in keine der Kategorien. Es ist weder einer dieser fast schon abgestorbenen Stämme, der nach vielen Epochen der Lethargie erneut das Bewusstsein seiner eigenen Existenz erkennt, noch ist es ein junges Volk, das noch seinen Platz im Kreis der anderen sucht. Wir hörten nie auf, eine historische Nation zu sein, obwohl die Geschichte uns ein eigenes Kapitel verwehrt. Unsere Lage ist einzigartig [...]. Im Strudel der heutigen Ereignisse und Entwicklungen, die den wegweisenden Strom des Lebens bilden, fließt unser alter, nicht versiegender Bach zum Trotz der herrschenden Logik dieses Lebens immer weiter. Auf diesem Bach gibt es viele Dämme, die mit allen politischen Mitteln seinen Lauf aufzuhalten versuchen. Aber dennoch fließt er![96]

Auch in diesem Text wird Polen offensichtlich ein Platz *dazwischen* in der Gegenwart zugewiesen: weder unter den alten und wiederbelebten noch unter den jungen und um Anspruch kämpfenden Nationen, sondern in der Geschichte verwurzelt, allerdings ohne ein eigenes Geschichtskapitel, doch Teil des „wegweisenden Stroms", aber zugleich mit einer eigenen, partikulären Richtung. Anders als in den vorherigen Beispielen speist sich der semiperiphere Charakter dieses Platzes nicht aus der Vorläufigkeit der Gegenwart. Vielmehr lässt er sich als Widerspruch begreifen, der in der globalen Gegenwart aus der Lebensfähigkeit („nicht versiegend", „fließt") eines eigentlich obsoleten historischen Daseins („alter Bach") trotz offensichtlicher temporaler Unangepasstheit an die universelle historische Zeit („zum Trotz der herrschenden Logik") entsteht. Die Gegenwart wird somit für den*die Autor*in zu einem nicht mehr universell-homogenen, sondern allochronen Konstrukt, das alternative Optionen der Verzeitung als Gleichzeitigkeit und Verzögerung für die polnische historische Zeit freisetzt. Das schließt den Kreis der anfänglichen Beispiele: Dient die Gegenwartkonstruktion dort als Ressource, um die historisch geerbte polnische Rückständigkeit in der universellen Moderne partiell aufzulösen, hat sie hier eigentlich eine auf den

---

96 Im Original: „W ogromnym kalejdoskopie, który przed oczyma naszemi przesuwają *Czasy teraźniejsze*, Polska nie podpada pod żadną ze znanych kategoryi. Nie jest ani zamarłym szczepem, który po wiekach letargu wraca do świadomości swego istnienia, ani młodzieńczym ludem, szukającym dla siebie miejsca w gronie innych. Nie przestaliśmy być narodem historycznym ani na chwilę, chociaż historya odmawia nam własnego rozdziału. Położenie nasze jest wyosobnione [...]. W wirze współczesnych zdarzeń i prądów, które tworzą powszechny nurt życia, sączy się, na przekór urzędowej tego życia logice nasz stary, niewysychający strumień. Pełno na nim tam, które bieg jego wstrzymują całym wysiłkiem politycznej techniki. A przecież płynie!" Ch.: Historya dnia wczorajszego. In: ŚW (31.5.1913), S. 3.

ersten Blick gegensätzliche, aber doch sehr ähnliche Funktion, und zwar die partielle Rehabilitierung dieses Erbes für die historische Handlungsfähigkeit in der Gegenwart.

Zusammenfassend kann die Schlussfolgerung gezogen werden, dass in der polnischen Presse um die Jahrhundertwende die Konstruktion einer aktuellen, von der Vergangenheit getrennten Zeit in erster Linie in der (Re-)Produktion einer universellen Zeiterfahrung bestand. In zweiter Linie ermöglichte es diese Konstruktion, die Verspätung, die Polen bei der vorherigen Jahrhundertwende vom 18. zum 19. Jahrhundert nachgewiesen werden konnte, neu zu verhandeln und zu widerrufen. Dieser Widerruf war aber nie vollständig, sondern beinhaltete immer auch eine Relativierung, die die spezifische, semiperiphere Position Polens in der Zeit ausmachte.

IV.3 Die Gegenwarts-Zeit der Revolution 1905

Die Rolle der Jahrhundertwende 1900 – 1901 als Auslöser einer Zeitdifferenzierung war im Dezimalsystem des christlichen Kalenders angelegt. Die Universalisierung der Zeitrechnung, die in enger Verbindung mit der Universalisierung der modernen Zeit steht, sicherte ihre Wirkungskraft auf einer europäisch-globalen Ebene. Nicht zufällig hebt die neueste Forschung die globale Dimension des Phänomens des *fin de siècle* hervor.[97] Das Jahr 1905 lässt sich auf den ersten Blick nicht mit der gleichen Selbstverständlichkeit mit Zeitdifferenzierung assoziieren, da es weder eine jahreszahlbegründete noch eine historiographisch tradierte, allgemeingültige Zäsur darstellt. Auch die spezifische Geschichtsschreibung über das Zarenreich sowie insbesondere zu den polnischen Teilungsgebieten sieht in der Revolution von 1905 – 1907 keinen epochalen Wendepunkt für die Region.[98] Die kalendarisch zeitnahen, aber an Folgen schwerwiegenderen Ereignisse, der Erste Weltkrieg einerseits und die Oktoberrevolution 1917 andererseits, warfen ihren langen Schatten auf die Vorgänge jener zwei Jahre voraus, die historiographisch meistens nur als Vorstufe der Jahres 1914 oder 1917 bedeutsam werden.

Die Quellen aus jener Zeit, die selbstverständlich im Unwissen der späteren Weltereignisse verfasst wurden, geben jedoch ein anderes Bild wieder. Sie zeigen, wie die Unruhen, die Streiks, die zarische Niederlage im russisch-japanischen Krieg, die Unterdrückung sowie die plötzliche Gewährung politischer Rechte –

---

[97] Vgl. Saler, Introduction.
[98] Vgl. Petersen, Hans-Christian: Aufstand oder Revolution? Die Revolution von 1905 im Spiegel der polnischen Historiographie. In: Das Zarenreich, das Jahr 1905 und seine Wirkungen. Bestandsaufnahmen. Hrsg. von Jan Kusber u. Andreas Frings. Münster 2007. S. 213 – 246.

alles Phänomene, die das Jahr 1905 in den polnischen Provinzen des Zarenreiches charakterisierten – ein starkes Gefühl von Neuheit, Unberechenbarkeit und schlagartigem Umbruch bei den Zeitzeug*innen hinterließen. In einer der neuesten deutschsprachigen Monographien zum Königreich Polen nach dem Aufstand von 1863 drückt der Historiker Malte Rolf dieses Gefühl aus, wenn er schreibt:

> An dem Schlüsselcharakter des Jahres 1905 besteht kein Zweifel. Denn sowohl das politische System wie auch die Gesellschaft des Zarenreichs gingen grundlegend verändert aus den Wirren der Revolution hervor. Die Einführung der Duma, das neue Presse- und Vereinsrecht, die Erfahrungen der sogenannten Tage der Freiheit, aber auch der revolutionären Gewalteruption und der blutigen Repressionsmaßnahmen von Seiten der Autokratie – all dies waren strukturelle und mentale Verschiebungen, die das Russland nach 1905 deutlich von der Zeit vor der Revolution abheben. Dies gilt für das Königreich Polen in besonderem Maße. Denn im Weichselland entfaltete die Revolution von 1905 eine Intensität, Gewalttätigkeit, aber auch gesellschaftliche Breitenwirkung, wie es sich in kaum einem weiteren Herrschaftsbereich der Autokratie nachzeichnen lässt.[99]

Als Träger einer plötzlichen Erfahrung eines radikalen Bruchs, die zum unmittelbaren Alltagserlebnis der Gesellschaft des Königreichs Polen insgesamt, aber insbesondere der urbanen Bevölkerung im Raum Warschau und Lodz wurde, bietet somit das Jahr 1905 einen hochinteressanten Blickwinkel für die Analyse der Gegenwartskonstruktion in der Warschauer Presse.

Die polenbezogene Forschung nennt die Zusammenstöße der Aktivist*innen der *Polnischen Sozialistischen Partei* (PPS)[100] mit den zarischen Polizei- und Militärkräften während einer Demonstration gegen die Einziehung polnischer Reservisten für den Japankrieg am Warschauer Grzybowski-Platz am 13. November (nach dem julianischen Kalender am 31. Oktober) 1904 als erstes konkretes Signal für die Revolution.[101] Sowohl Malte Rolf als auch Robert Blobaum und Scott Ury – Autoren der umfassendsten englischsprachigen Studien über die Revolution von 1905 im polnischen Teilungsgebiet allgemein (Blobaum) bzw. spezifisch aus der Perspektive der jüdischen Bevölkerung Warschaus (Ury) – betten diese ersten

---

99 Rolf, Herrschaft, S. 325.
100 Die PPS war diejenige sozialistische Fraktion, die unter der Führung von Józef Piłsudski zugleich für die Wiederherstellung der polnischen Staatlichkeit eintrat.
101 Vgl. bspw. Blobaum, Robert: Rewolucja. Russian Poland, 1904–1907. Ithaca 1995, S. 41; Benecke, Werner: Die Revolution des Jahres 1905 in der Geschichte Polens. In: Russland 1905. Perspektiven auf die erste Russische Revolution. Hrsg. von Martin Aust u. Ludwig Steindorff. Frankfurt am Main 2007. S. 9–22, hier S. 14. Beide Autoren nutzen das gregorianische Datum, während Malte Rolf die julianische Version angibt. Vgl. Rolf, Herrschaft, S. 340. Von hier an werden die Daten nach dem gregorianischen Kalender wiedergegeben.

Gewaltausbrüche zum einen im Makroprozess rasanter Industrialisierung und Urbanisierung ein, den das polnische Königreich ab den 1880er Jahren erlebte.[102] Zum anderen heben sie die Bedeutung des spezifisch-königreichspolnischen Kontextes am Anfang des 20. Jahrhunderts hervor, der von wirtschaftlicher Stagnation sowie vom Entstehen der Massenparteien geprägt war.

Aus dieser Konstellation resultierten sozioökonomische Spannungen, die schon seit dem Jahr 1900 den Nährboden für eine schrittweise Erosion der russländischen Herrschaft bereiteten. Der Kriegsausbruch im Fernen Osten im Februar 1904 und die damit verbundenen Massenrekrutierungen und Einschränkungen der Exportmärkte für polnische Industrieprodukte verschärften die Lage zusätzlich.[103] Laut Magdalena Micińska stellen im Vergleich mit den Aufständen des 19. Jahrhunderts gerade der durch das virulente Auftreten der sozialen Frage ausgelöste Bruch innerhalb der polnisch-nationalen Front sowie die Bildung einer proletarischen Masse als zentralen Akteur den neuen bzw. spezifisch-revolutionären Aspekt des Konflikts 1905–1907 dar.[104] Dass zumindest bis zu den ersten Duma-Wahlen interethnische, beispielsweise polnisch-jüdische Konflikte, im Namen einer horizontalen Arbeitermobilisierung und transethnischen Klassensolidarität in den Hintergrund gerieten, bestätigt auch die Studie von Ury.[105] All diese historiographischen Perspektiven laden dazu ein, das Jahr 1905 analog zur Jahrhundertwende in erster Linie als Moment zu betrachten, in dem die polnischsprachigen Zeitschriften die moderne Erfahrung sozialen Wandels der letzten Jahre verstärkt reflektierten und sie in Gegenwarts-Zeit umformten.

Untersucht man, wie Gegenwart in der Warschauer Presse 1905 konstruiert wurde, ist eine weitere Komponente besonders wichtig, die den Artikeln zur Jahrhundertwende fehlte: Die Ereignisdynamik, die aus der Wechselwirkung zwischen aufständischen Gewalttaten, Unterdrückungsmaßnahmen und der Eröffnung von neuen Freiheitsräumen entstand.[106] Diese Interaktion löste einen eigenen Rhythmus aus, der unabhängig vom technischen oder sozioökonomischen Fortschritt funktionierte und sich als spezifisch revolutionärer Koeffizient des soziopolitischen Wandels in dieser Phase begreifen lässt. Insbesondere das Jahr 1905 zeichnet sich durch eine hohe Schlagzahl sich immer weiter steigernder Ereignisse aus. Dazu zählen u. a.: die Kapitulation von Port Arthur am 2. Januar, der erste Generalstreik in den Warschauer Fabriken Ende Januar, die unerwartete

---

102 Vgl. Ury, Barricades, S. 45–90.
103 Vgl. Blobaum, Rewolucja, S. 1–71; Rolf, Herrschaft, S. 328–341. Rolf spricht mit Blick auf den Zeitraum von 1900 bis 1904 ausdrücklich von „erodierte[r] Autorität".
104 Vgl. Micińska, Inteligencja, 138–150.
105 Vgl. Ury, Barricades, S. 91–140.
106 Vgl. Rolf, Herrschaft, S. 327.

Erweiterung der Streiks auf das Schul- und Universitätswesen im Februar, die ersten Revolutionsanzeichen und -unruhen auf dem Land Ende Februar/Anfang März, die gewaltigen Proteste gegen die Ermordung von drei *Bund*[107]-Aktivist*innen in April, der zweite, die gesamte Stadt lahmlegende Generalstreik in Warschau am 1. Mai, die Straßenschlachten in Lodz Ende Juni/Anfang Juli sowie der Abschluss des russisch-japanischen Friedensvertrages am 5. September. All diese Ereignisse kulminierten in einem erneuten Generalstreik Ende Oktober, der wiederum den Entschluss zum Oktobermanifest vom 31. Oktober 1905 sowie wenige Tage später die Verhängung des Kriegsrechts im gesamten Weichselland zu Folge hatte. Diese Dichte an revolutionären und politischen Geschehnissen, die die in den Jahrhundertbilanzen konstatierte Verdichtung der Innovationen weit übertraf, liefert den Grund dafür, weshalb in diesem Kapitel der Schwerpunkt auf dem Jahr 1905 liegt, während die Jahre 1906 und 1907 eher am Rande behandelt werden.

Auch wenn die Revolution von 1905–1907 mit einer Phase der Zensurlockerung und folglich einer enormen qualitativen sowie quantitativen Entfaltung des Warschauer Pressewesens zusammenfiel (Ury definiert sie beispielsweise als Moment der Entstehung der jüdischen Warschauer Öffentlichkeit), wurde sie zumindest während der ersten Monate in den bis dahin existierenden *Zeitschriften für viele* nur selten thematisiert. Von den in dieser Arbeit betrachteten Periodika kommentierte ausschließlich der *Tygodnik Ilustrowany* die revolutionären Entwicklungen schon ab dem Frühjahr 1905. *Biesiada Literacka*, *Bluszcz* und *Gazeta Świąteczna* erwähnten bis zur Aufhebung der präventiven Zensur im November die revolutionäre Stimmung nur, wenn sie ihre Leserschaft im Rahmen kurzer Meldungen über die Hintergründe für Verspätungen von Ausgaben im Januar oder Anfang Mai über die Streiks in den Druckereien informierten. Die *Świat*, das wahrscheinlich erfolgreichste Presseprodukt der Revolutionsjahre, wurde hingegen erst 1906 gegründet. Das hat mit dem medialen Charakter der *Zeitschriften für viele* zu tun, die anders als die vielen damals massenweise gedruckten revolutionären Blätter eine *Mehrheits*gesellschaft repräsentierten und mitkonstruierten, die den Protesten in vielen Fällen fernstand oder von ihnen erschreckt war.

In ihrer Analyse des *Tygodnik* im Zeitraum 1905–1907 hoben Zenon Kmiecik und Adrian Kołtoniak hingegen die Fähigkeit der auflagestärksten, aber eher intelligenz- als arbeiternahen und positivistisch-konservativen Warschauer Zeit-

---

[107] *Der Bund* ist die durchgängige Bezeichnung für den *Allgemeinen Jüdischen Arbeiterbund in Litauen, Polen und Russland*, der gemeinsam mit der PPS und der *Sozialdemokratie des Königreichs Polen und Litauens* (SDKPiL) Hauptakteur der Proteste vor allem im ersten Revolutionsjahr war. Während der Bund die Arbeiter*innen jüdischer Konfession vereinte, hatte die SDKPiL um Rosa Luxemburg eine internationalistische Prägung.

schrift hervor, nicht nur die sozialen und politischen Umwälzungen jener Jahre gut überstanden zu haben. Der Zeitschrift sei es in Zeiten schnell wechselnder tagespolitischer Ereignisse zudem auch noch gelungen, eine zeitnahe Berichterstattung zu liefern sowie zum Prozess einer öffentlichen Meinungsbildung beizutragen.[108] Dies schlug sich auch in einer erhöhten Reflexion über die Gegenwarts-Zeit und einer intensiven Gegenwartsproduktion nieder. Die Analyse Kołtoniaks ist dabei ambivalent: Zwar erkennt er beim *Tygodnik* Verständnisschwierigkeiten für die neuen, eher sozial als national motivierten Unruhen der ersten Jahreshälfte und kontrastiert diese Ratlosigkeit der Redaktion mit ihrem plötzlichen Enthusiasmus für die Kämpfe von Oktober und November, die in ihren Forderung nationaler Autonomie besser in die Aufstandstradition des 19. Jahrhunderts gepasst hätten.[109] Auf der anderen Seite aber habe die Zeitschrift ihre politische Distanz zur sozialistischen Weltanschauung sowie ihre strukturelle Unmöglichkeit als Wochenblatt, bei der Wiedergabe von Nachrichten mit der Tagespresse zu konkurrieren, durch den Versuch kompensiert, die dynamische Situation der Revolution analytisch zu erfassen. Dadurch vermittelte sie der Leserschaft praktisch in jeder Ausgabe des Jahres 1905 das Gefühl einer revolutionären Zeit, die gerade am Geschehen ist. Diese Besonderheit ist gleichsam der Grund, weshalb der *Tygodnik* die zentrale Quelle dieses Kapitels darstellt und die anderen hier analysierten Presseerzeugnisse in den Hintergrund treten.

IV.3.1 Hinterherrennen oder Anführen? Veränderungen im Umgang mit der Gegenwarts-Zeit im Laufe des Jahres 1905

> Es ist unmöglich für den Zeitgenossen, die Tragweite historischer Ereignisse einzuschätzen. [...] Die Helden des alten Griechenlands wussten nicht, als sie sich gegen die Perser verteidigten, dass sie damit die spätere Kultur Europas gerettet haben. [...] Die [Französische, C.F.] Revolution sah es nicht voraus, dass die Kriege ihr das Kaiserreich bringen werden [...]. Wenn es aber schwierig ist vorherzusehen, was angesichts des Gestern und des Heute das Morgen sein wird, lässt sich dennoch behaupten, dass wir gerade in einer Umbruchsepoche leben, deren Wendepunkt genau das Jahr 1904 ist. [...] Der Bruch zwischen Kirche und Staat in Frankreich, das nationale Erwachen im staatlichen Flickenteppich Habsburgs, der entflammende soziale Antagonismus in Europa und Amerika – das alles beweist, dass sogar Früchte reif werden, deren Ernte noch vor zehn Jahren verfrüht gewesen wäre. Und auch wenn dem zeitgenössischen Menschen – insbesondere heute – gerade das *Heute* als etwas erscheint, das unbesiegbar und ewig ist, obwohl es schwierig zu glauben ist, dass was

---

108 Vgl. Kmiecik, Prasa w rewolucji, S. 190–192; Kołtoniak, Adrian: Publicystyka „Tygodnika Ilustrowanego" wobec wydarzeń 1905 roku. In: RHPP 12 (2009) Heft 2. S. 19–34, hier S. 21–26.
109 Vgl. Kołtoniak, Publicystyka, S. 27–34.

gestern und vorgestern war, sich morgen bis zur Unkenntlichkeit verändern kann, dass wenn *Tausend Jahre ein Augenblick sind,* dann kann es auch sein, dass ein Augenblick ... viele Jahre sind – kann man denn nicht annehmen, dass sich die kühne Behauptung von Nietzsche verwirklicht: *Der Krieg und der Muth haben mehr grosse Dinge gethan, als die Nächstenliebe?*[110]

Mit diesen Überlegungen zum aktuellen historischen Moment beschließt Jan Kleczyński, Schriftsteller, Kunstkritiker und in jener Periode Mitglied der Redaktion des *Tygodnik,* den allerersten Artikel der ersten Ausgabe des Jahrgangs 1905. Der Artikel begrüßt das neue Jahr mit einem Rückblick auf das Vorgängerjahr 1904. Obwohl bisher in den Kolumnen der Warschauer Zeitschrift noch nicht von revolutionsähnlichen Zwischenfällen berichtet worden war, bezeichnet Kleczyński die eigene Zeit als „Umbruchsepoche". Mit einem hohen Wandlungskoeffizienten, mit der Ungewissheit bezüglich des Morgens sowie mit seiner universalistischen Konnotation erinnert diese Deutung an die angesichts der Jahrhundertwende entstandenen Reflexionen über den aktuellen Augenblick. Zwischen dem Veröffentlichungsdatum dieses Artikels und der Jahrhundertwende liegen auch nur einige wenige Jahre. Doch die kalenderbedingte Zäsur 1900–1901 oder der damit häufig verknüpfte technische Fortschritt spielen hier keine Rolle. Schon am Vorabend der Revolution war die Gegenwarts-Zeit stattdessen durch zunehmende soziopolitische Spannungen charakterisiert: den russisch-japanischen Krieg und den aggressiven europäischen Imperialismus (zu Beginn des Artikels erwähnt) sowie die nationalen, religiösen und sozialen Konflikte, von denen der Autor im Zitat spricht.

Diese Spannungen verleihen der Frage nach der temporalen Ausdehnung sowie der räumlichen Wirkungskraft dieser Gegenwart offenbar einen größeren Stellenwert als den Jahren davor. Einerseits vermitteln Aussagen wie „deren Ernte

---

110 Im Original: „Doniosłości historycznych wydarzeń niepodobna oceniać współczesnym. [...] Bohaterowie greccy, broniąc się od Persów, nie wiedzieli, że ratują późniejszą kulturę Europy. [...] Rewolucja nie przeczuwała, że wojny jej zakończą się cesarstwem [...]. Jeżeli jednak trudno przewidzieć, czem będzie jutro wobec wczoraj i dzisiaj, to wszakże to można stwierdzić, że żyjemy w epoce przełomu, której punktem zwrotnym jest właśnie rok 1904. [...] Zerwanie Kościoła z państwem we Francyi, budzenie się narodów w zlepku państwa austryackiego, rozżarzenie się do białości w Europie i Ameryce antagonizmów społecznych – wszystko to dowodzi, że dojrzewają nawet owoce, których zerwanie byłoby jeszcze lat temu dziesięć przedwczesne. I chociaż współczesnym – a szczególnie teraz – najczęściej wydaje się *dzisiaj* czemś niepokonalnem i wiecznem, chociaż trudno uwierzyć, że to, co było wczoraj i onegdaj, zmienić się może jutro nie do poznania, że jeśli *lat tysiące są jedną chwilą,* to może stać się i tak, że chwila wystarczy za lat... wiele – czyż nie można przypuścić, że sprawdzi się śmiałe zdanie Nietzschego: *Wojna i odwaga zdołały większych rzeczy dokonać, niż miłość bliźniego?"* Kleczyński, Jan: Rok 1904. In: TI (7.1.1905) Heft 1. S. 2–3, hier S. 3.

noch vor zehn Jahren verfrüht gewesen wäre", oder, „was gestern und vorgestern war, sich morgen bis zur Unkenntlichkeit verändern kann" ein Gefühl von Kürze und Flüchtigkeit der aktuellen Zeit sowie von einer rasanten Geschwindigkeit, mit der sie potentiell verging. Andererseits konstatiert Kleczyński, dass seine Zeitgenossen das „Heute" als „unbesiegbar und ewig" imaginieren. Der Widerspruch, in dem sich die beiden Wahrnehmungen zueinander verhalten, lässt sich durch die konstitutive Funktion für die Differenzierung der Zeit erklären, die in diesem Fall und anders als bei der Jahrhundertwende die soziopolitischen Spannungen hatten. Das besonders junge Alter des aktuellen historischen Moments („deren Wendepunkt genau das Jahr 1904 ist"), der in keinem Zusammenhang mit dem Kalender oder mit dem Fortschritt stehe und seine nicht einschätzbare sowie universell präsentierte Tragweite (wie „die Helden des alten Griechenlands" oder „die Französische Revolution") tragen offensichtlich zur Schaffung seiner Unbesiegbarkeit und Unendlichkeit bei. Angesichts einer derartig erschreckenden Vorstellung von einer allmächtigen und immerwährenden Aktualität animiert Kleczyński seine Leserschaft zu einem Perspektivwechsel. Gerade die Dichte an machtvollen Phänomenen würde dazu führen, dass ein einziger Augenblick „viele Jahre sind" – das bedeutet, dass ein einziger Augenblick die gleiche Umwälzungskraft wie „viele Jahre" haben kann – und die gegenwärtige Lage könne sich auf einmal radikal verändern. Aus dem Nietzsche-Zitat schließlich liest man seine Überzeugung, dass insbesondere Gewalttaten eine solche Kraft enthalten.

Januar-März 1905: Die Einordnung der revolutionären Unruhen

Über Umwälzungen infolge von Gewalttaten berichteten viele der folgenden Ausgaben des *Tygodnik*. Die Rubriken *Aus dem fernen Osten* und *Aus Petersburg* hielten die Abonnent*innen im Januar und Februar nicht nur über die Kapitulation von Port Arthur, sondern auch über den Petersburger Blutsonntag auf dem Laufenden. Ende Januar jubelte ein Artikel, dass sich die russischsprachige Presse endlich in ein „Sprachrohr der öffentlichen Meinung" verwandelt habe.[111] Zwei Wochen danach erschien die Zeitschrift erst einmal nicht bzw. erschien mit einigen Tagen Verzögerung in einer Doppelausgabe, die mit einer neuen Rubrik *Aus dem aktuellen Moment*[112] das Publikum sehr sachlich über den ersten Warschauer Generalstreik am 28. Januar informierte. Wie auch alle anderen hier analysierten Periodika, die in diesen Tagen ebenso unregelmäßig erschienen waren, ent-

---

111 Vgl. Jankowski, Czesław: Prasa Rosyjska w chwili obecnej. In: TI (21.1.1905) Heft 3. S. 44–45.
112 Auf Polnisch *Z obecnej chwili*. Anders als im Deutschen hat *obecny* auch die Bedeutung von ‚anwesend', was auf die gegenwärtige Präsenz des Moments hinweist.

schuldigte sich die Redaktion für die Druckverzögerung mit einer kurzen Meldung, die vage auf eine „Warschauer Mobilisierung" und auf „damit verbundene Arbeitsniederlegungen" verwies.[113]

Erst Ende Februar veröffentlichte der *Tygodnik* einen zweiten Kommentar über *De[n] gegenwärtige[n] Augenblick*, signiert mit dem Namen des Publizisten Czesław Jankowski:

> Jemand nannte die Zeiten, die wir gerade erleben, einen außergewöhnlichen Moment. [...] Und das nicht zu Unrecht. Außergewöhnlich erschien dieser Moment den Leuten in der Tat, der sich auf den ersten Blick durch nichts ankündigte und der mit seinem durch die soziale Bewegung ausgelösten rasenden Puls in die Starre der letzten, gar vierzig Jahre hineinschlägt.[114]

Am Anfang dieses Artikels wird die aktuelle Zeit als „soziale Bewegung" konstruiert, die die Gegenwart von den letzten vier Jahrzehnten des Stillstands unterscheidet. Ähnlich wie das „Heute" von Kleczyński hat sich auch der hier beschriebene „außergewöhnliche Moment" völlig von der Jahrhundertwende emanzipiert, beruht er doch auf soziopolitischen Prozessen und weist ein sehr junges Alter auf. Die Eigenschaft, die bis dato etablierten Zustände plötzlich zu revolutionieren, bildet einen weiteren zentralen Faktor dieser Gegenwartsabgrenzung. Anders als die „Umbruchsepoche" von Anfang Januar, die auf einer globalen Ebene angesiedelt ist, bezieht sich der „außergewöhnliche Moment" Ende Februar darüber hinaus ausschließlich und spezifisch auf die nationalpolnische Ebene des Königreichs Polen, das mit den Streiks Ende Januar das erste Mal nach dem Aufstand von 1863 eine soziopolitische Mobilisierung erlebte. Mit dem Ausbruch der ersten revolutionären Ereignisse verliert die Gegenwartskonstruktion also nicht nur ihre vorherigen Differenzierungsmotoren – das kalendarische System der Jahrhunderte und den technischen Fortschritt –, sondern auch ihre universalistische Reichweite und beginnt nunmehr eine beispiellose lokale Zeiterfahrung zu erfassen. Mehr als auf der Idee von der für die Moderne strukturellen Alterität mit der Vergangenheits-Zeit gründet eine solche Gegen-

---

113 ANONYM: Z tygodnia na tydzień. Od Redakcyi. In: TI (11. 2. 1905) Heft 5 – 6. S. 85 – 87, hier S. 85. Mit „Arbeitsniederlegungen" wird hier das polnische Wort *bezrobocia* übersetzt. Wie auch Kołtoniak treffend bemerkt, lässt sich nämlich besonders in diesem Jahrgang des *Tygodnik* eine neue Verwendung dieses ursprünglich ‚Arbeitslosigkeit' bedeutenden Wortes in der Bedeutung ‚Streik' beobachten. Vgl. Kołtoniak, Publicystyka, S. 28 – 29.
114 Im Original: „Nazwał ktoś czasy, które przeżywamy, chwilą – osobliwą. [...] I nie bez racji. Osobliwą istotnie wydała się ludziom chwila, na pozór nie przygotowana niczem, a tak obijająca przyśpieszonym tętnem ruchu społecznego od długiej martwoty lat ostatnich – aż czterdziestu." Jankowski, Czesław: Chwila obecna. In: TI (25. 2. 1905) Heft 8. S. 118 – 119, hier S. 118.

wartskonstruktion auf einem Gefühl der „Außergewöhnlichkeit", das aus dem unerwarteten Charakter des unmittelbaren Erlebten erwächst und die Grundlage für die Idee von der Revolution bildet.

Jankowski versucht dann im Laufe seines Artikels dieses Außergewöhnlichkeitsgefühl zu bändigen und es in ein Bewusstsein über die Kontinuitätslinien und über das (begrenzte) Potential der aktuellen Zeit umzumünzen. Warum betrachte man die letzten vierzig Jahre als normal und die gegenwärtige Lage als außergewöhnlich? Sollte nicht eigentlich der soziopolitische Winterschlaf der Zeit nach 1863 eine Ausnahme und die Bewegung die Norm darstellen? – lautet seine Argumentation in den nächsten Absätzen. Gerade das Anhalten der „normalen" Bewegung macht er schließlich für die revolutionäre Qualität der Warschauer Gegenwart verantwortlich:

> Immer dort, wo es zu keiner normalen [...] Evolution kommt, manifestiert sich ihr Surrogat: die Revolution. Wenn das soziale Leben erwacht und beginnt zu funktionieren, [...] da schweigen sofort ... alle revolutionären Appelle.[115]

Die Präsentation der Revolution als zweitrangigen Zeitmotor im Dienste der Evolution bzw. des Fortschritts ermöglicht es Jankowski, am Ende seines Artikels die zeitgenössische explosive Zeiterfahrung seiner Leserschaft in eine universalistische Zeitdimension einzubetten. Während eine aus sich selbst heraus ablaufende Evolution den allgemeingültigen Träger der Zeit verkörpere, lasse sich die Revolution wie eine Feder denken, die in einer konkreten Situation von Evolutionsblockaden – und also von Verzugsakkumulation gegenüber dem normalen Evolutionsablauf – nach vorne schnellt, um die Evolution auf lokaler Ebene wieder in Gang zu setzen und nach getaner Arbeit wieder in ihren Ausgangszustand zurückzukehren.

Die erlebte revolutionäre Gegenwarts-Zeit wird somit zum Resultat der spezifischen Rückständigkeit der polnischen Nation im imperialen Kontext Russlands gemacht. Ihr wird zwar eine Funktion des Aufholens bzw. der Synchronisierung zugeschrieben, aber das Potential abgesprochen, die natürliche Evolution zu überholen und somit selber die Führung des allgemeingültigen Fortschritts zu übernehmen. In dieser Hinsicht besteht die Wirkungskraft der Warschauer Revolution darin, Warschau von der Peripherie in die Semiperipherie zu verschieben, wenn man das Verständnis von Semiperipherialität annimmt, die sich aus Kapitel IV.2 herauskristallisiert, nämlich als temporale Position, die sich in einem

---

115 Im Original: „Zawsze tam, gdzie niema prawidłowej [...] ewolucyi, tam zjawia się jej surogat: rewolucja. Gdy budzi się i pracować zaczyna życie społeczne [...] natychmiast milkną [...] wszelkie pobudki rewolucyjne." Jankowski: Chwila obecna. In: TI (25.2.1905), S. 118.

Verhältnis von Gleichzeitigkeit mit einer universellen Moderne befindet, dieser Moderne aber immer nur hinterherjagen kann, ohne sie je selbst bestimmen oder gar steuern zu können. Dementsprechend appelliert Jankowski am Schluss an das Publikum, nicht zu viel Energie an die Streiks zu verlieren und sich lieber bald auf die Organisation des öffentlichen Lebens zu konzentrieren. Ein solches Handeln bilde das wahre Kennzeichen jeder modernen Nation.[116]

Ein ähnliches Verständnis der zeitgenössischen revolutionären Lage vertritt der nächste aktualitätsbezogene Artikel, der nur eine Woche nach dem gerade analysierten Kommentar im *Tygodnik* veröffentlicht wurde und deren Autor wieder Jankowski war. Der Artikel, der *Die Arbeiterfrage im Russischen Staat* behandelt, beginnt mit den folgenden Worten:

> Die unveränderliche, auf einem objektiven Gerechtigkeitsgrundsatz aufbauende Norm des wechselseitigen Verhältnisses zwischen Arbeit und Kapital gehört zu jenen uralten, allgemeinen Angelegenheiten der Menschen, deren Lösung – selbstverständlich in einer fernen Zukunft – doch endlich die Entstehung einer *goldenen Epoche*, einer *goldenen Ära* in der Geschichte der so heftig gebeutelten, aber endlich vollkommenen Menschheit kennzeichnen soll.[117]

Auch hier identifiziert Jankowski indirekt den Fortschritt und nicht die Revolution als universellen Träger und universelle Differenzierungskraft der Zeit. Obwohl die zeitgenössischen revolutionären Unruhen in Warschau das Verhältnis von Arbeit und Kapital neu hätten regeln sollen, obliege das Resultat dieses Prozesses dem fernen Zukunftshorizont des menschlichen Vervollkommnungsprozesses, und die Warschauer Revolution könne so einen Horizont nicht antizipieren. Inwieweit diese Argumentation wieder die revolutionäre Gegenwart des russländisch-imperialen Raums mit seiner rückständigen Verzeitung in einen Zusammenhang setzt, geht aus dem nächsten Absatz hervor. Jankowski behauptet dort, dass England und Frankreich dank ihrer „sozialen Intelligenz" bereits seit einem Jahrhundert die Dialektik zwischen Arbeit und Kapital in eine nicht mehr destruktive, sondern evolutionäre Richtung gelenkt hätten und Streiks in den beiden Ländern keinen anarchischen Ausnahmezustand mehr hervorgerufen hätten. Die zeitgenössischen revolutionären Ausbrüche in Warschau seien hingegen nichts

---

116 Vgl. Jankowski: Chwila obecna. In: TI (25.2.1905), S. 119.
117 Im Original: „Stałe, na zasadzie bezwzględnej sprawiedliwości uparte, unormowanie wzajemnego do siebie stosunku pracy i kapitału należy do tych odwiecznych spraw ogólnoludzkich, które rozwiązanie ma znamionować – oczywiście w odległej przyszłości – nastanie raz przecie *złotego wieku*, *złotej ery* w dziejach skołatanej, ale udoskonalonej nareszcie ludzkości." Jankowski, Czesław: Kwestia robotnicza w Państwie Rosyjskiem. In: TI (4.3.1905) Heft 9. S. 142–143, hier S. 142.

anderes als ein Indikator für die fast hundertjährige Verzögerung des Zarenreiches in der Arbeiterfrage gewesen. Sie hätten dementsprechend auch zu nichts anderem als zu einem verzögerten Erreichen derselben evolutionären Dialektik zwischen Arbeit und Kapital, die Westeuropa bereits vor hundert Jahren an der Spitze der universellen Zeit gesetzt habe, geführt. Jankowskis Auffassung der eigenen Gegenwart verortet daher das Königreich wieder in einer temporal semiperipheren Position gegenüber der universellen Zeit.

Eine gewissermaßen gegensätzliche Selbstverzeitung lässt sich aus der nächsten Analyse der damals aktuellen revolutionären Atmosphäre Warschaus herauslesen, die Ende März 1905 im *Tygodnik* erschien. Anders als Jankowski war der Autor dieses Textes, Stanisław Koszutski, Ökonom und stand der sozialistischen Bewegung nahe. Er skizziert ebenso die knapp hundertjährige Geschichte der sozialen Kämpfe in England, Frankreich sowie den USA und bettet die Zusammenstöße zwischen Arbeiter*innen und Staatsmacht in Warschau in diese Tradition ein:

> Zu den sehr zahlreichen und allumfassenden Streiks muss man diejenigen rechnen, deren Schauplatz zuletzt das Königreich Polen war. Unterschiedliche Faktoren [...] führten einerseits dazu, dass es gerade jetzt zu den Streiks kommt, [...] und andererseits dazu, dass der aktuelle Moment sich am besten dazu eignet, bestimmte Veränderungen und Verbesserungen zu erreichen. [...] Angesichts der Tragweite der raschen Resultate stellen die jüngsten Streiks in unserem Land vielleicht die gänzendsten Beispiele in der Streikgeschichte dar. Binnen kurzem hat sich in der Frage der Aufteilung des gesellschaftlichen Gewinns zwischen den Vertretern des Kapitals und der Arbeit, ein deutlich erkennbarer Wandel vollzogen, [...] und zwar zugunsten der letzteren.[118]

Laut dieser Beschreibung treten die damals allgegenwärtigen Warschauer Streiks nicht mit Verzögerung gegenüber der universellen Evolutionslinie auf. Ganz im Gegenteil wiesen sie eine ausgeprägte Rechtzeitigkeit auf, die ihnen beste Resultate ermöglicht habe. Somit würden sie die zeitgenössisch erfolgreichste Verwirklichung einer westlich-globalen Streikgeschichte darstellen. Im „aktuellen Moment" von Koszutski überlappen sich daher zwei Reichweiten der Gegenwart:

---

118 Im Original: „Do najliczniejszych i najpowszechniejszych bezroboci zaliczyć należy te, których widownią w ostatnim czasie było Królestwo Polskie. Różne czynniki [...] złożyły się z jednej strony na to, iż bezrobocia wynikły właśnie w chwili obecnej, [...] z drugiej na to, iż chwila ta okazała się najpodatniejszą dla uzyskania pewnych zmian i polepszeń. [...] Ze względu na doniosłość wyników doraźnych, bezrobocia ostatnie u nas stanowić będą w historyi strajków może najjaskrawsze przykłady. W krótkim przeciągu czasu dokonała się dość widoczna zmiana w ustosunkowaniu podziału dochodu społecznego pomiędzy przedstawicielami kapitału a pracy, [...] na korzyść drugich." Koszutski, Stanisław: Bezrobocia. In: TI (25.3.1905) Heft 12. S. 202–203, hier S. 203.

Die eine machte die revolutionäre Qualität der Lage auf lokaler Warschauer Ebene aus. Die andere bettet diese lokale Gegenwart in die universelle Zeit als Spitze des Fortschritts ein, dessen Fortschreiten laut Autor eben durch solche partikulären revolutionären Schübe garantiert würde. Hier kommt es daher zu einer Überwindung jener Semiperipherialität, die Jankowski in seinen Artikeln (re-)produziert und die von der Unmöglichkeit gekennzeichnet ist, im revolutionären Warschau einen neuen universellen temporalen Maßstab zu etablieren. Koszutski schlägt stattdessen eine Verzeitung der Erfahrung der Revolution 1905 als neue Führungsposition in der universellen Zeit vor.

April–Oktober 1905 oder von der Überwältigung zur Machbarkeit der Geschichte

Nach den Versuchen im Februar und März, ausgehend von den unterschiedlichen politischen Hintergründen der Autoren, die erste Welle der Generalstreiks in einer universellen Entwicklung zu ordnen, veröffentlichte der *Tygodnik* eine Reihe von Artikeln, die angesichts der Außergewöhnlichkeit der Gegenwart hilflos klangen. Sie brachten in erster Linie Gefühle der Überwältigung, Überforderung und Orientierungslosigkeit zum Ausdruck. Das ist beispielsweise in einem der Kurzbeiträge der Dauerrubrik *Von Woche zu Woche* von Mitte April der Fall:

> Wir leben in einer Epoche allgemeiner und zunehmender Nervosität. Die Unruhe, die Erwartungen, die Ungewissheit, das Fehlen einer klaren Anweisung, der fieberhafte Lebenspuls, das Unvermögen, das Gesamtbild der Geschehnisse zu erfassen, das Gefühl eines nicht kontrollierbaren Chaos – das ist die tägliche Hintergrund unserer Eindrücke und Wahrnehmungen. Wir sind aus dem normalen Lauf der Dinge herausgeschleudert. [...] Wir haben die Fähigkeit verloren, Dinge vorherzusehen, wir wissen, dass das Morgen unberechenbar ist und dass das schnelle Tempo, mit dem die Ereignisse aufeinanderfolgen, uns bis aufs Letzte betäubt und einen Schatten auf unser Urteilsvermögen wirft. [119]

Die radikale Andersartigkeit gegenüber einem gerade vergangenen Gestern, die Unbeständigkeit und die starke Geschwindigkeit, die zur permanenten Selbst-Verkürzung und Selbst-Überholung sowie zur Eröffnung einer ungewissen Zukunft führen, werden hier als die konstitutiven Aspekte der aktuellen „Epoche"

---

[119] Im Original: „Żyjemy w okresie powszechnego zdenerwowania. Niepokój, oczekiwanie, niepewność, brak jasnej dyrektywy, gorączkowe tętno życia, niemożność ogarnięcia całokształtu tego, co się dzieje, poczucie nie dającego się opanować chaosu – oto codzienne tło naszych wrażeń i uczuć. Jesteśmy wybici z kolei normalnej. [...] Straciliśmy możność przewidywania, wiemy, że jutro jest nieobliczalne, a szybkie tempo, w jakim następują po sobie zdarzenia, oszołamia nas do reszty i zaciemnia nasz sąd o rzeczach." D., Z.: Z tygodnia na tydzień. Głuche wieści. In: TI (15.4.1905) Heft 15. S. 266.

betrachtet. Diese Gegenwartskonstruktion hat jegliche Bezüge mit dem Fortschritt zerbrochen und registriert lediglich die am eigenen Leibe erlebte alltägliche Auseinandersetzung mit dem zunehmenden Durcheinandergeraten der vorher noch geltenden Prämissen soziopolitischer Existenz. Dem damit zusammenhängenden Verschwinden jeglicher Selbstverzeitungsangebote in der universellen Zeit auf der einen Seite entspricht auf der anderen eine besondere Verabsolutierung der eigenen gegenwärtigen Zeiterfahrung: Die Gegenwarts-Zeit resultierte im Laufe der Monate offensichtlich immer weniger aus einer zurückzuverfolgenden und reproduzierbaren mechanischen Differenz mit der Vergangenheit und wurde vielmehr in diesem Artikel von Mitte April durch ihre Eigenständigkeit bzw. Unverbindlichkeit gegenüber dem Davor sowie dem Danach definiert. Diese Eigenständigkeit, die sich im Zitat hinter dem betonten Verlust jeglicher Fähigkeit verbirgt, Dinge vorherzusehen oder zu prognostizieren, vermittelt umso mehr die Idee der Unbesiegbarkeit bzw. der Allmächtigkeit des gerade erlebten Augenblickes, der Anfang Januar bereits die Gegenwartswahrnehmung prägt. Anders als im Januar basiert jedoch diese Allmächtigkeit auf keinem konkret nennbaren Phänomen, sondern auf der verworrenen Mischung von Ereignissen unterschiedlicher Natur.

Die einzige Zeitdifferenzierung, die der*die anonyme Autor*in einführt, verläuft entlang der Grenze zwischen dem urbanen und dem ländlichen Raum. Die Distanz zum Schauplatz des tatsächlichen Geschehens sowie das Fehlen einer regelmäßigen Berichterstattung durch die Presse würden nämlich, so heißt es, in der Provinz die Gefühle von Verwirrung und Beunruhigung amplifizieren und somit die Erfahrung der Gegenwart auf dem Land von derjenigen der Stadt differenzieren. Daraus lässt sich die gleiche endogene Zersplitterung der polnischen historischen Zeit in urbane und ländliche Welt herauslesen, die auch in einer Quelle über die Jahrhundertwende zutage trat. Das abschließende Plädoyer des Artikels an die ländliche Bevölkerung, eine Zeitschrift zu abonnieren, ist somit als Plädoyer für die Einebnung jener Differenz sowie als Indikator für das Selbstverständnis der Presse als Synchronisationsmotor der polnischen Zeiten zu einer einzigen polnisch-nationalen Zeit zu lesen.

Die Streiks und Straßenschlachten der folgenden Monate – am 1. Mai in Warschau, in Juni/Juli in Lodz – sowie die russischen Niederlagen an der Ostfront akzentuieren die Konstruktion der Gegenwarts-Zeit als intensive Erfahrung einer Brechung und eines Verlorenheitgefühls, aber auch des unerwarteten Erwachens von Hoffnung. Das legen *Die Eindrücke des Augenblicks* von Mitte Juni 1905 nahe:

> Die Augenblicke, die unsere Gesellschaft gerade erlebt, sind epochal. [...] In solchen Zeiten wie den gegenwärtigen durchlebt eine Gesellschaft während weniger Monate ganze Jahrzehnte. [...] Man muss sich über die Situation Klarheit verschaffen, um durch das Labyrinth

der Verhältnisse der Gegenwart einen Faden zu ziehen, der die Vergangenheit mit der Zukunft verbindet. [...] Das Merkmal dieses Moments ist es, Programme zu entwerfen. [...] Man muss immer wieder aus Neue versuchen, die komplexe Formel herauszufinden, die den Schlüssel zu unserer gegenwärtigen historischen Phase darstellt.[120]

Und weiter:

[Der gegenwärtige Augenblick, C.F.] verändert sich vor unseren Augen in kaleidoskopischer Geschwindigkeit. [...] Er ist keine Serie in einer Kette von Ereignissen, bei der jedes vorhergehende mit dem nächsten nach einer inneren Logik einer Fortschrittsentwicklung zusammenhängt, [...] sondern bildet eine Serie, bei der jedes Element, nicht im organischen Ganzen mit dem nächsten..., sondern mit den Echos aus dem fernen Osten verbunden ist. [...] Allerdings sagt der Weise: *Erst muss Chaos entstehen, bevor aus dem Chaos ein Stern geboren wird.*[121]

Aus diesem Artikel kann eine Mischung aus Ratlosigkeit und Erwartung in Bezug auf die Gegenwarts-Zeit herausgelesen werden. Kazimierz Rakowski, der ehemalige Redakteur der Posener *Praca*, der 1905 nach Warschau umzog, konstatiert in erster Linie die Schwierigkeiten, die aktuelle verworrene und schnell wechselnde Situation zu verstehen und zu deuten. Er behauptet ausdrücklich, dass die Gegenwarts-Zeit in Warschau keine Stufe des universellen Fortschritts mehr verkörpere, sondern dass sie auf der lokalen Ebene den Fortschritt transzendiert habe und sich in einer völlig unbekannten Richtung bewege. Gerade die Möglichkeit der Fortschrittstranszendierung, die Jankowski der lokalen Gegenwartserfahrung noch Ende Februar abspricht und die in der Rubrik des *Tygodnik* Mitte April mit „Chaos" gleichgesetzt wurde, steht für den „epochalen" Charakter des „Augenblicks" in dem Artikel von Mitte Juni. Denn wenngleich Rakowski die aktuellen Entwicklungen als durch den japanischen Feldzug ferngesteuert präsentiert, insistiert er auf der Notwendigkeit, die Logik dieser Ereignisse zu ent-

---

[120] Im Original: „Chwile, które przebywa nasze społeczeństwo, są przełomowe. [...] W takich czasach, jak obecne, społeczeństwa w ciągu miesięcy przeżywają dziesiątki lat. [...] Jasnego sobie zdawania sprawy z sytuacyi potrzeba, aby przez labirynt warunków teraźniejszości przesnuć nić, która wiąże przeszłość z przyszłością. [...] Cechą chwili jest budowanie programów. [...] Usiłowania odgadnięcia zawiłej formuły, która jest kluczem obecnej fazy rozwoju dziejowego, ponawiać się muszą." Rakowski, Kazimierz: Z wrażeń chwili. In: TI (17.6.1905) Heft 24. S. 442.
[121] Im Original: „Zmienia się ona nam w oczach z kalejdoskopową szybkością. [...] Jest ona nie seryą ogniw, z których każde poprzedzające jest z następnem związane wewnętrzną logiką postępowego rozwoju, [...] lecz tworzy ona seryę ogniw, z których każde, nie pozostając wcale w organicznej całości z poprzedniem, związane jest logicznie... z echami Dalekiego Wschodu. [...] Myśliciel jednak mówi: *Pierwej musi być chaos, nim z chaosu narodzi się gwiazda.*" Rakowski: Z wrażeń chwili. In: TI (17.6.1905).

schlüsseln, um „Programme" zu formulieren. Das enthüllt ein neues Bewusstsein von einer revolutionären Gegenwart in Warschau, die als demiurgischer Moment der Zukunft bzw. als einmaliges Zeitfenster für die Selbstgestaltung der eigenen Zukunft jenseits der metahistorischen Kraft des Fortschritts entworfen wird – fern aller Gefühle der Überwältigung

Die Nachricht von der russischen Kapitulation, die eine Woche später verbreitet wurde, stärkte dieses Bewusstsein. Jankowski, der auch bei dieser Gelegenheit den Kommentar im *Tygodnik* schrieb, spricht von einem „historischen" Ereignis, das die Geschichte „aus den Fugen" geraten lässt – wobei das Adjektiv „historisch" die Bedeutung von etwas völlig Unerwartetem und Erschreckendem annimmt – sowie sogar vom ersten Anzeichen des Verfalls der „Weißen Nationen".[122]

In der folgenden Ausgabe vom 1. Juli meldete die Redaktion die Gründung des *Przegląd Historyczny* (‚Historische Umschau'), der ersten polnischsprachigen und bis heute existierenden historischen Fachzeitschrift, die damals im russländischen Teilungsgebiet erschien. Der Verlag war *Gebethner i Wolff*, der auch den *Tygodnik* herausgab. In der Meldung *An der* [richtigen, C.F.] *Zeit?* stellt der*die anonyme Autor*in eine Reihe rhetorischer Fragen zum den Sinn einer solchen herausgeberischen Unternehmung in jenem historischen Moment:

> Mutig sind die Initiatoren des Przegląd Historyczny, die der Welt im Jahr *neunzehnhundertfünf* die erste Ausgabe ihrer Zeitschrift präsentieren, im Jahr der Bomben und der Kartätschen, im Jahr, in dem die sozialen Unruhen auf ihren Höhepunkt zusteuern, da die Öffentlichkeit nur Telegramme aus dem Fernen Osten liest und sich alle Gedanken um die große Politik und die großen Reformen drehen... Kann sich eine historische Fachzeitschrift in so einer Zeit durchsetzen? [...] Ist das die Zeit für uns, sich mit der Geschichte zu befassen, für *uns*, die wir gerade selber Geschichte machen? Denn [...] wer macht denn heute keine Geschichte? [...] Alle laufen. Eine ganze Reihe neuer Menschen hat die lang verschlossene Schmiede betreten. Alle entfachen in höchster Eile das Feuer, pusten in den Blasebalg, die einen hämmern, die anderen greifen nach den Klingen... Ist es nicht genau die richtige Zeit, um in die Schmiede zu gehen und zu erzählen, wie/auf welche Weise die Geschichte früher geschmiedet wurde? Ist es nicht der Zeitpunkt, davor zu warnen, wozu welche Werkzeuge benutzt wurden [...]?... Sicherlich war unsere Nation ein schlechter Schmied ihres eigenen Glückes [...] doch viele Jahre sind seitdem vergangen und wenn man aus der Perspektive vieler Jahrhunderte blickt, lehrt uns die Geschichte die Fehler.[123]

---

122 Vgl. Jankowski, Czesław: Wobec Epilogu. In: TI (24.6.1905) Heft 25. S. 475–476, hier S. 275.
123 Im Original: „Odważni są inicyatorowie Przeglądu Historycznego, że rzucają w świat pierwszy zeszyt swojego pisma w roku *tysiąc dziewięćset piątym*, w roku bomb i kartaczów, w roku, w którym zawichrzenia społeczne dochodzą do największego napięcia, kiedy publiczność czyta tylko telegramy z Dalekiego Wschodu, a wszystkie umysły są zajęte wielką polityką, wielkiemi reformami... Czy w takim czasie rozwinąć się może pismo historyczne, pismo naukowe? [...] czy

Mit der Formulierung „die richtige Zeit" sondert der Artikel das konkrete Ereignisgeflecht des Geschehens im Warschau des Jahres 1905 von der restlichen Zeit ab und lädt die Leserschaft dazu ein, darüber anhand des Bildes von einer „Schmiede" der eigenen Geschichte nachzudenken. Wie in den meisten vorherigen Beispielen wird die Gegenwarts-Zeit auch hier in zweierlei Hinsicht als für Warschau spezifisch definiert: einmal im räumlichen Sinn, da sie keiner globalen, sondern einer lokal-regionalen Konstellation entspricht. Und einmal im zeitlichen Sinn, da sie keine logische Folge der vorherigen Entwicklung darstellt, sondern eine unvorhersehbare Erfahrung. Anders als in den früheren Artikeln zielt aber die Konstruktion einer solchen Spezifizität nicht darauf ab, angesichts des schnellen Tempos der Ereignisse eine weitere Stimme über das diffuse Gefühl von Krisenhaftigkeit und Überwältigung sprechen zu lassen. Der*die Autor*in sieht hingegen in diesem Tempo die neue revolutionäre Macht der Warschauer Gegenwart, nicht um – wie bei Jankowski im Februar – bloß Rückständigkeit aufzuholen, sondern wieder die eigene Zukunfts-Zeit zu produzieren. Die Bedrohungsperzeption von der Allmächtigkeit des aktuellen Augenblicks vom Jahresanfang wandelt sich hier in ein neues Selbstverständnis von den „neuen [Warschauer] Menschen", in jenem Augenblick allmächtige Schöpfer der Geschichte zu sein.

Nun beinhaltet so ein neues Selbstverständnis die Denkfigur von der *Machbarkeit der Geschichte*, die Koselleck auf die Aufklärung und die Französische Revolution zurückführt.[124] Dem Zeittheoretiker zufolge wuchs nämlich die aus der Erfahrung des Fortschritts entspringenden Idee der *Übermacht der Geschichte* – d. h. dass die historische Entwicklung die einen unaufhaltsames Gesetzt sei, dem das Agieren der gesamten Menschhiet unterliegt – zusammen mit und im gleichen Maße zu dem Gefühl, dass bestimmte Menschen – die Reformer*innen oder die Revolutionär*innen – die Geschichte *machen* können. Anders als in Paris 1789 wurde aber im Warschau des Jahres 1905 in dem Artikel keine Geschichte im Kollektivsingular, sondern partikulär-polnische Geschichte geschmiedet. Der*die anonyme Autor*in präsentiert die Warschauer Gegenwarts-Zeit als Möglichkeits-

---

pora zajmować nas dzisiaj historyą, *nas*, którzy sami historyę tworzymy? Bo [...] kto dziś historyi nie czyni? [...] Wszyscy biegną. Cały zastęp nowych ludzi wszedł do długo zamkniętej kuźnicy. Wszyscy w największym pośpiechu wzniecają ognie, dmą w miechy, jedni walą młotami, inni chwytają za ostrza... W takim czasie czy nie pora wejść do tej kuźnicy i powiedzieć, jak to się dawne ukuwały dzieje? czy w takim czasie nie pora przestrzedz [sic!], do czego jakie służyły narzędzia [...]?... Zapewne naród nasz był złym kowalem własnego szczęścia, [...] zapewne ale też wiele lat minęło, a patrząc z perspektywy stuleci, historya uczy, w czem pobłądził." Red.: Czy pora? In: TI (1.7.1905) Heft 26. S. 486.

124 Vgl. Koselleck, Zukunft, S. 60–61 und S. 76–86; Koselleck, Revolution, S. 736–739.

fenster für die Wiederaneignung der eigenen, mit der imperialen Fremdherrschaft verlorengegangenen Fähigkeit, sich selber historisch zu entwerfen. Die Revolution stellt somit in diesem Fall kein Moment der (Re-)Synchronisierung mit der universellen Zeiterfahrung der Moderne dar, sondern einen Augenblick der Rückbesinnung auf die eigen-polnische historische Zeiterfahrung. Dadurch wird nicht so sehr eine neue Verzeitungsoption für Polen in der Universalzeit freigesetzt, als viel mehr die Wiederaufnahme der Produktion einer eigen-sinnigen polnischen historischen Zeit in Richtung Zukunft.

Die Weiterentwicklung eines solchen Gegenwartsverständnisses, das wahrscheinlich von der relativen Ereignislosigkeit des Zeitraums von September bis Mitte Oktober begünstigt wurde, lässt sich in einem der letzten Kommentare des *Tygodnik* vor der Erklärung des Oktobermanifests beobachten. Darin postuliert der ehemalige und in diesem Kapitel schon mehrfach zitierte *Praca*-Redakteur Rakowski die Existenz von zwei Welten „im Herzen der Menschen": eine Realitätswelt und eine Idealwelt. Wenngleich die Trennung der beiden Welten normal sei, müssen sie zueinander in Beziehung bleiben. Anderenfalls würde die Idealwelt jegliche Gestaltungskraft über das Leben verlieren. Aus diesem theoretischen Blickwinkel nähert sich Rakowski der Reflexion über die eigene aktuelle Zeit an:

> Die bahnbrechenden Augenblicke, die unsere Gesellschaft gerade erlebt, sind zugleich Wendepunkte unseres Verständnisses vom Verhältnis zwischen Realität und Ideal. Wir erleben eine Phase, in dem die vor langer Zeit abgerissene Verbindung zwischen realer und ideeller Welt wieder neu geknüpft wird. Für Jahre und Jahrzehnte existierte zwischen den beiden eine unüberbrückbare Kluft. [...] Neue Zeiten sind gekommen. [...] Im Denken und in den Ansichten unserer Gesellschaft begann ein Wandel einzutreten, dessen Hauptmerkmal es einerseits ist, dazu zu tendieren, das Leben auf das Niveau des Ideals zu heben, und andererseits, das Ideal an die Bedingungen unseres Lebens anzupassen. Nur so [...] wird sich die Realität dem Ideal annähern, das der Realität immer etwas voraus sein wird.[125]

Am Vortag der Gewährung von politischen Rechten im Zarenreich bestehe die „Neuigkeit" und der „bahnbrechende" Charakter des aktuellen Augenblicks darin, dass durch die Revolution der organische Zusammenhang zwischen der

---

125 Im Original: „Przełomowe chwile, które przebywa obecnie nasze społeczeństwo, są zarazem chwilami zwrotnemi w pojmowaniu stosunku rzeczywistości do ideału. Przebywamy fazę nawiązywania dawno zerwanego związku pomiędzy światem realnym a idealnym. Od lat i lat wielu pomiędzy ideałem a rzeczywistością istniał przedział nie do przebycia [...] Nastały nowe czasy. [...] W myśl tego w poglądach naszego społeczeństwa dokonywać się zaczął zwrot, którego cechą jest z jednej strony dążenie do podniesienia życia do poziomu ideału, a z drugiej dążenie do przystosowania ideału do warunków naszego życia. Tylką tą drogą [...] rzeczywistość będzie posuwała się za ideałem, który ją stale wyprzedzać będzie." Rakowski, Kazimierz: Dwa Światy. In: TI (14.10.1905) Heft 41. S. 750.

idealisierten und der tatsächlichen Form des erfahrenen Geschehens endlich wiederhergestellt werden konnte. Dabei präsentiert Rakowski – ähnlich wie im Beitrag Jankowskis oder im zitierten Artikel über die Gründung des *Przegląd Historyczny* – die revolutionäre Gegenwart als den eigentlich normalen Zustand historischen Daseins, der von den Teilungen Polens vor langer Zeit unterbrochen worden sei, um eine lange Ausnahmephase einzuleiten, die mit der Normalität verwechselt worden sei. Noch akzentuierter als im Artikel über den *Przegląd Historyczny* verbindet er die Gegenwarts-Zeit mit der neu-/wiedererworbenen Macht, das eigene historische Leben zu steuern. Während die Wiederaufnahme der „Schmiede" da noch als chaotisches und kaum vorbereitetes Vorhaben beschrieben wurde, suggeriert hier die Verwendung des Begriffs „Ideal" die Möglichkeit, der wiedergestaltbaren eigenen Geschichte eine eindeutige selbstbestimmte Richtung zu geben. Im Bewusstsein für diese Möglichkeit sind mittlerweile kaum mehr Spuren von der ursprünglichen Überwältigung angesichts der Omnipotenz der unerwarteten und unerklärbaren revolutionären Ereignisse zu finden. Stattdessen lassen sich Parallelen ziehen zwischen dieser Gegenwartskonstruktion und der Konstruktion einer polnischen Eigenzeit, die im Buchteil *Time and the Nation* zu den Narrativen über die jagiellonische Epoche identifiziert wurde. Die revolutionäre Gegenwarts-Zeit wird hier der polnischen historischen Zeit einverleibt als derjenige Moment, in dem diese Zeit wieder ihre natürliche Funktion von temporalen Realisierungsrahmen des eigen-polnischen ideellen Geschichtsentwurfs übernehmen kann.

IV.3.2 November 1905: Die Verwirklichung der Geschichte im Kollektivsingular

Der November 1905 stellte einen Wendepunkt in der Wahrnehmung der Gegenwart durch die Presse dar. Dieser Wendepunkt folgte nicht überraschend auf die sogenannten „Tage der Freiheit", in denen die Revolution Anfang November 1905 kulminierte.[126] Ab dem 27. Oktober wurden Warschau und Lodz erneut zum Schauplatz eines Generalstreiks, der diesmal beide Städte tagelang völlig lahmlegte. Am 30. Oktober proklamierte Zar Nikolaus II. unter dem Druck der Streiks für das ganze Imperium das Oktobermanifest, das allen Untertanen die Grundrechte der Gewissens-, Meinungs-, Versammlungs- und Vereinigungsfreiheit gewährte und eine parlamentarische Vertretung mit allgemeinem Männerwahlrecht versprach. Die Pressezensur wurde somit abgeschafft und verlor ihre Bedeutung

---

[126] Die Schilderung der folgenden Ereignisse basiert auf: Blobaum, Rewolucja, S. 104 f. und Kap. 8.

für die Warschauer Periodika. Während der nächsten 10 Tage kam es im Königreich Polen zu ununterbrochenen Demonstrationen und zu einem Kollaps jeglicher staatlichen Autorität. Am 1. November versammelten sich Massen von Demonstranten mit der Forderung nach Freilassung politischer Gefangener. Während es in Kalisch tatsächlich zehn von ihnen gelang, aus dem Gefängnis auszubrechen, schossen die zarischen Truppen auf dem Warschauer Theaterplatz in die Menge und töteten 44 Personen. Am 2. November fand eine Arbeiterversammlung an der Warschauer Philharmonie statt, auf der sich die sozialistischen Parteien PPS, SDKPiL sowie der Bund auf die Fortsetzung des Streiks einigten. Am 4. November bekamen die Ereignisse eine zusätzliche Dynamik durch das zarische Dekret über die Autonomie für Finnland. Die Nachricht weckte in Warschau große Hoffnungen und ließ den Führungskopf des nationaldemokratischen Lagers Roman Dmowski mit einer Delegation nach Sankt Petersburg fahren, um die Autonomie ebenso für das Königreich Polen auszuhandeln. Bevor Dmowski Sankt Petersburg überhaupt erreichen konnte, wurden am 10. November mit der Verhängung des Kriegsrechts im gesamten Weichselgouvernement vorerst die meisten der neuerworbenen Rechte wieder suspendiert. Somit waren die „Tage der Freiheit" beendet.

In diesem ganzen Zeitraum erschienen keine Ausgaben der kommerziellen Presse. Von den hier analysierten Periodika brachte als einzige die *Gazeta Świąteczna* in der ersten Monatswoche eine Ausgabe mit einer Entschuldigung für die Verzögerung beim Druck und Versand außerhalb der Stadt heraus, die sie mit den Streiks erklärte und die den Eindruck von einer zeitversetzten Verbreitung der Ausgabe im Vergleich zum angegebenen Datum vermittelt. Neben dieser Entschuldigung publizierte die Zeitschrift auf der Titelseite die vollständige Übersetzung des Ukas[127] vom 30. Oktober in polnischer Sprache sowie einen Artikel mit dem Titel *Die Verfassung*. Darin äußerte sich Prószyński das erste Mal zu den Ereignissen des Jahres 1905, über die die Volkszeitschrift ihr Publikum bisher nur durch sporadische Kurzmeldungen informiert hatte. Die ersten Absätze widmet der Zeitschriftengründer und langjährige Redakteur einer Erklärung, in der er den national-polnischen Charakter seines Blattes nach Jahren der Zensur endlich öffentlich machte: „Brüder! Landsleute! [...] Die Gazeta Świąteczna dient niemand anderem als Euch [...]. Sie ist eine polnische Zeitschrift, geschrieben und gedruckt für Polen, für das Wohl Polens, das ein Teil der gesamten Menschheit ist."[128] In der

---

[127] Der Begriff *Ukas* bezeichnete im zarischen Russland die zarischen Erlasse sowie die Erlasse der Orthodoxen Kirche mit gesetzgeberischen Befugnissen.
[128] Im Original: „Bracia! Rodacy! [...] Gazeta Świąteczna nie komu innemu, tylko Wam służy, [...]. Gazeta nasza jest pismem polskiem, pisana i drukowana dla Polaków, dla dobra Polski, która jest

folgenden Bekundung von Enthusiasmus des Autors darüber, die Nationalität der eigenen Zeitschrift endlich frei beschwören zu dürfen, sowie in den daran anschließenden Erörterungen über die neu erworbenen Grundrechte lassen sich interessante Hinweise zur zeitlichen Erfassung und Einbettung des aktuellen Geschehens finden:

> Der große Moment ist gekommen. Wir haben die *Meinungsfreiheit* erhalten, das ist die Freiheit, unsere Gedanken, die vorher entweder völlig unterdrückt oder unausgesprochen bleiben mussten, sowohl mündlich als auch schriftlich auszudrücken. Brüder! Geliebte Landsleute! Die Gazeta bringt Euch eine bedeutende Neuigkeit; ich würde mir über alles wünschen, dass sie blitzschnell in alle Häuser und Ecken, wo sie unsere Zeitschrift lesen, kommt. Leider sind der Geschwindigkeit Grenzen gesetzt, weil die Bahn schon fast zwei Wochen stillsteht und die Post die Presse nicht ausliefern kann.[129]

Und zum Schluss:

> Im Manifest des Zaren wird den Menschen Freiheit, die Bürgerfreiheit gegeben. [...] Im Manifest wird die Verfassung nicht erwähnt; aber die Gewährung der Bürgerfreiheiten für alle [...] ist das Gleiche, was es in allen Großmächten unseres Teils der Welt, in Europa und in ganz Amerika, außer der Türkei, schon gibt und überall Verfassung genannt wird.[130]

Anders als die *Tygodnik*-Ausgaben der vorhergehenden Monate, die permanent auf die Unbestimmtheit der Bedeutung, der Tragweite und der Richtung des aktuellen „bahnbrechenden" oder „außergewöhnlichen" Moments hingewiesen hatten, vermittelt die Aussage, dass „[d]er große Moment" gekommen sei, die Vorstellung eines schon lange bekannten und erwarteten Ereignisses. Die Fortsetzung des Artikels bestätigt diesen Eindruck: Darin wird nämlich das Okto-

---

częścią całej ludzkości." Pisarz Gazety Świątecznej [Pseudonym für Konrad Prószyński]: Konstytucja. In: GŚ (5.11.1905) Heft 45. S. 1–2, hier S. 1.

[129] Im Original: „Wielka chwila nadeszła. Otrzymaliśmy *wolność słowa*, to jest wolność wypowiadania i ustnie, i w druku myśli naszych, które przedtem musiały pozostawać albo całkiem w ukryciu, albo niedomówione. Bracia! Rodacy kochani! Wielką nowinę Gazeta Wam niesie; pragnę, aby lotem błyskawicy rozeszła się ona po wszystkich domach i zakątkach, gdzie Gazetę naszą czytają. Niestety, niemożna z tem pośpieszyć, bo koleje żelazne już blisko dwa tygodnie stoją bezczynnie, poczta rozwozić Gazetę nie może." Pisarz Gazety Świątecznej [Pseudonym für Konrad Prószyński]: Konstytucja. In: GŚ (5.11.1905), S. 1.

[130] Im Original: „W manifeście Najwyższym przyznano wolność ludziom, wolność obywatelską. [...] Niema w Manifeście żadnej wzmianki o konstytucji; ale przyznanie wszystkim wolności obywatelskiej [...] to jest to samo, co we wszystkich już, oprócz Turcji, mocarstwach w naszej części świata, w Europie, a także w całej Ameryce, i co wszędzie tam nazywa się konstytucja." Pisarz Gazety Świątecznej [Pseudonym für Konrad Prószyński]: Konstytucja. In: GŚ (5.11.1905), S. 2.

bermanifest als die russländische Variante eines Phänomens präsentiert, das in anderen Ländern bereits seine Verwirklichung gefunden habe, weshalb der Autor bereits mit dessen Funktionsweise vertraut ist. Wie sich aus den enthusiastischen Tönen des Artikels herauslesen lässt, schreibt Prószyński dem gerade erlebten Augenblick eine gewisse revolutionäre Qualität zu, die sich aus dem plötzlichen und radikalen Bruch mit der Zeit davor ergab. Die Charakterisierung dieses Augenblicks als unberechenbare Übergangsphase oder als spezifischer Ausnahmezustand, wie sie so häufig in den Artikeln von Januar bis Juli zu finden war, verschwindet jedoch komplett. Vielmehr geht es hier darum, die Überwindung der eigenen – durch Russland verursachten – Rückständigkeit in Hinblick auf eine fundamentale Etappe der Geschichtsentwicklung Europas und Amerikas, wie die Verfassung sie markiert, festzustellen. In dieser Hinsicht kann eine eindeutige Parallele zur Konstruktion der Gegenwart um die Jahrhundertwende beobachtet werden. Das Oktobermanifest bildet den Moment, in dem die spezifisch Warschauer revolutionäre Gegenwarts-Zeit plötzlich wieder mit den universellen Kriterien der Zeitdifferenzierung im Einklang gebracht werden konnte und Gleichzeitigkeit mit der universellen Gegenwarts-Zeit aufweist.

Ähnlich wie bei der Jahrhundertwende und anders als bei Jankowski fungiert Prószyńskis Gegenwartskonstruktion als Träger einer synchronen Selbstverzeitung. Diese betrifft allerdings nicht das ganze Königreich Polen: Laut *Gazeta* hat das Oktobermanifest die Provinz aufgrund der Streiks noch nicht erreicht. Das Land wird somit auch hier in eine andere Zeit als die Stadt gesetzt, eine Zeit, in der das Verfassungsversprechen (noch) nicht existiert. Nun deckt sich diese temporale Spaltung des polnischen Raumes mit jener Position *dazwischen*, die bereits im Kapitel IV.2. mit Semiperipherialität in Zusammenhang gebracht wurde. Der von Prószyński selbst als unrealistisch geäußerte Wunsch nach einer „blitzschnellen" Verbreitung der Nachricht gibt einerseits zu verstehen, dass die Synchronisierung mit der Warschauer Gegenwart den verzögerten, aber sicheren Zukunftshorizont des ländlichen Raums darstellt, was indirekt die ländliche Zeit als Vergangenheit Warschaus definiert. Andererseits zeigt es auch das spezifische Selbstverständnis der (Volks-)Presse als zentralen Akteur für die Nivellierung einer solchen Ungleichzeitigkeit und somit für die Überwindung der semiperipheren Position.[131]

Erst nach den „Tagen der Freiheit", am 13. November, erschien das zweite der hier analysierten Periodika, der *Tygodnik Ilustrowany*. Dem üblichen großen Ti-

---

131 Vgl. D.: Z tygodnia na tydzień. In: TI (15.4.1905).

telbild¹³² und einem Gedicht¹³³ folgte auf der zweiten Seite des Heftes ein anonymer Artikel, der die Reaktionen auf die Geschehnisse der beiden ersten Novemberwochen im Format eines Tagebuchs vom 1. bis zum 13. November mit zahlreichen Fotografien der Demonstrationen zusammenfasst. Durch das Aufeinanderfolgen von Daten und die persönlich emotionalen Meldungen sowie Bilder verleiht der Artikel der Leserschaft den Eindruck von einem besonders schnellen Zeitrhythmus der gerade vergangenen Tage. Der erste Eintrag mit der Überschrift „Warschau, 1. November" zeigt in wenigen Sätzen, was für eine Prägekraft das Oktobermanifest auf die Wahrnehmung und Konstruktion der Gegenwart hatte:

> Wir erleben Momente von außerordentlicher historischer Tragweite. Das, was gestern noch zu denken, ein Staatsverbrechen war, wird heute vor unseren Augen zum Fundament der weiteren Entwicklung des Staates [...]: Russland verwandelt sich in einen Verfassungsstaat. [...] Diese wenigen vergangenen Tage, während deren ununterbrochen von der Meinungsfreiheit Gebrauch gemacht wurde, diese Tage, während deren Zehn- und Hunderttausende so stark in ihrem Inneren berührt sowie in die große Bewegung mithineingezogen wurden, diese Tage können nicht mehr ausgelöscht werden. Sie sind die Garantie dafür, dass die Geschichte nicht rückwärtsgeht.¹³⁴

Wie auch schon im Beispiel der *Gazeta* verlor die Warschauer Gegenwart in dieser Passage ihre frühere Unbestimmtheit sowie ihre (temporale) Einmaligkeit bzw. (räumliche) Spezifizität und wurde mit der allgemeingültigen Grundetappe der Geschichte synchronisiert, die den Namen Verfassungsstaat trägt. Im Vergleich mit den vorherigen Monaten weist aber diese Textstelle auf eine mit der Syn-

---

132 Es handelt sich um *Widzenie* („Erscheinung') von Artur Grottger. Die schwarz-weiße Zeichnung, die zum Zeichenzyklus *Lithuania* (1864–1866) gehört, porträtiert das Leben einer ins Innere Russlands deportierten Aufständischen des Jahres 1863, die in Ketten bei der Minenarbeit gezeigt wird, als sie plötzlich eine Epiphanie der Heiligen Maria aus Tschenstochau erlebt. Die Veröffentlichung dieses Bildes, das wahrscheinlich noch zwei Wochen früher die Zensur nicht überstanden hätte, in der ersten Ausgabe der Zeitschrift nach dem Oktobermanifest ist besonders symbolisch.
133 Die Redaktion wählte für die Titelseite ein sehr patriotisches Gedicht von Maria Konopnicka mit dem Titel *Ty, coś walczył dla idei...* („Du, der für das Ideal gekämpft hast..."). Auch diese Entscheidung hatte einen offensichtlich symbolischen Charakter.
134 Im Original: „Przeżywamy chwile wyjątkowej historycznej doniosłości. To, o czem wczoraj jeszcze myśleć było przestępstwem stanu, dziś staje się w naszych oczach podwaliną dalszego rozwoju państwa [...]: Rosya przekształca się na państwo konstytucyjne. [...] Tych paru dni minionych, podczas których aż do odrzucenia się używano wolności słowa, tych dni, podczas których dziesiątki i setki tysięcy do głębi swej jaźni były poruszone i wciągnięte w ruch ogólny, tych dni nic już nie odrobi. One tworzą gwarancyę, że historya wstecz nie pójdzie." ANONYM: Na przełomie. In: TI (13.11.1905) Heft 44. S. 810–815, hier S. 810.

chronisierung zusammenhängende Verschiebung der Handlungsträger der revolutionären Ereignisse hin: Handlungsträger seien nicht mehr der revolutionäre Augenblick in seiner Besonderheit und Unberechenbarkeit oder die Revolutionär*innen selbst, sondern der historische Fortschritt, der sich beispielsweise in der reflexiven Form des Verbs „sich verwandeln" verbirgt. Das macht die verzögerte Verwirklichung der Verfassung in Russland zu einem Moment der (Wieder-) Offenbarung der universellen Fortschrittsgesetze in der russländisch-imperialen und somit auch polnisch-nationalen historischen Zeit. Die revolutionäre Qualität der aktuellen Zeit in Warschau liege dementsprechend lediglich darin, mit welcher Geschwindigkeit von „gestern" auf „heute" eine radikale Veränderung stattfinden konnte, weniger aber in der Fähigkeit, die eigene Zukunfts-Zeit selber zu gestalten. Infolge des Oktobermanifests rückt die Machbarkeit der eigenen Geschichte in den Hintergrund, und ihre Kehrseite, die Übermacht der Geschichte im Kollektivsingular, kommt wieder zum Vorschein.

Mit diesem Übergang hängt auch eine Umdeutung der intensiven soziopolitischen Mobilisierung zusammen, die bisher in den Texten des *Tygodnik* vor allem Gefühle der Überwältigung und der Orientierungslosigkeit geweckt hat. Der*die anonyme Autor*in des Novemberartikels präsentiert die Unruhen und Streiks hingegen als die praktische Umsetzung der für die Verfassung konstitutiven Grundrechte: Versammlungsfreiheit, Meinungsfreiheit usw. Durch so eine Interpretation bekommt die gegenwärtige spezifische Erfahrung der Warschauer Revolution eine unauslöschliche, universalistische Dimension zugeschrieben. Sie wurde nämlich zur „Garantie" für die von diesem Zeitpunkt an geltende Irreversibilität der eigenen Geschichtsentwicklung bzw. dafür, dass sich die eigen-(kongress-)polnische historische Zeit ab dem 1. November wieder in die gleiche Richtung wie die universelle Zeit entfaltet.

Das darin implizierte Verständnis des 30. Oktobers als eine dauerhafte Zäsur modifiziert schließlich die Wahrnehmung der Länge der Gegenwarts-Zeit sowie ihrer transitorischen Natur. Das Datum des 1. Novembers markiert in der Tat für den Artikel keine Übergangssituation mehr, sondern eher deren Ende bzw. die Erreichung des ultimativen Telos, auf das die Übergangssituation der letzten Monate abgezielt hat. Indem das Heute seine Flüchtigkeit verliert und als Auftaktmoment des nicht-umkehrbaren universellen Zustands des Verfassungsstaats imaginiert wird, lässt sich hier von einer Verwischung der Grenze zwischen Warschauer Gegenwarts-Zeit und allgemeingültiger Zukunfts-Zeit sprechen.

Das Münden der „Tage der Freiheit" im Kriegsrecht stellt allerdings im Laufe des Artikels die Grenze wieder her und macht die Gegenwarts-Zeit erneut spezifisch und transitorisch. Das zeigt besonders eindeutig der letzte Eintrag im journalistischen Tagebuch, datiert auf den 13. November:

Das Kriegsrecht wurde im gesamten Königreich Polen verhängt. In ihrer Pendelbewegung schlug so die Entwicklung der Ereignisse wieder zu der Seite aus, von der sie kam. Das Manifest vom 30. Oktober versprach die Verfassung. Wir glauben dass diesem Versprechen Taten folgen werden. Aber wir hätten [...] uns doch bewusst sein müssen, dass der Sprung vom bürokratischen *Gestern* zum konstitutionellen *Morgen* einfach zu groß ist, als dass unser alltägliches *Heute* von Erschütterungen, in Gestalt des Kriegsrechts usw., befreit bliebe. Bei der Bewertung dieser Ereignisse während dieses Übergangsmoments muss man daher differenziert urteilen. [...] Aber genauso wie die Begeisterung vor zwei Wochen unbegründet war, ist auch die aktuelle Niedergeschlagenheit unbegründet. In beiden Fällen zeigt sich bei uns die Neigung, die Bedeutung der aktuellen Ereignisse zu überschätzen.[135]

Die ersten Zeilen dieses Zitats sprechen der aktuellen Zeit jene Vorwärtsorientierung ab, die die vorige Textstelle aufgrund der ausgerufenen Grundrechte für garantiert und endgültig erklärte. Die Gleichsetzung der revolutionären Gegenwarts-Zeit in Warschau mit der ziellosen Bewegung eines Pendels bedeutet nämlich auch eine radikale Nicht-Übereinstimmung bzw. Nicht-Synchronie dieser schnell wechselnden Gegenwart mit dem per se nach vorne gerichteten Fortschritt. Der*die anonyme Autor*in scheint aber nicht an der zukünftigen Realisierung der universellen Fortschrittsgesetze im russländischen Reich zu zweifeln und sieht immer noch in der Verfassung das eigene selbstverständliche „Morgen". Das revolutionäre „Heute" wird jedoch aufgrund seines permanenten Richtungswechsels jeglicher historischen Relevanz beraubt und als Limbus vor dem Eintritt eines solchen festgelegten Horizonts präsentiert. Die Gegenwartskonstruktion hat in den Pressebeiträgen von Anfang 1905 das Gefühl von Allmächtigkeit sowie historischer Tragweite des aktuellen Augenblicks vermittelt. Sie hat sich dann um die Jahresmitte zum temporalen Bereich für die autonome Selbstgestaltung der eigenen Geschichte emanzipiert. Im November erlebt sie hingegen eine radikale Entmachtung zugunsten der Zukunft, die der *Tygodnik* nun als wahren Moment der (Re-)Synchronisierung der polnischen historischen Zeit mit dem Fortschritt identifiziert. Ende 1905 wird somit die Gleichzeitigkeitsperspektive für die polnische historische Zeit in der Zukunft als temporales Hauptprodukt

---

135 Im Original: „Ogłoszono stan wojenny w całem Królestwie Polskiem. W wahadłowym swym ruchu rozwój wypadków znów więc zwrócił się w stronę, z której był wyszedł. Manifest z d. 30 października zapowiedział konstytucyę. Wierzymy, że zapowiedź ta musi stać się czynem. Ale [...] powinniśmy sobie uprzytomnić, że od biurokratycznego *wczoraj* do konstucyjnego *jutro* przeskok jest zbyt wielki, aby nasze codzienne *dziś* miało być pozbawione wstrząśnień, w postaci stanu wojennego i t. d. Należy więc w ocenie tych przejawów przejściowej chwili zachować krytyczną miarę. [...] Ale zauważyć trzeba, że o ile mało uzasadnionym był entuzyazm z przed dwóch tygodni, o tyleż mało uzasadnionem jest i obecne przygnębienie. W obu tych razach ujawniła się u nas skłonność do przeceniania rzeczywistej wagi wypadków chwili." ANONYM: Na przełomie. In: TI (13.11.1905), S. 815.

der Revolution in Warschau wahrgenommen. Als Nebenprodukt lässt sich die gegenwärtige semiperiphere Position, die im unvollständigen und richtungslosen Charakter der Gegenwarts-Zeit steckt, erkennen. Die Gegenwarts-Zeit gerät somit in ein Abhängigkeitsverhältnis von der Zukunft, das als sechste Form der Gegenwartskonstruktion um die Jahrhundertwende definiert wurde.

Die ersten Ausgaben des *Bluszcz* und der *Biesiada Literacka* nach dem Oktobermanifest, die am 19. bzw. am 24. November erschienen, bestätigen grundsätzlich die hier analysierte Entwicklung. Aus der preisgünstigsten Warschauer Illustrierten, die im Gegensatz zur Frauenzeitschrift fast das gesamte Heft den neuesten Novemberentwicklungen widmete, lassen sich zwei abschließende Textstellen zitieren, in denen eine zukünftige (Re-)Synchronisierung besonders deutlich wird.[136] Die erste Passage stammt aus der Rubrik *Aus Warschau*, in der die *Biesiada* am 24. November das Oktobermanifest sowie die folgenden Ereignisse im November kommentierte. Nach einem Loblied auf die Verfassung fragt sich der unter Pseudonym schreibende historische Redakteur der Zeitschrift, Władysław Maleszewski, wie viele Untertanen des Zaren überhaupt wüssten, was eine Verfassung sei. Die Antwort darauf liefert ihm eine Vorlage zum Brückenschlag zur polnischen historischen Zeit:

> Genauso wurde das polnische Königreich von der guten Nachricht überrascht, aber der Gott der Freiheit ist für es [das polnische Königreich, C.F.] nichts Einmaliges, so wie für die anderen Einwohner des gesamten Zarenreichs. Indem es [das Königreich Polen, C.F.] eine Verfassung erhielt, bekam es [Polen, C.F.] das zurück, was es damals verloren hatte, worauf es aber nie verzichtet hatte.[137]

Dieses Zitat zeigt, wie das Oktobermanifest auf einmal die Integration der revolutionären Gegenwart in die polnische historische Zeit ermöglicht. Den Anknüpfungspunkt zwischen den beiden liefert in diesem Beispiel die Verfassung

---

136 Der *Bluszcz* reagierte nur in einem Artikel auf das Geschehen der ersten Novemberwochen. Vgl. Anonym: W zaraniu nowego dnia. In: B (19.11.1905) Heft 45–46. S. 519–522. Neben zumindest drei unmittelbaren Kommentaren und vielen Fotografien der Demonstrationen veröffentlichte hingegen die *Biesiada* sogar einen historischen Artikel über die Maiverfassung, die sich als Reaktion auf das Oktobermanifest verstehen lässt. Vgl. Koroniarz [Wahrscheinlich Pseudonym für Józef Dąbrowski]: Trzeci Maj. In: BL (24.11.1905) Heft 44. S. 350–351; Anonym, Miecz i dyplomacja. In: BL (24.11.1905) Heft 44. S. 354–355; Sęp. [Pseudonym für Władysław Maleszewski]: Z Warszawy. In: BL (24.11.1905) Heft 44. 344–346; Anonym: Chwila bieżąca. In: BL (24.11.1905) Heft 44. 347–350.
137 Im Original: „I Królestwo Polskie tak samo zostało zaskoczone dobrą nowiną, ale bóstwo wolności nie jest dla niego taką osobliwością, jak dla innych mieszkańców całego państwa. Otrzymując konstytucyę, odzyskiwało to, co było utraciło niegdyś, ale czego się nigdy nie wyrzekło." Sęp. [Pseudonym für Władysław Maleszewski]: Z Warszawy. In: BL (24.11.1905), S. 346.

vom 3. Mai, die überraschenderweise vom *Tygodnik* nicht im Revolutionskontext erwähnt wird. Wie sich aus der Analyse in *Time and the Nation* herausstellte, enthielt das Narrativ der Reformen des Vierjährigen Sejms sowohl eine Ebene der Gleichzeitigkeit mit der Französischen Revolution als auch das Versprechen einer modernen polnischen historischen Existenz in der Zukunft. Spiegelbildlich stellt die Maiverfassung in diesem Artikel aus der *Biesiada* die Ressource für eine Rückbindung der Warschauer Gegenwart des Jahres 1905 an die polnisch-nationale historische Zeit einerseits und an die universellen Fortschrittgesetze andererseits dar. Die gegenwärtige Verfassung kann denn dadurch als Fortsetzung bzw. Reaktivierung der mit den Teilungen unterbrochenen eigen-polnischen historischen Evolution nach vorne in Richtung Freiheit gedeutet werden. Aus dieser Perspektive formuliert der Artikel auch eine synchrone Selbstverzeitung sowohl in der Gegenwart als auch in der Vergangenheit, was die Rückständigkeit des Königreichs Polen vor den Ereignissen des Oktobermanifestes auf einen kurzen und unbedeutenden Zwischenfall der sonst grundsätzlich synchronen polnischen Geschichte reduziert.

Inwieweit die Einführung des Kriegsrechts wenige Tage später die gerade analysierte doppelte Rückbindung nicht komplett rückgängig machte, sondern eher hin zur Zukunfts-Zeit verschob, lässt sich an einem zweiten Beitrag im gleichen Heft der *Biesiada* zeigen. Dieser zweite Beitrag, der mit dem symbolischen Satz „Die Geschichte bleibt nicht stehen" beginnt, widmet sich der Beschreibung der Ereignisse nach dem Manifest bis zur Verhängung des Kriegsrechts und endet mit folgenden Worten:

> Die großen Taten, die großen Epochen werden immer in Wehen und krampfhaften Erschütterungen der Gesellschaft geboren. Das Kaleidoskop der Ereignisse dreht sich wieder und bringt uns vielleicht erneut grenzenloses Leiden und unendliche Schmerzen; aber wir sollten den Schmerz ertragen und hoffen! [...] Eine gute Saat, und eine solche ist die Saat der Freiheit, muss früher oder später aufgehen.[138]

Auch hier wird wie im *Tygodnik* die revolutionäre Gegenwarts-Zeit plötzlich in kontingenten Schwingungen beschrieben, die ihr eine grundlegende Vorwärtsorientierung absprechen. Das hat aber auch für den*die Verfasser*in keine wesentliche Bedeutung, da er*sie die Verwirklichung der Freiheit als nicht hinterfragbaren („muss früher oder später") Zukunftshorizont versteht. Infolge des

---

[138] Im Original: „Wielkie fakty, wielkie epoki rodzą się w bólach i konwulsyjnych wstrząśnieniach społeczeństw. Ów kalejdoskop wypadków obróci się nie raz jeszcze i przyniesie nam może bezdeń smutku i bezmiar bólu; ale my zdusmy ból i ufajmy! [...] Dobry posiew, a takim jest posiew wolności, musi zejść wcześniej czy później." ANONYM, Miecz i dyplomacja. In: BL (24.11.1905), S. 354.

Kriegsrechts konnte die Erfahrung des Oktobermanifests auch für die *Biesiada* keine Kongruenz mehr zwischen polnischer historischer Zeit und Fortschritt – im Sinne von geschichtsimmanenten universellen Bewegungen nach vorne – in der Gegenwart produzieren. Sie hinterließ aber immer noch die Fortschrittsidee als zukünftigen Handlungsträger der polnischen historischen Zeit und die Verfassung als sichere Zukunftsperspektive der wechselhaften und noch semiperipheren, aber nur transitorischen Warschauer Gegenwart. Schlussfolgerungen darüber, inwieweit diese Idee ein langfristiges Erbe darstellt oder nicht, lassen sich nur anhand der wenigen Artikel, die die revolutionären Ereignisse nach dem Ende der Revolution kommentierten, ziehen. Nur drei Jahre später konstatierte beispielsweise der renommierte Historiker Szymon Askenazy am Anfang seiner zweiteiligen Bilanz der Revolution, die im *Tygodnik* des Jahres 1909 veröffentlich wurde, wie die Jahre 1905–1907, wenn auch zeitlich noch so nahe, doch schon wieder weit weg zu sein scheinen.[139] Von der Konstitution als Zukunftsperspektive ist in seinem Artikel nichts mehr zu lesen: Was nach der nicht erfüllten Revolution bleibt, ist die gleiche Wahrnehmung von der Geschwindigkeit der Zeit, die schon für die Jahrhundertwende kennzeichnend war und wonach sich jede neue Gegenwart sehr schnell in eine ferne und abgeschlossene Vergangenheits-Zeit transformiert.

IV.4 Unvollkommene Gleichzeitigkeit und mediale Abhängigkeit der Gegenwarts-Zeit

Die Kapitel IV.2. und IV.3. haben gezeigt, wie die polnische Presse der Jahre 1890–1910 den zeitgenössischen Augenblick als neu und von dem davor unterschiedlich, als wirkungsmächtig, als zukunftsorientiert und als gestaltbar konstruierte. Derartige Gegenwartskonstruktionen zeugen von der Verbreitung von Zeitwahrnehmungsformen in den polnischen Öffentlichkeiten, wie sie Autor*innen wie Koselleck, Osborne oder Assmann als Indikatoren der Zeitlichkeit/des Zeitregimes der Moderne beschreiben. Sie werden von historischen Konstellationen wie Fortschritt und Revolution, die par excellence als universalistisch modern gelten, inspiriert und bringen den temporalen Erfahrungsgehalt dieser Konstellationen zum Ausdruck. Auch die (Re-)Produktion der pessimistischen Wahrnehmung der eigenen Zeit steht in perfektem Einklang mit dem transnationalen, ja globalen Zeitgefühl des *fin de siècle*. Die Quellenanalyse bestätigte daher in erster Linie die

---

139 Vgl. Askenazy, Szymon: Z njedawnej przeszłości. In: TI (12.6.1909) Heft 24. 472–473, hier S. 472.

These von einer *relativen* Synchronie der Gesellschaften in den Teilungsgebieten mit der europäisch-modernen Gegenwartserfahrung. Dabei wurde der Begriff *relativ* von Todorova entliehen, um den Fokus bewusst von der üblichen Hervorhebung der Ungleichzeitigkeiten dieses Prozesses zwischen West- und Osteuropa auf dessen Gleichzeitigkeit im Laufe des 19. Jahrhunderts zu verlegen.[140]

Das temporale Selbstverständnis, das die einzelnen Quellen dem eigenen Publikum vermittelten, lässt sich jedoch nicht ausschließlich mit dem Begriff der Gleichzeitigkeit erfassen. Es lassen sich im Gegenteil mindestens fünf immer wiederkehrende Einwände gegen eine vollkommene und bedingungslose Gleichzeitigkeit der polnisch-nationalen oder regionalen Dimension in der europäisch-universell-modernen Gegenwart erkennen, die immer wieder auf Semiperipherialität schließen lassen. Erstens siedelten die meisten Artikel die Ursprünge der von ihnen zur Konturierung der Gegenwart verwendeten Phänomene räumlich meist außerhalb der Teilungsgebiete an. Das gilt insbesondere für die Jahrhundertwende, aber auch für die Revolution von 1905. Um die Jahrhundertwende stellte nicht nur der Datumswechsel an sich ein unausweichlich exogenes Trennungsprinzip der Zeit dar, an das die Zeitschriften die konkreten Entwicklungen der eigenen Regionen anpassten. Vor allem aber stand Polen nie im Vordergrund bei der Beschreibung all der technischen, herausgeberischen oder bildungsbezogenen Erneuerungsprozesse. Es waren aber eben diese Prozesse, von denen ausgehend die polnischsprachige Presse Namen für die eigene Epoche („Jahrhundert des Dampfs und der Elektrizität") entwickelte. 1905 führten die Autor*innen die revolutionäre Gegenwart in Warschau immer wieder auf ihr Abhängigkeitsverhältnis zur Front im Fernen Osten und zur imperialen Entscheidungsmacht zurück. Die geographische Ferne und die daraus resultierende Machtlosigkeit gegenüber den Epizentren der Zeitdifferenzierung begründen daher eine erste Relativierung der eigenen Gleichzeitigkeit mit der modernen Gegenwart.

Zweitens spielten die dritte Teilung Polens und die Verfassung vom 3. Mai 1791, die beiden zentralen Zäsuren, mit deren Hilfe im Rahmen der historischen Artikel der Anachronismus oder die Zukunftsfähigkeit der polnisch-nationalen historischen Existenz affirmiert wurden, ausgerechnet bei den Jahrhundertrückblicken oder den Kommentaren zum revolutionären Geschehen eine eher marginale Rolle. Beide Ereignisse wurden nur sporadisch erwähnt. Zu einer etwaigen Folie, anhand deren die Zeitschriften 1900/1901 oder 1905 die Gegenwart gedeutet, konstruiert oder differenziert hätten, wurden sie jedoch nie. Das vermittelt generell den Eindruck, als ob die Zeiterfahrung der Jahrhundertwende oder der

---

140 Vgl. Todorova, Kategorie, S. 26.

Revolution in keinem oder nur in einem extrem lückenhaften Zusammenhang mit der polnischen historischen Evolutionszeit stand, und legt die These nahe, dass die Zeitschriften grundlegende Schwierigkeiten hatten, die beiden Zeiten zusammenzufügen. Aus dieser Perspektive lässt sich die gefühlte und (re-)produzierte Diskontinuität zwischen der eigenen erlebten Zeit in der Gegenwart und der nationalen identitätsstiftenden Dimension in der Vergangenheit als zweiter wirkungsmächtiger Einwand gegen ein vollkommen gleichzeitiges temporales Selbstverständnis verstehen.

Es sollte jedoch erwähnt werden, dass einige wenige Artikel trotzdem eine Verbindung zwischen der Gegenwart und der eigen-polnischen Entwicklung herstellten. Sie betteten in die junge Vergangenheit eine zivilisatorische Verspätung (des Königreichs) Polens ein, für die die Teilungen oder die Folgen der politischen Abhängigkeit, wie die zarische Unterdrückungspolitik nach dem Aufstand von 1863, die Verantwortung trugen, und verstanden die Gegenwart als Moment der Überwindung dieser Verspätung. Vor allem die Kommentare zur Revolution zeugen davon, wobei dieses Phänomen auch in bestimmten Jahrhundertrückblicken vorkommt. Dieses Narrativ von einer eigenen Rückständigkeit um das Jahr 1800 und von einem Aufholprozess, der dank des soziokulturellen Fortschritts in der zweiten Hälfte des 19. Jahrhunderts oder des soziopolitischen Erwachens 1905 möglich wurde, fungierte einerseits als Überbrückung zur grenzenlosen Diskontinuität, die im vorigen Absatz erwähnt wurde. Die universalisierte Gegenwart wurde dadurch nicht mehr als völlig exogene und unabhängige Zeit, sondern als nächster temporaler Schritt im eigenen Evolutionspfad dargestellt. Andererseits schränkte dieses Narrativ die Option einer vollständigen Gleichzeitigkeit dadurch ein, dass es gerade den Akzent auf die Verzögerung dieser Gleichzeitigkeit im partikulär-polnischen Kontext setzte.

Auf eine vierte, nicht bis zum Ende gleichzeitige Position weisen dann all die Pressebeiträge hin, die ihre eigene Gegenwart im Sinne der Öffnung eines konkreten Zukunftshorizontes beschrieben. Das betrifft sowohl die Jahrhundertrückblicke als auch die Reflexionen über den revolutionären Augenblick. Während Erstere unterschiedliche, erwünschte Szenarien für das 20. Jahrhundert formulierten, zu denen beispielsweise die soziale Gleichheit, die Gleichberechtigung der Frauen oder die Modernisierung des Lands gehörten, prognostizierten Letztere nach der Verhängung des Kriegsrechts das erneute Inkrafttreten der Verfassung. In beiden Fällen wurde die Gegenwart als bloße Übergangsphase in Richtung der zukünftigen Realisierung eines modernen Erwartungshorizontes und in diesem Sinne als (noch) nicht hundertprozentig synchron angesehen.

Schließlich deuteten einige Pressebeiträge auf eine Differenzierung der Zeit hin, die nicht nur zwischen Gegenwart und Vergangenheit, sondern auch zwischen den beiden Polen – *urban* und *rural* – unterschied. Die geringe Zahl solcher

Beiträge im Vergleich zu den im ersten Teil untersuchten Artikeln, die eine polnische historische Zeit der Bauern konstruierten, trug zu einem eindeutigen Monopol der Stadt über die in der Presse konstruierte universelle Zeit der Moderne bei. Bei den wenigen Textstellen, in denen das Land doch Thema war, stand nie seine spezifische Zeiterfahrung, sondern sein aus der städtischen Perspektive diagnostizierter Verzug im Mittelpunkt. Die temporale Rückständigkeit der bäuerlichen Welt hatte in diesem Zusammenhang zwei gegensätzliche Funktionen: Einerseits bildete sie den temporalen Alteritätspunkt, der als Kontrastfolie zur Konstruktion der Modernität der Städte fungierte. Andererseits wies sie auf die Grenzen dieser Modernität auf der Ebene der *modernen* ethnisierten Idee der polnischen Nation – d.h. einer Nation hin, die auch den bäuerlichen Stand einschloss. Die Zersplitterung der polnischen nationalen Entwicklung in zwei Tempi, von denen das zweite Tempo (das rurale) die Synchronisierung des ersten (des urbanen) hervorhob, aber zugleich die gesamtnationale Codierung dieser Synchronisierung mit einer permanenten Hypothek belastete, kann als fünfter Hinderungsfaktor auf dem Weg zu einer vollständigen Gleichzeitigkeit des Identifikationssubjektes Polen verstanden werden.

Vor dem Beginn der Analyse wurde die Frage aufgeworfen, ob sich gerade durch die moderne Zeiterfahrung der Gegenwart dieses semiperiphere Selbstverständnis auflöste. Aus der Perspektive dieser fünf Einwände resultiert daraus nun eine negative Antwort. Dies stellt allerdings nur eine Seite der Antwort dar. Die andere Seite besteht einerseits aus der bereits festgestellten relativen Gleichzeitigkeit der polnischsprachigen Gesellschaften und der europäisch-modernen Gegenwartserfahrung. Andererseits lassen sich in der Quellenanalyse genug Beweise dafür finden, dass die grundlegende temporale Position dieser Gesellschaften in der Gegenwart eher in Termini von Gleichzeitigkeit als von Ungleichzeitigkeit definiert wurde. Das zeigen auch die hier formulierten fünf Einwände, die diese Gleichzeitigkeit relativieren und als unvollkommen erscheinen lassen, sie aber nicht grundsätzlich negieren. Aus dieser Perspektive wiederum lässt sich behaupten, dass die *relative* Gleichzeitigkeit mit der Zeiterfahrung der Moderne auch eine *relativ* gleichzeitige Selbstverzeitung in der Moderne produzierte.

Diese relativ gleichzeitige Selbstverzeitung zeugt darüber hinaus von einer gewissen Übereinstimmung mit den Charakteristika, die die moderne Gegenwartswahrnehmung in der Forschung ausmachen. Gerade die Auffassung der eigenen unvollkommenen, gleichzeitigen Gegenwart als flüchtiger Augenblick und Übergang von der Rückständigkeit zum Aufholen, von der ruralen Vormoderne zur urbanen Moderne sowie von der Eigen-Artigkeit zur Universalität, scheinen genuin modern und somit paradoxerweise perfekt synchron. Es lohnt sich daher zu fragen, ob nicht die strukturelle Ambivalenz der modernen Gegenwart – anstelle der partikularen Ambivalenz der historisch geerbten Position Polens – als Folie für die Deutung der Einschränkungen dienen sollte, die die Zeitschriften in Bezug auf eine perfekt synchrone Gleichzeitigkeit Polens mit der Gegenwart thematisierten wie konstruierten. Inwiefern stellen also die formulierten Einwände gegen die vollkommene Gleichzeitigkeit der polnischen Gegenwarts-Zeit – sprich: die Ferne aus den Epizentren der Zeitdifferenzierung, die temporale Zersplitterung zwischen urban und rural oder die Diskontinuität zwischen nationaler Vergangenheit und universeller Gegenwartserfahrung – partikulär-polnische Unzulänglichkeiten gegenüber der Moderne dar? Handelt es sich nicht etwa um Unzulänglichkeiten, die die Quintessenz der Moderne als erfahrene Zeit ausmachen? Und lässt sich die Semiperipherialität dann nicht auch als strukturelle Position in der modernen Gegenwart verstehen? Diese Fragen sollen an dieser Stelle offenbleiben: Sie werden am Ende des Buches wieder aufgegriffen – ohne allerdings eine eindeutige Antwort bereitzuhalten, dienen sie eher als zusätzliche Reflexionsebene über die nur schwer zu umgehende Prägungskraft der hegemonialen Moderne auf die Prämissen dieser Studie. An dieser Stelle laden sie allerdings dazu ein, die semiperiphere Selbstverzeitung der polnischsprachigen Gesellschaften in der Gegenwart um die Zeit der Jahrhundertwende und der Revolution als Überlappung zwei sich gegenseitig bedingenden Positionen zu denken: einer partikular-polnischen und einer allgemein-modernen.

Jenseits der (un-)vollkommenen Gleichzeitigkeit mit der Moderne ermöglicht die Quellenanalyse von *Modern Times*, auch bestimmte Schlussfolgerungen über die mediale Bedingtheit der Zeitkonstrukte zu formulieren. Die spezifische Prägungskraft der kommerziellen Zeitschriften als Medien, Akteure und Orte der Produktion von Gegenwarts-Zeit war darin auf zumindest vier Ebenen zu erkennen. Erstens definierte die Einleitung dieses Buches die *Zeitschriften für viele* als Manifestation und Mitproduzenten der gleichen sozioökomisch-technischen Veränderungen, die am Ende des 19. Jahrhunderts auch das Bewusstsein für die Differenz zwischen Gegenwart und Vergangenheit erzeugten. Das bedeutet, dass auch deren Erscheinen auf dem Zeitungsmarkt der polnischen Teilungsgebiete und deren Zirkulation in den polnischsprachigen Gesellschaften als Träger der modernen Gegenwartswahrnehmung mitgedacht werden muss. Zweitens lässt sich die gleiche „Massenzeremonie" des Zeitschriftenlesens, die Benedict Anderson als Gleichzeitigkeitsfiktion der Nation herausgearbeitet hat, genauso gut als Gleichzeitigkeitsfiktion der Moderne bzw. als Faktor ihrer universellen Reichweite deuten.[141] Die zwei Artikelausschnitte aus dem Jahr 1905, in denen die Autor*innen die Kluft zwischen der ländlichen Erfahrungswelt und den revolu-

---

141 Anderson, Erfindung, S. 39–43.

tionären Ereignissen in Warschau beklagten und in der Verbreitung der Presse das passende Gegenmittel dagegen sahen, sind dafür eindeutige Indikatoren. Sie weisen darauf hin, dass die Rezeption der Zeitschriften unterschiedliche Gesellschaftsgruppen mit der gleichen Gegenwartserfahrung synchronisiert und somit die Allgemeingültigkeit der modernen Gegenwarts-Zeit als temporalen Rahmen der von ihnen erlebten Zeit herstellt.

Drittens spielten die Periodika eine wesentliche Rolle bei der Bestimmung der Geschwindigkeit und der Länge der Gegenwarts-Zeit. Die Existenz eines unmittelbaren Zusammenhangs zwischen Beschleunigung der Zeit und Zunahme der Kommunikation sowie Vernetzung auf globaler Ebene ist sicherlich keine neue Erkenntnis: „Es ist die Verkürzung, Schrumpfung, Minimalisierung der historischen Dimension, die aus den technologischen Bedingungen dieser Kommunikation entspringt",[142] behauptet der Medienwissenschaftler Peter Gendolla. Kay Kirchmann bringt diesen Gedanken auf den Punkt, wenn er über die „Identität der Dynamiken von Medien- und Zeitgenese unter einer Strukturlogik der Verdichtung" spricht.[143] Aus dieser Perspektive tragen die hier untersuchten polnischsprachigen Zeitschriften zur Gegenwartskonstruktion bei, denn bilden eine aktive Komponente einer Zeitdynamisierung, die sich aus der steigenden Dichte an gelieferten Informationen sowie aus der medienbedingten Regelmäßigkeit ihrer Vermittlung speist und auf der Grundlage der modernen Zeitdifferenzierung steht. Aus einem gegensätzlichen Blickwinkel garantieren allerdings die Printmedien auch eine gewisse Dauer der Gegenwarts-Zeit: Wie Joachim Landwehr treffend bemerkt, dauert die Aktualität eines Augenblickes durch die Medien solange an, bis die nächste Zeitungs- bzw. Zeitschriftenausgabe am nächsten Morgen oder in der nächsten Woche erscheint.[144] Es lässt sich daher behaupten, dass so, wie die Periodizität des Erscheinens von Zietschriften die Zeitgeschwindigkeit verschärft, sie diese zugleich auch verlangsamt.

Schaut man auf die Beschäftigung der Zeitschriften mit der Jahrhundertwende und mit der Revolution von 1905, lassen sich besondere Varianten der Dialektik zwischen Beschleunigung und Verlangsamung beobachten. Im ersten Fall war der Charakter der Jahrhundertwende als mögliche Zäsur historischer Zeit extrem von der Presse abhängig. Erst anhand des Datumswechsel, das die Januarausgaben des Jahres 1900 im Zeitungskopf ihrer Ausgaben abdruckten, offenbarte sich nämlich eine temporale Kluft zwischen einem Davor und einem

---

[142] Gendolla, Peter: Punktzeit. Zur Zeiterfahrung in der Informationsgesellschaft. In: Im Netz der Zeit. Menschliches Zeiterleben interdisziplinär. Hrsg. von Rudolf Wendorff u. Gerhard van Dohrn Rossum. Stuttgart 1989. S. 128–139, hier S. 138.
[143] Kirchmann, Verdichtung, S. 168.
[144] Landwehr, Geburt, S. 153.

Jetzt, die sich zunächst nur auf die Kalenderzeit bezog, die dann aber durch die vielen Jahrhundertrückblicke auch zu einer Trennung der historischen Zeit führte. Das Erscheinen der Zeitschriften mit dem neuen Datum löste somit eine radikale Zeitbeschleunigung aus, die plötzlich die gesamte gerade erlebte Zeit als veraltet und einem anderen Jahrhundert zugehörig empfand. Die Presse hatte aber in diesem Zusammenhang auch eine gegensätzliche Funktion, und zwar die der Ausdehnung des Augenblicks des Jahrhundertwechsels weit über dessen minimale kalendarische Größe hinaus. Durch die Tatsache, dass die *Biesiada Literacka* schon 1888 einen Kommentar über das Ende des 19. Jahrhunderts veröffentlichte und dass sich solche Artikel noch in *Świat*-Ausgaben des Jahres 1910 finden, dehnte sich die Aktualität der Jahrhundertwende auf mehr als zwanzig Jahre aus.

Im Jahre 1905 trug die regelmäßige Berichterstattung der Zeitschriften zur Schaffung des schnellen Rhythmus der Revolutionszeit bei. Der regelmäßige Veröffentlichungsrhythmus ermöglichte im Rahmen der Presse eine kontinuierliche zeitlich nahe (Re-)Produktion der revolutionären Ereignisreihenfolge, mit der die Flüchtigkeit und Geschwindigkeit der revolutionären Gegenwarts-Zeit markiert wurde.[145] Auf der anderen Seite hat man es auch in Bezug auf 1905 mit einer Verlangsamung der Zeit zu tun: Aufgrund des Streiks konnte nämlich der *Tygodnik*, wie auch alle anderen kommerziellen Periodika, für Tage und Wochen nicht erscheinen. Das führte zu einem Einfrieren oder einer Suspendierung des revolutionären Zeitrhythmus, zumindest für all die Bevölkerungsgruppen, die die revolutionären Ereignisse nicht unmittelbar erleben konnten. Paradigmatisch ist hier wieder der Kommentar in der *Gazeta Świąteczna*, in dem der Redakteur Prószyński sich darüber beschwerte, dass aufgrund der Unterbrechung beim Zeitschriftenvertrieb durch den Bahnstreik die Nachricht des Oktobermanifests das Land noch nicht erreicht hatte: Ihm zufolge wurde das revolutionäre Tempo in der Provinz damit für eine Weile angehalten.

Schließlich soll noch die vierte Wirkungsebene der hier analysierten Zeitschriften auf die Konstruktion der Gegenwarts-Zeit erwähnt werden. Während die Ausgaben der Warschauer Periodika bis Oktober 1905 das Datum immer sowohl nach dem gregorianischen als auch julianischen Kalender angaben, führten sie ab Verkündung des Oktobermanifests nur noch das dem gregorianischen Kalender folgende Datum an. Einzige Ausnahme war die *Gazeta Świąteczna*, die die doppelte Datierung beibehielt. Alle anderen machten hingegen mit der Entfernung des julianischen Kalenders von der Titelseite den 30. Oktober 1905 zum Befreiungsmoment von einer fremden Zeit bzw. zum Aneignungsmoment der Gegen-

---

[145] Zur Rolle der Zeitschriften für die Taktung der Revolutionszeit siehe auch: Becker, Zeit, S. 30–36.

wartszeit. Auch wenn dieser Aspekt spezifisch den russländischen imperialen Kontext betrifft und daher eher als Randaspekt klassifiziert werden kann, verdeutlicht dieser Vorgang die Vielfältigkeit der möglichen Interaktionen zwischen Zeitlichkeit der Medien und Zeitlichkeit der modernen Zeit. Die Zeitschriften konstruierten moderne Gegenwart und Synchronisierung nicht nur durch Narrative, sondern auch durch deren multidimensionale Strukturiertheit als Medien, die sich durch eine bestimmte Genese, eine bestimmte Erscheinungsregelmäßigkeit und ebenso durch die Angabe des Veröffentlichungsdatums auf der ersten Seite auszeichneten. In Anbetracht dieser vier kurz skizzierten Ebenen kann man abschließend feststellen, dass anders als bei den temporalen Konstruktionen, die in *Time and the Nation* und *Time and the Other* analysiert wurden, die Presse eine Art Monopol auf die Konstruktion der Gegenwarts-Zeit hatte. Während bei der Erzählung über die Vergangenheit viele Quellengattungen miteinander konkurrierten, stellten die Periodika *für viele* eine essentielle Existenzbedingung der modernen Gegenwart dar und konnten diese Gegenwart besonders entscheidend mitgestalten.

V *Temporal Turn*, historische Zeit und Semiperipherialität: Einige abschließende Bemerkungen

In der Einleitung zu ihrem bereits zitierten Sammelband *Breaking up time* konstatieren Berber Bevernage und Chris Lorenz, dass die Zeit ein großes, ungelöstes Problem der Geschichtswissenschaft ist.[1] Zum einen haben die Historiker*innen seit langem die Relevanz der Zeit für die Historiographie erkannt. Zum anderen setzten sich nur wenige mit der Problematik der historischen Zeit umfassend auseinander. Dabei galt Reinhart Koselleck für viele Jahre als eine Pionierfigur, der Schlüsselthesen zur Historisierung der Zeit formulierte, denen allerdings nur wenige Anhänger*innen folgten. Das änderte sich in den letzten Jahren: Das Thema *Zeit* boomt gerade, und es ist bereits die Rede von einem *temporal turn* in der Geschichtswissenschaft.[2] Dieser Boom wird in Zusammenhang mit der zeitversetzten wissenschaftlichen Rezeption eines Wandels gesetzt, der die Zeitwahrnehmung westlicher Gesellschaften infolge der Ölpreiskrise in den 1970er Jahren, des Falls der Berliner Mauer, der globalen Verbreitung des neoliberalkapitalistischen Systems sowie schließlich des Terroranschlags auf das World Trade Center betraf und der die Historizität der historischen Zeit wieder besonders sichtbar macht.[3] Stichwörter wie Postmoderne, Spätmoderne, Posthistorie, breite Gegenwart dienen in der neuesten Forschung zur Bezeichnung des Beginns eines neuen Zeitregimes – um die Terminologie von Aleida Assmann zu verwenden –, unter dem Grundsäulen des modernen Zeitregimes wie der Fortschritt und die Zukunftsorientierung endgültig an „Leuchtkraft"[4] verloren haben.

Im Kontext eines zunehmenden Bewusstseins für eine postmoderne Temporalität profiliert sich in der geschichtswissenschaftlichen Forschung ein immer eindeutigeres Interesse für eine Kulturgeschichte der Zeit, die über die Debatten zu geschichtsphilosophischen Zeitkonzepten hinausgeht.[5] Begriffe wie Pluritem-

---

[1] Vgl. Lorenz [u. a.], Breaking. Introduction, S. 7–8.
[2] Vgl. Geppert [u. a.], Zeit-Geschichte, S. 11; Ogle, Transformation; Rothauge, Zeit, S. 730; Clark, Christopher M.: Von Zeit und Macht. Herrschaft und Geschichtsbild vom Großen Kurfürsten bis zu den Nationalsozialisten. München 2018, S. 12–14.
[3] Vgl. bspw. Esposito, Fernando: Von no future bis Posthistoire. Der Wandel des temporalen Imaginariums nach dem Boom. In: Vorgeschichte der Gegenwart. Dimensionen des Strukturbruchs nach dem Boom. Hrsg. von Anselm Doering-Manteuffel [u. a.]. Göttingen 2016. S. 393–424.
[4] Assmann, Zeit aus den Fugen, S. 12.
[5] Vgl. bspw. Chvojka, Erhard, Andreas Schwarcz u. Klaus Thien (Hrsg.): Zeit und Geschichte. Kulturgeschichtliche Perspektiven. Wien 2002.

poralität und Chronopolitik und die Frage, wie soziale Praktiken, Instrumente zur Zeitmessung, ökonomische Systeme und vor allem Machtordnungen Zeit(en) produzieren, stehen im Mittelpunkt einer wachsenden Anzahl von Studien, die sich der *Zeit* widmen.[6] Mit ihrem Programm, kollektiv wirksame Vorstellungen der historischen Zeit sowie die Medien ihrer Tradierung in den Vordergrund zu rücken und somit eine Kulturgeschichte der historischen Zeit zu verfassen, will die vorliegende Studie zu dieser neuen Welle des Zeitinteresses in der Historiographie beitragen. In einer (nur) partiellen Anlehnung an die oben erwähnten Schwerpunkte besteht ihr spezifischer Beitrag darin, erstens die Uneinheitlichkeit und Multidimensionalität der kulturellen Gebilde der historischen Zeit auszuloten, zweitens die Relevanz dieser Gebilde für die Zuordnung der Gesellschaften in der Moderne hervorzuheben sowie drittens Osteuropa als besonders ergiebigen (Erfahrungs-)Raum zur Untersuchung des modernen Zeitregimes auf die Agenda der neuen Zeitforschung zu setzen.

In Bezug auf den ersten Punkt stellt sich diese Studie nicht nur dezidiert in die Tradition von Koselleck, sondern knüpft auch an die Gedanken zur historischen Zeit nach Achim Landwehr an, die zentrale Impulse für den aktuellen *temporal turn* in der deutschsprachigen Geschichtswissenschaft gegeben haben. Mit seinen Begriffen der *Chronoferenz* und der *Zeitschaft* geht Landwehr noch einen Schritt weiter als die Konzeption der historischen Zeit als *Zeitschichten*, wie sie Koselleck vorschlug. Während Koselleck Landwehr zufolge offenlässt, „wie einzelne Zeitschichten miteinander in Kontakt kommen sollen",[7] ermögliche die topologisch-dynamische Auffassung der historischen Zeit als Chronoferenz und Zeitschaft eine radikale Hinterfragung der von der Moderne geerbten Linearität der historischen Zeit. Die Chronoferenz bricht dabei mit der klaren Trennung zwischen Vergangenheit, Gegenwart und Zukunft und macht stattdessen auf die gleichzeitige „Anwesenheit" verschiedener „abwesender" (vergangener wie zukünftiger) Zeiten in der Gegenwart sowie auf deren nicht einbahnige „Relationierung" aufmerksam, da sich nicht nur die anwesende auf die abwesende(n) Zeit(en) bezieht, sondern die abwesenden Zeiten auch „Ströme [...] in die jeweilige Ge-

---

6 Vgl. bspw. Maier, Charles Steven: The politics of time. Changing paradigms of collective time and privat time in the moderne era. In: Changing boundaries of the political. Essays on the evolving balance between the state and society, public and private in Europe. Hrsg. von Charles Steven Maier. Cambridge 1987. S. 151–175; Reichardt, Tom: Die Zeit der Zigarette. Rauchen und Temporalität in der ersten Hälfte des 20. Jahrhunderts. In: Geppert [u. a.] (Hrsg.), Obsession. S. 92–122; Kössler, Till: Von der Nacht in den Tag. Zeit und Diktatur in Spanien, 1939–1975. In: Geppert [u. a.] (Hrsg.), Obsession. S. 188–217; Martineau, Jonathan: Time, capitalism and alienation. A socio-historical inquiry into the making of modern time. Leiden 2015; Clark, Zeit.
7 Landwehr, Abwesenheit, S. 288.

genwart hinein [schicken]".[8] Dementsprechend bildet eine Zeitschaft die „Zusammenballung derjenigen Chronoferenzen, die in einem bestimmten kulturhistorischen Kontext jeweils zur Verfügung stehen".[9]

Über den relationalen, kulturellen, dynamischen und machtgeladenen Grundcharakter der Zeitschaften war bereits in der Einleitung die Rede. Hier ist wichtig zu pointieren, dass sich die historische Zeit dadurch als „gasförmige, wolkenartige Gebilde",[10] die sich permanent in Bewegung befinden, denken lässt. Eine solche Konzeptualisierung der historischen Zeit ergibt sich auch aus der vorliegenden Analyse. Die Quellen zeigen die historische Zeit im modernen Zeitregime als Vielfalt medienbedingter Konstruktionsformen, die das meist nationale historische Identifikationssubjekt der lesenden Gruppe, seine Verhältnisse zu Europa und zu anderen Subjekten sowie die zeitgenössischen Erfahrungen des Wandels auf globaler und imperial-regionaler Ebene temporal verhandelten. Dadurch erscheint die historische Zeit als mobiles Netz von heterogenen – vergangenen, gegenwärtigen und zukünftigen – Richtungen, Rhythmen und Bezugspunkten, in dem die Zeit-Medien das changierende Wir-Kollektiv an unterschiedlichen und miteinander verbundenen Stellen (in unterschiedlichen historischen Epochen, in der Gegenwarts- und Zukunfts-Zeit) sowie durch dynamische Relationen (zu den Anderen, aber auch zu Vergangenheit, Gegenwart und Zukunft) gleichzeitig verorteten. Dabei spielen die hier betrachteten Zeit-Medien, die *Zeitschriften für viele*, im Hinblick auf die Zeitkonzeption von Landwehr eine doppelte Rolle: Sie sind nämlich Träger sowohl von Chronoferenzen bzw. Relationierungen zu den vergangenen und zukünftigen Zeiten in ihrer eigenen Gegenwart, als auch durch ihre Materialität von einer Chronoferenz zwischen jenen Chronoferenzen und der Gegenwart dieser Studie.

Die ewige Frage nach der linearen oder zyklischen Form der historischen Zeit erübrigt sich somit komplett: Sowohl Linearität als auch Zyklizität konnten *in* den und *durch* die Quellen gefunden werden – denken wir einerseits an die Datierungen und Periodisierungen als lineare Formen der Zeitkonstruktion par excellence sowie andererseits an den Zyklus von Abstieg, Verfall und Wiedererstehung des polnischen historischen Subjekts oder an die zyklische Wiederkehr der Zeit durch die Jahrestage. Neben und in der Interaktion mit Linearität und Zyklizität konnten aber auch weitere Zeitformen ausfindig gemacht werden – wie vor allem die temporale Relation selbst, die temporale Unterscheidung, der Zeit-Rhythmus und die temporale Positionalität, ebenso wie die Vergegenwärtigung der Ver-

---

8 Landwehr, Abwesenheit, S. 150–151.
9 Landwehr, Abwesenheit, S. 309.
10 Landwehr, Abwesenheit, S. 311.

gangenheit, das Vergangen-Machen des Gegenwärtigen und die Präsenz der Zukunft in der Gegenwart (sowie in der Vergangenheit).

Nun hebt sich meine Herangehensweise an die historische Zeit in einem Aspekt – und hier komme ich zum zweiten und dritten spezifischen Beitrag dieser Studie zur aktuellen Zeit-Forschung – in Teilen von jener Landwehrs ab, und zwar eben in der Bedeutung, die ich der temporalen Linearität als Instrument der machtgeladenen Hierarchisierung der Zeiten in der hegemonialen Zeitordnung der Moderne beimesse. Damit sei nicht gemeint, dass Landwehr die hegemoniale Macht der Moderne ignoriert. Im Gegenteil: Macht stellt nicht nur im Allgemeinen einen Bestandteil seiner Zielvorstellung dar. Er will vor allem die lineare Form der historischen Zeit als Imperativ der Moderne/von Modernisierungstheorien (auch als Kritik an Koselleck) bloßstellen. Das führt ihn allerdings einerseits dazu, das moderne Primat der Geschichte im Kollektivsingular sowie die Verschränktheit von Gegenwart, Vergangenheit und Zukunft zu hinterfragen und somit die Nicht-Linearität vor- und postmoderner Zeiten hervorzuheben.[11] Andererseits hat seine komplexe Konzeptualisierung der Zeit einen programmatischen Charakter bzw. wird als Form präsentiert, wie die historische Zeit in der Geschichtswissenschaft (und nicht in den Quellen) mitgedacht, verstanden und dargestellt werden soll. Ausgehend vom gleichen Verständnis der linearen Zeit als Imperativ der Moderne verfolgt diese Studie ein etwas anderes Ziel, indem sie Linearität nicht nur *de*konstruiert, sondern auch die Dominanz der Linearität für die Selbstverzeitung der semiperipheren Gesellschaften gerade in der „klassischen" Moderne *re*konstruiert. Dadurch gerät diese Studie zum einen sicherlich in Gefahr, die historische Zeit selbst als linear herzustellen. Im Gegenzug kann sie aber auch in der Analyse der historischen Zeit die *De*-Zentrierung Osteuropas einbeziehen und reflektieren. Diese De-Zentrierung ist als Produkt der sich als hegemonial darstellenden Zeitlichkeit der Moderne zu verstehen und muss als solche auch hinterfragt werden. Sie *kann* und *soll* aber zugleich nicht (nur) ausgeblendet werden, zumal sich Macht nicht aus der historischen Zeitkonstruktion – es sei denn auf Kosten einer Entpolitisierung der Zeitkonstrukte – wegdenken lässt. Das rückt dieses Forschungsvorhaben ins Feld der postkolonialen Kritik.

In einer postkolonialen Perspektive hat die Kritik an der Moderne als universell codierte Zeitlichkeit, die aus der europäischen Geschichte entsteht und die historische Erfahrung der extraeuropäischen Bevölkerungen in den Kategorien von Rückständigkeit und Mangel auffasst, einen zentralen Stellenwert.[12] Die

---

11 Vgl. Landwehr, Abwesenheit, S. 293–299.
12 Vgl. Chakrabarty, Provincializing; Banerjee, Politics; Appadurai, Arjun: Thinking beyond trajectorism. In: Futures of modernity. Challenges for cosmopolitical thought and practice. Hrsg. von Michael Heinlein [u. a.]. Bielefeld 2012. S. 25–31.

postcolonial studies liefern darüber hinaus die wichtigsten Anregungen zum Verständnis der Zeit im (post-)kolonialen, globalen Kontext der Moderne als multiple, radikal differierende sowie miteinander asymmetrisch verflochtene Zeitlichkeiten.[13] Der postkoloniale Theoretiker Dipesh Chakrabarty geht dabei sogar einen Schritt weiter und fordert mit dem Konzept des *Anthropozäns* und mit einer Periodisierung der Zeit nach der menschlichen Nutzung von natürlichen Ressourcen das Zusammendenken von Menschenzeit und Naturzeit, das das moderne Imperativ der strikten Trennung der beiden Zeiten destabilisiert.[14]

Von der postkolonialen Forschungstradition übernahm diese Studie das Bewusstsein für den hegemonialen, eurozentrischen Charakter der historischen Zeitkonstruktion. Die hier untersuchte spezifisch *ost*europäische (und nicht *extra*europäische) Perspektive weist allerdings auf ein *drittes* Selbsteinordnungsmuster in der modernen Zeitordnung *zwischen* der selbstzugeschriebenen hegemonialen Modernität des „hyperrealen" (West-)Europas *und* der – von Europa her als vormodern gedachten und selbst eigene Zeitlichkeiten produzierenden – kolonisierten Welt. Der Begriff der Semiperipherialität ist der hier formulierte Vorschlag, um diese dritte Position theoretisch und analytisch zu erfassen. Die polnischen Teilungsgebiete dienen dabei aufgrund ihrer komplexen imperialen Zuordnung als besonders interessante Beispiele zur Sondierung der Dynamiken einer nicht-westlichen, aber europäischen Selbstverzeitung in der Moderne.

An dieser Stelle lässt sich eine Synthese dieser Dynamiken wagen, die die Schlussfolgerungen der drei Teile der Untersuchung zusammenführt. In *Time and the Nation* wurde die innere Ungleichzeitigkeit der polnischen historischen Zeit als spezifisch semiperiphere Grundform, als Zwang und Synchronisierungsinstrument der Zeitkonstruktion eruiert. Im *Time and the Other* galt hingegen die Verzeitung von Polens *dazwischen* als temporale Umdeutung der Semiperipherialität. Das Fazit von *Modern Times* präsentierte schließlich Semiperipherialität als unvollkommene Synchronie mit einer modernen globalen Gegenwarts-Zeit. Die Semiperipherialität der Teilungsgebiete beinhaltet daher die (Möglichkeit der) Zugehörigkeit zur europäisch-kolonialen Moderne. Sie ist zugleich aber Träger von permanenten Unzulänglichkeiten bzw. einer Ungleichzeitigkeit *innerhalb* dieser Moderne. Eine solche Synthese steht im Einklang mit den Thesen der

---

13 Vgl. Chakrabarty, Provincializing, S. 109; West-Pavlov, Temporalities, S. 158–174; Helgesson, Radicalizing. Von Shalini Randeira stammt der Gedanke von multiplen, aber asymmetrisch verflochtenen Modernen: Randeira, Histories.

14 Vgl. Chakrabarty, Dipesh: The climate of history. Four theses. In: Critical Inquiry 35 (2009) Heft 2. S. 197–222; Mauelshagen, Franz: „Anthropozän". Plädoyer für eine Klimageschichte des 19. und 20. Jahrhunderts. In: Zeithistorische Forschungen/Studies in Contemporary History 9 (2012) Heft 1. S. 131–137.

postkolonialen Soziologin Emanuela Boatcă über Semiperipherialität. Boatcă bettet nämlich den Begriff der Semiperipherialität in ihre Idee von multiplen, temporal hierarchisch gegliederten Europas ein (das zentrale „heroische" Westeuropa, das semiperiphere „dekadente" Südeuropa und das semiperiphere „epigonale" Osteuropa), die sie als spiegelbildlich zur These der *multiple modernities* entwickelt: Beide semiperipheren Europas würden ihr zufolge durch ihre asymmetrischen Machtpositionen die europäisch-koloniale Moderne nicht entkräften, sondern zur Hegemonie der Moderne beitragen.[15]

Versucht man die Art der Ungleichzeitigkeit innerhalb der Moderne in Bezug auf die polnischen Teilungsgebiete zu definieren, so hat diese einen dreifachen Charakter. Sie lässt sich erstens als aufzuholende Rückständigkeit begreifen. Zweitens erhielt sie eine Komponente von Dekadenz. Drittens wurde sie auch durch Paradigmen der eigenen positiven Pekuliarität sowie durch die Selbstzuschreibung von einer Vorläuferrolle europäisch-universellen Fortschritts geschaffen. Aus all diesen Facetten entsteht ein Bild der semiperipheren Selbstverzeitung der polnischsprachigen Gesellschaften als Zukunftshorizont von perfekter Synchronie mit der europäischen Moderne, der von der Konstruktion eines vergangenen (und für kurze Zeit 1905 auch gegenwärtigen) eigen-sinnigen Beitrags zu dieser Moderne *mitgetragen* wurde sowie zugleich von den in der Vergangenheits-Zeit akkumulierten Verzögerungen sowie Verfallstendenzen *konterkariert* wurde. Die Gegenwarts-Zeit erscheint dabei als Ungleichzeitigkeitsposition, die zwischen der vergangenen und der zukünftigen Gleichzeitigkeit sowie zwischen einer vorwärtsgerichteten Zeitlichkeit des Aufkommens und einer regressiven Zeitlichkeit des Verfalls zerrissen war. Da hinein wirkte die moderne Zeiterfahrung, die einen parallelen Horizont der Auflösung der historisch-nationalen Spezifika in einer globalen Moderne eröffnete. Der Begriff der Semiperipherialität stellt sich daher als flexibler und aussagekräftiger Blickwinkel heraus, um die Ambivalenz oder, mit der Begrifflichkeit Todorovas, die „Zwischenhaftigkeit"[16] der Zeitkonstrukte der polnischsprachigen Presse *für viele* zu begreifen und zu bündeln.

Einer Studie, die ihre eigene Prämisse – die Aussagekraft des Begriffs des Semiperipheren für die untersuchten Selbstverzeitungsmuster – am Ende schlicht bestätigt, kann allerdings leicht Selbstreferentialität vorgeworfen werden bzw. die (Re-)Produktion mittels Analyse selbiger Prämisse, deren Prüfung Ziel der Arbeit war. Einen solchen Vorwurf vorwegnehmend, soll zum Schluss über die möglichen Mechanismen der (Re-)Produktion von Semiperipherialität anhand der hier

---

15 Vgl. Boatcă, Europas, S. 351.
16 Todorova, Erfindung, S. 37.

durchgeführten Quellenanalyse sowie über alternative Sichtweisen auf das untersuchte Phänomen reflektiert werden. Mit Blick auf den ersten Aspekt ist die permanente Heranziehung einer allgemeingültigen und perfekt synchronen, gewissermaßen *neutralen*, temporalen Position der Moderne eine analytische Methode gewesen, um die Mängel (die Semiperipherialität) der partikular-polnischen Selbstverzeitung zu eruieren – eine analytische Methode, die auch eine schwer zu umgehende Falle dieser Studie hätte darstellen können. Diese Heranziehung wird teilweise im zweiten, insbesondere aber im dritten analytischen Teil sichtbar: Während nämlich in *Time and the Other* der externe Bezugspunkt der Selbstverzeitung, die Deutschen und Litauer, aus den Quellen selbst stammte und Gegenstand der Untersuchung war, wurde die Vorstellung des „hyperreal Europe" in *Time and the Nation* aus den Quellen und der hier vertretenen Auffassung der Moderne abgeleitet. Stärker noch stellte diese neutrale Verzeitung in *Modern Times* mein Forschungskonstrukt dar, das ich *ex negativo* aus jenen Stellen in den Quellen, die mir relevant für die Konturierung von (semiperipheren) Selbstverzeitungsangeboten erschienen, rekonstruiert habe. Mit dieser Beobachtung will ich allerdings nicht öffentlich Abbitte für die mangelnde Objektivität oder Parteinahme meiner Analyse leisten. Vielmehr geht es mir hier darum, ein Bewusstsein dafür zu schaffen, dass die Annahme der Relevanz der modernen Zeitordnung für die Selbstverortung zugleich auch selbige Zeitordnung mit ihren Hierarchien reproduziert. Eine Negation dieser Annahme würde allerdings, wie bereits erläutert, den Blick für die Komponente der Macht und somit auch für die moderne Erfahrung der Asymmetrien verwischen, die an den Semiperipherien und Peripherien gemacht wurde, wovon schließlich auch die Quellen zeugen. In eines solchen Verwischen steckt wiederum die akute Gefahr, den das Zeitregime der Moderne ebenso kennzeichnenden Gegenpart der Asymmetrie zu reproduzieren: das moderne Versprechen der globalen Homogenisierung.

Diese „Zwickmühle", über die diese Studie selbst nur reflektieren kann, ohne eine endgültige Lösung zu finden, soll allerdings nicht die Reflexion über alternative Sichtweisen auf die Formen der Selbstverzeitung hemmen, die in der Analyse als semiperipher identifiziert wurden. Am Ende von *Modern Times* wurden bereits einige Andeutungen in diese Richtung formuliert. Erstens wurde darauf hingewiesen, dass die unvollkommen, gleichzeitige Selbstverzeitung in der Gegenwarts-Zeit eher einer Position der Gleichzeitigkeit als der Ungleichzeitigkeit entspricht. Das Gleiche ließe sich auch für viele Konstrukte der polnischen historischen Zeit behaupten, die in *Time and the Nation* analysiert wurden. Anders verhält es sich bei den temporalen Verortungen von *Time and the Other*, wo die temporale Konstruktion des *Dazwischen* und nicht unbedingt jene der Ungleichzeitigkeit im Mittelpunkt steht. Aus dieser Perspektive ergibt sich die berechtigte Frage, warum hier von Semi*peripherialität* und nicht von Semi*zentralität* die Rede ist. In dieser Arbeit funktioniert Semiperipherialität selbstverständlich als begriffliche Konvention, um den Fokus auf einen Bereich zwischen Zentrum und Peripherie zu richten. Diesem Zweck könnte aber genauso gut die Semizentralität dienen. Die Tatsache, dass sich die hier gewählte begriffliche Konvention auf den Begriff der Peripherie (und nicht auf das Zentrum) konzentriert, setzt den Akzent automatisch eher auf die Unzulänglichkeiten denn auf die Möglichkeiten der Synchronisierung und wird diesen Möglichkeiten – vor allem in Verbindung mit dem modernen Erfahrungssubstrat von Fortschritt und Revolution in den Teilungsgebieten – nicht gerecht. Schlimmer noch – sie könnte eine (*ex post* oder extern angebrachte) historiographische Projektion von Semiperipherialität in Bezug auf die osteuropäische Variante dieser Erfahrungen bewirken, ohne dass die Semiperipherialität von den historischen Akteur*innen als solche empfunden wurde. Für den Begriff der *Semiperipherialität* spricht dennoch erstens eine gewisse Forschungstradition, die bereits skizziert wurde und an die diese Studie anknüpfen möchte. Zweitens geht das Kritikpotential an der Zeitordnung der Moderne, die im Begriff der Semiperipherialität steckt, im „Versprechen" von Zentralität, das hingegen im Begriff der Semizentralität enthalten ist, verloren. Während Semizentralität die Idee eines baldigen, erfolgreichen Ankommens in der Moderne als Endziel der Geschichte evoziert, macht Semiperipherialität auf die strukturelle De-Zentrierung und Hierarchisierung von historischen Subjekten in der Moderne aufmerksam. Somit stellt Semiperipherialität in dieser Studie nicht nur ein analytisches, sondern auch ein programmatisches Konzept dar.

Um sich nun auf die zweite Andeutung im Fazit von *Modern Times* zu konzentrieren, so wurde beobachtet, dass eine gewisse Übereinstimmung zwischen den semiperipheren Selbstverzeitungsangeboten der polnischsprachigen Presse für ihre polnischsprachigen Publika und der Natur bzw. der strukturellen Wahrnehmungsweise der Zeit in der Moderne zu finden ist. Diese Beobachtung könnte auch auf bestimmte Aspekte der semiperipheren Grundformen, Zwänge und Instrumente der Zeitkonstruktion zutreffen, die im abschließenden Teil von *Time and the Nation* herausarbeitet wurden. Diesbezüglich sei nicht nur an die Auffassung von Helge Jordheim erinnert, der in der Ungleichzeitigkeit die Quintessenz der historischen Zeit überhaupt (und nicht einer spezifischen Zeit) sieht.[17] Die *innere* Gleichzeitigkeit des Ungleichzeitigen der polnischen historischen Zeit – und zwar jene Ungleichzeitigkeit, die die *Zeitschriften für viele* zwischen den verschiedenen Handlungsträgern der polnischen Geschichte wie dem Staat, der Kultur oder der Emanzipation des Bauerstandes (re-)produzierten – lässt sich zumindest in Bezug auf die verschiedenen Tempi der unterschiedlichen sozialen

---

17 Vgl. Jordheim, Periodization, S. 505–506.

Klassen sicherlich auch in den meisten weiteren temporalen Konstruktionen der europäischen, imaginierten nationalen Gemeinschaften finden. Indikator für den paneuropäischen Charakter dieses Phänomens ist die erste Prägung des Begriffes der *Gleichzeitigkeit der Ungleichzeitigen* nach Ernst Bloch; so fungieren beispielsweise aber auch all jene Studien, die die Orientalisierung (und somit die Ausgliederung aus dem nationalen Korpus) von Einwohner*innen sogenannter Slums in den großen westlichen Metropolen um die Jahrhundertwende anmerken, als Indikatoren.[18] Sowohl die Konstruktion der eigenen Gegenwart als transitorisch zwischen vormodern und modern als auch jene der nationalen historischen Zeit als ungleichzeitig ermutigen daher dazu, die temporale Ambivalenz nicht als spezifisch polnisch-semiperipheres Gebilde aufzufassen, sondern Semiperipherie *auch* als für *alle* historische Subjekte gültige Position der europäischen Moderne zu denken. In diesem Kontext ließe sich die perfekt synchrone bzw. neutrale Verzeitung, die oben als Mechanismus der Reproduktion von Semiperipherialität in der Analyse reflektiert wurde, als universeller Zwang der Zeit der Moderne verstehen, die eine solche perfekt synchrone Verzeitung strukturell und überall als unerreichbaren Maßstab setzt.

Bevor ich zum Ende dieses Arguments gelange, sei hier eine kurze, aber wichtige Präzisierung angeführt: Ich habe „auch" geschrieben, da sich diese Aussage nicht auf alle hier als semiperipher definierten Verzeitungsmuster der polnischsprachigen Gesellschaften bezieht. So lässt sich insbesondere das Sich-temporal-Verorten zwischen Kolonisierten und Kolonisatoren, wie die Untersuchung in *Time and the Other* zeigte, doch als partikular-polnische (und somit als spezifisch semiperiphere) Zeitkonstruktion begreifen. Das spricht wiederum für die Betrachtung der Teilungsgebiete als Orte einer spezifisch semiperipheren Temporalität.

Um die Hauptargumentationslinie abzuschließen: Zur Untermauerung der Auffassung einer derart definierten Semiperipherialität als modernen, temporalen Zustand schlechthin sollten Vergleichsstudien durchgeführt werden, die weit außerhalb der Leistungsmöglichkeiten dieser Studie liegen. Diese Feststellung lädt daher zum einen dazu ein, nicht weiter darüber zu spekulieren, sondern diese Studie sehr klassisch abzuschließen – nämlich mit einem Hinweis in Richtung der geschichtswissenschaftlichen Forschung, welche Fragestellungen und Schwerpunkte sich hieraus ergeben und weiterverfolgt werden könnten. Zum anderen – und vielleicht sogar noch wichtiger – möchte ich zum programmatischen Charakter der Semiperipherialität zurückkehren und ihr Programm einer Kritik an der Moderne aus der Perspektive dieser letzten Gedanken folgendermaßen umfor-

---

[18] Vgl. bspw. Mayne, Slum.

mulieren: Durch die Semiperipherialität kann nicht nur die Produktion von temporalen Asymmetrien als unüberwindbarer Kern der zeitlichen Moderne erkannt werden; es lässt sich auch die temporale Zerrissenheit als Grundform denken, über die die (national imaginierten) Kollektive die historische Zeit erfuhren und in Zeitkonstrukten gestalteten.

Die Presseerzeugnisse im Detail

Zeitschriften aus dem Königreich Polen

Tygodnik Ilustrowany („Illustriertes Wochenblatt', 1859–1939)
Der *Tygodnik Ilustrowany*, die erste polnischsprachige Illustrierte, wird in der Forschung als der zentrale Akteur der gesamten polnischsprachigen Presselandschaft der zweiten Jahrhunderthälfte sowohl auf technisch-wirtschaftlicher als auch inhaltlich-programmatischer Ebene betrachtet.[1] In der Tat vereint die 1859 gegründete Zeitschrift unterschiedliche Aspekte, die ihre Einzigartigkeit im polnischsprachigen Raum begründen und ihr gleichzeitig eine musterhafte Rolle bei der Entwicklung einer modernen, polnischsprachigen Presse zuschreiben.[2] Erstens war der *Tygodnik Ilustrowany* – mit seiner Auflage von 7.000 Exemplaren 1887 und 20.000 am Anfang des neuen Jahrhunderts[3] – die meistgelesene Warschauer Zeitschrift. Als Symbol der wohlhabenderen polnischsprachigen Intelligenz sowie der Landbesitzer wurde der *Tygodnik Ilustrowany* aber auch in den ärmeren Schichten der Intelligenz sowie in den gebildeten Kreisen der Arbeiterklasse gelesen. Seine Lektüre gehörte zu den charakteristischen Merkmalen des Warschauer kulturellen Lebens.[4] Viele Historiker*innen weisen darauf hin, dass der *Tygodnik Ilustrowany* auch eine transpolnische Reichweite hatte und dass er in Krakau und Posen ebenso rezipiert wurde, obwohl präzisere Angaben über dieses Phänomen in der Forschungsliteratur fehlen.[5]

Zweitens stellte der *Tygodnik Ilustrowany* das beste polnischsprachige Beispiel einer markt- und profitorientierten Zeitschrift dar. Am Anfang des hier analysierten Zeitraums bzw. 1882 kaufte das berühmte, kapitalistisch organisierte Warschauer Verlagsunternehmen *Gebethner i Wolff* zusammen mit zwei anderen Investoren den *Tygodnik Ilustrowany* von dem ehemaligen Gründer und Besitzer József Ungar. Ab 1885, als der Verlag alleiniger Eigentümer der Zeitschrift war,

---

[1] Vgl. z. B. Kołtoniak, Publicystyka, S. 21.
[2] Jerzy Franke behauptet z. B., dass die beiden wichtigsten Warschauer Frauenzeitschriften *Bluszcz* und *Tygodnik Mód i Powieści* das Modell des *Tygodnik Ilustrowany* aufgriffen: siehe Franke, Prasa, S. 79.
[3] Vgl. Kmiecik, Prasa Warszawska, S. 100; Kmiecik, Zenon: Prasa Polska w zaborze rosyjskim w latach 1905–1915. In: Łojek (Hrsg.), Prasa. S. 58–113, hier S. 85; Kołtoniak, Publicystyka, S. 22. Andrzej Chwalba spricht in seinem großen Werk über das polnische 19. Jahrhundert sogar von über 25.000 verkauften Exemplaren. Siehe Chwalba, Historia, S. 74.
[4] Vgl. Kołtoniak, Publicystyka, S. 27.
[5] Vgl. Myśliński, Studia, S. 122; Myśliński, Prasa w Galicji, S. 167; Myśliński, Jerzy: Prasa polska w dobie popowstaniowej. In: Łojek [u. a.] (Hrsg.), Dzieje. S. 48–89, hier S. 55.

wurde der *Tygodnik Ilustrowany* eine seiner zentralen Veröffentlichungen. Der wirtschaftliche Erfolg der Zeitschrift lässt sich nicht nur mit der für das russländische Teilungsgebiet sehr hohen Abonnentenzahl, sondern durch den starken Werbeanteil erklären. Die Tatsache, dass *Gebethner i Wolff* kurz nach 1882 auch zwei weitere sehr bekannte Illustrierte, *Tygodnik Powszechny* und *Kłosy*, kaufte, mit dem einzigen Zweck, deren Erscheinen 1885 bzw. 1890 einzustellen und die Abonnenten dem *Tygodnik Ilustrowany* zuzuführen, war ein eindeutiges Zeichen für die wirtschaftliche Ausrichtung der Zeitschrift.[6] Der Verlag wollte den *Tygodnik Ilustrowany* nach dem Muster westeuropäischer Massenmedien als modernste Zeitschrift in der Warschauer Presselandschaft profilieren. Die verhältnismäßig sehr moderne technische Ausstattung und graphische Gestaltung der Zeitschrift, insbesondere was die Reproduktion von Illustrationen anbelangte, gehörte zur Vermarktungsstrategie.[7] Konfrontiert mit dem repressiven Charakter der zaristischen politischen Herrschaft, wurde drittens der *Tygodnik Ilustrowany* als unparteiische, unterhaltende, soziokulturelle Zeitschrift für die gesamte und sozial unterschiedliche, auch wenn eher intellektuelle, polnischsprachige Bevölkerung der Zeit konzipiert. Auch wenn die Zeitschrift als Vertreter einer eher konservativen und landbesitzerfreundlichen Haltung bekannt war, vermied die Redaktion jegliche deutliche politische Positionierung.

Viertens spielte die Zeitschrift eine führende Rolle in jeglichen intellektuellen Debatten der Zeit und prägte tief die kulturellen Entwicklungen Warschaus und des gesamten polnischsprachigen Raums. Józef Wolff, Sohn einer der beiden Gründer der Firma, übernahm 1886 mit nur 25 Jahren die Stelle des Chefredakteurs – die bis zu diesem Zeitpunkt Ludwik Jenike bekleidet hatte – und hatte sie bis zum Ausbruch des Krieges inne. Während dieser gesamten Periode stützte er sich bei der inhaltlichen Gestaltung der Zeitschrift auf einige bekannte Publizist*innen und Intellektuelle. Diese prominenten Figuren – angefangen bei dem Dichter Wyncenty Kotoryński (bis 1890) über den Schriftsteller Marian Gawalewicz (bis 1898), den Literaturkritiker Ignacy Matuszewski (bis 1907) bis hin zu dem Dichter Artur Oppman – formten gemeinsam mit ihrem jungen, aber kulturell ungemein aktiven Chefredakteur die Zeitschrift zu einer Bühne für alle möglichen literarischen, kulturellen, künstlerischen und wissenschaftlichen Tendenzen der Zeit und machten sie zu einem Raum für die Analyse relevanter politischer und

---

6 Vgl. auch die Memoiren von Jan Gebethner, Nachfolger der Familie, bezüglich der Übernahme von *Tygodnik Powszechny* und *Kłosy*: Gebethner, Jan: Młodość wydawcy. Wrocław 1989, S. 34.
7 Für Józef Wolff, den Chefredakteur des *Tygodnik Ilustrowany* war die Qualität der Illustrationen von großer Bedeutung. So führte er 1892 als Erster im polnischsprachigen Raum die Zinkographie und Chemigraphie für den Druck von Bildern ein. Vgl. Kmiecik, Prasa Warszawska, S. 105.

sozialer Themen.[8] Der *Tygodnik Ilustrowany* rühmte sich der Zusammenarbeit mit sehr renommierten Persönlichkeiten aus vielfältigen kulturellen Bereichen – wie Bolesław Prus, Władysław Reymont, Eliza Orzeszkowa oder Henryk Sienkiewicz – und wies seit seiner Gründung einen deutlich sozialen, kulturellen und historischen Schwerpunkt auf. Am Ende des Jahrhunderts orientierte sich sein Programm verstärkt auch am tagesaktuellen Geschehen in der ganzen Welt, das infolge der Verdichtung der Kommunikationsnetzwerke immer relevanter wurde und neue Interessen und Bedürfnisse beim Warschauer Publikum erzeugte.[9] Gleichwohl verzichtete die Redaktion nie auf die kulturell-historische Ausrichtung der Zeitschrift und sah ihre ideelle sowie strategische Aufgabe in der Warschauer Presselandschaft in der Analyse aktueller Themen aus einer historischen Perspektive und in ihrer Deutung anhand weiterer soziokultureller Überlegungen.

Biesiada Literacka („Literarisches Festmahl', 1876 – 1917)

Die *Biesiada Literacka* war am Ende des 19. Jahrhunderts – mit einer Auflage von 6.000 Exemplaren 1896 und 8.000 im Jahr 1904 – eine der beliebtesten und vor allem die preisgünstigste der Warschauer Illustrierten jener Zeit. Sie ist somit bester Ausdruck der Entstehung breiter alphabetisierter Bevölkerungsschichten, die an Allgemeinwissen und Aktualität interessiert waren, sich aber intellektuellere Druckerzeugnissen preislich nicht leisten konnten.[10] Einerseits ähnelte die *Biesiada Literacka* dem *Tygodnik* hinsichtlich der Seitenanzahl, der Länge der Artikel, der Abdeckung unterschiedlicher Wissensbereiche, des Umfangs von Illustrationen sowie des Werbeanteils. Andererseits unterschied sich die *Biesiada* auch stark vom Hauptprodukt des Verlags *Gebethner i Wolff*, und das nicht nur hinsichtlich des Zielpublikums.[11] Gegründet 1876 von Gracjan Unger, wurde die Zeitschrift 1879 von Władysław Maleszewski gekauft und von der literarischen und soziopolitischen Weltanschauung dieser renommierten Figur der Warschauer Presselandschaft sehr stark geprägt. Maleszewski, Schriftsteller und Publizist, der bereits in anderen Presseorganen – wie auch z. B. im *Tygodnik Ilustrowany* – seine Texte veröffentlicht hatte und enge Kontakte mit weiteren wichtigen Akteuren der Warschauer Presse, wie mit Kotoryński, pflegte, war nicht nur Verleger, sondern vor allem bis 1906 Chefredakteur der *Biesiada*. Er verfasste selber unterschiedliche Erzählungen, Kommentare sowie den Leitartikel jeder Ausgabe mit allgemeinen soziopolitischen Überlegungen und Informationen zu den wöchentlichen

---

8 Vgl. Kmiecik, Prasa Warszawska, S. 94 – 95; Kmiecik, Prasa w zaborze rosyjskim, S. 85.
9 Vgl. Zasztowt, Popularyzacja, S. 195 – 197.
10 Vgl. Kmiecik, Prasa w Królewstwie, S. 47.
11 Vgl. Kmiecik, Prasa Warszawska, S. 124.

Warschauer Ereignissen. Aufgrund der zentralen Bedeutung Maleszewskis besaß die *Biesiada* im Vergleich zum *Tygodnik* eine geringere Vielfalt an Stimmen, programmatischen Konzepten und inhaltlichen Schwerpunken, was sich auch nach 1906 mit der Übernahme der Zeitschrift durch den Schriftsteller und langjährigen Mitarbeiter von Maleszewski, Michał Synoradzki, nicht änderte.[12]

Obwohl Maleszewski über eine breite Gruppe von Autor*innen, zu der sogar Sienkiewicz zählte, für seine Artikel verfügte und in der relativ kleinen Welt der Warschauer Intellektuellen und Publizist*innen gut vernetzt war, lässt sich insgesamt eine katholische, gegenüber den Teilungsmächten sehr gemäßigte antipositivistische und antimodernistische Tendenz erkennen sowie eine konstante populärwissenschaftliche Schwerpunktsetzung auf Geschichte, Kunst und Literatur. Diese ziemlich starre thematische Grundausrichtung der *Biesiada* führte möglicherweise auch zu ihrer geringen Anpassungsfähigkeit als Medium an neue Lesebedürfnisse. Konzipiert wie eine für die zweite Hälfte des 19. Jahrhunderts typische populär-kulturelle illustrierte Zeitschrift, konnte sie mit den sozioökonomischen Veränderungen des neuen Jahrhunderts, insbesondere des Jahres 1905, nicht Schritt halten und verlor auch aufgrund ihrer Probleme mit der Zensur und der Folge, 1906–1907 unter dem Tarnamen *Lechita* erscheinen zu müssen, Abonnenten.[13] Trotzdem stellte die *Biesiada Literacka* bis zum Ausbruch des Krieges ein zentrales Phänomen der Warschauer Presselandschaft dar: Erstens war sie hinsichtlich der Auflagenhöhe eines der relevantesten Presseerzeugnisse der Zeit und die einzige kulturelle Zeitschrift, die sich explizit an die weniger wohlhabende Intelligenz richtete. Zweitens hatte die *Biesiada Literacka* innovative und charakteristische Themen, die ihr eine besondere und führende Rolle auf dem Zeitschriftenmarkt sicherten. Sport, Warschauer Presseentwicklung insbesondere bei den Fachzeitschriften, Stadtgeschichte, Geschichte und Kultur der slawischen Welt, russische Literatur – all das waren inhaltliche Schwerpunkte der Zeitschrift, die sie für das Publikum attraktiv machten. Schließlich wurde die *Biesiada Literacka* dank der guten Kontakte von Maleszewski zu galizischen antiliberaldemokratischen, intellektuellen Gruppierungen und insbesondere zu Adam Krechowiecki, Verleger der sehr populären *Gazeta Lwowska*, über die Kanäle der *Gazeta Lwowska* auch in Galizien breit rezipiert.[14]

---

12 Weitere Informationen zur Tätigkeit von Synoradzki für die *Biesiada Literacka* in: Boetzel-Zombiert, Teresa: Sylwetka literacka Michała Synoradzkiego. In: Notatki Płockie 23 (1978) Heft 1. S. 33–35.
13 Vgl. Kmiecik, Prasa w rewolucji, S. 193.
14 Vgl. Kmiecik, Prasa Warszawska, S. 125.

Bluszcz ('Efeu', 1865–1918)

Der *Bluszcz* ist vielleicht die berühmteste polnischsprachige Warschauer Frauenzeitschrift und spiegelt die neue Wahrnehmung von Frauen als spezifisches Lesepublikum wider. Programm und Format der Zeitschrift wurden von ihrem ersten Herausgeber Mark Glücksberg bewusst nach dem Vorbild des *Tygodnik Ilustrowany* gestaltet, auch wenn die Bebilderung eine viel kleinere Rolle spielte.[15] Der *Bluszcz* ähnelte dem *Tygodnik* auch hinsichtlich der Vermarktungslogik: Glücksberg, Nachkomme einer seit langem im Buchhandel aktiven Familie, verfügte sowohl über eine große Erfahrung in diesem Bereich als auch über das nötige Kapital, um durch die Schwerpunktsetzung auf viele Beilagen zum Thema Kleidung (mit Schnittmustern) den finanziellen Erfolg der Zeitschrift und seine Beliebtheit bei den Warschauer Leserinnen zu sichern.[16] Obwohl die Auflagenhöhe des *Bluszcz* – 6.200 gedruckte Exemplare in seiner Blütezeit 1896, 4.200 im Jahr 1900 – im Vergleich mit anderen Zeitschriften nicht so groß zu sein scheint, bleibt sie trotzdem beeindruckend, wenn man die eher niedrigere Verbreitung von Frauenzeitschriften im Allgemeinen und den doppelt so hohen Preis vom *Bluszcz* gegenüber der *Biesiada Literacka* im Betrachtung zieht.[17] Die hohen Kosten für ein Abonnement machten die Zeitschrift vor allem für die wohlhabende Schichten der Warschauer Intelligenz und der Landbesitzer erschwinglich.[18] Ihr Programm war aber keineswegs elitär: Ihre erste Redakteurin, Maria Ilnicka, konzipierte den *Bluszcz* als unterhaltende und belehrende Zeitschrift mit vielfältigen Themen aus allen möglichen Bereichen des Wissens, der Kultur und des tagesaktuellen Geschehens für ein breites, eher universelles Frauenpublikum.[19] Hygiene, technische und wissenschaftliche Errungenschaften, Geographie, Auslandskorrespondenzen über alle möglichen Ereignisse, Literatur, später auch Geschichte bildeten einige seiner Schwerpunkte.

Insbesondere die Frauengeschichte, die Rolle der Frau in der Gesellschaft und die Frage der Frauenemanzipation waren charakteristisch für das Programm der Zeitschrift. Obwohl Maria Ilnicka eine ziemlich konservative Vorstellung von der Frau vertrat, d. h. ihre Rolle primär im Familienrahmen sah, räumte sie im *Bluszcz* sowohl positiven Erzählungen über die westliche, vor allem die englische, Frauenbewegung als auch den Debatten über höhere Ausbildung, sozial-kulturelle Unternehmungen und Arbeitsmöglichkeiten für Frauen viel Raum ein. Das lässt sich einerseits durch die Ausrichtung der Zeitschrift als *modernes*, aktualitätsin-

---

15 Vgl. Franke, Prasa, S. 95.
16 Vgl. Franke, Prasa, S. 115.
17 Vgl. Franke, Prasa, S. 145–147.
18 Vgl. Kmiecik, Prasa Warszawska, S. 137.
19 Vgl. Kmiecik, Prasa w Królewstwie, S. 49; Franke, Prasa, S. 119.

teressiertes Medium erklären. Andererseits aber auch teilweise dadurch, dass sich der *Bluszcz* durch eine gewisse Pluralität von Akteur*innen in seiner Redaktion auszeichnete, was die Existenz von Bruchstellen und abweichenden Tendenzen zu seiner ansonsten eher konservativen und gemäßigten Ausrichtung ermöglichte. Fest angestellt in der *Bluszcz*-Redaktion waren bis 1902: die bereits genannten Mark Glücksberg und Maria Ilnicka, der Schriftsteller Stanisław Krzemiński und die äußerst populäre und kontroverse Autorin Lucyna Ćwierczakiewiczowa. Nach dem Ilnickas Tod 1897 und dem Bankrott von Glücksberg aufgrund unglücklicher Finanzspekulationen (1902) übernahmen zunächst Marian Gawalewicz, ehemaliger Redakteur des *Tygodnik Ilustrowany*, und später 1905 Zofia Seidlerowa die Chefredaktion. In dieser Phase erlebte der *Bluszcz* vor allem in der Auflagenhöhe einen Niedregang, konnte sich aber von seinen finanziellen Schwierigkeiten erholen und sich im Warschauer Zeitschriftenmarkt als kulturelle Zeitschrift mit gewissen intellektuellen Ansprüchen neu etablieren. Nach 1905 verschwand in diesem Zusammenhang die Rubrik Haushalt, stattdessen wurde in der Zeitschrift verstärkt die europäische Geschichte thematisiert. Auch wenn im neuen Jahrhundert die zweite, preislich günstigere Warschauer Frauenzeitschrift *Tygodnik Mód i Powieści* eine größere Auflagenhöhe erreichte, verlor der *Bluszcz* nie seine große kulturelle und programmatische Relevanz und lässt sich deshalb als Meilenstein der Warschauer Presseentwicklung einstufen.

Gazeta Świąteczna („Festzeitung', 1881–1939)

Die *Gazeta Świąteczna* erschien das erste Mal 1881, einige Jahre nach dem *Tygodnik Ilustrowany*, *Biesiada Literacka* und *Bluszcz*, und richtete sich ausdrücklich an ein ländliches Publikum. Das bedeutet aber nicht, dass die Zeitschrift nur vom Bauernstand gelesen wurde: Wie eine sehr detaillierte Studie zu diesem Thema zeigt, war sie auch an urbane Schichten ländlicher Herkunft adressiert, insbesondere an breite Teile der Arbeiterklasse aus Warschau und Lodz.[20] Die *Gazeta Świąteczna* lässt sich als Bestandteil der großen sozialen und wirtschaftlichen Veränderungsprozesse verstehen, die nach der Abschaffung der Leibeigenschaft im russländischen Teilungsgebiet 1863 eintraten und die ab den 1880er Jahren zur verstärkten Mobilität und Einbeziehung der ländlichen Bevölkerung in den soziopolitischen Diskurs globaler Reichweite führten.[21] Konrad Prószyński, Histo-

---

20 Für genauere Angaben zur Rezeption der *Gazeta Świąteczna* siehe Kostecki [u.a.], Czytelnictwo, S. 109.
21 Vgl. z.B. Jedlicki, Suburb, S. 173–178.

riker und seit ihrer Gründung bis zu seinem Tod 1907 Herausgeber der *Gazeta Świąteczna*, kam aus einer adligen Familie, die wegen der Teilnahme bzw. Unterstützung des Vaters an den polnischen Aufständen gegen den Zaren nach Sibirien umgesiedelt wurde. In einer Zeit starker Russifizierungspolitik und sehr begrenzter Ausbildungsmöglichkeiten sah er es als seine Aufgabe, durch die *Gazeta Świąteczna* das kulturelle Niveau und die materiellen Lebensbedingungen der ländlichen Bevölkerung zu fördern. In dieser Hinsicht wird seine Tätigkeit von der Forschung oft als Teil der positivistischen Bewegung gedeutet.[22] Er gestaltete seine Zeitschrift mit einer großen Bandbreite an Themen, die von sozialen, agrarischen und rechtlichen Fragen über die Geschichte, Ethnographie bis hin zur Hygiene sehr verschiedene Wissensbereiche umfasste.[23] Obzwar wenig bis gar nicht bebildert, hatte die *Gazeta Świąteczna* eine sorgfältig entwickelte Graphik und ein modernes Format, was sie schon visuell von den meisten Volkszeitschriften, die in den 1880er Jahren in den beiden anderen Teilungsgebieten erschienen, deutlich abhob. In der *Gazeta Świąteczna* lassen sich darüber hinaus weder paternalistische noch ausgeprägt christlich-katholische Akzente feststellen. Dafür findet man aber in vielen Artikeln einen gewissen nationalistischen Duktus im Sinne des Kampfes gegen die Russifizierung der polnischsprachigen Bauern. Prószyński, der selber zahlreiche, vor allem historische Texte für die Zeitschrift verfasste, kannte sein Publikum und konnte dadurch die *Gazeta Świąteczna* erfolgreich vermarkten: Er hatte einen besonders direkten und einfachen Schreibstil, der offenbar bei der bäuerlichen Bevölkerung sehr gut ankam, und die Fähigkeit, die Leserschaft durch Briefe und Wettbewerbe an die Zeitschrift zu binden.[24]

Aufgrund all dieser Faktoren und des sehr niedrigen Bezugspreises[25] genoss die *Gazeta Świąteczna* große Popularität. 1897 wurden von ihr fast 7.000 Exemplare gedruckt, 1904 waren es 13.000 und 1906 erreichte die Auflage den Spitzenwert von 30.000 Exemplaren, was sie zur zweitgrößten polnischsprachigen Zeitschrift des russländischen Teilungsgebiets nach dem *Tygodnik Ilustrowany*

---

22 Für das politische Programm von Prószyński siehe: Kmiecik, Prasa Warszawska, S. 147–149.
23 Vgl. Zasztowt, Popularyzacja, S. 200–201.
24 Vgl. Zasztowt, Popularyzacja, S. 201; Karczewska, Anna: „Więcej z pługiem niż z piórem przestaję...". O listach czytelników do redakcji „Gazety Świątecznej" w latach 1881–1914. In: Stępnik [u. a.] (Hrsg.), Komunikowanie. S. 133–141.
25 Man muss sich vorstellen, dass ein Jahresabonnement der *Gazeta Świąteczna* nur ein Viertel dessen kostete, was man für den *Tygodnik Ilustrowany* bezahlte. Für einen generellen Vergleich der Preise der damaligen polnischsprachigen Presse siehe: ANONYM: Wykaz prasy polskiej. Berlin 1911.

machte.²⁶ Wie auch eine Kennerin der polnischsprachigen Volkspresse, Grażyna Gzella, in einem Aufsatz betont, ist die *Gazeta Świąteczna* nicht nur im Rahmen der Volkspresse, sondern für den gesamten Warschauer Zeitschriftenmarkt ein wichtiges Phänomen gewesen.²⁷

Świat ('Welt', 1906–1939)

Die *Świat*, gegründet Anfang 1906 inmitten der sozial und national motivierten Unruhen der Revolution, lässt sich als Kind jener Unruhen begreifen und bildet deshalb ein neues Element in der bis dahin beschriebenen Warschauer Presselandschaft. Der Leitartikel zur ersten Ausgabe der *Świat* drückte die Hoffnung aus, die neue Zeitschrift möge primär zu einer Bühne und einem Debattenraum für soziale, wirtschaftliche und nationale Themen dieser Umbruchszeit werden.²⁸ Dabei wurde einerseits davon gesprochen, dass man in einer neuen, freieren politischen Phase lebe, die im politischen, kulturellen und wissenschaftlichen Bereich eine gewisse Verantwortung für Autor*innen und Leserschaft mit sich bringe. Andererseits war aber in dem Artikel auch von einem neuen Zeitgeist die Rede, der aus der steigenden Geschwindigkeit der Informationsvermittlung und aus der technischen Entwicklung resultiere und der die polnische Gesellschaft vor neue wichtige Herausforderungen stelle. Die *Świat* verstand sich als Antwort auf diese beiden Phänomene: Die Redaktion betonte die relevante Rolle einer neuen Wochenzeitschrift, um dem analytischen Mangel der Tagespresse in diesem Zusammenhang entgegenzutreten. Die Zeitschrift sollte die Möglichkeit bieten, sich mit wissenschaftlichen, politisch und kulturell hochaktuellen Themen auseinanderzusetzen, wobei sie sich an die Gesamtheit der polnischsprachigen Gesellschaft jeglicher politischen und sozialen Couleur richtete. Sie kombinierte diesen ausgeprägten Aktualitätsbezug mit historischen, literarischen, wissenschaftlichen und allgemein kulturellen Artikeln, die der Leserschaft Instrumente für ein tiefes und bewusstes Verständnis der Realität der neuen Epoche an die Hand geben sollten. Die *Świat* verfolgte dadurch eine Aufgabe im Sinne der Aufklärung, nämlich für die Entschlüsselung der modernen Welt einzutreten.

In der Pressegeschichte wird dem *Świat*-Redakteur, dem Publizisten und Dramaturgen Stefan Krzywoszewski, bei der systematischen Einführung der Fotoreportage als Artikelformat in seiner Zeitschrift eine Pionierrolle zugeschrieben.²⁹ Dank des Kapitals der Druckgesellschaft *S. Orgelbrand*, die die Zeitschrift

---

26 Vgl. Kostecki [u.a.], Czytelnictwo, S. 110; Karczewska, Pługiem, S. 134.
27 Vgl. Gzella, Trendy, S. 128.
28 Siehe: ANONYM: Powitanie. In: ŚW (1.1.1906) Heft 1. S. 1–2.
29 Vgl. Kmiecik, Prasa w zaborze rosyjskim, S. 85.

herausgab, konnte Krzywoszewski nicht nur die Reproduktion von Fotografien, die zum Merkmal der Zeitschrift wurden, etablieren, sondern auch eine lange Reihe von Kooperationen mit herausragenden Personen in Warschauer Intellektuellen- und Publizist*innenkreisen anknüpfen. In diesem Sinne lässt sich die *Świat* beschreiben als neues Presseerzeugnis für ein urbanes Publikum, für das immer mehr *moderne* Presseformate und Deutungsschlüssel über die sich rasch verändernde Welt wichtig wurden. Die Zeitschrift genoss bereits vom ersten Erscheinungsjahr an große Popularität nicht nur in Warschau, sondern auch beim Krakauer und Lemberger Lesepublikum.[30] Ihr innovativer medialer Charakter ermöglichte es, den Krieg zu überstehen und bis in die Nachkriegszeit hinein eine erstrangige Position im polnischen Zeitschriftenmarkt zu behaupten.

Galizische Zeitschriften

Ognisko Domowe („Heimischer Herd', 1883–1888) und *Świat* („Welt' 1888–1895)

Obwohl in der Historiographie gerne vom Fehlen der soziokulturellen illustrierten Presse in Galizien gesprochen wird, stellen das *Ognisko Domowe* und die *Świat* zwei Beispiele eines zweiwöchentlichen Druckerzeugnis dar, die noch im 19. Jahrhundert entstanden sind und in der kurzen Zeit ihres Erscheinens ein bebildertes Programm zu soziokulturellen Themen verfolgten.[31] Das *Ognisko Domowe* wurde 1883 von Klemens Łukaszewicz gegründet, der auch bis zu seinem Tode 1885 Chefredakteur des Blattes war. Ihm folgten Kazimierz Madałkiewicz und Jan Czaiński. Im ersten Artikel des ersten Jahrganges lässt sich die stark patriotische Intention der Redaktion erkennen, die die Zeitschrift als Organ des nationalen Geistes – bzw. der „Tiefe des religiösen Glaubens, der unbesiegbaren Liebe für das Vaterland und des polnische Genies in der nationalen Geschichte"[32] – präsentierte. Eigentlich setzte aber das *Ognisko* seinen inhaltlichen Schwerpunkt nicht so sehr auf den nationalen Kampf, sondern vielmehr auf die polnische Literatur, Geschichte sowie auf das Feuilleton. Die Zeitschrift richtete sich an ein möglichst breites Publikum, was in der ein- bis zweiseitigen Artikellänge, in der Veröffentlichung kurzer Erzählungen, in der reichen Bebilderung (auch das *Ognisko* veröffentlichte wie *Tygodnik* und *Biesiada* in jeder Ausgabe zumindest ein Bild auf der Titelseite sowie ein großes zweiseitiges Gemälde in der

---

30 Vgl. Myśliński, Studia, S. 126.
31 Vgl. Kamisińska, Grafika.
32 ANONYM: Od redakcji. In: OD (20.12.1883) Heft 1. S. 1–2, hier S. 1.

Mitte des Heftes) und in Bilder- und Kreuzworträtseln zum Ausdruck kam. In der Tat genoss die Zeitschrift, so der Pressehistoriker Jerzy Jarowiecki, am Anfang eine große Beliebtheit, wobei konkrete Angaben über ihre Auflagenhöhe nicht bekannt sind.[33] Ihre kurze Existenz (nur bis 1888) lässt allerdings vermuten, dass ihr programmatisches Konzept in der soziokulturellen Situation Galiziens der 1880er Jahre nicht nachhaltig war.

Eine intellektuellere, aber ebenso soziokulturelle Ausrichtung hatte auch die *Świat*, die Ende der 1880er Jahre als eine der ersten liberaldemokratischen, kulturell-literarischen Zeitschriften des Krakauer Zeitschriftenmarkts erschien. Zygmunt Sarnecki, Gründer und Redakteur der Zeitschrift, war nicht nur ein berühmter Schriftsteller, sondern auch ein erfahrener Publizist, der mit der Presse aller drei Teilungsgebiete zusammenarbeitete.[34] Unter seine Leitung wurde die *Świat* – deren jährliches Abonnement doppelt so viel wie das des *Tygodnik Ilustrowany* kostete – fast sieben Jahre lang in einem großen eleganten Format mit zahlreichen farbigen Bildern und auf hochwertigem Papier gedruckt. Aufgrund des niedrigen finanziellen Erfolgs und der hohen Redaktionskosten stellte Zygmunt Sarnecki 1895 das Erscheinen der Zeitschrift ein. Trotz des elitären Anscheins und des Rufs als Plattform für die junge modernistische Künstlergeneration der *Junges Polen* befasste sich die *Świat* mit sehr heterogenen Themen: von Geschichte, Reisen und Kunst bis hin zu aktuellen Ereignissen, obgleich die Literatur einen Schwerpunkt bildete. Im Laufe der Zeit kam es zu einem verstärkten Einsatz von Werbeanzeigen, Bildern und Kreuzworträtseln, was die Konzipierung als Druckerzeugnis für eine differenzierte Bevölkerung erkennen ließ. In dieser Hinsicht unterschied sich die *Świat* von den traditionellen, intellektuellen soziopolitischen Krakauer Zeitschriften *Czas* oder *Krytyka*, die lange Zeit als Hauptorgane des Krakauer kulturellen Lebens galten, aber mit ihren langen Abhandlungen und dem Fehlen von jeglichem unterhaltenden Wissen ausschließlich für die politisch-intellektuellen Eliten gedacht waren.

Tydzień („Woche', 1893–1906)

Der *Tydzień*, das beste Beispiel für ein Lemberger Pendant zur Warschauer soziokulturellen Presse, weist zahlreiche Ähnlichkeiten mit den gerade beschriebenen Zeitschriften auf. Er erschien erstmalig 1893 als Beilage der sehr populären Lemberger Tageszeitung *Kurier Lwowski* und teilte mit dem *Kurier* nicht nur den Chefredakteur, Bolesław Wysłuoch, eine prominente Figur der in diesen Jahren

---

33 Vgl. Jarowiecki, Prasa, S. 50–51.
34 Vgl. Myśliński, Prasa w Galicji, S. 132.

entstandenen galizischen Volksfront, sondern auch die politische liberaldemokratische Orientierung.[35] Die liberale Intelligenz stellte am Ende des Jahrhunderts in der galizischen Hauptstadt Lemberg eine viel größere und relevantere soziale Gruppe als im kleineren und traditionell konservativeren Krakau dar.[36] Der *Kurier Lwowski* war in den 1890er Jahren Bezugsmedium für eine sehr breite Lesergruppe, die einerseits aus liberal-demokratischen, sozial gemischten städtischen Schichten und andererseits aus Bauern und der ländlichen Intelligenz mit einer gewissen Nähe zur Volksbewegung bestand.[37] Der *Tydzień*, der mit 8.000 Exemplaren die gleiche Auflagenhöhe wie der *Kurier* hatte und sich an das gleiche Publikum richtete, verfügte über einen großen Kreis von Publizist*innen, Literat*innen und Historiker*innen, die in diesem Zeitschriftenrahmen Wissen aus vielfältigen kulturellen und wissenschaftlichen Bereichen popularisierten.[38] Während das *Ognisko* programmatisch patriotische Parolen in den Vordergrund rückte und die *Świat* ihren Schwerpunkt auf die Verbreitung avantgardistischer künstlerisch-literarischer Beiträge legte, fokussierte sich die inhaltliche Ausrichtung des etwa später gegründeten *Tydzień* vor allem auf die Popularisierung von relevanten Themen des gesamteuropäischen historischen, literarischen und akademischen Wissens jener Zeit im Namen einer soziokulturellen Erneuerung der galizischen Gesellschaft.[39] Obwohl die Bebilderung in der Zeitschrift keine Rolle spielte, lässt sich somit der *Tydzień* mit seiner viel größeren Rezeption und seinem viel längeren Erscheinen auf dem Lemberger Zeitschriftenmarkt als bester Ausdruck einer neuen galizischen Öffentlichkeit begreifen, die nicht nur die Stadt, sondern auch das Land umfasste und die an Bildung interessiert war. Die Zeitschrift prägte das kulturelle Leben von breiten Bevölkerungsschichten und spielte eine aktive Rolle in den politisch-kulturellen Debatten der galizischen Hauptstadt.[40]

Ilustracja polska („Polnische Illustration', 1901–1904), *Nowości Ilustrowane* („Illustrierte Neuigkeiten', 1904–1925) und *Nasz Kraj* („Unser Land', 1906–1912)

Im 20. Jahrhundert erschien auf dem Krakauer Zeitschriftenmarkt ein neues illustriertes Zeitschriftengenre, das eine viel größere Popularität als die kulturell-

---

35 Vgl. Toczek, Problematyka, S. 79.
36 Vgl. Myśliński, Studia, S. 38–39.
37 Vgl. Binder, Pressewesen, S. 2075–2076.
38 Vgl. Bujak, Tydzień, S. 63–64.
39 Vgl. Bujak, Tydzień, S. 65.
40 Vgl. Jarowiecki, Prasa; S. 34–35.

literarische Presse genoss. Dazu gehörten die zwei Publikationen *Ilustracja polska*[41] und ihr Nachfolger *Nowości Ilustrowane*, die ein innovatives Element nicht nur für Krakau, sondern auch für die gesamte polnischsprachige Presselandschaft darstellten. Die beiden Zeitschriften waren preiswerte Nachrichtenmagazine ohne besondere intellektuelle Ansprüche, die programmatisch den tagesaktuellen Schwerpunkt mit einer massenhaften Verwendung von Illustrationen kombinierten. Die Redaktion der *Nowości Ilustrowane*, von dem Publizisten Władyslaw Horowicz geleitet, leistete sich beispielsweise einen eigenen Fotografen sowie eine eigene zinkographische Anlage für die Reproduktion von Bildern.[42] Die beiden Zeitschriften, die sich konsequent von jeglichen politischen Debatten und Meinungen fernhielten, befassten sich vor allem mit aktuellen Ereignissen, Skandalen, Sport und Mode, gaben aber auch gelegentlich politische, historische und literarische Artikel heraus. Aufgrund dieser Charakteristik waren *Ilustracja polska* und *Nowości Ilustrowane* ein vergleichbares Format zur erst später veröffentlichten Warschauer *Świat*. Der Historiker Myśliński erwähnt die musterhafte Rolle der deutschen Zeitschrift *Die Woche* für ihre Gestaltung.[43] Tatsächlich konzipierte der in der Pressewirtschaft erfahrene Verleger der *Nowości Ilustrowane*, Stanisław Lipiński, seine Zeitschrift als kapitalistisches Unternehmen, das den potentiellen galizischen Lesermarkt für preisgünstige, aber technisch und programmatisch moderne polnischsprachige Illustrierte, der bis zu diesem Zeitpunkt von der deutschsprachigen illustrierten Presse dominiert wurde, für sich erobern wollte. Der Verleger der *Ilustracja polska*, Ludwik Szczepański, setzte hingegen auf die Attraktivität seiner kaum der Zensur ausgesetzten illustrierten Zeitschrift für eine polnischsprachige Leserschaft im galizischen und preußischen Teilungsgebiet, die bis dahin die Warschauer Illustrierten las.[44] Da die Auflagenhöhe der *Nowości Ilustrowane* auf ca. 10.000 wöchentlich verkaufte Exemplaren veranschlagt wird, kann man davon ausgehen, dass diese Vermarktungsstrategien im Kontext des rasanten Wachstums sowohl der Krakauer Bevölkerung als auch ihres durchschnittlichen Alphabetisierungsgrads anscheinend sehr gut funktionierten.[45]

Auch in Lemberg entstand einige Jahre später ein ähnliches Zeitschriftenprojekt, das *Nasz Kraj*, das in seiner gesamten sechsjährigen Existenz von dem auf

---

41 In Übereinstimmung mit der Tradition der polnischen Pressehistoriographie wird das Wort *Ilustracja* auch in dieser Arbeit nach der modernen polnischen Rechtschreibung mit J wiedergegeben, wenngleich die Zeitschrift ihren Titel immer mit Y schrieb.
42 Vgl. Myśliński, Prasa w Galicji, S. 131.
43 Vgl. Myśliński, Studia, S. 122.
44 Vgl. Myśliński, Studia, S. 122–123.
45 Vgl. Myśliński, Studia, S. 123.

die Boulevardpresse spezialisierten Journalisten Bronisław Laskownicki herausgegeben wurde. Die Redaktion von *Nasz Kraj* legte den Akzent auf die Verbreitung von heterogenem, literarisch-kulturellem Wissen für die geistige Entwicklung der polnischen Gesellschaft, setzte aber stärker auf einen polnisch-nationalen Ton, der sich in der von nationalen Konflikten aufgeheizten Lemberger Stimmung gut verkaufte.[46] Nach der ersten Phase 1906–1908 als soziokulturelle Illustrierte mit einem historischen Schwerpunkt und nach einer kurzen Zwischenspiel als literarische Zeitschrift mit anspruchsvoller graphischer Gestaltung verwandelte sich *Nasz Kraj* jedoch bereits Ende 1908 in ein stark bebildertes Nachrichtenmagazin nach dem graphischen, inhaltlichen und programmatischen Vorbild der *Nowości Ilustrowane*. Auf dem von der Regenbogentagespresse gesättigten Lemberger Zeitschriftenmarkt stellte sich diese mediale Strategie jedoch offenbar als wenig erfolgreich heraus, so dass *Nasz Kraj* bereits 1912 sein Erscheinen beendete.[47]

Wieniec – Pszczółka („Kranz' – ‚Biene', 1875– nach 1918) und *Rola* („Acker' 1907–1914)

Parallel zu den verschiedenen Bemühungen, die wachsende potentielle Leserschaft sowohl in den Städten als auch auf dem Land zu gewinnen, dürfen im Falle Galiziens auch nicht die vielen bedeutenden Versuche, das weniger gebildete, bäuerliche Publikum zu erreichen, vergessen werden. In diesem Kontext spielte die bis 1900 wöchentlich, abwechselnd unter dem Titel *Wieniec* oder *Pszczółka* erscheinende Zeitschrift eine besonders zentrale und innovative Rolle.[48] 1875 kaufte der Priester Stanisław Stojałowski die beiden Zeitschriften von Czesław Pieniążek und verwandelte sie in Instrumente zur Hebung der politischen Kultur unter den Bauern. Stojałowski war der Erste, der sich im galizischen Kontext von den paternalistischen Tönen der traditionellen Volkspresse verabschiedete und in seinen Zeitschriften über die Vermittlung politischer Informationen sowie kulturellen, insbesondere historischen Allgemeinwissens für die Mobilisierung der ländlichen Bevölkerung eintrat. Die Redaktion des *Wieniec – Pszczółka*, die in

---

46 Vgl. ANONYM: Słowo wstępne. In: NK (1.1.1906) Heft 1. S. 1–2.
47 Vgl. Myśliński, Studia, S. 38–39.
48 Das Phänomen solcher Zwillingszeitschriften, die die gleiche Redaktion und den gleichen Verleger hatten, aber unter zwei verschiedenen Titeln erschienen, war in Galizien bis 1894 sehr verbreitet. Grund dafür war die Konfiszierung der Kaution, die den wöchentlich oder häufiger erscheinenden Zeitschriften drohte. Die vierzehntägig oder monatlich erscheinenden Zeitschriften wurden hingegen von der Einzahlung einer Kaution befreit, so dass viele Verleger ihre wöchentliche Zeitschrift so herausgaben, als ob es sich dabei um zwei zweiwöchentliche Zeitschriften handelte. Vgl. Myśliński, Prasa w Galicji, S. 117–119.

Lemberg und dann in Teschen und Bielitz-Biala herausgegeben wurden, wurde zu einer Keimzelle der späteren galizischen Volksbewegung. Stanisław Stojałowski prägte mit seiner Persönlichkeit und seinen Ideen entscheidend die gesamte inhaltlich-programmatische Gestaltung der beiden Zeitschriften. Er richtete sie an christlich-sozialen politischen Ideen aus, bei denen er den Katholizismus mit den wichtigen Fragen der Bauernemanzipation kombinierte, was dann 1896 in der Gründung der *Christlichen Volkspartei* mündete.[49] Bevor der *Wieniec – Pszczółka* zum offiziellen Presseorgan dieser Bewegung wurde, war es das stets das Anliegen der Redaktion, mit einem möglichst breiten Spektrum von Themen, das von Nachrichten aus Galizien und der Welt bis hin zu politischen Kommentaren und zur Landwirtschaft reichte, die bäuerliche Massenbasis als Leserschaft anzusprechen. Die praktisch völlige Abwesenheit von unterhaltenden Elementen wie Illustrationen wurde kompensiert durch die Veröffentlichung von Leserbriefen, die wiederum eine starke Verbindung zwischen dem Publikum und der Zeitschrift ermöglichten. In den 1880er Jahren bildete die polnische Geschichte einen der privilegierten Wissensbereiche, mit denen Stojałowski das bäuerliche soziokulturelle Bewusstsein und die Entwicklung eines autonomen politischen bäuerlichen Denkens unterstützen wollte.[50] Je mehr aber der *Wieniec – Pszczółka* zum Instrument des direkten politischen Kampfes wurde, desto weniger waren darin historische und kulturelle Artikel zu finden. In der zweiten Hälfte der 1890er Jahre dominierte dann die Politik der bäuerlichen Volksfront die beiden Zwillingszeitschriften thematisch voll und ganz.

Die Krakauer Zeitschrift *Rola* entstand wenige Jahre vor dem Ausbruch des Krieges in einer komplett anderen Epoche und stellte somit auch eine neue Generation von Zeitschriften *für das Volk* dar, die mit *Wieniec – Pszczółka* fast nur das Zielpublikum gemeinsam hatte. Mit Hilfe nationalistischer Parolen wurde das Blatt durch ihren ersten Herausgeber und Anhänger der konservativen Partei, Jan Hupka, zu einem Agitationsorgan für Wahlkampagnen unter der bäuerlichen Bevölkerung gegen progressiv aufgestellte Bauernparteien gemacht.[51] Schon ihre Gründung lässt sich als Indikator für eine Demokratisierung der soziopolitischen Machtverhältnisse auf dem Land auffassen, wo der Adel und die Kirche ihre traditionellen Einflusskanäle auf den Bauernstand verloren hatten und die Konservativen um die Zustimmung der Bauern werben mussten. Bis 1909 erzielte die Zeitschrift einen sehr geringe Erfolge und häufte große Schulden an, konnte aber nach ihrer Umgestaltung zu einer thematisch breiteren, illustrierten Volkszeit-

---

49 Vgl. Binder, Pressewesen, S. 2077–2078.
50 Vgl. Jarowiecki, Studia, S. 105–108.
51 Vgl. Binder, Pressewesen, S. 2067.

schrift ihre Auflagenhöhe vervielfachen und 1912 die für Galizien sehr beachtliche Zahl von 5.000 – 6.000 verkauften Exemplare erreichen.[52] Die Besonderheit der *Rola*, verglichen mit anderen Volkszeitschriften dieser Zeit, bestand in der Vermarktung einer national-konservativen politischen Idee durch ein sehr attraktives, *modernes* Format, in dem Werbung, Bilder und tagesaktuelle Sensationsartikel eine zentrale Rolle spielten.[53] Obwohl *Rola* und *Wieniec – Pszczółka* völlig andere politische Zwecke verfolgten, ist den beiden bzw. den drei Blättern die Verwendung innovativer medialer Strategien zum Erreichen einer breiten bäuerlichen Leserschaft gemein. Eben dieser ähnliche mediale Aspekt macht diese Volkszeitschriften relevant für eine Untersuchung der unterschiedlichen medialen Instanzen, mit denen breite gesellschaftliche Gruppen als Öffentlichkeit strukturiert wurden.

Zeitschriften aus dem preußischen Teilungsgebiet

Gwiazda („Stern', 1875 – 1923)

Die *Gwiazda* ist das langlebigste Beispiel einer Reihe kaum erforschter Zeitschriften, die schon in den 1870er Jahren auf dem Posener Zeitschriftenmarkt erschienen und Beleg dafür sind, dass ein Format nach dem Prinzip Posener Wochenpresse *für viele* mit Schwerpunkt auf Allgemeinwissen und Illustrationen schon vor den 1890er Jahren existierte. Zur Rezeption der *Gwiazda* gibt es keine Studien, da diese Zeitschrift in der Forschung eher als Randphänomen eingestuft wurde. Der Pressehistoriker Wojciech Spaleniak erwähnt sie kurz in der Kategorie „aufklärerische Presse" zusammen mit den bekannteren Zeitschriften *Sobótka* und *Tygodnik Wielkopolski* vom Anfang der 1870er Jahre, während Witold Jakóbczyk, der ihre Entstehung umriss, sie als ein von dem Priester Apolinary Tłoczyński redigiertes, moralisierendes, tief religiöses Blatt mit einem leicht nationalistischen Akzent beschreibt.[54] Ihr Eigentümer und ab 1885 auch Redakteur, Jarosław Leitberger, war ein Posener Verleger und nationaler Aktivist, der unterschiedliche Veröffentlichungen herausgab.[55] Seine Zeitschrift *Gwiazda* hatte tat-

---

52 Vgl. Myśliński, Studia, S. 159 – 160.
53 Vgl. Binder, Pressewesen, S. 2067.
54 Vgl. Spaleniak, Wojciech: Encyklopedyczny zarys dziejów prasy wielkopolskiej (1874 – 1939). In: Z dziejów prasy wielkopolskiej XIX-XX. Praca zbiorowa. Tom 3. Hrsg. von Marceli Kosman. Poznań 1997. S. 14 – 35, hier S. 21; Jakóbczyk, Prasa, S. 187.
55 Zur Biographie von Leitberger siehe: Sobkowiak, Walerian: Leitberger, Jarosław. In: Polski słownik biograficzny. Tom XVII. Hrsg. von Polska Akademia Nauk – Instytut Historii. Warszawa 1972. S. 10 – 11.

sächlich einen ausgeprägt religiösen Charakter, sie grenzte sich thematisch aber nicht ein, sondern bot neben den kirchlichen und katholischen Artikeln unterschiedliche Rubriken – Geschichte, Wissenschaft, Erzählungen, Gedichte, Beschreibung von Ortschaften – und eine seltene, aber hochwertige Bebilderung. Ihr Preis lässt eine Verbreitung der Zeitschrift in kleinbürgerlichen Kreisen vermuten, während ihre erstaunlich lange Existenz auf dem Posener Zeitschriftenmarkt als Indikator einer gewissen Popularität der Zeitschrift gedeutet werden kann. Leider sind in den polnischen Bibliotheken nur *Gwiazda*-Ausgaben aus den 1880er Jahren erhalten, so konnten also in dieser Studie nur wenige Artikel der Zeitschrift ausgewertet und keine Aussagen über ihre Entwicklung in den 1890er Jahren sowie im 20. Jahrhundert getroffen werden.

Praca („Arbeit', 1896 – 1924)

Die *Praca* ist vielleicht die einzige nicht Warschauer Zeitschrift, die in ihrer thematischen Breite, in ihrem modernen Format, mit ihrem großen Illustrationsanteil, ihrer Auflagenhöhe, ihrer ausgeprägten kommerziellen Ausrichtung und ihrem Zielpublikum den Warschauer Illustrierten *Biesiada* und *Tygodnik* ähnelt.[56] Gegründet in den 1890er Jahren, lässt sich die Zeitschrift als Ausdruck des Wandels in der Posener polnischsprachigen Öffentlichkeit jener Zeit verstehen. Zugleich weist aber die Zeitschrift bestimmte programmatische Merkmale auf, die primär auf die spezifischen Dynamiken des Posener Zeitschriftenmarktes in den 1890er Jahren zurückzuführen sind und die tiefgreifende Unterschiede zwischen der *Praca* und den Warschauer Presseerzeugnissen markieren. Hier lässt sich in erster Linie die deutliche anti-preußische und latent polnisch-nationalistische Tendenz der Zeitschrift nennen, die unter dem Einfluss des nationaldemokratischen Vereins *Liga Narodowa* in den Jahren 1903–1907 ihren Höhepunkt erreichte.[57] Dieses Phänomen ist den großen Warschauer Illustrierten in dem Maße definitiv fremd und muss im Posener Kontext des Widerstands der Presse gegen die Germanisierungspolitik gesehen werden. An zweiter Stelle ist das immer wieder betonte niedrige kulturelle Niveau der *Praca* zu erwähnen, die, wie die damalige Publizistin Izabela Moszczeńska-Rzepecka kurz nach ihrer Gründung im Lemberger *Tydzień* beklagte, keine eigenen wertvollen intellektuellen Gedanken vertrat, sondern sich nur an der Meinung der Mehrheitsbevölkerung orientierte, um ihre Profite zu maximieren.[58]

---

56 Vgl. Molik, Inteligencja, S. 98.
57 Vgl. Spaleniak, Zarys, S. 19;
58 Vgl. Moszczeńska: Prasa Poznańska. In: T (10.10.1897), S. 325.

Diese Janusköpfigkeit der *Praca* spiegelte sich auch in der Figur ihres ersten Verlegers, Marcin Biedermann. Biedermann war ein überzeugter polnisch-nationaler Aktivist, der Widerstand gegen die Preußische Ansiedlungskommission in den Provinzen Posen und Schlesien leistete. Er war aber gleichzeitig auch ein besonders tatkräftiger Unternehmer, der durch Spekulationen mit dem Rückankauf von Grundstücken aus deutschem Besitz, zumindest bis zum Jahr 1907, ein großes Vermögen ansammelte.[59] Die *Praca* war deshalb Teil sowohl seines patriotischen Wirkens als auch seiner kapitalistischen Interessen und wurde von beiden Elementen stark geprägt. Während einerseits die nationalistischen Töne sie in ein Organ der nationalen Mobilisierung verwandelten, zielten die reiche Bebilderung, die thematische Heterogenität, die Veröffentlichung unterschiedlicher unterhaltender und populärwissenschaftlicher Artikel aus allen möglichen Wissensbereichen sowie der hohe Werbeanteil darauf ab, ein breites Lesepublikum ohne besondere intellektuelle Ansprüche zu gewinnen. Trotz des akzentuiert kommerziell-nationalistischen, eher kulturfernen Charakters war die *Praca*, die 1903 auf 13.000 verkaufte Exemplare verweisen konnte, eines der erfolgreichsten polnischsprachigen Pressephänomene des Jahrhundertendes sowie eines der *modernsten* Presseerzeugnisse.[60] Sie verfügte über eine große Redaktion mit mehreren Journalisten, die sich auf unterschiedliche Bereiche spezialisiert hatten.[61] Ihre Chefredakteure waren renommierte Persönlichkeiten nicht nur in Posen, sondern im gesamten polnischsprachigen Raum.[62] Als beispielsweise Kazimierz Rakowski, erster Redakteur der *Praca*, aufgrund seiner publizistischen Tätigkeit von den preußischen Behörden verhaftet wurde, berichtete die galizische Zeitschrift *Ilustracja Polska* in einem langen Artikel über das Geschehen.[63] Rakowski wohnte dann lange Zeit in Galizien, zog im 1905 nach Warschau und veröffentlichte zahlreiche Texte in Zeitschriften aller drei Teilungsgebiete, vor allem im *Tygodnik Ilustrowany*. Da die *Praca* zudem zahlreiche Zweitabdrucke von Beiträgen veröffentliche, die ursprünglich in Periodika anderer Teilungsgebiete erschienen waren (im Rahmen der Analyse zu vorliegender Studie konnten mehrerer solcher Transfers insbesondere aus dem *Tygodnik* und dem *Tydzień* festgestellt werden), trug sie nicht zuletzt auch zur transpolnischen Zirkulation konkreter Inhalte bei.

---

59 Zur Biographie von Marcin Biedermann siehe: Wojtkowski, Andrzej: Biedermann, Marcin. In: Polski słownik biograficzny. Tom II. Hrsg. von Polska Akademia Nauk – Instytut Historii. Warszawa 1936. S. 23–24.
60 Vgl. Jakóbczyk, Kultura, S. 604–605.
61 Vgl. Molik, Inteligencja, S. 253.
62 Eine Liste der *Praca*-Redakteure in: Jakóbczyk, Prasa, S. 193.
63 Vgl. Anonym: Dr. Kazimierz Rakowski. Nowy gwałt pruski. In: IP (25.10.1901) Heft 6. S. 110.

Przewodnik Katolicki („Katholischer Ratgeber', 1895–heute)

Ähnlich wie die *Praca* zeigte auch der *Przewodnik Katolicki* eine interessante Kombination von Elementen, die der Zeitschrift eine Sonderstellung nicht nur in der Posener, sondern auch in der gesamten polnischsprachigen Presselandschaft verliehen. Wie schon der Name verdeutlicht, handelt es sich um ein katholisches Presseerzeugnis, das 1895 vom Posener Erzbischof Florian Stablewski gegründet wurde und in den ersten Erscheinungsjahren dank der Finanzierung der Posener Kurie überlebte. In nur kurzer Zeit gewann aber der *Przewodnik Katolicki* dermaßen an Popularität – in der Forschungsliteratur ist von einer Auflagenhöhe von 60.000 bis 80.000 Exemplaren die Rede[64] – dass die Zeitschrift nicht nur in der Lage war, auf jegliche kirchliche finanzielle Unterstützung zu verzichten, sondern mit ihrer journalistischen Tätigkeit auch erhebliche Gewinne erzielte. Damit konnten für die Druckerei des *Przewodnik Katolicki* die neuesten Drucktechniken für den Massendruck von Kopien und für die Reproduktion von Bildern angeschafft werden, so dass sie kurz vor dem Ausbruch des Krieges zu einem der größten Druckereikomplexe im polnischsprachigen Raum wurde.[65] Jakóbczyk, der die Posener Presse gründlich erforscht hat, erkennt in der Fähigkeit, auf die neuen Bedürfnisse einer in den Provinzen Posen und Schlesien sehr stark vertretenen ländlichen und kleinbürgerlichen Leserschaft einzugehen, den Schlüssel zum enormen Erfolg der Zeitschrift.[66]

Im Leitartikel zur ersten Ausgabe erklärten die Redakteure, welch „schreckliche" Gefahr die sozialistische Presse und die polnischsprachigen protestantischen Veröffentlichungen für den Zusammenhalt der ansonsten homogenen polnischsprachigen Bevölkerung darstellten.[67] Sie verstanden deshalb den *Przewodnik Katolicki* als Zeitschrift, die sich ausdrücklich an alle sozialen Klassen richtete, um die Einheit der katholischen polnischsprachigen Gesellschaft wiederherzustellen. Insgesamt verfolgte die Zeitschrift ein gemäßigtes und gegenüber der Teilungsmacht loyales politisches Programm, in dem nationalistische Tendenzen keinen Platz hatten, während der katholische Glaube durch Gebete, Heiligengeschichten oder Berichte aus dem kirchlichen Leben gefördert wurde. Religiöse Inhalte bildeten daher den Schwerpunkt der meisten Artikel, waren aber längst nicht die einzigen Themen der Zeitschrift. Viel Aufmerksamkeit fanden Geschichte, Politik und aktuelle Ereignisse, und die reiche Bebilderung sollte eine breite, nicht unbedingt nur tiefreligiöse Lesergruppe ansprechen. Aufgrund seiner für polnische Verhältnisse erstaunlichen Auflagenhöhe, seiner städtischen

---

64 Vgl. bspw. Spaleniak, Zarys, S.21 und Molik, Inteligencja, S. 97.
65 Vgl. Jakóbczyk, Prasa, S. 192.
66 Vgl. Jakóbczyk, Prasa, S. 191.
67 Vgl. Anonym: Abyśmy byli jedno. In: PK (17.1.1895) Heft 1. S. 2–4.

sowie ländlichen Verbreitung und seiner technischen Innovation gehörte der *Przewodnik* sicherlich zu den ersten polnischsprachigen Medien, die ein Massenpublikum erreichen konnten und stellt daher einen relevanten Bestandteil der polnischsprachigen Presseentwicklung der Zeit dar.

Piast („Piast', 1895 – 1917)

Als letzte preußische polnischsprachige Zeitschrift der *Piast* ausgewählt – die einzige Zeitschrift des gesamten Quellenkorpus, die nicht in den vier zentralen Städten des polnischsprachigen Raums veröffentlicht wurde und damit ein Beleg für den Polyzentrismus der Presselandschaft des Großherzogtums Posen ist. Der *Piast* erschien zuerst als käuflich erwerbbares Zusatzangebot und später als kostenlose vierseitige Sonntagsbeilage der Tageszeitung *Dziennik Kujawski*, die in Inowrazlaw unter der Redaktion von Józef Chociszewski erschien und eine Auflagenhöhe von ca. 5.000 Exemplaren erreichte.[68] Der *Piast* verstand sich ausdrücklich als Zeitschrift zur Popularisierung des Wissens – „für die Erhöhung des Wohlstands und der Bildung", wie auf jeder Titelseite in großen Buchstaben gedruckt stand. Der Name, der auf den legendären Stammvater der piastischen Dynastie Bezug nahm, indizierte außerdem die Intention, polnisch-nationales Bewusstsein in der ethnisch-gemischten Region Kujawiens zu erwecken und zu verbreiten.[69] Die Zeitschrift widmete denn auch den piastischen Königen und ihrem Wirken viel Raum, veröffentlichte aber auch viele Beiträge zu anderen Perioden der polnischen Geschichte, druckte literarische Gedichte und verbreitete allgemeinkulturelles sowie praktisches Wissen. Ähnlich wie im *Tydzień* war hingegen Aktualität nicht Bestandteil des *Piast*, denn sie wurde in der parallel erscheinenden Tageszeitung thematisiert. Bilderrätsel, Illustrationen und Werbeanzeigen verliehen schließlich der Zeitschrift einen unterhaltenden, für eine breite Leserschaft gedachten Charakter. Die häufige Veröffentlichung von Artikeln, die ursprünglich aus anderen Periodika, insbesondere aus der *Praca* stammten, zeugt von den vielen Verflechtungen zwischen Posener und provinzieller Presse und spricht für die nicht separate, sondern gemeinsame Betrachtung lokaler, regionaler und transpolnischer Öffentlichkeiten.

---

[68] Vgl. Jakóbczyk, Prasa, S. 198.
[69] Vgl. Pronobis, Piast, S. 146.

Abkürzungsverzeichnis

Zeitschriften (Primärquellen)

B	Bluszcz
BL	Biesiada Literacka
G	Gwiazda
GŚ	Gazeta Świąteczna
IP	Ilustracja Polska
NI	Nowości Ilustrowane
NK	Nasz Kraj
OD	Ognisko Domowe
Pi	Piast
PK	Przewodnik Katolicki
Pr	Praca
Pra	Prawda
Ps	Pszczółka
R	Rola
ŚK	Świat. Dwutygodnik Illustrowany (Krakau)
ŚW	Świat (Warschau)
T	Tydzień
TI	Tygodnik Ilustrowany
W	Wieniec
Wi	Wielkopolanin
WP	Wieniec – Pszczółka

Fachzeitschften (Literatur)

BDI	Berliner Debatte Initial
C	Comparativ
GG	Geschichte und Gesellschaft
H-JZHF	Historie. Jahrbuch des Zentrums für Historische Forschung Berlin der Polnischen Akademie der Wissenschaften
H-SM	Historyka. Studia Metodologiczne
HT	History and theory
HZ	Historische Zeitschrift
RHPP	Rocznik Historii Prasy Polskiej
SR	Slavic Review
SZG	Schweizerische Zeitschrift für Geschichte
TD	Teksty Drugie
ZFO	Zeitschrift für Ostmitteleuropa-Forschung
ZP	Zeszyty Prasoznawcze

ZWG   Zeitschrift für Weltgeschichte

Quellenverzeichnis

Al. K.: Kartka z XVI wieku. (Z powodu odczytu p. Bernarda Kalickiego). [Ein Blatt aus dem 16. Jahrhundert (Anlässlich einer Lesung des Herrn Bernard Kalicki]. In: Biesiada Literacka (31.3.1882) Heft 326. S. 198.

Albin Nałęcz, Józef: Wielki tydzień w dawnej Polsce. [Die Karwoche im alten Polen]. In: Biesiada Literacka (6.4.1906) Heft 14. S. 266–267.

Ambroziewiczowa, Stanisława: Władysław Wareńczyk. In: Bluszcz (7.11.1909) Heft 45. S. 492–493.

Anonym: Stracenie przedostatniego księcia Opolskiego, Mikołaj II, w Nisie 1493 r. [Die Hinrichtung von Nikolaus II., dem vorletzten Herzog von Oppeln, im Jahre 1493 in Neisse]. In: Tygodnik Ilustrowany (3.1.1880) Heft 210. S. 4.

Anonym: Konstytucja 3. Maja 1791 r. [Die Verfassung vom 3. Mai 1791]. In: Wieniec (6.5.1880) Heft 10. S. 77.

Anonym: Goście u Bolesława. [Die Gäste von Boleslaus]. In: Gazeta Świąteczna (03.1883 [1. Sonntag]) Heft 9. S. 3–4.

Anonym: Przegląd polityczny. Prusy. [Politische Rundschau. Preußen]. In: Wielkopolanin (3.3.1883) Heft 18. S. 1.

Anonym: Obrazy obyczajowe w Polsce za panowania Augusta III. (Wyciąg z pamiętnika A. M.) [Sittenbilder aus dem Polen zur Zeit der Herrschaft Augusts III. (Auszug aus dem Tagebuch von A. M.)]. In: Gwiazda (18.3.1883) Heft 11. S. 82–84.

Anonym: Sobieski pod Chocimem (1673 r.). [Sobieski vor Chotyn (Jahr 1673)]. In: Tygodnik Ilustrowany (28.4.1883) Heft 17. S. 263–266.

Anonym: Obchód rocznicy odsieczy Wiednia przez króla Jana III Sobieskiego. [Jubiläumsfeierlichkeiten der Rettung Wiens durch König Johann III. Sobieski]. In: Pszczółka (14.6.1883) Heft 12. S. 89–90.

Anonym: Słowianie. [Die Slawen]. In: Gwiazda (15.7.1883) Heft 28. S. 217–218.

Anonym: Słowianie. [Die Slawen]. In: Gwiazda (22.7.1883) Heft 29. S. 225–226.

Anonym: Słowianie. (Dokończenie). [Die Slawen (Schluss)]. In: Gwiazda (29.7.1883) Heft 30. S. 233–234.

Anonym: Jubileusz oswobodzenia Wiednia i całej chrześciańskiej Europy od przemocy Tureckiej. [Das Jubiläum der Befreiung Wiens und des gesamten christlichen Europas von der türkischen Gewaltherrschaft]. In: Gwiazda (12.8.1883) Heft 32. S. 251–252.

Anonym: Król Jan III. [König Johann III.] In: Pszczółka (5.9.1883) Heft 18. S. 138–139.

Anonym: Sobieski pod Wiedniem. Obraz Jana Matejki. [Sobieski vor Wien. Jan Matejkos Gemälde]. In: Tygodnik Ilustrowany (27.10.1883) Heft 43. S. 271.

Anonym: Od redakcji. [Von der Redaktion]. In: Ognisko Domowe (20.12.1883) Heft 1. S. 1–2.

Anonym: Śmierć Gedymina. [Gediminas' Tod]. In: Biesiada Literacka (4.4.1884) Heft 14. S. 215.

Anonym: Konstytucja 3. Maja. [Die Verfassung vom 3. Mai 1791]. In: Pszczółka (1.5.1884) Heft 9.

Anonym: Dwie doby w Gdańsku. [Zwei Tage in Danzig]. In: Tygodnik Ilustrowany (24.5.1884) Heft 73. S. 331.

Anonym: Magdeburg. In: Biesiada Literacka (17.7.1885) Heft 29. S. 36–37.

Anonym: O służbie wojennej włościan za dawnej Polski. [Über den Kriegsdienst der Bauernschaft im alten Polen]. In: Pszczółka (8.10.1885) Heft 1 (17). S. 7–8.

ANONYM: Obrazki Litewskie. Z pamiętników Wincentego Pola. [Litauische Bilder. Aus den Tagebüchern von Wincenty Pol]. In: Pszczółka (22.11.1885) Heft 4. S. 25–26.
ANONYM: Pięćsetna rocznica zaślubin Jadwigi i Jagiełły. [500. Jahrestag der Hochzeit von Jadwiga und Jagiełło]. In: Gwiazda (7.3.1886) Heft 10. S. 77–78.
ANONYM: Wspomnienie o wygnańca Litwina. [Erinnerungen an einen vertriebenen Litauer]. In: Gwiazda (11.5.1886) Heft 15. S. 117–119.
ANONYM: Epoka króla Polskiego Zygmunta I. (1506–1548). [Die Herrschaft des polnischen Königs Sigismund I. (1506–1548)]. In: Gwiazda (10.10.1886) Heft 41. S. 328.
ANONYM: Epoka króla Polskiego Zygmunta I. (1506–1548). [Die Herrschaft des polnischen Königs Sigismund I. (1506–1548). (Mit Abbildung)]. In: Gwiazda (17.10.1886) Heft 42. S. 332–334.
ANONYM, Rocznica 300-letnia śmierci króla Stefana Batorego. [Zum 300. Todestag von Stephan Báthory]. In: Wieniec (17.10.1886) Heft 20. S. 161–162.
ANONYM: Historya Polski w zarysie. [Abriss der Geschichte Polens]. In: Pszczółka (15.4.1888) Heft 7. S. 115–118.
ANONYM: Historya Polski w zarysie. Bolesław I. Chrobry – Wielki. [Abriss der Geschichte Polens. Boleslaus I., der Tapfere – Große]. In: Pszczółka (29.4.1888) Heft 8. S. 133–136.
ANONYM: Historya Polski w zarysie. Władysław Herman. [Abriss der Geschichte Polens. Władysław Herman]. In: Pszczółka (12.8.1888) Heft 11. S. 179–182.
ANONYM: Historya Polski w zarysie. Polska, w chwili śmierci Krzywoustego. [Abriss der Geschichte Polens. Polen zur Zeit des Ablebens von Bolesław Schiefmund.] In: Pszczółka (23.9.1888) Heft 14. S. 229–232.
ANONYM: Z historyi gospodarstwa rolnego. (Dokończenie). [Aus der Geschichte der Landwirtschaft. (Schluss)]. In: Wieniec (17.3.1889) Heft 6. S. 81–84.
ANONYM: Historya Polski w zarysie. Polska kwitnąca. [Abriss der Geschichte Polens. Die Blütezeit Polens]. In: Pszczółka (7.4.1889) Heft 7. S. 99–103.
ANONYM: Historya Polski w zarysie. Władysław Jagiełło. [Abriss der Geschichte Polens. Władysław Jagiełło]. In: Pszczółka (28.4.1889) Heft 8. S. 116–118.
ANONYM: Konstytucja 3. Maja. [Die Verfassung vom 3. Mai 1791]. In: Pszczółka (12.5.1889) Heft 9. S. 132–135.
ANONYM: Z historyi Polskiej. Wiek XV (piętnasty). [Aus der polnischen Geschichte. Das 15. Jahrhundert]. In: Pszczółka (26.5.1889) Heft 10. S. 148–150.
ANONYM: Z historyi Polskiej. Wiek XV (piętnasty). [Aus der polnischen Geschichte. Das 15. Jahrhundert]. In: Pszczółka (25.8.1889) Heft 16. S. 241–243.
ANONYM: Potentaci Hanzy. [Die Potentaten der Hanse]. In: Biesiada Literacka (26.10.1894) Heft 43. S. 265–266.
ANONYM: Abyśmy byli jedno. [Auf dass wir eins würden]. In: Przewodnik Katolicki (17.1.1895) Heft 1. S. 2–4.
ANONYM: Narodowość i kapitalizm. „Narodowość nowoczesna". Studjum socjologiczne B.A. Lickeigo. [Nationalität und Kapitalismus. „Moderne Nationalität". Soziologische Studie von B.A. Licki]. In: Tydzień. Dodatek Kurjera Lwowskiego (23.3.1896) Heft 12. S. 91–94.
ANONYM: Św. Jacek. [Der heilige Hyazinth von Polen]. In: Przewodnik Katolicki (16.8.1896) Heft 33. S. 257–258.
ANONYM: Na jubileusz Trzechsetletni Unii Brzeskiej. O Rusi i Rusinach. Zaprowadzenie chrześciaństwa na Rusi. [Zum 300. Jahrestag der Union von Brest. Über die Rus und die

Ruthenen. Die Einführung des Christentums in der Rus]. In: Przewodnik Katolicki (18.10.1896) Heft 42. S. 331–333.
Anonym: Leszek Biały (powtórnie 1206–1227). [Leszek der Weiße (zweimal 1206–1227)]. In: Piast (17.1.1897) Heft 3. S. 1–3.
Anonym: Mikołaj Kopernik. [Nikolaus Kopernikus]. In: Praca (7.2.1897) Heft 30. S. 3.
Anonym: Wilno. [Wilna]. In: Praca (7.2.1897) Heft 30. S. 1–2.
Anonym: Wilno. [Wilna]. In: Praca (21.2.1897) Heft 42. S. 1–2.
Anonym: Kwestia polska w Prusach. [Die polnische Frage in Preußen]. In: Praca (3.3.1897) Heft 50.
Anonym: Wilno. [Wilna]. In: Praca (7.3.1897) Heft 54. S. 3.
Anonym: Obrona wieku XIX-go. [Verteidigung des 19. Jahrhunderts]. In: Praca (13.3.1897) Heft 59. S. 2.
Anonym: Bolesław Wstydliwy. [Boleslaus der Schamhafte]. In: Piast (4.4.1897) Heft 14. S. 1–2.
Anonym: Walka pod Maciejowcami 1794 roku. Na Litwie i w Wielkopolsce – Maciejowice. [Die Schlacht bei Maciejowice im Jahre 1794. In Litauen und in Großpolen – Maciejowice]. In: Praca (18.4.1897) Heft 75. S. 10–11.
Anonym: Przemysław (1290–1296). In: Piast (25.4.1897) Heft 17. S. 1–2.
Anonym: Nasze wady. [Unsere Fehler]. In: Praca (16.5.1897) Heft 79. S. 2–3.
Anonym: Piast. In: Przewodnik Katolicki (26.12.1897) Heft 52. S. 414–417.
Anonym: Przyszła wojna. [Der künftige Krieg]. In: Biesiada Literacka (30.6.1899) Heft 26. S. 514.
Anonym: Bitwa pod Warną. [Die Schlacht bei Warna]. In: Piast (23.7.1899) Heft 30. S. 4.
Anonym: 1000–1900. In: Biesiada Literacka (4.5.1900) Heft 18. S. 346–347.
Anonym: Uroczystości jubileuszowe. [Dier Jubiläumsfeierlichkeiten]. In: Tygodnik Ilustrowany (16.6.1900) Heft 24. S. 463–466.
Anonym: Na nowy wiek. [Zum neuen Jahrhundert]. In: Wieniec – Pszczółka (13.1.1901) Heft 1. S. 1–3.
Anonym: Żywot św. Jadwigi, książnej Polskiej. [Das Leben der heiligen Hedwig, Herzogin von Polen]. In: Przewodnik Katolicki (13.10.1901) Heft 41. S. 324–325.
Anonym: Dr. Kazimierz Rakowski. Nowy gwałt pruski. [Dr. Kazimierz Rakowski. Neue preußischen Gewalt]. In: Ilustracya Polska (25.10.1901) Heft 6. S. 110.
Anonym: Dziennik i dziennikarstwo. [Tageszeitung und Journalismus]. In: Ilustracya Polska (22.11.1901) Heft 10. S. 209–211.
Anonym: Pruskie Romnowe. Urywek dziejów starożytnych narodu litewskiego. [Das prußische Heiligtum Romne. Ein Beitrag zur ältesten Geschichte des litauischen Volkes]. In: Przewodnik Katolicki (24.11.1901) Heft 47. S. 374–375.
Anonym: Wytrwamy. [Wir halten durch]. In: Ilustracya Polska (13.12.1901) Heft 13. S. 190–191.
Anonym, OHNE TITEL. In: Ilustracya Polska (14.3.1902) Heft 11. S. 241–242.
Anonym, W wielką rocznicę. [Zum großen Jubiläum]. In: Tydzień. Dodatek Kurjera Lwowskiego (4.5.1902) Heft 18. S. 277–278.
Anonym: W rocznicę wielkiego zwycięstwa. [Zum Jahrestag des großen Sieges]. In: Tygodnik Ilustrowany (26.7.1902) Heft 30. S. 585–587.
Anonym: Hołd Pruski. [Preußische Huldigung]. In: Biesiada Literacka (1.8.1902) Heft 31. S. 88.

ANONYM: Ziemie Polskie w Prusach. (Prusy Wschodnie i Zachodnie, W. Księstwo Pozn., Śląsk). [Polnisches Land in Preußen. (Ost- und Westpreußen, Großherzogtum Posen, Schlesien)]. In: Piast (27.9.1903) Heft 39. S. 1–2.

ANONYM: Ziemie Polskie w Prusach. (Prusy Wschodnie i Zachodnie, W. Księstwo Pozn., Śląsk). [Polnisches Land in Preußen. (Ost- und Westpreußen, Großherzogtum Posen, Schlesien)]. In: Piast (4.10.1903) Heft 40. S. 1–2.

ANONYM: Trzechsetna rocznica Obrońcy Częstochowy. [300. Geburtstag des Retters von Tschenstochau]. In: Ilustracya Polska (13.11.1903) Heft 46. S. 850–851.

ANONYM: 300-lecie obrońcy Częstochowy. [300. Geburtstag des Retters von Tschenstochau]. In: Praca (13.12.1903) Heft 50. S. 1569–1574.

ANONYM: Z tygodnia na tydzień. Od Redakcyi. [Von Woche zu Woche. Von der Redaktion]. In: Tygodnik Ilustrowany (11.2.1905) Heft 5–6. S. 85–87.

ANONYM: Gospodarka pruska w Malborgu. [Die preußische Wirtschaft in Marienburg]. In: Praca (4.6.1905) Heft 23. S. 764–765.

ANONYM: Jan Zamojski. In: Przewodnik Katolicki (20.8.1905) Heft 34. S. 265–266.

ANONYM: Nawrócenie Litwy. [Die Bekehrung Litauens]. In: Przewodnik Katolicki (27.8.1905) Heft 35. S. 273–274.

ANONYM: Początek Słowian. [Vom Ursprung der Slawen]. In: Praca (22.10.1905) Heft 43. S. 1422–1424.

ANONYM: Na przełomie. [Am Wendepunkt]. In: Tygodnik Ilustrowany (13.11.1905) Heft 44. S. 810–815.

ANONYM: W zaraniu nowego dnia. [Anbruch eines neues Tages]. In: Bluszcz (19.11.1905) Heft 45–46. S. 519–522.

ANONYM: Chwila bieżąca. [Der jetzige Augenblick]. In: Biesiada Literacka (24.11.1905) Heft 44. 347–350.

ANONYM, Miecz i dyplomacja. [Schwert und Diplomatie]. In: Biesiada Literacka (24.11.1905) Heft 44. S. 354–355.

ANONYM: Powitanie. [Begrüßung]. In: Świat (1.1.1906) Heft 1. S. 1–2.

ANONYM: Słowo wstępne. [Zum Geleit]. In: Nasz Kraj (1.1.1906) Heft 1. S. 1–2.

ANONYM: Unia Lubelska. [Die Union von Lublin]. In: Biesiada Literacka (13.1.1906) Heft 2. S. 36.

ANONYM: W rocznicę Trzeciego Maja. [Zum Jahrestag des Dritten Mai]. In: Nowości Ilustrowane (5.5.1906) Heft 18. S. 2.

ANONYM: Grób króla Bolesława Śmiałego, zabójcy św. Stanisława. [Das Grab von Bolesław dem Kühnen, dem Mörder des hl. Stanislaus]. In: Nowości Ilustrowane (22.12.1906) Heft 51. S. 7–8.

ANONYM: Krótki zarys wykładu o Bolesławie Chrobym 992–1025. [Kurzer Abriss eines Vortrags über Bolesław den Tapferen 992–1025]. In: Piast (21.4.1907) Heft 16. S. 1–3.

ANONYM: Krótki zarys wykładu o Bolesławie Chrobym 992–1025. (Dokończenie). [Kurzer Abriss eines Vortrags über Bolesław den Tapferen 992–1025 (Schluss)]. In: Piast (28.4.1907) Heft 17. S. 1–4.

ANONYM: Wielka rocznica. [Der große Jahrestag]. In: Tygodnik Ilustrowany (20.3.1909) Heft 12.

ANONYM: Trzeci Maja. [Der 3. Mai]. In: Rola (9.5.1909) Heft 19. S. 1–2.

ANONYM: Królewskie szczątki. [Königliche Gebeine]. In: Gazeta Świąteczna (12.9.1909) Heft 37. S. 2–3.

ANONYM: Grób Warneńczyka. [Das Grab des Władysław von Warna]. In: Nasz Kraj (25.9.1909) Heft 65 (39). S. 2-3.
ANONYM: Żywoty świętych Patronów polskich. Święta Jadwiga. [Das Leben der Schutzheiligen Polens: die heilige Hedwig]. In: Przewodnik Katolicki (10.10.1909) Heft 41. S. 330-331.
ANONYM: Znienawidzony naród. [Das verhasste Volk]. In: Praca (2.1.1910) Heft 1. S. 14.
ANONYM: Historya Polska w obrazach. 1. [Polnische Geschichte in Bildern. 1]. In: Rola (27.2.1910) Heft 9.
ANONYM: Historya Polska w obrazach. [Polnische Geschichte in Bildern]. In: Rola (27.3.1910) Heft 13. S. 7.
ANONYM: Sześćsetna rocznica urodzin króla chłopów. [600. Geburtstag des Bauernkönigs]. In: Praca (24.4.1910) Heft 17. S. 529-531.
ANONYM: Hygiena w dawnej Polski. [Die Hygiene im alten Polen]. In: Piast (8.5.1910) Heft 19. S. 1-2.
ANONYM: Cechy w dawnej Polsce. [Zünfte im alten Polen]. In: Piast (29.5.1910) Heft 22. S. 2-4.
ANONYM: Wielka rocznica. [Der große Jahrestag]. In: Gazeta Świąteczna (10.7.1910) Heft 28. S. 1-2.
ANONYM: Charakter Krzyżaków. [Zum Charakter der Kreuzritter]. In: Praca (15.7.1910) Heft 29. S. 922-925.
ANONYM: Jak powstało państwo Puskie. [Wie der preußische Staat entstand]. In: Rola (15.7.1910) Heft 29. S. 7-8.
ANONYM: W rocznicę Grunwaldu. [Zum Jahrestag der Schlacht bei Tannenberg]. In: Rola (15.7.1910) Heft 29. S. 1.
ANONYM: 1410-1910. In: Nasz Kraj (16.7.1910) Heft 107. S. 2.
ANONYM: Kronika Tygodniowa. [Wochenchronik]. In: Nowości Ilustrowane (16.7.1910) Heft 29. S. 14.
ANONYM: Krzyżacy. [Die Kreuzritter]. In: Nasz Kraj (16.7.1910) Heft 107. S. 5-7.
ANONYM: Na święto grunwaldzkie. [Zum Tannenberg-Jubiläum]. In: Nowości Ilustrowane (16.7.1910) Heft 29. S. 1-3.
ANONYM: Powstanie Zakonu Krzyżackiego. [Zur Entstehung des Kreuzritterordens]. In: Nowości Ilustrowane (16.7.1910) Heft 29. S. 4.
ANONYM: Grunwald. [Tannenberg]. In: Wieniec - Pszczółka (17.7.1910) Heft 29. S. 433-435.
ANONYM: Litwa i Polska. [Litauen und Polen]. In: Piast (17.7.1910) Heft 29. S. 1-2.
ANONYM: Historya Polska w obrazach. 21. [Polnische Geschichte in Bildern. 21]. In: Rola (24.7.1910) Heft 30. S. 5.
ANONYM: Po uroczystościach grunwaldskich. [Nach den Feierlichkeiten zum Tannenberg-Jubiläum]. In: Rola (24.7.1910) Heft 30. S. 1.
ANONYM: Znienawidzony naród. [Das verhasste Volk]. In: Rola (31.7.1910) Heft 31. S. 5.
ANONYM: Kartki ilustrowane. Nieco o artyleryi polskiej. [Illustrierte Blätter. Zur polnischen Artillerie]. In: Biesiada Literacka (20.8.1910) Heft 34. S. 155-156.
ANONYM: Córa Piastów. [Tochter der Piasten]. In: Piast (6.11.1910) Heft 45. S. 1-2.
ANONYM: Pierwsza lokomotywa w środkowej Europy. [Die erste Lokomotive in Mitteleuropa]. In: Nasz Kraj (10.12.1910) Heft 128. S. 6.
ANONYM: Wielki tydzień w dawnej Polsce. [Die Karwoche im alten Polen]. In: Praca (31.3.1912) Heft 13. S. 409.

ANONYM: Doniosły wynalazek. [Eine bedeutsame Erfindung]. In: Nowości Ilustrowane (25.5.1912) Heft 21. S. 9-10.
ANONYM: Kim był Piotr Skarga i dla czego czcimy jego pamięć? [Wer war Piotr Skarga und warum ehren wir sein Andenken?]. In: Przewodnik Katolicki (22.9.1912) Heft 38. S. 298-299.
ANONYM: Ostatni przedstawiciel Litwy pogańskiej. [Der letzte Repräsentant des heidnischen Litauens]. In: Biesiada Literacka (25.1.1913) Heft 4. S. 75.
ANONYM: Wspomnienia historyczne. [Historische Erinnerungen]. In: Praca (6.7.1913) Heft 27. S. 835-836.
ANONYM: Odsiecz Wiednia. [Die Rettung Wiens]. In: Rola (14.7.1913) Heft 37. S. 1.
ANONYM: Kartki Ilustrowane. Zastawa stołu w dawnej Polsce. [Illustrierte Blätter. Das Tafelservice im alten Polen]. In: Biesiada Literacka (15.11.1913) Heft 46. S. 395-396.
Antoniewski, S.: Rocznica Grunwaldu. [Tannenberg-Jubiläum]. In: Piast (30.7.1905) Heft 31. S. 1-2.
Askenazy, Szymon: Konstytucja 3-go maja. [Die Verfassung vom 3. Mai 1791]. In: Tygodnik Ilustrowany (4.5.1907) Heft 18. S. 357-358.
Askenazy, Szymon: Z njedawnej przeszłości. [Aus der neuesten Vergangenheit]. In: Tygodnik Ilustrowany (12.6.1909) Heft 24. 472-473.
Baliński, Ignacy: Litwa i kultura polska. [Litauen und die polnische Kultur]. In: Tygodnik Ilustrowany (26.1.1907) Heft 4. S. 78-80.
Baliński, Ignacy: Litwa i kultura polska. [Litauen und die polnische Kultur]. In: Tygodnik Ilustrowany (2.2.1907) Heft 5. S. 97.
Balzer, O. Dr.: Przegląd piśmienniczy. Stefczyk Franciszek. Upadek Bolesława Śmiałego. [Literarische Rundschau. Stefczyk Franciszek. Der Fall von Boleslaus dem Kühnen]. In: Tygodnik Ilustrowany (3.10.1885) Heft 144. S. 212-213.
Bartoszewicz, Kazimierz: W rocznicę Unii lubelskiej. [Zum Jubiläum der Union von Lublin]. In: Świat (11.8.1906) Heft 32. S. 2-3 und 15-16.
Bełza, Stanisław: Bernard Bogedain. In: Biesiada Literacka (2.4.1880) Heft 222. S. 212-214.
bf.: Co Niemcy mają swojego w Europie? [Was besitzen die Deutschen in Europa?]. In: Biesiada Literacka (13.7.1888) Heft 28. S. 23-24.
Boberska, Felicja z Wasilewskich: Zygmunt August i czas jego w Polsce. [Sigismund August und seine Zeit in Polen]. In: Ognisko Domowe (20.12.1883) Heft 1. S. 6-7.
Boberska, Felicja z Wasilewskich: Zygmunt August i czas jego w Polsce. (Ciąg dalszy). [Sigismund August und seine Zeit in Polen (Fortsetzung)]. In: Ognisko Domowe (15.1.1884) Heft 2. S. 22-23.
Boberska, Felicja z Wasilewskich: Zygmunt August i czas jego w Polsce. (Ciąg dalszy). [Sigismund August und seine Zeit in Polen (Fortsetzung)]. In: Ognisko Domowe (1.2.1884) Heft 3. S. 36-38.
Bolesław z nad Dnieprem: Krasnopol. In: Tygodnik Ilustrowany (7.8.1880) Heft 241. S. 90.
Ch.: Litwa. [Litauen]. In: Świat (5.12.1908) Heft 49. S. 14-15.
Ch.: Wieś Polska. [Das polnische Dorf]. In: Świat (5.2.1910) Heft 6. S. 9.
Ch.: Historya dnia wczorajszego. [Die Geschichte des gestrigen Tages]. In: Świat (31.5.1913) Heft 22. S. 1-3.
Cz. J.: Nowa Warszawa. [Das neue Warschau]. In: Tygodnik Ilustrowany (10.12.1910) Heft 50. S. 1019-1020.

Czermak, Wiktor: Uniwersytet Jagielloński w wiekach średnich. [Die Jagiellonen-Universität im Mittelalter]. In: Tygodnik Ilustrowany (2.6.1900) Heft 22. S. 419–430.
Czermak, Wiktor: Uniwersytet Jagielloński w nowszych czasach. [Die Jagiellonen-Universität in neuerer Zeit]. In: Tygodnik Ilustrowany (9.6.1900) Heft 23. S. 454–455.
Czermak, Wiktor: Zwycięstwo Jagiełłowe. [Der Sieg der Jagiellonen]. In: Tygodnik Ilustrowany (16.7.1910) Heft 29. S. 579–581.
D., Z.: Z tygodnia na tydzień. Głuche wieści. [Von Woche zu Woche. Gerüchte]. In: Tygodnik Ilustrowany (15.4.1905) Heft 15. S. 266.
Dębicki, Władysław Michał: Koniec wieku XIX-go pod względem umysłowym. Charakterystyka znamion szczególnych. [Das Ende des 19. Jahrhunderts in geistiger Hinsicht. Charakteristik besonderer Kennzeichen]. In: Tygodnik Ilustrowany (15.04.1893) Heft 172. S. 227–230.
Dickstein, S.: Kopernik i odkrycia geograficzne za jego czasów. [Kopernikus und die geographischen Entdeckungen seiner Zeit]. In: Tygodnik Ilustrowany (11.4.1896) Heft 15. S. 294.
Dubiecki, Marian: Matka Wareńczyka. 10. [Die Mutter des Władysław von Warna. 10]. In: Tygodnik Ilustrowany (14.4.1900) Heft 15. S. 292–293.
Dubiecki, Marian: Zakaz Pruski. [Preußisches Verbot]. In: Biesiada Literacka (31.1.1902) Heft 5. S. 93–94.
Dz.: Kartka z minionej przeszłości. [Ein Blatt aus längst vergangener Zeit]. In: Praca (11.10.1903) Heft 41. S. 1275–1276.
Dzieduszycki, Wojciech: Dekadans Europy. [Die Dekadenz Europas]. In: Świat. Dwutygodnik Illustrowany (15.1.1894) Heft 2. S. 38–40.
Dzieduszycki, Wojciech: Dekadans Europy. (Dokończenie). [Die Dekadenz Europas (Schluss)]. In: Świat. Dwutygodnik Illustrowany (1.2.1894) Heft 3. S. 71–73.
F. R – n.: Cechy rzemieślnicze w Warszawie. Dzieje powstawania cechów. [Handwerkerzünfte in Warschau. Zur Entstehungsgeschichte der Zünfte]. In: Tygodnik Ilustrowany (28.3.1892) Heft 126. S. 342–343.
G. N.: Fałszerstwa krzyżackie. [Kreuzritterfälschungen]. In: Praca (16.7.1905) Heft 29. S. 977–980.
Gloger, Zygmunt: Akademia Wileńska. [Die Wilnaer Akademie]. In: Praca (10.5.1903) Heft 19. S. 558–559.
Gloger, Zygmunt: Poska i Litwa. [Polen und Litauen]. In: Tygodnik Ilustrowany (29.7.1905) Heft 30. S. 563–564.
Gloger, Zygmunt: Polska i Litwa. [Polen und Litauen]. In: Tygodnik Ilustrowany (5.8.1905) Heft 31. S. 574.
Gloger, Zygmunt: Polska i Litwa. [Polen und Litauen]. In: Tygodnik Ilustrowany (12.8.1905) Heft 32. S. 591.
Gloger, Zygmunt: Polska i Litwa. [Polen und Litauen]. In: Tygodnik Ilustrowany (26.8.1905) Heft 34. S. 626.
Góralczyk, Kazimierz [Pseudonym für Władysław Ludwik Anczyc]: Sto życiorysów Góralczyka. Bolesław Chrobry, Król Polski. [Hundert Lebensläufe von Góralczyk. Boleslaus der Tapfere, König von Polen]. In: Gazeta Świąteczna (17.11.1905) Heft 51. S. 4–5.
Góralczyk, Kazimierz [Pseudonym für Władysław Ludwik Anczyc]: Sto życiorysów Góralczyka. Zygmunt III, Król Polski, Wielki Książę Litewski. [Hundert Lebensläufe von Góralczyk.

Sigismund III., König von Polen, Großfürst von Litauen]. In: Gazeta Świąteczna (23.7.1913) Heft 27. S. 1-2.

Górski, Stefan: Gazety pisane w Polsce. [In Polen geschriebene Zeitungen]. In: Tygodnik Ilustrowany (11.8.1906) Heft 32. S. 620-621.

Gorzycki, Kazimierz Józef: Dzieje narodu polskiego. [Geschichte des polnischen Volkes]. In: Tydzień. Dodatek Kurjera Lwowskiego (29.1.1899) Heft 5. S. 33-34.

Grabowski, Ignacy: Kazimierz Wielki. 1310-1910. [Kasimir der Große. 1310-1910]. In: Świat (7.5.1910) Heft 19. S. 1-4.

Grabowski, Ignacy: 15 Lipca 1410 roku. [15. Juli 1410]. In: Tygodnik Ilustrowany (9.7.1910) Heft 28. S. 564.

Grabowski, Ignacy: Skarga skargi. [Die Klage von Skarga]. In: Tygodnik Ilustrowany (28.9.1912) Heft 39. S. 806.

Gradywus: Niewdzięczność niemiecka. [Deutsche Undankbarkeit]. In: Biesiada Literacka (3.10.1902) Heft 40. S. 267-269.

Gruszecki, Artur: Polacy w głębi Niemiec. (Sprawozdanie specjalne dla Tygod. illustr.). [Polen im Landesinnern Deutschlands. (Sonderbericht für den Tygodnik Ilustrowany)]. In: Tygodnik Ilustrowany (26.6.1897) Heft 26. S. 502-503.

H.: Życie polskie w dawnych wiekach. [Polnisches Leben in vergangenen Jahrhunderten]. In: Tygodnik Ilustrowany (20.7.1912) Heft 29. S. 604.

H. M.: Śluby Jana Kazimierza. (W 250-tą rocznicę). [Das Gelöbnis von König Johann II. Kasimir. (Zum 250. Jahrestag)]. In: Tygodnik Ilustrowany (16.6.1906) Heft 24. S. 458-460.

J. K.: Chwila obecna. [Der gegenwärtige Augenblick]. In: Tygodnik Ilustrowany (7.6.1890) Heft 23. 354-255.

J. T. Hodi, [Pseudonym für Józef Tokarzewicz]: Kąpielnictwo w dawnej Polsce. [Badekultur im alten Polen]. In: Tygodnik Ilustrowany (20.7.1907) Heft 29. S. 588-589.

J. Z.: Największy rozkwit. [Die größte Blütezeit]. In: Biesiada Literacka (1.6.1900) Heft 22. S. 427-428.

J. Z.: Pod Wiedniem. [Vor Wien]. In: Gazeta Świąteczna (19.1.1913) Heft 3. S. 4-6.

J.E.: Alma Mater Jagiellonica. 1400-1900. In: Biesiada Literacka (1.6.1900) Heft 22. S. 422-423.

Jankowski, Czesław: Prasa Rosyjska w chwili obecnej. [Die gegenwärtige russische Presse]. In: Tygodnik Ilustrowany (21.1.1905) Heft 3. S. 44-45.

Jankowski, Czesław: Chwila obecna. [Der gegenwärtige Augenblick]. In: Tygodnik Ilustrowany (25.2.1905) Heft 8. S. 118-119.

Jankowski, Czesław: Kwestia robotnicza w Państwie Rosyjskiem. [Die Arbeiterfrage im russischen Staat]. In: Tygodnik Ilustrowany (4.3.1905) Heft 9. S. 142-143.

Jankowski, Czesław: Wobec Epilogu. [Zum Epilog]. In: Tygodnik Ilustrowany (24.6.1905) Heft 25. S. 475-476.

Jankowski, Czesław: Na Litwie i Białejrusi. [In Litauen und Weißrussland]. In: Tygodnik Ilustrowany (29.5.1909) Heft 22. S. 432-433.

Jankowski, Czesław: „Litwa" Syrokomli. [Das „Litauen" Syrokomlas]. In: Tygodnik Ilustrowany (14.9.1912) Heft 37. S. 765-766.

Jaworski, Franciszek: Obrona Częstochowy. Wspomnienie dziejowe w 250 rocznicę. [Die Verteidigung von Tschenstochau. Historisches Gedenken am 250. Jahrestag]. In: Praca (1.7.1906) Heft 26. S. 1015-1016.

Jaworski, Józef Dr.: U grobu Bolesława Śmiałego w Ossyaku. [Am Grabe von Boleslaus dem Kühnen im Stift Ossiach]. In: Biesiada Literacka (10.5.1913) Heft 19. S. 365-367.
Jeske-Choiński, Teodor: Tryumf Zawiszy Czarnego. Obrazek historyczny. [Der Triumph des Zawisza Czarny. Historische Skizze]. In: Tygodnik Ilustrowany (1.4.1905) Heft 13. S. 229-232.
K. P.: Akademia Kazimierzowska. [Die Kasimir-Akademie]. In: Praca (24.6.1900) Heft 26. S. 665-666.
K. P.: Wszechnica Jagiellońska. [Die Jagiellonen-Hochschule]. In: Praca (24.6.1900) Heft 26. S. 666-668.
K. S.: Zdobycze XIX w. (Rzut oka na wynalazki i odkrycia przyrodnicze). [Errungenschaften des 19. Jahrhunderts (Ein Blick auf Erfindungen und naturwissenschaftliche Entdeckungen)]. In: Piast (07.01.1900) Heft 2. S. 2-3.
K. S.: Nowe dzieło o r. 1794. [Neues Werk über das Jahr 1794]. In: Biesiada Literacka (15.1.1910) Heft 3. S. 47-48.
K. W.: Ksiądz Antoni Mackiewicz. Bojownik za wiarę i wolność. [Priester Antoni Mackiewicz. Kämpfer für Glauben und Freiheit]. In: Praca (25.1.1903) Heft 4. S. 97-98.
Kenig, Józef: Krzyżacy i Literatura. [Die Kreuzritter und die Literatur]. In: Tygodnik Ilustrowany (2.1.1897) Heft 1. S. 5.
Kenig, Józef: Krzyżacy i Literatura. [Die Kreuzritter und die Literatur]. In: Tygodnik Ilustrowany (9.1.1897) Heft 2. S. 27-28.
Kętrzyński, Wojciech: Żywioł niemiecki na ziemi poznańskiej. Geschichte des Deutschtums im Lande Posen unter polnischer Herrschaft. Von Dr. Erich Schmidt, Oberlehrer in Bromberg. mit 25 Abbildungen und 2 Karten. Bromberg 1904. In: Tydzień. Dodatek Kurjera Lwowskiego (9.7.1905) Heft 28. S. 221-222.
Kleczyński, Jan: Rok 1904. [Das Jahr 1904]. In: Tygodnik Ilustrowany (7.1.1905) Heft 1. S. 2-3.
Kochanowski, Dyonis: Polen und Deutsche in der Provinz Posen. Uwagi Dra Dyonizego Karchowskiego. [Anmerkungen von Dr. Dyonisy Karchowski]. In: Praca (16.5.1897) Heft 79. S. 1-2.
Konczyński, Tadeusz: Słup Graniczny. [Der Grenzpfahl]. In: Bluszcz (9.7.1910) Heft 28. S. 302-303.
Koroniarz [Wahrscheinlich Pseudonym für Józef Dąbrowski]: Trzeci Maj. [Der 3. Mai]. In: Biesiada Literacka (24.11.1905) Heft 44. S. 350-351.
Korsak, Janusz: Obchód pierwszej rocznicy 3go Maja. [Der erste Jahrestag des 3. Mai]. In: Biesiada Literacka (27.4.1906) Heft 17. S. 326-328.
Koszutski, Stanisław: Bezrobocia. [Arbeitsniederlegungen]. In: Tygodnik Ilustrowany (25.3.1905) Heft 12. S. 202-203.
Kowalewski, K.: Rozwój rzemiosł w Polsce. [Die Entwicklung des Handwerks in Polen]. In: Nasz Kraj (3.2.1906) Heft 6. S. 41-42.
Kowalewski, K.: Rozwój rzemiosł w Polsce. [Die Entwicklung des Handwerks in Polen]. In: Nasz Kraj (10.2.1906) Heft 7. S. 43.
Kozłowski, Stanisław: Mistrze żywego słowa w Polsce. [Meister des lebendigen Wortes in Polen]. In: Świat (28.4.1906) Heft 17. S. 1-4.
Kozłowski, Stanisław: Król pospólstwa. [Der König des gemeinen Volkes]. In: Świat (30.6.1906) Heft 26. S. 1-3.

Kraushar, Alexander: Typy i oryginały warszawskie z odleglejszej i mniej odległej przeszłości. [Warschauer Typen und Originale aus fernerer und neuerer Vergangenheit]. In: Tygodnik Ilustrowany (29.3.1903) Heft 15. S. 296.

Krzywda, Jan: Idee Krzemienieckie. [Ideen aus Krzemieniec]. In: Świat (17.11.1906) Heft 46. S. 1–3.

Krzywicki, Ludwik: Wielki Krzyżak. [Der große Kreuzritter]. In: Tygodnik Ilustrowany (6.8.1898) Heft 32. S. 621–622.

Ks. F. K.: Wpływ chrześcijaństwa na nasze dzieje. Der Einfluss des Christentums auf unsere Geschichte]. In: Tygodnik Ilustrowany (24.4.1897) Heft 17. S. 322–323.

Kublicka-Piottuchówna, Iza: Szkolnictwo i instytucye oświatowe w Polsce niepodległej. [Schulwesen und Bildungseinrichtungen im unabhängigen Polen]. In: Praca (16.6.1912) Heft 24. S. 759–762.

L. H.: Jan Zamojski. In: Gwiazda (10.1.1886) Heft 2. S. 14–15.

Ł. I.: Cywilizacya w Polsce. [Die Zivilisation in Polen]. In: Biesiada Literacka (13.2.1903) Heft 7. S. 132.

Łabendziński, Stanisław: Wykłady popularne. Którzy królowie polscy byli najdzielniejsi? [Volksvorlesungen. Welche polnischen Könige waren am tapfersten?]. In: Praca (30.1.1910) Heft 5. S. 139–140.

Łabendziński, Stanisław: Wykłady popularne. Jakiemi czyniami Polska najwięcej pochlubić się może? [Volksvorlesungen. Auf welche Taten kann Polen am stolzesten sein?]. In: Praca (13.3.1910) Heft 11. S. 332–333.

Łabendziński, Stanisław: Wykłady popularne. Którzy Polacy zażywają europejskiej sławy? [Volksvorlesungen. Welche Polen genießen europaweiten Ruhm?]. In: Praca (6.11.1910) Heft 45. S. 1418–1419.

Łaszczyński, Witold: Wojna religijna w Polsce. [Religionskrieg in Polen]. In: Praca (20.5.1906) Heft 20. S. 777–780.

Limanowski, Bolesław: Dynamika społeczna. [Die soziale Dynamik]. In: Tydzień. Dodatek Kurjera Lwowskiego (16.9.1900) Heft 37. S. 289–291.

Limanowski, Bolesław: Dynamika społeczna. [Die soziale Dynamik]. In: Tydzień. Dodatek Kurjera Lwowskiego (28.10.1900) Heft 43. S. 339–340.

Łumiński, Ernest: Dies irae, dies illa... In: Tydzień. Dodatek Kurjera Lwowskiego (13.7.1902) Heft 28. S. 437–439.

Łumiński, Ernest: Wielki dzień. W 500/letnią rocznicę Grunwaldu. [Der große Tag. 500 Jahre Tannenberg]. In: Świat (9.7.1910) Heft 28. S. 1–2.

Łumiński, Ernest: Za tytuł – infamia. [Für den Titel – Infamie]. In: Świat (27.4.1912) Heft 17. S. 1–2.

Lutomski, Bolesław: My a Niemcy. [Wir und die Deutschen]. In: Tygodnik Ilustrowany (22.6.1907) Heft 25. S. 503.

Lutomski, Wacław: Unie. [Unionen]. In: Świat (13.6.1908) Heft 24. S. 2–3.

Lutosławski, Wincenty: Prusacy i Persowie. [Preußen und Perser]. In: Świat (20.6.1908) Heft 25. S. 2–3.

M.S.: Wizerunek szlachcica polskiego w XVII stuleciu. Sylwetka jubileuszowa. [Das Image des polnischen Edelmanns im 17. Jahrhundert. Jubiläumsbetrachtung]. In: Biesiada Literacka (30.8.1901) Heft 35. S. 164–166.

Majewski, Erazm: Germania bez Germanów. [Germania ohne Germanen]. In: Tygodnik Ilustrowany (9.7.1898) Heft 28. S. 538–539.

Masovicus: O pruskich Mazurach. [Das preußische Masuren]. In: Tygodnik Ilustrowany (5.11.1898) Heft 45. S. 884.
Miecznik, A.: Na bursztynowem wybrzeżu. [An der Bernsteinküste]. In: Świat (16.6.1906) Heft 24. S. 9.
Mierzejewski, Henryk: Nasz przemysł a kwestya robotnicza. [Unsere Industrie und die Arbeiterfrage]. In: Świat (19.11.1910) Heft 47. S. 6–8.
Morawski, K. M.: Polska na przełomie. [Polen am Wendepunkt]. In: Świat (9.8.1913) Heft 32. S. 1–3.
Mościcki, Henryk Stanisław: Książę Józef Poniatowski (1763–1813). [Fürst Józef Poniatowski (1763–1813)]. In: Tygodnik Ilustrowany (18.2.1905) Heft 7. S. 105–106.
Mościcki, Henryk Stanisław: Litwini. [Die Litauer]. In: Tygodnik Ilustrowany (9.3.1907) Heft 10. S. 202–204.
Mościcki, Henryk Stanisław: Horodło. In: Tygodnik Ilustrowany (27.9.1913) Heft 39. S. 762–763.
Moszczeńska, Izabela: Prasa Poznańska. (Dokończenie). [Die Posener Presse. (Schluss)]. In: Tydzień. Dodatek Kurjera Lwowskiego (10.10.1897) Heft 41. S. 325–326.
Nekanda-Trepka, M. E.: Świat Przyszłości. [Die Welt der Zukunft]. (Ch. H, Pearson, National Life a[nd] [sic] Character, a forecast, 1893). In: Świat. Dwutygodnik Illustrowany (1.8.1893) Heft 15. S. 333–335.
Nowiński, Stanisław: Sztuka kucharska w Polsce. [Kochkunst in Polen]. In: Gwiazda (18.7.1886) Heft 29. S. 229–230.
Ochorowicz, Julian: Słowianie i Germanie. Paralela historyczno-psychologiczna. [Slawen und Germanen. Eine historisch-psychologische Parallele]. In: Tygodnik Ilustrowany (6.1.1900) Heft 1. S. 2–3.
Ochorowicz, Julian: Słowianie i Germanie. Paralela historyczno-psychologiczna. [Slawen und Germanen. Eine historisch-psychologische Parallele]. In: Tygodnik Ilustrowany (28.7.1900) Heft 30. S. 589–590.
Ochorowicz, Julian: Rozmowa z przywódcą hakatystów. [Gespräch mit einem Hakatisten-Führer]. In: Tygodnik Ilustrowany (1.2.1902) Heft 5. S. 93–94.
Ochorowicz, Julian: Jacy my naiwni i ślepi w stosunku do Niemców. [Wie sind wir doch naiv und blind gegenüber den Deutschen]. In: Ilustracya Polska (25.4.1902) Heft 17. S. 390–391.
Offmański, Mieczysław: Cegiełki historyczne. [Geschichtsbausteine]. In: Biesiada Literacka (30.10.1903) Heft 44. S. 352–353.
Ordon, Janusz: Jeden z wiekopomnych. 1605. [Einer der ganz Großen und Unvergessenen. 1605]. In: Biesiada Literacka (16.6.1905). S. 430–431.
P.: O Janie Długoszu wielkim naszem dziejopisarzu. (Dokończenie). [Über Jan Długosz, unseren großen Historiographen (Schluss)]. In: Gazeta Świąteczna (Tydzień 4. – 01.1881) Heft 4. S. 3.
P.: Jak powstało państwo pruskie. [Wie der preußische Staat entstand]. In: Praca (21.1.1900) Heft 4. S. 94–95.
P.: Wielka Rocznica. [Der große Jahrestag]. In: Bluszcz (18.10.1913) Heft 42. S. 461–462.
P. K.: Trzeci Maja. [Der 3. Mai]. In: Praca (3.5.1903) Heft 18. S. 534–535.
Parczewska, Melania: Nad Łabą. [An der Elbe]. In: Biesiada Literacka (11.12.1896) Heft 50. S. 384–386.

Pawelski, Jan: Rok Skargi. [Das Skarga-Jahr]. In: Biesiada Literacka (28.9.1912) Heft 39. S. 250–253.
Pawiński, Adolf: Jan Długosz. (1415–1480). In: Biesiada Literacka (28.6.1880) Heft 230. S. 338–342.
Pawłowski, A.: Rozwój miast polskich. Rozwój Warszawy. [Die Entwicklung der polnischen Städte. Die Entwicklung Warschaus]. In: Świat (7.9.1912) Heft 36. S. 11.
Pawłowski, Alb.: Włościanie w dawnej Polsce. [Die Bauernschaft im alten Polen]. In: Świat (26.3.1910) Heft 13. S. 6–7.
Pisarz Gazety Świątecznej [Pseudonym für Konrad Prószyński]: Zkąd myśmy się wzieli. (Najdawniejsze nasze dzieje). [Woher wir kommen. (Unsere älteste Geschichte)]. In: Gazeta Świąteczna (02.1882 [3. Sonntag]) Heft 7. S. 2–3.
Pisarz Gazety Świątecznej [Pseudonym für Konrad Prószyński]: O dawnych Słowianach i o ciężkiej ich nauce. [Über die alten Slawen und ihr bitteres Lehrgeld]. In: Gazeta Świąteczna (03.1882 [2. Sonntag]) Heft 10. S. 2–3.
Pisarz Gazety Świątecznej [Pseudonym für Konrad Prószyński]: Najstarsze dzieje Polan. O kmieciach i lechach – oraz o najdawniejszych książętach. [Die Urgeschichte der Polanen. Über Landleute, die Nachfahren Lechs und die allerersten Herzöge]. In: Gazeta Świąteczna (04.1882 [2. Sonntag]) Heft 14. S. 3.
Pisarz Gazety Świątecznej [Pseudonym für Konrad Prószyński]: O Mieczysławie czyli Mieszku. [Über Mieczysław, also Mieszko]. In: Gazeta Świąteczna (06.1882 [3. Sonntag]) Heft 24. S. 2–3.
Pisarz Gazety Świątecznej [Pseudonym für Konrad Prószyński]: Dawni Słowianie i Rzym. [Die alten Slawen und Rom]. In: Gazeta Świąteczna (4.4.1897) Heft 14. S. 3–4.
Pisarz Gazety Świątecznej [Pseudonym für Konrad Prószyński]: Zkąd myśmy się wzięli. [Woher wir kommen]. In: Gazeta Świąteczna (5.9.1897) Heft 36. S. 3–4.
Pisarz Gazety Świątecznej [Pseudonym für Konrad Prószyński]: O najdawniejszem życiu naszych przodków. [Über das einstige Leben unser Urahnen]. In: Gazeta Świąteczna (12.9.1897) Heft 37. S. 2–3.
Pisarz Gazety Świątecznej [Pseudonym für Konrad Prószyński]: O dawnych Słowianach i o ciężkiej ich nauce. [Über die alten Slawen und ihr bitteres Lehrgeld]. In: Gazeta Świąteczna (19.9.1897) Heft 38. S. 2–3.
Pisarz Gazety Świątecznej [Pseudonym für Konrad Prószyński]: O Mieczysławie czyli Mieczku, albo Mieszku. [Über Mieczysław, also Mieczko oder Mieszko]. In: Gazeta Świąteczna (7.11.1897) Heft 45. S. 2.
Pisarz Gazety Świątecznej [Pseudonym für Konrad Prószyński]: Na co to? W końcu prośba i życzenie na nowy wiek. [Wozu das? Eine Bitte und ein Wunsch für das neue Jahrhundert]. In: Gazeta Świąteczna (9.12.1900) Heft 49. S. 11–12.
Pisarz Gazety Świątecznej [Pseudonym für Konrad Prószyński]: Konstytucja. [Die Verfassung]. In: Gazeta Świąteczna (5.11.1905) Heft 45. S. 1–2.
Poznańczyk: Wiek dziewiętnasty. IV. [Das neunzehnte Jahrhundert. IV]. In: Praca (25.2.1900) Heft 9. S. 218–220.
Poznańczyk: Prusacy. [Die Preußen]. In: Praca (18.11.1900) Heft 47. S. 1213–1215.
Promyk, K. [Pseudonym für Konrad Prószyński]: Kto pierwszy z Polaków świeckich czytać umiał. [Wer unter den weltlichen Polen zuerst lesen lernte]. In: Gazeta Świąteczna (7.1.1906 [25.12.1905]) Heft 1. S. 4–5.

Prószyński, Konrad: O wieku i wiekach, o Rzymianach, Gallach i Słowianach. [Über das Jahrhundert und die Jahrhunderte, über Römer, Gallier und Slawen]. In: Gazeta Świąteczna (13.8.1899) Heft 33. S. 1-2.
Prószyński, Konrad: Znajmy prawdę. [Erkennen wir die Wahrheit]. In: Gazeta Świąteczna (19.11.1905) Heft 46/47. S. 1-3.
Przewóska, Maria Czesława: Unia Horodelska. [Die Union von Horodło]. In: Bluszcz (25.10.1913) Heft 43. S. 471-472.
Puffke, Kazimierz: Stowarzyszenie szerzenia niemczyzny. [Verein zur Stärkung des Deutschtums]. In: Tygodnik Ilustrowany (13.3.1897) Heft 11. S. 213-214.
Quis. [Pseudonym für Marian Gawalewicz]: Witaj! [Willkommen!]. In: Praca (1.1.1905) Heft 1. S. 5-6.
R. 1525 - 8 Kwietnia. [1525 - 8. April]. In: Biesiada Literacka (1.2.1901) Heft 5. S. 94.
Rachmistrz.: Dorobek XIX wieku. [Das Verdienst des 19. Jahrhunderts]. In: Biesiada Literacka (4.1.1901) Heft 1. S. 18.
Raczyński, Bol.: Czasy Zygmuntowskie w muzyce Polskiej. [Die Sigismund-Ära in der polnischen Musik]. In: Świat (9.5.1908) Heft 19. S. 2-3.
Rakowski, Kazimierz: Z wrażeń chwili. [Die Eindrücke des Augenblicks]. In: Tygodnik Ilustrowany (17.6.1905) Heft 24. S. 442.
Rakowski, Kazimierz: Dwa Światy. [Zwei Welten]. In: Tygodnik Ilustrowany (14.10.1905) Heft 41. S. 750.
Red.: Czy pora? [An der Zeit?]. In: Tygodnik Ilustrowany (1.7.1905) Heft 26. S. 486.
Rembowski, Aleksander: Korzon. Wewnętrzne dzieje Polski za Stanisława Augusta. Tom II. (Wydanie drugie). [Die innere Entwicklung Polens unter Stanislaus August. Band II. (Zweite Auflage)]. In: Tydzień. Dodatek Kurjera Lwowskiego (25.7.1897) Heft 30. S. 233-235.
Rembowski, Aleksander: Wygnańcze losy Stanisława Leszczyńskiego. Dokończenie. [Das Exilantenschicksal von Stanislaus Leszczyński. Schluss]. In: Tygodnik Ilustrowany (29.12.1900) Heft 52. S. 1018-1020.
Ruczyński, Bronisław: Wielka Rocznica. [Der große Jahrestag]. In: Praca (15.7.1910) Heft 29. S. 899-900.
s.: Przyszła wojna. [Es kam der Krieg]. In: Tygodnik Ilustrowany (10.6.1899) Heft 24. S. 464-465.
s.: U kresu. [Am Limit]. In: Tygodnik Ilustrowany (13.2.1900) Heft 2. S. 22.
s.: Ze starej Warszawy. [Aus dem alten Warschau]. In: Świat (18.4.1908) Heft 16. S. 22-23.
S. Z.: Dziś i sto lat temu. [Heute und vor hundert Jahren]. In: Biesiada Literacka (13.1.1888) Heft 2. S. 23-26.
Sadowski, H.: Dukaty z czasow saskich w Polsce. [Dukaten aus der Sachsenzeit in Polen]. In: Praca (9.12.1900) Heft 50. S. 1298-1300.
Seidlerowa, Zofia: Epoka kobiet. [Die Ära der Frauen]. In: Bluszcz (22.1.1905) Heft 4. S. 37-38.
Sęp. [Pseudonym für Władysław Maleszewski]: Z Warszawy. [Aus Warschau]. In: Biesiada Literacka (19.1.1900) Heft 3. S. 42-43.
Sęp. [Pseudonym für Władysław Maleszewski]: Z Warszawy. [Aus Warschau]. In: Biesiada Literacka (24.11.1905) Heft 44. 344-346.
Sł. P.: Mikołaj Kopernik w nowem oświetleniu. [Nikolaus Kopernikus in neuem Licht]. In: Biesiada Literacka (6.8.1910) Heft 32. S. 107-109.

Smolka, Stanisław: Jan Długosz. 1413–1480. In: Tygodnik Ilustrowany (10.[22.]05.1880) Heft 230. S. 334–335.
Smólski, Grzegorz: W stolicy Kaszubów. [In der Hauptstadt der Kaschuben]. In: Tygodnik Ilustrowany (7.10.1899) Heft 41. S. 813–814.
Sobieski, Wacław: Zapomniany bohater Śląski. [Ein vergessener schlesischer Held]. In: Tygodnik Ilustrowany (2.8.1902) Heft 31. S. 603–604.
Sobieski, Wacław: W rocznicę (1605–1905). [Zum Jahrestag (1605–1905)]. In: Tygodnik Ilustrowany (3.6.1905) Heft 22. S. 402–405.
Sobieski, Wacław: Nasza baśń dziejowa. [Unser Geschichtsmärchen]. In: Tygodnik Ilustrowany (15.7.1905) Heft 28. S. 523–524.
Sokołowski, August: Kazimierz Wielki. Zarys działalności politycznej i społecznej w sześćsetną rocznicę urodzin. [Kasimir der Große. Zu seiner Tätigkeit in Politik und Gesellschaft am 600. Jahrestag seiner Geburt]. In: Biesiada Literacka (28.5.1910) Heft 22. S. 425–428.
St. Gr.: Polacy i Litwini. Wywiad u Mecenasa Wróblewskiego. [Polen und Litauer. Interview mit dem Anwalt und Mäzen Wróblewski]. In: Tygodnik Ilustrowany (29.9.1906) Heft 39. S. 769–770.
Sta.: Chrzest Litwy. Obrazek historyczny. [Historisches Bild]. In: Przewodnik Katolicki (19.1.1896) Heft 3. S. 18–20.
Stk.: Odrodzenie Uniwersytetu Jagiellońskiego w Krakowie w ostatnich stu latach. [Die Wiedergeburt der Krakauer Jagiellonen-Universität in den letzten hundert Jahren]. In: Piast (5.8.1900) Heft 32. S. 1–2.
Struś, Bogdan: Mieszko Stary, biurokrata na tronie. [Mieszko der Alte, ein Bürokrat auf dem Thron]. In: Praca (20.10.1912) Heft 42. S. 1332–1333.
Strzała: Z prastarej historji Śląska. [Aus der uralten Geschichte Schlesiens]. In: Tydzień. Dodatek Kurjera Lwowskiego (5.9.1897) Heft 36. S. 285–286.
Studnicki, Wł[adysław]: Pieniądz i przewrót cen w XVI i XVII w. w Polsce. [Geld und Preisentwicklung im Polen des 16. und 17. Jahrhunderts]. In: Tydzień. Dodatek Kurjera Lwowskiego (20.4.1902) Heft 16. S. 246–248.
Sygański, J.: Skarga i Batory. [Skarga und Báthory]. In: Biesiada Literacka (28.9.1912) Heft 39. S. 248–250.
Synoradzki, Michał: Syn Kiejstuta przed sądem dziejów. [Kęstutis Sohn vor dem Urteil der Geschichte]. In: Biesiada Literacka (1.8.1902) Heft 31. S. 86–87.
Synoradzki, Michał: Młodzież polska i litewska w przeddniu rewolucyi 1830 r. 3. [Die polnische und litauische Jugend am Vorabend der Revolution von 1830.3]. In: Biesiada Literacka (26.1.1906) Heft 4. S. 67–69.
Synoradzki, Michał: Litwa i Ruś w latach 1861–1863. [Litauen und Ruthenien in den Jahren 1861–1863]. In: Biesiada Literacka (4.1.1907) Heft 1. S. 8–9.
Szajnocha, Karol: Krzyżacy. [Die Kreuzritter] In: Biesiada Literacka (23.7.1910) Heft 30. S. 69–70.
Szczęsna. [Pseudonym für Maria Ilnicka]: Doktorat kobiecy przed stu laty. [Frauendoktorat vor hundert Jahren]. In: Bluszcz (02.03.899) Heft 9. S. 67–68.
Szczęsna. [Pseudonym für Maria Ilnicka]: Stulecie. [Das Jahrhundert]. In: Bluszcz (5.1.1901) Heft 1. S. 2–3.
Szelągowski, Adam: Przynależność Śląska do Polski. Za Zygmunta III. [Die Zugehörigkeit Schlesiens zu Polen. Unter Sigismund III.]. In: Tygodnik Ilustrowany (10.5.1902) Heft 19. S. 365–366.

Szkaradek-Krotowski, K.: Zwycięstwo grunwaldzkie i jego znaczenie. [Der Sieg von Tannenberg und seine Bedeutung]. In: Praca (15.7.1910) Heft 29. S. 902–907.

Tatomir, Lucyan: Król Jan III. [König Johann III.]. In: Biesiada Literacka (5.1.1883) Heft 366. S. 6.

Tatomir, Lucyan: Głosy współczesnych Niemców o królu Janie III i o udziale jego w oswobodzeniu Wiednia od Turków w 1683 r. [Äußerungen heutiger Deutscher zu König Johann III. und seiner Rolle bei der Befreiung Wiens von den Türken im Jahre 1683]. In: Biesiada Literacka (14.9.1883) Heft 402. S. 166–179.

Teresa Jadwiga: Bitwa pod Warną. (Z ryciną). [Die Schlacht bei Warna. (Mit Abbildung)]. In: Gwiazda (21.3.1886) Heft 12. S. 92–94.

Teresa Jadwiga: Z życia świętej Jadwigi. [Aus dem Leben der heiligen Hedwig]. In: Gazeta Świąteczna (14.10.1906) Heft 41. S. 1–2.

Trąmpczyński, Wł: Biblioteka Rodzinna. „Wojsko Polskie". [Familienbibliothek. „Das polnische Heer"]. In: Biesiada Literacka (30.1.1903) Heft 5. S. 92–93.

Tyszka, W.: Bitwa pod Warną. [Die Schlacht bei Warna]. In: Praca (18.10.1903) Heft 42. S. 1305.

W. M.: W sześćsetną rocznicę. [Zum 600. Jahrestag]. In: Nasz Kraj (14.5.1910) Heft 98. S. 2–3.

W. S.: Rozwój techniki w dziewiętnastem stuleciu. [Die Entwicklung der Technik im 19. Jahrhundert]. In: Praca (4.3.1900) Heft 10. S. 242–243.

Wasilewski, Zygmunt: Z dziejów poezji polskiej. [Zur Geschichte der polnischen Dichtkunst]. In: Tydzień. Dodatek Kurjera Lwowskiego (15.8.1897) Heft 33. S. 257–259.

Wegnerowicz: Widowiska mięsopustne w dawnej Polsce. [Fastnachtspiele im alten Polen]. In: Praca (20.2.1910) Heft 8. S. 241–242.

Węsławska, Emilia: Z ojczystych stron. Werki pod Wilnem. [Aus der Heimat. Werki/Verkiai bei Wilna]. In: Praca (29.11.1903) Heft 48. S. 1503–1504.

Weyssenhoff, Józef: Dusza pruska. [Die preußische Seele]. In: Tygodnik Ilustrowany (18.12.1909) Heft 51. S. 1070–1071.

Wicherkiewicz, Władysław: Miasto Brzeg na Szlązku i jego pamiątki historyczne. [Die Stadt Brieg in Schlesien und ihre Geschichtsdenkmäler]. In: Tygodnik Ilustrowany (19.7.1884) Heft 81. S. 44–46.

Wielisław: Bankierzy, przemysłowcy, rzemieślnicy dawnej daty. [Banker, Industrielle, Handwerker vom alten Schlag]. In: Biesiada Literacka (10.10.1884) Heft 41. S. 229–230.

Wieniawski, Julian: Z ubiegłego stulecia. [Aus dem vergangenen Jahrhundert]. In: Tygodnik Ilustrowany (5.1.1901) Heft 1. S. 2–3.

Wieniawski, Julian: Z ubiegłego stulecia. II. [Aus dem vergangenen Jahrhundert.II.]. In: Tygodnik Ilustrowany (12.1.1901) Heft 2. S. 22–23.

Wierzynek, Adam: 1413–1913. In: Świat (27.9.1913) Heft 39. S. 1–4.

Wisłocki, Władysław: Z dziejów prastarej wszechnicy. (Z wydawnictwa „Liber diligentiarum" krakowskiego fakultetu filozoficznego z lat 1487–1563). [Zur Geschichte einer sehr alten Hochschule. (Aus dem „Liber diligentiarum" der Krakauer philosophischen Fakultät für die Jahre 1487–1563]. In: Tydzień. Dodatek Kurjera Lwowskiego (3.6.1900) Heft 22. S. 169–171.

Włodek, Ludwik: Z dziejów przemysłu polskiego. [Aus der Geschichte der polnischen Industrie]. In: Tygodnik Ilustrowany (14.8.1909) Heft 33. S. 665.

X. L. N. S.: 250-ta rocznica ślubów narodowych Jana Kazimierza. [250 Jahre nationales Gelöbnis von König Johann Kasimir]. In: Piast (8.4.1906) Heft 14. S. 1–2.

Z.: Walka o Ślązk. [Der Kampf um Schlesien]. In: Ilustracya Polska (7.3.1902) Heft 10. S. 223–224.
Z.: Ku czci Sobieskiego. [Sobieski zu Ehren]. In: Praca (5.1.1905) Heft 2. S. 61.
Z. S.: Śladem postępu. [Auf der Spur des Fortschritts]. In: Biesiada Literacka (16.3.1894) Heft 11. 165–166.
Z. S.: Kilka dni u Mazurów pruskich. [Ein paar Tage bei den preußischen Masuren]. In: Biesiada Literacka (8.1.1898) Heft 2. S. 25–26.
Zahorski, J.: Ksiądz Piotr Skarga Pawęski. (1536–1612). [Der Priester Piotr Skarga Pawęski. (1536–1612)]. In: Biesiada Literacka (21.4.1899) Heft 16. S. 312.
Zahorski, J.: 500-tna rocznica Jana Gutemberga i pierwsze drukarnie polskie. (Dokończenie). [500 Jahre Johannes Gutenberg und die ersten polnischen Druckereien. (Schluss)]. In: Biesiada Literacka (13.7.1900) Heft 28. S. 36–38.
Zawadzki, Władysław: Ślub królewski. Wspomnienie historyczne. [Königliches Gelöbnis. Historische Erinnerung]. In: Praca (8.2.1903) Heft 6. S. 142–144.
Zoryan., E.: Przegląd piśmienniczy. W trzechsetną rocznicę Jana Kochanowskiego 1584–1884. [Literarische Rundschau. Zum 300. Geburtstag von Jan Kochanowski 1584–1884. (Schluss)]. In: Tygodnik Ilustrowany (1.8.1885) Heft 135. S. 67–68.

Literaturverzeichnis

Ackermann, Andreas: Das Eigene und das Fremde: Hybridität, Vielfalt und Kulturtransfer. In: Handbuch der Kulturwissenschaften. Themen und Tendenzen. Hrsg. von Friedrich Jaeger u. Jörn Rüsen. Stuttgart 2004. S. 139–154.
Adamczyk, Dariusz: Polens halbperiphere Stellung im internationalen System: Eine Long-Run-Perspektive. In: Zeitschrift für Weltgeschichte 1 (2000) Heft 3. S. 79–90.
Anderson, Benedict R.: Die Erfindung der Nation. Zur Karriere eines erfolgreichen Konzepts. Frankfurt am Main 1988.
ANONYM: Wykaz prasy polskiej. Berlin 1911.
Appadurai, Arjun: Thinking beyond trajectorism. In: Futures of modernity. Challenges for cosmopolitical thought and practice. Hrsg. von Michael Heinlein, Cordula Kropp, Judith Neumer, Angelika Poferl u. Regina Römhild. Bielefeld 2012. S. 25–31.
Assmann, Aleida: Zeit und Tradition. Kulturelle Strategien der Dauer. Köln 1999.
Assmann, Aleida: Jahrestage – Denkmäler in der Zeit. In: Jubiläum, Jubiläum ... Zur Geschichte öffentlicher und privater Erinnerung. Hrsg. von Paul Münch. Essen 2005. S. 305–314.
Assmann, Aleida: Ist die Zeit aus den Fugen? Aufstieg und Fall des Zeitregimes der Moderne. München 2013.
Assmann, Aleida: Transformations of the modern time regime. In: Breaking up time. Negotiating the borders between present, past and future. Hrsg. von Chris Lorenz, Berber Bevernage u. Aleida Assmann. Göttingen 2013. S. 40–56.
Augustinus, Aurelius u. Joseph Bernhart: Bekenntnisse. Lateinisch und deutsch. 10. Aufl. Frankfurt am Main 2006.
Bachmann-Medick, Doris: Cultural Turns. Neuorientierungen in den Kulturwissenschaften. Reinbek 2006.
Bakić-Hayden, Milica: Nesting Orientalisms: The Case of Former Yugoslavia. In: Slavic Review 54 (1995) Heft 4. S. 917–931.
Bakuła, Bogusław: Kolonialne i postkolonialne aspekty polskiego dyskursu kresoznawczego (zarys problematyki). In: Teksty Drugie (2006) Heft 6. S. 11–33.
Balzer, Brigitte: Die preußische Polenpolitik 1894–1908 und die Haltung der deutschen konservativen und liberalen Parteien. Unter besonderer Berücksichtigung der Provinz Posen. Frankfurt am Main 1990.
Banerjee, Prathama: Politics of time. „Primitives" and history-writing in a colonial society. Oxford 2006.
Baranowski, Shelley: Nazi empire. German colonialism and imperialism from Bismarck to Hitler. Cambridge 2011.
Bardach, Juliusz: Polacy a narody Litwy historycznej. Próba analizy systemowej. In: Kultura i społeczeństwo 38 (1994) Heft 2. S. 35–52.
Barelkowski, Matthias, Claudia Kraft u. Isabel Röskau-Rydel: Zwischen Geschlecht und Nation. Einführung. In: Zwischen Geschlecht und Nation. Interdependenzen und Interaktionen in der multiethnischen Gesellschaft Polens im 19. und 20. Jahrhundert. Hrsg. von Matthias Barelkowski, Claudia Kraft u. Isabel Röskau-Rydel. Osnabrück 2015. S. 7–27.
Barth, Dieter: Zeitschrift für alle: das Familienblatt im 19. Jahrhundert. Ein sozialhistorischer Beitrag zur Massenpresse in Deutschland. Münster 1974.

Bassin, Mark: Geographien imperialer Identität: Russland im 18. und 19. Jahrhundert. In: Kolonialgeschichten. Regionale Perspektiven auf ein globales Phänomen. Hrsg. von Claudia Kraft, Alf Lüdtke u. Jürgen Martschukat. Frankfurt am Main 2010. S. 236–258.

Bauer, Ela: The ideological roots of the Polish Jewish intelligentsia. In: Jews and their neighbours in Eastern Europe since 1750. Hrsg. von Israel Bartal, Antony Polonsky u. Scott Ury. Oxford 2012. S. 95–109.

Bauman, Zygmunt: Liquid modernity. Cambridge 2000.

Bauman, Zygmunt: Flüchtige Moderne. 1. Aufl. Frankfurt am Main 2003.

Bayly, Christopher Alan: The birth of the modern world, 1780–1914. Global connections and comparisons. 1. Aufl. Oxford 2003.

Beauvois, Daniel: Mit „kresów wschodnich", czyli jak mu położyć kres. In: Polskie mity polityczne XIX i XX wieku. Hrsg. von Wojciech Wrzesiński u. Zofia Smyk. Wrocław 1994. S. 93–105.

Becker, Ernst Wolfgang: Zeit der Revolution! – Revolution der Zeit? Zeiterfahrungen in Deutschland in der Ära der Revolutionen 1789–1848/49. Göttingen 1999.

Beetham, Margaret: Towards a theory of the periodical as a publishing genre. In: Investigating Victorian journalism. Hrsg. von Laurel Brake, Lionel Madden u. Adel Jones. Basingstoke 1990. S. 19–32.

Belzyt, Leszek C.: Ostkolonisation. Zivilisation aus dem Westen? In: Deutsch-Polnische Erinnerungsorte. Band 2: Geteilt /Gemeinsam. Hrsg. von Hans-Henning Hahn u. Robert Traba. Paderborn 2014. S. 227–245.

Benecke, Werner: Die Revolution des Jahres 1905 in der Geschichte Polens. In: Russland 1905. Perspektiven auf die erste Russische Revolution. Hrsg. von Martin Aust u. Ludwig Steindorff. Frankfurt am Main 2007. S. 9–22.

Bhabha, Homi K.: The location of culture. London 1994.

Bhabha, Homi K.: Die Verortung der Kultur. Tübingen 2000.

Binder, Harald: Das polnische Pressewesen. In: Die Habsburgermonarchie 1848–1918. Politische Öffentlichkeit und Zivilgesellschaft. Hrsg. von Helmut Rumpler u. Peter Urbanitsch. Wien 2006. S. 2037–2090.

Bitner-Nowak, Anna: Wohnungspolitik und Wohnverhältnisse in Posen in den Jahren 1900–1939. In: Wohnen in der Großstadt 1900–1939. Wohnsituation und Modernisierung im europäischen Vergleich. Hrsg. von Alena Janatková u. Hanna Kozińska-Witt. Stuttgart 2006. S. 151–178.

Blanke, Richard: Prussian Poland in the German Empire. (1871–1900). New York 1981.

Blobaum, Robert: Rewolucja. Russian Poland, 1904–1907. Ithaca 1995.

Boatcă, Manuela: Semiperipheries in the world-system: Reflecting Eastern European and Latin American experiences. In: Journal of World-Systems Research 12 (2006) Heft 2. S. 321–346.

Boatcă, Manuela: Die zu Ende gedachte Moderne. Alternative Theoriekonzepten in den lateinamerikanischen und osteuropäischen Peripherien. In: Zeitschrift für Weltgeschichte 10 (2009) Heft 1. S. 81–112.

Boatcă, Manuela: Multiple Europas und die interne Politik der Differenz. In: Globale, multiple und postkoloniale Modernen. Hrsg. von Manuela Boatcă u. Willfried Spohn. München 2010. S. 341–358.

Boatcă, Manuela: Global inequalities beyond occidentalism. Farnham 2015.

Boetzel-Zombiert, Teresa: Sylwetka literacka Michała Synoradzkiego. In: Notatki Płockie 23 (1978) Heft 1. S. 33-35.

Böhning, Peter: Agrarische Organisationen und nationale Mobilisierung in Westpreußen. In: Modernisierung und nationale Gesellschaft im ausgehenden 18. und im 19. Jahrhundert. Referate einer deutsch-polnischen Historikerkonferenz. Hrsg. von Werner Conze. Berlin 1979. S. 161-176.

Bolecki, Włodzimierz: Myśli różne o postkolonializmie. Wstęp do tekstów nie napisanych. In: Teksty Drugie (2007) Heft 4. S. 6-14.

Bollinger, Ernst: Pressegeschichte II. 1840-1930: Die goldenen Jahre der Massenpresse. 3. Aufl. Freiburg 2002.

Bonusiak, Włodzimierz (Hrsg.): Stereotypy narodowościowe na pograniczu. 1. Aufl. Rzeszów 2002.

Borkowska, Grażyna: Perspektywa postkolonialna na gruncie polskim – pytania sceptyka. In: Kultura po przejściach, osoby z przeszłością. Polski dyskurs postzależnościowy – konteksty i perspektywy badawcze. Hrsg. von Ryszard Nycz. Kraków 2011. S. 167-180.

Bruns, Claudia: Bilder der ‚eigenen' Geschichte im Spiegel des kolonialen ‚Anderen' – Transnationale Perspektiven um 1900. Einleitung. In: Bilder der ‚eigenen' Geschichte im Spiegel des kolonialen Anderen. Transnationale Perspektiven um 1900. Sonderheft: Comparativ. 19 (2009) Heft 5. Hrsg. von Claudia Bruns. Leipzig 2009. S. 7-14.

Bruns, Claudia (Hrsg.): Bilder der ‚eigenen' Geschichte im Spiegel des kolonialen Anderen. Transnationale Perspektiven um 1900. Sonderheft: Comparativ 19 (2009) Heft 5.

Bujak, Jan: Tydzień. 1893-1906. In: Zeszyty Prasoznawcze 30 (1989) Heft 2. S. 63-69.

Bujnicki, Tadeusz: Życie pośmiertelne Wielkiego Księstwa Litewskiego. In: Kresy – dekonstrukcja. Hrsg. von Krzysztof Trybuś, Jerzy Kałążny u. Radosław Okulicz-Kozaryn. Poznán 2007. S. 167-181.

Buszko, Józef: Od niewoli do niepodległości (1864-1918). In: Wielka historia Polski. Hrsg. von Stanisław Grodziski, Jerzy Wyrozumski u. Marian Zgórniak. Kraków 2003. S. 351-725.

Cała, Alina: Kompleks żydowski Polaków. Asymilacja Żydów w Królestwie Polskim a zmiany narodowej świadomości w drugiej połowie XIX wieku. In: Przeminay formuły polskości. Hrsg. von Janusz Maciejewski. Warszawa 1999. S. 271-280.

Cavanagh, Clare: Postkolonialna Polska. Biała plama na mapie współczesnej teorii. In: Teksty Drugie (2003) Heft 2 bis 3. S. 60-71.

Cavanagh, Clare: Postcolonial Poland. In: Common Knowledge 10 (2004) Heft 1. S. 82-92.

Chakrabarty, Dipesh: Postcoloniality and the artifice of history. Who speaks for „Indian" pasts? In: Representations 37 (1992) Heft Winter. S. 1-26.

Chakrabarty, Dipesh: Provincializing Europe. Postcolonial thought and historical difference. Princeton 2000.

Chakrabarty, Dipesh: Europa provinzialisieren. Postkolonialität und die Kritik der Geschichte. In: Jenseits des Eurozentrismus. Postkoloniale Perspektiven in den Geschichts- und Kulturwissenschaften. Hrsg. von Sebastian Conrad. Frankfurt am Main 2002. S. 283-312.

Chakrabarty, Dipesh: The climate of history. Four theses. In: Critical Inquiry 35 (2009) Heft 2. S. 197-222.

Chamot, Marek: Autostereotyp Polaka na łamach polskiej prasy Prus Zachodnich i Poznańskiego na przełomie XIX i XX wieku. In: Społeczeństwo w dobie modernizacji. Polacy i Niemcy w XIX i XX wieku. Studia ofiarowane Profesorowi Kazimierzowi Wajdzie w siemdemdziesiątą rocznicę urodzin. Hrsg. von Kazimierz Wajda, Roman Bäcker, Marek Chamot u. Zbigniew Karpus. Toruń 2000. S. 233–242.

Chamot, Marek: Entuzjazm i zwątpienie. Obraz własny Polaków w wybranej publicystyce prasowej trzech zaborów w latach 1864–1914. 1. Aufl. Toruń 2003.

Chase-Dunn, Christopher: World-systems theorizing. In: Handbook of sociological theory. Hrsg. von Jonathan H. Turner. New York 2001. S. 589–612.

Chatterjee, Partha: The nation and its fragments. Colonial and postcolonial histories. Princeton 1993.

Chatterjee, Partha: Our modernity. Rotterdam 1997.

Chmielewska, Katarzyna: Tak i nie. Meandry polskiego dyskursu postkolonialnego i postzależnościowego. In: (P)o zaborach, (p)o wojnie, (p)o PRL. Polski dyskurs postzależnościowy dawniej i dziś. Hrsg. von Hanna Gosk. Kraków 2013. S. 559–574.

Chu, Winson: Conclusion: Beyond fantasy. Reexamining colonial legacies in the German-Polish borderland. In: Zwischen Geschlecht und Nation. Interdependenzen und Interaktionen in der multiethnischen Gesellschaft Polens im 19. und 20. Jahrhundert. Hrsg. von Matthias Barelkowski, Claudia Kraft u. Isabel Röskau-Rydel. Osnabrück 2015. S. 279–292.

Chvojka, Erhard, Andreas Schwarcz u. Klaus Thien (Hrsg.): Zeit und Geschichte. Kulturgeschichtliche Perspektiven. Wien 2002.

Chwalba, Andrzej: Historia Polski, 1795–1918. 1. Aufl. Kraków 2008.

Cieślak, Tadeusz: Historia prasy polskiej a kształtowanie się kultury narodowej. In: Historia prasy polskiej a kształowanie się kultury narodowej. Hrsg. von Józef Skrzypek. Warszawa 1968. S. 19–29.

Clark, Christopher M.: Von Zeit und Macht. Herrschaft und Geschichtsbild vom Großen Kurfürsten bis zu den Nationalsozialisten. München 2018.

Conrad, Sebastian: Doppelte Marginalisierung. Plädoyer für eine transnationale Perspektive auf die deutsche Geschichte. In: Geschichte und Gesellschaft 28 (2002). S. 145–169.

Conrad, Sebastian: Weltzeit, Fortschritt, Tiefenzeit: Die Synchronisierung der Welt im 19. Jahrhundert. In: Merkur. Deutsche Zeitschrift für europäisches Denken 69 (2015) Heft 793 Juni. S. 53–60.

Conrad, Sebastian u. Jürgen Osterhammel (Hrsg.): Das Kaiserreich transnational. Deutschland in der Welt 1871–1914. Göttingen 2004.

Cooper, Frederick: Colonialism in question. Theory, knowledge, history. Berkeley 2005.

Cybulska, Lucyna: Polskie czasopisma literackie w życiu kulturalnym Polaków Wielkiego Księstwa Poznańskiego w XIX wieku. In: W kręgu prasy. (przeszłość, teraźniejszość, przyszłość): zbiór artykułów. Hrsg. von Grażyna Gzella u. Jacek Gzella. Toruń 2001. S. 7–32.

Czermińska, Małgorzata: Podróż egzotyczna i zwrot do wnętrza. Narracje niefikcjonalne między „orientalizmem" a intymistyką. In: Teksty Drugie (2009) Heft 4. S. 13–22.

Dabrowski, Patrice M.: Commemorations and the shaping of modern Poland. Bloomington 2004.

Daheur, Jawad: „Der Polenwald gar finster ist…". Waldbilder, Geschlechtercodes und Kolonialphantasien der Deutschen in Polen (1840–1870). In: Zwischen Geschlecht und Nation. Interdependenzen und Interaktionen in der multiethnischen Gesellschaft Polens im 19. und 20. Jahrhundert. Hrsg. von Matthias Barelkowski, Claudia Kraft u. Isabel Röskau-Rydel. Osnabrück 2015. S. 59–77.

Dietzsch, Ina: Öffentlichkeit unter den Bedingungen urbaner Superdiversität: Überlegungen zum Umgang mit einer Kategorie in den Kulturwissenschaften. In: Transnationalität und Öffentlichkeit. Interdisziplinäre Perspektiven. Hrsg. von Asta Vonderau u. Caroline Schmitt. Bielefeld 2014. S. 27–54.

Drummond, Elizabeth A.: On the borders of the nation. Jews and the German-Polish national conflict in Poznania, 1886–1914. In: Nationalities Papers 29 (2001) Heft 3. S. 459–475.

Dyroff, Stefan: Transpolonität? Gesellschaftliche Eliten in den polnischen Gebieten um 1900 jenseits der Nationalgeschichte(n). In: Transpolonität? Gesellschaftliche Eliten in den polnischen Gebieten um 1900 jenseits der Nationalgeschichte(n). Sonderheft: Zeitschrift für Ostmitteleuropa-Forschung. 63 (2015) Heft 3. Hrsg. von Stefan Dyroff. 2015. S. 319–329.

Dziki, Sylwester: Czekanie na Godota?... czyli polska prasa wobec przełomu XIX i XX w. In: Rocznik Historii Prasy Polskiej 3 (2000) Heft 1. S. 5–32.

Dziki, Sylwester: Czekanie na Godota?... czyli polska prasa wobec przełomu XIX i XX w. In: Rocznik Historii Prasy Polskiej 3 (2000) Heft 2. S. 5–33.

Eddie, Scott M.: The Prussian Settlement Commission and its activities in the land market 1886–1918. In: Germans, Poland, and colonial expansion to the east. 1850 through the present. Hrsg. von Robert L. Nelson. Basingstoke 2009. S. 39–64.

Eisenstadt, Shmuel Noah: Vielfältige Moderne. In: Zeitschrift für Weltgeschichte 1 (2000) Heft 2. S. 9–33.

Esposito, Fernando: Von no future bis Posthistoire. Der Wandel des temporalen Imaginariums nach dem Boom. In: Vorgeschichte der Gegenwart. Dimensionen des Strukturbruchs nach dem Boom. Hrsg. von Anselm Doering-Manteuffel, Lutz Raphael u. Thomas Schlemmer. Göttingen 2016. S. 393–424.

Fabian, Johannes: Time and the other. How anthropology makes its object. New York 2002.

Feichtinger, Johannes: Habsburg (post)-colonial. Anmerkungen zur Inneren Kolonisierung in Zentraleuropa. In: Habsburg postcolonial. Machtstrukturen und kollektives Gedächtnis. Hrsg. von Johannes Feichtinger. Innsbruck 2003. S. 13–32.

Feichtinger, Johannes (Hrsg.): Habsburg postcolonial. Machtstrukturen und kollektives Gedächtnis. Innsbruck 2003.

Fiut, Aleksander: Polonizacja? Kolonizacja? In: Teksty Drugie (2003) Heft 6. S. 150–156.

Fiut, Aleksander: Spotkania z Innym. Kraków 2006.

Franke, Jerzy: Polska prasa kobieca w latach 1820–1918. W kręgu ofiary i poświęcenia. 1. Aufl. Warszawa 1999.

Friedrich, Karin: ‚Pomorze' or ‚Preussen'? Polish perspectives on early modern prussian history. In: German History 22 (2004) Heft 3. S. 344–371.

Fritzsche, Peter: Reading Berlin 1900. Cambridge 1998.

Frysztacka, Clara [u.a]: Kolumbus transnational. Verflochtene Geschichtskulturen und europäische Medienlandschaften im Kontext des 400. Jubiläums der Entdeckung Amerikas 1892. In: Journal of Modern European History 15 (2017) Heft 3. S. 418–447.

Gebethner, Jan: Młodość wydawcy. 2. Aufl. Wrocław 1989.

Gellner, Ernest: Nationalismus und Moderne. 1. Aufl. Hamburg 1995.

Gendolla, Peter: Punktzeit. Zur Zeiterfahrung in der Informationsgesellschaft. In: Im Netz der Zeit. Menschliches Zeiterleben interdisziplinär. Hrsg. von Rudolf Wendorff u. Gerhard van Dohrn Rossum. Stuttgart 1989. S. 128–139.

Geppert, Alexander C. T. u. Till Kössler: Zeit-Geschichte als Aufgabe. In: Obsession der Gegenwart. Zeit im 20. Jahrhundert. Sonderheft: Geschichte und Gesellschaft (2015) Heft 25. Hrsg. von Alexander C. T. Geppert u. Till Kössler. Göttingen 2015. S. 7-37.

Gerhards, Jürgen u. Friedhelm Neinhardt: Strukturen und Funktionen moderner Öffentlichkeit. Fragestellungen und Ansätze. In: Öffentlichkeit, Kultur, Massenkommunikation. Beiträge zur Medien- und Kommunikationssoziologie. Hrsg. von Stefan Müller-Doohm. Oldenbourg 1991. S. 31-89.

Glensk, Joachim (Hrsg.): 200 lat prasy polskiej na Śląsku. Materiały z sesji naukowej zorganizowanej w Opolu 12 i 13 grudnia 1989 r. Opole 1992.

Goćkowski, Janusz u. Andrzej Walicki (Hrsg.): Idee i koncepcje narodu w polskiej myśli politycznej czasów porozbiorowych. Warszawa 1977.

Górny, Maciej: Die Geschichte der polnischen Intelligenz bis zum Jahre 1918. In: Historie. Jahrbuch des Zentrums für Historische Forschung Berlin der Polnischen Akademie der Wissenschaften 2 (2008/2009). S. 45-56.

Gosk, Hanna (Hrsg.): (P)o zaborach, (p)o wojnie, (p)o PRL. Polski dyskurs postzależnościowy dawniej i dziś. Kraków 2013.

Gosk, Hanna: Wprowadzanie. In: (P)o zaborach, (p)o wojnie, (p)o PRL. Polski dyskurs postzależnościowy dawniej i dziś. Hrsg. von Hanna Gosk. Kraków 2013. S. 9-18.

Grabski, Andrzej Feliks: Orientacje polskiej myśli historycznej. Warszawa 1972.

Griewank, Karl: Der neuzeitliche Revolutionsbegriff. 1. Aufl. Weimar 1955.

Grosser, Florian: Theorien der Revolution zur Einführung. Hamburg 2013.

Guesnet, François (Hrsg.): Der Fremde als Nachbar. Polnische Positionen zur jüdischen Präsenz: Texte seit 1800. Frankfurt am Main 2009.

Gumbrecht, Hans Ulrich: Modern. Modernität, Moderne. In: Geschichtliche Grundbegriffe. Historisches Lexikon zur politisch-sozialen Sprache in Deutschland. Mi-Pre. Hrsg. von Otto Brunner, Werner Conze u. Reinhart Koselleck. Stuttgart 1978. S. 93-131.

Gzella, Grażyna: Pruskie prawo prasowe w drugiej połowie XIX wieku. In: W kręgu prasy. (przeszłość, teraźniejszość, przyszłość): zbiór artykułów. Hrsg. von Grażyna Gzella u. Jacek Gzella. Toruń 2001. S. 33-43.

Gzella, Grażyna: Główne trendy w rozwoju prasy dla ludu w XIX wieku. In: Książka i prasa w systemie komunikacji społecznej. Przeszłość, dzień dzisiejszy, perspektywy. Hrsg. von Maria Juda. Lublin 2002. S. 119-128.

Habermas, Jürgen: Strukturwandel der Öffentlichkeit. Untersuchungen zu einer Kategorie der bürgerlichen Gesellschaft. 1. Aufl. Frankfurt am Main 1990 [1. Aufl., nach der zuerst 1962 im Luchterhand-Verlag erschienenen Ausgabe, ergänzt um ein Vorwort].

Hahn, Hans: Przymus modernizacyjny i ucisk integracyjny. Rola państwa w kształtowaniu mentalności politycznej Polaków w drugiej połowie XIX wieku. In: Ideologie, poglądy, mity w dziejach Polski i Europy XIX i XX wieku. Studia historyczne. Hrsg. von Jerzy Topolski, Witold Molik u. Krzysztof Makowski. Poznań 1991. S. 289-296.

Haraway, Donna: Situated knowledges. The science question in feminism and the privilege of partial perspective. In: Feminist Studies 14 (1988) Heft 3. S. 575-599.

Harvey, David: Zwischen Raum und Zeit. Reflexionen zur geographischen Imaginantion. In: Raumproduktionen. Beiträge der Radical Geography. Hrsg. von Bernd Belina. Münster 2007. S. 36-60.

Haslinger, Peter (Hrsg.): Ostmitteleuropa transnational. Sonderheft: Comparativ 18 (2008) Heft 2.

Haug, Walter: System, Epoche, Fortschritt – Fragen an Niklas Luhmann. In: Epochenschwelle und Epochenbewußtsein. Hrsg. von Reinhart Herzog u. Reinhart Koselleck. München 1987. S. 543–546.

Haumann, Heiko: Jüdische Nation – Polnische Nation? Zur gesellschaftlichen Orientierung von Juden in Polen während des 19. Jahrhunderts. In: Kontexte der Schrift. Hrsg. von Gabriella Gelardini, Christian Strecker, Ekkehard Stegemann u. Wolfgang Stegemann. Stuttgart 2005. S. 442–457.

Hauser, Przemysław: Kolonista niemiecki w Polsce w XIX i XX wieku. Uwagi i refleksje na temat funkcjonowania mitu oraz rzeczywistości. In: Polskie mity polityczne XIX i XX wieku. Hrsg. von Wojciech Wrzesiński u. Zofia Smyk. Wrocław 1994. S. 195–213.

Healy, Róisín: From Commonwealth to colony? Poland under Prussia. In: The shadow of colonialism on Europe's modern past. Hrsg. von Róisín Healy u. Enrico Dal Lago. Basingstoke 2014. S. 109–125.

Healy, Róisín u. Enrico Dal Lago: Investigating Colonialism within Europe. In: The shadow of colonialism on Europe's modern past. Hrsg. von Róisín Healy u. Enrico Dal Lago. Basingstoke 2014. S. 3–22.

Healy, Róisín u. Enrico Dal Lago (Hrsg.): The shadow of colonialism on Europe's modern past. Basingstoke 2014.

Helgesson, Stefan: Radicalizing temporal difference: anthropology, postcolonial theory, and literary time. In: History and theory 53 (2014) Heft 4. S. 545–562.

Hildermeier, Manfred: Das Privileg der Rückständigkeit. Anmerkungen zum Wandel einer Interpretationsfigur der neueren russischen Geschichte. In: Historische Zeitschrift (1987) Heft 244. S. 557–603.

Hobsbawm, Eric John: Das imperiale Zeitalter. 1875–1914. Frankfurt am Main 1989.

Hölscher, Lucian: Von leeren und gefüllten Zeiten. Zum Wandel historischer Zeitkonzepte seit dem 18. Jahrhundert. In: Obsession der Gegenwart. Zeit im 20. Jahrhundert. Sonderheft: Geschichte und Gesellschaft (2015) Heft 25. Hrsg. von Alexander C. T. Geppert u. Till Kössler. Göttingen 2015. S. 37–70.

Holste, Karsten: Reform from above and politics form below: paesants in the prussian partition of Poland. In: Imaginations and configurations of Polish society. From the Middle Ages through the twentieth century. Hrsg. von Yvonne Kleinmann, Jürgen Heyde, Dietlind Hüchtker, Dobrochna Kałwa, Joanna Nalewajko-Kulikov, Katrin Steffen u. Tomasz Wiślicz. Göttingen 2017. S. 217–237.

Holste, Karsten, Dietlind Hüchtker u. Michael G. Müller: Aufsteigen und Obenbleiben in europäischen Gesellschaften des 19. Jahrhunderts. Akteure – Arenen – Aushandlungsprozesse. In: Aufsteigen und Obenbleiben in europäischen Gesellschaften des 19. Jahrhunderts. Akteure, Arenen, Aushandlungsprozesse. Hrsg. von Karsten Holste, Dietlind Hüchtker u. Michael G. Müller. Berlin 2009. S. 9–19.

Holzer, Jerzy: Polen und Europa. Land, Geschichte, Identität. Bonn 2007.

Igl, Natalia u. Julia Menzel: Illustrierte Zeitschriften um 1900. Multimodalität und Metaisierung. Bielefeld 2016.

Imhof, Kurt: „Öffentlichkeit" als historische Kategorie und als Kategorie der Historie. In: Schweizerische Zeitschrift für Geschichte 46 (1996) Heft 1. S. 3–25.

Irmscher, Hans Dietrich (Hrsg.): Johann Gottfried Herder. Schriften zu Literatur und Philosophie 1792–1800. Frankfurt am Main 1998.

Jaeger, Friedrich: Epochen als Sinnkonzepte historischer Entwicklung und die Kategorie der
 Neuzeit. In: Zeit deuten. Perspektiven, Epochen, Paradigmen. Hrsg. von Jörn Rüsen.
 Bielefeld 2003. S. 313–354.
Jaeger, Friedrich: Neuzeit. In: Enzyklopädie der Neuzeit. Hrsg. von Friedrich Jaeger. Stuttgart
 2009. S. 158–181.
Jagodzińska, Agnieszka: „Izraelita" (1866–1915). In: Studia z dziejów trójjęzycznej prasy
 żydowskiej na ziemiach polskich (XIX–XX w.). Hrsg. von Joanna Nalewajko-Kulikov,
 Grzegorz P. Bąbiak u. Agnieszka J. Cieślikowa. Warszawa 2012. S. 45–60.
Jagodzińska, Agnieszka: Overcoming the signs of the ‚other'. Visual aspects of the
 acculturation of Jews in the Kingdom of Poland in the nineteenth century. In: Jews and
 their neighbours in Eastern Europe since 1750. Hrsg. von Israel Bartal, Antony Polonsky u.
 Scott Ury. Oxford 2012. S. 71–94.
Jakóbczyk, Witold: Kultura po roku 1870. In: Dzieje Wielkopolski. Lata 1793–1918. Hrsg. von
 Witold Jakóbczyk. Poznań 1973. S. 580–606.
Jakóbczyk, Witold: Prasa w Wielkopolsce (1859–1918). In: Prasa polska w latach 1864–1918.
 Hrsg. von Jerzy Łojek. Warszawa 1976. S. 177–201.
Jakubek, Mariusz: Prasa krakowska 1795–1918. Kraków 2004.
Jakubek, Mariusz: Prasa Krakowa 1795–1918. Statystyka i typologia. In: Kraków – Lwów.
 Książki, czasopisma, biblioteki. Hrsg. von Halina Kosętka. Kraków 2006. S. 316–329.
Janion, Maria: Polska między Wschodem a Zachodem. In: Teksty Drugie (2003) Heft 6.
 S. 131–149.
Janion, Maria: Niesamowita słowiańszczyzna. Fantazmaty literatury. 1. Aufl. Kraków 2006.
Janion, Maria: Die Polen und ihre Vampire. Studien zur Kritik kultureller Phantasmen.
 Herausgegeben und mit einer Einführung von Magdalena Marszałek. Berlin 2014.
Janos, Andrew C.: East Central Europe in the modern world. The politics of the borderlands
 from pre- to postcommunism. Stanford 2002.
Janowski, Maciej: Polish liberal thought before 1918. Budapest 2002.
Janowski, Maciej: Polen im 19. Jahrhundert: Europa an der Weichsel? In: Europas Platz in
 Polen. Polnische Europa-Konzeptionen vom Mittelalter bis zum EU-Beitritt. Hrsg. von
 Claudia Kraft u. Katrin Steffen. Osnabrück 2007. S. 131–155.
Janowski, Maciej u. Jerzy Jedlicki: Narodziny inteligencji 1750–1831. Warszawa 2008.
Jansen, Harry: In search of new times: temporality in the enlightenment and counter-
 enlightenment. In: History and theory 55 (2016) Heft 1. S. 66–90.
Jarowiecki, Jerzy: Prasa społeczno-kulturalna, literacka i satyryczna w latach 1867–1918 we
 Lwowie. In: Rocznik Historii Prasy Polskiej 5 (2002) Heft 1. S. 25–57.
Jarowiecki, Jerzy: Typologia i statystyka prasy lwowskiej w latach 1864–1939. In: Książka i
 prasa w systemie komunikacji społecznej. Przeszłość, dzień dzisiejszy, perspektywy.
 Hrsg. von Maria Juda. Lublin 2002. S. 129–151.
Jarowiecki, Jerzy: Studia nad prasą polską XIX i XX wieku. Kraków 2006.
Jedlicki, Jerzy: A suburb of Europe. Nineteenth-century Polish approaches to Western
 civilization. Budapest 1999.
Jobst, Kerstin S., Julia Obertreis u. Ricarda Vulpius: Neuere Imperiumsforschung in der
 osteuropäischen Geschichte: Die Habsburgermonarchie, das Russländische Reich und die
 Sowjetunion. In: Ostmitteleuropa transnational. Sonderheft: Comparativ. 18 (2008) Heft 2.
 Hrsg. von Peter Haslinger. 2008. S. 27–56.

Johannsen, Jochen: Die Zeit der Nation. Nationale Sinnbildungen über die Zeit in Deutschland (1780–1820). In: Zeit deuten. Perspektiven, Epochen, Paradigmen. Hrsg. von Jörn Rüsen. Bielefeld 2003. S. 221–253.

Jordheim, Helge: Against periodization: Koselleck's theory of multiple temporalities. In: History and theory 51 (2012) Heft 2. S. 151–171.

Jordheim, Helge: Introduction: Multiple times and the work of synchronization. In: History and theory 53 (2014) Heft 4. S. 498–518.

Jost, Hans Ulrich: Zum Konzept der Öffentlichkeit in der Geschichte des 19. Jahrhunderts. In: Schweizerische Zeitschrift für Geschichte 46 (1996) Heft 1. S. 43–59.

Julkowska, Violetta: Historiografia polska II połowy XIX wieku jako źródło i rezerwuar stereotypów narodowościowych. In: Stereotypy narodowościowe na pograniczu. Hrsg. von Włodzimierz Bonusiak. Rzeszów 2002. S. 17–31.

Kąkolewski, Igor: Deutscher Orden. Verfluchte – Helden. In: Deutsch-Polnische Erinnerungsorte. Band 2: Geteilt /Gemeinsam. Hrsg. von Hans-Henning Hahn u. Robert Traba. Paderborn 2014. S. 247–272.

Kalabiński, Stanisław: Die Modernisierung der Gesellschaft im Königreich Polen im 19. Jahrhundert. In: Modernisierung und nationale Gesellschaft im ausgehenden 18. und im 19. Jahrhundert. Referate einer deutsch-polnischen Historikerkonferenz. Hrsg. von Werner Conze. Berlin 1979. S. 71–92.

Kalęba, Beata: Kilka słów o litewskim odrodzeniu narodowym. In: W kręgu sporów polsko-litewskich na przełomie XIX i XX wieku. Wybór materiałów. Hrsg. von Marian Zaczyński u. Beata Kalęba. Kraków 2004. S. 209–211.

Kamisińska, Dorota: Grafika polskich tygodników ilustrowanych drugiej połowy XIX wieku na przykładzie lwowskiego „Ogniska Domowego" (1883–1888) i „Strzechy" (1868–1873) oraz krakowskiego „Świata" (1888–1892 i 1893–1895) i „Włościanina" (1869–1879). In: Rocznik Historii Prasy Polskiej 39 (2015) Heft 3. S. 39–73.

Kaps, Klemens u. Jan Surman: Galicja postkolonialna czy postkolonialnie? Postcolonial theory pomiędzy przymiotnikiem a przysłowem. In: Galicja postkolonialnie. Możliwości i granice. Sonderheft: Historyka. Studia Metodologiczne. 42 (2012). Hrsg. von Klemens Kaps u. Jan Surman. Kraków 2012. S. 7–27.

Kaps, Klemens u. Jan Surman (Hrsg.): Galicja postkolonialnie. Możliwości i granice. Sonderheft: Historyka. Studia Metodologiczne 42 (2012).

Karczewska, Anna: „Więcej z pługiem niż z piórem przestaję...". O listach czytelników do redakcji „Gazety Świątecznej" w latach 1881–1914. In: Komunikowanie i komunikacja na ziemiach polskich w latach 1795–1918. Hrsg. von Krzysztof Stępnik u. Maciej Rajewski. Lublin 2008. S. 133–141.

Kasperski, Edward: Dyskurs kresowy. Kryteria, własności, funkcje. In: Kresy – dekonstrukcja. Hrsg. von Krzysztof Trybuś, Jerzy Kałążny u. Radosław Okulicz-Kozaryn. Poznán 2007. S. 89–103.

Kavanaugh, Leslie Jaye: The time of history/the history of time. In: Chrono-topologies. Hybrid spatialities and multiple temporalities. Hrsg. von Leslie Jaye Kavanaugh. Amsterdam 2010. S. 91–124.

Kedourie, Elie: Nationalism. New York 1960.

Kieniewicz, Stefan: The Polish intelligentsia in the nineteenth century. In: Studies in East European social history. Hrsg. von Keith Hitchins. Leiden 1977. S. 121–134.

King, Preston: Thinking past a problem. Essays on the history of ideas. London 2000.

Kirchmann, Kay: Verdichtung, Weltverlust und Zeitdruck. Grundzüge einer Theorie der Interdependenzen von Medien, Zeit und Geschwindigkeit im neuzeitlichen Zivilisationsprozeß. Wiesbaden 1998.

Kizwalter, Tomasz: Über die Modernität der Nation. Der Fall Polen. Osnabrück 2013.

Kleinmann, Yvonne: Jüdische Eliten, polnische Traditionen, westliche Modelle und russische Herrschaft. Kulminationen in den Jahren 1804, 1844, 1869, 1881. In: Aufsteigen und Obenbleiben in europäischen Gesellschaften des 19. Jahrhunderts. Akteure, Arenen, Aushandlungsprozesse. Hrsg. von Karsten Holste, Dietlind Hüchtker u. Michael G. Müller. Berlin 2009. S. 193–222.

Kleinmann, Yvonne [u.a] (Hrsg.): Imaginations and configurations of Polish society. From the Middle Ages through the twentieth century. Göttingen 2017.

Kleinmann, Yvonne u. Achim Rabus (Hrsg.): Aleksander Brückner revisited. Debatten um Polen und Polentum in Geschichte und Gegenwart. Göttingen 2015.

Kmiecik, Zenon: Prasa polska w Królewstwie Polskim i Imperium Rosyjskim w latach 1865–1904. In: Prasa polska w latach 1864–1918. Hrsg. von Jerzy Łojek. Warszawa 1976. S. 11–57.

Kmiecik, Zenon: Prasa Polska w zaborze rosyjskim w latach 1905–1915. In: Prasa polska w latach 1864–1918. Hrsg. von Jerzy Łojek. Warszawa 1976. S. 58–113.

Kmiecik, Zenon: Prasa polska w rewolucji 1905–1907. Warszawa 1980.

Kmiecik, Zenon: Prasa Warszawska w latach 1886–1904. Wrocław 1989.

Koch, Angela: DruckBilder. Stereotype und Geschlechtercodes in den antipolnischen Diskursen der „Gartenlaube" (1870–1930). Köln 2002.

Kochanowska-Nieborak, Anna: XIX-wieczny niemiecki dyskurs o Polsce w świetle badań postkolonialnych. In: Perspektywa (post)kolonialna w kulturze. Szkice i rozprawy. Hrsg. von Ewa Partyga, Joanna Sosnowska u. Tadeusz Zadrożny. Warszawa 2012. S. 219–243.

Kolasa, Władysław Marek: Historiografia prasy polskiej do 1918 roku. Naukometryczna analiza dyscypliny 1945–2009. Kraków 2013.

Kolbuszewska, Jolanta: Mutacja modernistyczna w historiografii polskiej (przełom XIX i XX wieku). Łódź 2005.

Kolbuszewska, Jolanta: Przełom antypozytywistyczny czy mutacja modernistyczna? Rozważania o przemianach w historiografii schyłku XIX i początku XX wieku. In: Res Historica 19 (2005). S. 41–54.

Kolbuszewski, Jacek: Kresy jako kategoria aksjologiczna. In: Kresy – pojęcie i rzeczywistość. Zbiór studiów. Hrsg. von Kwiryna Handke. Warszawa 1997. S. 119–129.

Kołodziejczyk, Dorota: Postkolonialny transfer na Europę Środkowo-Wschodnią. In: Teksty Drugie (2010) Heft 5. S. 22–39.

Kołtoniak, Adrian: Publicystyka „Tygodnika Ilustrowanego" wobec wydarzeń 1905 roku. In: Rocznik Historii Prasy Polskiej 12 (2009) Heft 2. S. 19–34.

Kopp, Kristin Leigh: Germany's wild east. Constructing Poland as colonial space. Ann Arbor 2012.

Korek, Janusz: Central and Eastern Europe from a postcolonial perspective. In: From sovietology to postcoloniality. Poland and Ukraine from a postcolonial perspective. Hrsg. von Janusz Korek. Huddinge 2007. S. 5–22.

Koselleck, Reinhart: Fortschritt. In: Geschichtliche Grundbegriffe. Historisches Lexikon zur politisch-sozialen Sprache in Deutschland. E-G. Hrsg. von Otto Brunner, Werner Conze u. Reinhart Koselleck. Stuttgart 1975. S. 351–423.

Koselleck, Reinhart: Neuzeit. Zur Semantik moderner Bewegungsbegriffe. In: Studien zum Beginn der modernen Welt. Hrsg. von Reinhart Koselleck. Stuttgart 1977. S. 264–299.
Koselleck, Reinhart: Vergangene Zukunft. Zur Semantik geschichtlicher Zeiten. 1. Aufl. Frankfurt am Main 1979.
Koselleck, Reinhart: Revolution. Rebellion, Aufruhr, Bürgerkrieg. In: Geschichtliche Grundbegriffe. Historisches Lexikon zur politisch-sozialen Sprache in Deutschland. Pro-Soz. Hrsg. von Otto Brunner, Werner Conze u. Reinhart Koselleck. Stuttgart 1984. S. 653–788.
Koselleck, Reinhart u. Christof Dipper: Begriffsgeschichte, Sozialgeschichte, begriffene Geschichte. Reinhart Koselleck im Gespräch mit Christof Dipper. In: Neue politische Literatur 43 (1998). S. 187–205.
Koselleck, Reinhart u. Hans-Georg Gadamer: Zeitschichten. Studien zur Historik. 1. Aufl. Frankfurt am Main 2000.
Kosętka, Halina (Hrsg.): Kraków – Lwów. Książki, czasopisma, biblioteki. Kraków 2006.
Kosman, Marceli (Hrsg.): Z dziejów prasy wielkopolskiej XIX-XX wieku. Praca zbiorowa. Poznań 1997.
Kössler, Till: Von der Nacht in den Tag. Zeit und Diktatur in Spanien, 1939–1975. In: Obsession der Gegenwart. Zeit im 20. Jahrhundert. Sonderheft: Geschichte und Gesellschaft (2015) Heft 25. Hrsg. von Alexander C. T. Geppert u. Till Kössler. Göttingen 2015. S. 188–217.
Kostecki, Janusz u. Zofia Byczkowska: Czytelnictwo czasopism ludowych w Królestwie Polskim w drugiej połowie XIX wieku. In: Przegląd Humanistyczny 22 (1978) Heft 10. S. 107–127.
Kowal, Stefan: Das Stereotyp „polnische Wirtschaft" aus polnischer Sicht. In: Mythen in Geschichte und Geschichtsschreibung aus polnischer und deutscher Sicht. Hrsg. von Adelheid von Saldern. Münster 1996. S. 74–84.
Kozłowski, Jerzy: Wielkopolska pod zaborem pruskim w latach 1815–1918. Poznań 2006.
Kraft, Claudia: Das galizische Bürgertum in der autonomen Ära (1866–1914). Ein Literaturüberblick. In: Polen und die böhmischen Länder im 19. und 20. Jahrhundert. Politik und Gesellschaft im Vergleich: Vorträge der Tagung des Collegium Carolinum in Bad Wiessee vom 15. bis 17. November 1991. Hrsg. von Peter Heumos. München 1997. S. 81–110.
Kraft, Claudia: Gendering the Polish historiography of the late eighteenth and nineteenth centuries. In: Gendering historiography. Beyond national canons. Hrsg. von Angelika Epple u. Angelika Schaser. Frankfurt am Main 2009. S. 78–101.
Kraft, Claudia, Alf Lüdtke u. Jürgen Martschukat: Einleitung: Kolonialgeschichten. Regionale Perspektiven auf ein globales Phänomen. In: Kolonialgeschichten. Regionale Perspektiven auf ein globales Phänomen. Hrsg. von Claudia Kraft, Alf Lüdtke u. Jürgen Martschukat. Frankfurt am Main 2010. S. 9–25.
Kraft, Claudia, Alf Lüdtke u. Jürgen Martschukat (Hrsg.): Kolonialgeschichten. Regionale Perspektiven auf ein globales Phänomen. Frankfurt am Main 2010.
Kraft, Claudia u. Katrin Steffen (Hrsg.): Europas Platz in Polen. Polnische Europa-Konzeptionen vom Mittelalter bis zum EU-Beitritt. Osnabrück 2007.
Kundrus, Birthe: Die Kolonien – „Kinder des Gefühls und der Phantasie". In: Phantasiereiche. Zur Kulturgeschichte des deutschen Kolonialismus. Hrsg. von Birthe Kundrus. Frankfurt am Main 2003. S. 7–18.

Łącka-Małecka, Małgorzata: Chrystianizacja Litwy w świetle dziejopisarstwa Joachima Lelewela. In: Prace naukowe Akademii Im. Jana Długosza w Częstochowie. Zeszyty Historyczne 13 (2014) Heft 2. S. 229–237.
Landgrebe, Alix: „Wenn es Polen nicht gäbe, dann müsste es erfunden werden". Die Entwicklung des polnischen Nationalbewusstseins im europäischen Kontext von 1830 bis in die 1880er Jahre. Wiesbaden 2003.
Landwehr, Achim: Geburt der Gegenwart. Eine Geschichte der Zeit im 17. Jahrhundert. Frankfurt am Main 2014.
Landwehr, Achim: Die anwesende Abwesenheit der Vergangenheit. Essay zur Geschichtstheorie. 1. Aufl. Frankfurt am Main 2016.
Law, Graham: Indexes to fiction in the Illustrated London News (1842–1901) and The Graphic (1869–1901). Victorian Fiction Research Guide 29. Queensland 2001.
Lechner, Doris: Histories for the many. The Victorian family magazine and popular representations of the past. The Leisure Hour, 1852–1870. Bielefeld 2017.
Lemberg, Hans: Zur Entstehung des Osteuropabegriffes im 19. Jahrhundert. Vom „Norden" zum „Osten" Europas. In: Jahrbücher für Geschichte Osteuropas 33 (1985). S. 48–91.
Lewandowski, Stefan: Poligrafia Warszawska. 1870–1914. Warszawa 1982.
Litwinowicz-Droździel, Małgorzata: O starożytnościach litewskich. Mitologizacja historii w XIX-wiecznym piśmiennictwie byłego Wielkiego Księstwa Litewskiego. Kraków 2008.
Loewenstein, Bedrich: Der Fortschrittsglaube. Europäisches Geschichtsdenken zwischen Utopie und Ideologie. Darmstadt 2015.
Łojek, Jerzy (Hrsg.): Prasa polska w latach 1864–1918. Warszawa 1976.
Łojek, Jerzy, Jerzy Myśliński u. Wiesław Władyka (Hrsg.): Dzieje prasy polskiej. 1. Aufl. Warszawa 1988.
Lorenz, Chris u. Berber Bevernage: Breaking up time. Negotiating the borders between present, past and future. An introduction. In: Breaking up time. Negotiating the borders between present, past and future. Hrsg. von Chris Lorenz, Berber Bevernage u. Aleida Assmann. Göttingen 2013. S. 7–38.
Łossowski, Piotr: Litewski ruch narodowy w polskiej myśli politycznej (1883–1914). In: Polska i jej sąsiedzi. Hrsg. von Henryk Zieliński. Wrocław 1975. S. 119–157.
Łossowski, Piotr: Po tej i tamtej stronie Niemna. Stosunki polsko-litewskie, 1883–1939. Warszawa 1985.
Łossowski, Piotr: Polska-Litwa. Ostatnie sto lat. 1. Aufl. Warszawa 1991.
Lückemeier, Kai: Information als Verblendung. Die Geschichte der Presse und der öffentlichen Meinung im 19. Jahrhundert. Stuttgart 2001.
Luhmann, Niklas: Soziologische Aufklärung. 1. Aufl. Wiesbaden 1981.
Luhmann, Niklas: Paradigmawechsel in der Systemtheorie. Ein Paradigma für Fortschritt? In: Epochenschwelle und Epochenbewußtsein. Hrsg. von Reinhart Herzog u. Reinhart Koselleck. München 1987. S. 305–322.
Luhmann, Niklas: Gesellschaftsstruktur und Semantik. Studien zur Wissenssoziologie der modernen Gesellschaft. 1. Aufl. Frankfurt am Main 1993.
Łukasiewicz, Juliusz: Ekonomiczne uwarunkowania losów Polaków w XIX w. In: Losy Polaków w XIX–XX w. Studia ofiarowane Stefanowi Kieniewiczowi w osiemdziesiątą rocznicę Jego urodzin. Hrsg. von Barbara Grochulska. Warszawa 1987. S. 55–72.
Lüthi, Barbara, Francesca Falk u. Patricia Purtschert: Colonialism without colonies. Examining blank spaces in colonial studies. In: National Identities 18 (2015) Heft 1. S. 1–9.

Maciejewski, Janusz (Hrsg.): Przeminay formuły polskości. Warszawa 1999.
Maciejewski, Janusz: Rasa czy principium. O dziejach przemian formuły polskości w XIX i XX wieku. In: Przeminay formuły polskości. Hrsg. von Janusz Maciejewski. Warszawa 1999. S. 19-32.
Mahrenholz, Nicole: Zeit und Konstruktion bei Aleida Assmann. In: Zeit und Geschichte. Beiträge des 28. Internationalen Wittgenstein-Symposiums. Hrsg. von Friedrich Stadler u. Michael Stöltzner. Kirchberg am Wechsel 2005.
Maier, Charles Steven: The politics of time. Changing paradigms of collective time and privat time in the moderne era. In: Changing boundaries of the political. Essays on the evolving balance between the state and society, public and private in Europe. Hrsg. von Charles Steven Maier. Cambridge 1987. S. 151-175.
Maksymiak, Małgorzata A.: Syionizm prasowy. Pierwsze periodyki syjonistyczne i ich rola w rozwoju ruchu narodowo-żydowskiego (1884-1897). In: Prasa Żydów polskich. Od przeszłości do teraźniejszości. Hrsg. von Sławomir J. Żurek u. Agnieszka Karczewska. Lublin 2016. S. 27-40.
Markiewicz, Grzegorz: Świadomość państwa Polaków i Ukraińców na przełomie XIX i XX wieku. In: Historia, mentalność, tożsamość. Miejsce i rola historii oraz historyków w życiu narodu polskiego i ukraińskiego w XIX i XX wieku. Praca zbiorowa. Hrsg. von Joanna Pisulińska, Paweł Sierżęga, Leonid Zashkilniak u. Jerzy Maternicki. Rzeszów 2008. S. 335-347.
Martineau, Jonathan: Time, capitalism and alienation. A socio-historical inquiry into the making of modern time. Leiden 2015.
Marung, Steffi: Zivilisierungsmissionen à la poloniase: Polen Europa und der Osten. In: Comparativ 20 (2010) Heft 1 bis 2. S. 100-123.
Massey, Doreen: Politik und Raum/Zeit. In: Raumproduktionen. Beiträge der Radical Geography. Hrsg. von Bernd Belina. Münster 2007. S. 111-132.
Maternicki, Jerzy: Historiografia polska XX wieku. Część I – Lata 1900-1918. 1. Aufl. Wrocław 1982.
Maternicki, Jerzy: Wielokształtność historii. Rozważania o kulturze historycznej i badaniach historiograficznych. 1. Aufl. Warszawa 1990.
Mauelshagen, Franz: „Anthropozän". Plädoyer für eine Klimageschichte des 19. und 20. Jahrhunderts. In: Zeithistorische Forschungen/Studies in Contemporary History 9 (2012) Heft 1. S. 131-137.
Mayne, A. J. C.: The imagined slum. Newspaper representation in three cities, 1870-1914. Leicester 1993.
Melnyk, Lidia: Badania nad galicyjską prasą. Stan i perspektywy metodologiczne. In: Galicja 1772-1918. Problemy metodologiczne, stan i potrzeby badań: praca zbiorowa. Hrsg. von Agnieszka Kawalec, Wacław Wierzbieniec u. Leonid Zashkilniak. Rzeszów 2011. S. 92-100.
Merten, Klaus, Siegfried J. Schmidt u. Siegfried Weischenberg (Hrsg.): Die Wirklichkeit der Medien. Eine Einführung in die Kommunikationswissenschaft. Opladen 1994.
Michalski, Ryszard: Praktyczne koncepcje pracy organicznej w dzielnicy pruskiej na przełomie XIX i XX w. świadectwem polskiej myśli politycznej. In: Społeczeństwo w dobie modernizacji. Polacy i Niemcy w XIX i XX wieku. Studia ofiarowane Profesorowi Kazimierzowi Wajdzie w siemdemdziesiątą rocznicę urodzin. Hrsg. von Kazimierz Wajda, Roman Bäcker, Marek Chamot u. Zbigniew Karpus. Toruń 2000. S. 293-300.

Micińska, Magdalena: Między królem duchem a mieszczaninem. Obraz bohatera narodowego w piśmiennictwie polskim przełomu XIX i XX w. (1890–1914). Wrocław 1995.
Micińska, Magdalena: Zdrada, córka nocy. Pojęcie zdrady narodowej w świadomości Polaków w latach 1861–1914. Warszawa 1998.
Micińska, Magdalena: Inteligencja na rozdrożach. Warszawa 2008.
Mick, Christoph: Colonialism in the Polish Eastern borderlands 1919–1939. In: The shadow of colonialism on Europe's modern past. Hrsg. von Róisín Healy u. Enrico Dal Lago. Basingstoke 2014. S. 126–141.
Mignolo, Walter D.: Local histories/global designs. Coloniality, subaltern knowledges, and border thinking. 6. Aufl. Princeton 2000.
Molik, Witold: Dziennikarze polscy pod panowaniem pruskim 1890–1914. (Próba charakterystyki). In: Inteligencja polska XIX i XX wieku. Hrsg. von Ryszard Czepulis-Rastenis. Warszawa 1983. S. 111–186.
Molik, Witold: Inteligencja polska w Poznańskiem w XIX i początkach XX wieku. Poznań 2009.
Mommsen, Wilhelm: Die Zeitung als historische Quelle. In: Archiv für Politik und Geschichte 6 (1926). S. 244–251.
Moszczeńska-Rzepecka, Iza: Prasa poznańska. In: Zeszyty Prasoznawcze 30 (1989) Heft 2. S. 70–76.
Mühle, Eduard: Einführung. In: Vom Instrument der Partei zur „Vierten Gewalt". Die ostmitteleuropäische Presse als zeithistorische Quelle. Hrsg. von Eduard Mühle. Marburg 1997. S. 1–10.
Müller-Funk, Wolfgang: Alterität und Hybridität. In: Dritte Räume. Homi K. Bhabhas Kulturtheorie – Kritik, Anwendung, Reflexion. Hrsg. von Anna Babka. Wien 2011. S. 127–139.
Myśliński, Jerzy: Studia nad polską prasą społeczno-polityczną w zachodniej Galicji 1905–1914. Warszawa 1970.
Myśliński, Jerzy: Prasa polska w Galicji w dobie autonomicznej. (1867–1918). In: Prasa polska w latach 1864–1918. Hrsg. von Jerzy Łojek. Warszawa 1976. S. 114–176.
Myśliński, Jerzy: Prasa polska w dobie popowstaniowej. In: Dzieje prasy polskiej. Hrsg. von Jerzy Łojek, Jerzy Myśliński u. Wiesław Władyka. Warszawa 1988. S. 48–89.
Nalewajko-Kulikov, Joanna: Prasa żydowska na ziemiach polskich. Historia, stan badań, perspektywy badawcze. In: Studia z dziejów trójjęzycznej prasy żydowskiej na ziemiach polskich (XIX–XX w.). Hrsg. von Joanna Nalewajko-Kulikov, Grzegorz P. Bąbiak u. Agnieszka J. Cieślikowa. Warszawa 2012. S. 7–30.
Nelson, Robert L. (Hrsg.): Germans, Poland, and colonial expansion to the east. 1850 through the present. 1. Aufl. Basingstoke 2009.
Nelson, Robert L.: Introduction: Colonialism in Europe? The case against Sal Water. In: Germans, Poland, and colonial expansion to the east. 1850 through the present. Hrsg. von Robert L. Nelson. Basingstoke 2009. S. 1–10.
Nietyksza, Maria: Ludność Warszawy na przełomie XIX i XX wieku. Warszawa 1971.
Nolte, Hans-Heinrich: Weltsystem und Area-Studies: Das Beispiel Russland. In: Zeitschrift für Weltgeschichte 1 (2000) Heft 1. S. 75–98.
Nolte, Hans-Heinrich: Osteuropäische und Globalgeschichte bis zum 19. Jahrhundert. http://hsozkult.geschichte.hu-berlin.de/forum/id=728&type=artikel (19.8.2017).
Nycz, Ryszard (Hrsg.): Kultura po przejściach, osoby z przeszłością. Polski dyskurs postzależnościowy – konteksty i perspektywy badawcze. Kraków 2011.

Ogle, Vanessa: The global transformation of time 1870–1950. Cambridge 2015.
Orłowski, Hubert: Die Lesbarkeit von Stereotypen. Der deutsche Polendiskurs im Blick historischer Stereotypenforschung und historischer Semantik. Wrocław 2004.
Osborne, Peter: Politics of time. Modernity and avant-garde. London 1995.
Osborne, Peter: Global modernity and the contemporary. Two categories of the philosophy of historical time. In: Breaking up time. Negotiating the borders between present, past and future. Hrsg. von Chris Lorenz, Berber Bevernage u. Aleida Assmann. Göttingen 2013. S. 69–86.
Osterhammel, Jürgen: Die Verwandlung der Welt. Eine Geschichte des 19. Jahrhunderts. Bonn 2010.
Petersen, Hans-Christian: Aufstand oder Revolution? Die Revolution von 1905 im Spiegel der polnischen Historiographie. In: Das Zarenreich, das Jahr 1905 und seine Wirkungen. Bestandsaufnahmen. Hrsg. von Jan Kusber u. Andreas Frings. Münster 2007. S. 213–246.
Pisulińska, Joanna [u.a] (Hrsg.): Historia, mentalność, tożsamość. Miejsce i rola historii oraz historyków w życiu narodu polskiego i ukraińskiego w XIX i XX wieku. Praca zbiorowa. Rzeszów 2008.
Pleszczyński, Andrzej: Die Taufe Polens – das Jahr 966. In: Religiöse Erinnerungsorte in Ostmitteleuropa. Konstitution und Konkurrenz im nationen- und epochenübergreifenden Zugriff. Hrsg. von Joachim Bahlcke, Stefan Rohdewald u. Thomas Wünsch. Berlin 2013. S. 795–803.
Porter, Brian: When nationalism began to hate. Imagining modern politics in nineteenth century Poland. Oxford 2000.
Porter, Brian: Poland in the modern world. Beyond martyrdom. Chichester 2014.
Pronobis, Dorota: „Piast" – dodatek „Dziennika Kujawskiego" – źródłem wiedzy i kultury na Kujawach. In: Linguistica Bidgostiana 1 (2004). S. 146–158.
Przybyła, Piotr: 1410, „Gedächtnisfrisch". Deutsche und polnische Tannenberg-/Grunwald-Imaginationen zwischen Geschichte und Gedächtnis (1789–1914). In: Narrative des Nationalen. Deutsche und polnische Nationsdiskurse im 19. und 20. Jahrhundert. Hrsg. von Izabela Surynt. Osnabrück 2010. S. 159–180.
Purtschert, Patricia, Barbara Lüthi u. Francesca Falk: Postkoloniale Schweiz. Formen und Folgen eines Kolonialismus ohne Kolonien. Bielefeld 2012.
Radziwiłłowicz, Dariusz: Tradycja grunwaldzka w świadomości politycznej społeczeństwa polskiego w latach 1910–1945. Olsztyn 2003.
Rai, Mridu: Is there a classical colonialism? In: The shadow of colonialism on Europe's modern past. Hrsg. von Róisín Healy u. Enrico Dal Lago. Basingstoke 2014. S. 23–35.
Randeira, Shalini: Entangled histories of uneven modernities: Civil society, caste solidarities und legal pluralism in post-colonial India. In: Unraveling ties. From social cohesion to new practices of connectedness. Hrsg. von Yehuda Elkana, Ivan Krastev, Macamo Elísio u. Shalini Randeira. Frankfurt am Main 2002. S. 284–311.
Reichardt, Tom: Die Zeit der Zigarette. Rauchen und Temporalität in der ersten Hälfte des 20. Jahrhunderts. In: Obsession der Gegenwart. Zeit im 20. Jahrhundert. Sonderheft: Geschichte und Gesellschaft (2015) Heft 25. Hrsg. von Alexander C. T. Geppert u. Till Kössler. Göttingen 2015. S. 92–122.
Requate, Jörg: Öffentlichkeit und Medien als Gegenstände historischer Analyse. In: Geschichte und Gesellschaft 25 (1999) Heft 1. S. 5–32.

Rhode, Maria: Zivilisierungsmissionen und Wissenschaft. Polen kolonial? In: Geschichte und Gesellschaft 39 (2013) Heft 1. S. 5–34.
Riedel, Manfred: Epoche, Epochenbewußtsein. In: Historisches Wörterbuch der Philosophie. D–F. Hrsg. von Joachim Ritter, Karlfried Gründer, Rudolf Eisler u. Günther Bien. Basel 1972. S. 595–597.
Riedel, Manfred: Historischer, metaphysischer und transzendentaler Zeitbegriff. In: Studien zum Beginn der modernen Welt. Hrsg. von Reinhart Koselleck. Stuttgart 1977. S. 300–316.
Rolf, Malte: Imperiale Herrschaft im Weichselland. Das Königreich Polen im Russischen Imperium (1864–1915). München 2014.
Rosa, Hartmut: Historische Bewegung und geschichtlicher Stillstand. Der Zusammenhang von sozialem Wandel und Geschichtserfahrung. In: Berliner Debatte Initial 16 (2005) Heft 2. S. 12–24.
Rothauge, Caroline: Es ist (an der) Zeit. Zum „temporal turn" in der Geschichtswissenschaft. In: Historische Zeitschrift 305 (2017) Heft 3.
Rudnicki, Szymon: Dmowskis Haltung zu den Deutschen und Deutschland. In: Die Destruktion des Dialogs. Zur innenpolitischen Instrumentalisierung negativer Fremd- und Feindbilder: Polen, Tschechien, Deutschland und die Niederlande im Vergleich, 1900–2005. Hrsg. von Dieter Bingen, Peter Oliver Loew u. Kazimierz Wóycicki. Wiesbaden 2007. S. 35–48.
Rutherford, Jonathan u. Homi Bhabha: The third space. Interview with Homi Bhabha. In: Identity. Community, culture, difference. Hrsg. von Jonathan Rutherford. London 1990. S. 207–221.
Ruthner, Clemens: Homi Bhabha & the 40 thieves. Zur kulturwissenschaftlichen Konzeptualisierung nationaler Stereotypen. In: Dritte Räume. Homi K. Bhabhas Kulturtheorie – Kritik, Anwendung, Reflexion. Hrsg. von Anna Babka. Wien 2011. S. 43–64.
Said, Edward W.: Krise des Orientalismus. In: Kultur & Geschichte. Neue Einblicke in eine alte Beziehung. Hrsg. von Christoph Conrad u. Martina Kessel. Stuttgart 1998. S. 72–96.
Saldern, Adelheid von (Hrsg.): Mythen in Geschichte und Geschichtsschreibung aus polnischer und deutscher Sicht. Münster 1996.
Saler, Michael T.: Introduction. In: The fin-de-siècle world. Hrsg. von Michael T. Saler. London 2015. S. 1–8.
Saler, Michael T. (Hrsg.): The fin-de-siècle world. 1. Aufl. London 2015.
Salvadori, Massimo L.: Fortschritt – die Zukunft einer Idee. Berlin 2008.
Sandbothe, Mike u. Walther C. Zimmerli (Hrsg.): Zeit – Medien – Wahrnehmung. Darmstadt 1994.
Schattkowsky, Ralph: Identitätswandel und nationale Mobilisierung in Westpreußen und Galizien. Ein Vergleich. In: Identitätenwandel und nationale Mobilisierung in Regionen ethnischer Diversität. Ein regionaler Vergleich zwischen Westpreußen und Galizien am Ende des 19. und Anfang des 20. Jahrhunderts. Hrsg. von Ralph Schattkowsky u. Michael G. Müller. Marburg 2004. S. 29–62.
Scheidt, Tobias: Erfinderhelden im Kulturtransfer. Transnationale Konstruktionen in populären britischen Zeitschriften des 19. Jahrhunderts. In: Helden über Grenzen. Transfer und Aneignungsprozesse von Heldenbildern. Hrsg. von Heike Bormuth, Sebastian Demel u. Daniel Franz. St. Ingbert 2016. S. 95–116.

Scheidt, Tobias: ‚Spots in which the past is most at home'. Populäre Zeitschriften als Medien des Geschichtstourismus in der Mitte des 19. Jahrhunderts. In: Reisen in die Vergangenheit. Geschichtstourismus im 19. und 20. Jahrhundert. Hrsg. von Angela Schwarz u. Daniela Mysliwietz-Fleiß. Köln 2019. S. 99–136.

Schenk, Frithjof Benjamin: Mental Maps. Die Konstruktion von geographischen Räumen in Europa seit der Aufklärung. In: Geschichte und Gesellschaft 28 (2002) Heft 3. S. 493–514.

Schildt, Axel: Das Jahrhundert der Massenmedien. Ansichten zu einer künftigen Geschichte der Öffentlichkeit. In: Geschichte und Gesellschaft 27 (2001) Heft 2. S. 177–206.

Schlögel, Karl: Im Raume lesen wir die Zeit. Über Zivilisationsgeschichte und Geopolitik. München 2003.

Schmidt, Frithjof: Die Metamorphosen der Revolution. Der Wandel des Revolutionsbegriffs von Blanqui bis zum Eurokommunismus. Frankfurt am Main 1988.

Schröder, Wolfgang M.: „Mission impossible?" Begriff, Modelle und Begründungen der „Zivilisierungsmission" aus philosophischer Sicht. In: Zivilisierungsmissionen. Imperiale Weltverbesserung seit dem 18. Jahrhundert. Hrsg. von Boris Barth u. Jürgen Osterhammel. Konstanz 2005. S. 13–32.

Schwartz, Vanessa R.: Spectacular realities. Early mass culture in fin-de-siècle Paris. Berkeley 1998.

Serejski, Marian Henryk: Europa a rozbiory Polski. Warszawa 1970.

Sitek, Wojciech: Mit społeczny jako problem teoretyczno-metodologiczny. In: Polskie mity polityczne XIX i XX wieku. Kontynuacja. Hrsg. von Wojciech Wrzesiński u. Zyta Kwiecińska. Wrocław 1996. S. 7–15.

Skórczewski, Dariusz: Wobec eurocentryzmu, dekolonizacji i postmodernizmu. O niektórych problemach teorii postkolonialnej i jej polskich perspektywach. In: Teksty Drugie (2008) Heft 1 bis 2. S. 33–55.

Skórczewski, Dariusz: Polska skolonizowana, Polska zorientalizowana. Teoria postkolonialna wobec „innej Europy". In: Perspektywa (post)kolonialna w kulturze. Szkice i rozprawy. Hrsg. von Ewa Partyga, Joanna Sosnowska u. Tadeusz Zadrożny. Warszawa 2012. S. 28–42.

Skrzypek, Józef (Hrsg.): Historia prasy polskiej a kształtowanie się kultury narodowej. Warszawa 1968.

Slemon, Stephen: Unsettling the Empire: Resistance theory for the Second World. In: The postcolonial studies reader. Hrsg. von Bill Ashcroft, Gareth Griffiths u. Helen Tiffin. London 1995. S. 104–110.

Słupecki, Leszek P.: Wizje mitycznych początków Polski. Początki pogańskie czy chrześcijańskie? In: Historia, mentalność, tożsamość. Miejsce i rola historii oraz historyków w życiu narodu polskiego i ukraińskiego w XIX i XX wieku. Praca zbiorowa. Hrsg. von Joanna Pisulińska, Paweł Sierżęga, Leonid Zashkilniak u. Jerzy Maternicki. Rzeszów 2008.

Smykowski, Janusz: Polityka władz rosyjskich wobec guberni litewskich 1855–1870. In: Wilno i ziemia Mickiewiczowskiej pamięci. Materiały III Międzynarodowej Konferencji w Białymstoku, 9–12 IX 1998, w trzech tomach. Hrsg. von Elżbieta Feliksiak u. Elżbieta Konończuk. Białystok 2000. S. 153–170.

Snyder, Timothy: The reconstruction of nations. Poland, Ukraine, Lithuania, Belarus, 1569–1999. New Haven 2003.

Sobkowiak, Walerian: Leitberger, Jarosław. In: Polski słownik biograficzny. Tom XVII. Hrsg. von Polska Akademia Nauk – Instytut Historii. Warszawa 1972. S. 10–11.
Soboń, Marcin: Polacy wobec Żydów w Galicji doby autonomicznej w latach 1868–1914. Kraków 2011.
Sosnowska, Danuta: Ograniczenie i możliwości krytyki postkolonialnej. In: Galicja postkolonialnie. Możliwości i granice. Sonderheft: Historyka. Studia Metodologiczne. 42 (2012). Hrsg. von Klemens Kaps u. Jan Surman. Kraków 2012. S. 89–100.
Spaleniak, Wojciech: Kształtowanie się warunków rozwoju prasy polskiej w Wielkopolsce w drugiej połowie XIX i na początku XX wieku (do roku 1918). In: Z dziejów prasy wielkopolskiej XIX–XX wieku. Praca zbiorowa. Hrsg. von Marceli Kosman. Poznań 1995. S. 21–32.
Spaleniak, Wojciech: Encyklopedyczny zarys dziejów prasy wielkopolskiej (1874–1939). In: Z dziejów prasy wielkopolskiej XIX-XX. Praca zbiorowa. Tom 3. Hrsg. von Marceli Kosman. Poznań 1997. S. 14–35.
Spohn, Willfried: Globale, multiple und (post-)koloniale Modernen. Eine interzivilisatorische und historisch-soziologische Perspektive. In: Globale, multiple und postkoloniale Modernen. Hrsg. von Manuela Boatcă u. Willfried Spohn. München 2010. 1–27.
Stadtmüller, Elżbieta: Polskie nurty polityczne wobec Niemiec w latach 1871–1918. Wrocław 1994.
Stauter-Halsted, Keely: The nation in the village. The genesis of peasant national identity in Austrian Poland, 1848–1914. Ithaca 2001.
Stauter-Halsted, Keely: The devil's chain. Prostitution and social control in partitioned Poland. Ithaca 2015.
Steffen, Katrin: Jüdische Polonität. Ethnizität und Nation im Spiegel der polnischsprachigen jüdischen Presse 1918–1939. Göttingen 2004.
Steffen, Katrin: Juden. Bilder eines imaginierten Kollektivs. In: Deutsch-Polnische Erinnerungsorte. Band 1: Geteilt/Gemeinsam. Hrsg. von Hans Henning Hahn, Robert Traba, Maciej Górny u. Kornelia Kończal. Paderborn 2015. S. 741–777.
Steffen, Katrin: Umstrittene jüdische Polonität. Sprache und Körper als Unterscheidungsmythen in der polnischen Kultur. In: Aleksander Brückner revisited. Debatten um Polen und Polentum in Geschichte und Gegenwart. Hrsg. von Yvonne Kleinmann u. Achim Rabus. Göttingen 2015. S. 143–167.
Stępnik, Andrzej: ‚Swój' i ‚obcy' w polskiej myśli historycznej – problemy teoretyczne. In: Historia, mentalność, tożsamość. Miejsce i rola historii oraz historyków w życiu narodu polskiego i ukraińskiego w XIX i XX wieku. Praca zbiorowa. Hrsg. von Joanna Pisulińska, Paweł Sierżęga, Leonid Zashkilniak u. Jerzy Maternicki. Rzeszów 2008. S. 33–43.
Stępnik, Krzysztof: Waśń plemienna. (Epoka rozbratu 1905–1914). In: Polska – Litwa. Historia i kultura. Hrsg. von Jan Miziński u. Jerzy Święch. Lublin 1994. S. 130–152.
Stirle, Karlheinz: Renaissance. Die Entstehung eines Epochenbegriffes aus dem Geist des 19. Jahrhunderts. In: Epochenschwelle und Epochenbewußtsein. Hrsg. von Reinhart Herzog u. Reinhart Koselleck. München 1987. S. 453–492.
Strohmaier, Alexandra: Zu Homi K. Bhabhas Theorem der kolonialen mimicry. In: Dritte Räume. Homi K. Bhabhas Kulturtheorie – Kritik, Anwendung, Reflexion. Hrsg. von Anna Babka. Wien 2011. S. 69–86.
Struve, Kai: Bauern und Nation in Galizien. Über Zugehörigkeit und soziale Emanzipation im 19. Jahrhundert. Göttingen 2005.

Sundhaussen, Holm: Der Einfluss der Herderschen Ideen auf die Nationsbildung bei den Völkern der Habsburger Monarchie. München 1973.
Surynt, Izabela: Postęp, kultura i kolonializm. Polska a niemiecki projekt europejskiego Wschodu w dyskursach publicznych XIX wieku. Wrocław 2006.
Surynt, Izabela: Badania postkolonialne a „Drugi Świat". Niemieckie konstrukcje narodowo-kolonialne w XIX wieku. In: Teksty Drugie (2007) Heft 4. S. 25–46.
Surynt, Izabela: Sendungsbewusstsein und Kolonialträume. Die Kreuzritter im preußisch-deutschen Diskurs der zweiten Hälfte des 19. Jahrhunderts. In: Narrative des Nationalen. Deutsche und polnische Nationsdiskurse im 19. und 20. Jahrhundert. Hrsg. von Izabela Surynt. Osnabrück 2010. S. 181–206.
Sylvester, Rohsanna: Making an appearence: Urban ‚types' and the creation of respectability in Odessa's popular presse. In: Slavic Review 59 (2000) Heft 4. S. 802–825.
Szwarc, Andrzej: Inteligencja warszawska i prowicjonalna w świetle własnych opinii z lat popowstaniowych. (Próba sondażu). In: Inteligencja polska XIX i XX wieku. Hrsg. von Ryszard Czepulis-Rastenis. Warszawa 1983. S. 187–214.
Tazbir, Janusz (Hrsg.): Mity i stereotypy w dziejach Polski. Warszawa 1991.
Tazbir, Janusz: Polska przedmurzem Europy. Warszawa 2004.
Tazbir, Janusz: Wir, die Bewohner Europas. In: Europas Platz in Polen. Polnische Europa-Konzeptionen vom Mittelalter bis zum EU-Beitritt. Hrsg. von Claudia Kraft u. Katrin Steffen. Osnabrück 2007. S. 87–104.
Ther, Philipp: Deutsche Geschichte als imperiale Geschichte. Polen, slawophone Minderheiten und das Kaiserreich als kontinentales Empire. In: Das Kaiserreich transnational. Deutschland in der Welt 1871–1914. Hrsg. von Sebastian Conrad u. Jürgen Osterhammel. Göttingen 2004. S. 129–148.
Thompson, Ewa M.: Imperial knowledge. Russian literature and colonialism. Westport 2000.
Thompson, Ewa M.: A jednak kolonializm. Uwagi epistemologiczne. In: Teksty Drugie (2012) Heft 6. S. 289–302.
Thum, Gregor: Imperialists in panic. The evocation of empire at Germany's eastern frontier around 1900. In: Helpless imperialists. Imperial failure, fear and radicalization. Hrsg. von Maurus Reinkowski u. Gregor Thum. Göttingen 2013. S. 137–162.
Tilse, Mark: Transnationalism in the Prussian east. From national conflict to synthesis, 1871–1914. Basingstoke 2011.
Tobera, Marek: „Wesołe gazetki". Prasa satyryczno-humorystyczna w Królestwie Polskim w latach 1905–1914. 1. Aufl. Warszawa 1988.
Toczek, Alfred: Problematyka historyczna w literacko-naukowym dodatku „Kuriera Lwowskiego" – „Tydzień". (1893–1906). In: Rocznik Historii Prasy Polskiej 5 (2002) Heft 2. S. 77–102.
Todorova, Maria: Imagining the Balkans. Oxford 1997.
Todorova, Maria: Die Erfindung des Balkans. Europas bequemes Vorurteil. Darmstadt 1999.
Todorova, Maria: Die Kategorie Zeit in der Geschichtsschreibung über das östliche Europa. Jahresvorlesung des GWZO. Leipzig 2007.
Topolski, Jerzy: Problemy przełomu antypozytywistycznego w naukach historycznych. In: Zagadnienie przełomu antypozytywistycznego w humanistyce. Hrsg. von Jerzy Kmit. Warszawa 1978. S. 9–21.

Torbus, Tomasz: Die Marienburg. In: Religiöse Erinnerungsorte in Ostmitteleuropa. Konstitution und Konkurrenz im nationen- und epochenübergreifenden Zugriff. Hrsg. von Joachim Bahlcke, Stefan Rohdewald u. Thomas Wünsch. Berlin 2013. S. 91–98.

Tötösy de Zepetnek, Steven: Configurations of postcoloniality and national identity: Inbetween peripherality and narratives of change. In: The Comparatist: Journal of the Southern Comparative Literature 23 (1999) Heft May. S. 89–110.

Trüper, Henning, Dipesh Chakrabarty u. Sanjay Subrahmanyam: Introduction. Teleology and history – nineteenth-century fortunes of an enlightenment project. In: Historical teleologies in the modern world. Hrsg. von Henning Trüper, Dipesh Chakrabarty u. Sanjay Subrahmanyam. London 2015. S. 3–23.

Trzeciakowski, Lech: Idea państwa w historiografii polskiej XIX w. na przykładzie Joachima Lelelwela, Michała Borzyńskiego i Bolesława Limanowskiego. In: Państwo w polskiej myśli politycznej. Hrsg. von Wojciech Wrzesiński. Wrocław 1988. S. 21–28.

Trzeciakowski, Lech: Ein ewiger deutsch-polnischer Antagonismus? Mythen, Stereotypen, „Wirklichkeiten". In: Mythen in Geschichte und Geschichtsschreibung aus polnischer und deutscher Sicht. Hrsg. von Adelheid von Saldern. Münster 1996. S. 57–73.

Tymowski, Michał, Jan Kieniewicz u. Jerzy Holzer: Historia Polski. 1. Aufl. Paris 1986.

Ufelmann, Dirk: Buren und Polen. Metonymischer Manichäismus und metaphorische Autoafrikanisierung bei Henryk Sienkiewicz – Zur Rhetorik interkultureller Beziehungen. In: Orientalismen in Ostmitteleuropa. Diskurse, Akteure und Disziplinen vom 19. Jahrhundert bis zum Zweiten Weltkrieg. Hrsg. von Robert Born u. Sarah Lemmen. Bielefeld 2014. S. 285–312.

Ury, Scott: Barricades and banners. The Revolution of 1905 and the transformation of Warsaw Jewry. Stanford, Calif. 2012.

Wajda, Kazimierz: Die Deutschen im Spiegel der polnischen Publizistik 1871–1914. In: Historische Stereotypenforschung. Methodische Überlegungen und empirische Befunde. Hrsg. von Hans Henning Hahn. Oldenburg 1995. S. 130–138.

Wajda, Kazimierz [u.a] (Hrsg.): Społeczeństwo w dobie modernizacji. Polacy i Niemcy w XIX i XX wieku. Studia ofiarowane Profesorowi Kazimierzowi Wajdzie w siemdemdziesiątą rocznicę urodzin. Toruń 2000.

Walicki, Andrzej: Poland between East and West. The controversies over self-definition and modernization in partitioned Poland: the August Zaleski lectures, 18–22 April 1994. Cambridge 1994.

Wallerstein, Immanuel: Wegbeschreibung der Analyse von Weltsystemen, oder: wie vermeidet man, eine Theorie zu werden? In: Zeitschrift für Weltgeschichte 1 (2000) Heft 3. S. 9–33.

Wapiński, Roman: Mit dawnej Rzeczypospolitej w epoce porozbiorowej. In: Polskie mity polityczne XIX i XX wieku. Hrsg. von Wojciech Wrzesiński u. Zofia Smyk. Wrocław 1994. S. 77–92.

Wapiński, Roman: Kresy w polskiej myśli politycznej w XIX i XX wieku (po roku 1945). In: Kresy – pojęcie i rzeczywistość. Zbiór studiów. Hrsg. von Kwiryna Handke. Warszawa 1997. S. 85–107.

Wasyl, Franciszek: Kresy wschodnie jako kolonialna metafora historiografii polskiej. Postkolonialna perspektywa badań historiografii narodowej. In: Obcy – obecny. Literatura, sztuka i kultura wobec inności; Materiały z konferencji naukowej „Inny i Obcy w kulturze" zorganizowanej w dwóch częściach w lutym i w maju 2006 roku w Pałacu

Staszica w Warszawie. Hrsg. von Pawel Cieliczko u. Pawel Kucinski. Warszawa 2008. S. 73–78.

Wedemann, Marek: Gdzie leży Beresteczko? Kresy na mapie. In: Kresy – dekonstrukcja. Hrsg. von Krzysztof Trybuś, Jerzy Kałążny u. Radosław Okulicz-Kozaryn. Poznán 2007. S. 11–36.

Weeks, Theodore R.: From assimilation to antisemitism. The „Jewish question" in Poland, 1850–1914. DeKalb 2006.

Weeks, Theodore R.: Lithuanians and Russification in the late imperial period. In: Russland an der Ostsee. Imperiale Strategien der Macht und kulturelle Wahrnehmungsmuster (16. bis 20. Jahrhundert). Hrsg. von Karsten Brüggemann u. Bradley D. Woodworth. Wien 2012. S. 215–224.

Wendland, Anna Weronika: Region ohne Nationalität, Kapitale ohne Volk. Das Wilna-Gebiet als Gegenstand polnischer und litauischer nationaler Integrationsprojekte (1900–1940). In: Comparativ 15 (2005) Heft 2. S. 77–100.

Wendland, Anna Weronika: „Europa" zivilisiert den „Osten": Stadthygienische Interventionen, Wohnen und Konsum in Wilna und Lemberg 1900–1903. In: Wohnen in der Großstadt 1900–1939. Wohnsituation und Modernisierung im europäischen Vergleich. Hrsg. von Alena Janatková u. Hanna Kozińska-Witt. Stuttgart 2006. S. 271–296.

Wendland, Anna Weronika u. Andreas R. Hofmann: Stadt und Öffentlichkeit: Auf der Suche nach einem neuen Konzept in der Geschichte Ostmitteleuropas. Eine Einführung. In: Stadt und Öffentlichkeit in Ostmitteleuropa. 1900–1939: Beiträge zur Entstehung moderner Urbanität zwischen Berlin, Charkiv, Tallinn und Triest. Hrsg. von Andreas R. Hofmann. Stuttgart 2002. S. 9–23.

West-Pavlov, Russell: Temporalities. New York 2013.

Wierzbicki, Andrzej: Spory o polską duszę. Z zagadnień charakterologii narodowej w historiografii polskiej XIX i XX w. 2. Aufl. Warszawa 2010.

Wierzchosławski, Szczepan (Hrsg.): Modernizacja – polskość – trwanie. Społeczne, kulturowe i polityczne aspekty aktywności Polaków na przełomie XIX i XX wieku. Toruń 2015.

Wierzchosławski, Szczepan: Zabory ziem polskich – geneza polskiej nowoczesności. In: Modernizacja – polskość – trwanie. Społeczne, kulturowe i polityczne aspekty aktywności Polaków na przełomie XIX i XX wieku. Hrsg. von Szczepan Wierzchosławski. Toruń 2015. S. 13–26.

Wilke, Jürgen: Grundzüge der Medien- und Kommunikationsgeschichte. 2. Aufl. Köln 2008.

Wojtczak, Maria: Eine nachträgliche Glosse zur Ostmarkenliteratur. Neue Entstehungskulissen. In: Deutschsprachige Literatur und Kultur im 19. Jahrhundert. Hrsg. von Maria Wojtczak. Poznań 2011. S. 137–146.

Wojtkowski, Andrzej: Biedermann, Marcin. In: Polski słownik biograficzny. Tom II. Hrsg. von Polska Akademia Nauk – Instytut Historii. Warszawa 1936. S. 23–24.

Wolff, Larry: Inventing Eastern Europe. The map of civilization on the mind of the Enlightenment. Stanford 1994.

Wolny-Zmorzyński, Kazimierz: O fotografii w prasie polskiej na przełomie XIX i XX wieku. In: Komunikowanie i komunikacja na ziemiach polskich w latach 1795–1918. Hrsg. von Krzysztof Stępnik u. Maciej Rajewski. Lublin 2008. S. 111–117.

Wood, Nathaniel D.: Not just the national: Modernity and the myth of Europe in the capital cities of Central and Southeastern Europe. In: Capital cities in the aftermath of empires. Planning in central and southeastern Europe. Hrsg. von Emily Gunzburger Makaš u. Tanja Damljanovic Conley. London 2009. S. 258–269.

Wood, Nathaniel D.: Becoming metropolitan. Urban selfhood and the making of modern Cracow. DeKalb 2010.
Wood, Nathaniel D.: The ‚Polish Mecca' and the ‚little Vienna on the Vistula' or ‚big-city Cracow'? Imagining Cracow before the Great War. In: Urban History 40 (2013) Heft 2. S. 226–246.
Wrona, Grażyna: Polskie czasopisma popularnonaukowe w XIX wieku. Ewolucja formy i treści. In: Rocznik Historii Prasy Polskiej 10 (2007) Heft 2. S. 5–31.
Wrzesiński, Wojciech: Kresy czy pogranicze? Problem ziem zachodnich i północnych w polskiej myśli politycznej XIX i XX w. In: Między Polską etniczną a historyczną. Hrsg. von Wojciech Wrzesiński. Wrocław 1988. S. 119–165.
Wrzesiński, Wojciech (Hrsg.): Między Polską etniczną a historyczną. Wrocław 1988.
Wrzesiński, Wojciech: Sąsiad, czy wróg? Ze studiów nad kształtowaniem obrazu Niemca w Polsce w latach 1795–1939. 1. Aufl. Wrocław 1992.
Wrzesiński, Wojciech u. Zofia Smyk (Hrsg.): Polskie mity polityczne XIX i XX wieku. Wrocław 1994.
Żarnowska, Anna (Hrsg.): Workers, women, and social change in Poland, 1870–1939. Aldershot 2004.
Zasztowt, Leszek: Popularyzacja nauki w Królestwie Polskim 1864–1905. Wrocław 1989.
Zieliński, Henryk (Hrsg.): Polska i jej sąsiedzi. Wrocław 1975.
Zieliński, Zygmunt: Mit „Polak-katolik". In: Polskie mity polityczne XIX i XX wieku. Hrsg. von Wojciech Wrzesiński u. Zofia Smyk. Wrocław 1994. S. 107–117.
Żurek, Robert: Heilige Hedwig. In: Deutsch-Polnische Erinnerungsorte. Band 2: Geteilt /Gemeinsam. Hrsg. von Hans-Henning Hahn u. Robert Traba. Paderborn 2014. S. 427–439.
Zybura, Marek: Krzyżak. Zur Entstehung des negativen Deutschenbildes in der polnischen Romantik. In: Narrative des Nationalen. Deutsche und polnische Nationsdiskurse im 19. und 20. Jahrhundert. Hrsg. von Izabela Surynt. Osnabrück 2010. S. 147–158.

Dank

Dieses Buch ist die überarbeitete Fassung meiner Dissertationsschrift. Sie entstand im Rahmen des von der Gerda Henkel Stiftung finanzierten und am Historischen Seminar der Universität Siegen angesiedelten Forschungsprojektes *Geschichte für alle in europäischen Zeitschriften des 19. Jahrhunderts* und wurde im Februar 2018 erfolgreich an der Universität Siegen verteidigt.

Wie hinter jeder wissenschaftlichen Arbeit so liegt auch hinter meiner ein langer Weg von Erfahrungen, intellektuellem Austausch und Begegnungen, die mich als Person und als Wissenschaftlerin geformt haben. Diese Jahre intensiver und teils beschwerlicher wissenschaftlicher Arbeit habe ich mit vielen Personen geteilt, die mich auf sehr unterschiedlichen Ebenen unterstützt haben, und ich habe auf den Moment gewartet, an dem ich meine große Dankbarkeit dafür auf Papier zum Ausdruck bringen kann.

Mein allererster Dank geht an meiner Erstbetreuerin, Prof. Dr. Claudia Kraft: Sie trug, wie keine zweite Person, auf intellektueller und menschlicher Ebene mit ihrer inspirierenden, klugen und angenehmen Betreuung zur Entstehung und Vollendung dieser Arbeit bei. Herzlich bedanken möchte ich mich ebenso bei Prof. Dr. Martina Kessel für ihre Bereitschaft, das Zweitgutachten zu übernehmen, und ihre anregenden Kommentare zu meiner Arbeit. Ich danke außerdem Prof. Dr. Angela Schwarz und Prof. Dr. Bärbel Kuhn für die vielen produktiven Debatten im Rahmen des Forschungsprojektes.

Ich möchte mich bei den Institutionen bedanken, die meine Arbeit finanziell gefördert haben: Dazu gehören insbesondere die Gerda Henkel Stiftung, die durch das dreijährige Stipendium und den Lektorats- sowie Druckkostenzuschuss meine Arbeit und dieses Buch großzügig gefördert hat. Vielen Dank auch dem Deutschen Historischen Institut Warschau für die Förderung meiner beiden Forschungsaufenthalte in Polen. Ich bedanke mich zudem bei dem Botschafter der Republik Polen, beim Zentrum für Historische Forschung der Polnischen Akademie der Wissenschaften Berlin, bei der Deutschen Gesellschaft für Osteuropakunde, bei der Camilla Dirlmeier Stiftung und bei der RaumZeit-Forschungsgruppe der Universität Erfurt für die Verleihung ihrer Preise.

Der *RaumZeit*-Forschungsgruppe der Universität Erfurt möchte ich auch meinen großen Dank für die Aufnahme meines Buchs in diese Reihe aussprechen.

Der Forschungsgruppe *Ambivalenzen der Europäisierung* und vor allem Prof. Dr. Claudia Weber, sowie dem gesamten Lehrstuhl für Europäische Zeitgeschichte der Viadrina, danke ich für die Reflexionen über die Moderne und für die unglaubliche Unterstützung in der zweiten Phase meiner Dissertation bis heute.

Jonas Grygier, Anna Labentz und Dr. Gero Lietz danke ich für das sorgfältige Lektorat und dafür, sensibel und verständnisvoll mit meinen Problemen als Nicht-Muttersprachlerin umgegangen zu sein. Dr. Karl-Konrad Tschäpe danke ich für die Hilfe mit den Registern.

Mein Dank gilt einer Reihe von weiteren Wissenschaftler*innen und wissenschaftlichen Kolloquien, die mit mir meine Arbeit diskutiert haben: vor allem Prof. Dr. Winson Chu, Prof. Dr. Andrzej Chwalba, Dr. Dobrochna Kałwa, Dr. Karsten Holste (dem ich die Idee für den Titel dieses Buches verdanke), Prof. Dr. Jan Musekamp (für den schönen wissenschaftlichen Austausch aber auch für die Geduld) sowie den Kolloquien des Deutschen Historischen Instituts Warschau, von Prof. Dr. Hannes Grandits, Prof. Dr. Yvonne Kleinmann, Prof. Dr. Steinmetz und Prof. Dr. Julia Obertreis. Prof. Dr. Maren Röger danke ich sehr dafür, mich zu Beginn der Promotionsphase stark motiviert zu haben. Klaus Herborn, Martina Palli und Tobias Scheidt danke ich für die ergiebige und kollegiale Zusammenarbeit im Projekt. Allen Teilnehmerinnen des Kolloquiums von Claudia Kraft und insbesondere Dr. Kerstin Hinrichsen und Anna Delius danke ich für gemeinsame Diskussionen, konstruktive Kritik, ihre Solidarität und Freundschaft.

Schließlich gilt ein besonderer Dank meinen Freund*innen und meiner Familie: Ohne ihre Unterstützung hätte es diese Arbeit nicht gegeben. Insbesondere danke an Antonio dafür, dass er auf dem langen wissenschaftlichen Weg immer an meiner Seite gewesen ist und für unseren für mich so wertvollen intellektuellen Austausch. Danke an Claire, Martin, Miki, Elisa, André und Raini dafür, in allen schwierigen Momenten dabei gewesen zu sein. Danke an Annika, Caterina und Laura, dank derer die Tage in der Staatsbibliothek zu Berlin nicht ganz so lang erschienen. Danke an meinen Eltern, die mir die Liebe für das Wissen mitgegeben und mich immer unterstützt haben. Danke an Enric für alles.

Register der Zeitschriften

Biesiada Literacka 44f., 67f., 70, 90, 119–121, 124, 128, 144, 146, 153, 156, 163, 174f., 202, 204, 217f., 219, 234, 236, 248, 256–258, 271, 283f., 289, 291, 293–297, 300, 304, 307, 313, 315, 325, 346–348, 354, 368–371, 374, 381, 385
Bluszcz 44f., 139, 264f., 294, 296f., 301–303, 325, 346, 366, 370f.

Czas 40, 375

Dziennik Kujawski 49, 384
Dziennik Poznański 230, 272

Gazeta Grudziądzka 49
Gazeta Lwowska 369
Gazeta Świąteczna 44–46, 68, 70, 93–95, 110, 112–114, 117f., 124, 133, 142, 144, 154, 174, 199f., 203, 298, 325, 340–343, 354, 371–373, 385
Gazeta Warszawska 209
Gwiazda 50, 72, 75f., 83, 98, 107, 194–197, 199f., 203, 207, 236–238, 241, 380f.

Ilustracja Polska 48, 314f., 376f., 160, 385
Izraelita 42

Jedność 42

Kłosy 44, 187, 367
Krytyka 40, 375
Kurier Lwowski 48, 290, 375f.

Nasz Kraj 48, 90f., 129f., 226, 298, 303, 376–378
Niwa 41
Nowości Ilustrowane 48, 165f., 226, 261, 376–378

Ognisko Domowe 48, 147, 374, 376

Piast 50, 89f., 92, 97, 109, 117, 124, 126f., 133, 138, 212, 218–220, 261, 289–292, 384
Praca 50, 76, 84, 87, 108, 117, 138, 146, 148, 155f., 160f., 164f., 175, 212f., 215–217, 223, 239, 243f., 249, 260, 286, 296–298, 300, 302f., 335, 338, 381–384
Prawda 41
Przegląd Historyczny 336, 339
Przegląd Tygodniowy 41
Przegląd Wszechpolski 41
Przewodnik Katolicki 34, 50, 117, 126, 153, 208, 238f., 243f., 247–253, 383f.
Przyszłość 42
Pszczółka 74f., 93–95, 106, 113, 117f., 123f., 134, 136, 142, 163f., 174, 198–200, 231, 236f., 239–243, 245, 272, 378–380

Robotnik 41
Rola 48, 57, 106, 117, 119, 223, 261f., 378–380

Sprawiedliwość 42
Świat. Dwutygodnik Illustrowany (Krakau) 48, 285, 304, 306, 316, 374–376, 385
Świat (Warschau) 46, 84f., 99, 114, 117, 131f., 167, 220, 223, 225f., 241, 253, 258f., 299, 317, 319f., 325, 354, 373f., 377

Tydzień 48f., 61, 78, 81f., 90, 117, 138, 147, 157, 166, 210–212, 236, 271, 290, 292, 315, 375f., 381f., 384
Tygodnik Ilustrowany 34, 44f., 59, 87–93, 107, 113, 117, 121–124, 126, 130, 140, 144, 149, 154, 162, 168, 187, 201, 203, 205–207, 209f., 220f., 230, 232, 234, 243, 246, 249, 253f., 257, 259, 262–266, 271, 273, 284, 292, 301–304, 308–310, 325–329, 331–333, 335f.,

338, 341f., 344f., 347f., 354, 366–372, 374f., 381f.
Tygodnik Mód i Powieści   44, 366, 371
Tygodnik Powszechny   367
Tygodnik Wielkopolski   380

Wędrowiec   44
Wielkopolanin   231
Wieniec   57, 113, 153, 378–380
Wieniec–Pszczółka   48, 57, 304, 378–380

Zorza   44

Sachregister

Adel   6, 55–58, 80, 85, 90, 94–96, 101f., 128, 143, 148, 151, 158, 201f., 240, 262, 264, 317, 379
Alterität   176f., 179f., 181, 184–186, 192f., 202, 204, 210, 212f., 218–224, 227, 231, 233–241, 243–248, 250–252, 254–256, 260, 266–268, 272f., 296, 314, 316, 318, 329, 351
Ambivalenz   2, 11f., 14–16, 59, 98, 102, 105f., 110, 115, 132, 136f., 145, 150, 153, 158, 169, 171, 195, 197, 202, 209, 220, 226, 267, 312, 319, 326, 351f., 361, 364, 425
Anachronismus   152, 155, 159, 161, 163f., 166f., 169, 171, 203, 209, 214, 349
Altertum   68f., 73, 75f., 84, 86, 97, 106f., 109f., 112–114, 125, 170, 223, 227, 232, 239, 242f., 276
Antike   siehe Altertum
Antizipation   80, 84, 132, 147, 149f., 156, 169, 304, 316, 331
Arbeiterklasse   9, 31, 39, 44, 54, 56, 90, 92, 331f., 324, 366, 371
Asynchronie   siehe Ungleichzeitigkeit
Aufholen   66, 104, 119, 128, 131–133, 141, 144, 150, 169, 196, 221, 314, 316, 330, 350f.

Bauer   30f., 39, 46, 48f., 54–58, 74, 93–97, 101f., 114, 116, 128, 130, 140, 160f., 164, 229, 239–241, 249, 252f., 262, 281, 317f., 351, 363, 371f., 376, 378–380.
Beschleunigung   18, 24, 33, 47, 92, 103, 116, 122f., 126, 130, 149, 276, 278–280, 293, 303, 353f.
Bewegung (temporal)   67, 103f., 106, 112f., 115, 123, 132, 149, 157, 166, 253f., 280, 285, 289–292, 330, 335, 343, 345, 348
Blütezeit   46, 68, 72–75, 80, 83–85, 88f., 91, 93, 96f., 101, 126, 139f., 143, 145f., 150f., 155, 163, 255, 264f., 286, 331, 370

Bojar   siehe Adel
Bürgertum   7, 10, 37–40, 78, 90, 94, 96f., 102, 117, 119, 122, 126, 131, 147f., 165, 172, 191f., 202, 286, 317, 341, 381, 383

Chronoferenz   357f.
Chronologie   17, 51, 63f., 67, 104, 114, 133f., 147, 173–175, 194, 277

dazwischen   12, 14, 170, 178f., 267–270, 318, 321, 342, 360, 362
Diachronie   28, 64, 69, 72, 103, 177, 194
Differenzierung der Zeit   62f., 67, 69f., 72, 75, 77, 79, 81–83, 85, 88f., 92, 98, 100–102, 105, 102, 107, 115, 137, 151, 172, 194, 277–280, 282, 287f., 290–295., 300f., 303, 305f., 311f., 314–318, 320, 322, 328f., 331, 334, 342, 349f., 352f.

Eigenzeit   128, 132–136, 141–143, 147–151, 157, 202, 266, 339
Entsynchronisierung   65f., 69, 88, 102f., 130, 134f., 142f., 149, 151, 155, 157, 159, 161, 163f., 166f., 169–171, 203, 209, 214, 318f., 321, 345, 349f.
Europa   1–7, 10–16, 18, 20, 22–24, 30, 33–35, 38, 41f., 53, 60–66, 69, 71, 73f., 76–78, 80, 83–85, 87–90, 92f., 99f., 102, 104, 107f., 110, 112–114, 116–126, 130–136, 138–140, 142, 144–148, 150, 155–157, 159, 161f., 164–167, 169–172, 176, 179, 181f., 192, 200, 211, 213f., 217, 222–226, 234, 237f., 240, 242, 247f., 249, f., 255, 260, 265, 268, 275, 278, 282, 285–287, 289f., 295, 298–300, 303f., 306, 308–312, 316f., 322, 326f., 341f., 349, 351, 358–361, 364, 371, 376
Europäizität   170, 224
eurozentrisch   2, 4, 13, 35, 360
Evolution   23f., 60–63, 66–68, 70, 72, 74–77, 79–84, 87, 93, 99f., 102–106,

108, 112–116, 118, 120, 122f., 125–127, 129, 132f., 134, 138f., 143, 146, 148–150, 153f,, 157–159, 161, 164–166, 171, 176f,, 191, 195, 197f., 200, 206, 209, 212, 220f., 224, 233–235, 237, 239–242, 248f., 251, 253–255, 258, 260f., 266–268, 280, 292, 311f., 314–316, 330–332, 347, 350

Fluchtpunkt   19, 22, 61, 64, 92f., 99, 104f., 127, 133, 135, 137, 139f., 147–151, 153–155, 161, 164, 166, 175, 225, 258, 265, 270, 275, 279f., 285f., 291, 294, 303, 305f., 307, 319, 331, 342, 344f., 347f., 350, 361

Fortschritt   6f., 11, 18f., 21, 23f., 34, 64–66, 68, 70f., 74, 77, 80f., 83, 86, 89, 93, 97, 100, 103f., 113, 115f., 119–121, 123, 127, 129, 131f., 136, 138, 140f., 143, 145–147, 150, 153–157, 161, 163, 165, 168–172, 174, 178, 195f., 199f., 211, 213, 219, 221, 226f., 235, 237, 241f., 253, 258f., 264–268, 270, 275, 278–281, 284f., 289–293, 295, 303, 305, 307, 309–311, 313–318, 324, 327–331, 333–337, 344f., 347f., 350, 356, 361, 363

Gegenwart   21, 23, 27, 61, 67, 73, 75f., 81, 86f., 89, 93f., 97, 100, 102, 104f., 121f., 135, 139f., 148–150, 152, 156, 158, 161, 164, 166–171, 173f., 202, 205, 215, 217, 226f., 232, 241, 246f., 255–257, 260, 264, 266f., 268, 270, 274–280, 282f., 286–294, 296–324, 326–339, 342–362, 364

Geschwindigkeit   18, 22, 28, 103, 106, 116, 130, 150, 156, 276, 278, 284, 291, 293, 328, 333, 335, 341, 344, 348, 353f., 373

Gipfeln   68, 136, 139, 143, 150, 153f., 169, 220, 222, 224

Gleichzeitigkeit   51, 66, 74f., 80, 84, 97, 104, 112f., 117f., 120, 122–126, 130, 132–134, 136, 141–146, 147, 149, 155, 162, 170–172, 176f., 214, 226, 233, 235, 242, 244, 248, 260, 281f., 287, 309f.,

312–314, 316, 318, 320f., 331, 342, 345, 347–352, 360–362, 364
– Gleichzeitigkeit des Ungleichzeitigen   19, 64, 103f., 172, 362–364
goldene Zeit   *siehe* Blütezeit

Horizont   *siehe* Fluchtpunkt

Imperialismus   2f., 7, 11, 15, 24, 29, 37, 52f., 59, 66, 92, 174, 178f., 181f., 184f., 189–192, 197, 200, 223–225, 227, 233f., 236, 239, 242, 245, 256–260, 262f., 266–270, 272f., 327, 330f., 338, 344, 349, 355, 358, 360

Intelligenz   6f., 9f., 30f., 44, 46, 48f., 54–56, 203, 230, 255, 325, 331, 366, 369f., 376

inbetween   *siehe* dazwischen

Jahrestag   29, 82, 85, 87f., 98, 117, 128f., 132, 137f., 140, 142–144, 146, 149, 151, 154, 155f., 160, 163, 172–174, 188f., 210, 212, 217, 226, 236, 238, 260–262, 264–266, 271, 298, 315, 358

Jubiläum   *siehe* Jahrestag

Kalender   29, 51, 62, 64, 66f., 69f., 73–77, 79, 83–86, 89, 92, 101–103, 109, 113, 116, 129, 134f., 141, 154, 158f., 162, 165f., 174, 195, 219, 233, 271, 282f., 293–295, 300–303, 306, 310, 314, 322f., 327–329, 354

Kognitive Landkarte   14, 21–23

Kolonialismus/Postkolonialismus   1f., 4, 11–16, 19f., 23f., 61, 63, 66, 99, 104, 109, 115, 170, 176–179, 181–185, 189–192, 197f., 200, 216, 228, 235, 240, 242, 252, 256f., 259f., 262f., 267, 282, 310, 259, 360f.

Land   6f., 9, 30f., 39, 47, 49, 54–56, 58, 68, 71, 92, 96f., 106, 111, 117, 122, 133, 162, 165, 174, 189, 190f., 199–201, 204, 206f., 232, 241, 305, 311, 317–319, 325, 334, 342, 350–352, 354, 366f., 370–372, 376, 378f., 383f.

Linearität 21 f., 51, 61, 104, 127, 172, 174 f., 177, 279, 357–359

mental map siehe kognitive Landkarte
Mittelalter 67, 69, 73, 76, 80, 86, 88 f., 93, 99 f., 113, 118, 123–126, 131 f., 135, 138, 140 f., 144–147, 149 f., 170, 178, 185 f., 193 f., 202, 205, 208 f., 211, 226 f., 231, 237 f., 242, 249 f., 252–255, 257, 260 f., 267 f., 270
Mythos 15, 55, 75, 92, 96, 105 f., 108 f., 111, 116, 158, 172, 179 f., 188, 197, 227, 229, 244 f., 253 f.

Nation 4–6, 11, 23 f., 48, 51–53, 55 f., 58, 60–64, 69, 72 f., 77 f., 88, 95 f., 99, 106, 115–117, 121, 127, 130, 134, 136, 139 f., 144, 164 f., 167 f., 176, 186, 189, 194, 206, 215 f., 223, 225, 228–230, 240, 251–253, 258 f., 265 f., 282, 298, 300, 311, 315, 318 f., 321, 330 f., 336, 351 f.
Nationalismus 10 f., 39, 41, 46–48, 57 f., 189 f., 206, 209, 251, 264, 270, 372, 379–383
Neuzeit 69, 71, 73, 75 f., 78, 89, 132–143, 146, 150, 157, 159, 166, 168–171, 186, 202, 226, 228, 254, 257, 268, 275
Niedergang 68, 72 f., 76, 80, 88 f., 91, 97, 101, 153 f., 155–157, 161, 163, 176, 198 f., 214, 248, 256, 270, 284–286, 304, 306 f., 316, 336, 358, 361

Orient 4, 12 f., 15 f., 23 f., 130, 138, 178 f., 183 f., 188, 191 f., 195, 197 f., 215, 217 f., 223 f., 235, 240 f., 268 f., 324, 328, 335 f., 349, 364
Osten *siehe* Orient
Osteuropa 1, 5 f., 10, 12–14, 16, 23, 25, 35, 38 f., 66, 72, 111, 138, 179, 182 f., 213, 219, 227, 236, 242, 280–282, 349, 357, 359, 360 f., 363

Periodisierung 1 f., 62, 68 f., 70 f., 73, 75 f., 79 f., 82 f., 86–91, 93, 95 f., 98, 100–104, 116, 127, 133, 151, 156, 195, 199 f., 202, 204, 217, 358, 360
Peripherialität 11, 14 f., 33, 38, 112, 268 f.

Peripherie 2, 12 f., 35, 77, 170, 179, 182, 231, 246, 252, 255, 270, 273, 319 f., 330, 362 f.
Pluritemporalität 63 f., 142 f., 146, 356 f.
Primitivität 20, 23, 60, 107, 109, 115, 120 f., 125, 148, 159, 162, 190, 194–196, 199 f., 209, 213, 216 f., 226–228, 232 f., 235, 238 f., 241, 247 f., 250, 253 f., 267 f., 318
Proletariat *siehe* Arbeiterklasse

Raum 2, 14–16, 18, 21–23, 27, 32, 35, 52 f., 59, 64 f., 105, 107, 112, 138, 141, 185, 195 f., 206, 208, 218, 227, 233, 241, 243, 245 f., 259, 268 f., 299, 309 f., 313 f., 318, 323, 327, 331, 334, 337, 342 f., 349, 357, 366 f., 382–384
Region 5 f., 12, 23, 38, 42, 47, 49, 54, 117, 178, 194 f., 197, 212, 218, 228–230, 232 f., 261, 272 f., 313, 322, 349, 384
Relation (temporal) 21, 62, 178, 180, 184, 194 f., 197–199, 201–203, 210, 213, 215–217, 219, 223 f., 226 f., 231, 233–236, 238, 242, 245 f., 248–250, 252, 255 f., 258–260, 263, 266–270, 272
Revolution 1, 4, 23, 29, 44, 46, 58, 62, 83, 85–87, 92, 100, 114, 165–167, 173, 230, 246, 258, 266, 270, 278–282, 285, 301, 303, 322–333, 336–339, 342, 344–350, 352–354, 363, 373
Rhythmus 17, 22, 26, 28 f., 62, 103–106, 108, 111, 113, 116, 118, 120, 122 f., 126 f., 130, 132 f., 136, 142–144, 146, 148–151, 156 f., 159, 169, 172, 175, 254, 270, 274, 324, 343, 354, 358
Richtung (temporal) 19, 22, 62, 68, 70, 80, 84, 97, 99, 102–105, 113, 118, 120 f., 127, 129, 132–134, 136, 138 f., 142, 144, 146, 148, 150 f., 153–156, 162, 164, 169, 175 f., 220 f., 258, 278, 303, 306, 321, 331, 335, 338 f., 341, 344–347, 350, 358
Romantik 5 f., 8, 10 f., 56, 81, 83 f., 87, 166, 168, 172, 186, 194, 206, 226 f., 228–230
Rückständigkeit 4, 6, 23 f., 33, 66, 68, 85 f., 89, 93, 96 f., 112–115, 122, 126, 136, 159, 169–171, 195, 197, 199, 206, 208,

212, 216, 225, 227, 235, 237, 243, 248, 250, 253, 257f., 281, 285, 311–314, 316–318, 320f., 330f., 337, 342, 347, 350f., 359, 361
Rückschritt   *siehe* Rückständigkeit

Semiperipherialität   1, 14f., 20, 24, 33, 66f., 169, 178, 267–270, 282, 309, 312f., 316, 318, 320, 330, 333, 342, 349, 352, 356, 360–365
Semiperipherie   1, 14, 16, 24, 330, 362, 364
Simultanität   *siehe* Gleichzeitigkeit
Staat   2–6, 8, 11, 24, 44, 52, 57, 72–74, 76–83, 85–87, 91, 94f., 97, 102, 105f., 116, 118, 122f., 127–129, 132, 135f., 138–141, 143, 145, 150–156, 161, 164, 166–168, 171f., 176, 178, 185–189, 191, 193, 195, 198f., 201, 205, 208f., 211–214, 217–219, 222f., 225f., 228, 233f., 237, 241, 253–256, 263, 267, 269, 323, 326, 331f., 340, 343f., 363
Stadt   4–7, 9, 30, 32–34, 36, 39, 43f., 46–51, 53–56, 68, 71, 76, 90f., 93, 97, 101f., 117, 119, 126, 128, 163f., 165, 201–203, 232, 241, 243f., 259, 272, 281f., 284, 287, 289, 296, 313f., 317–319, 323–325, 334, 339f., 342, 350–352, 369, 371, 374, 376, 378, 383f.
Stillstand   113, 120, 132, 143, 169, 253f., 318, 329
Synchronie   *siehe* Gleichzeitigkeit
Synchronisierung   65–67, 69–71, 73, 75–76, 78, 86, 92f., 100, 102, 104, 114, 117–126, 130–135, 137, 140f., 144f., 149f., 151f., 155, 161, 163, 165–172, 174, 199f., 202, 211, 221, 233, 255, 267, 269, 316–319, 320f., 330, 334, 338, 342–346, 351, 353, 355, 360, 363
szlachta   *siehe* Adel

Teleologie   30, 104, 220f., 279, 292
Telos   *siehe* Fluchtpunkt
Tiefe   22f., 61f., 67, 72, 74–76, 85f., 92, 96, 127, 139, 149, 160, 178, 195, 235, 281, 290, 297, 373f.

Ungleichzeitigkeit   65f., 73, 76, 78, 83, 86, 89, 102, 104, 109, 152, 169–171, 177, 242, 318, 342, 345, 349, 351, 360–363
Universalzeit   65f., 148, 165, 169, 266, 316, 338
Unterscheidung (temporal)   71, 153, 180, 194f., 216–219., 223, 225–227, 233f., 236, 240f., 247f., 252, 254f., 262, 266f., 283, 358

Verfall   *siehe* Niedergang
Vergangenheit   19, 21–23, 26f., 61, 65, 67, 78, 93, 104f., 111, 119, 121, 139, 155f., 167–169, 173–175, 178, 203, 208–210, 215, 225f., 243f., 246, 248, 257, 265–267, 269f., 274–280, 283, 286, 288, 290–292, 294, 297, 299, 301–303, 305, 307, 310, 312, 314, 316–318, 320, 322, 329, 333–336, 342f., 347f., 350, 352, 355, 357–359, 361
Verspätung   24, 33, 36, 87, 92, 103, 104f., 112–115, 119, 121f., 124f., 132, 141, 147–149, 163, 169, 171, 196f., 202, 205f., 209, 214, 219, 221, 224, 227, 234f., 246, 248, 254, 261, 282, 311, 314, 316, 321f., 328, 332, 350, 361
Verzeitlichung   18f., 61, 103, 275, 288
Verzeitung   20, 22f., 51, 62, 77, 83, 90, 109, 114, 116, 121, 131, 134, 145, 159, 169–171, 174, 179f., 195–197, 202f., 208f., 211, 213, 215, 217, 220, 225–227, 241, 248, 255, 282, 309f., 312–316, 321, 331–334, 338, 342, 347, 351f., 359–364
Volk   4, 7, 35f., 50, 55f., 59–61, 67f., 99f., 105, 108–110, 112–115, 118–121, 131, 148, 150, 160f., 164–167, 176, 180f., 190, 193–195, 197, 200f., 204–206, 208, 213, 216, 218f., 222f., 227f., 232–234, 236–241, 244, 247–251, 257, 259–265, 270, 321, 376, 378f.

Westen   4f., 23f., 119, 133, 141, 178f., 183, 185, 194, 216f., 221, 224, 240, 281, 318
– Westeuropa   4f., 7f., 11, 13, 15, 33, 35f., 38f., 66, 73, 76f., 115, 121, 125, 130, 132, 134, 136f., 140f., 151, 157, 170f.,

221, 235–237, 258, 280, 301, 332, 361, 367

Zeitgemäßheit   104, 155f., 161, 164, 170f., 235, 237f., 315
Zeitlichkeit   18, 28, 62, 104, 159, 172f., 271, 277f., 348, 355, 359–361, 364
Zeitlinie   21, 23, 77, 80, 158, 196, 198f., 211, 217, 220, 226, 234, 241
Zeitlosigkeit   23, 107, 115, 148, 205, 210, 256
Zeitschaft   21–24, 357f.
Zeitschicht   21, 103, 232, 259, 357
Zentrum   2, 11–13, 35, 37, 43, 44, 88, 179, 229, 244, 249, 252, 255–257, 269f., 285, 308f., 363

Zentralität   200, 268–270, 362f.,
Zielgerichtetheit   *siehe* Teleologie
Zivilisierungsmission   16, 178, 181, 198, 207, 213, 231, 233f., 246
Zukunft   19, 21, 28, 104–105, 124, 129, 131, 135, 137, 139f., 147–156, 159, 161, 166–171, 175, 225f., 228, 254, 265f., 268–270, 274–276, 278–280, 285, 287f., 291f., 294, 302–308, 318, 320, 331, 333, 335–338, 344–350, 356–359, 361
Zukunftshorizont   *siehe* Fluchtpunkt
Zukunftsperspektive   *siehe* Fluchtpunkt
Zyklizität   127, 172, 174f., 358
Zyklus   69, 73, 75, 77, 80, 343, 358

www.ingramcontent.com/pod-product-compliance
Lightning Source LLC
Chambersburg PA
CBHW031410230426
43668CB00007B/264